应用技能型院校"十三五"会计类专业精品规划教材
富媒体·智能教材

中级财务会计

理论·实务·案例·实训

徐哲　李贺　张红梅　张世国／主编

图书在版编目(CIP)数据

中级财务会计 / 徐哲等主编. —上海：立信会计出版社,2018.10
ISBN 978-7-5429-5967-6

Ⅰ.①中… Ⅱ.①徐… Ⅲ.①财务会计—教材 Ⅳ.①F234.4

中国版本图书馆 CIP 数据核字(2018)第 228606 号

策划编辑　王斯龙
责任编辑　王斯龙　杨　帆
封面设计　南房间

中级财务会计

Zhongji Caiwu Kuaiji

出版发行	立信会计出版社
地　　址	上海市中山西路 2230 号　邮政编码　200235
电　　话	(021)64411389　传　真　(021)64411325
网　　址	www.lixinaph.com　电子邮箱　lxaph@sh163.net
网上书店	www.shlx.net　电　话　(021)64411071
经　　销	各地新华书店
印　　刷	常熟市梅李印刷有限公司
开　　本	787 毫米×1092 毫米　1/16
印　　张	28.75
字　　数	784 千字
版　　次	2018 年 10 月第 1 版
印　　次	2018 年 10 月第 1 次
印　　数	1—3100
书　　号	ISBN 978-7-5429-5967-6/F
定　　价	59.00 元

如有印订差错,请与本社联系调换

前　言

"中级财务会计"是会计学专业的专业核心课,是会计知识结构的主体部分,是对会计基本理论、基本方法、基本技能的进一步深化。该门课程要求学生既掌握理论知识,又掌握岗位操作技能。教育部新一轮教改,立足我国现实,展望会计发展未来和前沿,并兼顾国际会计最新发展动态,介绍了我国新会计准则的基本规定,又不拘泥于简单解释会计准则,比较全面、系统地阐释基本理论与基本核算方法;注重吸收当前企业会计前沿的一些新知识和新方法,使会计理论和会计实践有机地结合起来,旨在培养学生分析问题、解决问题的能力。因此,我们组织了"双师双能型"教师和校企合作单位的会计师,结合高等职业和应用技能型院校的教学特色,基于以工作过程为导向的"项目引领、任务驱动、实操技能"的特色,编写了本书。

《中级财务会计》教材按实际会计工作中的具体业务活动分岗位编写,以岗位职责、工作任务、岗位核算程序为依托,系统地介绍企业会计各岗位的相关知识和技能,把知识点、能力要素落实到具体教学内容中,实现了课堂教学与企业岗位的零距离对接,并兼顾"就业导向"和"生涯导向",紧紧围绕中国"经济发展新常态"下高等职业和应用技能型人才培养的目标,依照"原理先行、实务跟进、案例同步、实训到位"的原则,全面展开中级财务会计课程的内涵,坚持创新创业和改革的精神,体现新的课程体系、新的教学内容和教学方法,以提高学生整体素质为基础,以能力为本位,兼顾知识教育、技能教育和能力教育,力求做到:从项目引导出发,提出问题,引入概念,设计情境,详尽解读。全书分为上下两篇,上篇"中级财务会计(上)"和下篇"中级财务会计(下)",共15个项目、71个任务,涵盖了以下内容:总论——财务会计、出纳岗位——货币资金、往来结算岗位——应收及预付款项、存货核算岗位——存货、投资核算岗位——金融资产、投资核算岗位——长期股权投资、固定资产核算岗位——固定资产、无形资产及其他资产核算——无形资产、投资核算岗位——投资性房地产、债务核算——负债、投资者权益核算——所有者权益、收入核算——收入、费用与成本核算——费用、利润核算——利润、总账报表岗位——财务报告。在结构安排上,每一个项目都设有"知识目标""技能目标""素质目标""项目引例""做中学"等;课后编排了"关键术语""应知考核"(包括单项选择题、多项选择题、判断题、思考题)、"应会考核"(包括业务考核、技能考核、综合实务题)、"项目实训"(包括实训项目、实训情境、实训要求、实训报告)等,这样的安排使得读者在学习每一项目内容时做到有的放矢,增强学习效果。

根据培养高等职业和应用技能型院校人才的需要,本书力求体现如下特色:

(1) 结构合理,体系规范。作为教科书,本书在内容上特别注意吸收最新企业会计准则和相关会计法规的新规定,按理论与实务兼顾的原则设置内容。本书针对高等职业和应用技能型院校会计课程的特点,将内容庞杂的会计知识系统性地呈现出来,力求做到理论知识必需、够用,体系科学规范,内容简明实用,帮助学生为今后从事会计工作打下基础。

(2) 与时俱进,紧跟准则。本书根据《企业会计准则——基本准则》(2014年修订)和42项具体会计准则及应用指南、企业会计准则解释第1～12号,并根据2017年修订的《企业会计准则第14号——收入》《企业会计准则第16号——政府补助》《企业会计准则第22号——金融工具确认和计量》《企业会计准则第23号——金融资产转移》《企业会计准则第24号——套期会计》《企业会计准则第37号——金融工具列报》等6项准则,2018年发布的《企业会计准则第14号——收入》应用指南、《企业会计准则第16号——政府补助》应用指南、《企业会计准则第22号——金融工具确认和计量》应用指南、《企业会计准则第23号——金融资产转移》应用指南、《企业会计准则第24号——套期会计》应用指南、《企业会计准则第37号——金融工具列报》应用指南、《企业会计准则第42号——持有待售的非流动资产、处置组和终止经营》应用指南共7项应用指南进行编写。结合财会〔2018〕15号《关于修订印发2018年度一般企业财务报表格式》《会计法》(2017)、财会〔2016〕22号文"税金及附加"科目、财税〔2018〕32号制造业增值税税率16%对全书内容进行修订。

(3) 突出应用,实操技能。本书从高等职业和应用技能型院校的教学规律出发,与实际接轨,介绍了最新的企业会计准则、法规动态、理论知识和教学案例,在注重会计必要理论的同时,强调会计基本技能的应用;主要引导学生"学中做"和"做中学",一边学理论,一边将理论知识加以应用,实现会计理论和实训一体化。

(4) 课证融合,双向融通。本书以会计专业技术资格认证为目标,在注重实践操作的同时,为与会计资格内容相配套,在每个项目后设计了与考证对接的相关习题及实训题目,会计专业技术资格考证内容构成本书的主线。同时,本书依据《会计法》以及新企业会计准则等,实现了教材内容的全部更新。

(5) 栏目丰富,形式生动。本书栏目形式丰富多样,每个项目设有"知识目标""技能目标""素质目标""项目引例""做中学""关键术语""应知考核""应会考核""项目实训""实训报告"等栏目,丰富了教材内容与知识体系,也为教师教学和学生更好地掌握知识内容提供了首尾呼应、层层递进的可操作性教学方法。

(6) 职业素养,素质教育。为体现高等职业和应用技能型教育的特色,我们力求在内容上有所突破,激发学生的学习兴趣和学习热情,设计适合学生掌握的考核要点,以突出培养和提升初学者的职业道德和法律意识。

(7) 课程资源,配套上网。为了配合课堂教学,编著者精心设计和制作了教师课件PPT、习题参考答案、课程教学大纲、配套实验课程大纲、配套习题、模拟试卷及相关法律法规等在网上运行,充分发挥网络课程资源的作用,探索课堂教学和网络教育有机结合的新途径。

本书由徐哲、李贺、张红梅、张世国主编。其中李贺撰写项目一至项目四、徐哲撰写项目五至项目八、张红梅撰写项目九至项目十二、张世国撰写项目十三至项目十五,徐哲教授负责教材结构的设计和安排,最后由徐哲教授总撰并定稿。李明明、赵昂、王玉春、姜荣等对本书的教学资源和资料的搜集作出了贡献。本书适用于应用技能型院校的会计学、资产评估、审计、财务管理等经管类专业的学生使用,同时,可作为企业经济管理人员,尤其是会计人员培训和自学之用,也可作为专升本考试的辅导教材。

由于编写时间仓促,加之编者水平有限,本书难免存在一些不足之处,恳请专家、学者批评指正,以便我们进一步改进与完善。本书在编写过程中参阅了参考文献中作者的教材、著作,同时得到了上海立信会计出版社、大连瑞华会计师事务所有限公司副所长张世国先生的大力支持,谨此一并表示衷心的感谢!

编著者
2018年10月

目 录

上篇　中级财务会计(上)

项目一　总论——财务会计 ... 3
　任务一　财务会计概述 ... 3
　任务二　财务会计的基本前提 ... 8
　任务三　财务会计的基本要素 ... 9
　任务四　会计信息质量要求 ... 13
　任务五　会计岗位设置 ... 16
　关键术语 ... 16
　应知考核 ... 17
　应会考核 ... 19
　项目实训 ... 20

项目二　出纳岗位——货币资金 ... 23
　任务一　出纳岗位概述 ... 23
　任务二　库存现金的核算 ... 25
　任务三　银行存款的核算 ... 30
　任务四　其他货币资金的核算 ... 42
　关键术语 ... 45
　应知考核 ... 45
　应会考核 ... 47
　项目实训 ... 48

项目三　往来结算岗位——应收及预付款项 ... 51
　任务一　往来结算岗位概述 ... 51
　任务二　应收票据的核算 ... 52
　任务三　应收账款的核算 ... 56
　任务四　预付账款的核算 ... 58
　任务五　其他应收款的核算 ... 59
　任务六　坏账损失的核算 ... 60
　关键术语 ... 64
　应知考核 ... 64
　应会考核 ... 66

  项目实训 73

项目四　存货核算岗位——存货 75
  任务一　存货核算岗位概述 75
  任务二　存货概述 76
  任务三　原材料的核算 86
  任务四　库存商品的核算 94
  任务五　周转材料的核算 97
  任务六　委托加工物资的核算 101
  任务七　存货清查的核算 103
  任务八　存货减值的核算 105
  关键术语 108
  应知考核 108
  应会考核 110
  项目实训 117

项目五　投资核算岗位——金融资产 120
  任务一　投资核算岗位概述 120
  任务二　投资概述 121
  任务三　以摊余成本计量的金融资产 124
  任务四　以公允价值计量且其变动计入其他综合收益的金融资产 136
  任务五　以公允价值计量且其变动计入当期损益的金融资产 140
  关键术语 144
  应知考核 144
  应会考核 146
  项目实训 147

项目六　投资核算岗位——长期股权投资 150
  任务一　长期股权投资概述 150
  任务二　长期股权投资的初始计量 152
  任务三　长期股权投资的后续与期末计量 157
  任务四　长期股权投资的转换及处置 165
  关键术语 171
  应知考核 171
  应会考核 174
  项目实训 176

项目七　固定资产核算岗位——固定资产 178
  任务一　固定资产核算岗位概述 179
  任务二　固定资产概述 180

任务三 固定资产取得的核算 183
   任务四 固定资产折旧的核算 191
   任务五 固定资产后续支出的核算 196
   任务六 固定资产的减值 197
   任务七 固定资产处置与清查核算 199
   关键术语 205
   应知考核 205
   应会考核 207
   项目实训 213

项目八 无形资产及其他资产核算——无形资产 219
   任务一 无形资产概述 219
   任务二 无形资产的确认与计量 221
   任务三 无形资产的核算 224
   任务四 其他资产的核算 227
   关键术语 228
   应知考核 228
   应会考核 231
   项目实训 232

项目九 投资核算岗位——投资性房地产 236
   任务一 投资性房地产概述 236
   任务二 投资性房地产的确认和初始计量 238
   任务三 投资性房地产的后续计量及后续支出 240
   任务四 投资性房地产的相互转换与处置 245
   关键术语 250
   应知考核 250
   应会考核 253
   项目实训 254

下篇 中级财务会计（下）

项目十 债务核算——负债 259
   任务一 负债概述 259
   任务二 流动负债 261
   任务三 非流动负债 279
   关键术语 293
   应知考核 293
   应会考核 295
   项目实训 302

项目十一　投资者权益核算——所有者权益　304
　　任务一　所有者权益概述　304
　　任务二　实收资本　307
　　任务三　资本公积　311
　　任务四　其他权益工具　312
　　任务五　留存收益　315
　　关键术语　317
　　应知考核　318
　　应会考核　320
　　项目实训　323

项目十二　收入核算——收入　325
　　任务一　收入概述　325
　　任务二　某一时点的履约义务收入的核算　326
　　任务三　一段时间内的履约义务收入的核算　334
　　关键术语　344
　　应知考核　344
　　应会考核　347
　　项目实训　348

项目十三　费用与成本核算——费用　352
　　任务一　费用与成本概述　352
　　任务二　生产成本　357
　　任务三　期间费用　367
　　关键术语　372
　　应知考核　372
　　应会考核　374
　　项目实训　378

项目十四　利润核算——利润　380
　　任务一　利润　380
　　任务二　所得税　385
　　任务三　利润分配　389
　　关键术语　390
　　应知考核　391
　　应会考核　393
　　项目实训　395

项目十五　总账报表岗位——财务报告　399
　　任务一　总账报表岗位概述　399

任务二　财务报表概述 ··· 400
任务三　资产负债表 ··· 402
任务四　利润表 ··· 419
任务五　现金流量表 ··· 426
任务六　所有者权益变动表 ·· 434
任务七　财务报表附注 ··· 438
关键术语 ··· 439
应知考核 ··· 439
应会考核 ··· 441
项目实训 ··· 445

参考文献 ·· 448

上篇
中级财务会计（上）

项目一 总论——财务会计

知识目标

理解:财务会计的概念和特点。

熟知:财务会计的目标、会计要素确认条件、财务会计的信息处理程序、财务会计报告的构成。

掌握:财务会计基本假设、财务会计的基本要素、会计信息质量要求、会计确认与计量的基础和原则。

本项目课件

技能目标

通过本项目的学习,要求掌握会计确认和计量基础与原则,熟练运用会计要素确认条件及会计信息质量要求提供财务报告信息,掌握会计工作岗位设置。

素质目标

运用所学会计的理论与实务知识研究相关案例,培养和提高学生在特定业务情境中分析问题与决策设计的能力;能结合"总论"的教学内容,结合行业规范或标准,分析会计行为的善恶,强化学生的职业道德素质。

项目引例

引例 阿里巴巴的财务会计

背景与情境:2017年6月8日,阿里巴巴远超市场预期的收入增长令投资者兴奋。阿里巴巴预期,始于2017年4月的2018财年营收增长将达到45%~49%。这明显好于市场预期的增速35%,也显示了阿里巴巴对网购这一主业务之外领域大力投资带来的回报。2017年6月8日,阿里巴巴股价盘中和收盘均创新高,市值一日增加430亿美元,总市值突破3 600亿美元,超越腾讯,荣升亚洲最高市值公司。这一利好消息来源于2017财年阿里巴巴全年收入同比增长56%,达到1 582.73亿元人民币,移动电商平台贡献了中国零售平台季度收入的85%。如今,阿里巴巴平台的交易总额占中国零售总额的11%。上述各种数据除了来源于股市、销售部门的统计外,供投资者投资决策的信息主要来源于财务会计。财务会计用一种商业语言为商业决策提供了经济决策信息。

知识精讲

任务一 财务会计概述

一、财务会计的概念

会计是随着社会生产力的发展和经济管理的需要而产生的,是随着经济的发展和科学技术的进步而不断发展和完善的,特别是现代管理科学渗透进入会计学科,使传统的会计获得了发展的动力,为会计学科发展开拓了新的领域。从20世纪50年代开始,传统的会计逐步发展成为两个新的领域,即财务会计和管理会计。

管理会计旨在向企业内部管理当局提供经营决策所需信息,是在财务会计和成本会计的基础上,采用一系列专门方法对企业内部各级责任单位现在的和未来的经济活动进行规划、控制与评价,并编制内部报表,向企业管理当局提供多种可供选择的、特定的管理信息,以便其作出最佳决策。因此,管理会计又称对内报告会计。

财务会计是按照公认的会计原则和会计法规制度的要求,运用会计学的基本理论和特有的方法,向财务报告使用者提供有关企业财务状况、经营成果和现金流量的财务信息的一个信息系统,旨在向企业外部的投资者、债权人和其他与企业有利害关系的外部集团提供投资决策、信贷决策和其他类似决策所需的会计信息。因此,财务会计又称对外报告会计。

二、财务会计的特点

财务会计与管理会计均是会计信息系统的子系统,它们之间既有密切联系,又有明显区别,互为补充,互相配合,在企业经营管理中发挥着各自不同的作用。财务会计与管理会计相比,主要具有以下几个特点。

(一)财务会计的服务对象主要是企业外部

财务会计虽然也向企业内部传输财务信息,但主要是通过对企业日常经济业务进行记录、整理、汇总和定期编制财务报告,向投资者、债权人、政府及其有关部门、社会公众等企业外部关系人提供信息,使之可以定期而且准确地了解企业的财务状况、经营成果和现金流量,以保障有关各方的切身利益。

(二)财务会计工作的重点是反映过去已经发生或已经完成的会计信息

财务会计主要是对企业已经发生的经济业务进行事后记录和总结,对过去的生产经营活动进行如实的反映和严格的控制。虽然财务会计工作进程中有时也面临带有预计性或未来成分的经济事项,但并没有改变财务会计主要提供历史性财务信息的本质特征。

(三)财务会计以传统复式簿记系统为基础

复式簿记系统是现代会计的一块重要基石,自意大利商人发明复式簿记以来,它已盛行500多年。财务会计的账务处理正是基于复式簿记系统进行记录、分类、调整、汇总和定期编制财务报表的,以使产生的会计信息条理化、系统化。

(四)财务会计提供的财务信息主要由通用财务报表加以揭示

财务报表是对企业财务状况、经营成果和现金流量的结构性表述。财务报表至少应当包括下列组成部分:资产负债表、利润表、现金流量表、所有者权益(或股东权益)变动表、附注。

(五)财务会计必须遵循一般公认会计原则

由于财务会计旨在向企业外部的投资者、债权人和其他与企业有利害关系的外部集团提供投资决策、信贷决策和其他类似决策所需的会计信息,所以为了维护企业外部所有利害关系人的利益,财务会计的数据处理过程和财务报表的编制均应严格遵循一般公认会计原则的制约。

所谓一般公认会计原则,是指在特定时期对经济业务和会计事项进行确认、计量、账务处理,以及提供财务信息种类、报表格式等方面的一致意见。也就是说,一般公认会计原则是站在所有利益集团的立场对财务会计工作作出的权威性指导规范,以保证所提供的财务会计信息不至于引起不同使用者的利益冲突,尽可能地如实反映情况,增强会计信息的可靠性和可比性。但是一般公认会计原则的名称及其代表文献在世界各国并不相同:美国称其为"公认会计原则";英国称其为"标准会计惯例公告";日本称其为"企业会计原则";法国称其为"全国统一会计制度";我国称其为"企业会计准则"等。

三、财务会计的目标

财务会计的目标是开展会计工作所要达到的目的。财务会计的目的是指财务会计信息如何满足社会各方面的需要,它应当与我国社会主义市场经济体制相适应。我国现阶段企业财务会计的目标,是向财务报告使用者提供与企业财务状况、经营成果和现金流量等有关的会计信息,反映企业管理层受托责任的履行情况,从而有助于财务报告使用者作出经济决策。

(一) 为投资者提供对决策有用的信息

企业编制财务报告的主要目的是满足财务报告使用者的信息需要,有助于财务报告使用者作出经济决策。而投资者是企业财务报告的首要使用者。企业应当如实反映所拥有或者控制的经济资源、对经济资源的要求权及其要求权的变化情况,如实反映企业的各项收入、费用、利得和损失的金额及其变动情况,如实反映企业各项经营活动、投资活动和筹资活动等所形成的现金流入和现金流出情况等,从而有助于现在的或者潜在的投资者正确、合理地评价企业的资产质量、偿债能力、盈利能力、营运效率等,有助于投资者评估与投资有关的未来现金流量的金额、时间、风险等,有助于投资者根据相关会计信息作出理性的投资决策。

(二) 为其他利益相关者提供有用的信息

企业财务报告使用者除了投资者之外还有债权人、政府及有关部门、社会公众等。如企业贷款人、供应商等债权人通常十分关心企业的偿债能力和财务风险,其需要信息来评估企业能否如期支付贷款本金及其利息,能否如期支付所欠购货款等;政府及有关部门作为经济管理和经济监管部门,通常关心经济资源分配的公平、合理,市场经济秩序的公正、有序,宏观决策所依据信息的真实可靠等。

(三) 反映企业管理层受托责任的履行情况

现代企业制度强调企业所有权和经营权相分离,企业管理层是受委托人之托经营管理企业及其各项资产,负有受托责任,即企业管理层所经营管理的企业各项资产基本上均为投资者投入的资本(或者留存收益作为再投资)或者向债权人借入的资金所形成的,企业管理层有责任妥善保管并合理、有效运用这些资产。特别是企业投资者和债权人等也需要及时或者经常性地了解企业管理层保管、使用资产的情况,以便于评价企业管理层受托责任的履行情况和业绩情况,并决定是否需要调整投资或者信贷政策,是否需要加强企业内部控制和其他制度建设,是否需要更换管理层等。

四、财务会计的信息处理程序

(一) 会计确认

会计确认是指按照规定的标准和方法,辨认和确定经济信息是否作为会计信息进行正式记录并列入财务报告的过程。也就是说,会计确认就是要确定企业发生的经济业务是否应当进入会计信息系统,应该作为什么会计要素的组成部分进入,应该在什么时候进入。会计确认的基本标准是:被确认的项目应符合会计要素的概念和特征;被确认项目的成本或价值应该能充分可靠地加以计量,即应该能够用货币表示其数量;经确认的项目所反映的信息与信息使用者的决策相关;所确认的项目必须是真实的、可验证的和客观公正的。

(二) 会计计量

会计计量是指以货币为主要计量单位,对被计量对象进行量化,从而确定应记录金额的会计处理程序。也就是说,会计计量就是对会计要素金额的确定。会计确认是计量的基础,会计确认的原则不同,会计计量的结果也就不一样。会计计量是为了将符合确认条件的会计要素登记入账并列报于财务报告而确定其金额的过程。企业应当按照规定的会计计量属性进行计量,确定相关金额。计量属性是指计量的某一要素的特性方面。从会计角度看,计量属性反映的是会计要素金额的确定基础,主要包括以下几方面。

1. 历史成本

历史成本又称实际成本,是指取得或制造某项财产物资时所实际支付的现金或其他等价物。

采用历史成本计量,资产按照其购置时支付的现金或者现金等价物的金额,或者按照购置资产时所付出的对价的公允价值计量。负债按照其因承担现时义务而实际收到的款项或者资产的金额,或者承担现时义务的合同金额,或者日常活动中为偿还负债预期需要支付的现金或者现金等价物的金额计量。

2. 重置成本

重置成本又称现行成本,是指按照当前市场条件,重新取得同样一项资产所需支付的现金或现金等价物金额。采用重置成本计量,资产按照现在购买相同或者相似资产所需支付的现金或者现金等价物的金额计量。负债按照现在偿付该项债务所需支付的现金或者现金等价物的金额计量。在会计实务中,重置成本多应用于盘盈固定资产的计量等。

3. 可变现净值

可变现净值是指在正常生产经营过程中,以预计售价减去进一步加工成本和预计销售费用以及相关税费后的净值。采用可变现净值计量,资产按照其正常对外销售所能收到现金或者现金等价物的金额扣减该资产至完工时估计将要发生的成本、估计的销售费用以及相关税费后的金额计量。可变现净值通常应用于存货资产减值情况下的后续计量。

4. 现值

现值是指对未来现金流量以恰当的折现率进行折现后的价值,是考虑货币时间价值的一种计量属性。采用现值计量,资产按照预计从其持续使用和最终处置中所产生的未来净现金流入量的折现金额计量。负债按照预计期限内需要偿还的未来净现金流出量的折现金额计量。现值通常用于非流动资产可收回金额和以摊余成本计量的金融资产价值的确定等。如在确定固定资产、无形资产等可收回金额时,通常需要计算资产预计未来现金流量的现值。

5. 公允价值

公允价值是指市场参与者在计量日发生的有序交易中,出售一项资产所能收到或者转移一项负债所需支付的价格。采用公允价值计量,资产和负债按照在公平交易中熟悉情况的交易双方自愿进行资产交换或者债务清偿的金额计量。公允价值主要应用于交易性金融资产、其他权益工具投资的计量等。

以上几种计量属性的应用原则是:企业在对会计要素进行计量时,一般应当采用历史成本,采用重置成本、可变现净值、现值以及公允价值计量的应当保证所确定的会计要素金额能够取得并可靠计量。

(三) 会计记录

会计记录是将经确认、计量的项目,运用复式记账的方法记入有关账簿的过程。在这个环节中,需要解决的问题主要有账户设置、账务处理程序、账户对应关系、账户与报表项目的协调与配合等。会计记录是对会计业务进行加工、分类整理的过程,其正确与否直接影响会计信息质量。因此,会计人员应做好这一环节的工作,以便向信息的使用者提供真实、准确、完整和可靠的会计信息。在实际工作中,会计确认、会计计量和会计记录是紧密结合的。

(四) 会计报告

会计报告是对通过会计记录所生成的信息,进行加工和转换,传递给信息使用者的过程。财务会计报告是由会计报表和附注组成的财务报告体系。在这个体系中,会计报表是核心,也是传递财务信息的主要媒体;附注是为了帮助信息使用者正确阅读和理解财务报表信息所作的附注说明。

以上会计确认、计量、记录和报告构成了一个有机整体。企业会计信息的处理程序是一套完整的体系。其中,会计确认是会计信息处理的第一步,是会计信息处理的门槛,主要解决经济业务和事项是否应该、能不能够在会计中反映,以及应该在什么项目中反映的问题。会计计量是第二步,主要解决经济业务和事项用什么计量属性来计量,从而决定会计反映的金额的问题。会计记录是第三步,这一步是会计确认和计量的具体体现,即将经济业务和事项具体记录在凭证、账簿等会计资料中;会计报告是最后一步,即在前面几步的基础上,对凭证、账簿等会计资料进行进一步的归纳和整理,通过会计报告将财务会计信息提供给会计信息使用者。企业会计准则更强调的是会计确认、计量和报告。

五、会计确认与计量的基础和原则

(一) 权责发生制原则

会计确认与计量的基础有两种,即权责发生制和收付实现制。

权责发生制,也称为应计制,即凡是应归属于本期的收入和费用,无论本期是否实际收到或付出,均应确认为本期收入和费用。

收付实现制,也称为现金制,即均以款项的实际收到或付出为标准确认收入或费用。

由于权责发生制能够真正按照会计期间正确核算和反映各期的盈亏,故企业会计准则规定企业应当以权责发生制为基础进行会计要素的确认、计量、记录和报告,但现金流量表除外,现金流量表应以收付实现制为基础进行编制。

(二) 历史成本原则

历史成本原则也称为实际成本原则,是指各项资产应当按交易发生时的取得成本计量。除国家另有规定者外,不得调整其账面价值。其优势是具有可核性。因此,在相当长时期内,它是会计计量最基本的原则。

随着决策有用观财务报告目标日渐为人们所重视,历史成本原则的局限性也逐渐暴露,如在某些情况下,历史成本未必能反映企业真实的财务状况。因此,目前企业会计准则允许对历史成本原则进行如下修正:①在初始计量时仍坚持历史成本原则;②在以后各会计期末则分别不同情况,如对于存货、固定资产等经营性资产在期末时应当按照成本与可变现净值孰低原则(或账面价值与可收回金额孰低原则)计量,即若前者低于后者(也就是说发生跌价或减值),应当按其差额计提减值准备并确认减值损失;而对一些具有投资性质且其具有活跃市场的资产,如企业持有的股票、债券、基金或投资性房地产等,期末可以采用当时的公允价值计量,以便更加真实地反映企业的财务状况。

(三) 配比原则

企业经营活动会带来一定的经营收入,必然因此要发生相应的经营费用。企业会计准则要求企业取得的收入与其相关的成本、费用应当相互配比。具体来说,收入与费用之间的配比包括因果配比和期间配比两层概念。因果配比是指收入与费用之间要根据因果关系进行直接配比。期间配比是指收入与费用之间应当根据时间上的一致关系进行配比。只有做到因果配比,才能准确核算某产品或生产线等核算对象或单位的盈亏;只有做到期间配比才能准确核算各会计期间的盈亏。

(四) 划分收益性支出与资本性支出

所谓收益性支出是指该项支出所产生的效益仅与本会计年度有关。收益性支出在发生当期应当作为本期费用,计入当期损益。

所谓资本性支出是指该项支出所产生的效益不仅与本会计年度有关,还与以后几个会计年度有关。资本性支出在发生当期应记为一项长期性资产的增加,并在本期及以后各受益期内分期转作费用。

若将一项收益性支出误记为资本性支出,则会导致少记本期费用,从而多记本期利润和资产;反之,则会导致多记本期费用,从而少记本期利润和资产。由此可见,在进行会计确认和计量时，必须要正确划分收益性支出和资本性支出。正确划分收益性支出与资本性支出，既有助于正确反映企业各期的经营成果(利润)，也有助于恰当反映企业特定时点的财务状况(资产及权益)。

需要说明的是，会计确认与计量的基础与原则之间以及上述会计信息质量特征(也是会计确认和计量时应遵循的原则)之间并不是截然分开，它们之间相互影响并相互联系。譬如，企业当年发生一笔大额广告支出，就其所产生效应的可能期限来看，应属于资本性支出，但由于这种影响效应存在一定的不确定性，在这种情况下，就得遵循谨慎性原则，将其确认为一项收益性支出，计入当期损益。

任务二 财务会计的基本前提

财务会计的基本前提又称会计基本假设或会计假设，是指组织财务会计工作必须具备的前提条件。它是企业会计确认、计量和报告的前提，是对会计核算所处时间、空间环境等所作的合理设定。它包括以下内容。

一、会计主体

会计主体又称经济主体或会计实体，是指会计工作为其服务的特定单位或组织。确定会计主体，就是要明确为谁核算，核算谁的经济业务。会计主体主要是规定企业会计确认、计量和报告的空间范围。明确界定会计主体是开展会计确认、计量和报告工作的重要前提。首先，明确会计主体，才能划定会计所要处理的各项交易或事项的范围。在会计工作中，只有那些影响企业本身经济利益的各项交易或事项才能加以确认、计量和报告，那些不影响企业本身经济利益的各项交易或事项则不能加以确认、计量和报告。其次，明确会计主体，才能将会计主体的交易或者事项与会计主体所有者的交易或者事项以及其他会计主体的交易或者事项区分开来。

会计主体不同于法律主体。一般来说，法律主体必然是一个会计主体。例如，一个企业作为一个法律主体，应当建立财务会计系统，独立反映其财务状况、经营成果和现金流量。但是，会计主体不一定是法律主体。例如，就企业集团而言，母公司拥有若干子公司，母、子公司虽然是不同的法律主体，但是母公司对子公司拥有控制权，为了全面反映企业集团的财务状况、经营成果和现金流量，有必要将企业集团作为一个会计主体，编制合并财务报表。

【做中学1-1】 某母公司拥有5家子公司，母子公司均为不同的法律主体，但母公司对子公司拥有控制权，为了全面反映由母子公司组成的企业集团整体的财务状况、经营成果和现金流量，就需要将企业集团作为一个会计主体，编制合并财务报表。

【做中学1-2】 某基金管理公司管理了10只证券投资基金。对该公司而言，一方面，公司本身既是法律主体，又是会计主体，需要以公司为主体核算公司的各项经济活动，以反映整个公司的财务状况、经营成果和现金流量；另一方面，各只基金尽管不属于法律主体，但需要单独核算，并向基金持有人定期披露基金的财务状况、经营成果等，因此，每只基金也属于会计主体。

【提示】 在我国，企业有三种形式，即公司、合伙企业和独资企业，而其中合伙和独资企业就不是独立的法律主体，但它们独立经营自负盈亏，向外报送财务会计报告，是会计主体。比如，一些公司的分公司，虽不是法律主体，却是会计主体。

二、持续经营

持续经营是指在可以预见的将来，企业将会按当前的规模和状态继续经营下去，不会停业，也不会大规模削减业务。在持续经营前提下，会计确认、计量和报告应当以企业持续正常的生产经营活动为前提。在此前提下选择会计程序及会计处理方法，进行会计核算。在会计核算上所使用的一系列会计原则和会计处理方法建立在会计主体持续经营的基础之上,从而解决了很多常见的财产计价和收益确认问题。如果一个企业在不能持续经营时还假定企业能够持续经营,并仍按持续经营基本假设选择会计确认、计量和报告原则与方法,就不能客观地反映企业的财务状况、经营成果和现金流量,会误导会计信息使用者的经济决策。

【做中学1-3】 某企业购入一条生产线,预计使用寿命为10年,考虑到该企业将会持续经营下去,因此可以假定企业的固定资产会在持续的生产经营过程中长期发挥作用,并服务于生产经营过程,即不断地为企业生产产品,直至生产线使用寿命结束。为此,该生产线就应当根据历史成本进行记录,并采用折旧的方法,将历史成本分摊到预计使用寿命期间所生产的相关产品的成本当中。

三、会计分期

会计分期是指将一个企业持续经营的生产经营活动划分为一个个连续的、长短相同的期间。会计分期的目的,在于通过会计期间的划分,将持续经营的生产经营活动划分成连续、相等的期间,据以结算盈亏,按期编报财务报告,从而及时向财务报告使用者提供有关企业财务状况、经营成果和现金流量的信息。

在会计分期假设下,企业应当划分会计期间,分期结算账目和编制财务报告。会计期间通常分为年度和中期。中期是指短于一个完整的会计年度的报告期间。根据《企业会计准则》的规定,以日历年度作为企业的会计年度,即每年的1月1日至12月31日为一个会计年度。为了满足有关方面的需要,还要划分为半年度、季度和月度。半年度、季度和月度均按公历起讫日期确定,均称为会计中期。会计期间的划分对于确定会计核算程序和方法具有极其重要的作用。

四、货币计量

货币计量是指会计主体在财务会计确认、计量和报告时以货币计量,反映会计主体的生产经营活动。在会计的确认、计量和报告过程中之所以选择货币为基础进行计量,是由货币的本身属性决定的。在商品经济条件下,货币是商品的一般等价物,是衡量商品价值的共同尺度,会计核算就必然选择货币作为计量单位。只有选择货币尺度进行计量,才能充分反映企业的生产经营情况,所以,基本准则规定,会计确认、计量和报告选择货币作为计量单位。

按规定,在我国境内的企业会计核算应以人民币作为记账本位币。业务收支以人民币以外的货币为主的企业,也可以选定其中的一种货币作为记账本位币。但是,编报的财务会计报告应当折算为人民币反映。

【提示】 "人民币以外的货币"是一种维护国家主权的准确提法,不可以将其替换为"外币",因为我国的货币单位除人民币以外还包括港币、澳元和台币,如果将其称为"外币"就相当于不承认中国对这些地区的国家主权。

会计核算的四项基本前提,具有相互依存、相互补充的关系。会计主体确立了会计核算的空间范围,持续经营与会计分期确立了会计核算的时间长度,而货币计量则为会计核算提供了必要手段,没有会计主体,就不会有持续经营;没有持续经营,就不会有会计分期;没有货币计量,就不会有现代会计。

任务三 财务会计的基本要素

财务会计的基本要素简称会计要素,是按照交易或者事项的经济特征对财务会计对象的基本分类。它既是会计确认和计量的依据,也是作为财务会计报告核心内容的会计报表的基本构成要素。会计要素按照其性质可分为资产、负债、所有者权益、收入、费用和利润六大会计要素。

会计要素的界定和分类可以使财务会计系统更加科学严密,为使用者提供更加有用的信息。

一、资产

(一)资产的概念

资产是指企业过去的交易或者事项形成的、由企业拥有或者控制的、预期会给企业带来经济利益的资源。资产按其流动性不同,可分为流动资产和非流动资产。流动资产是指可以在1年或者超过1年的一个营业周期内变现或耗用的资产,主要包括货币资金、交易性金融资产、应收票据、应收账款、存货等;除流动资产以外的其他所有资产是非流动资产,包括长期股权投资、债权投资、固定资产、投资性房地产、无形资产等。

(二)资产的特征

(1)资产是由企业过去的交易或者事项形成的。过去的交易或者事项包括购买、生产、建造行为或者其他交易或事项。也就是说,只有过去的交易或者事项才能产生资产,企业预期在未来发生的交易或者事项不形成资产。资产必须是现实的资产,而不是预期的资产。不属于现在的资产,不得作为资产确认,如企业预计要购买一台设备等。

(2)资产应为企业拥有或者控制的资源。这具体是指企业享有某项资源的所有权,或者虽然不享有某项资源的所有权,但该资源能被企业所控制,企业可以按照自己的意愿使用或处置该资源。对于一些通过特殊方式形成的资产,企业虽然对其不拥有所有权,但是能够对其进行实际控制的,就属于企业资产,如企业融资租入的固定资产等。

(3)资产预期会给企业带来经济利益。资产具有直接或者间接导致现金或者现金等价物流入企业的潜力。这种潜力可以来自企业日常的生产经营活动,也可以是非日常活动;带来的经济利益可能是现金或者现金等价物,也可能是能转化为现金或者现金等价物,还可能是减少现金或者现金等价物的流出。

资产预期能否为企业带来经济利益是资产的重要特征。如果某一项目预期不能给企业带来经济利益,那么就不能将其确认为企业的资产。如果前期已经确认为资产的项目,不能再为企业带来经济利益,那么也不能再确认为企业的资产,如已毁损的存货、长期闲置的设备等。

(三)资产的确认条件

将一项资源确认为资产,除了要符合资产的概念,还要同时满足以下两个条件:

(1)与该资源有关的经济利益很可能流入企业。资产的确认应与经济利益流入的不确定性程度的判断结合起来,如果根据编制财务报表时所取得的证据,与资源有关的经济利益很可能流入企业,就应当将其作为资产予以确认。

(2)该资源的成本或者价值能够可靠地计量。可计量性是所有会计要素确认的重要前提,资产的确认也是如此。只有有关资源的成本或者价值能够可靠地计量,资产才能予以确认。

二、负债

(一)负债的概念

负债是指企业过去的交易或者事项形成的,预期会导致经济利益流出企业的现时义务。负债按其流动性的不同分为流动负债和非流动负债。流动负债是指将在1年或者超过1年的一个营业周期内偿还的债务,包括短期借款、应付票据、应付账款、应付职工薪酬、应交税费等;非流动负债是指偿还期在1年或者超过1年的一个营业周期以上的负债,包括长期借款、应付债券、长期应付款等。

(二)负债的特征

(1)负债是企业承担的现时义务。这是负债的基本特征。现时义务是指企业在现行条件下已承担的义务。未来发生的交易或者事项形成的义务,不属于现时义务,不应当确认为负债。

现时义务可分为法定义务和推定义务。法定义务是指具有约束力的合同或者法律和法规规定的义务,通常依法执行,如应付账款、银行借款、应交税款等;推定义务是指企业公开的承诺或者公开宣布的政策而导致企业将承担的责任,如商品售后保修服务等,企业应当将其确认为一项负债。

(2) 负债预期会导致经济利益流出企业。负债的本质特征是预期会导致经济利益流出企业。无论负债是以何种形式出现,其作为一种现时义务,最终的履行均会导致经济利益流出企业。

在履行现时义务清偿负债时,导致经济利益流出企业的形式多种多样,具体表现为交付资产、提供劳务、将一部分股权给债权人等。负债在大多数情况下要用现金进行偿还,在有的情况下也可以用商品和其他资产或者通过提供劳务的方式进行清偿,有些负债还可以通过举借新债来抵补。

(3) 负债是由企业过去的交易或者事项形成的。负债应当由企业过去的交易或者事项形成,即只有过去的交易或者事项才能形成负债,如购买货物、接受银行贷款等。企业在未来发生的承诺、签订的合同等交易或者事项,不形成负债。

(三) 负债的确认条件

将一项现时义务确认为负债,除了要符合负债的概念,还要同时满足以下两个条件:

(1) 与该义务有关的经济利益很可能流出企业。在实务中,履行义务所需流出的经济利益带有不确定性,尤其是推定义务。因此,负债的确认应当与对经济利益流出的不确定性程度的判断结合起来。如果有确凿证据表明,与现时义务有关的经济利益很可能流出企业,就应当将其确认为负债;反之,不应将其确认为负债。

(2) 未来流出的经济利益的金额能够可靠地计量。对于与法定义务有关的经济利益流出金额,通常可以根据合同或者法律规定的金额予以确定;对于与推定义务有关的经济利益流出金额,企业应当根据履行相关义务所需支出的最佳估计数进行估计,并综合考虑有关货币时间价值、风险等因素的影响予以确定。

三、所有者权益

(一) 所有者权益的概念

所有者权益是指企业资产扣除负债后由所有者享有的剩余权益。公司的所有者权益又称为股东权益。所有者权益是所有者对企业资产的剩余索取权,它是企业全部资产扣除负债后应由所有者享有的部分。

(二) 所有者权益的来源构成

所有者权益的来源包括所有者投入的资本、直接计入所有者权益的利得和损失、留存收益等,一般由实收资本(或股本)、资本公积、盈余公积和未分配利润构成。

(1) 所有者投入的资本是指所有者投入企业的资本部分,它既包括构成企业注册资本或者股本部分的金额,也包括投入资本超过注册资本或者股本部分的金额。

(2) 直接计入所有者权益的利得和损失是指不应计入当期损益、会导致所有者权益发生增减变动的、与所有者投入资本或者向所有者分配利润无关的利得或者损失。

利得是指由企业非日常活动所形成的、会导致所有者权益增加的、与所有者投入资本无关的经济利益的流入;损失是指由企业非日常活动所发生的、会导致所有者权益减少的、与向所有者分配利润无关的经济利益的流出,如其他权益工具投资的公允价值变动额等。

(3) 留存收益是企业历年实现的净利润留存于企业的部分,主要包括累计计提的盈余公积和未分配利润。

(三)所有者权益的特征

所有者权益与负债相比具有以下特征:①所有者权益在一般情况下不需要企业归还投资;②所有者权益所形成的资金不需要支付费用;③投资者可以参与企业的利润分配。

(四)所有者权益的确认条件

所有者权益的确认主要依赖于其他会计要素,尤其是资产和负债的确认;所有者权益金额的确定也主要取决于资产和负债的计量。如企业接受投资者投入的资产,在该资产符合企业资产确认条件时,就相应地符合了所有者权益的确认条件。

四、收入

(一)收入的概念

收入是指企业在日常活动中形成的、会导致所有者权益增加的、与所有者投入资本无关的经济利益的总流入。

(二)收入的特征

(1)收入是企业在日常活动中形成的。日常活动是指企业为完成其经营目标所从事的经常性活动以及与之相关的活动。如工业企业制造并销售产品、商业企业销售商品、安装公司提供安装服务、商业银行对外贷款等,均属于企业的日常活动。

(2)收入会导致所有者权益的增加。与收入相关的经济利益的流入应当会导致所有者权益的增加,不会导致所有者权益增加的经济利益的流入不符合收入的概念,不应确认为收入,如企业向银行借入款项等。

(3)收入是与所有者投入资本无关的经济利益的总流入。收入应当会导致经济利益的流入,从而导致资产的增加。如企业销售商品,应当收到现金或者在未来有权收到现金,才表明该交易符合收入的概念。

(三)收入的确认条件

收入的确认至少应当符合以下条件:一是与收入相关的经济利益应当很可能流入企业;二是经济利益流入企业的结果会导致资产的增加或者负债的减少;三是经济利益的流入额能够可靠计量。

五、费用

(一)费用的概念

费用是指企业在日常活动中发生的、会导致所有者权益减少的、与向所有者分配利润无关的经济利益的总流出。

(二)费用的特征

(1)费用是企业在日常活动中形成的。日常活动所产生的费用通常包括销售成本(营业成本)、管理费用等。将费用界定为日常活动所形成的,主要是为将其与损失相区分,企业非日常活动所形成的经济利益的流出不能确认为费用。

(2)费用最终导致所有者权益的减少。与费用相关的经济利益的流出应当会导致所有者权益的减少,不会导致所有者权益减少的经济利益的流出不符合费用的概念。

(3)费用会导致经济利益的流出,但不包括向所有者分配的利润。费用的发生会导致资产的减少或者负债的增加(最终也会导致资产的减少),如现金或者现金等价物的流出等。企业向所有者分配利润也会导致经济利益的流出,该经济利益的流出属于所有者权益的抵减项目,不属于费用。

(三)费用的确认条件

费用的确认除了应当符合费用的概念外,还应当符合以下条件:一是与费用相关的经济利益应当很可能流出企业;二是经济利益流出企业的结果会导致资产的减少或者负债的增加;三是经济利益的流出额能够可靠计量。

六、利润

(一)利润的概念

利润是指企业在一定会计期间的经营成果,是评价企业管理层业绩的一项重要指标,同时也是财务报告使用者进行决策时的重要参考依据。

(二)利润的来源构成

利润包括收入减去费用后的净额、直接计入当期利润的利得和损失等。其中收入减去费用后的净额反映的是企业日常活动的经营业绩,直接计入当期利润的利得和损失反映的是企业非日常活动的业绩。利润包括营业利润、利润总额和净利润。

(三)利润的确认条件

利润的确认主要依赖于收入和费用以及利得和损失的确认,其金额的确定也主要取决于收入、费用、利得、损失金额的计量。

会计基本要素之间存在着一定的数量关系。反映各会计要素之间数量关系的等式叫作会计等式。会计等式揭示了会计基本要素之间的联系,它是复式记账、试算平衡和编制会计报表的理论依据。在任何一个会计期间开始时,企业的资产、负债与所有者权益之间都存在着下列数量关系:

$$资产 = 负债 + 所有者权益$$

随着企业经营活动的不断进行,在会计期间内,企业一方面会取得收入,因此而增加资产(或减少负债);另一方面要发生各种各样的费用,因此而减少资产(或增加负债)。所以,企业在会计期中(结账之前),原来的会计等式就转化为以下关系:

$$资产 = 负债 + 所有者权益 + (收入 - 费用)$$

到会计期末,企业将收入与费用相抵销,计算出本期利润或亏损,并将利润按规定程序进行分配后,上述会计等式又恢复为期初的形式,即:

$$资产 = 负债 + 所有者权益$$

以上会计六要素之间相互影响,密切联系,全面综合地反映了企业的经营活动。

任务四 会计信息质量要求

会计信息质量要求是对企业财务报告中所提供会计信息质量的基本要求,是使财务报告中所提供会计信息对投资者等使用者决策有用应具备的基本特征。根据基本准则规定,会计信息质量要求包括以下特征。

一、可靠性

可靠性要求企业应当以实际发生的交易或事项为依据进行确认、计量、记录和报告,如实反映符合确认和计量要求的会计要素及其他相关信息,保证会计信息真实可靠、内容完整。

会计信息要有用,必须以可靠性为基础,如果财务报告所提供的会计信息是不可靠的,就会对投资者等会计信息使用者的决策产生误导,甚至带来损失。为了贯彻可靠性要求,企业应当做到:

(1) 以实际发生的交易或者事项为依据进行确认、计量。将符合会计要素定义及其确认条件的资产、负债、所有者权益、收入、费用和利润等如实反映在财务报表中，而不得虚构或随意估计经济业务和会计事项。

(2) 企业所提供的会计信息应当是中立的、无偏的。如果企业在提供会计信息时为了达到事先设定的结果或效果，选择性地提供会计信息以影响信息使用者的决策和判断，就有违会计信息的中立性，这样的会计信息不具有可靠性。

【做中学1—4】某公司于20×8年年末发现公司销售萎缩，无法实现年初确定的销售收入目标，但考虑到在20×9年春节前后，公司销售可能会出现较大幅度的增长，因而提前预计库存商品销售，在20×8年年末制作了若干虚假的存货出库凭证，并确认销售收入的实现。该公司的这一会计处理没有以其实际发生的交易或者事项为依据，因此违背了会计信息质量要求中的可靠性原则，也违背了我国会计法的规定。

二、相关性

相关性要求企业财务会计提供的会计信息应当与投资者等财务报告使用者的经济决策需要相关，有助于投资者等财务报告使用者对企业过去、现在或者未来的情况作出评价或者预测。

会计信息质量的相关性要求，需要企业在确认、计量和报告会计信息的过程中，充分考虑财务报告使用者的决策模式和信息需要。但是，相关性是以可靠性为基础的，两者之间并不矛盾，不应将两者对立起来。也就是说，会计信息在可靠性前提下，尽可能地做到相关性，以满足投资者等财务报告使用者的决策需要。一项信息是否具有相关性取决于三个因素，即：预测价值、反馈价值和及时性。

三、可理解性

可理解性要求企业财务会计提供的会计信息清晰明了，便于投资者等财务报告使用者理解和使用。

企业编制财务报告、提供会计信息的目的在于使用，而要使使用者有效使用会计信息，应当能让其了解会计信息的内涵，弄懂会计信息的内容，这就要求财务报告所提供的会计信息应当清晰明了，易于理解。只有这样，才能提高会计信息的有用性，实现财务报告的目标，满足向投资者等财务报告使用者提供决策有用信息的要求。

四、可比性

可比性要求企业财务会计提供的会计信息应当相互可比。这主要包括以下两层概念。

(一) 同一企业不同时期可比

为了便于投资者等财务报告使用者了解企业财务状况、经营成果和现金流量的变化趋势，比较企业在不同时期的财务报告信息，全面、客观地评价过去、预测未来，从而作出决策。会计信息质量的可比性要求同一企业不同时期发生的相同或者相似的交易或者事项，应当采用一致的会计政策，不得随意变更。但是，满足会计信息可比性要求，并非表明企业不得变更会计政策，如果按照规定或者在会计政策变更后可以提供更可靠、更相关的会计信息的，可以变更会计政策。有关会计政策变更的情况，应当在附注中予以说明。如企业将存货计价从先进先出法改为加权平均法，会对存货发出成本和留存存货价值产生不同的影响，应该在附注中对此加以说明。

(二) 不同企业相同会计期间可比

为了便于投资者等财务报告使用者评价不同企业的财务状况、经营成果和现金流量及其变动情况，会计信息质量的可比性要求不同企业同一会计期间发生的相同或者相似的交易或者事项，应当采用规定的会计政策，确保会计信息口径一致，相互可比，以使不同企业按照一致的确认、计量和报告要求提供有关会计信息。

五、实质重于形式

实质重于形式要求企业财务会计应当按照交易或者事项的经济实质进行会计确认、计量和报告,不应仅以交易或者事项的法律形式为依据。如果企业仅仅以交易或者事项的法律形式为依据进行会计确认、计量和报告,那么就容易导致会计信息失真,无法如实反映经济现实。

在实务中,交易或者事项的法律形式并不总能完全真实地反映其实质内容。所以,要想反映会计信息所应反映的交易或事项,就必须依据交易或事项的实质和经济现实来判断,而不能仅仅根据它们的法律形式。如将融资租入固定资产视为自有固定资产进行会计处理,就是遵循实质重于形式的要求。

【做中学 1-5】 以融资租赁方式租入的资产,虽然从法律形式来讲企业并不拥有其所有权,但是由于租赁合同中规定的租赁期相当长,接近于该资产的使用寿命,且租赁期结束时承租企业有优先购买该资产的选择权,在租赁期内承租企业有权支配资产并从中受益。所以从其经济实质来看,企业能够控制其创造的未来经济利益。因而会计核算上将以融资租赁方式租入的资产视为企业的资产。

【做中学 1-6】 企业在销售某商品的同时又与客户签订了售后回购协议。在这种情况下,就需要按照销售的经济实质来判断是否应当确认销售收入。如果企业已将商品所有权上的主要风险和报酬转移给购货方,满足了收入确认的各项条件,则销售实现,应当确认收入;如果企业没有将商品所有权上的主要风险和报酬转移给购货方,没有满足收入确认的各项条件,即使企业已将商品交付给购货方,销售也没有实现,不应当确认收入。通常应当将该售后回购协议作为融资协议来处理。

六、重要性

重要性要求企业财务会计提供的会计信息应当反映与企业财务状况、经营成果和现金流量等有关的所有重要交易或者事项。

在实务中,如果财务报告中提供的会计信息的省略或者错报会影响投资者等使用者据此作出决策的,该信息就具有重要性。重要性的应用需要依赖职业判断,企业应当根据其所处环境和实际情况,从项目性质和金额大小两方面来判断其重要性。

七、谨慎性

谨慎性要求企业财务会计对交易或者事项进行会计确认、计量和报告应当保持应有的谨慎,不应高估资产或者收益、低估负债或者费用。

在市场经济环境下,企业的生产经营活动面临着许多风险和不确定性,如应收款项的可收回性、固定资产的使用寿命、无形资产的使用寿命、出售存货可能发生的退货或者返修等。会计信息质量的谨慎性要求,需要企业在面临不确定性因素的情况下作出职业判断时,应当保持应有的谨慎,充分估计到各种风险和损失,既不高估资产或者收益,也不低估负债或者费用。例如,要求企业对可能发生的资产减值损失计提资产减值准备、对售出商品可能发生的保修义务等确认预计负债等,就体现了会计信息质量的谨慎性要求。

八、及时性

及时性要求企业财务会计对于已经发生的交易或者事项,应当及时进行会计确认、计量和报告,不得提前或者延后。

会计信息的价值在于帮助所有者或者其他方面作出经济决策,具有时效性。即使可靠、相关的会计信息,如果不及时提供,就失去了时效性,对于使用者的效用就大大降低,甚至不再具有实际意义。在会计确认、计量和报告过程中贯彻及时性：一是要求及时收集会计信息，即在经济交易或者事项发生后，及时收集整理各种原始单据或者凭证；二是要求及时处理会计信息，即按照企业会计准则的规定，及时对经济交易或者事项进行确认或者计量，并编制财务报告；三是要求及时传递会计信息，即按照国家规定的有关时限，及时地将编制的财务报告传递给财务报告使用者，便于其及时使用和决策。

任务五　会计岗位设置

一、会计岗位的基本要求

根据《会计基础工作规范》，会计工作岗位一般可分为：会计机构负责人或者会计主管人员、出纳、财产物资核算、职工薪酬核算、成本费用核算、财务成果核算、资金核算、往来结算、总账报表、稽核、档案管理等。

企业应根据自身规模大小、业务量多少以及岗位设置具体要求，对上述工作岗位进行适当地合并或细分，可以一人一岗、一人多岗或者一岗多人。会计机构负责人（或者会计主管人员）是从总体上把握财务部门的相关工作的岗位，稽核、档案管理等属于管理监督的辅助岗位，这些岗位没有实质性的会计业务核算，在会计实务操作中没有体现，因此本书没有单独就此设置实训项目。在实务中，企业一般设置出纳、财产物资核算、职工薪酬核算、财务成果核算、资金核算、往来结算等岗位。而出纳必须是一个单独的岗位，不得监管稽核、会计档案保管，以及收入、费用、债权债务账目的登记工作。总账报表核算岗位是进行总分类核算和编制报表的，也可以设为一个岗位，专门负责一定时期的总分类账簿的登记和会计报表的编制，体现知识的系统性和报表核算岗位对会计资料的基本要求。因此本书按会计业务核算需要，设置了出纳、财产物资核算、往来结算、职工薪酬核算、财务成果核算、资金核算、总账报表核算等岗位实训项目。

二、会计岗位

会计业务核算岗位如图1-1所示。

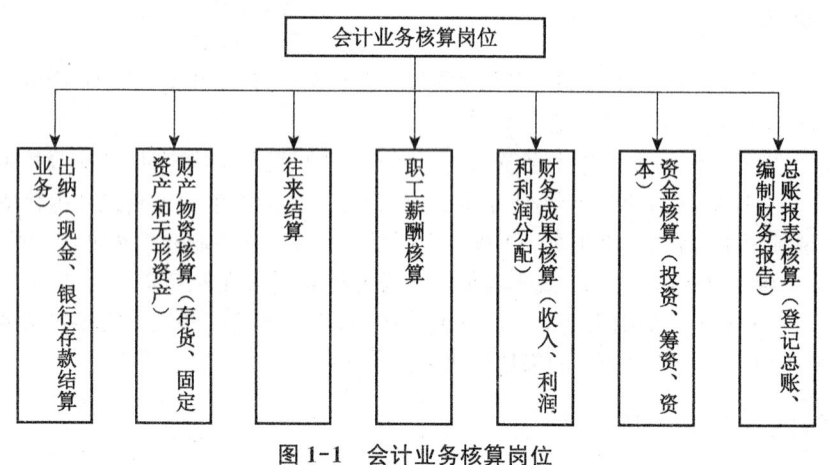

图1-1　会计业务核算岗位

关键术语

会计主体　持续经营　会计分期　货币计量　权责发生制　资产　负债　所有者权益　收入　费用

利润　历史成本　重置成本　可变现净值　现值　公允价值

应知考核

一、单项选择题

1. 对列入账户和财务报表中的会计要素确定其金额的过程是(　　)。
   A. 确认　　　　　　B. 计量　　　　　　C. 记录　　　　　　D. 报告
2. 决定将交易或事项中的某一项目作为一项会计要素加以记录和列入财务报表的过程,是企业财务会计的首要程序的是(　　)。
   A. 确认　　　　　　B. 计量　　　　　　C. 记录　　　　　　D. 报告
3. 不属于会计信息首要质量要求的是(　　)。
   A. 可靠性和可比性　　B. 相关性　　　　　C. 重要性　　　　　D. 可理解性
4. 下列对于实质重于形式表述中,正确的是(　　)。
   A. 企业应当以实际发生的交易或者事项为依据进行确认、计量和报告,客观地反映符合确认和计量要求的各项会计要素及其他相关信息
   B. 企业应当按照交易或者事项的经济实质进行会计确认、计量和报告,不应仅以交易或者事项的法律形式为依据
   C. 企业提供的会计信息应当与财务报告使用者的经济决策需要相关,有助于财务报告使用者对企业过去、现在或者未来的情况作出评价或者预测
   D. 企业提供的会计信息应当反映与企业财务状况、经营成果和现金流量有关的所有重要的交易或事项
5. 不属于负债会计要素特征的是(　　)。
   A. 是由企业过去的交易或者事项形成的　　B. 预期会导致经济利益流出企业
   C. 是企业承担的现时义务　　　　　　　　D. 预期会给企业带来经济利益
6. 对费用表述中,不正确的是(　　)。
   A. 费用会导致所有者权益的减少
   B. 费用是与向债权人支付利息无关的经济利益的总流出
   C. 费用是与向所有者分配利润无关的经济利益的总流出
   D. 费用应当是企业在日常活动中形成的
7. 对历史成本表述中,正确的是(　　)。
   A. 资产按照其购置时支付的现金或现金等价物的金额,或者按照购置资产时的可变现净值计量
   B. 负债按照其因承担现时义务而实际收到的款项或者资产的金额,或者承担现时义务的合同金额,或者按照日常活动中为偿还负债预期需要支付的现金或现金等价物的现值计量
   C. 资产按照其购置时支付的现金或现金等价物的金额,或者按照购置资产时所给付对价的公允价值计量
   D. 负债按照其因承担现时义务而实际收到的款项或者资产的金额,或者承担现时义务的合同金额,或者按照日常活动中为偿还负债预期需要支付的现金或者现金等价物的可变现净值计量
8. 可变现净值通常应用于(　　)。
   A. 盘盈资产的计量
   B. 非流动资产可收回金额的计量
   C. 交易性金融资产、其他权益工具投资的计量
   D. 存货资产减值情况下的期末计量
9. 企业有权利将所有权尚未转移但能实际控制、支配的资源确认为资产,所依据的会计原则是(　　)。
   A. 相关性　　　　　B. 重要性　　　　　C. 谨慎性　　　　　D. 实质重于形式
10. 企业会计核算时将劳动资料划分为固定资产和低值易耗品,是基于(　　)信息质量要求。
    A. 重要性　　　　　B. 可比性　　　　　C. 谨慎性　　　　　D. 权责发生制

二、多项选择题

1. 企业财务会计是由（　　）相关程序构成的一个有机整体。
   A. 确认　　　　　　B. 计量　　　　　　C. 计算　　　　　　D. 记录
2. 下列会计核算,符合会计信息质量的谨慎性要求的有（　　）。
   A. 固定资产采用加速折旧法计提折旧　　　B. 长期股权投资核算采用权益法
   C. 应收账款计提坏账准备　　　　　　　　D. 对存货计提跌价准备
3. 在持续经营基础的表述中,正确的有（　　）。
   A. 会计主体将按照要求确定记账本位币　　B. 会计主体将按照既定用途使用资产
   C. 会计主体将按照既定的合约条件清偿债务　D. 会计主体将选择会计政策和估计方法
4. 会计确认与计量的基础有（　　）。
   A. 当期与前期　　B. 当期与后期　　C. 权责发生制　　D. 收付实现制
5. 属于会计信息首要质量要求的有（　　）。
   A. 及时性　　　　B. 可靠性　　　　C. 谨慎性　　　　D. 可比性
6. 会计信息是否具有相关性,主要取决的因素有（　　）。
   A. 反馈价值　　　B. 预测价值　　　C. 重要性　　　　D. 及时性
7. 下列属于资产会计要素特征的有（　　）。
   A. 是企业承担的现时义务　　　　　B. 预期会给企业带来经济利益
   C. 应为企业拥有或者控制的资源　　D. 是由企业过去的交易或者事项形成的
8. 所有者权益按其来源主要包括（　　）。
   A. 实收资本（或股本）
   B. 资本公积（包括资本溢价或股本溢价、其他资本公积）
   C. 盈余公积（包括法定盈余公积、任意盈余公积）
   D. 其他综合收益
9. 下列属于会计基本假设的有（　　）。
   A. 会计主体　　　B. 持续经营　　　C. 会计分期　　　D. 货币计量
10. 下列关于会计工作的基本程序中,正确的有（　　）。
    A. 会计确认是指按照规定的标准和方法,辨认和确定经济信息是否作为会计信息、何时作为会计信息以及列入什么会计信息的过程
    B. 会计计量是指根据一定的计量标准和方法,确定经济业务或会计事项的金额的过程。会计计量以货币单位为主,辅以物理单位
    C. 会计记录是指将经过确认和计量的各项经济业务或会计事项,采用一定的方法在账户中进行记录的过程
    D. 会计报告又称财务会计报告,是指以账簿记录为依据,采用表格和文字的形式,将会计数据提供给信息使用者的书面报告

三、判断题

1. 企业财务会计,又称对内报告会计。　　　　　　　　　　　　　　　　　　　　　（　　）
2. 会计主体是指企业会计确认、计量和报告的空间范围。　　　　　　　　　　　　　（　　）
3. 法律主体必然是一个会计主体,会计主体不一定是法律主体。　　　　　　　　　　（　　）
4. 收付实现制基础要求,凡是不属于当期的收入和费用,即使款项已经在当期收付,也不应作为当期的收入和费用。　　　　　　　　　　　　　　　　　　　　　　　　　　（　　）
5. 权责发生制基础要求,凡是当期已经实现的收入和已经发生或应负担的费用,无论款项是否收付,都应作为当期的收入和费用。
6. 谨慎性是指不低估资产或收益,不高估负债或费用。　　　　　　　　　　　　　　（　　）

7. 及时性要求企业对于已经发生的交易或事项,应当及时进行确认、计量和报告,可以提前但不得延后。(   )
8. 所有者权益反映了所有者对企业资产的所有权。(   )
9. 直接计入当期利润的利得和损失,是指应当计入当期损益、最终会引起所有者权益发生增减变动的、与所有者投入资本或者向所有者分配利润无关的利得和损失。(   )
10. 现值主要应用于交易性金融资产、其他权益工具投资的计量等。(   )

四、思考题

1. 财务会计的目标是什么?
2. 财务会计的信息处理程序如何?
3. 财务会计的基本假设有哪些?
4. 财务会计的基本要素有哪些?各基本要素的特征及确认如何?
5. 财务会计的信息质量要求有哪些?

应会考核

★ 业务考核

【考核项目】

会计信息质量要求。

【背景资料】

小华是一名刚毕业不久的会计专业学生,领导安排她做固定资产会计。年终编制会计报表时,总账会计王飞的会计报表数据不能达到平衡,于是要求小华将当年计提的固定资产折旧额少写 30 万元。

【考核要求】

如果你是小华,你是否同意王飞的要求?理由是什么?

★ 技能考核

【考核项目】

会计核算与会计要素计量。

【背景资料】

1. 某企业于 20×9 年 3 月发生下列事项:
(1) 计划购入一批原材料,价值 120 万元。
(2) 通过银行转账购入的 2 辆卡车,含税价格 93.6 万元。
(3) 已签订合同并将于下一年度购进的设备,价值 234 万元。
(4) 接受捐赠一批商品,价值 117 万元。
(5) 已支付货款,但尚未验收入库的原材料,价值 351 万元。
要求:请判断以上事项能否作为企业发生的经济业务进行会计核算。

2. 某企业于 20×8 年发生下列事项:
(1) 接受一批捐赠物资,价值 117 万元,没有发票。
(2) 通过银行转账购入一批原材料,含税价格 351 万元,有发票且验收无误。
(3) 年末一批库存商品原账面价值 100 万元,年末的市场价格为 80 万元。
(4) 年末在财产清查中盘盈一台设备,八成新,同类设备价值为 100 万元。
(5) 将公司多余的一台设备(账面价值 80 万元)与供应商的货物(账面价值 78 万元)按双方协商一致的 79 万元进行交换。
要求:请回答对上述会计要素如何进行会计计量。

【考核要求】

请按照上述业务技能题的要求作答。

★ **综合实务题**

持续经营能力的判断——深圳大华天诚会计师事务所与"ST中华"

背景与情境： 从2001年起，"ST中华"一直保持接近20亿元的负资产，或者说连续3年严重资不抵债。这足以引起注册会计师对公司是否仍具有持续经营能力产生警惕。遗憾的是，深圳大华天诚会计师事务所依然对该公司年报出具了标准无保留意见的审计报告。

依据公开信息，在《独立审计具体准则第17号——持续经营》第7条中列示的可能导致对被审计单位持续经营能力产生重大疑虑的事项或情况中，"ST中华"至少涉及其中6项，具体包括：①无法偿还到期债务。表现为：一方面，公司存在大量还款诉讼；另一方面，因公司资金短缺，账面反映有账龄超过3年的大额应付账款1.26亿元、大额其他应付款1.17亿元尚未偿还。②经营性亏损数额巨大。2003年年末"ST中华"的未分配利润为－24.87亿元。③资不抵债。如上文所述，至2003年12月31日，该公司的所有者权益为－16.85亿元。④营运资金出现负数。根据"ST中华"2003年资产负债表列示，公司流动资产（143 670 834.23元）减去流动负债（1 098 944 171.77元）后的余额为－9.55亿元。⑤经营活动产生的现金流量净额为负数。该公司2003年度现金流量表显示，经营活动产生的现金流量净额为－14 022 030.58元。同时，截至2003年年末，该公司共有9宗劳资纠纷案，案由为135名员工起诉公司拖欠工资及养老保险金等，涉案金额107万元，该公司报告称上述纠纷案正在执行中。此外，"ST中华"还存有下属7家控股子公司停止经营，并已对其投资全额计提减值准备等情况。

要求： 请根据资料在下列题中填入适当选项。

(1) 会计核算的基本前提又称会计假设，其内容包括（　　　）。
A. 会计主体　　　　B. 持续经营　　　　C. 会计分期　　　　D. 货币计量

(2) 会计分期假设、实际成本计价、权责发生制、配比性原则等都是以（　　　）为假设前提的。
A. 会计主体　　　　B. 持续经营　　　　C. 会计分期　　　　D. 货币计量

(3) 根据资料信息，"ST中华"的持续经营能力存在重大疑虑，是因为（　　　）。
A. 无法偿还到期债务　　　　　　　　B. 资不抵债
C. 累计经营性亏损数额巨大　　　　D. 营运资金出现负数

(4) 深圳大华天诚会计师事务所对"ST中华"年报出具了标准无保留意见审计报告。其结果是（　　　）。
A. 职业判断准确　　　　　　　　　　B. 职业不判断准确
C. 该审计报告是不值得信任　　　　D. 影响了投资者利益

(5) 从这个案例，我们可以看到失去（　　　）作为前提，会计核算就变得毫无意义。
A. 会计职业判断　　B. 会计假设　　　　C. 投资者约束　　　　D. 投资者风险意识

项目实训

【实训项目】

财务会计认知。

【实训情境】

一、企业概况

华宇有限责任公司为增值税一般纳税人，适用增值税税率为16%，所得税税率为25%，会计核算遵循企业会计准则，有关情况如下：

开户银行：中国工商银行滨海市分行

基本户账号：1801001122200100888

纳税人识别号：280602002234678

注册资本：20 000 000元

注册地址：滨海市解放街28号　电话：0578-2133999

企业类型：有限责任公司

主营业务：塑料制品生产与销售

企业法人:陈明

二、实训目标

树立正确的会计职业观,理解会计工作的内涵和内容,以及工作方法和程序。

三、障碍实训

根据实训资料,进行判别、分析,指出存在的错误,并给出正确的做法。

业务1:20×8年5月16日。

华宇有限责任公司股东需要财务部门提供20×7年度的财务信息,会计王鑫准备了以下资料准备交给股东大会:

(1) 公司员工花名册。

(2) 公司员工每月出勤统计表。

(3) 车间生产线产量统计表。

(4) 会计四大报表和附注。

(5) 每月产品成本计算表。

业务2:20×8年7月10日。

华宇有限责任公司财务部新来了一名出纳张艳丽,经过一段时间的见习,师傅王岩决定今天由张艳丽独立处理会计业务。张艳丽于7月10日进行了如下会计业务处理:

(1) 早上一上班,先接受王岩交接的库存现金,在王岩的指导下,先盘点保险柜里的现金,与库存现金日记账核对一致,然后更改了保险柜密码。

(2) 上午9点钟,收到销售部门通知,通过电子银行转账收取一笔销售商品款含税价格23.4万元,并开具了发票。

(3) 上午10点20分,供应部采购员李臣报销采购差旅费,张艳丽将李臣的差旅费报销单与后附原始单据核对一致后就按差旅费报销单上的金额支付了现金1 200元。

(4) 下午14点30分,去银行拿回各种结算通知单据,并将相应的收付款进行了记账凭证的编制。

(5) 下午5点30分,收拾办公桌和办公用品后,准备下班回家。

【实训要求】

(1) 根据实训资料,进行判别、分析,指出存在的错误,并给出正确的做法。

(2) 通过实训过程的全程参与和体验,在基本完成实训操练各项技能任务的基础上,独立形成财务会计认知实训报告。

财务会计认知实训报告

财务会计认知		
项目实训班级：	项目小组：	项目组成员：
实训时间：　年　月　日	实训地点：	实训成绩：
实训目的：		
实训步骤：		
实训结果：		
实训感言：		
不足与今后改进：		
项目组长评定签字：		项目指导教师评定签字：

项目二 出纳岗位——货币资金

本项目课件

知识目标

理解:货币资金的性质、银行存款结算方式、其他货币资金的概念及相关的内部控制。
熟知:货币资金的内容和概念,库存现金的使用范围,库存现金、银行存款的日常管理。
掌握:库存现金的核算、银行存款的核算和其他货币资金的核算。

技能目标

通过本项目的学习,要求能够根据实验操作资料正确理解原始凭证并能够填制部分原始凭证,掌握库存现金管理,填制各种结算凭证,如支票、收据、增值税专用发票、收料单和各种银行结算凭证等,办理日常的转账结算工作,设置并登记库存现金、银行存款日记账。

素质目标

运用所学会计的理论与实务知识研究相关案例,培养和提高学生在特定业务情境中分析问题与决策设计的能力;能结合"出纳岗位——货币资金"的教学内容,结合行业规范或标准,分析会计行为的善恶,强化学生的职业道德素质。

项目引例

引例 货币资金

背景与情境:浙江省华盛股份有限公司(以下简称华盛公司)为增值税一般纳税义务人,主要生产圆钢、螺纹钢和线材等钢材,适用的增值税税率为16%。华盛公司开户银行是中国工商银行江城市新桥支行,基本账户账号为330118090325918。20×9年1月3日,企业销售部王成出差,预借差旅费5 000元,经审核后出纳李胜以现金支付。出纳李胜应如何按规定进行现金支付业务的处理?

请会计张红做出相关账务处理。

相关原始凭证:借款单。

业务产生:销售部王成出差,向公司借支差旅备用现金而产生的借款。

请针对上述背景与情境内容,做出相关处理程序。

知识精讲

任务一 出纳岗位概述

一、出纳岗位的职责与工作任务

(一)出纳的概念

出纳,顾名思义,出即支出,纳即收入。出纳工作是管理货币资金、票据、有价证券进进出出的一项工作。具体地说,出纳是按照有关规定和制度,办理本单位的现金收付、银行结算及有关账务,保管库存现金、有价证券、财务印章及有关票据等工作的总称。从广义上讲,只要是票据、货币资金和有价证券的收付、保管、核算,就都属于出纳工作。它既包括各单位会计部门专设出纳机构的各项票据、货币资金、有价证券收付业务处理,票据、货币资金、有价证券的整理和保管,货币资金和有价证券的核算等各项工作,也包括各单位业务部门的货币资金收付、保管等方面的工作。狭义的出纳则仅指各单位会计部门专设出纳岗位或人员的各项工作。

(二)出纳岗位的职责

出纳是会计工作的重要环节,涉及的是现金收付、银行结算等活动,而这些又直接关系到职工个人、单位乃至国家的经济利益,工作出了差错,就会造成不可挽回的损失。因此,明确出纳人员的职责,是做好出纳工作的起码条件。根据《中华人民共和国会计法》(以下简称《会计法》)、《会计基础工作规范》等财会法规,出纳员具有以下职责:

(1) 按照国家有关现金管理和银行结算制度的规定,办理现金收付和银行结算业务。出纳员应严格遵守现金开支范围,非现金结算范围不得用现金收付;遵守库存现金限额,超限额的现金按规定及时送存银行;现金管理要做到日清月结,账面余额与库存现金每日下班前应核对,发现问题,及时查对;银行存款日记账与银行对账单也要及时核对。

(2) 根据会计制度的规定,在办理现金和银行存款收付业务时,要先严格审核有关原始凭证,再据以编制收付款凭证,然后根据编制的收付款凭证逐笔顺序登记库存现金日记账和银行存款日记账,并结出余额。

(3) 按照国家外汇管理和结汇、购汇制度的规定及有关批件,办理外汇出纳业务。外汇出纳业务是政策性很强的工作,随着改革开放的深入发展,国际间经济交往日益频繁,外汇出纳也越来越重要。出纳人员应熟悉国家外汇管理制度,及时办理结汇、购汇、付汇,避免国家外汇损失。

(4) 掌握银行存款余额,不准签发空头支票,不准出租、出借银行账户为其他单位办理结算。这是出纳员必须遵守的一条纪律,也是防止经济犯罪、维护经济秩序的重要方面。出纳员应严格支票和银行账户的使用和管理,从出纳这个岗位上堵塞结算漏洞。

(5) 保管库存现金和各种有价证券(如国库券、债券、股票等)的安全与完整。要建立适合本单位情况的现金和有价证券保管责任制,如发生短缺,属于出纳员责任的要进行赔偿。

(6) 保管有关印章、空白收据和空白支票。印章、空白票据的安全保管十分重要,在实际工作中,因丢失印章和空白票据给单位带来经济损失的不乏其例。对此,出纳员必须高度重视,建立严格的管理办法。通常,单位财务公章和出纳员名章要实行分管,交由出纳员保管的出纳印章要严格按规定用途使用,各种票据要办理领用和注销手续。

(三)出纳岗位的工作任务

(1) 填制各种原始单据并据以编制记账凭证。
(2) 登记库存现金日记账和银行存款日记账。
(3) 登记其他货币资金明细账。
(4) 编制银行存款余额调节表。

二、出纳岗位业务核算程序

出纳岗位业务核算程序如图2-1所示。

三、货币资金概述

(一)货币资金的性质

货币资金是指企业的生产经营资金在周转过程中处于货币形态的资金。在企业的日常生产经营过程中,会发生大量有关货币资金的收入与支付业务,货币资金是企业资产的主要组成部分,是流动性最强的资产,在生产经营过程中起着非常重要的作用。

为了保证企业生产经营活动的正常进行,必须拥有一定数量的货币资金,以便购买原材料、缴纳税金、发放工资、清偿各种债务、支付利息以及支付股利或进行投资活动等。货币资金不仅是企业流动性最强的资产,而且也是唯一能够直接转化为任何其他资产形态的资产。通过企业

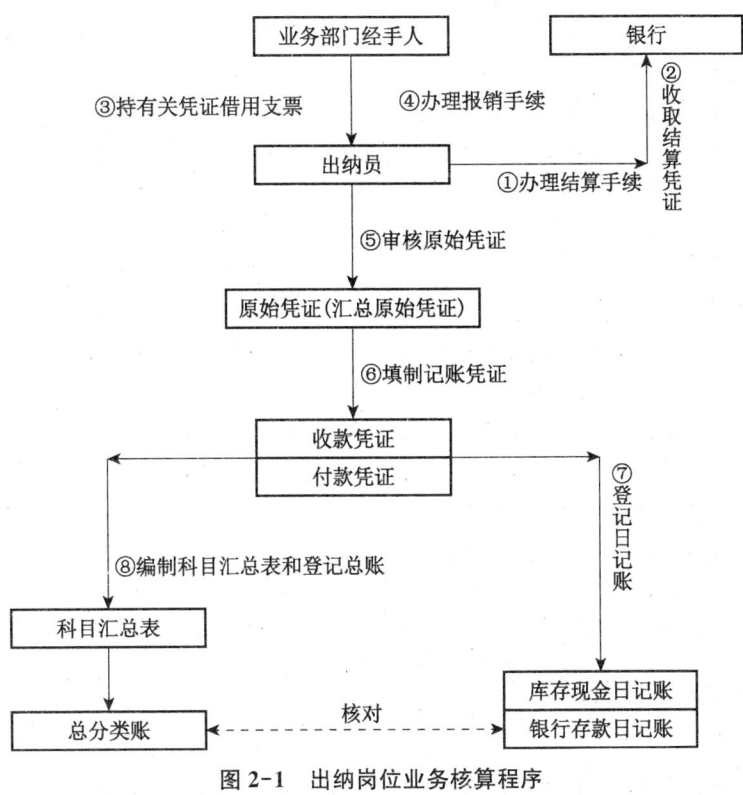

图 2-1 出纳岗位业务核算程序

货币资金的拥有量与负债的比例关系,能够分析企业的偿债能力和支付能力。此外,由于货币资金是直接的流通货币,在日常频繁的收支活动中特别容易发生差错和丢失,以及被不法人员贪污或挪用,因此,加强对货币资金的管理和控制,组织好货币资金的收支核算是会计核算中一项十分重要的工作。

(二)货币资金的内容

货币资金一般包括硬币、纸币、存于银行或其他金融机构的活期存款以及银行本票存款和银行汇票存款等可以立即支付使用的交换媒介。凡是不能立即支付使用的存款(如银行冻结存款等),一般不能视为货币资金。

货币资金的内容按照其存放的地点和用途不同分为库存现金、银行存款和其他货币资金三种类型。

任务二 库存现金的核算

一、库存现金的使用范围

我国会计上所说的现金是指狭义上的现金,即库存现金,也称为现钞,包括本国货币和外国货币。现金是流动性最强的一种货币资金,企业可以随时动用现金购置所需的财产物资、支付有关费用等。根据我国现金管理制度和结算制度的规定,企业收支的各种款项必须按照国务院颁发的《中华人民共和国现金管理暂行条例》的规定办理,在规定的范围内使用现金。不属于现金结算范围内的款项支付或收入,一律通过银行进行转账结算,不得支付或收入现金。

现金的支出范围包括:①职工工资、津贴;②个人劳动报酬;③根据国家规定颁发给个人的科学技术、文化艺术、体育等各种奖金;④各种劳保、福利费用以及国家规定的对个人的其他支出;⑤向个人收购农副产品和其他物资的价款;⑥出差人员必须随身携带的差旅费;⑦结算起点以下的零星支出;⑧中国人民银行确定需要支付现金的其他支出。

现金的收入范围包括:①剩余差旅费和归还备用金等个人的交款;②对个人或不能转账的集体单位的销售收入;③不足转账起点的小额销售收入等。

二、库存现金限额

库存现金限额是指为保证各单位日常零星支出按规定允许留存的现金的最高数额。企业在日常经营活动中发生的现金收入应及时送存银行,不得直接用于自己的支出。用收入的现金直接对外支付的叫作"坐支现金"。如果因特殊情况需要坐支现金的,应当事先报经开户银行审批,由开户银行核定坐支范围和库存现金限额。企业的库存现金限额由其开户银行根据开户单位的实际情况和距离银行远近核定,一般为3~5天的日常零星开支需要量。边远地区和交通不便地区的企业,可以适当放宽库存现金限额,但不得多于15天的日常零星开支所需的现金核定。正常开支需要量不包括企业每月发放工资和不定期差旅费等大额现金支出。库存限额一经确定,要求企业必须严格遵守,按照规定的限额控制现金的结余量,超过限额的部分必须及时送存银行。库存现金低于限额时,可以签发现金支票从银行提取现金,补足限额。

三、库存现金日常管理的规定

(1) 现金收入应当在当天送存银行,如果当天送存银行确实有困难,由银行确定送存时间。

(2) 企业可以在现金使用范围内支付现金或从银行提取现金,但是不得从本企业的现金收入中直接支付(坐支)。

(3) 企业从银行提取现金时,应当在取款凭证上写明具体用途,并由财会部门负责人签字盖章后,交由银行审核后方可支取;将现金存入银行时,应当根据有关原始凭证,由会计主管人员或指定人员审核,并根据审核无误的原始凭证编制记账凭证,并且注意避免重复记账。

四、企业库存现金的内部控制

(1) 企业应建立现金的岗位责任制,明确相关部门和岗位的职责权限,确保办理现金业务的不相容岗位相互分离、制约和监督。出纳人员不得兼任稽核,会计档案保管和收入、支出、费用、债权债务账目的登记工作。

(2) 企业应当建立现金业务的授权批准制度,明确审批人对现金业务的授权批准方式、权限、程序、责任和相关的控制措施。规定经办人办理现金业务的职责范围和工作要求,审批人应当在规定的授权范围内进行审批,不得越权审批。严禁未经授权的机构或者人员办理现金业务或直接接触现金。

(3) 设专职出纳负责现金的收入、支出和保管。出纳人员除可以登记库存现金日记账与银行存款日记账外,不得登记其他会计账簿。

(4) 库存现金应做到"日清月结"。所谓"日清",要求出纳人员在每日营业终了,应结出当日库存现金日记账余额,并与库存现金实存数相互核对,要求账实相符;所谓"月结",要求出纳人员在每月终了,将库存现金日记账的账面余额与现金的月末库存金额相互核对,以求账实相符。不得坐支现金,不得白条顶库,严禁公款私存。

(5) 建立定期和不定期盘点制度,以确保现金账实相符。企业应定期或不定期地派人与出纳人员共同清查库存现金,及时处理现金长(短)款问题。

五、库存现金的账务处理

为了总括地反映和监督企业库存现金的收支情况,需进行现金的总分类核算,企业应设置"库存现金"账户。该账户用于核算现金收入、支出变动和结存情况,属于资产类账户。借方登记现金的收入数额,贷方登记现金的支出数额,借方余额表示库存现金的实存数额。

现金核算的内容主要包括现金收入核算和现金支出核算。企业收到现金时,按审核无误的会计凭证,借记"库存现金"账户,贷记有关账户;企业实际支付现金时,按审核无误的会计凭证,借记有关账户,贷记"库存现金"账户。

企业除了进行现金总分类核算外,还应进行现金序时核算,即企业应设置"库存现金日记账",由出纳人员根据收付款凭证,按照业务发生顺序逐笔登记。每日终了,应当计算当日的现金收入合计数、现金支出合计数和现金结余数,并将现金结余数与实际库存数核对,做到账实相符。

【做中学2-1】 A企业5月份发生的有关现金收支业务:5月5日签发现金支票一张,从银行提取现金10 000元备用;5月10日某职工因出差向企业预借差旅费3 000元;5月12日取得零星销售产品收入,价款400元,增值税税额64元,共计现金464元;5月15日该职工出差回来,报销差旅费2 500元,并将余款500元现金交回企业;5月16日管理部门报销办公费用400元;5月25日支付本月管理部门电话费300元;5月30日将现金5 000元存入银行。

A企业5月5日签发现金支票:

借:库存现金　　　　　　　　　　　　　　　　　　　　　　　　　10 000
　　贷:银行存款　　　　　　　　　　　　　　　　　　　　　　　　　10 000

5月10日,预借差旅费:

借:其他应收款——某职工　　　　　　　　　　　　　　　　　　　3 000
　　贷:库存现金　　　　　　　　　　　　　　　　　　　　　　　　　3 000

5月12日,取得零星销售产品收入:

借:库存现金　　　　　　　　　　　　　　　　　　　　　　　　　　464
　　贷:主营业务收入　　　　　　　　　　　　　　　　　　　　　　　400
　　　　应交税费——应交增值税(销项税额)　　　　　　　　　　　　 64

5月15日,报销差旅费:

借:库存现金　　　　　　　　　　　　　　　　　　　　　　　　　　500
　　管理费用　　　　　　　　　　　　　　　　　　　　　　　　　2 500
　　贷:其他应收款——某职工　　　　　　　　　　　　　　　　　　3 000

5月16日,报销办公费用:

借:管理费用　　　　　　　　　　　　　　　　　　　　　　　　　　400
　　贷:库存现金　　　　　　　　　　　　　　　　　　　　　　　　　 400

5月25日,支付本月管理部门电话费:

借:管理费用　　　　　　　　　　　　　　　　　　　　　　　　　　300
　　贷:库存现金　　　　　　　　　　　　　　　　　　　　　　　　　 300

5月30日,将现金存入银行:

借:银行存款　　　　　　　　　　　　　　　　　　　　　　　　　5 000
　　贷:库存现金　　　　　　　　　　　　　　　　　　　　　　　　　5 000

六、库存现金的清查

为了保证现金的安全完整,还应定期或不定期地对现金进行清查。现金清查主要采用账实核对方法,包括两部分内容:一是出纳人员每日对现金进行日清日结;二是清查小组定期或不定期地对现金进行盘点与核对,即将现金的实存数与账存数进行核对,保证账实相符。对现金实存数进行盘点,必须以现金管理的有关规定为依据。如果发现账实不符,应该立即查明原因,及时纠正,并且根据清查结果编制现金盘点报告单,填写现金的实存数、账存数和盈亏情况及原因,按照规定进行相应的会计处理,不得以今日长款弥补他日短款。对于无法确定原因的差异应该及时报告给有关负责人。

现金清查过程中发现的长款或短款,应通过"待处理财产损溢——待处理流动资产损溢"账户进行核算,待查明原因后,再根据不同原因进行不同账务处理:

(1) 属于现金短缺情况,应按照实际短缺的金额,由责任人赔偿的部分,借记"其他应收款——应收现金短缺款"或"库存现金"等账户,贷记"待处理财产损溢——待处理流动资产损溢"账户;由保险公司赔偿的部分,借记"其他应收款——应收保险赔偿"账户,贷记"待处理财产损溢——待处理流动资产损溢"账户;无法查明的其他原因的部分,根据管理权限,经批准后处理,借记"管理费用——现金短缺"账户,贷记"待处理财产损溢——待处理流动资产损溢"账户。

(2) 属于现金溢余情况,应按照实际溢余的金额,应支付给有关人员或单位的,借记"待处理财产损溢——待处理流动资产损溢"账户,贷记"其他应付款——应付现金溢余"账户;无法查明原因的现金溢余,经批准后,借记"待处理财产损溢——待处理流动资产损溢"账户,贷记"营业外收入——现金溢余"账户。

【做中学2-2】 A企业5月份发生的有关现金清查业务如下:5月5日清查小组清查现金时,发现现金短款400元,原因待查;5月7日清查小组经过细查后发现该企业出纳员在支付外单位款项时多支付150元,应由出纳员赔偿,其余250元无法查明原因,作为管理费用处理;5月28日清查小组清查现金时发现长款800元,原因待查;5月30日清查小组经过细查后发现该企业出纳员在支付工资时少支付给某职工300元,其余500元无法查明原因。

5月5日,发现现金短款:

借:待处理财产损溢——待处理流动资产损溢　　　　　　　　　　　　　400
　　贷:库存现金　　　　　　　　　　　　　　　　　　　　　　　　　　400

5月7日,处理现金短款:

借:其他应收款——出纳员　　　　　　　　　　　　　　　　　　　　　150
　　管理费用——现金短缺　　　　　　　　　　　　　　　　　　　　　250
　　贷:待处理财产损溢——待处理流动资产损溢　　　　　　　　　　　400

5月28日,发现现金长款:

借:库存现金　　　　　　　　　　　　　　　　　　　　　　　　　　　800
　　贷:待处理财产损溢——待处理流动资产损溢　　　　　　　　　　　800

5月30日,处理现金长款:

借:待处理财产损溢——待处理流动资产损溢　　　　　　　　　　　　　800
　　贷:其他应付款——应付现金溢余　　　　　　　　　　　　　　　　300
　　　　营业外收入——现金溢余　　　　　　　　　　　　　　　　　　500

七、备用金

(一) 备用金的概念

备用金(国际上也称暂定金额)是企业、机关、事业单位或其他经济组织等拨付给非独立核算的内部单位或工作人员备作差旅费、零星采购、零星开支等用的款项。

(二) 备用金的特点

备用金应指定专人负责管理,按照规定用途使用,不得转借给他人或挪作他用。对于预支备作差旅费、零星采购等用途的备用金,一般按估计需用数额领取,支用后一次报销,多退少补。前账未清,不得继续预支。对于零星开支用途的备用金,可实行定额备用金制度,即由指定的备用金负责人按照规定的数额领取,支用后按规定手续报销,补足原定额。实行定额备用金制度的单位,备用金领用部门支用备用金后,应根据各种费用凭证编制费用明细表,定期向财务部门报销,领回所支用的备用金。

(三) 备用金的账务处理

备用金可在"其他应收款"账户内核算,也可单独设置"备用金"账户进行核算。"备用金"账户属于资产类账户,借方登记备用金的增加数,贷方登记备用金的减少数,余额表示备用金数额,并按照领用单位或个人设置明细分类账户进行核算。备用金采用先领、后用、再报销的做法。为了切实加强备用金的管理,充分发挥备用金的作用,防止不法经济行为,企业应当建立健全备用金管理制度。根据企业生产经营的特点和管理要求的不同,备用金核算的方法也有所不同,包括以下两种:一是"随借随用、用后报销制度";二是"定额备用金制度"。

1. 随借随用、用后报销制度

采用"随借随用、用后报销制度"的企业,在其下属单位或个人需要使用备用金时,应先向财务部门申请借款,按规定的用途使用后凭发票逐笔报销,冲减其备用金,并在不需使用备用金时,将剩余的备用金退回财务部门。

【做中学2-3】 华扬股份有限公司行政管理部门职工张强因公出差于12月3日向财务部门申请借款2 000元。根据借款单,作如下会计分录:

  借:备用金——张强   2 000
    贷:库存现金   2 000

12月10日,张强报销差旅费共计1 500元,同时交回剩余现金500元。根据报销单,作如下会计分录:

  借:管理费用   1 500
    库存现金   500
    贷:备用金——张强   2 000

2. 定额备用金制度

对于经常使用备用金的部门或个人,企业财务部门可结合其业务规模及性质给其核定一个备用金定额,即采用定额备用金制度。按定额拨付备用金时,借记"其他应收款"或"备用金"账户,贷记"库存现金"账户。报销时,财务部门根据报销金额补足备用金定额,而无须结清"其他应收款"或"备用金"账户。只有在对该部门或个人取消定额备用金或年终需要结清定额备用金时,再如数交回备用金,并结清"其他应收款"或"备用金"账户。

【做中学2-4】 华扬股份有限公司对二车间采用定额备用金制度,20×8年12月,二车间发生备用金业务如下:

(1) 12月6日,财务部门拨付二车间备用金定额10 000元。根据单据,作如下会计分录:

  借:备用金——二车间   10 000
    贷:库存现金   10 000

(2) 12月18日,报销零星采购费用6 100元,根据报销单,作如下会计分录:

  借:制造费用——二车间   6 100
    贷:库存现金   6 100

(3) 12月22日,报销二车间办公用品费2 800元。根据报销单,作如下会计分录:

借:制造费用——二车间　　　　　　　　　　　　　　　　　　　　　2 800
　　贷:库存现金　　　　　　　　　　　　　　　　　　　　　　　　　　2 800

(4) 12月31日,财务部门因管理制度的调整,取消对二车间的定额备用金制度。根据最后一次报销单据4 500元,同时退回备用金5 500元。作如下会计分录:

借:库存现金　　　　　　　　　　　　　　　　　　　　　　　　　　　5 500
　　制造费用——二车间　　　　　　　　　　　　　　　　　　　　　　4 500
　　贷:备用金——二车间　　　　　　　　　　　　　　　　　　　　　10 000

随借随用、用后报销制度与定额备用金制度业务处理方法比较如表2-1所示。

表 2-1　　　　　　　　两种备用金管理制度业务处理方法比较

类型	预借	报销	注销备用金
随借随用 用后报销	借:备用金 　贷:库存现金	借:管理费用 　　库存现金 　贷:备用金 　(或贷:库存现金)	报销时已注销
定额备用金	借:备用金 　贷:库存现金	借:管理费用 　贷:库存现金	取消定额备用金时注销: 借:管理费用 　　库存现金 　贷:备用金

任务三　银行存款的核算

一、银行账户

银行账户是各单位为办理结算和申请贷款而在银行开立的账户,是各单位通过银行办理转账、结算、信贷以及现金收支业务的主要工具,具有反映和监督国民经济各部门经济活动的作用。凡新办的企业在取得工商行政管理部门颁发的法人营业执照后,可选择办公地点附近的银行申请开设自己的银行账户。

根据《银行账户管理办法》的规定,银行账户应分为基本存款账户、一般存款账户、临时存款账户和专用存款账户4种。

(一) 基本存款账户

基本存款账户是指存款人办理日常转账结算和现金收付的账户。它是各独立结算单位或实行独立核算的企业在银行开立的主要账户。按照规定,每一个存款人只能在银行开立一个基本存款账户,主要用于办理日常的转账结算和现金收付业务,企事业单位的工资、奖金等现金支取业务只能通过该账户办理。

(二) 一般存款账户

一般存款账户是指存款人在基本存款账户以外的银行借款转存、与基本存款账户的存款人不在同一地点的附属非独立核算单位开立的账户。存款人可以通过该账户办理转账、结算和存入现金业务,但不能支取现金。

(三) 临时存款账户

临时存款账户是指存款人因临时经营活动需要开立的账户。存款人可以通过该账户办理转账、结算业务,也可以根据国家现金管理规定办理现金收付业务。

(四) 专用存款账户

专用存款账户是指存款人因特定用途而开立的账户。

二、银行结算方式

根据中国人民银行有关结算制度的规定,目前我国银行支付结算办法有银行汇票、商业汇票、银行本票、支票、汇兑、委托收款、托收承付、信用证、信用卡等。银行结算方式不同,企业原始凭证及记账凭证填制的时间和依据也不同。

(一) 银行汇票

银行汇票是出票银行签发的,由其在见票时按照实际结算金额无条件支付给收款人或者持票人的票据。

1. 银行汇票的特点

(1) 适用于异地结算。单位和个人向异地支付各种款项,均可使用银行汇票。此外,银行汇票还适用于先收款后发货或钱货两清的商品交易。

(2) 使用灵活。持票人可以将银行汇票背书转让给他人。所谓背书,是指在票据背面或者粘单上记载有关事项并签章的票据行为。其目的是转让票据上的权利。受让票据的单位或个人称为被背书人。

(3) 票随人到,兑现性强。银行汇票不仅可以用于转账,填明"现金"字样的银行汇票还可以用于支取现金。

银行汇票的付款期限为自出票日起 1 个月内。持票人应妥善保管银行汇票,如有遗失,失票人可凭法院出具的其享有票据权利的证明,向出票银行请求付款或退款。

2. 银行汇票结算的一般程序及账务处理

(1) 汇款单位需要使用银行汇票时,应向出票银行填写"银行汇票申请书"(填明收款人名称、支付金额、申请人、申请日期等事项并签章,签章为其预留银行的印鉴)。银行受理银行汇票申请书,收妥款项后签发银行汇票和解讫通知,之后根据银行汇票申请书存根联编制付款凭证。

(2) 汇款人持银行汇票即可向填明的收款方办理结算。

(3) 收款人或被背书人在收到银行汇票后,应在出票金额以内,将实际结算金额和多余金额准确、清晰地填入银行汇票和解讫通知的有关栏内,同时收款方还应填写进账单并在银行汇票背面"持票人向银行提示付款签章"处签章,签章应与预留银行的印鉴相同,然后将银行汇票和解讫通知、进账单一并交开户银行结算,银行审核无误后,办理转账。收款方应根据银行盖章退回的进账单第一联编制收款凭证,进行账务处理,借记"银行存款"账户,贷记"应收账款"等账户。

(4) 银行汇票多余的金额,可由出票银行退交汇款人。

银行汇票结算业务程序如图 2-2 所示。

(二) 商业汇票

商业汇票是出票人签发的、委托付款人在指定日期无条件支付确定的金额给收款人或者持票人的票据。商业汇票按承兑人不同,分为商业承兑汇票和银行承兑汇票。

1. 商业汇票的特点

(1) 可延期支付货款。商业汇票的付款期限由交易双方商定,但最长不得超过 6 个月。商业汇票的提示付款期限为自汇票到期日起 10 日内。在银行开立存款账户的法人及其他组织之间须具有真实的交易关系或债权债务关系,才能使用商业汇票。

(2) 未到期票据可背书转让或贴现。商业汇票可以背书转让;符合条件的商业承兑汇票的持票人可持未到期的商业承兑汇票连同贴现凭证,向银行申请贴现。

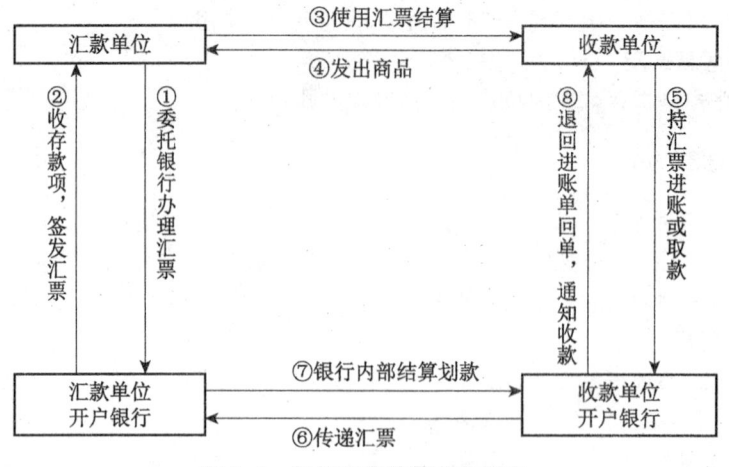

图 2-2 银行汇票结算业务程序

(3) 办理领用注销手续,并进行备查登记。存款人领购商业汇票,必须填写"票据和结算凭证领用单"并加盖预留银行印鉴,存款账户结清时,必须将全部剩余空白商业汇票交回银行注销。已贴现的商业票据要进行备查登记。

(4) 既适用于同城结算,也适用于异地结算。

2. 商业承兑汇票结算的一般程序及账务处理

(1) 交易双方约定采用商业承兑汇票结算时,由销货方或购货方签发商业承兑汇票,经购货方承兑。承兑时,购货方在汇票正面记载"承兑"字样和承兑日期并签章。承兑不得附有条件,否则视为拒绝承兑。承兑后的商业承兑汇票交给销货方。

(2) 汇票到期时,销货方应在提示付款期限内将商业承兑汇票提交银行,通过开户银行委托收款或直接向付款人提示付款。对异地委托收款的,销货方可匡算邮程,提前通过开户银行委托收款。

(3) 购货方应于汇票到期前将款项足额交存其开户银行,由其凭票将票款划给销货方或贴现银行。如果购货方的存款不足支付票款,开户银行应将汇票退还销货方,银行不负责付款,由购销双方自行处理。

购货方签发、承兑商业汇票并交给销货方时,应编制记账凭证,进行账务处理,借记"材料采购""在途物资""原材料""应交税费——应交增值税(进项税额)"等账户,贷记"应付票据"账户。购货方收到开户银行的付款通知,应在当日通过银行付款,如企业在接到通知的次日起 3 日内未通知银行付款的,视同付款人承诺付款,银行将于第 4 日上午开始营业时,将票款划给销货方或贴现银行。购货方应根据银行转来的付款通知,编制付款凭证,进行账务处理,借记"应付票据"账户(若为带息票据,则支付的利息借记"财务费用"账户),贷记"银行存款"账户。

销货方收到购货方交来的承兑汇票时,应编制记账凭证,借记"应收票据"账户,贷记"主营业务收入""应交税费——应交增值税(销项税额)"等账户。汇票到期,销货方将票据交开户银行办理收款手续,在收到银行的收款通知时,编制收款凭证,进行账务处理,借记"银行存款"账户,贷记"应收票据"账户(若为带息票据,则收到的利息贷记"财务费用"账户)。

商业承兑汇票(付款人出票)结算业务程序如图 2-3 所示。

3. 银行承兑汇票结算的一般程序及账务处理

(1) 购销双方约定采用银行承兑汇票结算时,由购货方将商业汇票和购货合同向其开户银行申请承兑,开户银行经审查同意承兑时,可按票面金额的 0.5‰ 向购货方收取手续费,然后将已承兑汇票交给购货方。

(2) 购货方将银行承兑汇票给销货方,并于汇票到期前将票款足额交存其开户银行,以备由

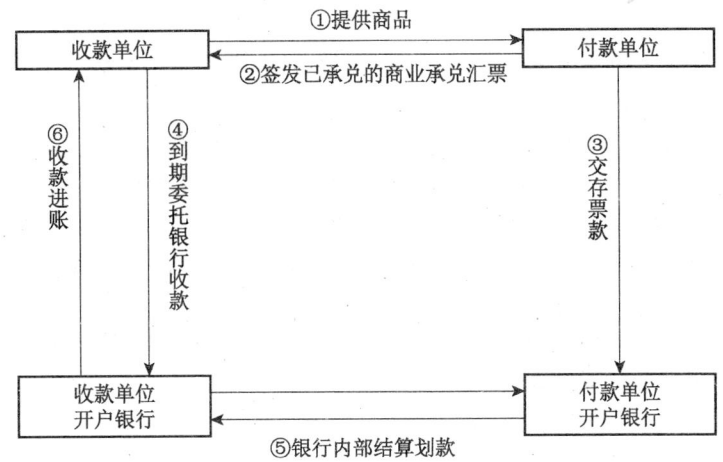

图 2-3　商业承兑汇票(付款人出票)结算业务程序

承兑银行在汇票到期日或到期日后的见票当日支付票款。

（3）销货方在汇票到期时将汇票连同进账单送交开户银行以便转账收款。

（4）承兑银行凭汇票将承兑款项无条件转给销货方，如果购货方于汇票到期日未能足额交存票款时，承兑银行除凭票应对持票人无条件付款外，对购货方尚未支付的汇票金额按每天 0.5‰ 计收罚息。

购货方签发银行承兑汇票，经开户银行承兑时，应交纳承兑手续费，交纳时编制付款凭证，进行账务处理，借记"财务费用"账户，贷记"银行存款"账户。购货方将银行承兑汇票交给销货方时，应编制记账凭证，进行账务处理，借记"材料采购""在途物资""原材料""应交税费——应交增值税(进项税额)"等账户，贷记"应付票据"账户。购货方收到银行支付到期汇票的付款通知时，应编制付款凭证，进行账务处理，借记"应付票据"账户(若为带息票据，则支付的利息借记"财务费用"账户)，贷记"银行存款"账户。

销货方在收到购货方的银行承兑汇票时，应编制记账凭证，进行账务处理，借记"应收票据"账户，贷记"主营业务收入""应交税费——应交增值税(销项税额)"等账户。销货方将到期的汇票连同进账单送交开户银行办理转账收款时，应编制收款凭证，进行账务处理，借记"银行存款"账户，贷记"应收票据"账户(若为带息票据，则收到的利息贷记"财务费用"账户)。

银行承兑汇票(付款人出票)结算业务程序如图 2-4 所示。

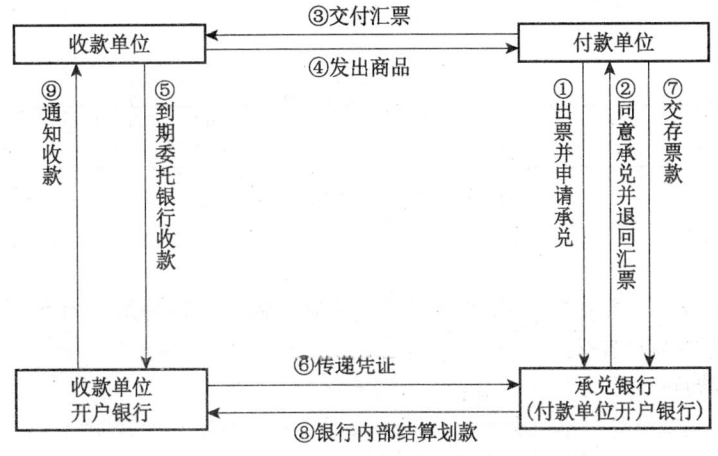

图 2-4　银行承兑汇票(付款人出票)结算业务程序

(三) 银行本票

银行本票是申请人将款项交存银行,由银行签发的承诺自己在见票时无条件支付确定的金额给收款人或者持票人的票据。

1. 银行本票的特点

(1) 适用于同城结算。银行本票适用于同一票据交换区域内单位和个人各种款项的结算。

(2) 结算灵活。银行本票分定额本票和不定额本票。定额本票面值分别为1 000元、5 000元、10 000元和50 000元。银行本票票面划去转账字样的,为现金本票,现金本票只能用于支取现金。

(3) 见票即付、信誉高。银行本票由银行签发并保证兑付,而且见票即付,具有信誉高、支付功能强等特点。银行本票付款期限为自出票日起最长不超过2个月,超过提示付款期限不获付款的,在票据权利时效内向出票银行作出说明,并提供本人身份证或单位证明,可持银行本票向银行请求付款。

2. 银行本票结算的一般程序及账务处理

(1) 企业需使用银行本票时,应填写"银行本票申请书",填明收款人名称、申请人名称、支付金额、申请日期等事项并签章。出票银行受理银行本票申请书后,收妥款项即签发银行本票。不定额银行本票用压数机压印出票金额,出票银行在银行本票上签章后交给申请人。申请人或收款人为单位的,银行不予签发现金银行本票。付款企业将款项交存银行,由银行签发本票时,这部分款项已经具有一定的用途,属于其他货币资金,其账务处理见本项目任务四。

(2) 申请人取得银行本票后,即可向填明的收款单位办理结算。

(3) 收款企业在收到银行本票时,应该在提示付款时在本票背面"持票人向银行提示付款签章"处加盖预留银行印鉴,同时填写进账单,连同银行本票一起交开户银行转账,并进行账务处理,借记"银行存款"账户,贷记"应收账款"等账户。

银行本票结算业务程序如图2-5所示。

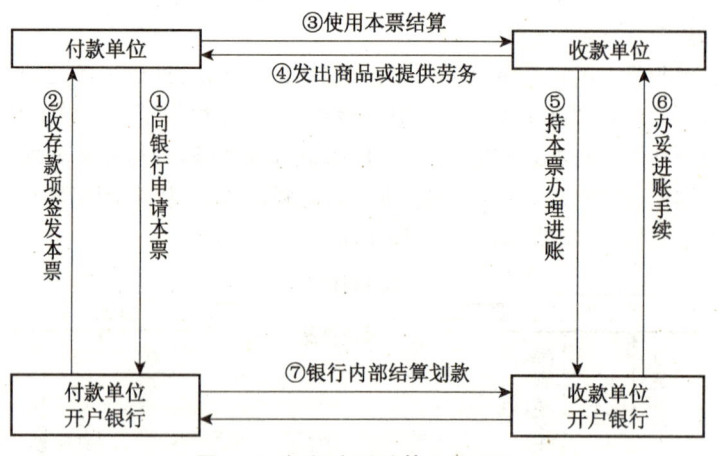

图2-5 银行本票结算业务程序

(四) 支票

支票是单位或个人签发的,委托办理支票存款业务的银行在见票时无条件支付确定的金额给收款人或者持票人的票据。

1. 支票的特点

(1) 适用于同城结算。单位和个人在同一票据交换区域的各种款项结算,均可使用支票。

(2) 有提现或转账两种方式。支票由银行统一印制,支票上印有"现金"字样的为现金支票,现金支票只能用于支取现金。支票上印有"转账"字样的为转账支票,转账支票只能用于转账。未印有"现金"或"转账"字样的为普通支票,普通支票可以用于支取现金,也可以用于转账。在普通支票左上角划两条平行线的,为划线支票,划线支票只能用于转账,不得支取现金。

(3) 有严格的付款期限。支票的提示付款期限为自出票日起 10 日,中国人民银行另有规定的除外。超过提示付款期限的,持票人开户银行不予受理,付款人不予付款。转账支票可以根据需要在票据交换区域内背书转让。

2. 支票结算的一般程序及账务处理

(1) 付款人签发支票,并将支票交给收款人。存款人领购支票,必须填写"票据和结算凭证领用单",并加盖预留银行印鉴。存款账户结清时,必须将全部剩余空白支票交回银行注销。

企业财务部门在签发支票前,出纳人员应该认真查明银行存款的账面结余数额,防止签发空头支票。若签发空头支票,银行除退票外,还按票面金额处以 5% 但不低于 1 000 元的罚款,持票人有权要求出票人赔偿支票金额 2% 的赔偿金。签发支票时,应使用蓝黑墨水或碳素墨水书写,将支票上的各要素填写齐全,并在支票上加盖其预留银行印鉴。出票人预留银行的印鉴是银行审核支票付款的依据,银行也可以与出票人约定使用支付密码,作为银行审核支付支票金额的条件。支票的日期、金额、收款人不得更改,更改的票据无效。支票上的其他记载事项更改的,必须由原记载人签章,但支票上的金额、收款人名称可以由出票人授权补记,未补记前的支票不得背书转让和提示付款。

(2) 收款人在支票期限内持票办理转账或支取现金。采用支票结算方式的,对于付款的支票,企业应根据支票存根和有关原始凭证(收款人开出的收据或发票等)编制付款凭证,进行账务处理,借记有关账户,贷记"银行存款"账户。对于收款的支票,企业委托开户银行收款时,应作委托收款背书,在支票背面背书人签章栏签章,记载"委托收款"字样、背书日期,在被背书人一栏记载开户银行名称,并将支票和填制的进账单送交开户银行,根据银行盖章退回的进账单第一联和有关原始凭证编制收款凭证,进行账务处理,借记"银行存款"账户,贷记有关账户。

支票结算业务程序如图 2-6 所示。

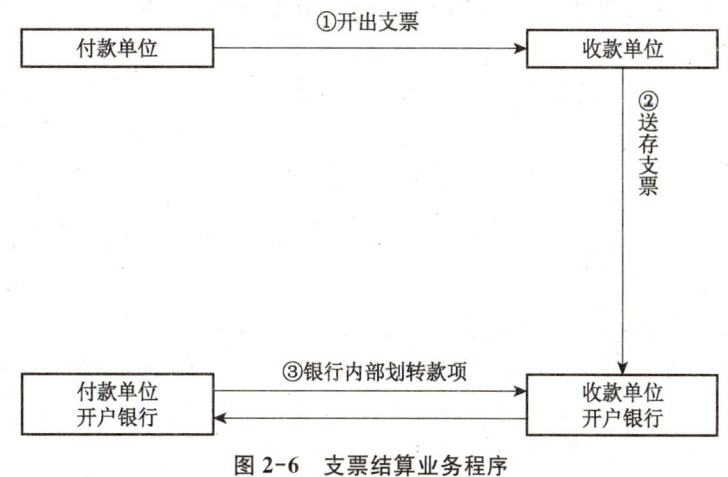

图 2-6 支票结算业务程序

(五)汇兑

汇兑是汇款人委托银行将款项支付给外地收款人的结算方式。

1. 汇兑的特点

(1) 适用性强。汇兑适用于单位和个人的各种款项结算。

(2) 付款方主动结算。汇兑分为信汇与电汇两种。信汇是指汇款人委托银行通过邮寄方式将款项划转给收款人。电汇是指汇款人委托银行通过电报方式将款项划转给收款人。这两种汇兑方式由汇款人根据需要选择使用。这种结算方式划拨款项简便、灵活。

(3) 只适用于异地结算。汇兑结算方式适用于异地之间的各种款项结算。

2. 汇兑结算的一般程序及账务处理

(1) 汇款人委托银行办理汇兑时,应填写银行印发的汇款凭证,列明收款单位名称、汇款金额及汇款用途等项目,并将所汇款项交与开户银行,委托银行将款项汇往收汇银行。汇款单位应根据汇款凭证回单联,据以进行账务处理,借记有关账户,贷记"银行存款"账户。

(2) 收汇银行将汇款收进收款单位存款户后,向收款单位发出收款通知。收款单位根据银行收款通知单进行账务处理,借记"银行存款"账户,贷记有关账户。

汇兑结算业务程序如图 2-7 所示。

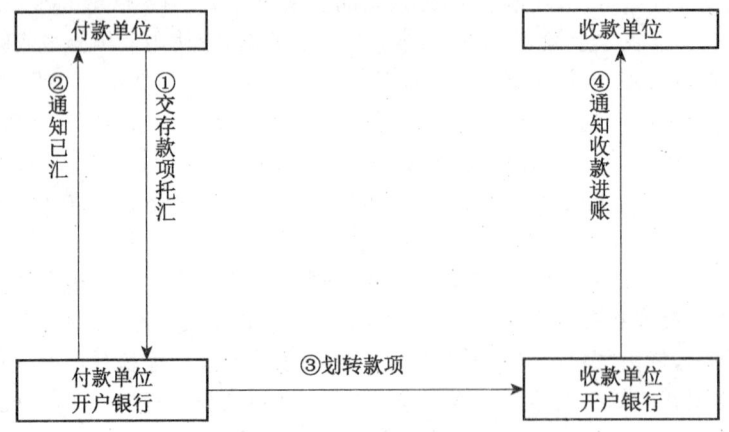

图 2-7 汇兑结算业务程序

(六) 委托收款

委托收款是收款人委托银行向付款人收取款项的结算方式。

1. 委托收款的特点

(1) 既适用于同城结算也适用于异地结算,适用范围广。委托收款适用于单位和个人在同城或异地之间的商品交易、劳务供应及其他款项(如水费、电费、电话费等付款人众多、分散的公用事业费的款项)。单位或个人可凭已承兑商业汇票、债券、存单等付款人债务证明办理同城或异地款项收取。

(2) 由收款人主动办理结算。委托收款分为邮寄和电报两种,由收款人选择使用并主动到银行办理委托银行收款的手续。

2. 委托收款的一般程序及账务处理

(1) 企业委托开户银行收款时,应填写银行印制的委托收款凭证,并提供有关的债务证明。在委托收款凭证中写明付款单位与收款单位的名称、账号及开户银行,委托收款金额的大小写、款项内容、委托收款凭据名称及附寄单证张数等。

(2) 企业的开户银行受理委托收款后,将委托收款凭证寄交付款单位开户银行。

(3) 付款单位开户银行审核委托收款凭证后,通知付款单位付款。

(4) 付款单位收到银行转来的委托收款凭证及债务证明,应签收并在 3 天之内审查债务证明是否真实,是否是本单位的债务,确认之后通知银行付款。付款企业在付款期满,银行通知款项已经转付出时,编制付款凭证进行账务处理,借记"应付账款"等账户,贷记"银行存款"账户。

付款单位应在收到委托收款通知的次日起 3 日内,主动通知银行是否付款。如果不通知银行,银行视同企业同意付款,并在第 4 日从付款单位账户中付出这笔款项。

付款单位在 3 日内审查有关债务证明后,认为债务证明或与此有关的事项符合拒绝付款的规定,应出具拒绝付款理由书和委托收款凭证第五联及持有的债务证明,向银行提出拒绝付款。

(5) 收款单位在接到银行收款通知时,应填制收款凭证,进行账务处理,借记"银行存款"账户,贷记"应收账款"等账户。

委托收款结算业务程序如图 2-8 所示。

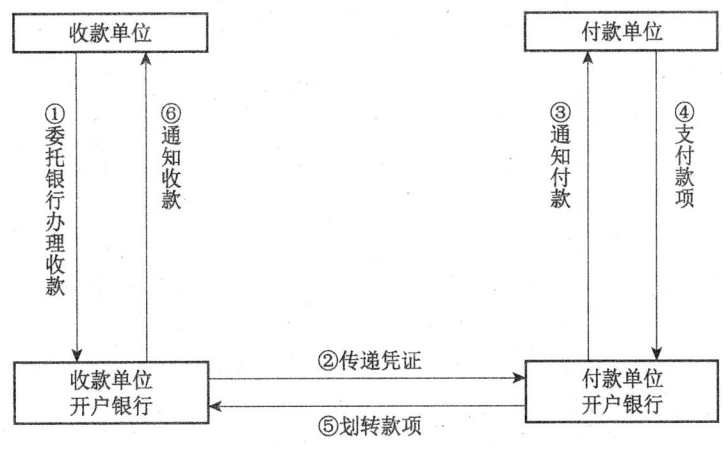

图 2-8 委托收款结算业务程序

(七) 托收承付

托收承付是根据购销合同由收款人发货后委托银行向异地付款人收取款项,由付款人向银行承认付款的结算方式。

1. 托收承付的特点

(1) 有规定的使用对象。使用托收承付结算方式的收款单位和付款单位,必须是国有企业、供销合作社以及经营管理较好并经开户银行审查同意的城乡集体所有制工业企业。办理托收承付结算的款项,必须是商品交易以及因商品交易而产生的劳务供应的款项,代销、寄销、赊销商品的款项不得办理托收承付结算。

托收承付款项划回方式分为邮寄和电报两种,由收款人根据需要选择使用,收款单位办理托收承付,必须具有商品发出的证件或其他证明。

(2) 结算金额起点较高。托收承付结算每笔的金额起点为 10 000 元,新华书店系统每笔金额起点为 1 000 元。

(3) 只适用于有购销合同的异地结算。采用托收承付结算方式时,购销双方必须签有符合《中华人民共和国合同法》的购销合同,并在合同上订明使用托收承付结算方式。

2. 托收承付结算的一般程序及账务处理

(1) 销货方按合同发货后,填写托收承付凭证,盖章后连同发运证件(包括铁路、航运、公路等运输部门签发运单、运单副本和邮局包裹回执)或其他符合托收承付结算的有关证明和交易单证送交开户银行办理托收手续。

(2) 销货方开户银行接受委托后,将托收结算凭证回联退给企业,作为企业进行账务处理的依据,并将其他结算凭证寄往购货方开户银行,由购货方开户银行通知购货方承认付款。

(3) 购货方收到托收承付结算凭证和所附单据后,应立即审核是否符合订货合同的规定。按照《支付结算办法》的规定,承付货款分为验单付款与验货付款两种,这在双方签订合同时约定。

验单付款是购货方根据经济合同对银行转来的托收承付结算凭证、发票账单、托运单及代垫运杂费等单据进行审查无误后,即可承认付款。验单付款的承付期为3天,从付款人开户银行发出承付通知的次日算起(承付期内遇法定休假日顺延)。购货方若在承付期内未向银行表示拒绝付款,银行即视作承付,并在承付期满的次日上午银行开始营业时,将款项主动从付款人的账户中划出,按照销货方指定的划款方式划给销货方。

验货付款是购货方待货物运达企业,经检验与合同完全相符后才承认付款。验货付款的承付期为10天,从运输部门向购货方发出提货通知的次日算起。承付期内购货方未表示拒绝付款的,银行视为同意承付,于10天期满的次日上午银行开始营业时,将款项划给收款人。为满足购货方组织验货的需要,对收付双方在合同中明确规定,并在托收凭证上注明验货付款期限的,银行从其规定。

购货方承认付款,根据托收结算凭证和所附的发票单、运单等单据,编制付款凭证,进行账务处理,借记"材料采购""在途物资""原材料""应交税费——应交增值税(进项税额)"等账户,贷记"银行存款"账户。

如果购货方在承付期内发现有下列情况,可向银行提出全部或部分拒绝付款:

① 未签订合同或合同中未订明托收承付结算方式。
② 未经双方事先达成协议,收款人提前交货或逾期交货且付款人不再需要该货物。
③ 未按合同规定的到货地址发货的款项。
④ 代销、寄销、赊销商品的款项。
⑤ 验单付款发现所列货物的品种、规格、数量、价格与合同不符,或货物已到,经验货与合同或发货清单不符。
⑥ 验货付款,经验货与合同或发货清单不符。
⑦ 货款已支付或计算有错误。

购货方提出拒绝付款时,必须填写"拒绝付款理由书",注明拒绝付款理由,涉及合同的,应引证合同上的有关条款。属于商品质量问题,需要提出质量问题的证明及其有关数量的记录;属于外贸部门进口商品,应当提供国家商品检验或运输等部门出具的证明,向开户银行办理拒付手续。

银行同意部分或全部拒绝付款的,应在拒绝付款理由书上签注意见,并将拒绝付款理由书、拒付证明、拒付商品清单和有关单证邮寄收款人开户银行转交销货方。

(4) 销货方收到银行转来的收款通知单后,根据托收承付结算凭证的回单联及有关单据,编制收款凭证,进行账务处理,借记"银行存款"账户,贷记"应收账款"账户。

(异地)托收承付结算业务程序如图2-9所示。

(八) 信用证

信用证结算方式是国际结算的一种主要方式,是银行用来保证买方或进口方有支付能力的凭证。在国际贸易活动中,买卖双方可能互不信任,买方担心预付款后卖方不按合同要求发货;卖方也担心在发货或提交货运单据后买方不付款。因此需要两家银行作为买卖双方的保证人,代为收款交单,以银行信用代替商业信用。银行在这一活动中所使用的工具就是信用证。信用证是银行有条件保证付款的证书,按照这种结算方式的一般规定,买方先将货款交存银行,由银行开立信用证,通知异地卖方开户行转告卖方,卖方按合同和信用证规定的条款发货,银行代买方付款。经中国人民银行批准经营结算业务的商业银行总行以及经商业银行总行批准开办信用证结算业务的分支机构,也可以办理国内企业之间商品交易的信用证结算业务。

(九) 信用卡

信用卡是商业银行向个人和单位发行的,凭此向特约单位购物、消费和银行存取现金,且具

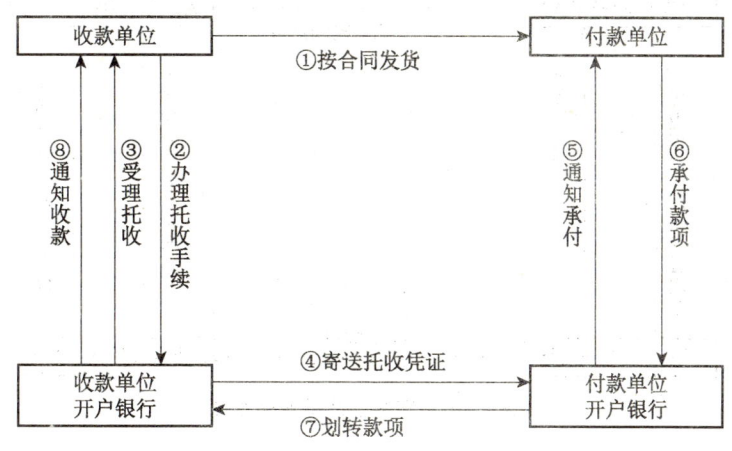

图 2-9 (异地)托收承付结算业务程序

有消费信用的特制载体卡片。

1. 信用卡的特点

(1) 形式多样。信用卡按使用对象分为单位卡和个人卡;按信誉等级分为金卡和普通卡。

凡在中国境内金融机构开立基本存款账户的单位可申请单位卡。单位卡账户的资金一律从其基本存款账户转账存入,在使用过程中,需要向其账户续存资金的,也一律从其基本存款账户转账存入,不得交存现金,不得将销货收入的款项存入其账户。单位卡一律不得用于10万元以上的商品交易、劳务供应款项的结算,不得支取现金。

(2) 允许善意透支。信用卡在规定的期限和限额内允许善意透支,透支额金卡不得超过10 000元,普通卡最高不得超过5 000元,透支期限最长为60天。透支利息,自签单日或银行记账日起15日内按日息0.5‰计算,超过15日按日息10‰计算,超过30日的或透支金额超过规定限额的,按日息0.5‰计算。透支计息不分段,按最后期限或最高透支额的最高利率档次计息。超过规定限额或规定期限,并且经发卡银行催收无效的透支行为称为恶意透支,持卡人使用信用卡不得发生恶意透支。严禁将单位的款项存入个人卡账户中。

2. 信用卡申领、使用的一般程序及账务处理

(1) 单位或个人申领信用卡,应按规定填制申请表,连同有关资料一起送交发卡银行。银行确认符合条件且申领人按银行要求交存一定金额的备用金后,银行为申领人开立信用卡存款账户,并发给信用卡。

由于企业为取得信用卡而交存的这部分备用金已经具有特定用途,属于其他货币资金,所以企业取得信用卡时,应根据银行有关凭证,借记"其他货币资金——信用卡存款"账户,贷记"银行存款"账户。

(2) 企业在特约单位使用信用卡付款时,由特约单位在签购单上压卡,填写实际结算金额、用途、持卡人身份证号码、特约单位名称和编号。如超过支付限额,由特约方向发卡银行索权并填写授权号码。签购单由持卡人签名确认。

企业应根据特约单位退还的信用卡签购单第一联和发票等原始凭证进行账务处理,借记有关费用账户,贷记"其他货币资金——信用卡存款"等账户。

如信用卡丢失,持卡人应立即持有效证明,并按规定提供有关情况,向发卡银行或代办银行申请挂失。

信用卡结算业务程序如图2-10所示。

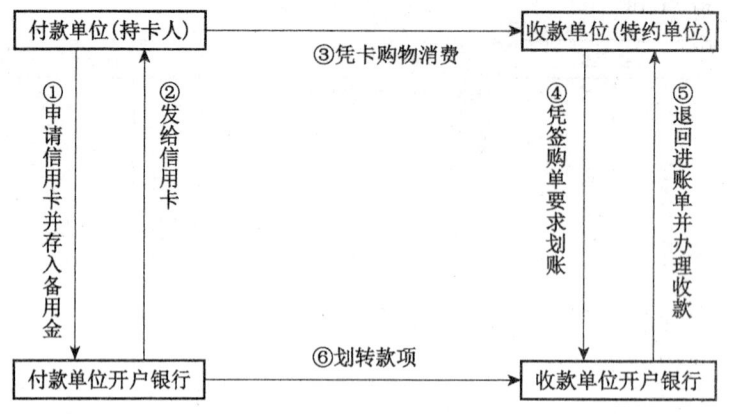

图 2-10 信用卡结算业务程序

三、银行存款的账务处理

企业对于银行存款的收支业务,应进行总分类核算和序时核算,即设置银行存款总分类账和银行存款日记账。银行存款总分类账由不从事出纳的会计人员登记,会计人员应当根据企业在不同的结算方式下有关的原始凭证编制银行存款收付凭证,并进行相应的账务处理。银行存款日记账由出纳人员登记,并做到日清月结。

为了总括地反映和监督企业在银行开立的结算账户的收支情况,企业需进行银行存款的总分类核算,设置"银行存款"账户。该账户用于核算银行存款的收付变动和结存情况,属于资产类账户,借方登记银行存款的收入数额,贷方登记银行存款的付出数额,借方余额表示银行存款的实存数额。企业存入其他金融机构的存款也在本账户中核算,但企业的外埠存款、银行本票存款、银行汇票存款等在"其他货币资金"账户核算,不在本账户内核算。

为了全面、连续地了解企业每日银行存款的收支动态和余额情况,需要进行银行存款的序时核算,企业通过设置和登记银行存款日记账,根据银行存款的收支业务,逐日逐笔地记录银行存款的增减情况,每日终了,应当计算出当日的银行存款余额,以便分析、检查企业的银行存款收支业务,并且银行存款日记账的余额必须与银行存款总账账户的余额核对相符。

【做中学 2-5】某企业 5 月份发生的有关银行存款收付业务如下:5 月 6 日,销售商品一批,开出增值税专用发票一张,发票注明商品价款为 20 000 元,增值税销项税额为 3 200 元,共计 23 200 元,收到支票存入银行;5 月 7 日,收回上月销售商品的货款 11 600 元,存入银行;5 月 8 日,预收货款 10 000 元,存入银行;5 月 10 日,从银行提取现金 18 000 元,以备发放工资;5 月 15 日,购进物资一批,取得增值税专用发票一张,发票注明价款 5 000 元,增值税进项税额 800 元,共计 5 800 元,用转账支票付讫;5 月 20 日,用银行存款 10 000 元支付销售商品的广告费。

5 月 6 日,销售商品:

借:银行存款 23 200
 贷:主营业务收入 20 000
  应交税费——应交增值税(销项税额) 3 200

5 月 7 日,收回销售商品货款:

借:银行存款 11 600
 贷:应收账款 11 600

5 月 8 日,预收货款:

```
借：银行存款                                    10 000
    贷：预收账款                                10 000
```

5月10日，从银行提取现金：

```
借：库存现金                                    18 000
    贷：银行存款                                18 000
```

5月15日，购进物资一批：

```
借：材料采购                                     5 000
    应交税费——应交增值税(进项税额)                800
    贷：银行存款                                 5 800
```

5月20日，支付广告费：

```
借：销售费用——广告费                           10 000
    贷：银行存款                                10 000
```

四、银行存款的清查

为了保证银行存款的安全完整，还应对银行存款进行清查。银行存款清查主要采用银行存款日记账与银行转来的对账单相互核对的方法，每月至少核对一次。

(一)银行存款的核对方法

为了准确反映银行存款实际金额，防止银行存款账目发生差错，《企业会计准则》规定，银行存款的账面余额应当与银行对账单定期核对，并按月编制银行存款余额调节表。

银行存款日记账的核对主要包括三个环节：一是银行存款日记账与银行存款收、付款凭证相互核对，做到账证相符；二是银行存款日记账与银行存款总账相互核对，做到账账相符；三是银行存款日记账与银行开出的对账单相互核对，做到账实相符。

银行存款日记账与银行出具的银行对账单应逐笔核对，核对时如发现双方余额不一致，要及时查找原因，属于企业本身记账差错的，应立即更正。属于银行差错的，应通知银行更正。除记账错误外，还可能是由未达账项造成的。

所谓未达账项，是指企业与银行之间，由于凭证传递上的时间差，一方已登记入账，而另一方尚未入账的款项。未达账项具体包括以下四种情况：

(1) 银行已收款记账而企业尚未接到收款通知，因而尚未记账的款项，如托收货款和银行支付给企业的存款利息。

(2) 银行已付款记账而企业尚未收到付款通知，因而尚未记账的款项，如银行代企业支付的公用事业费用和银行向企业收取的借款利息等。

(3) 企业已收款记账而银行尚未办妥入账手续的款项，如企业将收到的转账支票送存银行。

(4) 企业已付款记账而银行尚未支付入账的款项，如企业开出转账支票，对方尚未到银行办理转账手续的款项。

(二)银行存款余额调节表的编制

在核对银行存款账目过程中，对于发现的未达账项，应采用余额调节法编制"银行存款余额调节表"进行调节。余额调节法的调节原则是：在双方所记存款期末余额的基础上，调整各自的未达账项。若为银行方未入账，则调整银行对账单的余额；若为企业方未入账，则调整企业银行存款日记账的余额。

【做中学2-6】 甲公司20×8年12月31日银行存款日记账的余额为28 256元，银行转来的对账单的余额为26 926元。经逐笔核对，发现以下未达账项：

(1) 12月30日，开出支票3 510元预付货款，持票人尚未到银行办理转账，银行尚未登账。

(2) 12月31日，送存销货所得支票4 680元，银行尚未登入公司存款账户。

(3) 12月31日，委托银行收取押金140元，银行已收妥入账，甲公司未接到银行的收款通知，尚未登账。

(4) 12月31日，委托银行支付水费300元，银行已付妥入账，甲公司未接到银行的付款通知，尚未登账。

根据上述资料，可编制银行存款余额调节表如表2-2所示。

表2-2　　　　　　　　　　银行存款余额调节表　　　　　　　　　单位：元

项　目	金额	项　目	金额
企业银行存款日记账余额	28 256	银行对账单余额	26 926
加：银行已收企业未收款项	140	加：企业已收银行未收款项	4 680
减：银行已付企业未付款项	300	减：企业已付银行未付款项	3 510
调整后企业账银行存款余额	28 096	调整后银行账银行存款余额	28 096

经过上述调整后的银行存款余额，表示企业可动用的银行存款数额。需要注意，银行存款余额调节表主要是用来核对企业与银行双方的记账有无差错，不能作为记账的依据。对于未达账项，无须作账面调整，待结算凭证到达后再进行账务处理，登记入账。

调节后，如企业与银行双方账面余额相等，一般说明双方记账没有错误；如双方账面余额不相等，则表明记账有差错，需要进一步查对，找出原因，更正错误的记录。

任务四　其他货币资金的核算

一、其他货币资金的概念和种类

其他货币资金是指除库存现金、银行存款以外的其他各种货币资金。在企业的经营资金中，虽然其他货币资金同库存现金和银行存款一样都可以作为支付手段的货币，但由于其特殊的存在形式和支付方式，因此应单独进行会计核算，单独设置会计账户。

其他货币资金主要包括外埠存款、银行汇票存款、银行本票存款、信用卡存款、信用证保证金存款、存出投资款等。外埠存款是指企业到外地进行临时或零星采购时，汇往采购地银行开立采购专户的款项。企业在外埠开立采购专户，需要经开户地银行批准。银行汇票存款是指企业为取得银行汇票按规定存入银行的款项。银行本票存款是企业为了取得银行本票按照规定存入银行的款项。信用卡存款是企业为取得信用卡，按照规定存入银行的款项。信用证保证金存款是企业为取得信用证按照规定存入银行的保证金。存出投资款是企业已经存入证券公司但尚未进行短期投资的现金。

二、其他货币资金的核算

（一）外埠存款

当企业将款项委托当地银行汇往采购地开立专户时，根据汇出款项凭证编制付款凭证，进行账务处理，借记"其他货币资金——外埠存款"账户，贷记"银行存款"账户。用外埠存款支付材料的采购货款等款项时，企业财务部门应根据供应单位发票账单等编制付款凭证，借记"材料采购""应交税费——应交增值税（进项税额）"等账户，贷记"其他货币资金——外埠存款"账户。采购员完成采购任务离开采购地时,采购账户如有余额,应将多余的外埠存款转回当地银行,企业财务部门根据银行的收账通知,编制收款凭证,借记"银行存款"账户,贷记"其他货币资金——外埠存款"账户。

【做中学2-7】 A企业5月份因采购需要将款项汇往外地:5月5日,在外地开立临时采购专户,将60 000元汇往采购地;5月6日,外出采购员以外埠存款购买原材料,价款为50 000元,增值税为8 000元,总计58 000元;5月15日,外埠采购业务结束,将外埠存款清户,剩余采购资金2 000元转回本地银行。

5月5日,将款项汇往外地:

| 借:其他货币资金——外埠存款 | 60 000 |
| 贷:银行存款 | 60 000 |

5月6日,用外埠存款购买原材料:

借:材料采购	50 000
应交税费——应交增值税(进项税额)	8 000
贷:其他货币资金——外埠存款	58 000

5月15日,将余款转回:

| 借:银行存款 | 2 000 |
| 贷:其他货币资金——外埠存款 | 2 000 |

(二)银行汇票存款

企业使用银行汇票办理结算时,应填写"银行汇票委托书",并将相应金额的款项存入银行,取得汇票后根据银行盖章退回的委托书存根联,借记"其他货币资金——银行汇票"账户,贷记"银行存款"账户。企业用银行汇票支付材料的采购货款等款项时,企业财务部门应根据供应单位发票账单等报销凭证编制付款凭证,借记"材料采购""应交税费——应交增值税(进项税额)"等账户,贷记"其他货币资金——银行汇票"账户。采购员完成采购任务,采购账户如有余额,应将多余的银行汇票存款转回,企业财务部门根据银行的收账通知,编制收款凭证,借记"银行存款"账户,贷记"其他货币资金——银行汇票"账户。

【做中学2-8】 A企业5月份因采购需要将款项交存银行,并提交银行汇票委托书办理银行汇票手续,发生的银行汇票业务如下:5月6日,提出申请办理银行汇票,将款项60 000元存入银行转为银行汇票存款;5月7日,采购员以银行汇票购买原材料,价款为50 000元,增值税为8 000元,总计58 000元;5月17日,采购业务结束,收到多余款项退回通知,剩余资金2 000元转回。

5月6日,办理银行汇票:

| 借:其他货币资金——银行汇票 | 60 000 |
| 贷:银行存款 | 60 000 |

5月7日,以银行汇票购买原材料:

借:材料采购	50 000
应交税费——应交增值税(进项税额)	8 000
贷:其他货币资金——银行汇票	58 000

5月17日,将余款转回:

| 借:银行存款 | 2 000 |
| 贷:其他货币资金——银行汇票 | 2 000 |

(三)银行本票存款

办理银行本票存款手续时,企业向银行提交"银行本票申请书"并将款项存入银行,取得银行本票后,按银行盖章退回的申请书存根联,借记"其他货币资金——银行本票"账户,贷记"银行存款"账户。企业用银行本票支付材料的采购货款等款项时,企业会计部门应根据供应单位发票账单等凭证编制付款凭证,借记"材料采购""应交税费——应交增值税(进项税额)"等账户,贷记"其他货币资金——银行本票"账户。采购员完成采购任务,银行本票因为超过付款期等原因要求退款,应将银行本票转回,企业财务部门根据银行的收账通知,编制收款凭证,借记"银行存款"账户,贷记"其他货币资金——银行本票"账户。

【做中学2-9】 A企业5月份因采购需要将款项交存银行,并提交银行本票申请书办理银行本票手续,发生的银行本票业务如下:5月6日,在提出申请办理银行本票,将款项60 000元存入银行转为银行本票存款;5月7日,采购员以银行本票购买原材料,价款为50 000元,增值税为8 000元,总计58 000元;5月17日,采购业务结束,收到多余款项退回通知,剩余资金2 000元转回。

5月6日,办理银行本票:

借:其他货币资金——银行本票　　　　　　　　　　　　　　　　　60 000
　　贷:银行存款　　　　　　　　　　　　　　　　　　　　　　　　60 000

5月7日,以银行本票购买原材料:

借:材料采购　　　　　　　　　　　　　　　　　　　　　　　　　50 000
　　应交税费——应交增值税(进项税额)　　　　　　　　　　　　　8 000
　　贷:其他货币资金——银行本票　　　　　　　　　　　　　　　58 000

5月17日,将余款转回:

借:银行存款　　　　　　　　　　　　　　　　　　　　　　　　　2 000
　　贷:其他货币资金——银行本票　　　　　　　　　　　　　　　2 000

(四) 信用卡存款

办理信用卡存款手续时,企业向银行提交"办理信用卡申请书"并将款项存入银行,按银行盖章退回的申请书存根联,借记"其他货币资金——信用卡"账户,贷记"银行存款"账户。企业用信用卡购物或支付费用时,借记有关账户,贷记"其他货币资金——信用卡"账户。

【做中学2-10】 A企业5月份发生的信用卡业务如下:5月6日,办理信用卡业务,将50 000元款项存入信用卡;5月17日,用信用卡支付办公费用2 400元。

5月6日,办理信用卡:

借:其他货币资金——信用卡　　　　　　　　　　　　　　　　　　50 000
　　贷:银行存款　　　　　　　　　　　　　　　　　　　　　　　　50 000

5月17日,用信用卡支付办公费用:

借:管理费用　　　　　　　　　　　　　　　　　　　　　　　　　2 400
　　贷:其他货币资金——信用卡　　　　　　　　　　　　　　　　2 400

(五) 信用证保证金存款

办理信用证手续时,按照规定应向银行提交"开证申请书"并将款项存入银行,按银行盖章退回的申请书存根联,借记"其他货币资金——信用证"账户,贷记"银行存款"账户。企业使用信用证时,借记有关账户,贷记"其他货币资金——信用证"账户。

【做中学2-11】 A企业5月份发生的信用证业务如下:5月6日,提出申请办理信用证,将款项60 000元存入银行;5月7日,采购员以信用证购买原材料,价款为50 000元,增值税为8 000元,总计58 000元。

5月6日,办理信用证:

借:其他货币资金——信用证　　　　　　　　　　　　　　　　　　60 000
　　贷:银行存款　　　　　　　　　　　　　　　　　　　　　　　　60 000

5月7日,以信用证购买原材料:

借:材料采购　　　　　　　　　　　　　　　　　　　　　　　　　　　　　　　　50 000
　　应交税费——应交增值税(进项税额)　　　　　　　　　　　　　　　　　　　8 000
　　贷:其他货币资金——信用证　　　　　　　　　　　　　　　　　　　　　　　58 000

(六)存出投资款

企业在向证券公司进行证券投资时,应向证券公司申请资金账号并划出资金,按划出资金额,借记"其他货币资金——存出投资款"账户,贷记"银行存款"账户;购买股票或债券时按实际发生额,借记"交易性金融资产"等账户,贷记"其他货币资金——存出投资款"账户。

【做中学2-12】 A企业5月份发生存出投资款业务:5月6日,将款项60 000元划入证券公司准备投资;5月17日,用存入证券公司的款项购买股票30 000元。

5月6日,将款项划入证券公司:

借:其他货币资金——存出投资款　　　　　　　　　　　　　　　　　　　　　60 000
　　贷:银行存款　　　　　　　　　　　　　　　　　　　　　　　　　　　　　60 000

5月17日,购买股票:

借:交易性金融资产　　　　　　　　　　　　　　　　　　　　　　　　　　　　30 000
　　贷:其他货币资金——存出投资款　　　　　　　　　　　　　　　　　　　　30 000

(七)微信、支付宝等第三方支付

随着信息技术的不断发展,微信、支付宝等第三方移动支付的运用,正逐渐影响着我们的生活,同时也对企业的核算方式产生了重大的影响。国家税务总局在《企业所得税税前扣除凭证管理办法》(国家税务总局公告2018年第28号)中明确了采用非现金方式支付的付款凭证是一个相对宽泛的概念,既包括银行等金融机构的各类支付凭证,也包括支付宝、微信支付等第三方支付账单或支付凭证等。

关键术语

未达账项　其他货币资金

应知考核

一、单项选择题

1. 企业的货币资金包括(　　)。
   A. 交易性金融资产、应收账款、其他货币资金　　B. 库存商品、原材料、银行存款
   C. 短期借款、长期借款、库存现金　　　　　　　D. 库存现金、银行存款、其他货币资金
2. 下列各项支出不允许使用现金的是(　　)。
   A. 购买办公用品250元　　　　　　　　　　　　B. 向个人收购农副产品20 000元
   C. 从某公司购入工业产品60 000元　　　　　　 D. 支付职工差旅费10 000元
3. 现金日记账是一种(　　)。
   A. 明细分类账　　B. 总分类账　　C. 序时明细账　　D. 备查账
4. 银行本票的付款期限为(　　)个月。
   A. 1　　　　　　　B. 2　　　　　　C. 3　　　　　　D. 6
5. 支票的提示付款期为(　　)天。
   A. 3　　　　　　　B. 5　　　　　　C. 8　　　　　　D. 10
6. 商业汇票银行的承兑期限最长不超过(　　)个月。
   A. 3　　　　　　　B. 5　　　　　　C. 6　　　　　　D. 9

7. 企业与银行对账的方法是( )。
   A. 实地盘点法   B. 观察法
   C. 一方验证法   D. 余额调解法和差额调解法
8. 商业汇票结算的适用范围是( )。
   A. 根据购销合同进行延期付款的商品交易   B. 清理旧欠,偿还往来款项
   C. 没有购销合同的款项结算   D. 偿还长短期银行贷款
9. 银行汇票的付款期限为( )个月。
   A. 1   B. 2   C. 3   D. 6
10. 下列各项中,不通过"其他货币资金"账户核算的是( )。
    A. 信用卡存款   B. 备用金
    C. 信用证保证金存款   D. 银行本票存款

二、多项选择题

1. 下列货币资产,属于其他货币资金的有( )。
   A. 库存现金   B. 银行存款
   C. 银行汇票存款   D. 银行本票存款
2. 托收承付结算方式的当事人有( )。
   A. 委托人   B. 托收银行   C. 代收银行   D. 付款人
3. 企业下列支出中允许使用现金的有( )。
   A. 职工工资、奖金   B. 个人劳务报酬
   C. 向某企业购买材料   D. 向个人收购农副产品的价款
4. 按规定,现金出纳人员不得兼管的工作主要有( )。
   A. 会计档案保管   B. 收入、费用账目登记
   C. 债权、债务账目登记   D. 库存现金日记账登记工作
5. 下列票据中,可以背书转让的有( )。
   A. 银行汇票   B. 商业汇票   C. 转账支票   D. 现金支票
6. 银行存款日记账登账的依据有( )。
   A. 银行收款凭证   B. 银行付款凭证
   C. 银行转账凭证   D. 有关现金付款凭证
7. 下列结算方式中,一般只适用于同城结算的方式有( )。
   A. 支票结算   B. 银行本票结算 C. 银行汇票结算   D. 汇兑结算
8. 下列结算方式中,同城、异地均可使用的结算方式有( )。
   A. 支票结算   B. 委托承付结算 C. 委托收款结算   D. 商业汇票结算
9. 企业支付现金,不得( )。
   A. 从企业库存现金限额中支付   B. 从开户银行中提取支付
   C. 坐支现金   D. 从本企业的现金收入中直接支付
10. 企业以现金 25 000 元捐赠给灾区。会计分录为( )。
    A. 借:库存现金 25 000   B. 借:管理费用 25 000
    C. 贷:库存现金 25 000   D. 借:营业外支出 25 000

三、判断题

1. 货币资金是指企业所持有的库存现金和银行存款。   (   )
2. "库存现金日记账"是一种明细分类账,每月月末结出余额。   (   )
3. 企业收入的一切款项,除国家另有规定以外,都必须当日送存银行;一切支出除规定可用现金支付的以外,都必须通过银行办理转账结算。   (   )

4. 银行汇票和银行承兑汇票都只能由银行签发,以保证兑付。（   ）
5. 委托收款结算方式在同城异地均可使用,且不受金额起点的限制。（   ）
6. 采用托收承付结算方式,收款方收到银行的托收凭证回单,作银行存款的增加。（   ）
7. 汇兑结算分为邮汇和电汇两种。（   ）
8. 商业汇票的承兑期由交易双方商定,最长不超过6个月,如果属于分期付款,应一次签发若干张不同期限的汇票。（   ）
9. "银行存款日记账"应定期与"银行对账单"核对,至少每季度一次。（   ）
10. "银行存款余额调节表"在会计核算上可作为记账的依据。（   ）

四、思考题

1. 什么是货币资金?它包括哪些内容?
2. 现金支出范围有哪些?
3. 如何规定企业的库存现金限额?
4. 银行存款结算方式有哪些?
5. 说明各种银行存款结算方式的适用范围。

应会考核

★ 业务考核
【考核项目】
现金管理制度。
【背景资料】
20×8年12月,无锡海华股份有限公司出纳员王某通过同学关系,收回乙公司欠款4万元。该欠款属于已被注销的坏账,董事长程某指示王某将该笔收入在公司会计账册之外另行登记保管,以备业务招待用。
【考核要求】
分析无锡海华股份有限公司在现金管理制度中可能存在哪些管理漏洞。

★ 技能考核
【考核项目】
现金、银行存款及银行存款余额调节表。
【背景资料】
【业务技能题1】
目的:练习库存现金和银行存款收付的核算及日记账的登记方法。
资料:无锡海华股份有限公司20×8年12月20日"库存现金"账户余额为1 600元,"银行存款"账户余额89 500元(为一般纳税人),12月下旬企业发生下列经济业务:
(1) 21日,企业职工李红因公出差支借差旅费2 000元,交来借款单一张,开出支票从存款户支付。
(2) 22日,开出工资支付专用凭证,从存款户提回现金90 000元备发工资。
(3) 24日,以现金发放本月工资90 000元。
(4) 25日,厂部购买办公用品计640元,收到发票一张,价款以转账支票付讫。
(5) 27日,销货收入20 000元,销项税额3 400元,销货款及增值税税款已存入银行,收到进账单回单。
(6) 28日,王红报销差旅费1 700元,送交差旅费报销单一张及300元现金,当即开给现金收据。
(7) 29日,开出转账支票付邮电费500元,收到该邮电局收据一张。
(8) 31日,收到银行通知,第二季度存款利息834元已入账。
要求:编制会计分录,开设库存现金日记账和银行存款日记账,并根据上述经济业务登记日记账,逐笔结出余额。
【业务技能题2】
目的:掌握银行存款余额调节表的编制。

资料:无锡海华股份有限公司20×8年12月份发生与银行存款有关的业务如下:

(1) 12月28日,无锡海华股份有限公司收到A公司开出的480万元转账支票,交存银行。该笔款项系A公司违约支付的赔款,无锡海华股份有限公司将其计入营业外收入。

(2) 12月29日,无锡海华股份有限公司开出转账支票支付B公司咨询费360万元,并于当日交给B公司。

(3) 12月31日,无锡海华股份有限公司银行存款日记账余额为432万元,银行转来的对账单余额为664万元。经逐笔核对,发现以下未达账项:

① 无锡海华股份有限公司已将12月28日收到的A公司赔款480万元登记入账,但银行尚未记账。

② B公司尚未将12月29日收到的咨询费360万元的转账支票送存银行。

③ 无锡海华股份有限公司委托银行代收C公司购货款384万元,银行已于12月30日收妥并登记入账,但无锡海华股份有限公司尚未收到收款通知。

④ 12月份,无锡海华股份有限公司发生借款利息32万元,银行已减少其存款,但无锡海华股份有限公司尚未收到银行的付款通知。

要求:
(1) 编制无锡海华股份有限公司业务(1)(2)的会计分录。
(2) 根据业务(3)编制无锡海华股份有限公司12月31日的银行存款余额调节表。
(答案中的金额单位用万元表示)

【考核要求】
请按照上述业务技能题的要求作答。

★ 综合实务题

甲公司20×8年12月31日银行存款日记账的余额为540万元,银行转来对账单的余额为830万元。经逐笔核对,发现以下未达账项:

(1) 送存转账支票600万元,并已登记银行存款增加,但银行尚未记账。
(2) 开出转账支票450万元,但持票单位尚未到银行办理转账,银行尚未记账。
(3) 委托银行代收某公司购货款480万元,银行已收妥并登记入账,但甲公司尚未收到收款通知,尚未记账。
(4) 银行代支付电话费40万元,银行已登记其银行存款减少,但甲公司未收到银行付款通知,尚未记账。

要求:根据上述资料,分析回答下列问题。
(1) 银行对账单余额应调节的事项有(   )。
A. 加银行已收,企业未收款480万元   B. 减银行已付,企业未付款40万元
C. 加企业已收,银行未收款600万元   D. 减企业已付,银行未付款450万元
(2) 企业银行存款日记账余额应调节的事项有(   )。
A. 加银行已收,企业未收款480万元   B. 减银行已付,企业未付款40万元
C. 加企业已收,银行未收款600万元   D. 减企业已付,银行未付款450万元
(3) 甲公司经过调节后的银行存款余额应为(   )万元。
A. 100   B. 620   C. 980   D. 490

项目实训

【实训项目】
货币资金核算。

【实训情境】
【实训1】
20×9年5月12日,无锡海华股份有限公司签发现金支票,提取现金发放工资78 000元。(无锡海华股份有限公司账号:6222464654546553,付款行名称:工行无锡太湖支行)

【实训 2】

20×9 年 4 月 25 日，无锡海华股份有限公司向北京百货批发站购买桌子 250 张，单价 200 元，价款 50 000 元，增值税为 8 500 元。货款以银行汇票结算。（付款方式：转账）（北京百货批发站账号：4563509048708097623，代理付款行：中国银行北京三环支行；无锡海华股份有限公司账号：6222464654546553，付款行名称：工行无锡太湖支行）

【实训 3】

20×9 年 7 月 12 日，无锡海华股份有限公司汇购书款尾款 3 000 元到上海市新华书店，请填制电汇凭证，并到银行办理汇款。（上海市新华书店账号：6222152189425225 46317，汇入地点：上海市，汇入行名称：交通银行上海嘉定支行；无锡海华股份有限公司账号：6222464654546553，汇出地点：江苏省无锡市，汇出行名称：工行无锡太湖支行）

【实训要求】

(1) 根据[实训 1]出纳填制现金支票（见图 2-11），制单会计根据现金支票存根编制会计分录。

(2) 根据[实训 2]出纳填制银行汇(本)票申请书（见图 2-12），制单会计根据银行退回的申请书编制会计分录。

(3) 根据[实训 3]出纳填制中国工商银行电汇凭证(回单)（见图 2-13），制单会计根据电汇编制会计分录。

中国工商 银行
现金支票存根
23097141
附加信息
出票日期 年 月 日
收款人
金 额
用 途
单位主管 会计

中国工商银行 现金支票 23097141
本支票付款期限十天
出票日期(大写) 年 月 日 付款行名称
收 款 人： 出票人账号
人民币（大写） 亿 千 百 十 万 千 百 十 元 角 分
用途
上列款项请从
我帐户内支付
出票人签章
复核 记账

图 2-11 现金支票

银行汇(本)票申请书

年 月 日 流水号：01984156

业务类型	□银行汇票 □银行本票	付款方式	□转账 □现金										
公司名称		收 款 人											
账 号		账 号											
用 途		代理付款行											
金额(大写)			亿	千	百	十	万	千	百	十	元	角	分
客户签章													

第一联 银行记账凭证

会计主管 授权 复核 录入

图 2-12 银行汇(本)票申请书

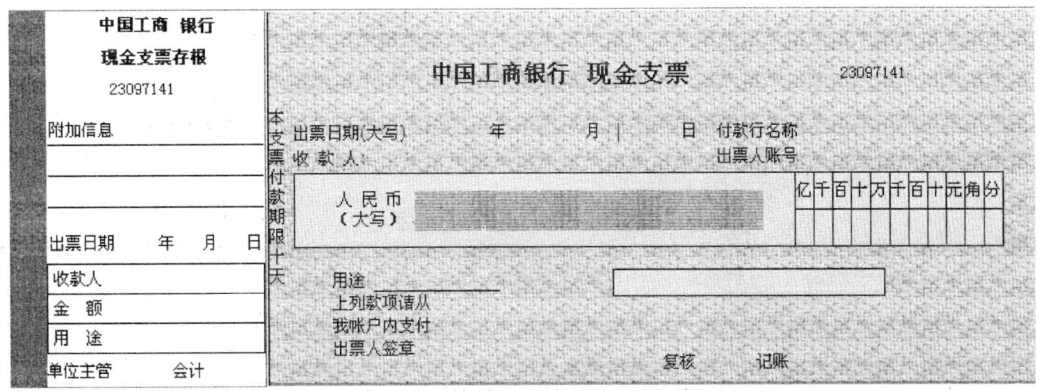

中国工商银行电汇凭证(回单)

□普通　□加急　　委托日期　　年　月　日

汇款人	全称		收款人	全称	
	账号			账号	
	汇出地点	省　　　市/县		汇入地点	省　　　市/县
	汇出行名称			汇入行名称	
金额	人民币（大写）			亿千百十万千百十元角分	

支付密码

附加信息及用途：

汇出行签章　　　　　复核：　　记账：

此联汇出行给汇款人的回单

图 2-13　中国工商银行电汇凭证

（4）通过实训过程的全程参与和体验，在基本完成实训操练各项技能任务的基础上，独立形成货币资金核算实训报告。

货币资金核算实训报告

货币资金核算		
项目实训班级：	项目小组：	项目组成员：
实训时间：　年　月　日	实训地点：	实训成绩：
实训目的：		
实训步骤：		
实训结果：		
实训感言：		
不足与今后改进：		
项目组长评定签字：		项目指导教师评定签字：

项目三 往来结算岗位——应收及预付款项

知识目标

理解:应收款项的概念、类别,应收账款的概念,预付账款的核算,明确坏账损失的处理方法。

熟知:账龄分析法和赊销百分比法、应收票据的概念及种类、应收票据利息及到期日的确定、应收票据的核算。

掌握:应收账款余额百分比法、应收票据贴现的计算、坏账损失核算的备抵法。

本项目课件

技能目标

通过本项目的学习,要求能够根据实验操作资料正确理解原始凭证,并能够填制部分原始凭证和各种结算凭证,设置并登记债权债务明细分类账,办理日常的结算业务。

素质目标

运用所学会计的理论与实务知识研究相关案例,培养和提高学生在特定业务情境中分析问题与决策设计的能力;能结合"应收及预付款项"的教学内容,结合行业规范或标准,分析会计行为的善恶,强化学生的职业道德素质。

项目引例

引例 往来款项

背景与情境:20×9年1月12日,华盛公司从湘中公司采购白灰1 000吨,单价为350元,按合同规定,华盛公司需向湘中公司预付货款的40%,验收货物后补付其余款项。

请会计张红做出相关账务处理。相关原始凭证:①与湘中公司签订的采购合同;②经领导审批后的用款申请单,明确采购材料先预付;③预付货款时,开具的支票存根联;④仓库验收入库单;⑤补付余款时,开具的支票存根联;⑥收到湘中公司开具的增值税专用发票。

业务产生:公司向供应商采购材料或商品,为了能够及时采购到货物,并取得对方一定的信任,会在签订合同后预付给供应商部分货款。

请针对上述背景与情境内容,做出相关处理程序。

知识精讲

任务一 往来结算岗位概述

一、往来结算岗位的职责与工作任务

(一)往来结算业务的概念及种类

往来结算业务是核算企业在生产经营过程中发生的各种往来款项的业务,主要包括应收、应付款项及预收、预付款项等。

(二)往来结算岗位的职责

①建立往来款项结算手续制度;②办理往来款项的结算业务,负责往来款项结算的明细核算;③定期对往来款项进行清算、催收和与对方对账;④评判客户,减少坏账损失;⑤计提坏账准备;

⑥办理票据贴现业务;⑦支付各种应付款项;⑧期末计提票据利息;⑨及时清算,加速资金回笼。

(三) 往来结算岗位的工作任务

(1) 开设有关债权债务明细分类账户。

(2) 对有关经济业务的原始凭证进行审核。

(3) 编制记账凭证,半个月汇总一次。

(4) 登记有关债权债务明细账户。

(5) 月末结出债权债务明细账户的余额,并进行对账。

二、往来结算岗位业务核算程序

往来结算岗位业务核算程序如图 3-1 所示。

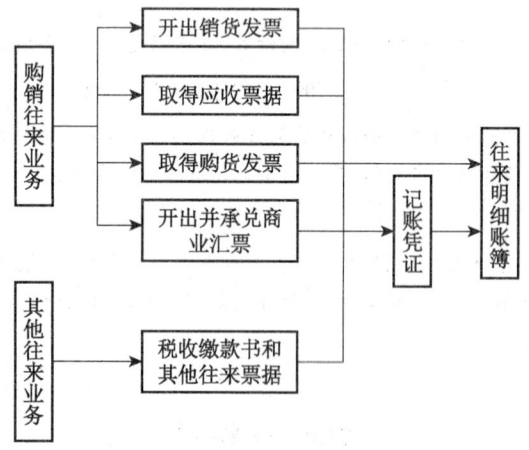

图 3-1　往来结算岗位业务核算程序

任务二　应收票据的核算

一、应收票据的概念及种类

在我国,除商业汇票外,大部分票据都是即期票据,可以即刻收款或存入银行成为货币资金。这部分即期票据不需要作为应收票据核算。应收票据主要是指商业汇票,确切地讲,应收票据就是指企业持有的未到期或未兑现的商业汇票,是指企业因销售商品、提供劳务等收到的商业汇票。商业汇票的期限不得超过 6 个月(电子汇票的期限为不超过 12 个月),因而我国的应收票据是一种流动资产。电子银行承兑汇票是电子商业汇票的一种,是指在出票人(即承兑申请人)依托中国人民银行电子商业汇票系统(ECDS),以数据电文形式向开户银行提出申请,经承兑银行审批并同意承兑后,委托付款人在指定日期无条件支付确定金额给收款人或持票人的票据。电子银行承兑汇票由银行或财务公司承兑。

如前所述,商业汇票按照承兑人不同,可分为银行承兑汇票和商业承兑汇票两种;按照票据是否带有追索权,可分为带追索权的商业汇票和不带追索权的商业汇票两种;按照是否带息,可分为不带息商业汇票和带息商业汇票两种。

二、应收票据利息及到期日的确定

应收票据利息是针对带息应收票据而言的,企业应当在中期期末和年度终了,按照票据的面

值和确定的利率计算票据的利息。票据的利息应计入应收利息,同时冲减财务费用。其计算公式如下:

$$应收票据利息 = 应收票据票面金额 \times 票面利率 \times 期限$$

票面利率一般指年利率。期限指签发日至到期日的时间间隔(有效期)。票据的期限有按月表示和按日表示两种方法。

(1) 票据的期限按月表示时,不考虑每个月份的实际天数,应以到期月份中与出票日相同的那一天作为到期日。当签发票据的日期为某月月末时,统一以到期月份的最后一日为到期日。例如,3月5日签发期限为6个月的商业汇票,其到期日为9月5日;4月30日签发期限为3个月的商业汇票,其到期日为7月31日。票据期限按月表示时,带息票据的利息按票面金额、票据期限和利率计算。年利率要换算成月利率(年利率÷12)。

(2) 票据的期限按日表示时,不考虑月数,应按票据的实际经历天数计算。在票据签发日和到期日这两天中,只算其中的一天,即"算头不算尾"或"算尾不算头"。例如,3月15日签发的期限为180天的商业票据,按照"算尾不算头"的方法,其到期日应该为9月11日,即:180-3月份剩余天数-4月份实有天数-5月份实有天数-6月份实有天数-7月份实有天数-8月份实有天数=180-(31-15)-30-31-30-31-31=11(天)。票据的期限按日表示时,带息票据的利息应按票面金额、票据期限(天数)和日利率(年利率÷360)计算。

对于带息商业汇票到期收回款项时,应按收到的本金和利息,借记"银行存款"账户;按账面价值,贷记"应收票据"账户;按其差额,贷记"财务费用"账户。

三、应收票据的账务处理

为了反映和监督应收票据的取得、票据收回等经济业务,企业应设置"应收票据"账户,该账户借方登记取得的应收票据的面值,贷方登记到期收回票款或到期前向银行贴现的应收票据的票面余额,期末余额在借方,反映尚未收回且未申请贴现的应收票据的面值。

(一) 不带息应收票据

不带息应收票据的到期价值等于应收票据的面值。企业销售商品、产品或提供劳务收到开出、承兑的商业汇票时,按应收票据的面值,借记"应收票据"账户,按实现的营业收入,贷记"主营业务收入"账户,按照增值税专用发票上注明的增值税税额,贷记"应交税费——应交增值税(销项税额)"账户;应收票据到期收回时,按票面金额,借记"银行存款"账户,贷记"应收票据"账户。商业承兑汇票到期时,如果承兑人违约拒付或无力支付票款,企业收到银行退回的商业汇票、未付票款通知书或拒绝付款证明等,将到期票据的票面金额转入"应收账款"账户,借记"应收账款"账户,贷记"应收票据"账户。

【做中学3-1】 A企业20×8年8月20日销售产品一批,采用商业汇票结算方式,增值税专用发票上注明销售收入为100 000元,增值税税额为16 000元,收到不带息票据一张,期限为6个月,到期日为20×9年2月20日。

20×8年8月20日,收到商业承兑汇票时:

借:应收票据　　　　　　　　　　　　　　　　　　　　　　　116 000
　　贷:主营业务收入　　　　　　　　　　　　　　　　　　　　　100 000
　　　　应交税费——应交增值税(销项税额)　　　　　　　　　　 16 000

20×9年2月20日,应收票据到期,企业收回款项存入银行时:

借:银行存款　　　　　　　　　　　　　　　　　　　　　　　116 000
　　贷:应收票据　　　　　　　　　　　　　　　　　　　　　　　116 000

假设该票据到期,对方企业无力偿还票款,则应当将到期的票面金额转入"应收账款"账户:

借：应收账款　　　　　　　　　　　　　　　　　　　　　　　　　116 000
　　贷：应收票据　　　　　　　　　　　　　　　　　　　　　　　　　116 000

(二)带息应收票据

带息应收票据到期时,承兑人除了向收款人或被背书人支付票面金额外,还应按票面金额和票据规定的利率,支付计算利息开始至到期日为止票据的利息。按照权责发生制原则,票据到期前尽管利息尚未实际收到,但企业已经取得收取利息的权利,应借记"应收利息"账户,贷记"财务费用"(或"利息收入")账户。

【做中学3-2】 A企业20×8年8月31日销售产品一批,采用商业汇票结算方式,增值税专用发票上注明销售收入为100 000元,增值税税额为16 000元,收到带息票据一张,票面利率为8%,期限为6个月,到期日为20×9年2月28日。

销售商品,收到商业承兑汇票时：

借：应收票据　　　　　　　　　　　　　　　　　　　　　　　　　116 000
　　贷：主营业务收入　　　　　　　　　　　　　　　　　　　　　　　100 000
　　　　应交税费——应交增值税(销项税额)　　　　　　　　　　　　　 16 000

年末,计提票据利息时：

借：应收利息(116 000×8%÷12×4)　　　　　　　　　　　　　　　　　3 093
　　贷：财务费用　　　　　　　　　　　　　　　　　　　　　　　　　　3 093

应收票据到期,企业收回款项存入银行时：

借：银行存款[116 000×(1+8%÷12×6)]　　　　　　　　　　　　　　120 640
　　贷：应收票据　　　　　　　　　　　　　　　　　　　　　　　　　116 000
　　　　应收利息　　　　　　　　　　　　　　　　　　　　　　　　　　3 093
　　　　财务费用[116 000×(1+8%÷12×2)]　　　　　　　　　　　　　　1 547

(三)应收票据背书转让

应收票据背书转让是指持票人因偿还前欠货款等原因,将未到期的商业汇票背书转让给其他单位或个人的业务活动。根据金融相关制度规定,企业可以将自己持有的应收票据进行背书转让,用于购买需要的物资或者偿还债务。背书是指持票人在票据背面签字记载有关事项的票据行为,签字人称为背书人,背书人对票据的到期付款应当承担连带责任。

企业将持有的应收票据背书转让,以取得所需物资时,按增值税专用发票上注明的计入物资成本的价值,借记"材料采购""库存商品""原材料"等账户;按增值税税额,借记"应交税费——应交增值税(进项税额)"账户,按应收票据的账面余额,贷记"应收票据"账户;按补付或收到的差额,借记或贷记"银行存款"账户。

如果是带息票据,按增值税专用发票上注明的计入物资成本的价值,借记"材料采购""库存商品""原材料"等账户;按增值税税额,借记"应交税费——应交增值税(进项税额)"账户;按应收票据的面值,贷记"应收票据"账户;按收到或补付的差额,借记或贷记"银行存款"账户;按尚未计提的利息,贷记"财务费用"账户。

(四)应收票据的贴现

企业持有的应收票据在到期前,如果出现资金短缺,可以持未到期的商业汇票向其开户行申请贴现,以便获得所需要的资金。应收票据贴现是持票人因急需资金,将未到期的商业汇票背书转让给银行,银行受理后从票据到期值中扣除贴现利息后,将余额支付给贴现企业的业务活动。

贴现所得金额的计算公式如下：

票据到期值 = 票据面值 × (1 + 票面利率 × 票面期限)

贴现所得金额 = 票据到期值 − 贴现利息

贴现利息 = 票据到期值 × 贴现率 × 贴现期

贴现期 = 票据期限 − 企业已持有票据期限

应收票据的贴现分为带息应收票据贴现和不带息应收票据贴现。

(1) 不带息应收票据贴现,这类票据的到期值就是其面值。企业将未到期的不带息应收票据向银行贴现,按贴现净额,借记"银行存款"账户,按贴现利息部分,借记"财务费用"账户;按照应收票据的面值,贷记"应收票据"账户。按照银行《支付结算办法》规定,实付贴现金额按到期值扣除贴现日至到期日前一天的利息计算。贴现期一般用贴现天数表示。因此,在贴现日和票据到期日这两天中只能计算其中的一天。例如,企业2月10日将1月31日签发的、期限为60天的商业汇票贴现,其贴现天数为50天(60−10),到期日为4月1日(2月份28天,3月份31天,60−28−31=1)。

【做中学3-3】 A企业因急需资金,于4月14日将一张1月20日签发的、期限为120天、票面价值10 000元的不带息商业汇票向银行贴现,年贴现率为10%。

到期日为5月20日[1月份11天,2月份28天,3月份31天,4月份30天,120−11−28−31−30=20(天)]。票据持有天数84天[1月份11天,2月份28天,3月份31天,4月份14天,11+28+31+14=84(天)],其贴现天数为36天(120−84)。

编制如下会计分录:

借:银行存款　　　　　　　　　　　　　　　　　　　　　　　　　　　　　　　　　　9 900
　　财务费用(10 000×10%÷360×36)　　　　　　　　　　　　　　　　　　　　　　100
　贷:应收票据　　　　　　　　　　　　　　　　　　　　　　　　　　　　　　　　10 000

(2) 带息应收票据贴现,这类票据的到期值是其面值加上按票据载明的利率计算的票据全部期间的利息之和。企业将未到期的带息应收票据向银行贴现,应按实际收到的贴现金额,借记"银行存款"账户;按照应收票据的面值,贷记"应收票据"账户,按其差额借记或贷记"财务费用"账户。

【做中学3-4】 A企业因急需资金,于4月14日将一张1月20日签发的、期限为120天、票面价值为10 000元、票面利率为年利率6%的商业汇票向银行贴现,年贴现率为10%。

到期日为5月20日[1月份11天,2月份28天,3月份31天,4月份30天,120−11−28−31−30=20(天)]。票据持有天数84天[1月份11天,2月份28天,3月份31天,4月份14天,11+28+31+14=84(天)],其贴现天数为36天(120−84)。

票据到期值 = 10 000 × (1 + 6% ÷ 360 × 120) = 10 200(元)

贴现利息 = 10 200 × 10% ÷ 360 × 36 = 102(元)

贴现所得金额 = 10 200 − 102 = 10 098(元)

编制如下会计分录:

借:银行存款　　　　　　　　　　　　　　　　　　　　　　　　　　　　　　　　10 098
　贷:应收票据　　　　　　　　　　　　　　　　　　　　　　　　　　　　　　　10 000
　　　财务费用　　　　　　　　　　　　　　　　　　　　　　　　　　　　　　　　　98

如果贴现的商业承兑汇票到期,承兑人的银行存款账户不足支付,银行即将已经贴现的票据退回申请贴现的企业,同时从贴现企业的账户中将票据划回。此时,贴现企业应按照所付票据本金加利息转为"应收账款",借记"应收账款"账户,贷记"银行存款"账户。如果申请贴现企业的银行存款账户余额不足,银行将作为逾期贷款处理,贴现企业应借记"应收账款"账户,贷记"短期借款"账户。

企业持未到期的商业汇票向银行贴现,符合金融资产终止确认条件的(将金融资产所有权上几乎所有的风险和报酬转移给转入方),应终止确认该金融资产(如银行承兑汇票贴现);不符合金融资产终止确认条件的(如商业承兑汇票贴现),作为取得短期借款处理,因贴现而产生的或有负债,通过报表披露予以反映。

四、应收票据备查簿

为了逐笔记录每一项应收票据,企业应设置"应收票据备查簿",详细记录每一项应收票据的种类、号数、出票日期、票面金额、票面利率、交易合同、付款人、承兑人、背书人、购货单位、到期日、背书转让日、贴现日、贴现率、贴现所得金额、收款日期、收回金额和退票等情况,直到应收票据到期结清票款或退票之后,才能在"应收票据备查簿"内逐笔核销。

任务三 应收账款的核算

一、应收账款的概念及确认

应收账款是企业因对外销售商品、产品、提供劳务等经营活动而应向客户收取的款项。具体而言,应收账款是指企业因销售商品、产品或提供劳务等原因,应向购货客户或接受劳务的客户收取的款项或代垫的运杂费等。应收账款有其特定的范围:①应收账款是指因销售活动形成的债权,不包括应收职工欠款、应收债务人利息等其他应收款;②应收账款是指流动资产性质的债权,不包括长期的债权,如购买长期债券和长期股票;③应收账款是指本企业应收客户的款项,不包括企业付出的各类存出保证金,如租入包装物保证金等。确认应收账款时,应在收入实现时予以确认。

二、应收账款计价

应收账款计价通常按照实际发生额入账,计价时还需要考虑商业折扣、现金折扣等因素。

(一)商业折扣

商业折扣是指企业为了鼓励购货方多购买商品,根据市场供需情况,或针对不同的顾客,在商品标价上给予的扣除。在日常经济活动中,企业为了扩大销售或者占领市场,对于批发商往往给予商业折扣。因此,商业折扣是企业最常用的促销手段,通常采用销量越多价格越低的促销策略,即"薄利多销"的促销策略。企业在销售淡季为了扩大销售,对季节性商品通常采用商业折扣方式。但是,在实际工作中,企业有时利用人们的消费心理,即使在销售旺季也把商业折扣作为一种促销竞争的手段。商业折扣一般在交易发生时即刻确定。它仅仅是确定销售价格的一种手段,并不需要在购销双方任何一方的账上反映。所以,商业折扣对应收账款的入账价值没什么实质影响。在商业折扣条件下,企业应收账款入账价值应按扣除商业折扣以后的实际售价确认。

(二)现金折扣

现金折扣是指债权人为了鼓励客户,即债务人在规定的期限内付款,而向债务人提供的债务扣除。现金折扣通常发生在以赊销方式销售商品及提供劳务的交易中。企业为了鼓励客户提前付款,通常与债务人达成协议,债务人在不同期限内付款可以享受不同比例的折扣。早付款策略的现金折扣通常用符号"折扣/付款期限"来表示。例如,在10天内付款按照售价给予2%的折扣,用符号"2/10"表示;在10天以上20天以内付款按照售价给予1%的折扣,用符号"1/20"表示;在20天以上30天内付款则不给予折扣,用符号"N/30"表示。

在现金折扣条件下,应收账款入账价值的确认有两种表示方法:①总价法,是将未减去现金折扣前的金额作为实际售价,记作应收账款的入账价值。现金折扣只有客户在折扣期内支付款项时才予以确认。在总价法下,销货方把给予客户的现金折扣视为融资的理财费用,作为财务费用计入当期。我国会计实务中通常采用此方法。②净价法,是将扣减现金折扣后的金额作为实际售价,据以确认应收账款的入账价值。在净价法下,销货方把客户取得折扣视为正常现象,认为客户一般都会提前付款,而将由于客户超过折扣期限而多收入的金额视为提供信贷获得的收入。

需要指出的是,从理论上讲,企业因销货而发生的应收账款数额要高于现销额,这是因为企业将货币时间价值因素考虑在了应收账款及营业收入数额之内。企业发生的现金折扣应冲减营业收入,并相应冲减应收的销项税。但是,在会计实务中以销货发票作为增值税的计税依据,发生现金折扣并不能改变原始发票金额,为了简化会计核算手续,与税法规定保持一致,一般将发生的现金折扣全部作为销货折扣处理,不再调整应收的增值税税额。

三、应收账款的账务处理

为了核算和监督应收账款的增减变动情况,企业应当设置"应收账款"账户。该账户属于资产类账户,借方登记发生的应收账款,贷方登记收回的应收账款,期末余额一般在借方,表示企业尚未收回的应收账款。

企业除了进行应收账款的总分类核算外,还应进行应收账款的明细分类核算,按照不同的购货单位和接受劳务的单位设置明细账。

企业销售商品或材料等发生应收款项时,借记"应收账款"账户,贷记"主营业务收入""应交税费——应交增值税(销项税额)""其他业务收入"等账户;收回款项时,借记"银行存款"账户,贷记"应收账款"账户。

企业发生的应收账款在没有商业折扣的情况下,按应收的全部金额入账。

【做中学3-5】 A公司向甲企业销售一批产品,价值总计58 000元,适用的增值税税率为16%,已经办妥委托银行收款手续。

销售时:
借:应收账款   67 280
　　贷:主营业务收入   58 000
　　　　应交税费——应交增值税(销项税额)   9 280

收到货款时:
借:银行存款   67 280
　　贷:应收账款   67 280

企业发生的应收账款在有商业折扣的情况下,应按扣除商业折扣后的金额入账。

【做中学3-6】 A公司销售产品一批,按照价目表标明的价格计算,其售价金额为30 000元。因批量销售,A公司给予购货方10%的商业折扣,金额为3 000元,则应收账款的入账价值金额为27 000元,适用的增值税税率为16%。

销售时:
借:应收账款   31 320
　　贷:主营业务收入   27 000
　　　　应交税费——应交增值税(销项税额)   4 320

收到货款时:
借:银行存款   31 320
　　贷:应收账款   31 320

企业发生的应收账款在有现金折扣的情况下,采用总价法入账,发生的现金折扣作为财务费用处理。

【做中学 3-7】 A公司销售产品一批,售价为 100 000 元,规定的现金折扣条件为"2/10,1/20,n/30",适用的增值税税率为 16%,产品交付并办妥银行收款手续。

借:应收账款　　　　　　　　　　　　　　　　　　　　　　116 000
　　贷:主营业务收入　　　　　　　　　　　　　　　　　　100 000
　　　　应交税费——应交增值税(销项税额)　　　　　　　　16 000

如果上述货款在10天内收到,购货方符合"2/10"的现金折扣条件,公司应给予购货方2%的现金折扣,编制会计分录如下:

借:银行存款　　　　　　　　　　　　　　　　　　　　　　114 000
　　财务费用　　　　　　　　　　　　　　　　　　　　　　　2 000
　　贷:应收账款　　　　　　　　　　　　　　　　　　　　116 000

如果上述货款在15天内收到,购货方符合"1/20"的现金折扣条件,公司应给予购货方1%的现金折扣,编制会计分录如下:

借:银行存款　　　　　　　　　　　　　　　　　　　　　　115 000
　　财务费用　　　　　　　　　　　　　　　　　　　　　　　1 000
　　贷:应收账款　　　　　　　　　　　　　　　　　　　　116 000

如果上述货款超过了现金折扣的最后期限,购货方应该全额付款,编制会计分录如下:

借:银行存款　　　　　　　　　　　　　　　　　　　　　　116 000
　　贷:应收账款　　　　　　　　　　　　　　　　　　　　116 000

任务四　预付账款的核算

一、预付账款的概念

预付账款是指企业按照购货合同规定预付给供应单位的款项。为了核算和监督预付账款的增减变动情况,企业应设置"预付账款"账户。该账户属于资产类账户,借方登记预付的款项和补付的款项,贷方登记收到采购物资时按发票金额冲销的预付账款金额和因预付货款多余而退回的款项,期末余额一般在借方,表示企业实际预付的款项。

企业除了进行预付账款总分类核算外,还应进行预付账款明细分类核算,按照不同的供应单位设置明细账。

二、预付账款的账务处理

企业因采购物资预付款项时,借记"预付账款"账户,贷记"银行存款"账户;收到所购物资时,按照应计入材料采购成本的金额,借记"材料采购""原材料""库存商品"等账户,按照增值税专用发票注明的增值税税额,借记"应交税费——应交增值税(进项税额)"账户,贷记"预付账款"账户;补付款项时,借记"预付账款"账户,贷记"银行存款"账户;收到退回的多余款项时,借记"银行存款"账户,贷记"预付账款"账户。

预付账款不多的企业,可以不设"预付账款"账户,直接在"应付账款"账户核算。但是,在编制"资产负债表"时,应当按预付账款明细账贷方余额与应付账款明细账贷方余额一起合计填列应付账款项目。

【做中学 3-8】 A企业预付所购物资的定金为 20 000 元;收到所购物资并且验收入库,价款 20 000 元,增值税税额为 3 200 元,共计 23 200 元;用银行存款补付不足款项 3 200 元。

预付定金时:

```
借：预付账款                                    20 000
    贷：银行存款                                20 000
```

收到所购物资时：

```
借：原材料                                      20 000
    应交税费——应交增值税（进项税额）              3 200
    贷：预付账款                                23 200
```

补付款项时：

```
借：预付账款                                    3 200
    贷：银行存款                                 3 200
```

如果有确凿证据证明由于供货单位破产、撤销等原因而不能收回所购物资的，说明企业预付的账款已经不再符合预付账款的性质，应将其原来已经计入预付账款的金额转入其他应收款。企业按照预计不能收回的所购物资的预付账款的账面余额，借记"其他应收款——预付账款转入"账户，贷记"预付账款"账户，并按照"其他应收款——预付账款转入"账户余额计提坏账准备。

若[做中学3-8]中，企业预付了20 000元定金后，由于对方企业破产，导致企业无法收到所购物资，则应编制会计分录如下：

```
借：其他应收款——预付账款转入                    20 000
    贷：预付账款                                20 000
```

任务五　其他应收款的核算

一、其他应收款的概念

其他应收款是指除应收票据、应收账款和预付账款以外的各种应收、暂付款项，包括各种应收赔款、存出保证金、备用金、应收包装物租金、应收的各种罚款、应向职工收取的各种垫付款项等。

为了反映和监督其他应收款的发生和结算情况，企业应设置"其他应收款"账户。该账户属于资产类账户，借方登记发生的其他各种应收款项，贷方登记收回的其他各种应收款项，期末余额一般在借方，表示企业尚未收回的其他应收款项。企业除了进行其他应收款总分类核算外，还应进行其他应收款明细分类核算，按项目或债务人设置明细账。

二、其他应收款的内容

①应收的各种赔款、罚款；②应收出租包装物的租金；③应向职工收取的各种垫付款项；④备用金（向企业各职能科室、车间等拨付的备用金）；⑤存出的保证金，如租入包装物支付的押金；⑥其他各种的应收、暂付款项，不包括企业拨出用于投资、购买物资的各种款项。

三、其他应收款的账务处理

企业发生其他应收款时，按应收金额，借记"其他应收款"账户，贷记有关账户；收回各种款项时，借记有关账户，贷记"其他应收款"账户。

企业应定期或至少在每年年度终了时，对其他应收款进行检查，预计其可能发生的坏账损失，并计提坏账准备。对于不能收回的其他应收款应查明原因，追究当事人的责任。对于确实无法收回的,按照企业的管理权限,经股东大会或董事会、经理(厂长)会议或类似机构批准,作为坏账损失,冲减已经提取的坏账准备。

【做中学3-9】 A企业以现金预借某职工差旅费1 000元;10天后,该职工出差归来,报销差旅费600元,其余款项400元交回企业。

预借职工差旅费时:

借:其他应收款		1 000
贷:库存现金		1 000

报销差旅费时:

借:管理费用		600
库存现金		400
贷:其他应收款		1 000

实行备用金制度的企业,可以单独设置"备用金"账户核算,也可以不设置"备用金"账户,对于领用的备用金应当定期向财务部门报销。财务部门根据报销数额用现金补足备用金定额时,借记"管理费用"等账户,贷记"库存现金"或"银行存款"账户,报销数额和拨补数都不再通过本账户核算。

【做中学3-10】 A企业开出现金支票1 000元向管理部门支付备用金;管理部门向财务部门报销日常办公用品费用600元;管理部门不再需要备用金,将备用金退回财务部门。

支付备用金时:

借:其他应收款或备用金(单独设置"备用金"账户)		1 000
贷:银行存款		1 000

管理部门报销时:

借:管理费用		600
贷:库存现金		600

管理部门退回备用金时:

借:库存现金		1 000
贷:其他应收款或备用金(单独设置"备用金"账户)		1 000

任务六 坏账损失的核算

一、坏账损失的概念和确认

企业的应收款项可能由于种种原因而不能收回,这部分应收款项被称为坏账,即坏账是指企业无法收回或收回可能性极小的应收账款。由于发生坏账而产生的损失被称为坏账损失或坏账费用。

企业应当定期或至少在每年年度终了时对应收款项进行减值测试,应根据单位的实际情况分为单项金额重大和非重大的应收款项。单项金额重大的应收款项,应当单独进行减值测试,如果有客观证据表明其发生了减值,应当确认减值损失,计提坏账准备。对于单项金额非重大的应收款项,以及单独测试后未发生减值的单项金额重大的应收款项,应当采用组合方式进行减值测试,分析判断是否发生减值,将这些应收款项按类似信用风险特征划分为若干组合,再按这些应收款项组合在资产负债表日余额的一定比例,计算确定减值损失,计提坏账准备。

企业应采用函证法核对应收账款,对应收款项的可收回性进行评价,根据具体情况自行确定计提坏账准备的方法和比例等,如果历史上企业发生坏账损失的记录较少,且债务人的信用较好,企业可以在较低的水平上计提坏账准备。

企业对预计可能发生的坏账损失计提坏账准备。企业应当制定计提坏账准备的政策,注明计提坏账的范围、提取方法、账龄的划分和提取比例,按照规定上报有关各方备案。

二、不能全额计提坏账准备的情况

企业确定坏账准备的计提比例,应当按照以往的经验、债务单位的实际财务状况和现金流量等相关信息予以合理估计。除了有确凿证据表明该项应收款项不能收回或收回的可能性不大(如因债务单位已经撤销、破产、资不抵债、现金流量严重不足、发生严重自然灾害等导致停产而在短期内无法偿债及3年以上的应收款项)外,以下各种情况不能全额计提坏账准备:①当年发生的应收款项;②计划对应收款项进行重组;③与关联方发生的应收款项;④其他已逾期,但无确凿证据表明不能收回的应收款项。

如果企业不考虑自身的实际情况,故意设立秘密准备,则应作为重大会计差错处理。

如果有确凿证据表明企业的预付账款不符合预付账款的性质,或者因供货单位破产、撤销等原因已经无望再收到所购的货物,应将原来计入预付账款的金额转入其他应收款,并按规定计提坏账准备。

应收票据发生坏账的风险比较小,所以一般不对应收票据计提坏账准备。但是,如果应收票据发生收不回来的情况,企业必须在有确凿证据表明不能收回票款的情况下,才能将应收票据账面余额转入应收账款,并且按照合理的方法对转入的应收账款计提坏账准备。否则,在一般的情况下不用对应收票据计提坏账准备。

【提示】 企业与关联方发生的应收款项,不应全额计提坏账准备。但是,如果有确凿证据表明关联方(债务单位)已经撤销、破产、资不抵债、现金流量严重不足等,并不准备对应收款项进行重组或无其他收回方式的,则对预计无法收回的应收关联方的应收款项也可以全额计提坏账准备。

应当指出,企业对已经确认为坏账的应收款项,并不意味着已经放弃了对这项应收款项的追索权,一旦重新收回,应及时入账。

三、坏账损失的核算方法

(一)直接转销法

直接转销法是指只有在实际发生坏账时,才确认坏账损失,同时冲销该笔应收款项的方法。

【做中学3-11】 B客户欠A公司6 000元,已经超过3年,屡次催款无效,断定无法收回,则A公司应将该客户的应收账款作为坏账损失处理。

确认坏账时:

借:资产减值损失　　　　　　　　　　　　　　　　　　　　　6 000
　　贷:应收账款　　　　　　　　　　　　　　　　　　　　　　　　　6 000

如果已经冲销的应收账款以后又收回时,处理如下:

借:应收账款　　　　　　　　　　　　　　　　　　　　　　　6 000
　　贷:资产减值损失　　　　　　　　　　　　　　　　　　　　　　　6 000

同时:

借:银行存款　　　　　　　　　　　　　　　　　　　　　　　6 000
　　贷:应收账款　　　　　　　　　　　　　　　　　　　　　　　　　6 000

直接转销法的优点是账务处理简单,缺点是忽视了坏账损失与赊销业务的联系,在转销坏账损失的前期,对坏账不作任何处理,在实际发生坏账时才确认坏账损失,从而导致日常核算的应收账款价值虚增、损益虚列,不符合谨慎性要求,因此,我国企业会计准则不允许采用直接转销法核算坏账损失,而采用备抵法核算坏账损失。

(二) 备抵法

备抵法是指按期估计坏账损失,列为坏账费用,形成坏账准备,在实际发生坏账时,冲销坏账准备的方法。备抵法主要包括应收款项余额百分比法、账龄分析法、赊销百分比法。

企业应设置"坏账准备"账户,用来核算坏账费用。该账户是应收款项的备抵调整账户。该账户贷方登记已提取的坏账准备,借方登记发生坏账时经批准作为坏账损失及冲销提取的坏账准备,期末调整后余额在贷方,表示企业已提取的坏账准备。

企业每期计提坏账准备的数额可按下列公式计算:

$$\text{当期应提取的坏账准备} = \text{当期按应收款项计算的应提坏账准备金额} - \text{"坏账准备"账户的贷方余额}$$

当期按应收款项计算的应提坏账准备金额大于"坏账准备"账户的贷方余额,应按其差额提取坏账准备;如果当期按应收款项计算的应提坏账准备金额小于"坏账准备"账户的贷方余额,应按其差额冲销已经计提的坏账准备;如果当期按应收款项计算的应提取坏账准备金额为零,应将"坏账准备"账户余额全部冲回。

企业提取坏账准备时,借记"资产减值损失"账户,贷记"坏账准备"账户;本期应提取的坏账准备大于其账面余额的应按差额提取;应提取的坏账准备小于其账面余额的,应按差额冲回,借记"坏账准备"账户,贷记"资产减值损失"账户。

企业实际发生坏账时,借记"坏账准备"账户,贷记"应收账款""其他应收款"账户;如果已经确认并转销的坏账以后又收回,则借记"应收账款"账户,贷记"坏账准备"账户,同时借记"银行存款"账户,贷记"应收账款"账户。

(1) 应收款项余额百分比法,是指根据会计期末应收款项的余额乘以估计坏账率即当期应估计的坏账损失,据此提取坏账准备的方法。估计坏账率可以按照以往的数据资料来确定,也可以按照规定的百分比来确定。

【做中学3-12】 A公司按备抵法核算坏账,某年开始按应收款项余额百分比法计提坏账准备。当年年末应收账款余额为800 000元,坏账准备提取比例为5‰,第2年发生了坏账3 000元,第2年年末应收账款余额为1 000 000元,第3年已经冲销的坏账3 000元又收回,第3年年末应收账款余额为700 000元。

第1年年末计提坏账准备时:

借:资产减值损失　　　　　　　　　　　　　　　　　　　　　　　4 000
　　贷:坏账准备　　　　　　　　　　　　　　　　　　　　　　　　　　4 000

第2年确认坏账时:

借:坏账准备　　　　　　　　　　　　　　　　　　　　　　　　　3 000
　　贷:应收账款　　　　　　　　　　　　　　　　　　　　　　　　　　3 000

第2年年末补提坏账准备时:

借:资产减值损失　　　　　　　　　　　　　　　　　　　　　　　4 000
　　贷:坏账准备　　　　　　　　　　　　　　　　　　　　　　　　　　4 000

第3年已经冲销的坏账又收回时:

借:应收账款　　　　　　　　　　　　　　　　　　　　　　　　　3 000
　　贷:坏账准备　　　　　　　　　　　　　　　　　　　　　　　　　　3 000

借：银行存款　　　　　　　　　　　　　　　　　　　　　　　　　　　3 000
　　贷：应收账款　　　　　　　　　　　　　　　　　　　　　　　　　　　3 000

冲销多提坏账时：

借：坏账准备　　　　　　　　　　　　　　　　　　　　　　　　　　　4 500
　　贷：资产减值损失　　　　　　　　　　　　　　　　　　　　　　　　　4 500

第3年年末应计提坏账准备为3 500元(700 000×5‰)，但在期末计提坏账准备前，"坏账准备"账户已经有贷方余额8 000元，即期初贷方余额5 000元加上收回的已经冲销坏账3 000元，超过了应提取的坏账准备数，所以，应冲回多提的坏账准备4 500元。

(2) 账龄分析法，是指根据应收款项入账时间的长短来估计坏账损失的方法。账龄是指客户拖欠账款的时间。虽然应收款项能否收回以及能收回的数额有多少，不一定完全取决于时间的长短，但一般来讲，应收款项拖欠的时间越长，发生坏账的可能性就越大。

【做中学3-13】　A企业某年应收账款账龄及估计坏账损失金额相关资料如表3-1所示。

表3-1　　　　　　　　　　　　应收账款账龄分析表

应收账款账龄	应收账款金额(元)	估计损失	估计损失金额(元)
未到期	80 000	0.5%	400
过期1个月	60 000	1%	600
过期2个月	30 000	2%	600
过期3个月	10 000	3%	300
过期3个月以上	5 000	5%	250
合　计	185 000		2 150

由表3-1可知，该企业当年估计的坏账损失为2 150元，需要根据前期"坏账准备"账户的账面余额，计算本期应入账的金额，由于本期计提的坏账受以前账面余额的影响，所以可能会出现补提或冲回多提的坏账准备的情况。

假设在估计坏账损失前，"坏账准备"账户有贷方余额，为100元，则本期应补提2 050元(2 150－100)。

借：资产减值损失　　　　　　　　　　　　　　　　　　　　　　　　　2 050
　　贷：坏账准备　　　　　　　　　　　　　　　　　　　　　　　　　　2 050

假设在估计坏账损失前，"坏账准备"账户有贷方余额，为2 400元，则本期应冲回250元(2 150－2 400)。

借：坏账准备　　　　　　　　　　　　　　　　　　　　　　　　　　　250
　　贷：资产减值损失　　　　　　　　　　　　　　　　　　　　　　　　　250

企业在采用账龄分析法计提坏账准备时，收到债务人当期偿还的部分债务后，剩余的应收账款并不会改变原有账龄，应该随着时间的增加而增加。

(3) 赊销百分比法，是指根据当期赊销金额的一定百分比估计坏账损失的方法。估计的比率可以参照以往的数据资料，也可以根据经验，这个比率也应随着生产经营情况的变化而不断修正。因此，需要企业经常检查这个比率是否能够真正反映企业坏账损失的实际情况并进行调整。

【做中学3-14】　A企业某年全年赊销金额为200 000元，根据经验估计坏账损失率为2%。

借:资产减值损失　　　　　　　　　　　　　　　　　　　　　　　　　　　　4 000
　　贷:坏账准备　　　　　　　　　　　　　　　　　　　　　　　　　　　　　　4 000

采用备抵法核算坏账,每期估计的坏账损失直接计入当期损益,既体现了谨慎性,又符合收入和费用配比的要求。在资产负债表上可以用应收账款净额表示可收回的应收账款,同时,在利润表上避免了因应收账款价值虚列而造成的利润虚增,避免了企业明盈实亏的情况,使报表使用者能够了解企业应收账款的可变现金额,我国会计准则规定企业应采用备抵法核算应收账款的坏账。

关键术语

贴现　商业折扣　现金折扣　坏账损失

应知考核

一、单项选择题

1. 甲公司20×9年6月6日销售一批产品,货款为1 000万元,增值税税率为16%,该企业为一般纳税企业。销售当日甲公司收到购货方寄来的一张3个月到期的商业承兑汇票,则甲公司应收票据的入账金额是(　　)万元。
   A. 1 034　　　　　B. 830　　　　　C. 1 160　　　　　D. 1 000

2. 企业于20×9年5月12日将面值为50 000元的不带息商业承兑汇票向银行贴现,8月10日该票据到期,因承兑人银行存款余额不足支付,贴现银行将票据退回给贴现企业。若贴现企业银行存款账户余额也不足以支付,则应作的账务处理是(　　)。
   A. 借:应收账款 50 000　贷:银行存款 50 000
   B. 借:应收账款 50 000　贷:短期借款 50 000
   C. 借:应收票据 50 000　贷:短期借款 50 000
   D. 借:应收票据 50 000　贷:银行存款 50 000

3. Q公司于20×9年4月1日因销售商品收到一张期限为6个月的带息商业汇票,票据面值为100万元,票面利率为14%,票据到期日为20×8年9月30日。Q公司未将该票据贴现,则20×8年9月30日Q公司该应收票据的金额为(　　)万元。
   A. 100　　　　　B. 107　　　　　C. 7　　　　　D. 114

4. 某企业于20×9年9月1日销售一批商品,增值税专用发票上标明的价款为200万元,适用的增值税税率为16%。对方公司用一张面值为232万元、票面利率为6%的银行承兑汇票支付货款。该企业销售商品时确认的应收票据为(　　)万元。
   A. 200　　　　　B. 203　　　　　C. 237　　　　　D. 232

5. 企业因销售商品收到一张商业汇票,下列账务处理中,正确的是(　　)。
   A. 借:银行存款
   　　贷:主营业务收入
   B. 借:应收票据
   　　贷:主营业务收入
   C. 借:银行存款
   　　贷:主营业务收入
   　　　　应交税费——应交增值税(销项税额)
   D. 借:应收票据
   　　贷:主营业务收入
   　　　　应交税费——应交增值税(销项税额)

6. 企业取得银行承兑汇票时,下列各项中,应当构成应收票据入账金额的是(　　)。

A. 票据面值 B. 票面利息
C. 票据面值＋票面利息 D. 不一定

7. 下列各项中,在确认销售收入时不影响应收账款入账金额的是( )。
   A. 销售价款 B. 增值税销项税额
   C. 现金折扣 D. 销售产品代垫的运杂费

8. 预付货款不多的企业,可以将预付的货款直接记入( )的借方,而不单独设置"预付账款"账户。
   A. "应收账款"账户 B. "其他应收款"账户
   C. "应付账款"账户 D. "应收票据"账户

9. 某企业"其他应收款"期初余额2 500元,本期支付的存出保证金1 000元,支付预借差旅费1 000元,采用定额制备用金的一车间前来报销办公费用1 500元,出差人员退回多余预支款100元(原预支800元),该企业"其他应收款"末期余额为( )元。
   A. 3 700 B. 4 600 C. 2 500 D. 5 600

10. 下列各项中,不通过"其他应收款"核算的是( )。
    A. 应收保险公司的赔款 B. 存出保证金
    C. 应向职工收取的各种垫付款项 D. 应向购货方收取的代垫运杂费

二、多项选择题

1. 企业将其持有的应收票据贴现给银行,损失不应在( )账户核算。
   A. "投资收益" B. "营业外收入"
   C. "财务费用" D. "营业外支出"

2. 企业取得银行承兑汇票时,下列各项中,应当构成应收票据入账金额的有( )。
   A. 销售商品收入 B. 应收取的增值税税款
   C. 替购买方垫付的保险费 D. 销售商品的检验费

3. 银行对应收票据拥有追索权,企业持未到期的商业汇票向银行贴现,账务处理可能涉及的账户有( )。
   A. "银行存款" B. "财务费用" C. "短期借款" D. "管理费用"

4. 按现行准则规定,通过"应收票据"及"应付票据"核算的票据包括( )。
   A. 银行承兑汇票 B. 信用证存款 C. 银行本票存款 D. 商业承兑汇票

5. 企业发生的应收账款计价方法中,理论上有( )。
   A. 总价法 B. 净价法
   C. 实际成本法 D. 计划成本法

6. 下列各项中,会影响工业企业应收账款入账金额的有( )。
   A. 销售商品的价款 B. 增值税的销项税额
   C. 销售商品发生的现金折扣 D. 销售商品发生的商业折扣

7. 企业采用备抵法核算坏账准备,估计坏账损失的方法有( )。
   A. 应收账款余额百分比法 B. 账龄分析法
   C. 年数总和法 D. 销货百分比法

8. 按照准则规定,可以作为应收账款入账金额的项目有( )。
   A. 商品销售收入价款 B. 增值税销项税额
   C. 商业折扣 D. 代垫运杂费

9. 下列各项中,应通过"其他应收款"账户核算的内容有( )。
   A. 应收保险公司的赔款 B. 代购货单位垫付的运杂费
   C. 应收出租包装物租金 D. 应向职工收取的各种垫付款

10. 下列各项中,不通过"其他应付款"账户核算的有( )。
    A. 应付现金股利 B. 应交教育费附加
    C. 应付租入包装物租金 D. 收到的存入保证金

三、判断题

1. 企业将其持有的应收票据贴现给银行,贴现息应在"财务费用"账户核算。 (   )
2. 应收账款余额在贷方,一般反映企业预收的账款。 (   )
3. 贴现银行承兑汇票时贴现息记入"财务费用"账户。 (   )
4. 票据贴现实质上是企业融通资金的一种形式。 (   )
5. 销售方发生的现金折扣记入"销售费用"账户。 (   )
6. 企业应向职工收取的暂付款项可在"应收账款"账户进行核算。 (   )
7. 企业实际发生坏账损失时,应借记"坏账准备"账户,贷记"应收账款"账户。 (   )
8. 企业采用应收账款余额百分比法计提坏账准备的,期末"坏账准备"账户余额应等于按应收账款余额的一定百分比计算的坏账准备金额。 (   )
9. 企业的预付账款,如因供货单位破产而无望再收到所购货物的,应将该预付账款转入其他应收款,并计提坏账准备。 (   )
10. "其他应收款"可以按照应收款项的性质进行明细核算。 (   )

四、思考题

1. 什么是现金折扣?什么是商业折扣?
2. 什么是应收票据?它是如何分类的?
3. 什么是坏账?如何认定坏账?
4. 全额计提坏账准备的条件有哪些?
5. 坏账损失的直接转销法与备抵法有什么不同?

应会考核

★ **业务考核**

【考核项目】

往来款项账务处理凭证。

【背景资料】

20×9年1月12日,华盛公司从湘中公司采购白灰1 000吨,单价为350元,按合同规定,华盛公司需向湘中公司预付货款的40%,验收货物后补付其余款项。请会计张红做相关账务处理。

(1)与湘中公司签订的采购合同。(2)经领导审批后的用款申请单,明确采购材料先预付。(3)预付货款时,开具的支票存根联。(4)仓库验收入库单。(5)补付余款时,开具的支票存根联。(6)收到湘中公司开具的增值税专用发票。

业务产生:公司向供应商采购材料或商品,为了能够及时采购到货物,并取得对方一定的信任,会在签订合同后预付给供应商部分货款。

【考核要求】

请分析相关原始凭证有哪些?

★ **技能考核**

【考核项目】

应收及预付款项核算。

【背景资料】

【业务技能题1】

目的:练习应收账款的核算。

资料:无锡海华股份有限公司为增值税一般纳税人,20×9年2月有关经济业务如下:

(1)2月3日,销售A产品100件给外地某商场,单价200元,价款20 000元,增值税3 200元,价税合计23 200元,产品已发出,向银行办妥托收手续。

(2)2月8日,接到银行转来的托收承付结算凭证收款通知,收到外地某商场的前欠货款23 200元。

(3) 2月10日,销售给外地的甲企业B产品1 000件,货款采用委托收款结算方式,B产品单位售价200元,价款共计200 000元,增值税款32 000元。

(4) 2月14日,外地甲企业所欠货款改用商业汇票结算,收到汇款单位承兑的"商业承兑汇票"一份。

(5) 采用备抵法核算坏账损失:

① 3月5日,上月已确认并转销外地某商店的坏账损失6 000元收回,存入银行。

② 3月10日,经核实,红星商场经营不善倒闭,所欠货款10 000元无法收回,经批准作坏账损失处理。

③ 年终,"应收账款"账户余额为6 000 000元,提取坏账准备的比例为5‰,"坏账准备"账户年初贷方余额为20 000元。

要求:根据上述资料编制相关会计分录。

【业务技能题2】

目的:练习应收票据的核算。

资料:无锡海华股份有限公司为增值税一般纳税人,20×9年发生的有关经济业务如下:

(1) 7月2日,销售给外地甲企业A产品10件,每件销售单价8 000元,价款合计80 000元,增值税为12 800元,收到"商业承兑汇票"一份,到期日为9月2日。

(2) 9月2日,上述汇票即将到期,填一式五联托收承付,连同原存执的"商业汇票"一并办妥托收承付手续。

(3) 9月8日,上述票款收到存入银行。

(4) 存执的一份无息"银行承兑汇票"到期日为11月8日,票面金额50 000元,因企业急需资金,于8月8日将上述"银行承兑汇票"向银行申请贴现,贴现月利率为5‰。

要求:根据资料编制会计分录。

【业务技能题3】

目的:练习预付账款和其他应收款的核算。

资料:无锡海华股份有限公司为增值税一般纳税人,20×9年发生的有关业务如下:

(1) 6月2日,签发转账支票预付星星工厂购料款20 000元。

(2) 6月15日,收到上述预购的甲材料,价款为36 000元,增值税为5 760元,价税合计为41 760元,材料已经验收入库,价税款不足部分当即签发转账支票补付。

(3) 6月20日,以银行存款支付应由职工负担的水电费2 000元,从职工下月工资中扣除。

(4) 总务科实行定额备用金制度:

① 7月15日,总务科出具收条,财务部门拨付2 000元备用金,开出现金支票支付。

② 7月25日,总务科报销日常零星开支1 600元,以现金补足备用金。

(5) 7月29日,厂长李明因公出差,填写借据一张,预借差旅费2 000元,财务部门以现金支票支付。

(6) 8月5日,李明出差归来,报销差旅费2 400元,补付现金400元。

要求:根据资料编制会计分录。

【业务技能题4】

目的:练习应收款项减值的核算。

资料:20×9年1月1日,无锡海华股份有限公司应收账款余额为3 000万元,坏账准备余额为150万元。20×9年度该发生了相关业务如下:

(1) 销售商品一批,增值税专用发票上注明的价款为5 000万元,增值税税额为800万元,货款尚未收到。

(2) 因某客户破产,该客户所欠货款10万元不能收回,确认为坏账损失。

(3) 收回上年度已转销为坏账损失的应收账款8万元并存入银行。

(4) 收到某客户以前所欠的货款4 000万元并存入银行。

(5) 20×9年12月31日,对应收账款进行减值测试,确定按5%计提坏账准备。

要求:

(1) 编制20×9年度确认坏账损失的会计分录。

(2) 编制收到上年度已转销为坏账损失的应收账款的会计分录。
(3) 计算20×9年年末"坏账准备"账户余额。
(4) 编制20×9年年末计提坏账准备的会计分录。
(答案中的金额单位用万元表示)

【考核要求】
请按照上述业务技能题的要求作答。

★ 综合实务题
1. 某公司发生以下业务：
(1) 5月3日，销售给丙公司一批A产品，增值税专用发票载明价款40 000元，增值税税额6 400元，同日收到丙公司承兑的面值为46 400元、期限为6个月的不带息商业承兑汇票一张。11月3日，持有的丙公司承兑的面值为46 400的不带息商业承兑汇票到期，票款已收存银行。

(2) 11月5日，销售给甲公司A产品，增值税专用发票载明价款50 000元，增值税税额8 000元，并代垫运费1 000元，已由银行存款支付，商品已按合同发出并办妥委托收款手续。11月15日，银行通知委托收取的甲公司货款及代垫运费59 000元甲公司无力支付，改用商业承兑汇票结算，收到甲公司承兑的面值为59 000元、期限为3个月的不带息商业承兑汇票一张。

(3) 11月15日，因急需资金，将一张6月5日持有的丁公司的票据面值80 000元、期限90天的商业承兑汇票向银行贴现，年贴现率为6%，贴现款已存入银行账户。

要求：根据资料，回答各小题，并作出选择。

(1) 对于业务(1)，正确的账务处理为（　　）。

A. 借：应收票据——丙公司　　　　　　　　　　　　　　　　46 400
　　　贷：主营业务收入　　　　　　　　　　　　　　　　　　　　40 000
　　　　　应交税费——应交增值税(销项税额)　　　　　　　　　　6 400

B. 借：银行存款　　　　　　　　　　　　　　　　　　　　　46 400
　　　贷：主营业务收入　　　　　　　　　　　　　　　　　　　　46 400

C. 借：应收账款　　　　　　　　　　　　　　　　　　　　　46 400
　　　贷：主营业务收入　　　　　　　　　　　　　　　　　　　　40 000
　　　　　应交税费——应交增值税(销项税额)　　　　　　　　　　6 400

D. 借：银行存款　　　　　　　　　　　　　　　　　　　　　46 400
　　　贷：应收票据——丙公司　　　　　　　　　　　　　　　　　46 400

(2) 对于业务(2)，正确的账务处理为（　　）。

A. 借：应收账款　　　　　　　　　　　　　　　　　　　　　58 000
　　　贷：主营业务收入　　　　　　　　　　　　　　　　　　　　50 000
　　　　　应交税费——应交增值税(销项税额)　　　　　　　　　　8 000

B. 借：应收账款　　　　　　　　　　　　　　　　　　　　　59 000
　　　贷：主营业务收入　　　　　　　　　　　　　　　　　　　　50 000
　　　　　应交税费——应交增值税(销项税额)　　　　　　　　　　8 000
　　　　　银行存款　　　　　　　　　　　　　　　　　　　　　　1 000

C. 借：应收票据　　　　　　　　　　　　　　　　　　　　　59 000
　　　贷：应收账款　　　　　　　　　　　　　　　　　　　　　　59 000

D. 借：应收票据　　　　　　　　　　　　　　　　　　　　　59 000
　　　贷：主营业务收入　　　　　　　　　　　　　　　　　　　　50 000
　　　　　应交税费——应交增值税(销项税额)　　　　　　　　　　8 000
　　　　　银行存款　　　　　　　　　　　　　　　　　　　　　　1 000

(3) 对于业务(3)，到期日和贴现净额和分别是（　　）。

A. 9月3日和79 333.33元　　　　　　　　　　B. 9月2日和79 333.33元

C. 9月4日和666.67元 D. 9月3日和666.67元

(4) 对于业务(3),正确的账务处理是( )。

A. 借:银行存款　　　　　　　　　　　　　　　　　　　　80 000
　　贷:短期借款　　　　　　　　　　　　　　　　　　　　80 000

B. 借:银行存款　　　　　　　　　　　　　　　　　　　　79 333.33
　　财务费用　　　　　　　　　　　　　　　　　　　　　　666.67
　　贷:应收票据　　　　　　　　　　　　　　　　　　　　80 000.00

C. 借:银行存款　　　　　　　　　　　　　　　　　　　　79 333.33
　　财务费用　　　　　　　　　　　　　　　　　　　　　　666.67
　　贷:短期借款　　　　　　　　　　　　　　　　　　　　80 000.00

D. 借:银行存款　　　　　　　　　　　　　　　　　　　　80 000
　　贷:应收票据　　　　　　　　　　　　　　　　　　　　80 000

2. 20×8年12月初,甲企业"应收账款"所属明细账户借方余额为35 000万元(其中应收丁企业账款5 000万元),"坏账准备——应收账款"账户贷方余额260万元。假定销售均符合收入确认条件,销售成本逐笔结转。12月份,甲企业发生有关交易或事项如下:

(1) 5日,采用托收承付结算方式向乙企业销售一批商品,增值税专用发票注明的价款为2 000万元,增值税税额为320万元,代垫运杂费5万元,全部款项已办妥托收手续。该批商品成本为1 500万元。

(2) 10日,向丙企业赊销一批商品,按商品价目表计算其金额为1 000万元(不含增值税),该批商品成本为750万元,由于成批销售,甲企业给予丙企业10%的商业折扣。

(3) 15日,向丙企业销售一批商品,增值税专用发票上注明的价款是3 000万元,增值税税额为480万元。双方签订的销售合同规定的现金折扣条件为"2/10,1/20,n/30"。假定计算现金折扣时不考虑增值税。28日收到丙企业支付的该笔款项。

要求:根据上述资料,回答下列各小题(答案中的金额单位用万元表示)。

(1) 根据资料(1)和资料(2),下列各项关于甲企业会计处理结果中,正确的是( )。

A. 确认财务费用100万元　　　　B. 确认应收账款3 369万元
C. 确认主营业务收入2 900万元　　D. 结转主营业务成本2 250万元

(2) 根据资料(3),下列各项关于甲企业会计处理结果中,正确的是( )。

A. 15日销售商品确认应收账款为3 000万元
B. 28日减少应收账款3 480万元
C. 15日销售商品确认应收账款为3 480万元
D. 28日确认财务费用30万元

3. 20×8年9月1日,中天公司向元华公司销售一批乙产品,合同总价款200 000元,给买方的商业折扣为20%,银行存款支付价外运费2 000元,适用的增值税税率为16%,采用托收承付结算方式结算,已向银行办妥托收手续。为及早收回货款,中天公司和元华公司约定的现金折扣条件为"2/10,1/20,n/30"。假设计算现金折扣时不考虑增值税。

要求:根据上述资料,回答下列各小题。

(1) 元华公司欠中天公司的货款是中天公司的( )。

A. 应付账款　　　　　　　　　　B. 其他应收款
C. 应收账款　　　　　　　　　　D. 其他应付款

(2) 中天公司应向银行托收的款项包括( )。

A. 货款　　　　　　　　　　　　B. 产品广告费
C. 运费　　　　　　　　　　　　D. 增值税

(3) 20×8年9月1日,中天公司应确认应收账款( )元。

A. 198 000　　　　　　　　　　B. 187 600
C. 200 000　　　　　　　　　　D. 187 200

(4) 20×8年9月1日,中天公司做账务处理涉及的账户有(　　)。
　　A."应收账款"　　B."银行存款"　　C."主营业务收入"　　D."应交税费"
(5) 20×8年9月6日,元华公司开出一张3个月到期的银行承兑汇票抵偿前欠中天公司货款,中天公司在处理中,正确的是(　　)。
　　A. 借:应付账款
　　　　贷:应付票据
　　B. 借:应收账款
　　　　贷:应收票据
　　　　　　其他应收款
　　C. 借:应付票据
　　　　贷:应付账款
　　D. 借:应收票据
　　　　贷:应收账款
(6) 若元华公司于20×8年9月7日付款,则中天公司应确认财务费用(　　)元。
　　A. 180 000　　　　　　　　　　　B. 3 753.36
　　C. 200 000　　　　　　　　　　　D. 3 200

4. 伟达公司为一般纳税企业,适用增值税税率为16%。20×8年8月2日,销售一批产品,按价目表标明的价格计算,金额为1 000 000元(不含税)。由于销量大,按规定给予购货方10%的商业折扣,同时规定现金折扣条件为"2/10,1/20,n/30",计算现金折扣时不包括增值税。假设已经符合收入确认条件,该批产品的成本为700 000元。购货方于20×8年8月19日支付了货款。

要求:根据上述资料,回答下列各小题。

(1) 20×8年8月2日,伟达公司"应收账款"的入账金额为(　　)元。
　　A. 1 170 000　　　　　　　　　　B. 1 044 000
　　C. 1 042 470　　　　　　　　　　D. 729 729
(2) 20×8年8月2日,该项交易或事项的账务处理包括(　　)。
　　A. 借:应收账款　　　　　　　　　　　　　　　　　　　　　1 160 000
　　　　贷:主营业务收入　　　　　　　　　　　　　　　　　　　　1 000 000
　　　　　　应交税费——应交增值税(销项税额)　　　　　　　　　　160 000
　　B. 借:应收账款　　　　　　　　　　　　　　　　　　　　　1 044 000
　　　　贷:主营业务收入　　　　　　　　　　　　　　　　　　　　　900 000
　　　　　　应交税费——应交增值税(销项税额)　　　　　　　　　　144 000
　　C. 借:应收账款　　　　　　　　　　　　　　　　　　　　　1 033 560
　　　　贷:主营业务收入　　　　　　　　　　　　　　　　　　　　　891 000
　　　　　　应交税费——应交增值税(销项税额)　　　　　　　　　　142 560
　　D. 借:主营业务成本　　　　　　　　　　　　　　　　　　　　700 000
　　　　贷:库存商品　　　　　　　　　　　　　　　　　　　　　　700 000
(3) 关于商业折扣与现金折扣,下列说法中,正确的是(　　)。
　　A. 两者都会造成营业收入的减少
　　B. 现金折扣应在实际发生时列作财务费用
　　C. 应收账款应按扣除商业折扣与现金折扣后的金额确认
　　D. 增值税应按照未扣除商业折扣与现金折扣的全价计算
(4) 20×8年8月19日,伟达公司收到货款时应作的账务处理是(　　)。
　　A. 借:银行存款　　　　　　　　　　　　　　　　　　　　　1 035 000
　　　　　财务费用　　　　　　　　　　　　　　　　　　　　　　　 9 000
　　　　贷:应收账款　　　　　　　　　　　　　　　　　　　　　1 044 000

B. 借：银行存款　　　　　　　　　　　　　　　　　　　954 000
　　　财务费用　　　　　　　　　　　　　　　　　　　 90 000
　　　　贷：应收账款　　　　　　　　　　　　　　　　　　1 044 000
C. 借：银行存款　　　　　　　　　　　　　　　　　　1 051 000
　　　财务费用　　　　　　　　　　　　　　　　　　　109 000
　　　　贷：应收账款　　　　　　　　　　　　　　　　　　1 160 000
D. 借：银行存款　　　　　　　　　　　　　　　　　　1 033 560
　　　财务费用　　　　　　　　　　　　　　　　　　　 8 910
　　　　贷：应收账款　　　　　　　　　　　　　　　　　　1 042 470

(5) 伟达公司该项销售业务实现的毛利为(　　)元。
　　A. 182 090　　　　B. 191 000　　　　C. 200 000　　　　D. 300 000

5. 甲公司向乙公司采购材料3 000吨，单价10元/吨，所需支付的款项总额为30 000元。按照合同规定向乙公司预付货款的50%，验收货物后补付其余款项。

要求：根据上述资料，回答下列各小题。

(1) 甲公司预付50%的货款时，应做的会计处理是(　　)。
　　A. 借：应付账款——乙公司　　　　　　　　　　　　 15 000
　　　　　贷：银行存款　　　　　　　　　　　　　　　　　　 15 000
　　B. 借：预付账款——乙公司　　　　　　　　　　　　 15 000
　　　　　贷：银行存款　　　　　　　　　　　　　　　　　　 15 000
　　C. 借：应收账款——乙公司　　　　　　　　　　　　 15 000
　　　　　贷：银行存款　　　　　　　　　　　　　　　　　　 15 000
　　D. 借：预收账款——乙公司　　　　　　　　　　　　 15 000
　　　　　贷：银行存款　　　　　　　　　　　　　　　　　　 15 000

(2) 收到乙公司发来的3 000吨材料，验收无误，增值税专用发票记载的货款为30 000元，增值税税额为4 800元。甲公司以银行存款补付所欠款项，应做的会计处理是(　　)。
　　A. 借：原材料　　　　　　　　　　　　　　　　　　 30 000
　　　　　贷：预付账款——乙公司　　　　　　　　　　　　 30 000
　　B. 借：预付账款——乙公司　　　　　　　　　　　　 19 800
　　　　　贷：银行存款　　　　　　　　　　　　　　　　　　 19 800
　　C. 借：原材料　　　　　　　　　　　　　　　　　　 30 000
　　　　　应交税费——应交增值税(进项税额)　　　　　　4 800
　　　　　贷：预付账款——乙公司　　　　　　　　　　　　 34 800
　　D. 借：预付账款——乙公司　　　　　　　　　　　　 33 500
　　　　　贷：银行存款　　　　　　　　　　　　　　　　　　 33 500

(3) 甲公司收到一张商业承兑汇票，面值为400 000元，抵偿应收的产品货款。会计分录中，正确的是(　　)。
　　A. 借：应收账款　　　　　　　　　　　　　　　　　400 000
　　　　　贷：应收票据　　　　　　　　　　　　　　　　　　400 000
　　B. 借：应付票据　　　　　　　　　　　　　　　　　400 000
　　　　　贷：应收票据　　　　　　　　　　　　　　　　　　400 000
　　C. 借：应收票据　　　　　　　　　　　　　　　　　400 000
　　　　　贷：应收账款　　　　　　　　　　　　　　　　　　400 000
　　D. 借：应收票据　　　　　　　　　　　　　　　　　400 000
　　　　　贷：应付账款　　　　　　　　　　　　　　　　　　400 000

(4) 甲公司需支付生产车间电费30 000元，企业行政管理部门电费20 000元，款项尚未支付，所涉及的会计账户是(　　)。

　　A. "制造费用"　　　B. "管理费用"　　　C. "应付账款"　　　D. "生产成本"

(5) 甲公司确认一笔应付账款 5 000 元为无法支付的款项，应予以转销。正确的会计分录是(　　)。

A. 借：应付账款　　　　　　　　　　　　　　　　　　　　5 000
　　　　贷：坏账准备　　　　　　　　　　　　　　　　　　　5 000
B. 借：预付账款　　　　　　　　　　　　　　　　　　　　5 000
　　　　贷：主营业务收入　　　　　　　　　　　　　　　　　5 000
C. 借：银行存款　　　　　　　　　　　　　　　　　　　　5 000
　　　　贷：主营业务收入　　　　　　　　　　　　　　　　　5 000
D. 借：应付账款　　　　　　　　　　　　　　　　　　　　5 000
　　　　贷：营业外收入　　　　　　　　　　　　　　　　　　5 000

6. 维达公司 20×8 年 7 月发生下列业务，请根据资料回答下列各小题。

(1) 20×8 年 7 月 2 日，向美年公司预付货款 10 000 元，应记入的账户是(　　)。

　　A. "预收账款"　　　　　　　　　　B. "预付账款"
　　C. "应收账款"　　　　　　　　　　D. "应付账款"

(2) 20×8 年 7 月 10 日，购买美年公司的原材料到货并验收入库，并用支票补付货款 1 600 元，正确的账务处理是(　　)。

A. 借：在途物资　　　　　　　　　　　　　　　　　　　　10 000
　　　　应交税费——应交增值税(进项税额)　　　　　　　　1 600
　　　　贷：预付账款　　　　　　　　　　　　　　　　　　10 000
　　　　　　银行存款　　　　　　　　　　　　　　　　　　1 600
B. 借：原材料　　　　　　　　　　　　　　　　　　　　　10 000
　　　　应交税费——应交增值税(进项税额)　　　　　　　　1 600
　　　　贷：预付账款　　　　　　　　　　　　　　　　　　10 000
　　　　　　银行存款　　　　　　　　　　　　　　　　　　1 600
C. 借：原材料　　　　　　　　　　　　　　　　　　　　　10 000
　　　　应交税费——应交增值税(进项税额)　　　　　　　　1 600
　　　　贷：预付账款　　　　　　　　　　　　　　　　　　10 000
　　　　　　应付票据　　　　　　　　　　　　　　　　　　1 600
D. 借：在途物资　　　　　　　　　　　　　　　　　　　　10 000
　　　　应交税费——应交增值税(进项税额)　　　　　　　　1 600
　　　　贷：预付账款　　　　　　　　　　　　　　　　　　10 000
　　　　　　应付票据　　　　　　　　　　　　　　　　　　1 600

(3) 下列各项业务中，应通过"其他应收款"账户核算的是(　　)。

　　A. 应向责任人收取的赔款　　　　　　B. 应收的各种罚款
　　C. 收取的各种押金　　　　　　　　　D. 租入包装物支付的押金

(4) 20×8 年 7 月 19 日，租入一批包装物，以银行存款向出租方支付押金时，正确的账务处理是(　　)。

　　A. 借记"其他应收款——存出保证金"　　B. 贷记"其他应收款——存出保证金"
　　C. 借记"应收账款"　　　　　　　　　　D. 贷记"银行存款"

(5) 按现行企业会计准则规定，下列说法中，正确的是(　　)。

A. 企业的预付账款，如有确凿证据表明其不符合预付账款性质，或者因供货单位破产、撤销等原因已无望再收到所购货物的，应当将原计入预付账款的金额转入应收账款，并按规定计提坏账准备

B. 企业持有的未到期应收票据，如有确凿证据证明不能够收回或收回的可能性不大时，不应将其账面余额转入应收账款，但应计提相应的坏账准备

C. 企业应当在期末分析各项应收款项的可收回性，并预计可能产生的坏账损失。对预计可能发生的

坏账损失，计提坏账准备

D. 预付账款业务不多的企业，可以不设置“预付账款”账户，预付货款的业务在“应付账款”账户核算

项目实训

【实训项目】

往来结算岗位。

【实训情境】

【实训 1】

20×9 年 3 月 21 日，无锡海华股份有限公司销售商品一批，价款 454 700.85 元，税金 77 299.15 元，合计 532 000 元整。签发 6 个月的银行承兑汇票给上海东方集团有限公司。汇票到期日为 20×9 年 9 月 21 日。承兑协议编号为 770321。（无锡海华股份有限公司账号：6222464654546553，付款行：中国工商银行无锡太湖支行；上海东方集团有限公司账号：9558801009012132093，开户行：中国工商银行上海嘉定支行）

【实训 2】

20×9 年 4 月 28 日，无锡海华股份有限公司（国企）向上海天地集团有限公司（国企）销售空调 25 台，单价 2 000 元，增值税税率 16%，货已发出，开出现金支票 500 元支付运费，合同规定采用验货付款。合同号码：555431（邮划），附记单证 4 张。（上海天地集团有限公司账号：6222127316555422256701，开户行：交通银行上海浦东新区分理处；无锡海华股份有限公司账号：6222464654546553，开户行：工行无锡太湖支行）

【实训要求】

（1）根据[实训 1]出纳填制银行承兑汇票（见图 3-2），制单会计依据银行盖章的银行承兑汇票的复印件、增值税专用发票等编制会计分录。

（2）根据[实训 2]出纳填制一式五联的托收承付凭证（见图 3-3），制单会计依据银行盖章的受理回单、增值税专用发票的发票联等编制会计分录；制单会计依据收账通知编制会计分录。

银行承兑汇票 2 30101150

出票日期（大写） 年 月 日 68771056

<table>
<tr><td>出票人全称</td><td colspan="3"></td><td rowspan="3">收款人</td><td>全　称</td><td colspan="11"></td></tr>
<tr><td>出票人账号</td><td colspan="3"></td><td>账　号</td><td colspan="11"></td></tr>
<tr><td>付款行名称</td><td colspan="3"></td><td>开户银行</td><td colspan="11"></td></tr>
<tr><td rowspan="2">出 票 金 额</td><td rowspan="2" colspan="5">人民币（大写）</td><td>亿</td><td>千</td><td>百</td><td>十</td><td>万</td><td>千</td><td>百</td><td>十</td><td>元</td><td>角</td><td>分</td></tr>
<tr><td></td><td></td><td></td><td></td><td></td><td></td><td></td><td></td><td></td><td></td><td></td></tr>
<tr><td>汇票到期日（大写）</td><td colspan="3"></td><td rowspan="2">付款行</td><td>行号</td><td colspan="11"></td></tr>
<tr><td>承兑协议编号</td><td colspan="3"></td><td>地址</td><td colspan="11"></td></tr>
<tr><td colspan="2" rowspan="2">本汇票请你行承兑，到期无条件付款。

出票人签章</td><td colspan="4">本汇票已经承兑，到期日由本行付款。
承兑行签章
承兑日期　　年　月　日</td><td colspan="11" rowspan="2">复核　　记账</td></tr>
<tr><td colspan="4">备注：</td></tr>
</table>

此联收款人开户行随托收凭证寄付款行作借方凭证附件

图 3-2 银行承兑汇票

托收凭证（受理回单） 1

委托日期 20×9 年 12 月 21 日

业务类型	委托收款（☑邮划 □电划）		托收承付（□邮划 □电划）	
付款人 全称	上海天地集团有限公司	收款人 全称	无锡海华股份有限公司	
付款人 账号	6222127316555422256701	收款人 账号	6222464654546553	
付款人 地址	省 上海 市县 开户行 交通银行上海浦东新区分理	收款人 地址	省 无锡 市县 开户行 工行无锡太湖支行	
金额	人民币（大写）伍万玖仟元整		亿 千 百 十 万 千 百 十 元 角 分 ¥ 5 9 0 0 0 0 0	
款项内容	货款	托收凭据名称	增值税专用发票	附寄单证张数 4
商品发运情况	已发	合同名称号码		
备注：				
复核 记账		年 月 日	收款人开户银行签章 年 月 日	

此联作收款人开户银行给收款人的受理回单

图 3-3 托收凭证

（3）通过实训过程的全程参与和体验，在基本完成实训操练各项技能任务的基础上，独立形成往来结算岗位实训报告。

往来结算岗位实训报告

往来结算岗位			
项目实训班级：		项目小组：	项目组成员：
实训时间： 年 月 日		实训地点：	实训成绩：
实训目的：			
实训步骤：			
实训结果：			
实训感言：			
不足与今后改进：			
项目组长评定签字：			项目指导教师评定签字：

项目四 存货核算岗位——存货

知识目标

理解:存货岗位的职责、存货的概念及分类。
熟知:存货按实际成本核算和按计划成本核算的方法。
掌握:存货可变现净值的确定方法、存货跌价准备的计提方法、存货清查的会计处理方法。

本项目课件

技能目标

通过本项目的学习,要求能够对存货业务进行确认、计量,具备审核原始凭证并根据原始凭证编制记账凭证、登记有关存货明细账,以及提供存货收、发、存信息的能力。

素质目标

运用所学会计的理论与实务知识研究相关案例,培养和提高学生在特定业务情境中分析问题与决策设计的能力;能结合"存货"的教学内容,结合行业规范或标准,分析会计行为的善恶,强化学生的职业道德素质。

项目引例

引例 材料核算的计划成本法

背景与情境:20×9年1月15日,华盛公司从上海机械公司购入铁精粉2 000吨,取得的增值税专用发票上列示的铁精粉价款为100 000元,增值税税额为160 000元。材料采购款已通过电汇方式支付给上海机械公司,材料尚在运输途中。材料验收入库时,发现短缺10 000元的材料。后查明原因,其中20%属于合理损耗,40%应由运输机构赔偿,另外40%属于非常损失,其中保险公司理赔3 000元。

请会计张红做出相关账务处理。相关原始凭证:①经公司领导审批的用数申请单,用银行存款支付。②上海机械公司开具的增值税专用发票。③公司支付货款的银行凭证。④仓库部门收到材料的入库单。⑤采购、品管及仓库签字后所提供的合理损耗报告单。⑥运输机构同意赔偿4 000元的签字确认书。⑦非常损失中由保险公司理赔3 000元,相关理赔证明。⑧非常损失中1 000元由公司自行承担,采购部提供相关领导签字的审批单。

业务产生:公司向供应商采购材料或商品,在原材料入库时发现实际数量与合同数量不符,查明原因,并落实责任。

请针对上述背景与情境内容,做出相关处理。

知识精讲

任务一 存货核算岗位概述

一、存货核算岗位的职责与工作任务

(一)存货核算岗位的职责

(1)审查存货采购计划,控制采购成本,防止盲目采购。
(2)要求各业务环节提供填写内容齐全的有关凭证,同时规定凭证的传递程序和传递时间。

(3) 负责存货收发原始凭证的审核、收发业务的处理和明细核算。对在途存货要督促催收,对已经验收入库尚未付款的存货,月末要估价入账。

(4) 会同有关部门建立健全存货手续制度,拟定存货管理与核算的实施方法。

(5) 配合有关部门制定存货消耗定额,对存货实行计划成本计价核算的企业,还要编制存货计划成本目录。

(6) 负责存货销售业务核算,正确计算和结转存货的销售成本。

(7) 协助有关部门对存货进行盘点,确定盘盈、盘亏后进行账务处理。

(8) 会同有关部门分析存货的储备情况,对于超过正常储备和长期积压的存货,要分析原因,提出处理意见和建议,督促有关部门处理。对于存货保管不善等原因造成浪费的,要追查管理人员的责任。

(二) 存货核算岗位的工作任务

(1) 开设原材料、库存商品、周转材料、在途物资、材料采购、存货跌价准备等存货的明细账,登记期初余额。

(2) 根据当月发生的存货购进、领用业务审核原始单据,并据以编制记账凭证,并将原始单据附于记账凭证后面。

(3) 审核记账凭证,并根据审核无误的记账凭证逐笔登记存货明细账并进行月末结账。

二、存货岗位业务核算程序

存货岗位业务核算程序如图 4-1 所示。

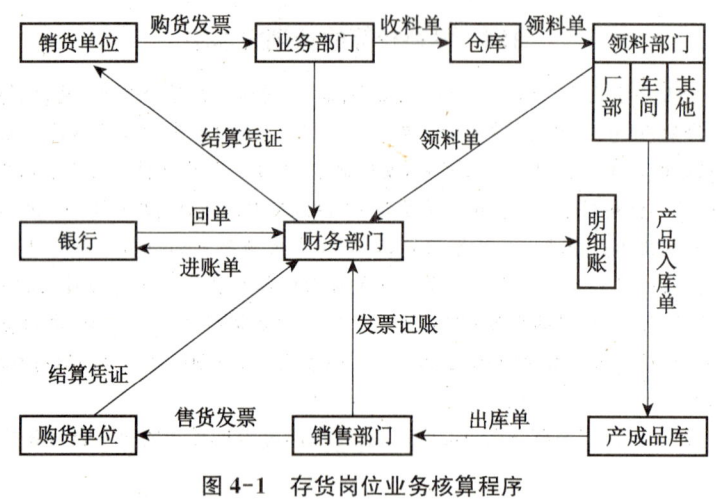

图 4-1 存货岗位业务核算程序

任务二 存 货 概 述

一、存货的概念与确认条件

(一) 存货的概念和特点

存货是指企业在日常生产经营过程中持有以备出售的产成品或商品,或者仍然处在生产过程中的在产品,或者在生产或提供劳务过程中将消耗的材料、物料等,包括原材料、周转材料、委托加工物资、在产品、半成品、产成品等。

存货作为一种重要的资产,具有以下几个特点:

(1) 企业的存货属于有形资产,具有物质实体。存货的这一特点使得存货与企业的其他没有实物形态的资产,如应收账款、无形资产等相区别,同时也将货币资金排除在存货的范围之外。

(2) 存货在正常情况下,都能够在1年内转化为货币资金或转化为其他资产,处于不断地销售、耗用之中,即存货的变现能力较强。

(3) 存货本身属于一种非货币性资产,因而,存货在未来销售时所能取得的现金数额受未来的销售价格影响较大,带有一定的不确定性。也就是说,存货具有实效性和发生潜在损失的可能性,当企业的存货长期不能被销售或耗用时,就有可能变为积压物资或需要降价销售,必将给企业带来损失,所以应该对存货计提跌价准备。

(4) 企业持有存货的目的在于准备在正常经营过程中予以出售(如商品等),或者将其在生产或提供劳务过程中耗用,制成产成品后再予以出售(如原材料等,或者仍然处在生产过程中的在产品等)。

(二) 存货的确认条件

企业存货的确认除了要符合存货的定义外,按照《企业会计准则第1号——存货》(以下简称存货准则)的规定,同时还要满足以下两个条件方可确认:

(1) 与该存货有关的经济利益很可能流入企业。我们知道,资产最重要的特征就是预期会给企业带来未来的经济利益,而存货作为企业的一项重要的流动资产,其确认的关键就是要判断存货是否很可能给企业带来经济利益或所包含的经济利益是否很可能流入企业。通常,存货的所有权是存货包含的经济利益很可能流入企业的一个重要标志,因此,确定企业存货所应包括的范围依据的一条基本原则就是:凡是在盘存日,其法定所有权属于企业的一切存货,不管其存放地点如何均属于企业的存货。

(2) 该存货的成本能够可靠地计量。成本能够可靠地计量是资产确认的一个基本条件。存货作为企业资产的一个组成部分,要予以确认也必须能够对其成本进行可靠计量。存货的成本能够可靠地计量,必须以取得确凿的证据为依据,并且要具有可验证性,否则,不能确认为企业的存货。

只有符合存货的定义并同时具备上述两个条件的存货,才可以在资产负债表上作为存货项目加以列示。

二、存货的范围

确认一项货物是否属于企业的存货,标准是看企业对其是否具有法人财产权(或法定产权)。凡在盘存日法定产权属于企业的物品,无论其处于何种状态或存放在何处,都应确认为企业的存货;反之,凡是法定产权不属于企业的物品,即使存放在企业中,也不应确认为企业的存货。存货包括下列3类有形资产:

(1) 企业在产品生产或提供劳务过程中耗用而储存的各种物品,如制造企业为生产产品而储存的原材料、周转材料等。为建造固定资产等工程而储备的各种材料,不属于为生产产品而储备的材料,所以,不属于存货范围。

(2) 企业为最终出售而生产但目前尚处于生产加工过程中的各种物品,如制造企业的在产品和自制半成品等。

(3) 企业在正常的经营过程中储存处于待销状态的各种物品,如制造企业的库存产成品、商品流通企业的库存商品等。特种储备以及按国家指令专项储备的资产不属于存货范围。

关于存货的确认范围有几种情况需要注意:

（1）关于在途物资的归属问题。对于销售方按销售合同、协议规定已确认销售,而尚未发运给购货方的商品,应作为购货方的存货处理而不应再作为销售方的存货;对于购货方已收到商品,但尚未收到销货方结算凭证的商品,购货方应作为其存货处理;对于购货方已经确认为购进而尚未到达入库的在途物资,购货方应将其作为存货处理。

（2）关于代销商品的归属问题。代销商品是指一方委托另一方代其销售的商品。从商品所有权的转移来分析,代销商品在售出以前,所有权属于委托方,受托方只是代对方销售商品。因此,代销商品应作为委托方的存货处理。但为了促使受托方加强对代销商品的核算和管理,按要求受托方对受托代销商品视同自有存货进行核算,同时,与受托代销商品对应的代销商品款应作为一项负债来反映。

（3）关于购货约定的问题。对于约定未来购入的物资,由于企业并没有实际的购货行为发生,因此,不作为企业的存货处理。

三、存货的分类

存货种类繁多,它们在生产经营过程中的用途不同,所起的作用也不尽相同。为了正确组织存货的核算,加强存货的管理,应根据不同的目的和标准对存货进行科学的分类。

（一）按存货的经济内容分类

1. 原材料

原材料是指企业在生产过程中经加工改变其形态或性质并构成产品主要实体的各种原料及主要材料、辅助材料、外购半成品(外购件)、修理用备件(备品备件)、包装材料、燃料等。需要注意的是,为建造固定资产等各项工程而储备的各种材料,虽然同属于材料,但是用于建造固定资产等各项工程,其价值分次进行转移,并不符合存货的定义,因此不能作为企业的存货进行核算。企业的特种储备以及国家指令专项储备的资产也不符合存货的定义,因而也不属于企业的存货。

2. 在产品

在产品是指企业正在制造尚未完工的产品,包括正在各个生产工序加工的产品和已加工完毕但尚未检验或已检验但尚未办理入库手续的产品。

3. 半成品

半成品是指经过一定生产过程并已检验合格交付半成品仓库保管,但尚未制造完工成为产成品,仍需进一步加工的中间产品。

4. 产成品

产成品是指工业企业已经完成全部生产过程并验收入库,可以按照合同规定的条件送交订货单位或者可以作为商品对外销售的产品。企业接受外来原材料加工制造的代制品和为外单位加工修理的代修品,制造和修理完成验收入库后,应视同企业的产成品。

5. 商品

商品是指商品流通企业外购或委托加工完成验收入库用于销售的各种商品。

6. 周转材料

周转材料是指企业能够多次使用但不符合固定资产定义的材料。例如,为了包装本企业商品而储备的各种包装物,各种工具、管理用具、玻璃器皿、劳动保护用品,及在经营过程中周转使用的容器等低值易耗品和建造承包商的钢模板、木模板、脚手架等其他周转材料。周转材料符合固定资产定义的,应当作为固定资产处理。

7. 委托代销商品

委托代销商品是指企业委托其他单位代销的商品。

(二)按存货的存放地点分类

1. 库存存货

库存存货是指已经运到企业或加工完成并已经验收入库的各种存货。

2. 在途存货

在途存货是指企业购入的正在运输途中的或货已经运到但尚未验收入库的各种存货。

3. 加工中存货

加工中存货是指企业自行生产加工以及委托其他单位加工改制中的各种存货。

4. 委托代销存货

委托代销存货是指存放在委托单位,并委托其代为销售的存货。

(三)按存货的来源分类

1. 外购存货

外购存货是指企业从外单位购入并已验收入库的材料、商品等存货。

2. 自制存货

自制存货是指企业自备材料加工完成并验收入库的材料、半成品、产成品等存货。

3. 投资者投入存货

投资者投入存货是指投资者投入的材料、商品等存货。

四、存货的初始计量

存货应当按照成本进行初始计量。存货成本包括采购成本、加工成本和其他成本。

(一)存货的采购成本

存货的采购成本,包括购买价款、相关税费、运输费、装卸费、保险费以及其他可归属于存货采购成本的费用。

1. 购买价款

存货的购买价款是指企业购入的材料或商品在发票账单上列明的价款,但不包括按规定可以抵扣的增值税税额。

2. 相关税费

相关税费是指企业购买存货发生的进口税费、消费税、资源税和不能抵扣的增值税进项税额,以及相应的教育费附加等应计入存货采购成本的税费。

3. 其他可归属于存货采购成本的费用

其他可归属于存货采购成本的费用是指采购成本中除上述各项以外的可归属于存货采购的费用,如在存货采购过程中发生的仓储费、包装费,运输途中的合理损耗,入库前的挑选整理费用等。

商品流通企业在采购商品过程中发生的运输费、装卸费、保险费以及其他可归属于存货采购成本的费用等进货费用,应当计入存货采购成本,也可以先行归集,期末根据所购商品的销售情况进行分摊。对于已售商品的进货费用,计入当期损益;对于未售商品的进货费用,计入期末存货成本。企业采购商品的进货费用金额较小的,可以在发生时直接计入当期损益。

(二)存货的加工成本

存货的加工成本是指在存货的加工过程中发生的追加费用,包括直接人工以及按照一定方法分配的制造费用。

直接人工是指企业在生产产品和提供劳务过程中发生的直接从事产品生产和劳务提供人员的职工薪酬。

制造费用是指企业为生产产品和提供劳务而发生的各项间接费用。

(三) 存货的其他成本

存货的其他成本是指除采购成本、加工成本以外的,使存货达到目前场所和状态所发生的其他支出。企业设计产品发生的设计费用通常应计入当期损益,但是为特定客户设计产品所发生的、可直接确定的设计费用应计入存货的成本。

存货的来源不同,其成本的构成内容也不同。原材料、商品、低值易耗品等通过购买而取得的存货的成本由采购成本构成;产成品、在产品、半成品等自制或须委托外单位加工完成的存货的成本由采购成本、加工成本以及使存货达到目前场所和状态所发生的其他支出构成。在实务中,按以下原则确定存货的成本。

1. 购入存货的成本

购入存货的成本包括:买价、运杂费(包括运输费、装卸费、保险费、包装费、仓储费等)、运输途中的合理损耗、入库前的挑选整理费用(包括挑选整理中发生的工费支出和数量损耗,并扣除回收的下脚废料价值)以及按规定应计入成本的税费和其他费用。

2. 自制存货的成本

自制的存货包括自制原材料、自制包装物、自制低值易耗品、自制半成品及库存商品等,其成本包括直接材料、直接人工、制造费用等各项实际支出。

3. 委托外单位加工存货的成本

委托外单位加工完成的存货包括加工后的原材料、包装物、低值易耗品、半成品、产成品等,其成本包括实际耗用的原材料或者半成品、加工费、装卸费、保险费、委托加工的往返运输费等费用,以及按规定应计入成本的税费。

4. 投资者投入存货的成本

投资者投入存货的成本,应当按照投资合同或协议约定的价值确定,但合同或协议约定价值不公允的除外。在投资合同或协议约定价值不公允的情况下,按照该项存货的公允价值作为其入账价值。

5. 盘盈存货的成本

盘盈的存货应按其重置成本作为入账价值,并通过"待处理财产损溢"账户进行会计处理,按管理权限报经批准后,冲减当期管理费用。

6. 通过非货币性资产交换、债务重组等方式取得的存货的成本

企业通过非货币性资产交换、债务重组、企业合并等方式取得的存货,其成本应当分别按照《企业会计准则第7号——非货币性资产交换》和《企业会计准则第12号——债务重组》等的规定确定。但是,其后续计量和披露应当执行存货准则的规定。

7. 通过提供劳务取得的存货

通过提供劳务取得的存货,其成本按从事劳务提供人员的直接人工和其他直接费用以及可归属于该存货的间接费用确定。

但是,下列费用不应计入存货成本,而应在其发生时计入当期损益:

(1) 非正常消耗的直接材料、直接人工和制造费用,应在发生时计入当期损益,不应计入存货成本。如由于自然灾害而发生的直接材料、直接人工和制造费用,由于这些费用的发生无助于使该存货达到目前场所和状态,不应计入存货成本,而应确认为当期损益。

(2) 仓储费用,是指企业在存货采购入库后发生的储存费用,应在发生时计入当期损益。但是,在生产过程中为达到下一个生产阶段所必需的仓储费用应计入存货成本。如某种酒类产品生产企业为使生产的酒达到规定的产品质量标准,而必须发生的仓储费用,应计入酒的成本,而不应计入当期损益。

(3) 不能归属于使存货达到目前场所和状态的其他支出,应在发生时计入当期损益,不得计入存货成本。

五、存货的盘存制度

企业确定存货的实物数量有两种方法：一种是实地盘存制；另一种是永续盘存制。

（一）实地盘存制

实地盘存制也称定期盘存制，是指在平时只登记存货的购入，而不登记存货的销售成本，在会计期末，通过对全部存货进行实地盘点以确定期末存货的结存数量，然后分别乘以各项存货的盘存单价，计算出期末存货的总金额，记入各有关存货账户，倒轧本期已耗用或已销售存货的成本的一种方法。这一方法用于工业企业，称为"以存计耗"或"盘存计耗"；用于商品流通企业，称为"以存计销"或"盘存计销"。

这一方法所依据的基本等式如下：

$$期初存货 + 本期购货 = 本期耗用（或销售）+ 期末存货$$

如果存货采用历史成本计价，上式可改如下：

$$本期耗用（或销售）成本 = 期初存货成本 + 本期购货成本 - 期末存货成本$$

上式中，期初存货成本和本期购货成本可从账簿记录中取得，再通过实地盘存，确定期末存货成本，即可计算出本期耗用（或销售）成本。

实地盘存制的优点是核算工作比较简单，工作量较小。但它也有很明显的缺点：一是增加了期末的工作量；二是不能随时反映存货收入、发出、结存的动态，不便于管理人员掌握有关情况；三是由于采用"以存计耗"和"以存计销"倒挤成本，从而使非正常销售或耗用的存货损失、差错，甚至偷盗等原因所引起的短缺，全部挤入耗用或销售成本中，容易掩盖存货管理中存在的问题，削弱了对存货的控制；四是采用这种方法只能等到期末盘点时才能结转已耗用或已销存货的成本，而不能随时结转成本。因此这一方法的实用性较差，通常适用于那些自然损耗较大、数量不稳定的鲜活商品等。

（二）永续盘存制

永续盘存制也称账面盘存制，是指通过设置详细的存货明细账，逐笔或逐日记录存货收入、发出的数量及金额，以随时结出结余存货的数量、金额的一种存货盘存方法。采用这一盘存方法，应对存货分品种、规格等设置详细的明细账，逐笔或逐日记录存货收入、发出的数量及金额，并结出期末存货的数量及金额。在没有发生丢失或被盗的情况下，存货账户的余额应当与实际库存相符。所以，在这种制度下，存货发出的数量可以通过账簿资料随时提供，存货发出的成本也是通过账簿资料计算得出的。然而，采用永续盘存制，并不排除对存货的实物盘点，为了核对存货账面记录，加强对存货的管理，每年至少应对存货进行一次全面盘点，具体盘点次数视企业内部控制要求而定。

永续盘存制的优点是有利于加强对存货的管理。各种存货明细记录可以随时反映企业每一种存货的收入、发出和结存情况，还可以随时反映存货是否过多或不足，以便及时、合理地组织货源，避免不合理的库存，加速资金周转。永续盘存制的缺点是存货明细记录的工作量较大，在存货品种规格繁多的企业尤为如此。

企业可根据存货类别和管理要求，对一些存货实行实地盘存制，而对另一些存货实行永续盘存制，但是不论采用何种盘存方法，前后各期必须一致。

六、发出存货成本的计价方法

企业应当根据各类存货的实物流转方式、企业管理的要求、存货的性质等实际情况，合理地选择发出存货成本的计算方法,以合理确定当期发出存货的实际成本。

对于性质和用途相似的存货,应当采用相同的成本计算方法确定发出存货的成本,企业在确定发出存货的成本时,可以采用先进先出法、移动加权平均法、月末一次加权平均法和个别计价法等。企业不得采用后进先出法确定发出存货的成本。

(一) 先进先出法

先进先出法,是假定先收到的存货先发出,或先收到的存货先耗用,并按照这种假定的存货流转次序对发出存货和期末存货进行计价的方法。具体做法是:收入存货时,逐笔登记每一批存货的数量、单价和金额;发出存货时,按照先进先出的原则计价,逐笔登记存货的发出和结存金额。

【做中学4-1】某企业20×9年4月份甲材料的收发结存资料如表4-1所示,要求采用先进先出法计算甲材料发出数量和结存数量。

表4-1 甲材料收发结存情况表

业务	收入		发出数量(千克)	结存数量(千克)
	数量(千克)	单价(元/千克)		
4月1日结存				1 500(单价10元/千克)
4月4日发出			300	1 200
4月8日购入	1 000	10.5		2 200
4月10日发出			1 400	800
4月18日购入	1 200	11.2		2 000
4月25日发出			1 000	1 000

采用先进先出法计算得出的甲材料发出金额和结存金额如表4-2所示。

表4-2 材料明细账(先进先出法)
品名:甲材料

年		凭证		摘要	收入			发出			结存		
月	日	字	号		数量(千克)	单价(元/千克)	金额(元)	数量(千克)	单价(元/千克)	金额(元)	数量(千克)	单价(元/千克)	金额(元)
4	1	(略)	(略)	期初余额							1 500	10	15 000
4	4			发出				300	10	3 000	1 200	10	12 000
4	8			购入	1 000	10.5	10 500				1 200 1 000	10 10.5	12 000 10 500
4	10			发出				1 200 200	10 10.5	12 000 2 100	800	10.5	8 400
4	18			购入	1 200	11.2	13 440				800 1 200	10.5 11.2	8 400 13 440
4	25			发出				800 200	10.5 11.2	8 400 2 240	1 000	11.2	11 200
4	30			本月合计	2 200		23 940	2 700		27 740	1 000	11.2	11 200

先进先出法便于日常计算发出存货及结存存货的成本,但在存货收发业务频繁、单价经常变动的情况下,这种发出存货的计价方法所需的工作量较大。另外,期末存货成本比较接近现行的市场价值,但若物价上涨时,用早期较低的成本与现行收入相配比,可能导致高估企业当期利润。

(二) 加权平均法

加权平均法,也称全月一次加权平均法,是根据期初结存存货和本期收入存货的数量及成本,期末一次计算出存货的本月加权平均单位成本,从而计算出本期发出存货和期末结存存货成本的一种方法。采用这种方法,发出存货的单价是以本期收入数和期初结存数进行加权平均计算的。其计算公式如下:

$$存货平均单价 = \frac{期初结存存货成本 + 本期入库存货成本}{期初结存存货数量 + 本期入库存货数量}$$

$$本期发出存货成本 = 本期发出存货数量 \times 存货平均单价$$

$$期末结存存货成本 = 期末结存存货数量 \times 存货平均单价$$

如果计算出的存货平均单价不是整数,而是需要四舍五入的,为优先保证存货结存成本的正确性,应采用倒挤成本法计算发出存货的成本,计算公式如下:

$$期末结存存货成本 = 期末结存存货数量 \times 存货平均单价$$

$$本期发出存货成本 = 期初结存存货成本 + 本期入库存货成本 - 期末结存存货成本$$

【做中学 4-2】承[做中学 4-1],要求:采用加权平均法计算甲材料发出成本和结存成本。

采用加权平均法计算得出的甲材料发出金额和结存金额如表 4-3 所示。

$$甲材料平均单价 = \frac{15\ 000 + 23\ 940}{1\ 500 + 2\ 200} \approx 10.52(元/千克)$$

$$月末结存甲材料成本 = 1\ 000 \times 10.52 = 10\ 520(元)$$

$$本月发出甲材料成本 = 15\ 000 + 23\ 940 - 10\ 520 = 28\ 420(元)$$

表 4-3 材料明细账(加权平均法)

品名:甲材料

年		凭证		摘要	收入			发出			结存		
月	日	字	号		数量(千克)	单价(元/千克)	金额(元)	数量(千克)	单价(元/千克)	金额(元)	数量(千克)	单价(元/千克)	金额(元)
4	1	(略)	(略)	期初余额							1 500	10	15 000
4	4			发出				300			1 200		
4	8			购入	1 000	10.5	10 500				2 200		
4	10			发出				1 400			800		
4	18			购入	1 200	11.2	13 440				2 000		
4	25			发出				1 000			1 000		
4	30			本月合计	2 200		23 940	2 700	10.52	28 420*	1 000	10.52	10 520

注: *发出存货成本按照单价 10.52 元计算的结果应为 28 404 元。由于尾数的原因,将 16 元的差额放入发出材料的成本,因此,发出存货的成本为 28 420 元。

加权平均法的缺点是不利于存货的日常管理,因为只有在期末才能根据以上公式计算出存货的平均单价,并对发出存货进行计价,计算存货结存的成本,而在平时从存货明细账中看不出存货的结存价值。其优点是能够减少会计核算的工作量。

(三) 移动加权平均法

移动加权平均法是指每次收到存货后,立即根据库存存货数量和总成本,计算出新的加权平均单位成本,并对发出存货进行计价的一种方法。移动加权平均法与加权平均法的计算原理基本相同,只是要求在每次收入存货时重新计算加权平均单位成本。其计算公式如下:

$$存货平均单价 = \frac{以前结存存货成本 + 本批入库存货成本}{以前结存存货数量 + 本批入库存货数量}$$

【做中学 4-3】 承[做中学 4-1],要求:采用移动加权平均法计算甲材料发出成本和结存成本。

4月4日结存甲材料的成本 = 1 200 × 10 = 12 000(元)

4月4日发出甲材料的成本 = 15 000 − 12 000 = 3 000(元)

4月8日结存甲材料平均单价 = $\frac{12\ 000 + 10\ 500}{1\ 200 + 1\ 000}$ ≈ 10.23(元 / 千克)

4月10日结存甲材料的成本 = 800 × 10.23 ≈ 8 184(元)

4月10日发出甲材料的成本 = 22 500 − 8 184 = 14 316(元)

4月18日结存甲材料平均单价 = $\frac{8\ 184 + 13\ 440}{800 + 1\ 200}$ ≈ 10.81(元 / 千克)

4月25日结存甲材料的成本 = 1 000 × 10.81 = 10 810(元)

4月25日发出甲材料的成本 = 21 624 − 10 810 = 10 814(元)

月末结存甲材料成本 = 1 000 × 10.81 = 10 810(元)

本月发出甲材料成本 = 3 000 + 14 316 + 10 814 = 28 130(元)

采用移动加权平均法计算得出的甲材料发出成本和结存成本如表 4-4 所示。

表 4-4 材料明细账(移动加权平均法)

品名:甲材料

年		凭证		摘要	收入			发出			结存		
月	日	字	号		数量(千克)	单价(元/千克)	金额(元)	数量(千克)	单价(元/千克)	金额(元)	数量(千克)	单价(元/千克)	金额(元)
4	1	(略)	(略)	期初余额							1 500	10.00	15 000
4	4			发出				300	10.00	3 000	1 200	10.00	12 000
4	8			购入	1 000	10.50	10 500				2 200	10.23*	22 500
4	10			发出				1 400	10.23	14 316	800	10.23	8 184
4	18			购入	1 200	11.20	13 440				2 000	10.81	21 624
4	25			发出				1 000	10.81	10 814	1 000	10.81	10 810
4	30			本月合计	2 200		23 940	2 700		28 130	1 000	10.81	10 810

注:* 取约数。

移动加权平均法的优点是存货计价工作可以分散在月内进行。其缺点是每购进一批存货,就要重新计算一次平均单价,每发出一次存货,都要以上次结存存货的平均单价作为本次发出存货的单价,存货的计价工作量较大。

(四) 个别计价法

个别计价法是以每次(批)入库存货的实际单位成本作为计算该次(批)发出存货成本依据的

一种方法,即发出某次(批)存货要根据该次(批)存货购入时的实际单位成本计算。其计算公式如下:

$$每次(批)存货发出成本 = 该次(批)存货发出数量 \times 该次(批)存货的单位成本$$

个别计价法的优点是能正确地计算发出存货的实际成本,并随时掌握实际库存情况。但采用这种方法,要求确认发出存货和期末结存存货所购进的批别。为此,必须按购进批别设置存货明细账,对其进行详细记录。入库时,应挂上标签,分别存放,分别保管,以便发出时便于识别是哪批购入的。这种计价方法一般只适用于价值高、数量少的存货。

(五)毛利率法

毛利率法是根据本期实际销售净额乘以上期实际(或本期计划)毛利率匡算本期销售毛利,据以计算发出存货和期末结存存货成本的一种方法。其计算公式如下:

$$销售净额 = 商品销售收入 - 销售退回与折让$$
$$毛利率 = 销售毛利 \div 销售净额 \times 100\%$$
$$本期销售毛利 = 本期销售净额 \times 本期毛利率$$
$$本期销售成本 = 本期销售净额 - 本期销售毛利$$
$$期末存货成本 = 期初存货成本 + 本期购货成本 - 本期销售成本$$

毛利率法是商品流通企业,尤其是商业批发企业常用的计算本期商品销售成本和期末库存商品成本的方法。商品流通企业由于经营商品的品种繁多,如果分品种计算商品销售成本,工作量较为繁重,而且商品流通企业同类商品的毛利率大致相同,采用这种存货计价方法按商品大类计算商品销售成本也比较接近实际。

【做中学4-4】 某商场20×9年4月月初甲类商品库存180 000元,本月购进该类商品120 000元,本月销售收入150 000元,发生的销售退回与折让共计为9 200元,上季度甲类商品的毛利率为20%。计算本月已售商品和月末结存商品的成本。

$$本月销售净额 = 150\ 000 - 9\ 200 = 140\ 800(元)$$
$$本月销售毛利 = 140\ 800 \times 20\% = 28\ 160(元)$$
$$本月销售成本 = 140\ 800 - 28\ 160 = 112\ 640(元)$$
$$月末结存商品成本 = 180\ 000 + 120\ 000 - 112\ 640 = 187\ 360(元)$$

这种计算方法,采用上季度毛利率,按商品大类计算、结转本期销售成本,能简化计算工作量,但计算结果往往不够准确。为了弥补这种不足,企业可以在每季季末的最后1个月,根据月末结存商品的数量,采用加权平均法等存货计价方法进行调整。这样,每个季度的前两个月的商品销售成本和月末结存商品成本是估计数,而整个季度的商品销售成本和季度末的结存商品成本是实际数。

(六)售价金额核算法

采用这一方法时,平时商品的购进、储存、销售均按售价记账,售价与进价的差额通过"商品进销差价"账户核算,期末计算进销差价率和本期已售商品应分摊的进销差价,并据以调整本期销售成本。有关计算公式如下:

$$进销差价率 = \frac{期初库存商品的进销差价 + 本期发出商品的进销差价}{期初库存商品的售价 + 本期发出商品的售价}$$

$$本期已售商品应分摊的进销差价 = 本期商品销售收入 \times 进销差价率$$

$$本期销售商品的实际成本 = 本期商品销售收入 - 本期已售商品应分摊的进销差价$$

$$期末结存商品的实际成本 = 期初库存商品的进价成本 + 本期购进商品的进价成本 - 本期销售商品的实际成本$$

【做中学4-5】某商场20×9年5月,期初库存商品的进价成本为150 000元,售价总额为187 000元;本月购进该商品的进价成本为546 000元,售价总额为680 000元;本月销售收入732 000元。计算月末该商品的结存成本和本月销售成本。

进销差价率 = (37 000 + 134 000) ÷ (187 000 + 680 000) × 100% ≈ 19.7%

已售商品应分摊的进销差价 = 732 000 × 19.7% = 144 204(元)

本期销售商品的实际成本 = 732 000 − 144 204 = 587 796(元)

期末结存商品的实际成本 = 150 000 + 546 000 − 587 796 = 108 204(元)

售价金额核算法主要适用于商品零售企业,由于这类商业企业的商品都要标明零售价格,而且商品的品种、型号、款式繁多,难于采用其他方法计价。

任务三 原材料的核算

原材料是指企业在生产过程中经过加工改变其形态或性质并构成产品主要实体的各种原料、主要材料和外购半成品,以及不构成产品实体但有助于产品形成的辅助材料。原材料具体包括原料及主要材料、辅助材料、外购半成品(外购件)、修理用备件(备品备件)、包装材料、燃料等。

一、原材料成本的计价方法

存货的日常收发及结存有两种核算方法,分别是实际成本法和计划成本法。

(一)实际成本法

实际成本法是指存货的收发及结存,无论总分类核算还是明细分类核算,均按照实际成本计价。采用实际成本核算,日常反映不出材料成本是节约还是超支,从而不能反映和考核物资采购业务的经营成果。因此这种方法通常适用于材料收发业务较少的企业。

(二)计划成本法

计划成本法是指存货的收入、发出和结存都按企业制定的计划成本计算,同时单独设置"材料成本差异"账户反映实际成本与计划成本之间的差额,期末将发出存货成本和期末存货成本由计划成本调整为实际成本。企业采用计划成本法核算存货时,应当制定科学、合理的计划单位成本。企业存货计划成本所包括的内容应与存货实际成本的内容相一致。企业应根据正常的供需条件,结合各种存货近期的市场价格水平和技术状况、供应单位所在地的远近等因素确定可直接归属于存货采购的运杂费(包括运输费、装卸费、保险费、包装费、仓储费等),以及合理的途中损耗率,制定计划成本。企业制定的存货计划成本应当尽可能地接近实际。

在实务中,材料收发业务较多并且计划成本资料较为健全、准确的企业,一般可以采用计划成本法进行材料收发的核算。

对存货日常核算采用何种方法,由企业根据实际情况自行确定,但要遵守前后一致的原则。采用实际成本法进行核算时对于发出存货的实际成本的计算方法,以及采用计划成本法进行核算时对于成本差异的分摊方法,一经确定,一般不应变更。

二、原材料按实际成本计价的核算

(一)账户设置

按实际成本计价核算时应设置"原材料""在途物资"等账户,而不设置"材料采购"账户。

(1)"原材料"账户。该账户属于资产类账户,用来核算企业库存的各种原材料的实际成本。该账户借方登记收入原材料的实际成本;贷方登记发出原材料的实际成本;期末余额在借方,表示库存材料的实际成本。该账户应按照原材料的保管地点(仓库)、材料类别、品种和规格设置明细账(或原材料卡片)进行明细分类核算。

(2)"在途物资"账户。该账户属于资产类账户,用来核算企业已经付款或已开出商业承兑汇票但尚未到达或尚未验收入库的各种物资的实际成本。该账户借方登记已支付或已开出商业承兑汇票的各种物资的实际成本;贷方登记已验收入库物资的实际成本;期末余额在借方,表示已经付款或已开出商业承兑汇票但尚未到达或尚未验收入库的在途物资的实际成本。该账户应按供应单位设置明细账进行明细分类核算。

(3)"应付账款"账户。该账户属于负债类账户,用来核算企业因购买材料、商品和接受劳务等经营活动应支付的款项。该账户的贷方登记企业因购入材料、商品和接受劳务等尚未支付的款项;借方登记偿还的应付账款;期末余额一般在贷方,反映企业尚未支付的应付账款。

(4)"预付账款"账户。该账户属于资产类账户,用来核算企业按照合同规定预付的款项。该账户的借方登记企业预付的款项及补付的款项;贷方登记收到所购物资时根据有关发票账单记入"原材料"等账户的金额及收回多付款项的金额;若期末余额在借方,反映企业实际预付的款项;若期末余额在贷方,则反映企业尚未预付的款项。预付款项业务不多的企业,可以不设置"预付账款"账户,而将此业务在"应付账款"账户中核算。

(二)原材料收入的账务处理

1. 外购原材料

由于支付方式不同,原材料入库的时间与付款的时间可能一致,也可能不一致,在会计处理上也有所不同。

(1)发票账单与材料同时到达的采购业务。

此种情况下,企业可根据银行结算凭证、发票账单和收料单等凭证,按应计入材料采购成本的金额,借记"原材料"账户,根据增值税专用发票上注明的可抵扣的进项税额,借记"应交税费——应交增值税(进项税额)"账户,按实际支付或应支付的金额,贷记"银行存款""库存现金""其他货币资金""应付账款""应付票据""预付账款"等账户。

【做中学4-6】 甲公司购入C材料一批,增值税专用发票上记载的货款为500 000元,增值税税额为80 000元,另对方代垫包装费1 000元,全部款项已用转账支票付讫,材料已验收入库。根据有关原始凭证,编制如下会计分录:

借:原材料——C材料　　　　　　　　　　　　　　　501 000
　　应交税费——应交增值税(进项税额)　　　　　　 80 000
　贷:银行存款　　　　　　　　　　　　　　　　　　580 000

【做中学4-7】 甲公司持银行汇票1 172 000元购入D材料一批,增值税专用发票上记载的货款为1 000 000元,增值税税额为160 000元,对方代垫包装费2 000元,材料已验收入库。根据有关原始凭证,编制如下会计分录:

借:原材料——D材料　　　　　　　　　　　　　　 1 002 000
　　应交税费——应交增值税(进项税额)　　　　　　160 000
　贷:其他货币资金——银行汇票存款　　　　　　　1 162 000

【做中学4-8】 甲公司采用托收承付结算方式购入E材料一批,货款为40 000元,增值税税额为6 400元,对方代垫包装费5 000元,款项在承付期内以银行存款支付,材料已验收入库。根据有关原始凭证,编制如下会计分录:

借:原材料——E材料　　　　　　　　　　　　　　　45 000
　　应交税费——应交增值税(进项税额)　　　　　　 6 400
　贷:银行存款　　　　　　　　　　　　　　　　　　51 400

(2) 发票账单已到、材料尚未到达或尚未验收入库的采购业务。

此种情况下,在先付款时,因为企业材料尚未入库,因此企业应根据银行结算凭证、发票账单和收料单等凭证,借记"在途物资"账户,根据增值税专用发票上注明的可抵扣的进项税额,借记"应交税费——应交增值税(进项税额)"账户,按实际支付或应支付的金额,贷记"银行存款""其他货币资金"等账户。待材料物资到达并验收入库后,再根据收料单,借记"原材料"账户,贷记"在途物资"账户。

【做中学4-9】 甲公司采用汇兑结算方式购入F材料一批,发票账单已收到,增值税专用发票上记载的货款为20 000元,增值税税额为3 360元。支付保险费1 000元,材料尚未到达。根据有关原始凭证,编制如下会计分录:

借:在途物资	21 000
应交税费——应交增值税(进项税额)	3 360
贷:银行存款	24 360

【做中学4-10】 承[做中学4-9],上述购入的F材料已收到,并验收入库。根据有关原始凭证,编制如下会计分录:

借:原材料	21 000
贷:在途物资	21 000

(3) 发票账单未到、材料已经验收入库的采购业务。

此种情况下,若发票账单在月末之前到达,则在收到发票账单当日以实际金额按正常程序入账。若发票账单在月末仍未到,因为无法确定实际成本,期末应按照暂估价值先入账,下期期初用红字冲回,收到发票账单后再以实际金额按正常程序入账。即,对于材料已到达并已验收入库,但发票账单等结算凭证未到、货款尚未支付的采购业务,应于期末,按材料的暂估价值,借记"原材料"账户,贷记"应付账款——暂估应付账款"账户。下月月初以红字冲回,待下月付款或开出、承兑商业汇票后,按正常程序进行账务处理。

【做中学4-11】 甲公司采用委托收款结算方式购入H材料一批,材料已验收入库,月末发票账单尚未收到,也无法确定其实际成本,暂估价值为30 000元。根据有关原始凭证,编制如下会计分录:

借:原材料	30 000
贷:应付账款——暂估应付账款	30 000

下月月初作相反的会计分录冲回时,根据有关原始凭证,编制如下会计分录:

借:应付账款——暂估应付账款	30 000
贷:原材料	30 000

【做中学4-12】 承[做中学4-11],上述购入的H材料于次月收到发票账单,增值税专用发票上记载的货款为31 000元,增值税税额为4 960元,对方代垫保险费2 000元,已用银行存款付讫。根据有关原始凭证,编制如下会计分录:

借:原材料——H材料	33 000
应交税费——应交增值税(进项税额)	4 960
贷:银行存款	37 960

(4) 采用预付货款方式采购材料。

企业在采购材料时,可按合同规定预付一部分货款,待材料收到后再进行结算,多退少补。企业在预付材料价款时,按照实际预付金额,借记"预付账款"账户,贷记"银行存款"账户;预付货款购入的材料验收入库时,按照发票账单上注明的材料价款、增值税税额等,借记"原材料""应交税费——应交增值税(进项税额)"账户,贷记"预付账款"账户;预付的货款不足,需补付货款时,按照补付的金额,借记"预付账款"账户,贷记"银行存款"账户;供货方退回多付的货款时,借记"银行存款"账户,贷记"预付账款"账户。

【做中学 4-13】 5月9日,甲公司向新华公司预付货款50 000元,采购一批原材料。6月15日,新华公司交付大众公司所购材料,增值税专用发票上注明材料价款为52 000元,增值税税额为8 320元。6月20日,甲公司将补付的货款通过银行转账支付。

甲公司编制如下会计分录:

预付货款时:

借:预付账款——新华公司　　　　　　　　　　　　　　　　　　　　　50 000
　　贷:银行存款　　　　　　　　　　　　　　　　　　　　　　　　　　50 000

材料验收入库时:

借:原材料　　　　　　　　　　　　　　　　　　　　　　　　　　　　52 000
　　应交税费——应交增值税(进项税额)　　　　　　　　　　　　　　　 8 320
　　贷:预付账款——新华公司　　　　　　　　　　　　　　　　　　　　60 320

补付货款时:

借:预付账款——新华公司　　　　　　　　　　　　　　　　　　　　　10 320
　　贷:银行存款　　　　　　　　　　　　　　　　　　　　　　　　　　10 320

(5) 原材料采购过程中的短缺或损耗的处理。

企业采购材料验收入库时,如发现短缺和毁损,应及时查明原因,分清责任,根据造成短缺或毁损的不同原因分别进行账务处理。

① 属于运输途中的合理损耗,应当计入材料的采购成本,即按实际收到的材料数量入账,支出总额不变,相应地提高入库材料的实际单位成本,不必另作账务处理。

② 属于供应单位责任事故造成的短缺,则视款项是否已经支付而作相应的账务处理。在款项尚未支付的情况下,应按短缺的数量和发票单价计算拒付金额(如有代垫运杂费,也应按比例分配拒付),填写拒付理由书,向银行办理拒付手续。在货款已经支付,并已记入"在途物资"账户的情况下,当材料运达企业验收入库时发生短缺或毁损,则应填制"赔偿请求单"向供货单位索赔,通过"应付账款"账户核算。

③ 属于运输单位的责任造成的短缺,应向运输部门索赔,赔偿款通过"其他应收款"账户核算。

④ 属于运输途中发生的非常损失和尚待查明原因的途中损耗,在查明原因前,先转入"待处理财产损溢"账户,待查明原因再按批准意见分别处理。

购入材料运输途中的非常损失和尚待查明原因的途中损耗,查明原因后,属于应由供货单位、运输单位、保险公司或其他过失人负责赔偿的,借记"应付账款""其他应收款"等账户,贷记"待处理财产损溢"账户。若属于自然灾害等非正常原因造成的损失,应按扣除残料价值和过失人、保险公司赔偿后的净损失,借记"营业外支出——非常损失"账户,贷记"待处理财产损溢"账户;残料入库时,借记"原材料"账户。对于无法收回的其他损失,经批准后,借记"管理费用"账户,贷记"待处理财产损溢"账户。

购进原材料发生溢余时,未查明原因的一般只作为代保管物资在备查账中登记,不作为进货业务入账核算。

【做中学 4-14】 甲公司在材料运输途中发生超定额损耗为5 000元,增值税税额为800元,原因尚未查明。根据有关原始凭证,编制如下会计分录:

借：待处理财产损溢——原材料　　　　　　　　　　　　　　　　　　　　　　　5 800
　　贷：在途物资　　　　　　　　　　　　　　　　　　　　　　　　　　　　　5 000
　　　　应交税费——应交增值税(进项税额转出)　　　　　　　　　　　　　　　　 800

若上述损耗原因已查明，是由意外灾害造成的，经批准后计入营业外支出。根据有关原始凭证，编制如下会计分录：

借：营业外支出——非常损失　　　　　　　　　　　　　　　　　　　　　　　5 800
　　贷：待处理财产损溢——原材料　　　　　　　　　　　　　　　　　　　　　5 800

2. 自制原材料

企业基本生产车间或辅助生产车间自制完工并验收入库的材料，应按实际成本计价，根据"材料交库单"，借记"原材料"账户，贷记"生产成本"账户。

【做中学4-15】　大众公司的基本生产车间制造完成一批原材料，实际生产成本为58 000元。

借：原材料　　　　　　　　　　　　　　　　　　　　　　　　　　　　　　58 000
　　贷：生产成本——基本生产成本　　　　　　　　　　　　　　　　　　　　58 000

3. 其他单位投入的原材料

其他单位投入的原材料，按投资合同或协议约定的价值，借记"原材料"账户，按专用发票上注明的增值税，借记"应交税费——应交增值税(进项税额)"账户，按价税合计贷记"实收资本"账户(股份制企业按其在股本中所拥有的份额，贷记"股本"账户)，按其差额贷记"资本公积"账户。

【做中学4-16】　大众公司收到A企业的一批原材料，原材料的公允价值为600 000元，增值税专用发票上注明的增值税额为96 000元，投资各方确认按该金额作为A企业的投入资本。

大众公司编制会计分录如下：

借：原材料　　　　　　　　　　　　　　　　　　　　　　　　　　　　　　600 000
　　应交税费——应交增值税(进项税额)　　　　　　　　　　　　　　　　　　96 000
　　贷：实收资本——A企业　　　　　　　　　　　　　　　　　　　　　　　696 000

(三) 原材料发出的核算

由于企业材料的日常领发业务频繁，为了简化日常核算工作，平时一般只登记材料明细分类账，反映各种材料的收发和结存金额，月末根据实际成本计价的发料凭证，按领用部门和用途，汇总编制"发料凭证汇总表"，据以登记总分类账。

生产经营领用材料，借记"生产成本""制造费用""管理费用""销售费用"等账户，贷记"原材料"账户。

出售材料结转成本，借记"其他业务成本"账户，贷记"原材料"账户。

发出委托外单位加工所需的材料，借记"委托加工物资"账户，贷记"原材料"账户。

【做中学4-17】　甲公司根据"发料凭证汇总表"的记录，1月份基本生产车间领用K材料500 000元，辅助生产车间领用K材料40 000元，车间管理部门领用K材料5 000元，企业行政管理部门领用K材料4 000元，合计549 000元。根据有关原始凭证，编制如下会计分录：

借：生产成本——基本生产成本　　　　　　　　　　　　　　　　　　　　　500 000
　　　　　　——辅助生产成本　　　　　　　　　　　　　　　　　　　　　　40 000
　　制造费用　　　　　　　　　　　　　　　　　　　　　　　　　　　　　　5 000
　　管理费用　　　　　　　　　　　　　　　　　　　　　　　　　　　　　　4 000
　　贷：原材料——K材料　　　　　　　　　　　　　　　　　　　　　　　　549 000

三、原材料按计划成本计价的核算

(一)账户设置

材料采用计划成本核算时,应设置"原材料""材料采购""材料成本差异"等账户,而不设置"在途物资"账户。材料实际成本与计划成本的差异,通过"材料成本差异"账户核算。月末,计算本月发出材料应负担的成本差异并进行分摊,根据领用材料的用途计入相关资产的成本或者当期损益,从而将发出材料的计划成本调整为实际成本。

(1)"原材料"账户。该账户属于资产类账户,用来核算企业库存各种材料的收发与结存情况。在材料采用计划成本核算时,该账户的借方登记入库材料的计划成本,贷方登记发出材料的计划成本,期末余额在借方,反映企业库存材料的计划成本。

(2)"材料采购"账户。该账户借方登记采购材料的实际成本,贷方登记入库材料的计划成本。若借方金额大于贷方金额,表示超支,则将其差额从该账户贷方转入"材料成本差异"账户的借方;若贷方金额大于借方金额,表示节约,则将其差额从该账户借方转入"材料成本差异"账户的贷方。该账户期末余额在借方,反映企业在途材料的采购成本。

(3)"材料成本差异"账户。该账户反映企业已入库各种材料的实际成本与计划成本的差异,借方登记入库材料实际成本大于计划成本的超支差异额及月末结转发出材料应负担的节约差异额,贷方登记入库材料实际成本小于计划成本的节约差异额及月末结转发出材料应负担的超支差异额。期末,该账户如为借方余额,反映企业库存材料的实际成本大于计划成本的差异(即超支差异);如为贷方余额,反映企业库存材料实际成本小于计划成本的差异(即节约差异)。

(二)原材料收入的账务处理

如同原材料按实际成本计价的账务处理一样,企业收入的原材料要根据来源、采用的结算方式等不同情况进行相应的账务处理。

1. 外购原材料

(1)发票账单与材料同时到达的采购业务。

此种情况下,企业可根据银行结算凭证、发票账单和收料单等凭证,按应计入材料采购成本的金额,借记"材料采购"账户,根据增值税专用发票上注明的可抵扣的进项税额,借记"应交税费——应交增值税(进项税额)"账户,按实际支付或应支付的金额,贷记"银行存款""库存现金""其他货币资金""应付账款""应付票据""预付账款"等账户。

材料验收入库时,按计划成本借记"原材料"账户,按实际成本贷记"材料采购"账户,按计划成本与实际成本的差异额,借记或贷记"材料成本差异"账户。

【做中学4-18】20×8年3月5日,甲公司购进原材料一批,购买价为30 000元,增值税为4 800元,货款已支付,材料已验收入库,并以32 000元的计划成本入账。该公司账务处理如下:

采购材料时,根据有关原始凭证,编制如下会计分录:

借:材料采购	30 000
应交税费——应交增值税(进项税额)	4 800
贷:银行存款	34 800

材料入库时,根据有关原始凭证,编制如下会计分录:

借:原材料	32 000
贷:材料采购	30 000
材料成本差异	2 000

(2)发票账单已到、材料尚未到达或尚未验收入库的采购业务。

此种情况下,企业可根据银行结算凭证、发票账单和收料单等凭证,按应计入材料采购成本的金额,借记"材料采购"账户,根据增值税专用发票上注明的可抵扣的进项税额,借记"应交税费——应交增值税(进项税额)"账户,按实际支付或应支付的金额,贷记"银行存款""库存现金""其他货币资金""应付账款""应付票据""预付账款"等账户。

材料到达验收入库时,再根据收料单所列计划成本,由"材料采购"账户的贷方,转入"原材料"账户的借方,同时结转入库材料的成本差异额。

【做中学 4-19】 甲公司采用汇兑结算方式购入 M 材料一批,专用发票上记载的货款为 200 000 元,增值税税额为 34 000 元,发票账单已收到,材料尚未入库。该批材料的计划成本为 180 000 元。根据有关原始凭证,编制如下会计分录:

借:材料采购 200 000
　　应交税费——应交增值税(进项税额) 32 000
　　贷:银行存款 232 000

(3) 发票账单未到、材料已经验收入库的采购业务。

此种情况下,若发票账单在月末之前到达,则在收到发票账单当日以实际金额按正常程序入账。若发票账单在月末仍未到,因为无法确定实际成本,期末应按计划成本暂估入账,下期期初以红字冲回,收到发票账单后再以实际金额按正常程序入账。即,对于材料已到达并已验收入库,但发票账单等结算凭证未到,货款尚未支付的采购业务,应于期末按材料的计划成本,借记"原材料"账户,贷记"应付账款——暂估应付账款"账户。下月月初以红字冲回,待下月付款或开出商业承兑汇票后,按正常程序进行账务处理。

【做中学 4-20】 甲公司采用委托收款结算方式购入 H 材料一批,材料已验收入库,月末发票账单尚未收到,其计划成本为 30 000 元。根据有关原始凭证,编制如下会计分录:

借:原材料 30 000
　　贷:应付账款——暂估应付账款 30 000

下月月初作相反的会计分录冲回时,根据有关原始凭证,编制如下会计分录:

借:应付账款——暂估应付账款 30 000
　　贷:原材料 30 000

(4) 原材料采购过程中的短缺或损耗的处理。

购进原材料短缺或毁损的账务处理,与前述材料按实际成本核算基本相同,只是在材料验收入库时,按其计划成本,借记"原材料"账户,贷记"材料采购"账户;平时或月终结转材料成本差异时,借记或贷记"材料成本差异"账户,贷记或借记"材料采购"账户。

2. 自制原材料

企业基本生产车间或辅助生产车间自制完工并验收入库的,应按计划成本,借记"原材料"账户,根据实际成本,贷记"生产成本"账户,根据计划成本与实际成本的差额,借记或贷记"材料成本差异"账户。

3. 其他单位投入的原材料

其他单位投入的原材料,按计划成本,借记"原材料"账户,按专用发票上注明的增值税,借记"应交税费——应交增值税(进项税额)"账户,按投资合同或协议约定的价值和增值税,贷记"实收资本"账户,计划成本与投资合同或协议约定的价值的差额,借记或贷记"材料成本差异"账户。

(三) 原材料发出的账务处理

按照计划成本进行材料发出的核算与按照实际成本计价基本一致,通常是月终根据各种发料凭证,按照发出材料的类别或用途汇总,编制发料凭证汇总表,据以进行发出材料的总分类核算。由于发料凭证只填列计划成本,为了正确计算产品成本,必须将发料凭证汇总表中的计划成本调整为实际成本,即通过"材料成本差异"账户进行结转,同时根据材料成本差异率计算填列发出材料应负担的材料成本差异额。结转发出材料应负担的成本差异,按实际成本大于计划成本的超支额,借记"生产成本""管理费用""销售费用""委托加工物资""其他业务成本"等账户,贷记"材料成本差异"账户;按实际成本小于计划成本的节约额编制相反的会计分录。发出材料应负担的成本差异应当按期(月)分摊,不得在季末或年末一次计算。

材料成本差异率是材料成本差异额与材料计划成本之间的比率。企业发出存货应负担的成本差异,原则上应按月分摊,不应在季末或年末一次计算。存货成本差异率的计算公式如下:

$$存货成本差异率 = \frac{月初结存存货成本差异 + 本月入库存货成本差异}{月初结存存货计划成本 + 本月入库存货计划成本} \times 100\%$$

月初结存存货成本差异和本月入库存货成本差异,都应按照差异的性质标明正负号。超支差异(实际成本大于计划成本)应是加数,为正号;节约差异(实际成本小于计划成本)应是减数,为负号。分母中的月初结存存货计划成本与本月入库存货计划成本之和,应按存货账户记录的数据填列。

根据存货成本差异率,就可以将发出存货和结存存货的计划成本调整为实际成本,其计算公式如下:

发出存货应负担的成本差异 = 发出存货的计划成本 × 存货成本差异率
发出存货的实际成本 = 发出存货的计划成本 + 发出存货应负担的成本差异
结存存货应负担的成本差异 = 结存存货的计划成本 × 存货成本差异率
结存存货的实际成本 = 结存存货的计划成本 + 结存存货应负担的成本差异

发出材料应负担的成本差异,除委托外部加工发出材料可按期初成本差异率计算外,应使用当期的实际差异率;期初成本差异率与本期成本差异率相差不大的,也可按期初成本差异率计算。计算方法一经确定,不得随意变更。

【做中学4-21】 甲公司根据"发料凭证汇总表"的记录,某月L材料的消耗(计划成本)为:基本生产车间领用2 000 000元,辅助生产车间领用600 000元,车间管理部门领用250 000元,企业行政管理部门领用50 000元。

根据有关原始凭证,编制如下会计分录:

借:生产成本——基本生产成本	2 000 000
——辅助生产成本	600 000
制造费用	250 000
管理费用	50 000
贷:原材料——L材料	2 900 000

【做中学4-22】 承[做中学4-21],甲公司某月月初结存L材料的计划成本为1 000 000元,成本差异为超支30 740元;当月入库L材料的计划成本为3 200 000元,成本差异为节约200 000元。则:

材料成本差异率 = (30 740 - 200 000) ÷ (1 000 000 + 3 200 000) × 100% = -4.03%

结转发出材料的成本差异时,根据有关原始凭证,编制如下会计分录:

借:材料成本差异——L材料	116 870
贷:生产成本——基本生产成本	80 600
——辅助生产成本	24 180
制造费用	10 075
管理费用	2 015

任务四 库存商品的核算

一、制造业库存商品的核算

库存商品主要是指产成品。企业应设置"库存商品"账户,核算企业库存的各种产品的实际成本或计划成本。该账户借方登记验收入库产成品的成本,贷方登记发出产成品的成本,期末借方余额反映库存产成品的成本。

(一)产成品按实际成本核算

制造业的产成品一般按实际成本进行核算。在这种情况下,产成品的收入、发出和销售,平时只记数量不记金额,月末计算入库产成品的实际成本;对发出和销售的产成品,可以采用先进先出法、加权平均法、移动加权平均法或个别计价法等方法确定其成本。

(1)产成品入库的核算。产成品制造完工经检验合格后,应由生产车间按照交库数量,填写"产成品入库单",交成品库点收数量并登记明细账。月末,根据产成品入库单和成本计算资料编写"产成品入库汇总表",据以进行产成品入库的总分类核算。

【做中学4-23】大众公司于20×9年4月月末编制的产成品入库汇总表如表4-5所示。

表4-5　　　　　　　　　　　产成品入库汇总表
20×9年4月30日　　　　　　　　　　　　　　　　　金额单位:元

产品名称	计量单位	数量	单位成本(实际)	总成本	备注
A产品	台	300	560	168 000	
B产品	台	180	320	57 600	
C产品	台	220	450	99 000	
合计		700		324 600	

借:库存商品——A产品　　　　　　　　　　　　　　　　　168 000
　　　　　　——B产品　　　　　　　　　　　　　　　　　 57 600
　　　　　　——C产品　　　　　　　　　　　　　　　　　 99 000
　贷:生产成本——基本生产成本　　　　　　　　　　　　　324 600

(2)产成品发出的核算。制造业产成品的发出主要是销售。企业销售部门销售产品时,应填制"销售产品发货单",交成品库办理产成品出库手续并据以登记明细账。月末,根据"销售产品发货单"编写"产成品发出汇总表",据以进行产成品出库的总分类核算。

【做中学4-24】大众公司于20×9年4月月末编制的产成品发出汇总表如表4-6所示。

表4-6　　　　　　　　　　　产成品发出汇总表
20×9年4月30日　　　　　　　　　　　　　　　　　金额单位:元

产品名称	计量单位	销货发出			分期收款销货方式发出		
		数量	单位成本	总成本	数量	单位成本	总成本
A产品	台	180	560	100 800	100	560	56 000
B产品	台	100	320	32 000			
C产品	台	80	450	36 000			
合　计		360		168 800			56 000

借：主营业务成本 168 800
　　发出商品 56 000
　　贷：库存商品——A产品 156 800
　　　　　　　　——B产品 32 000
　　　　　　　　——C产品 36 000

（二）产成品按计划成本核算

在产成品种类比较多的企业，也可以按计划成本进行日常核算。采用计划成本核算，"库存商品"账户的借方、贷方、余额均反映产成品的计划成本。另外，还要设置"产品成本差异"账户核算产成品实际成本与计划成本的差额。平时，对产成品的入库、发出均按计划成本进行核算，将入库产成品的成本差异额转入"产品成本差异"账户；月末，要将产品成本差异在发出与结存产成品之间进行分摊。

二、商品流通企业库存商品的核算

商品流通企业购入的商品，按照进价和按规定应计入商品成本的税金作为实际成本，在"库存商品"账户中核算。

在会计实务中，根据"库存商品"账户记录的方法不同，可以把商品核算方法分为数量金额核算法和金额核算法两类。数量金额核算法下，商品的增减变动及结存在会计账簿上同时以实物量和价值量进行核算。金额核算法下，商品的增减变动及结存在会计账簿上主要以价值量进行核算，一般不进行数量核算。前者既可以提供商品价值量的信息，也可以提供商品数量的信息；后者一般只能提供商品价值量的信息。

在商品流通企业，衡量商品价值量的标准主要有两个：商品的成本和商品的售价。因此，商品的核算方法可以分为数量成本核算法、数量售价核算法、成本核算法和售价金额核算法。商品批发企业一般采用数量成本核算法，商品零售企业一般采用售价金额核算法。因此，本项目只介绍常用的数量成本核算法和售价金额核算法。

（一）数量成本核算法

采用数量成本核算法核算库存商品的商品流通企业，对库存商品的收入、发出和结存都以成本记账。

企业购进商品时，根据收到的发票账单上所列明的商品成本，借记"在途物资"账户，根据专用发票上注明的增值税税额，借记"应交税费——应交增值税（进项税额）"账户，根据发票账单应付金额，贷记"银行存款""应付票据""应付账款"等账户。商品验收入库时，按商品进价，借记"库存商品"账户，贷记"在途物资"账户。

企业因销售发出商品时，可按先进先出法、加权平均法、移动加权平均法、个别计价法、毛利率法等方法计算已售商品的销售成本。企业结转销售发出商品的成本时，借记"主营业务成本""发出商品"等账户，贷记"库存商品"账户。

【做中学4-25】　红星公司从中大公司购进甲商品20 000千克，每千克不含增值税进价2元，增值税税率16%，企业已收到银行结算凭证和增值税专用发票，价款及税款用银行存款支付，甲商品已验收入库。

采购商品时：

借：在途物资 40 000
　　应交税费——应交增值税（进项税额） 6 400
　　贷：银行存款 46 400

商品验收入库时：

借：库存商品 40 000
　　贷：在途物资 40 000

【做中学 4-26】 红星公司销售甲商品 16 000 千克，每千克进价 2 元，每千克含税售价 3.20 元，款项已收到并存入开户银行。

销售商品时：

借：银行存款 51 200
　　贷：主营业务收入 44 138
　　　　应交税费——应交增值税（销项税额） 7 062

结转销售成本时：

借：主营业务成本 32 000
　　贷：库存商品 32 000

（二）售价金额核算法

企业采用售价金额核算法在购进商品时，根据收到的发票账单上所列明的商品买价，借记"在途物资"账户，根据专用发票上注明的增值税税额，借记"应交税费——应交增值税（进项税额）"账户，根据发票账单应付金额，贷记"银行存款""应付票据""应付账款"等账户。商品验收入库时，按商品售价，借记"库存商品"账户，按商品的进价，贷记"在途物资"账户，按商品售价与进价之间的差额，贷记"商品进销差价"账户。

企业平时销售商品时，一方面按商品售价反映销售收入的实现和销货款收回情况，借记"银行存款""应收票据""应收账款"等账户，贷记"主营业务收入""应交税费——应交增值税（销项税额）"账户；另一方面按已销售商品的售价结转商品销售成本，借记"主营业务成本"账户，贷记"库存商品"账户。待月份终了时再按各种商品的售价成本，计算应负担的成本差异，将平时按售价结转的商品销售成本调整为进价成本，借记"商品进销差价"账户，贷记"主营业务成本"账户。

【做中学 4-27】 华兴零售商场库存商品采用售价金额核算法。20×9 年 5 月"库存商品"账户期初余额 235 000 元，"商品进销差价"账户期初余额 36 000 元；本月购进商品的进价成本为 550 000 元，增值税进项税额为 88 000 元，售价金额为 795 000 元；本月销售商品收入为 680 000 元，增值税销项税额为 108 800 元。

购进商品支付货款时：

借：在途物资 550 000
　　应交税费——应交增值税（进项税额） 88 000
　　贷：银行存款 638 000

商品验收入库时：

借：库存商品 795 000
　　贷：在途物资 550 000
　　　　商品进销差价 245 000

销售商品时：

借：银行存款 788 800
　　贷：主营业务收入 680 000
　　　　应交税费——应交增值税（销项税额） 108 800

同时，按售价结转商品销货成本：

借：主营业务成本 680 000
　　贷：库存商品 680 000

月末,结转已售商品应分摊的进销差价时:

进销差价率 =（36 000＋245 000）÷（235 000＋795 000）×100％ = 27.28％

已售商品应分摊的进销差价 = 680 000×27.28％ = 185 504(元)

借:商品进销差价　　　　　　　　　　　　　　　　　　　　　　185 504
　　贷:主营业务成本　　　　　　　　　　　　　　　　　　　　　185 504

本月商品售价成本 = 680 000－185 504 = 494 496(元)

任务五　周转材料的核算

一、周转材料的概念及账户设置

周转材料主要包括企业能够多次使用,逐渐转移其价值但仍保持原有形态不确认为固定资产的包装物和低值易耗品,以及建筑承包企业的钢模板、木模板、脚手架和其他周转使用的材料等。

为了核算企业周转材料的计划成本或实际成本,应设置"周转材料"账户,该账户应按周转材料的种类,分别"在库""在用""摊销"进行明细核算。该账户的期末借方余额反映企业在库周转材料的计划成本或实际成本,以及在用周转材料的摊余价值。

对于企业的包装物和低值易耗品,也可以单独设置"包装物"和"低值易耗品"账户进行核算。

二、低值易耗品

(一) 低值易耗品的特点及种类

低值易耗品是指单位价值较低,使用年限较短,不能作为固定资产的各种用具、设备,如工具、管理用具、玻璃器皿以及在经营过程中周转使用的包装容器等。

低值易耗品从其在生产经营过程中所起的作用看,与固定资产一样,属于劳动资料,它可以多次参加生产经营周转而不改变原有实物形态,其价值随着实物的不断磨损逐渐转移到产品成本以及管理费用中去。但是,由于低值易耗品的品种繁多,数量较大、单位价值较低、使用期限短,需要经常补充和更换,如果对低值易耗品也同固定资产一样核算与管理,既有困难也无必要,因此,将低值易耗品划归为存货一类,作为流动资产进行管理与核算。低值易耗品按用途一般可将其分为以下 6 大类:

(1) 一般工具,是指生产上通用的刀具、量具、夹具等生产工具和各种辅助工具。

(2) 专用工具,是指专用于制造某一特定产品,或在某一特定工序上使用的工具,如专用模具等。

(3) 替换设备,是指容易磨损或为制造不同产品需要替换使用的各种设备,如轧钢用的钢辊等。

(4) 管理用具,是指在管理工作中使用的各种家具和办公用具,如桌椅、柜、计算器等。

(5) 劳动保护用品,是指为了安全生产而发给工人作为劳动保护用的工作服、工作鞋和各种防护用品等。

(6) 其他,是指不属于上述各类的低值易耗品。

(二) 低值易耗品的账务处理

低值易耗品和其他材料一样,可以采用实际成本计价核算,也可以采用计划成本计价核算。采用计划成本计价核算的企业,对于低值易耗品实际成本与计划成本之间差异,应设置"材料成本差异——低值易耗品"账户进行核算。

1. 低值易耗品收入的账务处理

低值易耗品收入,包括外购、自制、委托外单位加工完成并已验收入库的低值易耗品,其核算方法与原材料收入的核算基本相同,这里不再重复。

2. 低值易耗品领用、摊销的账务处理

按照现行的会计制度规定,对在用低值易耗品可采用一次摊销法;对在用低值易耗品按使用车间、部门进行数量和金额明细核算的企业,也可采用五五摊销法进行摊销。

1) 一次摊销法

一次摊销法是指在周转材料被领用时,将其账面价值一次全部摊入产品成本或费用的方法。

采用一次摊销法,企业领用低值易耗品时,按其用途将全部价值摊入"制造费用""管理费用""其他业务成本"等成本费用账户;报废时,将报废低值易耗品的残料价值作为当期低值易耗品摊销额的减少,冲减对应的成本费用账户。

【做中学4-28】 4月6日,华扬股份有限公司第一生产车间领用替换零件一批,实际成本为2 500元,采用一次摊销法摊销。编制如下会计分录:

借:制造费用——一车间　　　　　　　　　　　　　　　　　　　　 2 500
　　贷:周转材料——低值易耗品　　　　　　　　　　　　　　　　　 2 500

假设该批替换零件报废时收回残料价值120元,并验收入库,应编制如下会计分录:

借:原材料——×材料　　　　　　　　　　　　　　　　　　　　　　 120
　　贷:制造费用——一车间　　　　　　　　　　　　　　　　　　　 120

一次摊销法核算简便,但不利于实物管理,而且价值一次结转也影响费用成本的均衡性。所以,这种方法适用于价值较低或极易损坏的管理用具、小型工具等低值易耗品以及数量不多、金额较小且业务不频繁的出租或出借包装物,但采用该方法,应加强实物管理,并在备查簿上进行登记。

2) 五五摊销法

采用五五摊销法,领用时,应将低值易耗品计划成本或实际成本从"在库低值易耗品"账户转入"在用低值易耗品"账户,同时按领用低值易耗品的计划成本或实际成本的50%作为摊销额记入有关成本费用账户;低值易耗品报废时,再摊销剩余的50%,同时将其残料价值冲减摊销的成本费用,并将其全部价值(计划成本或实际成本)与摊销额相互结转,即"在用低值易耗品"与"低值易耗品摊销额"账户相互转销。按计划成本计价核算的还应在低值易耗品报废月份终了,计算结转应分摊的材料成本差异。

【做中学4-29】 某基本生产车间领用专用工具一批,计划成本为8 000元;本月报废管理用具一批,计划成本为1 000元,残值为100元,作为辅助材料已验收入库。本月材料成本差异率为2%。

(1) 根据领用凭证,编制如下会计分录:

借:周转材料——低值易耗品——在用低值易耗品　　　　　　　　　　 8 000
　　贷:周转材料——低值易耗品——在库低值易耗品　　　　　　　　 8 000

同时,摊销低值易耗品成本的50%:

借:制造费用　　　　　　　　　　　　　　　　　　　　　　　　　　 4 000
　　贷:周转材料——低值易耗品——低值易耗品摊销　　　　　　　　 4 000

(2) 报废管理用具,收回残料交库,根据有关原始凭证,编制如下会计分录:

借：制造费用	500	
贷：周转材料——低值易耗品——低值易耗品摊销		500
借：原材料——辅助材料	100	
贷：制造费用		100
借：周转材料——低值易耗品——低值易耗品摊销	1 000	
贷：周转材料——低值易耗品——在用低值易耗品		1 000

同时，结转报废管理用具应负担的材料成本差异，编制如下会计分录：

借：制造费用	20	
贷：材料成本差异——低值易耗品		20

采用五五摊销法，在低值易耗品报废前，账面上一直保持其价值的一半，因而有利于实行会计监督，防止出现大量的账外物资。该方法一般适用于使用期限较长、单位价值较高、每月领用数及报废数比较均衡的低值易耗品，并且低值易耗品按车间、部门进行数量和金额明细核算的企业。

3）分次摊销法

分次摊销法是根据周转材料估计可供使用的次数，将其成本分期计入有关成本费用的一种摊销方法。其计算公式如下：

某期周转材料摊销额 = 周转材料账面价值 ÷ 预计可使用次数 × 该期实际使用次数

分次摊销法的核算原理与五五摊销法相同，只是周转材料的价值是分若干次计算摊销的，而不是在领用和报废时各摊销一半。

【做中学3-30】某施工企业本月领用一批木模板，账面价值为10 000元，预计可以使用8次，采用分次摊销法摊销。领用当月，实际使用2次；领用第2个月，实际使用3次；领用第3个月，该批模板报废，收取残料价值800元入库。

（1）领用模板：

借：周转材料——在用	10 000	
贷：周转材料——在库		10 000

（2）领用当月摊销模板账面价值：

领用当月摊销额 = 10 000 ÷ 8 × 2 = 2 500（元）

借：工程施工	2 500	
贷：周转材料——摊销		2 500

（3）领用第2个月摊销模板账面价值：

领用第2个月摊销额 = 10 000 ÷ 8 × 3 = 3 750（元）

借：工程施工	3 750	
贷：周转材料——摊销		3 750

（4）领用第3个月，模板报废，将模板账面摊余价值一次转销，并转销全部已提摊销额：

账面摊余价值 = 10 000 − 2 500 − 3 750 = 3 750（元）

借：工程施工	3 750	
贷：周转材料——摊销		3 750

同时：

借：周转材料——摊销　　　　　　　　　　　　　　　　　　　　　　　10 000
　　贷：周转材料——在用　　　　　　　　　　　　　　　　　　　　　　10 000

（5）模板残料入库：

借：原材料——×材料　　　　　　　　　　　　　　　　　　　　　　　　800
　　贷：工程施工　　　　　　　　　　　　　　　　　　　　　　　　　　　800

分次摊销法主要适用于建造承包商的钢模板、木模板、脚手架等周转材料的摊销。

三、包装物

（一）包装物的核算范围

包装物，是指为了包装本企业产成品和商品而储备的各种包装容器，如桶、箱、瓶、坛、袋等。其核算范围包括：

（1）生产过程中用于包装产品作为产品组成部分的包装物。

（2）随同产品出售不单独计价的包装物。

（3）随同产品出售单独计价的包装物。

（4）出租或出借给购买单位使用的包装物。

下列各项不属于包装物的核算范围：

（1）各种包装材料，如纸、绳、铁丝、铁皮等，这些属于一次性使用的包装材料，应在"原材料"账户核算。

（2）用于储存和保管产品、材料而不对外出售的包装物，这类包装物应按其价值的大小和使用年限的长短，分别作为固定资产或低值易耗品管理和核算。

（3）计划上单独列作企业商品、产品的自制包装物，应作为库存商品进行管理和核算。

（二）包装物的账务处理

1. 包装物取得的账务处理

企业收入包装物的核算与收入原材料的核算基本一致，这里不再重复。

2. 包装物领用的账务处理

（1）生产领用包装物。

生产领用包装物，应按照领用包装物的实际成本，借记"生产成本"账户，按照领用包装物的计划成本，贷记"周转材料——包装物"账户，按照其差额，借记或贷记"材料成本差异"账户。

【做中学 4-31】 甲公司对包装物采用计划成本核算，某月生产产品领用包装物的计划成本为 100 000 元，材料成本差异率为 -3%。根据有关原始凭证，编制如下会计分录：

借：生产成本　　　　　　　　　　　　　　　　　　　　　　　　　　97 000
　　材料成本差异　　　　　　　　　　　　　　　　　　　　　　　　 3 000
　　贷：周转材料——包装物　　　　　　　　　　　　　　　　　　　100 000

（2）随同商品出售不单独计价的包装物。

随同商品出售而不单独计价的包装物，应按其实际成本计入销售费用，借记"销售费用"账户，按其计划成本，贷记"周转材料——包装物"账户，按其差额，借记或贷记"材料成本差异"账户。

【做中学 4-32】 甲公司某月销售商品领用不单独计价包装物的计划成本为 50 000 元，材料成本差异率为 -3%。根据有关原始凭证，编制如下会计分录：

借：销售费用　　　　　　　　　　　　　　　　　　　　　　　　　　48 500
　　材料成本差异　　　　　　　　　　　　　　　　　　　　　　　　 1 500
　　贷：周转材料——包装物　　　　　　　　　　　　　　　　　　　 50 000

(3) 随同商品出售且单独计价的包装物。

随同商品出售且单独计价的包装物,一方面应反映其销售收入,计入其他业务收入;另一方面应反映其实际销售成本,计入其他业务成本。

【做中学4-33】 甲公司某月销售商品领用单独计价包装物的计划成本为80 000元,销售收入为100 000元,增值税税额为16 000元,款项已存入银行。该包装物的材料成本差异率为3%。

(1) 出售单独计价包装物时,根据有关原始凭证,编制如下会计分录:

借:银行存款　　　　　　　　　　　　　　　　　　　　　　　　116 000
　贷:其他业务收入　　　　　　　　　　　　　　　　　　　　　　100 000
　　　应交税费——应交增值税(销项税额)　　　　　　　　　　　　 16 000

(2) 结转所售单独计价包装物的成本时,根据有关原始凭证,编制如下会计分录:

借:其他业务成本　　　　　　　　　　　　　　　　　　　　　　　82 400
　贷:周转材料——包装物　　　　　　　　　　　　　　　　　　　 80 000
　　　材料成本差异　　　　　　　　　　　　　　　　　　　　　　 2 400

(4) 出租或出借包装物。

出租的包装物,应按其实际成本计入成本,借记"其他业务成本"账户,按其计划成本,贷记"周转材料——包装物"账户,按其差额,借记或贷记"材料成本差异"账户。

【做中学4-34】 甲公司仓库发出新包装物一批,出租给购货单位,计划成本为5 000元,收到租金580元,存入银行。

(1) 发出包装物时,根据有关原始凭证,编制如下会计分录:

借:其他业务成本　　　　　　　　　　　　　　　　　　　　　　　 5 000
　贷:周转材料——包装物　　　　　　　　　　　　　　　　　　　 5 000

(2) 收到租金时,根据有关原始凭证,编制如下会计分录:

借:银行存款　　　　　　　　　　　　　　　　　　　　　　　　　　 580
　贷:其他业务收入　　　　　　　　　　　　　　　　　　　　　　　　500
　　　应交税费——应交增值税(销项税额)　　　　　　　　　　　　　 80

出借的包装物,应按其实际成本计入销售费用,借记"销售费用"账户,按其计划成本,贷记"周转材料——包装物"账户,按其差额,借记或贷记"材料成本差异"账户。

【做中学4-35】 甲公司出借新包装物一批,计划成本为3 000元,收到押金1 000元,存入银行。

根据有关原始凭证,编制如下会计分录:

借:销售费用　　　　　　　　　　　　　　　　　　　　　　　　　 3 000
　贷:周转材料——包装物　　　　　　　　　　　　　　　　　　　 3 000

任务六　委托加工物资的核算

一、委托加工物资的概念

委托加工物资是指企业委托外单位加工的各种材料、商品等物资。

与材料的销售不同,企业发出委托外单位加工的物资,只是改变了物资的存放地点,仍属于企业存货的范畴。

二、委托加工物资的账务处理

(一)账户设置

为了反映和监督委托加工物资增减变动及其结存情况,企业应当设置"委托加工物资"账户,借方登记委托加工物资的实际成本,贷方登记加工完成验收入库物资的实际成本和剩余物资的实际成本,期末余额在借方,反映企业尚未完工的委托加工物资的实际成本和发出加工物资的运杂费等。委托加工物资也可以采用计划成本或售价进行核算,其方法与库存商品相似。

(二)账务处理

企业委托外单位加工物资的成本包括加工中实际耗用物资的成本、支付的加工费用及应负担的运杂费、支付的税金等。其中,支付的税金包括委托加工物资所应负担的消费税(指属于消费税应税范围的加工物资)等。

(1) 发给外单位加工的物资时,按实际成本借记"委托加工物资"账户,贷记"原材料"账户。需要说明的是,企业发给外单位加工物资时,如果采用计划成本核算的,还应同时结转材料成本差异,贷记或借记"材料成本差异"账户。

(2) 支付加工费用、应承担的运杂费、增值税时,按加工费,借记"委托加工物资"账户,按增值税专用发票上的金额,借记"应交税费——应交增值税(进项税额)"账户,贷记"应付账款""银行存款"账户等。

支付其由受托方代收代缴的消费税,分别以下情况处理:

① 收回后直接用于销售的,应将受托方代收代缴的消费税计入委托加工物资成本。

② 收回后用于连续生产、按规定准予抵扣的,按受托方代收代缴的消费税,借记"应交税费——应交消费税"账户。

(3) 加工完成验收入库的物资和剩余的物资,按加工收回物资的实际成本和剩余物资的实际成本,借记"原材料""库存商品"等账户,贷记"委托加工物资"账户。按入库物资应负担的材料成本差异,借记或贷记"材料成本差异"账户。

【做中学 4-36】 甲公司将一批原材料委托外单位代加工 H 产品(属于应税消费品),发出原材料的计划成本为 100 000 元,本月材料成本差异率为 1‰。用银行存款支付加工费用为 10 000 元,支付应缴纳的消费税为 5 842 元和增值税税额为 1 600 元。原材料加工完毕,验收入库,计划成本为 115 000 元。H 产品收回后用于连续生产。

(1) 领用加工物资时,根据有关原始凭证,编制如下会计分录:

借:委托加工物资　　　　　　　　　　　　　　　　　　　　　　　　101 000
　贷:原材料　　　　　　　　　　　　　　　　　　　　　　　　　　100 000
　　　材料成本差异　　　　　　　　　　　　　　　　　　　　　　　　1 000

(2) 支付加工费时(委托加工应税消费品加工收回后用于连续生产),根据有关原始凭证,编制如下会计分录:

借:委托加工物资　　　　　　　　　　　　　　　　　　　　　　　　 10 000
　　应交税费——应交增值税(进项税额)　　　　　　　　　　　　　　 1 600
　　　　　　——应交消费税　　　　　　　　　　　　　　　　　　　　 5 842
　贷:银行存款　　　　　　　　　　　　　　　　　　　　　　　　　　17 442

(3) 原材料加工完成后验收入库时,根据有关原始凭证,编制如下会计分录:

借:库存商品　　　　　　　　　　　　　　　　　　　　　　　　　　115 000
　贷:委托加工物资　　　　　　　　　　　　　　　　　　　　　　　111 000
　　　材料成本差异　　　　　　　　　　　　　　　　　　　　　　　　4 000

【做中学4-37】 承[做中学4-36]，若H产品收回后直接用于销售，账务处理如下：

(1) 领用加工物资时，根据有关原始凭证，编制如下会计分录：

借：委托加工物资　　　　　　　　　　　　　　　　　　　　　　　　　101 000
　贷：原材料　　　　　　　　　　　　　　　　　　　　　　　　　　　100 000
　　　材料成本差异　　　　　　　　　　　　　　　　　　　　　　　　　1 000

(2) 支付加工费时（委托加工应税消费品加工收回后直接用于销售），根据有关原始凭证，编制如下会计分录：

借：委托加工物资　　　　　　　　　　　　　　　　　　　　　　　　　　15 842
　　应交税费——应交增值税（进项税额）　　　　　　　　　　　　　　　　1 600
　贷：银行存款　　　　　　　　　　　　　　　　　　　　　　　　　　　17 442

(3) 加工完成后验收入库时，根据有关原始凭证，编制如下会计分录：

借：库存商品　　　　　　　　　　　　　　　　　　　　　　　　　　　115 000
　　材料成本差异　　　　　　　　　　　　　　　　　　　　　　　　　　1 842
　贷：委托加工物资　　　　　　　　　　　　　　　　　　　　　　　　116 842

任务七　存货清查的核算

一、存货清查的意义及方法

存货清查是指通过对存货的实地盘点，确定存货的实有数量，并与账面结存数核对，从而确定存货实存数与账面结存数是否相符的一种专门方法。

存货清查的方法采用实地盘点法。存货清查按照清查对象和范围的不同，分为全面清查与局部清查。存货清查按照清查时间的不同，分为定期清查与不定期清查。

由于存货种类繁多、收发频繁，在日常收发过程中可能发生计量错误、计算错误、自然损耗，还可能发生损坏变质以及贪污、盗窃等情况，造成账实不符，形成存货的盘盈、盘亏。对于存货的盘盈、盘亏，应填写存货盘点报告表，及时查明原因，按照规定程序报批处理。

二、存货的盘盈

为了反映企业在财产清查中查明的各种存货的盘盈、盘亏和毁损情况，企业应当设置"待处理财产损溢"账户，借方登记存货的盘亏、毁损金额及盘盈的转销金额，贷方登记存货的盘盈金额及盘亏的转销金额。企业清查的各种存货损益，应在期末结账前处理完毕，期末处理后，该账户应无余额。

企业发生存货盘盈时，应按盘盈存货的重置成本，借记"原材料""库存商品"等账户，贷记"待处理财产损溢——待处理流动资产损溢"账户；在按管理权限报经批准后，借记"待处理财产损溢——待处理流动资产损溢"账户，贷记"管理费用"账户。

【做中学4-38】 甲公司在财产清查中盘盈J材料1 000千克，实际单位成本为60元。经查，属于材料收发计量方面的错误，应作如下账务处理：

(1) 批准处理前，根据有关原始凭证，编制如下会计分录：

借：原材料　　　　　　　　　　　　　　　　　　　　　　　　　　　　60 000
　贷：待处理财产损溢——待处理流动资产损溢　　　　　　　　　　　　　60 000

(2) 批准处理后，根据有关原始凭证，编制如下会计分录：

借：待处理财产损溢——待处理流动资产损溢	60 000	
贷：管理费用		60 000

三、存货的盘亏

企业发生存货盘亏及损毁时，在报经批准前，应根据"存货盘点报告表"所列的盘亏数，先结转到"待处理财产损溢——待处理流动资产损溢"账户，即借记"待处理财产损溢——待处理流动资产损溢"账户，贷记有关存货账户；同时，对购进的货物、在产品、产成品等发生非正常损失引起盘亏存货应负担的增值税，应一并转入"待处理财产损溢——待处理流动资产损溢"账户，即借记"待处理财产损溢——待处理流动资产损溢"账户，贷记"应交税费——应交增值税（进项税额转出）"账户。

按规定程序批准转销时，根据亏损原因，分别以下情况进行账务处理：

(1) 属于自然损耗产生的定额内合理亏损，经批准后即可转作管理费用，借记"管理费用"账户，贷记"待处理财产损溢——待处理流动资产损溢"账户。

(2) 属于超定额短缺以及存货毁损的，能确定过失人的，应由过失人负责赔偿；属于保险责任范围的，应向保险公司索赔。扣除过失人或保险公司赔款和残料价值后的余额，应计入管理费用，借记"管理费用"账户，贷记"待处理财产损溢——待处理流动资产损溢"账户。

(3) 属于非正常损失所造成的存货毁损，扣除保险公司赔款和残料价值后，计入营业外支出，借记"营业外支出——非常损失"账户，贷记"待处理财产损溢——待处理流动资产损溢"账户。这里的非正常损失仅仅指管理不善造成的非正常损失。

【做中学 4-39】 甲公司在财产清查中发现盘亏 K 材料 500 千克，实际单位成本为 200 元，经查属于一般经营损失。甲公司应作如下会计处理：

(1) 批准处理前，根据有关原始凭证，编制如下会计分录：

借：待处理财产损溢——待处理流动资产损溢	100 000	
贷：原材料		100 000

(2) 批准处理后，根据有关原始凭证，编制如下会计分录：

借：管理费用	100 000	
贷：待处理财产损溢——待处理流动资产损溢		100 000

【做中学 4-40】 甲公司在财产清查中发现毁损 L 材料 300 千克，实际单位成本为 100 元，经查属于材料保管员的过失造成的，按规定由其个人赔偿 20 000 元。残料已办理入库手续，价值 2 000 元。甲公司应作如下会计处理：

(1) 批准处理前，根据有关原始凭证，编制如下会计分录：

借：待处理财产损溢——待处理流动资产损溢	30 000	
贷：原材料		30 000

(2) 批准处理后，根据有关原始凭证，编制如下会计分录：

① 由过失人赔偿的部分：

借：其他应收款	20 000	
贷：待处理财产损溢——待处理流动资产损溢		20 000

② 残料入库时：

借：原材料	2 000	
贷：待处理财产损溢——待处理流动资产损溢		2 000

③ 结转材料毁损净损失时：

借：管理费用　　　　　　　　　　　　　　　　　　　　　　　　　8 000
　　贷：待处理财产损溢——待处理流动资产损溢　　　　　　　　　　8 000

【做中学 4-41】 甲公司因管理不善造成一批库存材料毁损，实际成本为 10 000 元，增值税为 1 600 元，根据保险责任范围及保险合同规定，应由保险公司赔偿 5 000 元。甲公司应作如下会计处理：

(1) 批准处理前，根据有关原始凭证，编制如下会计分录：

借：待处理财产损溢——待处理流动资产损溢　　　　　　　　　　11 600
　　贷：原材料　　　　　　　　　　　　　　　　　　　　　　　　10 000
　　　　应交税费——应交增值税(进项税额转出)　　　　　　　　　 1 600

(2) 批准处理后，根据有关原始凭证，编制如下会计分录：

借：其他应收款　　　　　　　　　　　　　　　　　　　　　　　　5 000
　　营业外支出——非常损失　　　　　　　　　　　　　　　　　　 6 600
　　贷：待处理财产损溢——待处理流动资产损溢　　　　　　　　　 11 600

任务八　存货减值的核算

一、成本与可变现净值孰低法的概念

资产负债表日，存货应当按照成本与可变现净值孰低计量。

当存货成本低于可变现净值时，存货按成本计量；当存货成本高于可变现净值时，存货按可变现净值计量，同时按照成本高于可变现净值的差额计提存货跌价准备，计入当期损益。

成本与可变现净值孰低计量的理论基础主要是使存货符合资产的定义。当存货的可变现净值下跌至成本以下时，表明该存货给企业带来的未来经济利益将低于其账面成本，因而应将这部分损失从资产价值中扣除，计入当期损益。这时如果仍然以其成本计量，就会出现虚计资产的现象。所以，这是一种比较稳健的期末存货计价方法。

二、存货可变现净值的确定

可变现净值，是指在日常活动中，存货的估计售价减去至完工时估计将要发生的成本、估计的销售费用以及相关税费后的金额。存货的可变现净值由存货的估计售价、至完工时将要发生的成本、估计的销售费用和估计的相关税费等内容构成。

(一) 可变现净值的基本特征

(1) 确定存货可变现净值的前提是企业在进行日常活动。如果企业不是在进行正常的生产经营活动，例如，企业处于清算过程，那么不能按照存货准则的规定确定存货的可变现净值。

(2) 可变现净值为存货的预计未来净现金流量，而不是简单地等于存货的售价或合同价。

企业预计的销售存货现金流量，并不完全等于存货的可变现净值。存货在销售过程中可能发生的销售费用和相关税费，以及为达到预定可销售状态还可能发生的加工成本等相关支出，构成现金流入的抵减项目。企业预计的销售存货现金流量，扣除这些抵减项目后，才能确定存货的可变现净值。

(3) 不同存货的可变现净值的构成不同。

(二) 不同情况下存货可变现净值的确定

(1) 产成品、商品等(不包括用于出售的材料)直接用于出售的商品存货，没有销售合同约定的，应当以在正常生产经营过程中产成品或商品的一般销售价格(即市场销售价格)减去估计的销售费用和相关税费等后的金额作为其可变现净值。

【做中学4-42】 20×8年12月31日,甲公司生产的A型机器的账面价值(成本)为2 160 000元,数量为12台,单位成本为180 000元/台。A型机器的市场销售价格(不含增值税)为200 000元/台。甲公司没有签订有关A型机器的销售合同。

由于甲公司没有就A型机器签订销售合同,因此,在这种情况下,计算确定A型机器的可变现净值应以其一般销售价格总额2 400 000元(200 000×12)为基础。

(2)用于出售的材料等,应当以市场价格减去估计的销售费用和相关税费等后的金额作为其可变现净值。这里的市场价格是指材料等的市场销售价格。

【做中学4-43】 20×8年,由于产品更新换代,甲公司决定停止生产B型机器。为减少不必要的损失,甲公司决定将原材料中专门用于生产B型机器的外购原材料钢材全部出售。20×8年12月31日,其账面价值(成本)为900 000元,数量为10吨。根据市场调查,此种钢材的市场销售价格(不含增值税)为60 000元/吨,同时销售这10吨钢材可能发生销售费用及税金50 000元。

由于企业已决定不再生产B型机器,因此,该批钢材的可变现净值不能再以B型机器的销售价格作为其计量基础,而应按钢材本身的市场销售价格作为计量基础。因此,该批钢材的可变现净值应为550 000元(60 000×10-50 000)。

(3)需要经过加工的材料存货,如原材料、在产品、委托加工材料等,由于持有该材料的目的是用于生产产成品,而不是出售,该材料存货的价值将体现在用其生产的产成品上。因此,在确定需要经过加工的材料存货的可变现净值时,需要以其生产的产成品的可变现净值与该产成品的成本进行比较,如果该产成品的可变现净值高于其成本,则该材料应当按照其成本计量。

【做中学4-44】 20×8年12月31日,甲公司库存原材料A材料的账面价值(成本)为1 500 000元,市场销售价格总额(不含增值税)为1 400 000元。假设不发生其他购买费用,用A材料生产的产成品B型机器的可变现净值高于成本。

虽然A材料在20×8年12月31日的账面价值(成本)高于其市场价格。但是由于用其生产的产成品B型机器的可变现净值高于其成本,即用该原材料生产的最终产品此时并没有发生价值减损。因而,在这种情况下,即使A材料的账面价值(成本)已高于市场价格,也不应计提存货跌价准备,仍应按其原账面价值(成本)1 500 000元列示在甲公司20×8年12月31日资产负债表的存货项目之中。

如果材料价格的下降表明以其生产的产成品的可变现净值低于成本,则该材料应当按可变现净值计量。其可变现净值为在正常生产经营过程中,以该材料所生产的产成品的估计售价减去至完工时估计将要发生的成本、估计的销售费用以及相关税费后的金额。

(4)为执行销售合同或者劳务合同而持有的存货,其可变现净值应当以合同价格而不是估计售价,减去估计的销售费用和相关税费等后的金额确定。

企业与购买方签订了销售合同(或劳务合同,下同),并且销售合同订购的数量大于或等于企业持有的存货数量,在这种情况下,与该项销售合同直接相关的存货的可变现净值,应当以合同价格为计量基础。即如果企业就其产成品或商品签订了销售合同,则该批产成品或商品的可变现净值应当以合同价格作为计量基础;如果企业销售合同所规定的标的物尚未生产出来,但持有专门用于该标的物生产的材料,其可变现净值也应当以合同价格作为计量基础。

【做中学4-45】 20×8年8月10日,甲公司与乙公司签订了一份不可撤销的销售合同,双方约定,20×9年2月15日,甲公司应按200 000元/台的价格向乙公司提供A型机器10台。20×8年12月31日,甲公司A型机器的账面价值(成本)为1 360 000元,数量为8台,单位成本为170 000元,市场销售价格为190 000元/台。

根据甲公司与乙公司签订的销售合同,甲公司该批A型机器的销售价格已由销售合同约定,并且其库存数量小于销售合同订购的数量。在这种情况下,计算库存A型机器的可变现净值时,应以销售合同约定的价格1 600 000元(200 000×8)作为计量基础,即估计售价为1 600 000元。

三、成本与可变现净值孰低法的账务处理

(一) 成本低于可变现净值的处理

如果存货的成本预计低于可变现净值,则该存货仍然应当按照成本计量。

(二) 成本高于可变现净值的处理

存货存在下列情形之一的,通常表明存货的可变现净值低于成本:

(1) 该存货的市场价格持续下跌,并且在可预见的未来无回升的希望。

(2) 企业使用该项原材料生产的产品的成本大于产品的销售价格。

(3) 企业因产品更新换代,原有库存原材料已不适应新产品的需要,而该原材料的市场价格又低于其账面成本。

(4) 因企业所提供的商品或劳务过时或消费者偏好改变而使市场的需求发生变化,导致市场价格逐渐下跌。

(5) 其他足以证明该项存货实质上已经发生减值的情形。

存货存在下列情形之一的,通常表明存货的可变现净值为零:

(1) 已霉烂变质的存货。

(2) 已过期且无转让价值的存货。

(3) 生产中已不再需要,并且已无使用价值和转让价值的存货。

(4) 其他足以证明已无使用价值和转让价值的存货。

如果存货的成本预计高于可变现净值,则该存货应当按可变现净值计量,按其差额计提存货跌价准备。

1. 核算方法

存货减值的核算在会计上采用备抵法。备抵法的优点是不需要对有关存货的明细账进行调整,保持账簿记录的原貌,工作量也较小。

2. 账户设置

在备抵法下,企业应设置"存货跌价准备"账户和"资产减值损失"账户。

"存货跌价准备"账户用于核算企业提取的存货跌价准备。该账户属于资产类账户,贷方登记存货可变现净值低于成本的差额,借方登记已计提跌价准备的存货价值以后又得以恢复的金额,和其他原因冲减已计提跌价准备的金额。该账户期末贷方余额反映企业已提取的存货跌价准备。

"资产减值损失"账户用于核算企业计提各项减值准备所形成的损失,属于损益类账户。该账户借方登记提取各项准备金而增加的损失,贷方登记冲减或冲销准备金而减少的损失,期末应将该账户余额转入"本年利润"账户,结转后该账户无余额。该账户应按资产减值损失的项目进行明细核算。

3. 账务处理

当存货成本高于其可变现净值时,企业应当按照单个存货项目计算存货可变现净值低于成本的差额,借记"资产减值损失——计提的存货跌价准备"账户,贷记"存货跌价准备"账户。

转回已计提的存货跌价准备金额时,按恢复增加的金额,借记"存货跌价准备"账户,贷记"资产减值损失——计提的存货跌价准备"账户。

企业结转存货销售成本时,对于已计提存货跌价准备的,借记"存货跌价准备"账户,贷记"主营业务成本""其他业务成本"等账户。

企业应当合理地计提存货跌价准备,但不得计提秘密准备。如有确凿证据表明企业不恰当地运用谨慎性原则计提了秘密准备,应当作为重大会计差错予以更正,并在会计报表附注中说明

事项的性质、调整金额,以及对企业财务状况、经营成果的影响。

【做中学 4-46】 甲公司自20×6年起采用"成本与可变现净值孰低法"对期末某类存货进行计价,并运用分类比较法计提存货跌价准备。假设公司20×6年至20×9年年末该类存货的账面成本均为200 000元。

(1) 假设20×6年年末该类存货的预计可变现净值为180 000元,则应计提的存货跌价准备为200 000元。根据有关原始凭证,编制会计分录如下:

借:资产减值损失   20 000
　　贷:存货跌价准备   20 000

(2) 假设20×7年年末该类存货的预计可变现净值为170 000元,则应补提的存货跌价准备为10 000元。根据有关原始凭证,编制会计分录如下:

借:资产减值损失   10 000
　　贷:存货跌价准备   10 000

(3) 假设20×8年年末该类存货的可变现净值有所恢复,预计可变现净值为194 000元,则应冲减已计提的存货跌价准备24 000元[30 000－(20 000－194 000)]。根据有关原始凭证,编制会计分录如下:

借:存货跌价准备   24 000
　　贷:资产减值损失   24 000

(4) 假设20×9年年末该类存货的可变现净值进一步恢复,预计可变现净值为205 000元,则应冲减已计提的存货跌价准备6 000元(以已经计提的存货跌价准备为限)。根据有关原始凭证,编制如下会计分录:

借:存货跌价准备   6 000
　　贷:资产减值损失   6 000

关键术语

存货　原材料　委托加工物资　周转材料　库存商品　先进先出法　月末一次加权平均法　一次转销法　分次摊销法　成本与可变现净值孰低法

应知考核

一、单项选择题

1. M公司采用计划成本核算存货的发出成本,月初结存甲材料100千克,原材料借方金额为23 000元,材料成本差异贷方金额为200元,本月购入甲材料200千克,实际成本为44 000元,计划成本为46 000元,本期生产领用甲材料150千克,计划成本为34 500元,则月末结存甲材料的实际成本为(　　)元。
   A. 32 457.45   B. 33 400.55   C. 33 399.45   D. 34 500.55

2. 某商业企业采用售价金额核算法计算期末存货成本。本月月初存货成本为10 000元,售价总额为15 000元;本月购入存货成本为50 000元,相应的售价总额为60 000元;本月销售收入为50 000元。该企业本月销售成本为(　　)元。
   A. 48 333   B. 20 000   C. 40 000   D. 16 667

3. 发出材料应结转的超支差异应记入(　　)。
   A. "材料成本差异"账户贷方   B. "材料成本差异"账户借方
   C. "材料采购"账户贷方   D. "材料采购"账户借方

4. 为了反映和监督低值易耗品的增减变化及其结存情况,企业应当设置(　　)账户。
   A. "周转材料——包装物"   B. "周转材料——低值易耗品"
   C. "原材料"   D. "材料采购"

5. 企业对随同商品出售且单独计价的包装物进行会计处理时,该包装物的实际成本应结转到的会计账户是(　　)。

A. "制造费用"　　B. "管理费用"　　C. "销售费用"　　D. "其他业务成本"

6. 出租的包装物,应将其摊销额计入( )中。
   A. 其他业务成本　　　　　　　　B. 管理费用
   C. 销售费用　　　　　　　　　　D. 主营业务成本

7. 某企业生产车间分别以甲、乙两种材料生产A、B两种产品。2019年1月,投入甲材料20 000元生产A产品,投入乙材料60 000元生产B产品。当月生产A产品发生直接人工费用5 000元,生产B产品发生直接人工费用15 000元,该生产车间归集的制造费用总额为20 000元。假定,当月投入生产的两种产品均于当月完工,制造费用采用生产工人工资比例法进行分配,则B产品的存货成本为( )元。
   A. 60 000　　B. 75 000　　C. 90 000　　D. 95 000

8. 20×9年6月5日,甲公司委托某量具厂加工一批量具,发出材料的计划成本为80 000元,材料成本差异率为5%,以银行存款支付运杂费2 000元,6月25日以银行存款支付上述量具的加工费用20 000元,6月30日收回委托加工的量具,并以银行存款支付运杂费3 000元,假定不考虑其他因素,甲公司收回该批量具的实际成本是( )元。
   A. 102 000　　B. 105 000　　C. 103 000　　D. 109 000

9. 某企业收回委托加工应税消费品的一批材料,原材料的成本210万元,加工费10万元,增值税税额33.6万元,消费税税额1.7万元,收回的材料要连续生产应税消费品,这批材料的入账价值为( )万元。
   A. 220　　B. 221.7　　C. 255.3　　D. 253.6

10. 企业对于已记入"待处理财产损溢"账户的存货盘亏及毁损事项进行会计处理时,应记入"管理费用"账户的是( )。
    A. 管理不善造成的存货净损失　　　　B. 自然灾害造成的存货净损失
    C. 应由保险公司赔偿的存货损失　　　D. 应由过失人赔偿的存货损失

二、多项选择题

1. 下列各项关于先进先出法的表述中,正确的有( )。
   A. 需有假设前提即先购进的存货先发出
   B. 按先进先出的假定流转顺序来确定发出存货的成本及期末结存存货的成本
   C. 先进先出法不能随时结转发出存货成本
   D. 如果购入存货单价不稳定时工作量较大

2. 下列各项中,企业可以采用的发出存货成本计价方法的有( )。
   A. 先进先出法　　　　　　　　B. 移动加权平均法
   C. 成本与可变现净值孰低法　　　D. 个别计价法

3. "材料成本差异"账户借方可以用来登记( )。
   A. 购进材料实际成本小于计划成本的差额
   B. 发出材料应负担的超支差异
   C. 发出材料应负担的节约差异
   D. 购进材料实际成本大于计划成本的差额

4. 下列各项中,属于低值易耗品采用分次摊销法所涉及的账户有( )。
   A. "周转材料——低值易耗品(在用)"　　B. "周转材料——低值易耗品(在库)"
   C. "周转材料——低值易耗品(摊销)"　　D. "制造费用"

5. 企业对随同商品出售的包装物进行会计处理时,该包装物的实际成本可能结转到( )账户。
   A. "制造费用"　　　　　　　　B. "销售费用"
   C. "管理费用"　　　　　　　　D. "其他业务成本"

6. 下列各项中,应记入"销售费用"账户的有( )。
   A. 出借包装物成本的摊销　　　　B. 广告费
   C. 随同产品出售单独计价的包装物成本　　D. 随同产品出售不单独计价的包装物成本

7. 一般纳税企业委托其他单位加工材料收回后用于直接销售的,在其发生的下列支出中,应计入委托加工物资成本的有( )。
   A. 加工费
   B. 增值税
   C. 发出材料的实际成本
   D. 受托方代收代缴的消费税
8. 某企业为增值税一般纳税人,委托其他单位加工应税消费品,该产品收回后继续加工,下列各项中,应计入委托加工物资成本的有( )。
   A. 发出材料的实际成本
   B. 支付给受托方的加工费
   C. 支付给受托方的增值税
   D. 受托方代收代缴的消费税
9. 下列各项中,构成工业企业外购存货入账价值的有( )。
   A. 买价
   B. 运杂费
   C. 运输途中的合理损耗
   D. 入库前的挑选整理费用
10. 下列各项中,应计入存货成本的有( )。
    A. 材料采购过程中发生的保险费
    B. 材料采购过程中发生的仓储费用
    C. 材料入库后发生的仓储费用
    D. 材料入库前发生的挑选整理费

三、判断题
1. 企业可以采用的发出存货成本的计价方法包括个别计价法、先进先出法、月末一次加权平均法和移动加权平均法。( )
2. 企业领用的低值易耗品,在领用时均应记入"制造费用"账户。( )
3. 随同产品出售不单独计价的包装物,应于包装物发出时,作为包装费用,计入其他业务成本。( )
4. 随同商品出售而单独计价的包装物的实际成本应记入"其他业务成本"账户,取得的收入记入"其他业务收入"账户核算。( )
5. 委托加工物资收回后用于连续生产应税消费品的,委托方应将缴纳的消费税计入委托加工物资的成本。( )
6. 对于委托外单位加工的物资,即使采用计划成本核算,也不涉及材料成本差异的问题。( )
7. 存货盘盈经批准后计入营业外收入。( )
8. 存货盘亏经批准后均计入营业外支出。( )
9. 可变现净值是指在日常活动中,存货的估计售价减去至完工时估计将要发生的成本、估计的销售费用,以及相关税费后的金额。( )
10. 存货的可变现净值等于企业预计的销售存货取得的现金流量。( )

四、思考题
1. 什么是存货?存货的确认应具备哪些条件?
2. 外购存货的采购成本包括哪些具体内容?
3. 什么是计划成本法?与其他存货核算方法相比,采用计划成本法有哪些主要优点?
4. 什么是存货的可变现净值?如何确定存货的可变现净值?
5. 什么是存货的盘盈和盘亏?如何进行会计处理?

应会考核

★ 业务考核
【考核项目】
存货清查。
【背景资料】
企业是增值税一般纳税人,适用的增值税税率为16%。20×9年年末对库存材料进行盘点,将账实不符的材料数量、金额及原因编制"存货盘点盘亏报告表",并上报审批,如表4-7所示。

表 4-7　　　　　　　　　　　存货盘点盘亏报告表
　　　　　　　　　　　　　　　20×9 年 12 月 31 日　　　　　　　　　　　金额单位:元

编号	品名	计量单位	数量 账存	数量 实存	实际单价	盘盈 数量	盘盈 金额	盘亏 数量	盘亏 金额	备注
略	角钢	千克	820	850	3.00	30	90			计量误差
	圆钢	千克	1 000	980	2.80			20	56	管理不善
	木材	立方米	5	0	600			5	3 000	火灾损失,保险公司赔偿 2 700 元
合计							90		3 056	
审批意见			按财务制度处理。							主管领导:张大良 20×9 年 12 月 31 日

【考核要求】
根据上述资料编制相关会计分录。

★ 技能考核
【考核项目】
存货计价方法。
【背景资料】
【业务技能题1】
目的:练习用加权平均法计算发出材料的实际成本。
资料:宏达工厂 20×9 年 8 月份甲材料明细账有关资料如表 4-8 所示。

表 4-8　　　　　　　　　　　甲材料明细账

最高储量:　　　　　　　　　　**材料明细账**　　　　　　　　　单位:千克
最低储量:　　　　　　　　　　　　　　　　　　　　　　　　　二级账户:原料及主要材料
编号:　　　　　规格:　　　　　　　　　　　　　　　　　　　　三级账户:甲材料

20×9年 月	日	凭证 种类	凭证 号数	摘要	借方 数量	借方 单价	借方 千百十万千百十元角分	贷方 数量	贷方 单价	贷方 千百十万千百十元角分	结存 数量	结存 单价	结存 千百十万千百十元角分
8	1			期初余额							300	13	3 9 0 0 0 0
	5			购入	400	12.8	5 1 2 0 0 0				700		
	7			领用				300			400		
	9			领用				100			300		
	13			购入	500	12.5	6 2 5 0 0 0				800		
	16			领用				410			390		
	22			购入	300	13	3 9 0 0 0 0				690		
	25			领用				240			450		
	28			购入	200	12.5	2 5 0 0 0 0				650		
	31			本月合计	1 400		1 7 7 7 0 0 0	1 050			650		

要求:
(1) 计算甲材料加权平均单位成本(保留四位小数)。
(2) 计算本月发出甲材料的实际成本和期末库存甲材料成本。

【业务技能题2】
目的:练习用先进先出法计算发出材料的实际成本。
资料:宏达工厂20×9年10月份乙材料明细账有关资料如表4-9所示。

表4-9　　　　　　　　　　乙材料明细账

最高储量:　　　　　　　　　　　　　　　　　　　　　　　　　　　单位:千克
最低储量:　　　　　　　　　　**材料明细账**　　　　　　　二级账户:原料及主要材料
编号:　　　　规格:　　　　　　　　　　　　　　　　　　三级账户:乙材料

20×9年		凭证		摘要	借方		贷方		结存	
月	日	种类	号数		数量	单价　千百十万千百十元角分	数量	单价　千百十万千百十元角分	数量	单价　千百十万千百十元角分
10	1			期初余额					400	9　　　　3 6 0 0 0 0
	3			购入	500	9.2　　　　4 6 0 0 0 0			900	
	8			领用			300		600	
	10			领用			200		400	
	13			购入	300	8.8　　　　2 6 4 0 0 0			700	
	18			领用			420		280	
	20			购入	600	9　　　　　5 4 0 0 0 0			880	
	22			领用			230		650	
	27			领用			300		350	
	31			本月合计	1 400	1 2 6 4 0 0 0	1 450		350	

要求:采用先进先出法计算本月发出乙材料的实际成本和期末库存乙材料成本。

【业务技能题3】
目的:练习材料成本差异的计算。
资料:开源公司20×9年12月某辅助材料成本差异明细资料如表4-10所示。

表4-10　　　　　　　　　　材料成本差异明细表

二级账户:辅助材料　　　　　　20×9年3月　　　　　　　　　　　单位:元

20×9年		凭证号数	摘要	收入		差异率	发出		结存	
月	日			计划成本	成本差异		计划成本	成本差异	计划成本	成本差异
3	1		初期余额						320 000	−4 800
	31		购入	180 000	1 200					
	31		领用				215 000		285 000	

要求:
(1) 计算辅助材料成本差异率。
(2) 计算本月发出材料及期末库存材料应分摊的成本差异。

【业务技能题4】
目的:练习库存商品售价金额核算。
资料:某商场为增值税一般纳税人,库存商品采用售价金额核算。该商场20×9年12月份期初库存服装的进价成本为35万元,售价60万元。本月购入服装的售价为360万元,商品进销差价为80万元。本期实现销售收入320万元。

要求:
(1) 计算该商场12月份的商品进销差价率。
(2) 计算12月份已销服装的实际成本。
(3) 计算期末库存服装的实际上成本。

【考核要求】
请回答上述会计要素如何进行会计计量。

★ 综合实务题

1. 甲公司为增值税一般纳税人,20×8年6月18日从乙公司购入一批生产用原材料,取得货物增值税专用发票注明的价款为200万元,增值税额为32万元。按照购买协议规定,甲公司可以享受现金折扣的条件为"2/10, 1/20, n/30"(计算现金折扣时不考虑增值税)。甲公司以银行存款支付运费并取得运费增值税专用发票注明的运费1万元,增值税额0.1万元。6月27日甲公司将扣除现金折扣的货款支付给乙公司。

要求:根据上述资料,不考虑其他因素,回答下列各小题(答案中金额单位用万元表示)。

(1) 甲公司在购入原材料时的会计处理正确的是(　　)。

A. 借:原材料　　　　　　　　　　　　　　　　　　　　　　　　200
　　　应交税费——应交增值税(进项税额)　　　　　　　　　　　32
　　　贷:应付账款　　　　　　　　　　　　　　　　　　　　　　　232

B. 借:原材料　　　　　　　　　　　　　　　　　　　　　　　　200
　　　应交税费——应交增值税(进项税额)　　　　　　　　　　　32
　　　贷:应付账款　　　　　　　　　　　　　　　　　　　　　　　228
　　　　财务费用　　　　　　　　　　　　　　　　　　　　　　　　4

C. 借:原材料　　　　　　　　　　　　　　　　　　　　　　　　232
　　　贷:应付账款　　　　　　　　　　　　　　　　　　　　　　　232

D. 借:原材料　　　　　　　　　　　　　　　　　　　　　　　　201.0
　　　应交税费——应交增值税(进项税额)　　　　　　　　　　　32.1
　　　贷:应付账款　　　　　　　　　　　　　　　　　　　　　　　232.0
　　　　银行存款　　　　　　　　　　　　　　　　　　　　　　　　1.1

(2) 甲公司20×8年6月27日支付乙公司购货款的下列会计处理表述正确的有(　　)。

A. 应付账款冲减232万元　　　　　　B. 实际支付228万元
C. 冲减财务费用4万元　　　　　　　D. 计入销售费用4万元

(3) 下列关于应付账款的表述,正确的有(　　)。

A. 应付账款是企业因购买材料、商品或接受劳务供应等经营活动而应付给供应单位的款项
B. 购买商品享受商业折扣的,应按扣除商业折扣后的金额作为应付账款的入账金额
C. 应付账款附有现金折扣条件的,确认应付账款时应不考虑将来可能会获得的现金折扣金额
D. 在实务中,企业外购的电力、燃气等动力一般通过"应付账款"账户核算

(4) 下列财物属于原材料的是(　　)。

A. 辅助材料　　　　　　　　　　　　B. 修理用备件
C. 包装物　　　　　　　　　　　　　D. 外购半成品

(5) 原材料应在资产负债表(　　)项目中列示。
A. "原材料"　　　　　　　　　　　B. "周转材料"
C. "存货"　　　　　　　　　　　　D. "外购半成品"

2. 甲企业为增值税一般纳税人,适用增值税税率为16%,原材料按实际成本核算,20×8年12月月初,A材料账面余额90 000元。该企业12月份发生的有关经济业务如下:

(1) 5日,购入A材料1 000千克,收到增值税专用发票上注明的价款为300 000元,增值税税额为48 000元,购入该批材料发生保险费1 000元,发生运输费4 000元(已取得运输业专用发票),运输过程中发生合理损耗10千克,材料已验收入库,款项均已通过银行付讫,运输费用的增值税税率为10%。

(2) 15日,委托外单位加工B材料(属于应税消费品),发出B材料成本为70 000元,支付加工费20 000元,收到增值税专用发票上注明的增值税税额为3 200元,由受托方代收代缴的消费税税额为10 000元,材料加工完毕验收入库,款项均已支付。材料收回后用于继续生产应税消费品。

(3) 20日,领用A材料60 000元,用于企业专设销售机构办公楼的日常维修,购入A材料时支付的相关增值税税额为9 600元。

(4) 31日,生产领用一批A材料,该批材料成本为15 000元。

要求:根据上述资料,不考虑其他因素,回答下列各小题(答案中的金额单位用元表示)。

(1) 根据资料(1),下列各项中,应计入外购原材料实际成本的是(　　)。
A. 运输过程中的合理损耗
B. 采购过程中发生的保险费
C. 增值税专用发票上注明的价款
D. 增值税发票上注明的增值税税额

(2) 根据资料(1),下列各项关于甲企业采购A材料的会计处理结果中,正确的是(　　)。
A. 记入"原材料"账户的金额为305 000元
B. 记入"原材料"账户的金额为304 960元
C. 记入"应交税费——应交增值税(进项税额)"账户的金额为48 000元
D. 记入"应交税费——应交增值税(进项税额)"账户的金额为48 400元

(3) 根据资料(2),下列各项关于甲企业委托加工业务会计处理表述中,正确的是(　　)。
A. 收回委托加工物资的成本为90 000元
B. 收回委托加工物资的成本为100 000元
C. 受托方代收代缴的消费税10 000元应计入委托加工物资成本
D. 受托方代收代缴的消费税10 000元应记入"应交税费"账户的借方

(4) 根据资料(3),下列各项关于甲企业专设销售机构办公楼日常维修领用A材料会计处理中,正确的是(　　)。

A. 借:销售费用　　　　　　　　　　　　　　　　　　　　　　　　60 000
　　　贷:原材料　　　　　　　　　　　　　　　　　　　　　　　　　60 000
B. 借:在建工程　　　　　　　　　　　　　　　　　　　　　　　　69 600
　　　贷:原材料　　　　　　　　　　　　　　　　　　　　　　　　　60 000
　　　　　应交税费——应交增值税(进项税额转出)　　　　　　　　　9 600
C. 借:销售费用　　　　　　　　　　　　　　　　　　　　　　　　69 600
　　　贷:原材料　　　　　　　　　　　　　　　　　　　　　　　　　60 000
　　　　　应交税费——应交增值税(进项税额转出)　　　　　　　　　9 600
D. 借:在建工程　　　　　　　　　　　　　　　　　　　　　　　　60 000
　　　贷:原材料　　　　　　　　　　　　　　　　　　　　　　　　　60 000

(5) 根据期初资料、资料(1)~(4),甲企业31日A材料的结存成本是(　　)元。
A. 304 800　　　　B. 31 500　　　　C. 319 720　　　　D. 320 000

3. 甲公司系商贸企业(增值税一般纳税人),适用的增值税税率为16%,题目中收入均为不含税收入。

存货发出计价采用先进先出法核算。20×8年6月发生的经济业务如下:
(1) 1日,结存A商品500件,单位成本为350元/件,已计提存货跌价准备10 000元。
(2) 5日,购入A商品1 200件,取得增值税专用发票注明的价款400 000元,增值税税额为64 000元,运费2 000元,运费增值税税额200元,商品已验收入库。以上款项均未支付。
(3) 18日,销售给乙公司A商品400件,商品标价为500元/件,由于乙公司成批购买,甲公司给予乙公司10%的商业折扣,并按折扣后的金额开具的增值税专用发票。货款尚未收到。同时合同中约定的现金折扣条件为"2/10,1/20,n/30"。乙公司于29日支付上述货款,计算现金折扣时不考虑增值税。
(4) 22日,购入A商品500件,商品已验收入库,但未取得发票及账单。
(5) 28日,销售给丙公司A商品1 000件,开具增值税专用发票注明的价款为420 000元,增值税税额为6 720元,同时代替丙公司垫付保险费5 000元,以上款项尚未收到。
(6) 30日,本月22日购入的A商品发票仍未到达,甲公司按480元/件暂估入账。
(7) 30日,A商品市场单位售价为380元/件,预计销售税费为10元/件。
要求:根据上述资料,不考虑其他相关因素,回答下列各小题(答案中金额单位用元表示)。
(1) 根据资料(2),下列会计处理中,正确的是(   )。
  A. 借:库存商品   400 000
        应交税费——应交增值税(进项税额)   64 000
          贷:银行存款   464 000
  B. 借:库存商品   402 000
        应交税费——应交增值税(进项税额)   64 200
          贷:银行存款   466 200
  C. 借:库存商品   402 200
        应交税费——应交增值税(进项税额)   64 200
          贷:应付账款   466 400
  D. 借:库存商品   402 000
        应交税费——应交增值税(进项税额)   64 200
          贷:应付账款   466 200
(2) 根据资料(3),下列会计处理中,正确的是(   )。
  A. 借:应收账款   208 800
          贷:主营业务收入   180 000
              应交税费——应交增值税(销项税额)   28 800
  B. 借:主营业务成本   140 000
          贷:库存商品   140 000
  C. 借:存货跌价准备   8 000
          贷:主营业务成本   8 000
  D. 借:银行存款   207 000
        财务费用   1 800
          贷:应收账款   208 800
(3) 根据资料(4),下列表述中,不正确的是(   )。
  A. 货到时无须进行账务处理   B. 需在备查簿中登记
  C. 应增加库存商品   D. 以暂估价值入账
(4) 根据资料(5),下列会计表述中,正确的是(   )。
  A. 应确认主营业务收入420 000元   B. 应结转主营业务成本334 500元
  C. 应确认应收账款491 400元   D. 应确认应交税费67 200元
(5) 根据上述资料,月末,甲公司应计提的存货跌价准备为(   )元。
  A. −4 500   B. 4 500   C. 5 500   D. −5 500

4. 甲企业为增值税一般纳税人,适用的增值税税率为16%,原材料采用实际成本法进行日常核算。20×8年9月,甲企业发生如下涉及增值税的经济业务或事项:

(1) 购入一批原材料,增值税专用发票上注明的价款为160 000元,增值税税额为25 600元。该批原材料已验收入库,货款尚未支付。

(2) 销售一批商品,增值税专用发票上注明的价款为200 000元,增值税税额为32 000元,提货单和增值税专用发票已交购货方,上月已预收到货款200 000元,购货方在本期补足了余款(假定不考虑商品销售成本的结转)。

(3) 建造一条生产线领用生产用库存原材料为10 000元,应由该批原材料负担的增值税税额为1 600元。

(4) 由于管理不善导致一批原材料霉烂变质,账面价为值4 000元,应由该批原材料负担的增值税税额为640元。

要求:根据上述资料,回答下列各小题。

(1) 下列表述中,不正确的是( )。
A. 资料(1),购入原材料相关的增值税应单独确认为"应交税费——应交增值税(进项税额)"
B. 资料(1),由于货款尚未支付,因此应通过"在途物资"核算
C. 资料(2),本期应确认收入200 000元
D. 资料(2),未收到账款应通过"应收账款"核算

(2) 根据资料(3),下列表述中,正确的是( )。
A. 领用原材料应结转入"固定资产"账户
B. 领用原材料应结转入"在建工程"账户
C. 原材料相关的进项税应当转出计入在建工程
D. 原材料转入生产线成本的金额为11 600元

(3) 关于资料(4),下列表述中,正确的是( )。
A. 应通过"待处理财产损溢"账户核算
B. 由于管理不善造成的损失应计入管理费用
C. 若由于自然灾害造成的损失应计入营业外支出
D. 此时,进项税额应予以转出

(4) 根据上述资料(1)至资料(4),下列会计处理中,不正确的是( )。

A. 借:原材料　　　　　　　　　　　　　　　　　　　　　　　　160 000
　　　应交税费——应交增值税(进项税额)　　　　　　　　　　　25 600
　　　　贷:应付账款　　　　　　　　　　　　　　　　　　　　　185 600

B. 借:预收账款　　　　　　　　　　　　　　　　　　　　　　　232 000
　　　　贷:主营业务收入　　　　　　　　　　　　　　　　　　　200 000
　　　　　　应交税费——应交增值税(销项税额)　　　　　　　　32 000
　　借:银行存款　　　　　　　　　　　　　　　　　　　　　　　32 000
　　　　贷:预收账款　　　　　　　　　　　　　　　　　　　　　32 000

C. 借:在建工程　　　　　　　　　　　　　　　　　　　　　　　10 000
　　　　贷:原材料　　　　　　　　　　　　　　　　　　　　　　10 000

D. 借:待处理财产损溢　　　　　　　　　　　　　　　　　　　　4 000
　　　　贷:原材料　　　　　　　　　　　　　　　　　　　　　　4 000

(5) 存货发生盘盈,待查明原因,按规定的管理权限报经批准后,应冲减的账户是( )。
A. "待处理财产损溢"　　　　　　　　　　B. "营业外收入"
C. "其他业务收入"　　　　　　　　　　　D. "管理费用"

项目实训

【实训项目】
存货核算。

【实训情境】
20×9年5月份部分存货收支业务资料如下：
业务1：5月15日收到单证如图4-2和图4-3所示。

滨海增值税专用发票

No. 31257366

发　票　联　　　开票日期：20×9年5月14日

购买方	名　　称：华宇有限责任公司 纳税人识别号：280602002234678 地　址、电　话：滨海市解放街28号 0578-2133999 开户行及账号：中国工商银行滨海市分行 180100112200100888	密码区	（略）

货物或应税劳务、服务名称	规格型号	单位	数量	单价	金额	税率	税额
*化学合成材料*高密度聚乙烯HDPE			50	10 435.50	521 775.00	16%	83 484.00
合　计					521 775.00		83 484.00
价税合计（大写）	⊗陆拾万伍仟贰佰伍拾玖元整				（小写）￥605 259.00		

销售方	名　　称：滨海市化工有限公司 纳税人识别号：2506030022556687 地　址、电　话：滨海市黄椒路1306号 0578-84261298 开户行及账号：中国工商银行滨海市黄椒支行 3203005345l3672567	备注	

收款人：　　　　复核：　　　　开票人：马海涛　　　　销售方：（章）

第三联：发票联　购买方记账凭证

图4-2　5月14日增值税专用发票

中国工商银行滨海分行电汇凭证（付款通知）

20×9年5月14日　　　　　　　　　　　　　　　　　　第　号

收款人	全　称	滨海市化工有限公司	付款人	全　称	华宇有限责任公司
	账　号	3203005345l3672567		账　号	180100112200100888
	开户银行	中国工商银行滨海市黄椒支行		开户银行	中国工商银行滨海市分行

金额	人民币 （大写）	陆拾万伍仟贰佰伍拾玖元整	转账转讫	百	十	万	千	百	十	元	角	分
					4	6	0	5	2	5	9	0	0

票据种类	转账支票	
票据张数	1张	
单位主管 复核	会计 记账	出票开户银行盖章

图4-3　中国工商银行滨海分行电汇凭证

华宇公司关于该笔业务的会计分录为：

借：原材料——高密度聚乙烯 HDPE　　　　　　　　　　　　　　521 775.00
　　应交税费——应交增值税（进项税额）　　　　　　　　　　　 83 484.00
　　贷：银行存款　　　　　　　　　　　　　　　　　　　　　　　605 259.00

业务 2：5 月 26 日收到单证如图 4-4 和图 4-5 所示。

滨海增值税专用发票

No. 31257376

发　票　联　　　开票日期：20×9 年 5 月 25 日

购买方	名　称：	华宇有限责任公司				密码区			
	纳税人识别号：	280602002234678							
	地址、电话：	滨海市解放街 28 号 0578-2133999					（略）		
	开户行及账号：	中国工商银行滨海市分行 180100112200100888							

货物或应税劳务、服务名称	规格型号	单位	数量	单价	金额	税率	税额
*化学合成材料*高密度聚乙烯HDPE		吨	25	10 429.00	260 725.00	16%	41 716.00
合　计					260 725.00		41 716.00
价税合计（大写）	⊗叁拾万贰仟肆佰肆拾壹元整				（小写）　¥ 312 441.00		

销售方	名　称：	滨海市化工有限公司		备注	
	纳税人识别号：	25060300225566687			
	地址、电话：	滨海市黄椒路 1306 号 0578-84261298			
	开户行及账号：	中国工商银行滨海市黄椒支行 320300534513672567			

收款人：　　　　　复核：　　　　　开票人：马海涛　　　　　销售方：（章）

图 4-4　5 月 26 日增值税专用发票

存货验收入库单

供应单位：滨海市化工有限公司　　　20×9 年 5 月 26 日　　　原验字第 29 号

名称	规格及型号	计量单位	应收数量	实收数量	单价	金额
高密度聚乙烯 HDPE		吨	25	25	10 429.00	260 725.00
合　计			25	25		260 725.00

财务主管：　　　记账：　　　仓库主管：许朝军　　　收料：陈岗　　　制单：韩磊

图 4-5　存货验收入库单

华宇公司关于该笔业务的会计分录为：

借：原材料——高密度聚乙烯 HDPE　　　　　　　　　　　　　　260 725.00
　　应交税费——应交增值税（进项税额）　　　　　　　　　　　 41 716.00
　　贷：应付账款——滨海化工　　　　　　　　　　　　　　　　 302 441.00

【实训要求】

（1）根据实训资料，请指出上述业务的会计处理，哪些是正确的，哪些是错误的。如果是错误的，那么正确的做法是什么？

（2）通过实训过程的全程参与和体验，在基本完成实训操练各项技能任务的基础上，独立形成存货核算实训报告。

存货核算实训报告

存货核算		
项目实训班级：	项目小组：	项目组成员：
实训时间：　　年　　月　　日	实训地点：	实训成绩：

实训目的：

实训步骤：

实训结果：

实训感言：

不足与今后改进：

项目组长评定签字：	项目指导教师评定签字：

项目五 投资核算岗位——金融资产

本项目课件

知识目标

理解：投资的概念和分类、金融资产的概念和分类。

熟知：金融资产的确定条件、计量方法。

掌握：以摊余成本计量的金融资产、以公允价值计量且其变动计入其他综合收益的金融资产、以公允价值计量且其变动计入当期损益的金融资产的确认与计量。

技能目标

通过本项目的学习，要求能够根据金融资产等投资业务的原始凭证准确填制记账凭证。

素质目标

运用所学会计的理论与实务知识研究相关案例，培养和提高学生在特定业务情境中分析问题与决策设计的能力；能结合"金融资产"的教学内容，结合行业规范或标准，分析会计行为的善恶，强化学生的职业道德素质。

项目引例

引例 理解金融资产

背景与情境：20×9年1月至5月，华盛公司发生的交易性金融资产业务如下：

(1) 1月1日，向上财证券公司划出投资款100万元，款项已通过开户行转入上财证券公司银行账户。

(2) 1月2日，委托上财证券公司购入华光公司股票100万股，每股8元，另发生相关交易费用2万元，并将该股票划分为交易性金融资产。

(3) 1月31日，该股票在证券交易所的收盘价格为每股7.70元。

(4) 4月30日，该股票在证券交易所的收盘价格为每股8.10元。

(5) 5月10日，将所持有的该股票全部出售，所得价款为825万元，已存入银行。（假定不考虑相关税费）

请会计张红做出相关账务处理。相关原始凭证：①划出投资款时的银行单据。②委托上财证券公司购买100万股华光公司股票的凭证。③支付2万元交易费用的凭证。④月底公允价值变动，编制公允价值变动损益表。⑤出售华光公司股票的凭证。

业务产生：企业在持有大量资金时，为了不让资金闲置，使资金获得更大收益或者出于某种商业目的，在资本市场购入上市公司的股票。

请针对上述背景与情境内容，做出相关处理程序。

知识精讲

任务一 投资核算岗位概述

一、投资核算岗位的职责与工作任务

（一）投资核算岗位的职责

投资核算岗位的职责主要包括：在上级的领导下，进行资本市场分析；负责对投资项目的可行性进行研究，负责设计评审工作；参与投资项目谈判，与合作伙伴、主管部门和潜在客户保持良好的业务关系;对投资项目进行财务调查、财务测算、成本分析和敏感性分析;具体承揽投资项目,并设计方案,组织实施,定期汇报工作进度;及时向上级汇报对投资项目的行为产生重大影响的事件或变动信息;在上级的领导下,收缴投资项目收益;收集、整理投资项目档案,建立、维护投资信息库;参加部门的有关管理会议,参与重大业务及管理决策;对特定机构的资本市场和证券变动进行全面评估。

(二) 投资核算岗位的工作任务

投资核算岗位的工作任务主要包括:拟定投资资金管理和核算办法;编制投资计划;负责资金调度;负责企业各项投资的明细分类核算;负责投资收益的考核分析;编制资金报表。

二、投资岗位业务核算程序

投资岗位业务的核算程序如图 5-1 所示。

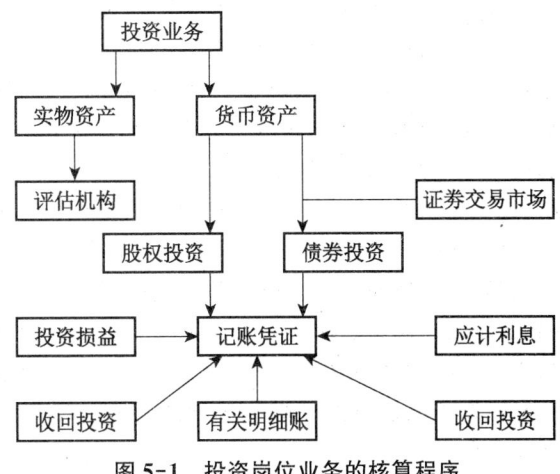

图 5-1 投资岗位业务的核算程序

任务二 投资概述

一、投资的概念

投资是指投资者投入一定数额的资金而期望在未来获得回报。投资可分为实物投资、资本投资和证券投资。实物投资是以实物投入企业,通过生产经营活动取得一定利润。证券投资是以货币购买企业发行的股票和公司债券,间接参与企业的利润分配。

投资具有如下特点:①投资是以让渡一项资产而换取的另一项资产。②投资是企业在生产经营过程之外持有的资产。③投资是一种以权利为表现形式的资产。④投资是一种具有财务风险的资产。

二、投资的分类

对投资进行适当的分类是确定投资会计核算方法和如何在会计报表中列示的前提。按照不同的标准,投资有各种不同的分类。

(一) 按投资性质分类

按照投资性质分类,投资可分为权益性投资、债权性投资和混合性投资。

(1) 权益性投资,是指企业通过投资取得受资企业相应份额净资产的所有权,投资企业与受资企业之间形成所有权关系。权益性投资主要是企业通过购买股票或者采取合同、协议方式投出资产取得股权,包括购入普通股股票,根据合同、协议向合资或联营等企业投入资产取得股权。

因权益性投资导致企业所拥有的股权,主要是投资企业对受资企业所有者权益相应份额的所有权。投资企业有权直接或间接参与受资企业的经营管理;有权参与受资企业的财产分配,获取较高收益;有权转让股权并享有股票价值的升值部分。权益性投资,投资数额较大,投资收益不确定,能否取得较高收益,取决于受资企业的盈利能力。股票投资投出的资金,不能随意收回;按合同、协议投出的资产,在合同、协议到期之前也不能随意收回,投出资产归受资企业长期支配。权益性投资风险大,市场上股票价格变动幅度大,可能给投资企业带来较大收益,也可能给投资企业带来较大损失。

进行权益性投资,应注意受资企业未来的获利能力。

(2) 债权性投资,是指企业通过投资获得债权,投资企业与受资企业之间形成债权债务关系。债权性投资主要是投资企业将资产投资于债权性证券,如公司债券、国库券等。

投资企业所取得的债权有固定的期限,到期可收回本金;有事先约定的利率,可定期收取利息;债券到期之前,可以转让或贴现,换取投资企业所需要的资金。债权性投资风险小,收益较低。债权人无权过问发行债券单位的经营管理状况。

进行债权性投资,应注意受资企业的偿债能力和支付能力,避免投资损失。

(3) 混合性投资,是指同时具有债权性和权益性双重性质的投资。这种投资兼有债权性和权益性投资的特点,也便于投资企业转换投资性质。混合性投资主要是企业通过购买优先股股票,或者购买可转换公司债券进行。优先股股票具有约定的股利率,股利的支付及破产的清偿,均优先于普通股股票,类似于债权性投资;股票无到期日,投资人不能定期收回本金,类似于权益性投资;可转换公司债券,在转换之前是债权性投资,转换之后是权益性投资,也是同时具有双重性质的投资。

(二) 按投资目的与持有意图分类

按照投资的目的与持有意图分类,可划分为以摊余成本计量的金融资产、以公允价值计量且其变动计入其他综合收益的金融资产、以公允价值计量且其变动计入当期损益的金融资产和长期股权投资。

(三) 按投资形式分类

按照投资形式分类,可划分为货币投资、实物投资和无形资产投资。

(1) 货币投资,是指企业用现金等货币资金取得的投资。企业用货币资金直接投资,应按实际投出金额作为投资入账价值;如果用货币资金购买债券、股票等有价证券,则应以投资成本作为投资入账价值。

投资成本指获得一项投资所支付的全部价款,或提供劳务、放弃相关资产的评估价值。

(2) 实物投资,是指企业用材料、固定资产等实物资产进行的投资。这类投资应按投出资产的评估价值作为投资成本计价入账。

(3) 无形资产投资,是指用企业所拥有的无形资产的所有权或使用权进行的投资。这类投资应按投出无形资产的评估价值作为投资成本计价入账。

除按上述几种标准分类外,投资还有其他一些形式的分类,如按照投资对象的变现能力分类,可分为易于变现和不易变现两类。

三、金融资产的概念和分类

金融资产是企业资产的重要组成部分。根据《企业会计准则第22号——金融工具确认和计量》(2017年3月修订,以下简称新CAS22),金融资产是指企业持有的现金、其他方的权益工具以及符合下列条件之一的资产:①从其他方收取现金或其他金融资产的合同权利;②在潜在有利条件下,与其他方交换金融资产或金融负债的合同权利;③将来须用或可用企业自身权益工具进行结算的非衍生工具合同,且企业根据该合同将收到可变数量的自身权益工具;④将来须用或可用企业自身权益工具进行结算的衍生工具合同,但以固定数量的自身权益工具交换固定金额的现金或其他金融资产的衍生工具合同除外。

金融资产的分类与金融资产的计量密切相关,不同类别的金融资产,其初始计量和后续计量采用的基础也不完全相同。企业应当结合自身业务特点、投资策略和风险管理要求,将取得的金融资产在初始确认时即对其进行分类,新CAS22将金融资产由原"四分类"[①]改为"三分类":即①以摊余成本计量的金融资产;②以公允价值计量且其变动计入其他综合收益的金融资产;③以公允价值计量且其变动计入当期损益的金融资产。上述分类一经确定,不得随意变更。

(一) 以摊余成本计量的金融资产

所谓以摊余成本计量的金融资产是指同时符合下列条件的金融资产:①企业管理该金融资产的业务模式是以收取合同现金流量为目标;②该金融资产的合同条款规定,在特定日期产生的现金流量仅为对本金和以未偿付本金金额为基础的利息的支付。

按照上述定义,债权投资即是以摊余成本计量的金融资产的一种,贷款、长期应收款等也应属于此类金融资产。

(二) 以公允价值计量且其变动计入其他综合收益的金融资产

所谓以公允价值计量且其变动计入其他综合收益的金融资产是指同时符合下列条件的金融资产:①企业管理该金融资产的业务模式既以收取合同现金流量为目标又以出售该金融资产为目标;②该金融资产的合同条款规定,在特定日期产生的现金流量仅为对本金和以未偿付本金金额为基础的利息的支付。

按照上述定义,其他权益工具投资即为此类金融资产。

(三) 以公允价值计量且其变动计入当期损益的金融资产

新CAS22对此类金融资产采取排除法予以定义,即除了以摊余成本计量的金融资产及以公允价值计量且其变动计入其他综合收益的金融资产之外的金融资产,企业均应当将其分类为以公允价值计量且其变动计入当期损益的金融资产。

新CAS22强调以企业管理金融资产的"业务模式"和"金融资产合同现金流量特征"作为金融资产分类的判断依据,以尽可能提高金融资产分类的客观性和会计处理的一致性。企业管理金融资产的业务模式,是指企业如何管理其金融资产以产生现金流量。业务模式决定企业所管理金融资产现金流量的来源是收取合同现金流量,还是出售金融资产,还是两者兼有。企业管理金融资产的业务模式,应当以企业关键管理人员决定的对金融资产进行管理的特定业务目标为基础确定。企业确定管理金融资产的业务模式,应当以客观事实为依据,不得以按照合理预期不会发生的情形为基础确定。

新CAS22与原CAS22的比较如表5-1所示。

表5-1　　　　　　　　　　新CAS22与原CAS22的比较

区别	新CAS22	原CAS22
分类原则	根据管理金融资产的业务模式和金融资产的合同现金流量特征	持有金融资产的意图和目的

---

① 金融资产原四分类:以公允价值计量且其变动计入当期损益的金融资产、持有至到期投资、贷款和应收款项和其他权益工具投资。

(续表)

区别	新CAS22	原CAS22
分类结果	分为三类:以摊余成本计量的金融资产;以公允价值计量且其变动计入当期损益的金融资产;以公允价值计量且其变动计入其他综合收益的金融资产	分为四类:以公允价值计量且其变动计入当期损益的金融资产;持有至到期投资;贷款和应收款项;其他权益工具投资
计量基础	凡是权益工具均以公允价值计量。债务工具分两种情况,对于既满足商业模式为收取合同现金流又满足金融资产合同现金流量特征的金融资产,以摊余成本计量;不同时满足两条件的以公允价值计量	持有至到期投资及贷款和应收款项是以摊余成本计量的,其他类别以公允价值计量,但是有一个例外,公允价值不能可靠取得的无标价权益工具以成本计量
重分类	企业改变其管理金融资产的业务模式时,三类金融资产之间可以进行重分类	原CAS22中不允许主体在初始分类后将以公允价值计量且变动计入损益的金融资产重分类为其他三类,而在一定条件下持有至到期投资和其他权益工具投资这两类之间进行重新分类
减值	预期损失法	已发生损失法

四、新准则下金融工具的分类

分类如图5-2所示。

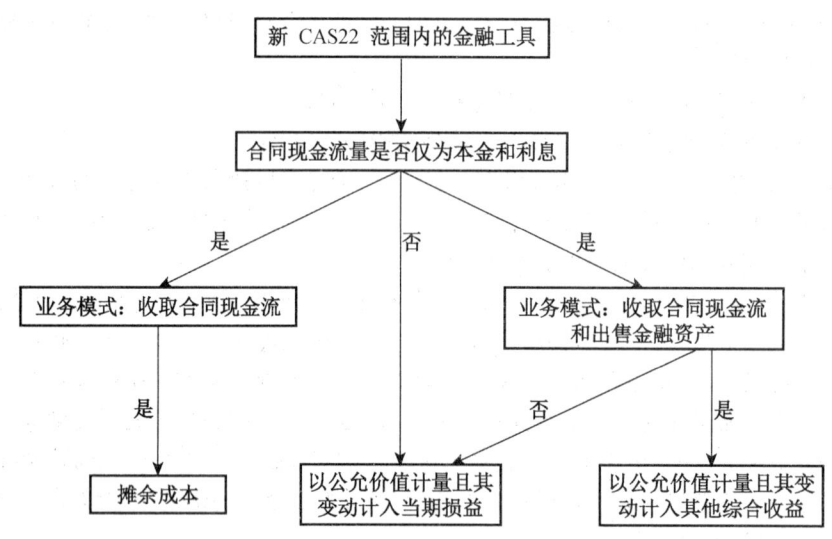

图5-2 新准则下金融工具的分类

任务三 以摊余成本计量的金融资产

一、以摊余成本计量的金融资产概述

以摊余成本计量的金融资产具备以下条件:①企业管理该金融资产的业务模式是以收取合同现金流量为目标;②该金融资产的合同条款规定,在特定日期产生的现金流量仅为对本金和以

未偿付本金金额为基础的利息的支付。

银行向企业客户发放的固定利率贷款,在没有其他特殊安排的情况下,贷款通常可能符合本金加利息的合同现金流量特征。如果银行管理该贷款的业务模式是以收取合同现金流量为目标,则该贷款可以分类为以摊余成本计量的金融资产。再如,普通债券的合同现金流量是到期收回本金及按约定利率在合同期间按时收取固定或浮动利息。在没有其他特殊安排的情况下,普通债券通常可能符合本金加利息的合同现金流量特征。如果企业管理该债券的业务模式是以收取合同现金流量为目标,则该债券可以分类为以摊余成本计量的金融资产。又如,企业正常商业往来形成的具有一定信用期限的应收账款,如果企业拟根据应收账款的合同现金流量收取现金,且不打算提前处置应收账款,则该应收账款可以分类为以摊余成本计量的金融资产。

二、以摊余成本计量的金融资产的会计处理

(一) 以摊余成本计量的金融资产的会计处理应考虑的因素

1. 实际利率

实际利率是指将金融资产或金融负债在预计存续期的估计未来现金流量折现为该金融资产账面余额(不考虑减值)或该金融负债摊余成本所使用的利率。在确定实际利率时,应当在考虑金融资产或金融负债所有合同条款(如提前还款、展期、看涨期权或其他类似期权等)的基础上估计预期现金流量,但不应当考虑预期信用损失。

经信用调整的实际利率是指将购入或源生的已发生信用减值的金融资产在预计存续期的估计未来现金流量,折现为该金融资产摊余成本的利率。在确定经信用调整的实际利率时,应当在考虑金融资产的所有合同条款(例如提前还款、展期、看涨期权或其他类似期权等)以及初始预期信用损失的基础上估计预期现金流量。企业通常能够可靠估计金融工具(或一组类似金融工具)的现金流量和预计存续期。在极少数情况下,金融工具(或一组金融工具)的估计未来现金流量或预计存续期无法可靠估计的,企业在计算确定其实际利率(或经信用调整的实际利率)时,应当基于该金融工具在整个合同期内的合同现金流量。

合同各方之间支付或收取的、属于实际利率或经信用调整的实际利率组成部分的各项费用及溢价或折价等,应当在确定实际利率或经信用调整的实际利率时予以考虑。

2. 构成实际利率组成部分的各项费用

构成金融工具实际利率组成部分的各项费用包括:①企业形成或取得某项金融资产而收取的必不可少的费用。例如评估借款人财务状况,评估并记录各类担保、担保物和其他担保安排,议定金融工具的合同条款,编制和处理相关文件,达成交易等相关活动而收取的补偿。②企业收取的发放贷款的承诺费用。若贷款承诺不以公允价值计量,且企业很可能签订相关借款协议,此费用可视为企业持续涉入取得金融工具的过程而获得的补偿。如果该贷款承诺到期前未发放相关贷款,企业应当在到期日将承诺费用确认为收入。③企业发行以摊余成本计量的金融负债而支付的必不可少的费用。企业应当区分构成相关金融负债实际利率组成部分的必不可少的费用和涉及提供服务(如投资管理服务)的交易费用。

不构成金融工具实际利率组成部分的各项费用包括:①企业为贷款提供服务而收取的费用。②企业收取的发放贷款承诺的费用。前提是贷款承诺不以公允价值计量,且企业签订相关借款协议的可能性较小。③企业因组织银团贷款而收取的费用,且企业自身不保留该贷款的任何一部分(或者虽然保留该贷款的一部分但采用与其他贷款参与者针对类似风险使用的实际利率相同的实际利率)。企业对于不构成金融工具实际利率组成部分的各项费用,应当按照《企业会计准则第14号——收入》进行会计处理。

企业通常应当在金融工具的预计存续期内,对实际利率计算中包括的各项费用、支付或收取

的贴息、交易费用及溢价或折价进行摊销。但如果上述各项涉及更短的期间，企业应当在这一更短期间内进行摊销。在某些情况下，如果与上述各项相关的变量在该金融工具预计到期日前按市场利率重新定价，那么摊销期间应为截至下一个重新定价日的期间。例如，如果某浮动利率金融工具的折溢价反映了该金融工具自上一个付息日起应计的利息，或自浮动利率重设为市场利率起所发生的变化，那么该折溢价应当在截至下一个利率重设日的期间内进行摊销。因为在利率重设日，该折溢价所涉及的变量（即利率）将按市场利率重定价，所以该折溢价与截至下一个利率重设日的期间相关。但是，如果该折溢价源自对该金融工具浮动利率中信用利差的变化，或无需重设为市场利率的其他变量，该折溢价应当在该金融工具的预计存续期内摊销。

3. 摊余成本

金融资产或金融负债的摊余成本，应当以该金融资产或金融负债的初始确认金额经下列调整确定：

(1) 扣除已偿还的本金。

(2) 加上或减去采用实际利率法将该初始确认金额与到期日金额之间的差额进行摊销形成的累计摊销额。

(3) 扣除计提的累计信用减值准备（仅适用于金融资产）。实际利率法是指计算金融资产或金融负债的摊余成本以及将利息收入或利息费用分摊计入各会计期间的方法。对于浮动利率金融资产或浮动利率金融负债，以反映市场利率波动而对现金流量的定期重估将改变实际利率。如果浮动利率金融资产或浮动利率金融负债的初始确认金额等于到期日应收或应付本金的金额，则未来利息付款额的重估通常不会对该资产或负债的账面价值产生重大影响。

企业与交易对手方修改或重新议定合同，未导致金融资产终止确认，但导致合同现金流量发生变化的，或者企业修正了对合同现金流量的估计的，应当重新计算该金融资产的账面余额，并将相关利得或损失计入当期损益。重新计算的该金融资产的账面余额，应当根据将重新议定或修改的合同现金流量按金融资产的原实际利率（购买或源生的已发生信用减值的金融资产应按经信用调整的实际利率）折现的现值确定。对于修改或重新议定合同所产生的所有成本或费用，企业应当调整修改后的金融资产账面价值，并在修改后金融资产的剩余期限内摊销。

以摊余成本计量且不属于任何套期关系的金融资产所产生的利得或损失，应当在终止确认、按照本准则规定重分类、按照实际利率法摊销或按照本准则规定确认减值时，计入当期损益。

（二）债权投资的会计处理

债权投资的会计处理包括取得时的会计处理、持有期间的会计处理、会计期末的会计处理以及处置时的会计处理等。

1. 设置的账户

(1) "债权投资"账户。该账户属于资产类账户，借方记录债权投资的增加，贷方记录债权投资的减少，根据其具体核算内容，可以分别设置"成本""利息调整""应计利息"等明细账户进行核算。

(2) "应计利息"明细账户。如果债权投资是一次还本付息债券的，在资产负债表日，企业应该借记"债权投资——应计利息"账户，贷记"投资收益"账户。债券到期后，企业收回本金和利息时，借记"银行存款"账户，贷记"债权投资——成本""债权投资——应计利息"账户。

(3) "应收利息"账户。该账户属于资产类账户，一般来说，如果债权投资是分次付息、一次还本的债券，债券付息期或者资产负债表日，投资企业应借记"应收利息"账户，贷记"投资收益"账户，待投资企业实际收到发行企业支付的利息时，借记"银行存款"等账户，贷记"应收利息"账户。

2. 债权投资的取得

企业取得债权投资时，可能是折价或溢价购入的，也可能是按照面值购入的。折价购入是指投资企业以低于债券面值的货币资金购入债券,这通常是因为债券的票面利率小于发行时的市场利率,由于以后投资者会按照债券面值和较小的票面利率收到利息,折价部分可以看作是发行企业事先给予投资者的补偿。溢价购入是指投资企业以高于债券面值的货币资金购入债券,这是由于债券票面利率大于发行时的市场利率,由于以后债券发行企业会按照债券面值和较大的票面利率支付利息,溢价部分可以看作是投资者事先给予发行企业的补偿。面值购入是指债券的票面利率刚好等于发行时的市场利率,投资者按照债券面值购入债券。企业取得债权投资,如果购买日在发行日后,或者在两个付息期期间,实际支付的价款中包括了自发行日至购买日的利息或者自上次付息日至购买日的利息,应视情况分别处理,对于一次付息还本的债券,应计入投资成本,借"债权投资——应计利息"账户,对于分次付息、一次还本的债券,借记"应收利息"账户,贷记有关账户。

1) 按照面值购入

投资企业按面值购入债券,并且准备持有至到期,购买时应该按照购入债券的面值借记"债权投资——成本"账户,贷记"银行存款""其他货币资金——存出投资款"等账户。

【做中学5-1】 W公司20×8年1月2日用银行存款购入A公司当年1月1日发行的3年期债券400张,每张面值500元,票面利率为6%,市场利率为6%。不考虑相关的交易费用。

W公司编制会计分录如下:

借:债权投资——A公司(成本)　　　　　　　　　　　　　　　　　　　200 000
　　贷:银行存款　　　　　　　　　　　　　　　　　　　　　　　　　　　200 000

2) 溢价购入

投资企业溢价购入债券,并且准备持有至到期,购买时应该按照购入债券的面值借记"债权投资——成本"账户,按照实际支付的价款和债券面值之间的差额,借记"债权投资——利息调整"账户。如果支付的价款中包括已到付息期但尚未领取的债券利息的,应作为应收项目入账,借记"应收利息"账户,按全部支付的价款,贷记"银行存款"账户。

【做中学5-2】 P公司于20×8年1月1日用银行存款购入Q公司当日发行的5年期债券1 000张,每张面值100元,购买价格106元,票面利率5%,每年年末付息一次。不考虑交易费用。

P公司编制会计分录如下:

借:债权投资——Q公司(成本)　　　　　　　　　　　　　　　　　　　100 000
　　　　　　——Q公司(利息调整)　　　　　　　　　　　　　　　　　　　 6 000
　　贷:银行存款　　　　　　　　　　　　　　　　　　　　　　　　　　　106 000

3) 折价购入

投资企业折价购入债券,并准备持有至到期,购买时应该按照购入债券的面值,借记"债权投资——成本"账户,按照实际支付的价款和债券面值之间的差额,贷记"债权投资——利息调整"账户。

【做中学5-3】 N公司于20×8年1月1日用银行存款购入M公司于当日发行的4年期债券1 000张,每张面值200元,购买价格199元,票面利率4%,每年年末计息一次,到期还本付息。不考虑相关交易费用。

N公司编制会计分录如下:

借:债权投资——M公司(成本)　　　　　　　　　　　　　　　　　　　200 000
　　贷:债权投资——M公司(利息调整)　　　　　　　　　　　　　　　　　 1 000
　　　　银行存款　　　　　　　　　　　　　　　　　　　　　　　　　　　199 000

如果支付的价款中包括已到付息期但尚未领取的债券利息,应作为应收项目入账,借记"应收利息"账户,按全部支付的价款贷记"银行存款""其他货币资金——存出投资款"等账户。

【做中学 5-4】 20×8 年 7 月 13 日,Q 公司从证券市场上按照面值购买了 M 公司于 20×8 年 1 月 1 日发行的 3 年期分次付息一次还本的企业债券 1 000 张,每半年付息一次,票面利率 8%,每张面额 100 元,不考虑相关的交易费用。支付价款中包括已到付息期但尚未领取的债券利息 4 000 元,款项已全部通过银行转账支付。

Q 公司编制会计分录如下:

借:债权投资——M 公司(成本) 100 000
    应收利息——M 公司 4 000
  贷:银行存款 104 000

假如 Q 公司于 20×8 年 8 月 1 日,收到 M 公司发放的债券利息 4 000 元,Q 公司应编制会计分录如下:

借:银行存款 4 000
  贷:应收利息——M 公司 4 000

3. 债权投资在持有期间摊销溢折价并确认投资收益

1) 按照直线法摊销债权投资溢折价并确认投资收益

直线法是指企业将债权投资购买日的溢价或折价,在债权投资持有期间平均摊销的一种办法。直线法摊销的特点是各期的摊销额和投资收益固定不变,但是,由于随着溢价、折价的摊销,债券投资额在不断变化,因而各期的投资收益率也在变化。

采用直线法摊销能够简化会计核算工作,但在一项投资业务中各期投资收益率不同,不能正确反映各期的经营业绩。

【做中学 5-5】 P 公司于 20×4 年 1 月 1 日用银行存款购入 Q 公司当日发行的 5 年期债券 1 000 张,每张面值 100 元,购买价格 106 元,票面利率 5%,每年年末付息一次。不考虑交易费用。

P 公司编制会计分录如下:

借:债权投资——Q 公司(成本) 100 000
         ——Q 公司(利息调整) 6 000
  贷:银行存款 106 000

以后按期摊销溢价并确认投资收益,计算结果如表 5-2 所示。

表 5-2　　　　　　　　债权投资溢价摊销表(直线法)　　　　　　　　单位:元

计息期	应收利息 (1)=面值× 票面利率	投资收益 (2)=(1) -(3)	利息调整 (3)=溢价÷ 摊销期限	未摊销利息调整 (4)=期初 (4)-(3)	期末摊余成本 (5)=面值 +(4)
购买时				6 000	106 000
20×4-12-31	5 000	3 800	1 200	4 800	104 800
20×5-12-31	5 000	3 800	1 200	3 600	103 600
20×6-12-31	5 000	3 800	1 200	2 400	102 400
20×7-12-31	5 000	3 800	1 200	1 200	101 200
20×8-12-31	5 000	3 800	1 200	0	100 000
合计	25 000	19 000	6 000	—	—

如果是分次付息一次还本的债券,在20×4年12月31日、20×5年12月31日、20×6年12月31日、20×7年12月31日、20×8年12月31日这几天,P公司应该编制会计分录如下:

借:应收利息——Q公司　　　　　　　　　　　　　　　　　　　　　　　　5 000
　　贷:债权投资——Q公司(利息调整)　　　　　　　　　　　　　　　　　　1 200
　　　　投资收益　　　　　　　　　　　　　　　　　　　　　　　　　　　3 800

借:银行存款　　　　　　　　　　　　　　　　　　　　　　　　　　　　5 000
　　贷:应收利息——Q公司　　　　　　　　　　　　　　　　　　　　　　5 000

如果是一次付息还本的债券,在20×4年12月31日、20×5年12月31日、20×6年12月31日、20×7年12月31日、20×8年12月31日这几天,P公司应编制会计分录如下:

借:债权投资——Q公司(应计利息)　　　　　　　　　　　　　　　　　　5 000
　　贷:债权投资——Q公司(利息调整)　　　　　　　　　　　　　　　　　　1 200
　　　　投资收益　　　　　　　　　　　　　　　　　　　　　　　　　　　3 800

【做中学5-6】 N公司于20×4年1月1日用银行存款购入M公司于当日发行的5年期债券1 000张,票面利率为4%,每张面值200元,当时市场价格为每张180元,购买价款180 000元通过银行转账支付,每年年末付息一次,到期还本并支付利息。不考虑相关交易费用。

N公司编制会计分录如下:

借:债权投资——M公司(成本)　　　　　　　　　　　　　　　　　　　200 000
　　贷:债权投资——M公司(利息调整)　　　　　　　　　　　　　　　　　20 000
　　　　银行存款　　　　　　　　　　　　　　　　　　　　　　　　　180 000

以后按期摊销折价并确认投资收益,计算结果如表5-3所示。

表5-3　　　　　　　　　债权投资折价摊销表(直线法)　　　　　　　　　单位:元

计息期	应收利息	投资收益	利息调整	未摊销折价	期末摊余成本
	(1)=面值×票面利率	(2)=(1)+(3)	(3)=折价÷摊销期限	(4)=期初(4)-(3)	(5)=面值-(4)
购买时				20 000	180 000
20×4-12-31	8 000	12 000	4 000	16 000	184 000
20×5-12-31	8 000	12 000	4 000	12 000	188 000
20×6-12-31	8 000	12 000	4 000	8 000	192 000
20×7-12-31	8 000	12 000	4 000	4 000	196 000
20×8-12-31	8 000	12 000	4 000	0	200 000
合计	40 000	60 000	20 000	—	—

如果是分次付息一次还本的债券,在20×4年12月31日、20×5年12月31日、20×6年12月31日、20×7年12月31日、20×8年12月31日这几天,N公司应编制会计分录如下:

借:应收利息——M公司　　　　　　　　　　　　　　　　　　　　　　8 000
　　债权投资——M公司(利息调整)　　　　　　　　　　　　　　　　　　4 000
　　贷:投资收益　　　　　　　　　　　　　　　　　　　　　　　　　12 000

如果是一次付息还本的债券,在20×4年12月31日、20×5年12月31日、20×6年12月31日、20×7年12月31日、20×8年12月31日这几天,N公司应编制会计分录如下:

借:债权投资——M公司(应计利息) 8 000
　　　　　——M公司(利息调整) 4 000
　　贷:投资收益 12 000

2) 按照实际利率法摊销债权投资溢折价并确认投资收益

企业会计准则规定,债权投资应当采用实际利率法,按照摊余成本计量。实际利率法是指按照金融资产的实际利率计算其摊余成本及各期利息收入的方法。实际利率是指将金融资产在预期存续期间或适用的更短期间内的未来现金流量,折现为该金融资产当前账面价值所使用的利率。金融资产的摊余成本是指该金融资产的初始确认金额经下列调整后的结果:①扣除已偿还的本金;②加上或减去采用实际利率法将该初始确认金额与到期日金额之间的差额进行摊销形成的累计摊销额;③扣除已发生的减值损失。

企业的债权投资在持有期间,在债券付息期或者在资产负债表日,应该确认收取的债券利息,按照债券面值和票面利率计算应收利息,借记"应收利息""债权投资——应计利息"账户,按照摊余价值和实际利率计算确认投资收益,贷记"投资收益"账户,按其差额,借记或贷记"债权投资——利息调整"账户。

【做中学5-7】20×4年1月1日,C公司购入A公司于当日发行的一批5年期债券1 000张,每年付息一次,到期一次还本。债券票面利率为5%,实际利率为4%,每张面额为100元,公允价值为104 000元,相关交易费用为450元,C公司准备将该批债券持有至到期。

C公司编制会计分录如下:

借:债权投资——A公司债券(成本) 100 000
　　　　　——A公司债券(利息调整) 4 450
　　贷:银行存款 104 450

以后按期摊销债权投资溢价并确认投资收益,计算结果如表5-4所示。

表5-4　　　　　　　　债权投资溢价摊销表(实际利率法)　　　　　　单位:元

计息期	应收利息	投资收益	利息调整	未摊销利息调整	期末摊余成本
	(1)=面值×票面利率(5%)	(2)=期初(5)×实际利率(4%)	(3)=(1)-(2)	(4)=期初(4)-(3)	(5)=面值+(4)
购买时				4 450	104 450
20×4-12-31	5 000	4 178	822	3 628	103 628
20×5-12-31	5 000	4 145	855	2 773	102 773
20×6-12-31	5 000	4 111	889	1 884	101 884
20×7-12-31	5 000	4 075	925	959	100 959
20×8-12-31	5 000	4 041*	959	0	100 000
合计	25 000	20 550	4 450	—	—

注:*计算尾差数3。

20×4年12月31日:

借：应收利息——A公司 5 000
　　贷：债权投资——A公司债券（利息调整） 822
　　　　投资收益 4 178

借：银行存款 5 000
　　贷：应收利息——A公司 5 000

20×5年12月31日：

借：应收利息——A公司 5 000
　　贷：债权投资——A公司债券（利息调整） 855
　　　　投资收益 4 145

借：银行存款 5 000
　　贷：应收利息——A公司 5 000

20×6年12月31日：

借：应收利息——A公司 5 000
　　贷：债权投资——A公司债券（利息调整） 889
　　　　投资收益 4 111

借：银行存款 5 000
　　贷：应收利息——A公司 5 000

20×7年12月31日：

借：应收利息——A公司 5 000
　　贷：债权投资——A公司债券（利息调整） 925
　　　　投资收益 4 075

借：银行存款 5 000
　　贷：应收利息——A公司 5 000

20×8年12月31日：

借：应收利息——A公司 5 000
　　贷：债权投资 A公司债券（利息调整） 959
　　　　投资收益 4 041

借：银行存款 5 000
　　贷：应收利息——A公司 5 000

【做中学5-8】承接［做中学5-7］，假如C公司购买的A公司债券系到期还本付息的债券，C公司购买的A公司作为债权投资的债券的实际利率为3.66%。

据此，按期摊销债权投资溢价并确认投资收益，计算结果如表5-5所示。

表5-5　　　　　债权投资（到期还本付息）溢价摊销表（实际利率法）　　　　　单位：元

计息期	应计利息 (1)面值× 票面利率(5%)	投资收益 (2)=期初(5)× 实际利率(3.66%)	利息调整 (3)=(1)-(2)	未摊销利息调整 (4)=期初(4) -(3)	期末摊余成本 (5)=期初账面 价值+(1)-(3)
购买时				4 450.00	104 450.00
20×4-12-31	5 000	3 822.87	1 177.13	3 272.87	108 272.87

(续表)

计息期	应计利息 (1)面值× 票面利率(5%)	投资收益 (2)=期初(5)× 实际利率(3.66%)	利息调整 (3)=(1)-(2)	未摊销利息调整 (4)=期初(4) -(3)	期末摊余成本 (5)=期初账面 价值+(1)-(3)
20×5-12-31	5 000	3 962.79	1 037.21	2 235.66	112 235.66
20×6-12-31	5 000	4 107.83	892.17	1 343.49	116 343.49
20×7-12-31	5 000	4 258.17	741.83	601.66	120 601.66
20×8-12-31	5 000	4 398.34*	601.66	0	125 000.00

注：* 计算尾差数 15.68。

C公司编制如下会计分录：

20×4年12月31日：

借：债权投资——A公司债券(应计利息)　　　　　　　　　　　　5 000.00
　　贷：债权投资——A公司债券(利息调整)　　　　　　　　　　1 177.13
　　　　投资收益　　　　　　　　　　　　　　　　　　　　　　3 822.87

20×5年12月31日：

借：债权投资——A公司债券(应计利息)　　　　　　　　　　　　5 000.00
　　贷：债权投资——A公司债券(利息调整)　　　　　　　　　　1 037.21
　　　　投资收益　　　　　　　　　　　　　　　　　　　　　　3 962.79

20×6年12月31日：

借：债权投资——A公司债券(应计利息)　　　　　　　　　　　　5 000.00
　　贷：债权投资——A公司债券(利息调整)　　　　　　　　　　892.17
　　　　投资收益　　　　　　　　　　　　　　　　　　　　　　4 107.83

20×7年12月31日：

借：债权投资——A公司债券(应计利息)　　　　　　　　　　　　5 000.00
　　贷：债权投资——A公司债券(利息调整)　　　　　　　　　　741.83
　　　　投资收益　　　　　　　　　　　　　　　　　　　　　　4 258.17

20×8年12月31日：

借：债权投资——A公司债券(应计利息)　　　　　　　　　　　　5 000.00
　　贷：债权投资——A公司债券(利息调整)　　　　　　　　　　601.66
　　　　投资收益　　　　　　　　　　　　　　　　　　　　　　4 398.34

借：银行存款　　　　　　　　　　　　　　　　　　　　　　　　125 000
　　贷：债权投资——A公司债券(成本)　　　　　　　　　　　　100 000
　　　　　　——A公司债券(应计利息)　　　　　　　　　　　　25 000

【做中学5-9】 20×4年1月1日，C公司购入A公司于当日发行的一批分次付息，一次还本的债券1 000张，债券票面利率5%，实际利率为6%，每张面额100元，5年期，每年付息一次，公允价值95 000元，相关交易费用790元，C公司准备将该批债券持有至到期。

C公司编制如下会计分录：

借：债权投资——A公司债券（成本） 100 000
  贷：债权投资——A公司债券（利息调整） 4 210
    银行存款 95 790

以后按期摊销债权投资折价并确认投资收益，计算结果如表5-6所示。

表5-6　　　　　　　　债权投资折价摊销表（实际利率法）　　　　　　　单位：元

计息期	应收利息 (1)=面值× 票面利率(5%)	投资收益 (2)=期初(5)× 实际利率(6%)	利息调整 (3)=(2) -(1)	未摊销利息调整 (4)=期初(4) -(3)	期末摊余成本 (5)=面值 -(4)
购买时				4 210	95 790
20×4-12-31	5 000	5 747	747	3 463	96 537
20×5-12-31	5 000	5 792	792	2 671	97 329
20×6-12-31	5 000	5 840	840	1 831	98 169
20×7-12-31	5 000	5 890	890	941	99 059
20×8-12-31	5 000	5 941*	941	0	100 000
合计	25 000	29 210	4 210	—	—

注：*计算尾差数3。

20×4年12月31日：

借：应收利息——A公司 5 000
  债权投资——A公司债券（利息调整） 747
  贷：投资收益 5 747

借：银行存款 5 000
  贷：应收利息——A公司 5 000

20×5年12月31日：

借：应收利息——A公司 5 000
  债权投资——A公司债券（利息调整） 792
  贷：投资收益 5 792

借：银行存款 5 000
  贷：应收利息——A公司 5 000

20×6年12月31日：

借：应收利息——A公司 5 000
  债权投资——A公司债券（利息调整） 840
  贷：投资收益 5 840

借：银行存款 5 000
  贷：应收利息——A公司 5 000

20×7年12月31日：

借：应收利息——A公司					5 000
债权投资——A公司债券（利息调整）					890
贷：投资收益					5 890
借：银行存款					5 000
贷：应收利息——A公司					5 000

20×8年12月31日：

借：应收利息——A公司					5 000
债权投资——A公司债券（利息调整）					941
贷：投资收益					5 941
借：银行存款					5 000
贷：应收利息——A公司					5 000

【做中学5-10】 承接[做中学5-9]，假如C公司购买的A公司债券系到期还本付息的债券，且利息以单利计算。C公司购买的A公司作为债权投资的债券的实际利率为5.47%。

据此，按期摊销债权投资溢价并确认投资收益，计算结果如表5-7所示。

表5-7　　　　债权投资(到期还本付息)折价摊销表(实际利率法)　　　　单位：元

计息期	应计利息 (1)面值× 票面利率(5%)	投资收益 (2)=期初(5)× 实际利率(5.47%)	利息调整 (3)=(2)-(1)	未摊销利息调整 (4)=期初(4) -(3)	期末摊余成本 (5)=期初账面 价值+(1)+(3)
购买时				4 210	95 790
20×4-12-31	5 000	5 239.71	239.71	3 970.29	101 029.71
20×5-12-31	5 000	5 526.33	526.33	3 443.96	106 556.04
20×6-12-31	5 000	5 828.62	828.62	2 615.34	112 384.66
20×7-12-31	5 000	6 147.44	1 147.44	1 467.90	118 532.10
20×8-12-31	5 000	6 467.90*	1 467.90	0	125 000

注：*计算尾差数15.31。

C公司编制会计分录如下：

20×4年12月31日：

借：债权投资——A公司债券（应计利息）	5 000.00
——A公司债券（利息调整）	239.71
贷：投资收益	5 239.71

20×5年12月31日：

借：债权投资——A公司债券（应计利息）	5 000.00
——A公司债券（利息调整）	526.33
贷：投资收益	5 526.33

20×6年12月31日：

借：债权投资——A公司债券（应计利息）	5 000.00
——A公司债券（利息调整）	828.62
贷：投资收益	5 828.62

20×7年12月31日：

借：债权投资——A公司债券（应计利息） 5 000.00
　　　　　　——A公司债券（利息调整） 1 147.44
　贷：投资收益 6 147.44

20×8年12月31日：

借：债权投资——A公司债券（应计利息） 5 000.00
　　　　　　——A公司债券（利息调整） 1 467.90
　贷：投资收益 6 467.90

借：银行存款 125 000
　贷：债权投资——A公司债券（成本） 100 000
　　　　　　——A公司债券（应计利息） 25 000

4. 债权投资的到期兑现

　　企业持有的债权投资到期后，发行企业会清偿债务，对于购买时是溢价和折价购入的债券，溢价和折价在购买时分别记入了"债权投资——利息调整"账户，在债券的存续期间，不断调整摊销到各个月份，作为投资收益的调整项目，此时没有余额。所以投资企业按照债券类型分别进行会计处理，如果是分次付息、一次还本的债券，企业会收到债券面值和最后一期利息，投资企业应该借记"银行存款""其他货币资金——存出投资款"账户，贷记"应收利息""债权投资——成本"账户；如果是一次还本付息债券，投资企业应该借记"银行存款""其他货币资金——存出投资款"账户，贷记"债权投资——成本""债权投资——应计利息"账户。

【做中学5-11】承接[做中学5-7]，20×9年1月1日，A公司偿还于20×4年1月1日发行的5年期、每年付息一次、到期还本的债券。C公司持有的按照债权投资进行核算的1 000张债券，溢价已经全部摊销。

　C公司编制会计分录如下：

借：银行存款 100 000
　贷：债权投资——A公司债券（成本） 100 000

如果上述债券系一次还本付息的债券，在债券偿还日，C公司编制如下会计分录：

借：银行存款 125 000
　贷：债权投资——A公司债券（成本） 100 000
　　　　　　——A公司债券（应计利息） 25 000

【做中学5-12】承接[做中学5-9]，20×9年1月1日，A公司偿还于20×4年1月1日发行的5年期、每年付息一次、到期还本的债券。C公司持有的以债权投资进行核算的1 000张债券，折价已经全部摊销。

　C公司编制会计分录如下：

借：银行存款 100 000
　贷：债权投资——A公司债券（成本） 100 000

如果上述债券系一次还本付息的债券，在债券偿还日，C公司编制如下会计分录：

借：银行存款 125 000
　贷：债权投资——A公司债券（成本） 100 000
　　　　　　——A公司债券（应计利息） 25 000

5. 债权投资的减值

通常地，债权投资期末应以其摊余成本计量，企业应当在资产负债表日对债权投资的账面价值进行检查，有客观证据表明该债权投资发生减值的，应当确认减值损失，计提减值准备。

表明债权投资发生减值的客观证据是指债权投资初始确认后实际发生的、对该债权投资的预计未来现金流量有影响，且企业能够对该影响进行可靠的计量的事项。债权投资发生减值的客观证据，包括下列各项：①发行人或债务人发生严重财务困难；②债务人违反了合同条款，如偿付利息或本金发生违约或逾期等；③债权人出于经济或法律等方面因素的考虑，对发生财务困难的债务人作出让步；④债务人很可能倒闭或进行其他财务重组。

债权投资发生减值时，应当将该债权投资的账面价值减少至预计未来现金流量现值，减少的金额确认为资产减值损失，计入当期损益，借记"资产减值损失"账户，贷记"债权投资减值准备"账户。

对于债权投资确认减值损失后，如有客观证据表明该债权投资价值已经恢复，且客观上与确认该损失后发生的事项有关，原确认的减值损失应当予以转回，计入当期损益。但是，该转回后的账面价值不应当超过假定不计提减值准备情况下该金融资产在转回日的摊余成本。

【做中学5-13】承接[做中学5-7]，20×4年12月31日，C公司持有作为债权投资核算的A公司债券的预计未来现金流量的现值为90 000元。

C公司编制会计分录如下：

借：资产减值损失　　　　　　　　　　　　　　　　　　　　　　10 000
　　贷：债权投资减值准备　　　　　　　　　　　　　　　　　　　　　10 000

【做中学5-14】承接[做中学5-7]、[做中学5-13]，20×5年12月31日，C公司持有的作为债权投资核算的A公司债券的预计未来现金流量的现值为110 000元。

C公司编制会计分录如下：

借：债权投资减值准备　　　　　　　　　　　　　　　　　　　　10 000
　　贷：资产减值损失　　　　　　　　　　　　　　　　　　　　　　　10 000

任务四　以公允价值计量且其变动计入其他综合收益的金融资产

一、以公允价值计量且其变动计入其他综合收益的金融资产概述

按照《企业会计准则22号——金融工具确认和计量》规定，金融资产同时符合下列条件的，应当分类为以公允价值计量且其变动计入其他综合收益的金融资产：

（1）企业管理该金融资产的业务模式既以收取合同现金流量为目标又以出售该金融资产为目标；

（2）该金融资产的合同条款规定，在特定日期产生的现金流量仅为对本金和以未偿付本金金额为基础的利息的支付。

企业购买的没有划分为以公允价值计量且其变动计入当期损益的金融资产或债权投资等金融资产的或者在活跃市场上有报价的股票、债券和基金等，可归类为以公允价值计量且其变动计入其他综合收益的金融资产。

相对于交易性金融资产来说，此类金融资产的持有意图不明确。

企业持有上市公司限售股权且对上市公司不具有控制、共同控制或重大影响的，应当按照金

融工具确认和计量准则规定,将该限售股权划分为以公允价值计量且其变动计入其他综合收益的金融资产,除非满足该准则规定的可划分为以公允价值计量且其变动计入当期损益的金融资产的条件。

二、以公允价值计量且其变动计入其他综合收益的金融资产的会计处理

以公允价值计量且其变动计入其他综合收益的金融资产的会计处理包括取得时的会计处理、持有期间收到股利和利息的会计处理、期末计价以及处置时的会计处理。

为了核算以公允价值计量且其变动计入其他综合收益的金融资产,企业应该设置"其他债权投资""其他权益工具投资"账户。这两个账户是资产类账户,借方记录此类金融资产的增加,贷方记录此类金融资产的减少。可以按照此类金融资产的具体核算内容,分别设置"成本""利息调整""应计利息""公允价值变动"等账户进行明细核算。

(一) 以公允价值计量且其变动计入其他综合收益的金融资产的取得

企业取得此类金融资产是股票的,按照其公允价值和相关交易费用之和,借记"其他权益工具投资——成本"账户,按照已宣告但尚未发放的现金股利,借记"应收股利"账户,贷记"银行存款"等账户。

【做中学 5-15】 20×8 年 4 月 3 日,P 公司从二级证券市场上购买了一批 Q 公司发行在外的普通股股票,该批股票的公允价值为 300 000 元,相关手续费为 3 000 元,Q 公司已经宣告发放现金股利,P 公司应分得股利 10 000 元,款项 313 000 元已经通过银行转账支付。

P 公司编制会计分录如下:

借:其他权益工具投资——Q 公司普通股股票(成本)　　313 000
　　贷:银行存款　　　　　　　　　　　　　　　　　　313 000

如果此类金融资产是债券投资的,应该按照债券的面值,借记"其他债权投资——成本"账户。如果支付的价款中包括已到付息期但尚未领取的债券利息,应该借记"应收利息"账户,贷记"银行存款"账户,按照其差额,贷记"其他债权投资——利息调整"账户。

【做中学 5-16】 20×8 年 7 月 8 日,W 公司从二级证券市场上购买了 S 公司于 2018 年 1 月 1 日发行的分次付息,一次还本的 4 年期企业债券 1 500 张,每张面值 1 000 元,票面利率 8%,每半年付息一次,上半年利息尚未支付,相关交易费用 15 000 元,共支付银行存款 1 800 000 元。

借:其他债权投资——S 公司债券(成本)　　　　　　1 560 000
　　　　　　　　——S 公司债券(利息调整)　　　　　240 000
　　贷:银行存款　　　　　　　　　　　　　　　　　1 800 000

(二) 以公允价值计量且其变动计入其他综合收益的金融资产在持有期间收到股利和利息

以公允价值计量且其变动计入其他综合收益的金融资产,应当按公允价值计量,且不扣除将来处置该金融资产时可能发生的交易费用。企业持有的此类金融资产在持有期间收到的现金股利,如果是购买时已宣告但尚未发放的,应借记"银行存款"账户,贷记"应收股利"账户。如果收到的债券利息是以前垫付的资金,应借记"银行存款"账户,贷记"应收利息"账户。

【做中学 5-17】 承接[做中学 5-15],20×8 年 4 月 5 日,P 公司收到 Q 公司现金股利 10 000 元。

P 公司编制如下会计分录:

借:银行存款　　　　　　　　　　　　　　　　　　　10 000
　　贷:应收股利——Q 公司　　　　　　　　　　　　　10 000

【做中学 5-18】 承接[做中学 5-16],20×8 年 7 月 15 日,W 公司收到 S 公司债券利息 60 000 元。

W 公司编制会计分录如下:

借：银行存款　　　　　　　　　　　　　　　　　　　　　　　　　　　　60 000
　　　　贷：应收利息——S公司　　　　　　　　　　　　　　　　　　　　　　　　60 000

以公允价值计量且其变动计入其他综合收益的金融资产是股票的，如果企业持有的此类金融资产在持有期间，被投资单位宣告发放现金股利的，应该按照股票发行单位已经宣告发放的现金股利，借记"应收股利"账户，贷记"投资收益"账户。

【做中学5-19】 承接[做中学5-15]，20×9年4月27日，Q公司宣告发放现金股利，P公司应享有现金股利15 000元。

P公司编制会计分录如下：

　　借：应收股利——Q公司　　　　　　　　　　　　　　　　　　　　　　　15 000
　　　　贷：投资收益　　　　　　　　　　　　　　　　　　　　　　　　　　　　15 000

以公允价值计量且其变动计入其他综合收益的金融资产为一次还本付息债券的，在资产负债表日，按照面额和本金计算应收但未收的利息，借记"其他债权投资——应计利息"账户，同时，按照债券的摊余成本和实际利率计算利息收入，贷记"投资收益"账户，按其差额，借记或贷记"其他债权投资——利息调整"账户。

【做中学5-20】 承接[做中学5-16]，假如W公司持有的S公司债券为一次还本付息债券，每年计息一次，作为以公允价值计量且其变动计入其他综合收益的金融资产进行核算，溢价按照直线法进行摊销，20×8年12月31日，W公司确认利息收入。

W公司编制会计分录如下：

　　借：其他债权投资——S公司债券（应计利息）　　　　　　　　　　　　　　120 000
　　　　贷：其他债权投资——S公司债券（利息调整）　　　　　　　　　　　　　　60 000
　　　　　　投资收益　　　　　　　　　　　　　　　　　　　　　　　　　　　　60 000

如果以公允价值计量且其变动计入其他综合收益的金融资产是一次还本、分次付息的债券，在资产负债表日，按照面额和本金计算应收但未收的利息，借记"应收利息"账户，同时，按照债券的摊余成本和实际利率计算利息收入，贷记"投资收益"账户，按其差额，借记或贷记"其他债权投资——利息调整"账户。

【做中学5-21】 承接[做中学5-16]，假如W公司持有的S公司债券为一次还本、分次付息债券，每年付息一次，作为以公允价值计量且其变动计入其他综合收益的金融资产进行核算，溢价按照直线法进行摊销，20×8年12月31日，W公司确认利息收入。

W公司编制会计分录如下：

　　借：应收利息——S公司　　　　　　　　　　　　　　　　　　　　　　　120 000
　　　　贷：其他债权投资——S公司债券（利息调整）　　　　　　　　　　　　　　60 000
　　　　　　投资收益　　　　　　　　　　　　　　　　　　　　　　　　　　　　60 000

（三）以公允价值计量且其变动计入其他综合收益的金融资产的期末计价

以公允价值计量且其变动计入其他综合收益的金融资产的期末计价是指会计期末在资产负债表上的价值体现，为了正确地反映企业的财务状况等信息，企业会计准则要求在期末对该金融资产以公允价值计价。公允价值变动计入其他综合收益。对公允价值高于账面价值的差额，借记"其他债权投资（或其他权益工具投资）——公允价值变动"账户，贷记"其他综合收益"账户。如果公允价值低于其账面价值，则编制相反的会计分录。

【做中学5-22】 承接[做中学5-16]，20×8年12月31日，W公司持有的S公司债券的公允价值为1 510 000元。

W公司编制会计分录如下：

借:其他债权投资——S公司债券(公允价值变动)   10 000
    贷:其他综合收益——其他债权投资公允价值变动   10 000

(四)以公允价值计量且其变动计入其他综合收益的金融资产的减值

对于此类金融资产发生减值时,即使该金融资产没有终止确认,原直接计入所有者权益中的因公允价值下降形成的累计损失,也应当予以转出,计入当期损益。该转出的累计损失,等于初始取得成本扣除已回收本金、已摊销金额、当前公允价值、原已计入损益的减值损失后的余额。发生的减值损失在该金融资产价值回升时,应通过权益转回,不得通过损益转回。

【做中学5-23】 2018年1月1日,A公司按照面值从债券市场上购买W公司发行的债券2 000张,每张面值1 000元,票面利率5%,A公司将该批债券划分为以公允价值计量且其变动计入其他综合收益的金融资产。2019年,W公司发生了严重财务困难,2019年12月31日,该债券的公允价值下降为每张900元。A公司预计该债券价值会持续下跌。但W公司仍可以支付债券的当年利息。2020年,W公司采取了一系列重大措施,使财务状况好转,该债券的公允价值为每张970元。

A公司编制会计分录如下:

2018年1月1日,A公司购入债券:

借:其他债权投资——W公司债券(成本)   2 000 000
    贷:银行存款   2 000 000

2019年12月31日,确认利息收入和减值损失:

借:应收利息——W公司   100 000
    贷:投资收益   100 000

借:资产减值损失   200 000
    贷:其他债权投资——W公司债券(公允价值变动)   200 000

2020年12月31日,确认利息收入,转回减值损失:

借:应收利息——W公司   100 000
    贷:投资收益   100 000

借:其他债权投资——W公司债券(公允价值变动)   140 000
    贷:资产减值损失   140 000

(五)以公允价值计量且其变动计入其他综合收益的金融资产的处置

企业不准备继续持有该类金融资产,在处置时,按照实际收到的价款,借记"银行存款"等账户,贷记"其他债权投资——成本""其他债权投资——利息调整""其他债权投资——应计利息"等账户;借记或贷记"其他综合收益"账户,其差额,贷记或借记"投资收益"账户(其他权益工具投资参照处理)。

【做中学5-24】 2018年3月5日,W公司将持有的S公司债券全部出售,收到价款2 000 000元。W公司原购买S公司债券的面值为1 500 000元,处置时尚有未摊销的债券溢价180 000元,债券在持有期间的公允价值变动增加了10 000元,变动金额记入了"其他综合收益"账户贷方。

借:银行存款   2 000 000
    贷:其他债权投资——S公司债券(成本)   1 500 000
        ——S公司债券(利息调整)   180 000
        ——S公司债券(公允价值变动)   10 000
        投资收益   310 000

同时,结转公允价值变动额:

借：其他综合收益　　　　　　　　　　　　　　　　　　　10 000
　　贷：投资收益　　　　　　　　　　　　　　　　　　　　　10 000

任务五　以公允价值计量且其变动计入当期损益的金融资产

一、概述及分类

企业一般为了存放闲置资金并期望获得价差收益而取得和持有股票、债券、基金和权证等金融工具，在初始确认时应作为以公允价值计量且其变动计入当期损益的金融资产进行核算。

以公允价值计量且其变动计入当期损益的金融资产是指除以摊余成本计量的金融资产及以公允价值计量且其变动计入其他综合收益的金融资产之外的金融资产。其具体可分为交易性金融资产和直接指定为此类金融资产。下文以交易性金融资产为例进行讲解。

交易性金融资产主要是指企业为了近期内出售而持有的金融资产，如企业以赚取差价为目的从二级市场购入的股票、债券、基金等。

交易性金融资产应该具备两个特征：①要有明确的市场价格，并且能够在公开的证券市场上出售；②要保持流动性和获利性。交易性金融资产属于流动资产，在资产负债表上在流动资产项下列示。一般持有期间不超过1年，即使超过1年，也按照流动资产处理，这主要取决于最初投资的持有目的。

二、交易性金融资产的会计处理

交易性金融资产的会计处理包括取得时的会计处理、持有期间投资收益的确认、期末计价以及出售时的会计处理。

（一）设置的账户

（1）"交易性金融资产"账户，属于资产类账户，借方记录企业增加的交易性金融资产的价值，如企业取得交易性金融资产，以及资产负债表日交易性金融资产公允价值高于账面价值的差额，贷方记录减少的交易性金融资产的价值，如企业处置交易性金融资产或者资产负债表日公允价值低于账面价值的差额。该账户应分别设置"成本""公允价值变动"等明细账户进行核算。

（2）"公允价值变动损益"账户，属于损益类账户，借方记录资产负债表日企业持有的交易性金融资产公允价值低于账面价值的差额，贷方记录资产负债表日企业持有的交易性金融资产公允价值高于账面价值的差额。会计期末，账户余额转入"本年利润"账户，没有余额。

（3）"投资收益"账户，属于损益类账户，借方记录企业出售交易性金融资产等发生的投资损失，贷方记录企业出售交易性金融资产等实现的投资收益。会计期末，账户余额转入"本年利润"账户，没有余额。

（二）交易性金融资产的取得

交易性金融资产取得的会计处理涉及金融资产的确认问题，金融资产的确认是指将符合金融资产定义和金融资产确认条件的项目记入账户和列入资产负债表的过程。企业在初始确认金融资产时，应当按照公允价值计量。交易性金融资产初始确认时的公允价值通常指交易价格。对于以公允价值计量且其变动计入当期损益的金融资产，相关交易费用应当直接计入当期损益。交易费用是指可直接归属于购买、发行或处置金融工具新增的外部费用。新增的外部费用是指企业不购买、发行或处置金融工具就不会发生的费用，包括支付给代理机构、咨询公司、券商等的手续费和佣金及其他必要支出，不包括溢价、折价、融资费用、内部管理成本及其他与交易不直接相关的费用。

企业取得金融资产所支付的价款中包含的已宣告但尚未发放的现金股利或者已到付息期但尚未领取的债券利息,应当不单独确认为应收项目进行处理,而应当构成交易性金融资产的初始入账金额。

企业取得交易性金融资产的方式有很多,但最主要的是从公开的证券市场上购得。企业购得交易性金融资产时,所让渡的货币资金中可能包括以下几部分:①购买价格;②相关交易费用;③发行企业已经宣告发放但尚未发放的现金股利或者已到付息期但尚未领取的债券利息。

企业会计准则分别对不同部分的会计处理作了规定:其中,购买价格计入成本,借记"交易性金融资产——成本"账户;相关交易费用应当直接计入当期损益,借记"投资收益"账户;对已宣告发放但尚未发放的现金股利或者已到付息期但尚未领取的债券利息应当计入交易性金融资产的初始成本,贷记"银行存款"账户或者"其他货币资金——存出投资款"账户。

【做中学5-25】 2018年7月20日,A公司从证券市场上购得C公司发行的普通股2 000 000股,每股面值1元,购买时的公允价值为12.5元,共支付价款25 045 000元,其中包括相关交易费用25 000元及C公司已宣告但尚未发放的现金股利20 000元,款项以存入证券公司的投资款支付。

A公司编制如下会计分录:

借:交易性金融资产——C公司普通股股票(成本)   25 020 000
    投资收益   25 000
  贷:其他货币资金——存出投资款   25 045 000

如果上述款项由银行存款支付:

借:交易性金融资产——C公司普通股股票(成本)   25 020 000
    投资收益   25 000
  贷:银行存款   25 045 000

【做中学5-26】 2018年7月15日,E公司从证券市场上购买了F公司于2018年1月1日发行的3年期分次付息一次还本的企业债券10 000张,每半年付息一次,票面利率10%,每张面额100元,交易费用10 000元,此债券含有已到付息期但尚未领取的债券利息50 000元,款项已全部通过银行转账支付。

E公司编制如下会计分录:

借:交易性金融资产——F公司债券(成本)   1 050 000
    投资收益   10 000
  贷:银行存款   1 060 000

如果上述款项由存入证券公司的投资款支付:

借:交易性金融资产——F公司债券(成本)   1 050 000
    投资收益   10 000
  贷:其他货币资金——存出投资款   1 060 000

(三)交易性金融资产持有期间投资收益的确认

交易性金融资产在持有期间,被投资单位宣告发放现金股利,投资单位应该按照自己应该享有的份额,确认为应收股利,借记"应收股利"账户,贷记"投资收益"账户,待实际收到时,借记"银行存款"或"其他货币资金——存出投资款"账户,贷记"应收股利"账户。交易性金融资产是分次付息一次还本债券的,在债券付息期或者在投资单位资产负债表日,投资单位应该按照票面利率和票面金额确认为应收利息,借记"应收利息"账户,贷记"投资收益"账户;待实际收到利息时,借记"银行存款"或"其他货币资金——存出投资款"账户,贷记"应收利息"账户。

【做中学5-27】 承接[做中学5-25],2019年4月1日,C公司宣告发放现金股利,每股派现0.2元,A公司应该分得现金股利400 000元。

A公司编制会计分录如下:

借:应收股利——C公司　　　　　　　　　　　　　　　　　　400 000
　　贷:投资收益　　　　　　　　　　　　　　　　　　　　　　　　　400 000

待实际收到现金股利时:

借:其他货币资金——存出投资款　　　　　　　　　　　　　400 000
　　贷:应收股利——C公司　　　　　　　　　　　　　　　　　　　　400 000

或:借:银行存款　　　　　　　　　　　　　　　　　　　　　400 000
　　贷:应收股利——C公司　　　　　　　　　　　　　　　　　　　　400 000

【做中学5-28】 承接[做中学5-26],2018年12月31日,E公司确认应收F公司债券利息50 000元。

借:应收利息——F公司　　　　　　　　　　　　　　　　　　50 000
　　贷:投资收益　　　　　　　　　　　　　　　　　　　　　　　　　50 000

待实际收到利息时:

借:银行存款　　　　　　　　　　　　　　　　　　　　　　　50 000
　　贷:应收利息——F公司　　　　　　　　　　　　　　　　　　　　50 000

或:借:其他货币资金——存出投资款　　　　　　　　　　　　50 000
　　贷:应收利息——F公司　　　　　　　　　　　　　　　　　　　　50 000

(四) 交易性金融资产的期末计价

企业会计准则规定,以公允价值计量且其变动计入当期损益的金融资产,应当按照公允价值计量,且不扣除将来处置该金融资产时可能发生的交易费用。

企业取得交易性金融资产时,是按照公允价值入账的,而公允价值是随时变动的,在资产负债表日,为了使交易性金融资产能够反映预计给企业带来的经济利益以及交易性金融资产预计获得价差的能力等会计信息,应该将交易性金融资产的公允价值与原账面价值进行对比,一方面调整交易性金融资产的账面价值;另一方面确认公允价值变动损益。如果交易性金融资产公允价值大于其账面价值,借记"交易性金融资产——公允价值变动"账户,贷记"公允价值变动损益"账户;如果交易性金融资产公允价值小于其账面价值,借记"公允价值变动损益"账户,贷记"交易性金融资产——公允价值变动"账户。

【做中学5-29】 承接[做中学5-25],2018年12月31日,A公司原购买的C公司普通股股票公允价值为14元。A公司应该确认相应的收益,计算结果如表5-8所示。

表5-8　　　　　　　　　　交易性金融资产账面余额与公允价值表　　　　　　　　单位:元

交易性金融资产	调整前账面余额	期末公允价值	公允价值变动损益	调整后账面余额
C公司普通股股票	25 000 000	28 000 000	3 000 000	28 000 000

A公司编制会计分录如下:

借:交易性金融资产——C公司普通股股票(公允价值变动)　　3 000 000
　　贷:公允价值变动损益——交易性金融资产变动损益　　　　　　　3 000 000

【做中学5-30】 承接[做中学5-26],2018年12月31日,E公司原购买的F公司发行的债券公允价值为每张债券90元。E公司应该确认相应的损失,计算结果如表5-9所示。

表 5-9　　　　　　　交易性金融资产账面余额与公允价值表　　　　　　　单位：元

交易性金融资产	调整前账面余额	期末公允价值	公允价值变动损益	调整后账面余额
F 公司债券	1 000 000	900 000	100 000	900 000

E 公司编制会计分录如下：

借：公允价值变动损益——交易性金融资产变动损益　　　　　　　　　100 000
　　贷：交易性金融资产——F 公司债券(公允价值变动)　　　　　　　　　　100 000

(五) 交易性金融资产的出售

企业不准备继续持有交易性金融资产,可以按照公允价值出售。交易性金融资产出售的会计处理涉及金融资产终止确认的问题。金融资产终止确认是指将金融资产从企业的账户和资产负债表内予以转销。金融工具确认和计量准则规定,收取金融资产现金流量的合同权利终止,或金融资产已经转移,且符合《企业会计准则第 23 号——金融资产转移》规定的金融资产终止确认条件的,应当终止确认该金融资产,金融资产终止确认条件：①企业已将金融资产所有权上几乎所有的风险和报酬转移给转入方；②企业既没有转移也没有保留金融资产所有权上几乎所有的风险和报酬,但放弃了对该金融资产的控制。

企业出售交易性金融资产时,其损益已经实现,对于实现的损益分别情况处理：

(1) 出售交易性金融资产的出售收入和原账面价值的差额应记入"投资收益"账户。具体进行账务处理时,借记"银行存款"或"其他货币资金——存出投资款"账户,贷记"交易性金融资产——成本"账户,按其差额,借记或贷记"投资收益"账户。

(2) 原来已经作为公允价值变动损益入账的金额,也应该记入"投资收益"账户。具体进行账务处理时,借记或贷记"公允价值变动损益"账户,贷记或借记"投资收益"账户。这样做的目的是集中反映该交易性金融资产出售所实现的损益。

【做中学 5-31】 承接[做中学 5-25]和[做中学 5-29],2019 年 2 月 3 日,A 公司不准备继续持有 C 公司的普通股股票,以公允价值对外销售,销售所得价款为 32 000 000 元。

A 公司编制会计分录如下：

借：其他货币资金——存出投资款　　　　　　　　　　　　　　　　32 000 000
　　贷：交易性金融资产——C 公司普通股股票(成本)　　　　　　　　　25 020 000
　　　　　　　　　　——C 公司普通股股票(公允价值变动)　　　　　　3 000 000
　　　　投资收益　　　　　　　　　　　　　　　　　　　　　　　　　3 980 000

借：公允价值变动损益——交易性金融资产变动损益　　　　　　　　　3 000 000
　　贷：投资收益　　　　　　　　　　　　　　　　　　　　　　　　　3 000 000

【做中学 5-32】 承接[做中学 5-26]和[做中学 5-30],2019 年 2 月 1 日,E 公司不准备继续持有 F 公司的债券,按照公允价值出售,取得出售收入 1 100 000 元。

E 公司编制会计分录如下：

借：其他货币资金——存出投资款　　　　　　　　　　　　　　　　1 100 000
　　交易性金融资产——F 公司债券(公允价值变动)　　　　　　　　　100 000
　　贷：交易性金融资产——F 公司债券(成本)　　　　　　　　　　　1 050 000
　　　　投资收益　　　　　　　　　　　　　　　　　　　　　　　　　150 000

借：投资收益　　　　　　　　　　　　　　　　　　　　　　　　　　100 000
　　贷：公允价值变动损益——交易性金融资产变动损益　　　　　　　　100 000

关键术语

摊余成本　以公允价值计量且其变动计入其他综合收益的金融资产　以公允价值计量且其变动计入当期损益的金融资产

应知考核

一、单项选择题

1. 甲公司出售了持有的交易性金融资产,售价为 2 500 万元,出售时,"交易性金融资产——成本"为借方余额 2 400 万元,"交易性金融资产——公允价值变动"为借方余额 5 万元,出售时影响利润(　　)万元。
   A. 100　　　　　　B. 95　　　　　　C. −100　　　　　　D. −95

2. 资产负债表日,交易性金融资产的公允价值低于其账面余额的差额,借记(　　)账户,贷记"交易性金融资产——公允价值变动"账户。
   A. "公允价值变动损益"　　　　　　B. "投资收益"
   C. "交易性金融资产"　　　　　　　D. "长期股权投资减值准备"

3. 明华公司从证券市场购入股票 20 000 股,每股 10 元,其中包含已宣告但尚未领取的股票股利 0.6 元,另支付交易费用(不含税)1 000 元。企业将其划分为交易性金融资产核算,则其初始入账价值是(　　)元。
   A. 201 000　　　　B. 200 000　　　　C. 188 000　　　　D. 189 000

4. 某企业购入 W 上市公司股票 180 万股,并划分为交易性金融资产,共支付款项 2 830 万元,其中包括已宣告但尚未发放的现金股利 126 万元。另外支付相关交易费用 4 万元。该项交易性金融资产的入账价值为(　　)万元。
   A. 2 700　　　　　B. 2 704　　　　　C. 2 830　　　　　D. 2 834

5. 以摊余成本计量的金融资产初始入账金额为(　　)。
   A. 公允价值　　　　　　　　　　　B. 公允价值+交易费用
   C. 面值　　　　　　　　　　　　　D. 以上均不正确

6. 企业管理以摊余成本计量的金融资产的业务模式是(　　)。
   A. 以获取每年分得红利为目标　　　B. 以出售资产赚取差价为目标
   C. 以收取合同现金流量为目标　　　D. 上述 B 和 C 两者兼有

7. 企业持有以公允价值计量且其变动计入当期损益的金融资产的目的是(　　)。
   A. 控制其他企业　　　　　　　　　B. 降低资金成本
   C. 获得长期收益　　　　　　　　　D. 赚取出售资产差价

8. 以摊余成本计量的金融资产的初始确认金额不包括(　　)。
   A. 购买付款中所包含的未到付息期但尚未领取的债券利息
   B. 购买付款中所包含的已到付息期但尚未领取的债券利息
   C. 购买付款中所包含的债券发行手续费
   D. 购买付款中所包含的相关税金

9. 下列情况中,在股票持有期间不属于确认股利收入并计入当期投资收益必须同时符合的条件的是(　　)。
   A. 实际收到股利
   B. 企业收取股利的权利已经确立
   C. 股利的金额能够可靠地计量
   D. 与股利相关的经济利益很可能流入企业

10. A 公司本年 3 月 5 日从证券市场上购入甲公司发行在外普通股 100 万元,将其指定为以公允价值计量且其变动计入其他综合收益的金融资产,购入价格每股 5 元(含已宣告但尚未发放现金股利 1 元),另支付相关交易费用 90 000 元,该项金融资产取得时的入账价值是(　　)元。

A. 4 090 000　　　B. 5 000 000　　　C. 4 000 000　　　D. 5090 000

二、多项选择题

1. 下列项目中,可能被划分为以摊余成本计量的金融资产的有(　　)。
   A. 企业从二级市场购入的股票
   B. 企业认购中签新股取得的股票
   C. 企业从二级市场折价购入的债券
   D. 企业在发行日溢价购入的债券

2. 企业将一项以摊余成本计量的金融资产重分类为以公允价值计量且其变动计入其他综合收益的金融资产,下列会计处理中,正确的有(　　)。
   A. 应按该资产在重分类日的公允价值进行计量
   B. 原账面价值与公允价值之间的差额计入其他综合收益
   C. 原账面价值与公允价值之间的差额计入当期损益
   D. 该金融资产重分类不影响其实际利率和预期信用损失的计量

3. 影响金融资产摊余成本的因素包括(　　)。
   A. 当期收到的债券利息　　　　　　　　B. 该资产的初始确认金额
   C. 已偿还的本金　　　　　　　　　　　D. 累计计提的损失准备

4. 关于金融资产的计量,下列表述中,符合企业会计准则相关规定的有(　　)。
   A. 以公允价值计量且其变动计入当期损益的金融资产,按取得时的公允价值与相关交易费用之和作为初始确认金额
   B. 以摊余成本计量的金融资产,按取得时的公允价值与相关交易费用之和作为初始确认金额
   C. 以公允价值计量且其变动计入当期损益的金融资产,持有期间按公允价值计量,公允价值变动计入当期损益
   D. 以摊余成本计量的金融资产持有期间按公允价值计量,公允价值变动计入摊余成本

5. 下列关于金融资产终止确认的表述中,正确的有(　　)。
   A. 处置以公允价值计量且其变动计入当期损益的金融资产时,将原计入该金融资产的公允价值变动损益转出,计入投资收益
   B. 处置以摊余成本计量的金融资产时,将所取得的价款与该债券账面价值之间的差额计入当期损益
   C. 处置应收账款时,应将取得的价款与该应收账款账面余额之间的差额计入当期损益
   D. 处置应收账款时,应将取得的价款与该应收账款账面价值之间的差额计入当期损益

6. 金融资产在初始确认时,可以被划分为(　　)。
   A. 以公允价值计量且其变动计入当期损益的金融资产
   B. 以公允价值计量且其变动计入其他综合收益的金融资产
   C. 以摊余成本计量的金融资产
   D. 衍生金融资产

7. 下列属于交易性金融资产的有(　　)。
   A. 以赚取差价为目的从二级市场购入的股票
   B. 以赚取差价为目的从二级市场购入的债券
   C. 以赚取差价为目的从二级市场购入的基金
   D. 从二级市场购入股票准备长期持有

8. 交易性金融资产应按照交易的类别和品种,分别设置(　　)进行明细分类核算。
   A. "成本"明细账户　　　　　　　　　　B. "损益调整"明细账户
   C. "利息调整"明细账户　　　　　　　　D. "公允价值变动"明细账户

9. A 公司于 2018 年 7 月 1 日购入 B 公司股票,每股 14 元,共 10 万股,作为交易性金融资产核算。2018

年7月31日,该股票每股公允价值15元,则下列说法中,正确的有( )。
　　A."资产减值损失"增加10万元　　　B."投资收益"增加10万元
　　C."交易性金融资产"增加10万元　　D."公允价值变动损益"增加10万元
10. 在企业取得交易性金融资产支付的总价款中,不应当计入交易性金融资产入账价值的有( )。
　　A. 取得时已宣告但尚未发放的现金股利　　B. 支付代理机构的手续费
　　C. 取得时已到期但尚未领取的债券利息　　D. 支付给咨询公司的佣金

三、判断题

1. 资产负债表日,交易性金融资产应该按照公允价值计量,公允价值与账面价值的差额应该计入当期利润。( )
2. 企业取得某项投资将其划分为交易性金融资产,初始取得时支付的相关交易费用计入企业当期财务费用中。( )
3. 企业出售交易性金融资产时,要将原计入公允价值变动损益的金额转入营业外收入中。( )
4. 交易性金融资产取得时买价中包含的已宣告但尚未发放的股利应作为企业的收益予以核算。( )
5. 以摊余成本计量的金融资产,期末不进行减值会计处理,不确认损失准备。( )
6. 企业在持有债权投资的会计期间,应当按照公允价值对债权投资进行计量。( )
7. 企业处置债权投资时,应将取得的价款与账面价值之间的差额计入其他综合收益。( )
8. 企业取得债权投资,应按该投资的公允价值加上支付的交易费用,借记"债权投资——成本"账户。( )
9. "其他综合收益"属于损益类账户,且期末无余额。( )
10. 资产负债表日,企业对持有其他权益工具投资进行预期信用风险评估,并将确认的损失准备记入"资产减值损失"和"公允价值变动损益"账户。( )

四、思考题

1. 如何对交易性金融资产进行账务处理?
2. 什么是债权投资?
3. 如何对债权投资进行账务处理?
4. 什么是以公允价值计量且其变动计入其他综合收益的金融资产?
5. 如何对以公允价值计量且其变动计入其他综合收益的金融资产进行账务处理?

应会考核

★ 业务考核

【考核项目】
认知金融资产。

【背景资料】
（1）甲公司、乙公司、丙公司购入同一种债券,分别确认为以摊余成本计量的金融资产、以公允价值计量且其变动计入其他综合收益的金融资产、以公允价值计量且其变动计入当期损益的金融资产。如果这三家公司对该项金融资产的分类均无错误,你如何解释这一现象?

（2）企业从二级市场购买的股票,归类为以公允价值计量且其变动计入当期损益的金融资产还是指定为以公允价值计量且其变动计入其他综合收益的金融资产,对利润表有何不同影响?

（3）小林的爸爸于本年1月1日购入胜利公司当日发行的到期一次还本付息的5年期债券,票面利率6%,每张面值1 000元。他以1 050元的价格购入80张,另支付手续费210元。小林告诉爸爸,所购债券持有到期的全部投资收益为4 590元。你说小林算得正确吗?请替小林爸爸算一算。

（4）请查阅一家金融类上市公司2012—2017年的年报,分析公允价值计量对其财务报表的影响,试评价公允价值计量在金融危机和企业管理中的作用。

【考核要求】
根据上述内容回答问题。

★ 技能考核
【考核项目】
投资业务核算。
【背景资料】
F公司年初购入B公司股票,具体经济业务如下:
(1) F公司年初以1 020万元(含支付的相关费用1万元)购入B公司股票400万股,每股面值1元,占B公司实际发行在外股数的30%,F公司采用权益法核算此项投资。
(2) 购买日B公司可辨认净资产公允价值为3 000万元。取得投资时B公司的固定资产公允价值为300万元,账面价值为200万元。固定资产的预计使用年限为10年,净残值为零,按照直线法计提折旧。购买日B公司的无形资产公允价值为100万元,账面价值为50万元,无形资产的预计使用年限为5年,净残值为零,按照直线法摊销。
(3) 当年B公司实现净利润200万元。
(4) 第2年B公司发生亏损4 000万元,本年B公司增加资本公积80万元。
(5) 第3年B公司实现净利润510万元。

【考核要求】
完成F公司有关投资业务的会计分录(假定不考虑所得税和其他事项)。

★ 综合实务题
A公司于2018年1月5日从证券市场上购入B公司于2017年1月5日发行的债券,该债券5年期,票面利率6%,每年1月10日支付上年度的利息,到期日一次归还本金和最后一次利息。A公司购入债券的面值为1 000万元,实际支付的价款为1 063万元(含上一年度已到付息期尚未支付的利息),另支付相关费用10万元。A公司购入后短暂持有,拟近期内出售,以回收资金。2018年1月31日,该债券公允价值为1 002万元,2018年2月28日,该债券公允价值为1 008万元,2018年3月10日,A公司将所持有的B公司债券全部出售,收到资金1 015万元。

要求:根据上述资料,回答下列各小题。
(1) A公司购入的B公司债券,应确认为( )。
A. 以公允价值计量且其变动计入其他综合收益的金融资产
B. 以公允价值计量且其变动计入当期损益的金融资产
C. 以公允价值计量且其变动计入资本公积的金融资产
D. 以摊余成本计量的金融资产
(2) A公司购入B公司的债券,该金融资产的入账价值为( )万元。
A. 1 063   B. 1 073   C. 1 003   D. 1 000
(3) A公司购买债券时支付的手续费应计入( )。
A. 公允价值   B. 初始确认金额   C. 当期损益   D. 其他综合收益
(4) 该债券在持有期间,公允价值变动的净额为( )万元。
A. 6   B. 5   C. 7   D. —5
(5) 3月10日,A公司出售该债券,除核算处置损益外,对持有期间公允价值变动损益还应同时结转,账务处理为( )。
A. 借记"投资收益"账户   B. 贷记"公允价值变动损益"账户
C. 借记"公允价值变动损益"账户   D. 贷记"投资收益"账户

项目实训

【实训项目】
金融资产。

【实训情境】

20×9年6月份部分金融资产业务资料如下：

6月5日收到单证（武钢股份作为交易性金融资产核算）如图5-3至图5-5所示。

鸿运证券股份有限公司
证券交易交割单

单位：元

序号	成交日期	成交时间	交易状态	证券代码	证券名称	成交价格	成交数量	成交金额	账户余额	佣金	印花税	其他费用	订单编号
1	20×9-05-10	10:21:20	买入	60 0005	武钢股份	3.75	100 000	375 000	873 409	750	375	466	1705102782
2	20×9-05-25	15:18:26	买入	60 0005	武钢股份	3.58	200 000	716 000	154 371	1 432	716	890	1705256997
3	20×9-06-05	16:12:08	卖出	60 0005	武钢股份	4.35	150 000	652 500	804 103.50	1 305	652.50	810	1706056896

图5-3 证券交易交割单

中国工商银行银证转账回单

客户名称	华宇有限责任公司	证券公司名称	鸿运证券股份有限公司	券商代码	Q 8123456
开户银行	滨海市分行	证券公司营业部	解放街营业部	证券机构号	AQ123890
注册账户	98430214366208	证券资金账号		2368 5306 2636	
银行结算账户余额	￥804 103.50				
转账金额	￥649 732.50				
转账大写金额	陆拾肆万玖仟柒佰叁拾贰元伍角整				

图5-4 银证转账回单

滨海增值税专用发票
No. 21256352

发票联 开票日期：20×9年6月5日

购买方	名　称：华宇有限责任公司 纳税人识别号：280602002234678 地址、电话：滨海市解放街28号 0578-2133999 开户行及账号：中国工商银行滨海市分行 180100112200100888	密码区	（略）		
货物或应税劳务、服务名称	规格型号	单位	数量	单价	金额	税率	税额

货物或应税劳务、服务名称	规格型号	单位	数量	单价	金额	税率	税额
*经纪代理服务*代理交易手续费					1 995.28	6%	119.72
合　计					1 995.28		119.72
价税合计（大写）	⊗ 贰仟壹佰壹拾伍元整			（小写）	￥2 115.00		

销售方	名　称：鸿运证券股份有限公司 纳税人识别号：62012786134129 地址、电话：滨海市解放街289号 0578-4133456 开户行及账号：中国工商银行滨海市分行 236853062636	备注	（证券股份有限公司发票专用章 62012786134129）

收款人：　　　复核：　　　开票人：李瑞希　　　销售方：（章）

图5-5 增值税专用发票

华宇有限责任公司尚未入账,出纳李莉认为该笔业务的原始凭证有不妥之处。

【实训要求】

(1) 请指出下列业务的会计处理,哪些是正确的,哪些是错误的。如果是错误的,那么正确的做法是什么?

(2) 通过实训过程的全程参与和体验,在基本完成实训操练各项技能任务的基础上,独立形成金融资产核算实训报告。

金融资产核算实训报告

金融资产核算		
项目实训班级:	项目小组:	项目组成员:
实训时间:　　年　　月　　日	实训地点:	实训成绩:
实训目的:		
实训步骤:		
实训结果:		
实训感言:		
不足与今后改进:		
项目组长评定签字:		项目指导教师评定签字:

项目六 投资核算岗位——长期股权投资

> **知识目标**
> 理解：长期股权投资的概念、特性、内容和类别。
> 熟知：不同方式取得长期股权投资的确认和计量。
> 掌握：长期股权投资成本法和权益法核算的基本要点；因增持或减持股份导致长期股权投资成本法与权益法之间相互转换及长期股权投资与以公允价值计量的金融资产之间相互转换的核算；长期股权投资处置的核算。

> **技能目标**
> 通过本项目的学习，要求能够根据长期股权投资初始计量、后续计量、出售及减值等投资业务的原始凭证准确填制记账凭证。

> **素质目标**
> 运用所学会计的理论与实务知识研究相关案例，培养和提高学生在特定业务情境中分析问题与决策设计的能力；能结合"总论"教学内容，结合行业规范或标准，分析会计行为的善恶，强化学生的职业道德素质。

本项目课件

> **项目引例**

引例 长期股权投资

背景与情境：20×9年1月1日，华盛公司以10 000 000元取得对东海公司60%的股权并准备长期持有。5月1日，华盛公司确认东海公司宣告分派的2015年现金股利共1 000 000元。2019年4月30日，华盛公司确认东海公司宣告分派的2017年度现金股利共3 000 000元。2019年6月30日，华盛公司将其持有的东海公司60%的股权全部转让，收到款项13 000 000元。

请会计张红做出相关账务处理。相关原始凭证：①购入东海公司股权的证明，如该公司的验资报告、章程等；②支付投资款的银行单据；③支付投资相关税费的银行单据；④收到现金股利的银行单据；⑤东海公司宣告发放现金股利的凭证，如股东大会通过的发放决议公告；⑥将东海公司全部股权转让时，各交易环节的银行单据。

业务产生：对东海公司进行投资，持有该公司60%的股权，成为该公司的股东，并准备长期持有，对东海公司实施控制。对东海公司长期投资的最终目标是获得较大的经济利益，或者是进行战略布局。

请针对上述背景与情境内容，做出相关处理程序。

> **知识精讲**

任务一 长期股权投资概述

一、长期股权投资的概念和内容

（一）长期股权投资的概念

长期股权投资，是指投资方对被投资单位实施控制、重大影响的权益性投资，以及对其合营企业的权益性投资。

（二）长期股权投资的内容

按照《企业会计准则第2号——长期股权投资》，长期股权投资主要包括以下三类权益性投资。

1. 具有控制的权益性投资

企业持有的能够对被投资单位实施控制的权益性投资,即对子公司的投资。

控制是指投资方拥有对被投资单位的权力,通过参与被投资单位的相关活动而享有可变回报,并且有能力运用对被投资单位的权力影响其回报金额。

2. 具有共同控制的权益性投资

企业持有的能够与其他合营方一同对被投资单位实施共同控制的权益性投资,即对合营企业的投资。

共同控制是指按照合同约定对某项安排所共有的控制,并且该安排的相关活动必须经过分享控制权的参与方一致同意后才能决策。相关活动是指对某项安排的回报产生重大影响的活动。通常包括商品或劳务的销售和购买、金融资产的管理、资产的购买和处置、研究与开发活动以及融资活动等。

在判断是否存在共同控制时,应当首先判断所有参与方或参与方组合是否集体控制该安排,其次再判断该安排相关活动的决策是否必须经过这些集体控制该安排的参与方一致同意。如果存在两个或两个以上的参与方组合能够集体控制某项安排的,不构成共同控制。仅享有保护性权利的参与方也不享有共同控制。

3. 具有重大影响的权益性投资

企业对被投资单位具有重大影响的权益性投资,即对联营企业的投资。

重大影响是指对一个企业的财务和经营政策有参与决策的权力,但并不能够控制或者与其他方一起共同控制这些政策的制定。在实务中,较为常见的重大影响体现为在被投资单位的董事会或类似机构中派有代表,通过在被投资单位财务和经营决策制定过程中的发言权实施重大影响。投资方直接或通过子公司间接持有被投资单位 20% 以上但低于 50% 的表决权时,一般认为对被投资单位具有重大影响,除非有明确的证据表明该种情况下不能参与被投资单位的生产经营决策,不形成重大影响。

企业通常可以通过以下一种或几种情形来判断是否对被投资单位具有重大影响:①在被投资单位的董事会或类似机构中派有代表。在这种情况下,由于在被投资单位的董事会或类似机构中派有代表,并相应享有实质性的参与决策权,投资方可以通过该代表参与被投资单位财务和经营政策的制定,达到对被投资单位施加重大影响。②参与被投资单位财务和经营政策制定过程。这种情况下,在制定政策过程中可以为其自身利益提出建议和意见,从而可以对被投资单位施加重大影响。③与被投资单位之间发生重要交易。有关的交易因对被投资单位的日常经营具有重要性,进而在一定程度上可以影响到被投资单位的生产经营决策。④向被投资单位派出管理人员。在这种情况下,管理人员有权力主导被投资单位的相关活动,从而能够对被投资单位施加重大影响。⑤向被投资单位提供关键技术资料。因被投资单位的生产经营需要依赖投资方的技术或技术资料,表明投资方对被投资单位具有重大影响。存在上述一种或多种情形并不意味着投资方一定对被投资单位具有重大影响。企业需要综合考虑所有事实和情况来作出恰当的判断。

企业持有的对被投资单位不具有控制、共同控制或重大影响,并在活跃市场中没有报价、公允价值不能可靠地计量的权益性投资,应按《企业会计准则第 22 号——金融工具确认和计量》的规定进行会计处理。通常可以分为以下两种情况:①对非上市公司参股的权益性投资:既不具有控制,也不具有共同控制和重大影响,且在活跃市场中没有报价或公允价值不能可靠计量的权益性投资,应将其划分为其他权益工具投资,并以成本计量;②对上市公司参股的权益性投资:即既不具有控制,也不具有共同控制和重大影响,且在活跃市场中有报价或公允价值能够可靠计量的权益性投资,可根据持有企业管理层的持有意图将其划分为其他权益工具投资或者以公允价值计量且其变动计入当期损益的金融资产。

此外,还需要特别说明的是,本章长期股权投资也不包括以下权益性投资:①风险投资机构、共同基金以及类似主体持有的、在初始确认时按照金融工具确认和计量准则的规定以公允价值计量且其变动计入当期损益的金融资产;②投资性主体对不纳入合并财务报表的子公司的权益性投资,应按照公允价值计量且其变动计入当期损益。

二、长期股权投资的特点

长期股权投资与其他金融资产相比,具有以下特性。

(一)权益性

长期股权投资属于权益性投资工具,而不像交易性金融资产或其他权益工具投资那样,既可能包括权益性投资工具,也可能包括债权性投资工具,与债权投资的债权性更不相同。

(二)战略性

长期股权投资着眼于实施控制、共同控制或重大影响,往往是从企业战略角度考虑,而非像其他金融资产一般单纯着眼于买卖获取价差或持有获取收益。

(三)长期性

长期股权投资的期限较长,一般属于非流动资产,而交易性金融资产一般属于流动资产,其他权益工具投资、债权投资则视其持有时间的不同,可能分属于流动或非流动资产。

任务二 长期股权投资的初始计量

一、长期股权投资初始计量的原则

(1)企业在取得长期股权投资时,应按初始投资成本入账。长期股权投资取得方式不同,其初始投资成本的确定方式也不同。

长期股权投资取得方式可分为两大类:控股合并方式和非控股合并方式。因此,企业应当分别控股合并和非控股合并方式分别确定长期股权投资的初始投资成本。

(2)企业在取得长期股权投资时,如果实际支付的价款或其他对价中包含已宣告但尚未发放的现金股利或利润,则应将其作为应收项目单独入账,不构成长期股权投资的初始投资成本。

二、控股合并方式取得长期股权投资的初始计量

控股合并是企业合并方式之一(企业合并的具体方式及企业合并会计一般在《高级财务会计》中详细展开,这里因上下文内容需要对之作简要介绍),是指合并方在企业合并中取得对被合并方的控制权,被合并方在合并后仍保持其独立的法人资格并继续经营,合并方则在账面上确认为一项对被合并方长期股权投资的一种合并方式。

按照合并双方合并前后是否同属于同一方或相同的多方最终控制,企业合并可分为同一控制下企业合并和非同一控制下企业合并两大类。

同一控制下企业合并,是指参与合并的企业在合并前后均受同一方或相同的多方最终控制且该控制并非暂时性的。该类企业合并具有以下特点:①最终实施控制方够实施控制的净资产没有发生变化;②该类合并发生于关联方之间,当交易作价不公允时,一般不能以双方议定的价格作为核算的基础,通常只能按照账面价值作为长期股权投资的入账基础。合并方所支付的合并对价,也按其账面价值入账,不确认转让收益。

非同一控制下企业合并,是指参与合并各方在合并前后不属于同一方或多方最终控制。该

类企业合并具有以下特点:①参与合并的各方不受同一方或相同多方控制,企业合并大多出自企业自愿行为;②在交易过程中,各方出于自身利益考虑会进行激烈的讨价还价,交易以公允价值为基础,对价相对公平合理。故通常按照公允价值作为长期股权投资的入账基础。合并方所支付的合并对价,应按其公允价值确认合并成本,支付对价的公允价值与其账面价值的差额计入当期损益(相对于资产处置损益)。

因此,控股合并形成的长期股权投资,其初始投资成本的确定应分别以下两种情况讨论。

(一) 同一控制下控股合并形成的长期股权投资

1. 以支付现金、转让非现金资产或承担债务方式作为合并对价

合并方以支付现金、转让非现金资产或承担债务方式作为合并对价的,应在合并日按照所取得的被合并方在最终控制方合并财务报表中的净资产账面价值的份额作为长期股权投资的初始投资成本。被合并方在合并日的净资产账面价值为负数的,长期股权投资成本按零确定,同时在备查簿中予以登记。

长期股权投资的初始投资成本与支付的现金、转让的非现金资产及所承担债务账面价值之间的差额:①若为贷方差额,应当计入资本公积(资本溢价或股本溢价);②若为借方差额,应当冲减资本公积(资本溢价或股本溢价),若其余额不足冲减的,则依次冲减盈余公积和未分配利润。

2. 以发行权益性证券作为合并对价

合并方以发行权益性作为合并对价的,应在合并日按照所取得的被合并方在最终控制方合并财务报表中的净资产账面价值的份额作为长期股权投资的初始投资成本。

长期股权投资的初始投资成本与所发行权益性证券总面值(即发行股数与每股面值之积)之间的差额:①若为贷方差额,应当计入资本公积(股本溢价);②若为借方差额,应当冲减资本公积(股本溢价),若其余额不足冲减的,则依次冲减盈余公积和未分配利润。

合并方为进行企业合并而发生的各项直接相关费用,如审计、法律服务、评估咨询等中介费用以及其他相关管理费用,于发生时计入当期管理费用。

合并方为进行合并而发行权益性证券所发生的手续费、佣金等相关费用,应当抵减权益性证券溢价发行收入(即冲减"资本公积——股本溢价"账户),溢价收入不足抵减的,依次冲减盈余公积和未分配利润。

合并方为进行企业合并而发行债券等债务性证券所发生的手续费、佣金等相关费用,应当计入所发行债券等债务性证券的初始确认金额。

形成同一控制下控股合并的长期股权投资,如果子公司按照改制时确定的资产、负债经评估确认的价值调整资产、负债账面价值的,合并方应当按照取得子公司经评估确认的净资产的份额,作为长期股权投资的初始投资成本。

通过多次交换交易,分步取得股权最终形成同一控制下控股合并的,在个别财务报表中,应当以持股比例计算的合并日应享有被合并方所有者权益在最终控制方合并财务报表中的账面价值份额,作为该项投资的初始投资成本。初始投资成本与其原长期股权投资账面价值加上合并日为取得新的股份所支付对价的现金、转让的非现金资产及所承担债务账面价值之和的差额,调整资本公积(资本溢价或股本溢价),资本公积不足冲减的,冲减留存收益。

【做中学6-1】 2018年6月30日,华扬股份有限公司向同一集团内S公司定向增发1 000万股普通股(每股面值为1元,市价为5元),取得S公司100%的股权,相关手续于当日完成,并能够对S公司实施控制。合并后S公司仍维持其独立法人资格继续经营。合并日,S公司财务报表中净资产的账面价值为2 200万元。为发行普通股发生相关税费30万元,用银行存款支付。

分析:华扬股份有限公司对S公司的控股合并为同一控制下的企业合并,故其在合并日应确认对S公司的长期股权投资初始投资成本为其享有S公司净资产账面价值的100%。会计处理如下:

借：长期股权投资——S公司	22 000 000	
贷：股本		10 000 000
资本公积——股本溢价		11 700 000
银行存款		300 000

【做中学6-2】 华扬股份有限公司与G公司同为母公司下的两家控股子公司，20×6年2月23日，华扬股份有限公司与G公司达成合并协议，约定华扬股份有限公司以无形资产（土地使用权）和银行存款1 800万元作为合并对价，取得G公司70%的股份，其中土地使用权的账面原价为2 000万元，已提累计摊销500万元，未计提减值准备。同日，取得G公司的控股权。股权取得日时，G公司的净资产账面价值为5 500万元。华扬股份有限公司"资本公积——股本溢价"账户余额为150万元，"盈余公积"账户余额为200万元，"利润分配——未分配利润"账户余额为360万元。在合并过程中，华扬股份有限公司以银行存款支付审计费用、评估费用、法律服务等相关费用38万元。

华扬股份有限公司对G公司的控股合并为同一控制下的企业合并，故其在合并日应确认对G公司的长期股权投资初始投资成本为其享有G公司净资产账面价值的70%，即5 500×70%＝3 850（万元）。相关会计处理如下：

（1）借：长期股权投资——G公司　　　　　　　　　　　　　　　38 500 000
　　　　累计摊销　　　　　　　　　　　　　　　　　　　　　　 5 000 000
　　　　贷：无形资产——土地使用权　　　　　　　　　　　　　 20 000 000
　　　　　　银行存款　　　　　　　　　　　　　　　　　　　　 18 000 000
　　　　　　资本公积——股本溢价　　　　　　　　　　　　　　　5 500 000

（2）借：管理费用　　　　　　　　　　　　　　　　　　　　　　　380 000
　　　　贷：银行存款　　　　　　　　　　　　　　　　　　　　　　380 000

（二）非同一控制下控股合并形成的长期股权投资

非同一控制下的企业合并，合并方（往往也称之为购买方）通常将企业合并看成一项购买交易，应按所支付对价的公允价值确定合并成本，作为长期股权投资的初始入账成本。

1. 以支付现金、转让非现金资产或承担债务方式作为合并对价

以支付现金、转让非现金资产或承担债务方式作为合并对价的，企业合并成本为购买日合并方所支付现金及非现金资产、发生或承担的负债的公允价值之和，即应以此作为长期股权投资的初始投资成本。

合并方作为支付对价而付出的非现金资产，应视同资产处置进行会计处理。具体地，若付出资产为存货，应按其处置日公允价值确认收入，同时按其账面价值结转成本；若付出资产为固定资产、无形资产等，应将其处置日公允价值与账面价值之间的差额作为资产处置损益；若付出资产为以公允价值计量且其变动计入其他综合收益金融资产，应将其处置日公允价值与账面价值之间的差额作为投资损益，同时，将原计入其他综合收益的部分同时转出计入当期投资损益。

2. 以发行权益性证券作为合并对价

合并方以发行权益性证券作为合并对价的，合并成本为购买日合并方为取得对被并方的控制权而发行的权益性证券的公允价值，即应以此作为长期股权投资的初始投资成本。

非同一控制下企业合并所发生的各项费用的处理与同一控制下企业合并相同，即合并方为进行合并而发行权益性证券所发生的手续费、佣金等相关费用，应当抵减权益性证券溢价发行收入（即冲减"资本公积——股本溢价"），溢价收入不足抵减的，依次冲减盈余公积和未分配利润；合并方为进行企业合并而发行债券等债务性证券所发生的手续费、佣金等相关费用，应当计入所发行债券等债务性证券的初始确认金额。

【做中学6-3】 2018年3月31日，华扬股份有限公司以资产作为支付对价取得Y公司70%的股权，取得该部分股权后能够对Y公司实施控制。在合并前,华扬股份有限公司与Y公司不存在任何关联方关系。为核实Y公司的资产价值,华扬股份有限公司聘请资产评估机构对Y公司的资产进行评估,用银行存款支付评估费用30万元。支付对价的相关资产在购买日有关信息如表6-1所示。假定不考虑其他相关税费。

表6-1　　　　　　　　华扬股份有限公司支付对价的相关资产

2018年3月31日　　　　　　　　　　单位:万元

项　目	账面原价	累计摊销	账面价值	公允价值
土地使用权(自用)	5 000	1 000	4 000	6 400
专利技术	1 800	200	1 600	2 000
银行存款	—	—	1 600	1 600
合　计	6 800	1 200	7200	10 000

分析:因华扬股份有限公司与Y公司在合并前不存在任何关联方关系,故应作为非同一控制下的企业合并处理。相关会计处理如下:

(1) 借:长期股权投资——Y公司　　　　　　　　　　100 000 000
　　　　累计摊销　　　　　　　　　　　　　　　　　12 000 000
　　　贷:无形资产——土地使用权　　　　　　　　　　50 000 000
　　　　　　　　——专利权　　　　　　　　　　　　18 000 000
　　　　银行存款　　　　　　　　　　　　　　　　　16 000 000
　　　　资产处置损益　　　　　　　　　　　　　　　28 000 000

(2) 借:管理费用　　　　　　　　　　　　　　　　　　300 000
　　　贷:银行存款　　　　　　　　　　　　　　　　　300 000

【做中学6-4】　接[做中学6-1]资料。假定S公司与华扬股份有限公司不属于同一企业集团下的两个公司,其他资料皆不变。

在这种情况下,华扬股份有限公司对S公司的控股合并则属于非同一控制下的企业合并,故其在合并日对S公司的长期股权投资初始投资成本应等于作为支付对价普通股的发行价格5 000万元(5×1 000)。为发行普通股发生相关税费3万元,应从股票溢价收入中扣除,而不作为初始投资成本。会计处理如下:

借:长期股权投资——S公司　　　　　　　　　　　　50 000 000
　贷:股本　　　　　　　　　　　　　　　　　　　　10 000 000
　　资本公积——股本溢价　　　　　　　　　　　　　39 700 000
　　银行存款　　　　　　　　　　　　　　　　　　　300 000

3. 通过多次交换交易,分步取得股权最终形成非同一控制下控股合并的处理

通过多次交换交易,分步取得股权最终形成非同一控制下控股合并的,购买方在个别财务报表中,应当以购买日之前所持被购买方的股权投资的账面价值与购买日新增投资成本之和,作为该项投资的初始投资成本。其中,形成控股合并前对长期股权投资采用权益法核算的,购买日长期股权投资的初始投资成本,为原权益法下的账面价值加上购买日为取得新的股份所支付对价的公允价值之和,购买日之前因权益法形成的其他综合收益或其他资本公积暂时不作处理,待到处置该项投资时将与其相关的其他综合收益或其他资本公积采用与被购买方直接处置相关资产或负债相同的基础进行会计处理;形成控股合并前对长期股权投资采用公允价值计量的(例如,原分类为以公允价值计量且其变动计入其他综合收益金融资产的非交易性权益工具投资),长期股权投资在购买日的初始投资成本为原公允价值计量的账面价值加上购买日取得新的股份所支付对价的公允价值之和,购买日之前持有的被购买方的股权涉及其他综合收益的,转入当期损益。

4. 投资成本中包含的已宣告但尚未发放的现金股利或利润的处理

企业无论以何种方式取得长期股权投资，取得投资时，对于投资成本中包含的被投资单位已经宣告但尚未发放的现金股利或利润，应作为应收项目单独核算，不构成取得长期股权投资的初始投资成本。即企业在支付对价取得长期股权投资时，对于实际支付的价款中包含的对方已经宣告但尚未发放的现金股利或利润，应作为预付款，构成企业的一项债权，其与取得的对被投资单位的长期股权投资应作为两项金融资产。

5. 一项交易中同时涉及自最终控制方购买股权形成控制及自其他外部独立第三方购买股权的会计处理

某些股权交易中，合并方除自最终控制方取得集团内企业的股权外，还会涉及自外部独立第三方购买被合并方进一步的股权。该类交易中，一般认为自集团内取得的股权能够形成控制的，相关股权投资成本的确定按照同一控制下企业合并的有关规定处理，而自外部独立第三方取得的股权则视为在取得对被投资单位的控制权，形成同一控制下企业合并后少数股权的购买，该部分少数股权的购买不管与形成同一控制下企业合并的交易是否同时进行，在与同一控制下企业合并不构成一揽子交易的情况下，有关股权投资成本即应按照实际支付的购买价款确定。该种情况下，在合并方最终持有对同一被投资单位的股权中，不同部分的计量基础会存在差异。

三、非控股合并方式取得长期股权投资的初始计量

非控股合并方式取得长期股权投资是指企业以支付现金、非货币性资产交换或发行权益性证券等方式获得对合营企业或联营企业的权益性投资，应按付出现金、非货币性资产的公允价值或按照《企业会计准则第7号——非货币性资产交换》《企业会计准则第12号——债务重组》的有关规定确定长期股权投资的初始成本，非货币性资产公允价值与其账面价值之间的差额一般应确认为资产处置损益。

（一）以支付现金方式取得的长期股权投资

企业以支付现金方式取得的长期股权投资，应当按照实际支付的购买价款作为初始投资成本。初始投资成本包括与取得长期股权投资直接相关的费用、税金及其他必要支出。

（二）以发行权益性证券方式取得长期股权投资

企业以发行权益性证券方式取得长期股权投资，应当按照所发行权益性证券的公允价值作为初始投资成本。为发行权益性证券所发生的手续费、佣金等相关费用及其他直接相关支出，不构成长期股权投资的初始成本，应抵减权益性证券溢价发行收入（即冲减"资本公积——股本溢价"账户），溢价收入不足抵减的，依次冲减盈余公积和未分配利润。

（三）投资者投入的长期股权投资

企业接受投资者投入的长期股权投资，应按照投资合同或协议约定的价值作为初始投资成本，但合同或协议约定的价值不公允的除外。若合同或协议约定的价值不公允的，应按照长期股权投资的公允价值确认。

此外，企业通过非货币性资产交换、债务重组方式取得的长期股权投资，其初始投资成本应当分别按照《企业会计准则第7号——非货币性资产交换》《企业会计准则第12号——债务重组》的有关规定确定。相关具体内容分别见本书的第九章、第十一章第五节。

【做中学6-5】20×8年3月10日，华扬股份有限公司自公开市场中买入乙公司20%的股份，实际支付价款1 600万元，其中含有已经宣告但尚未发放的股利20万元。另支付手续费等相关费用40万元，并于同日完成了相关手续。华扬股份有限公司取得该部分股权后能够对乙公司施加重大影响。不考虑相关税费等其他因素影响。

华扬股份有限公司应当按照实际支付的购买价款及相关交易费用作为取得长期股权投资的成本，但不

包括实际支付价款中含有的已宣告但尚未发放的股利。有关会计处理如下：

借：长期股权投资——乙公司（投资成本）(16 000 000－200 000＋400 000)　　16 200 000
　　应收股利——乙公司　　　　　　　　　　　　　　　　　　　　　　　　　200 000
　贷：银行存款　　　　　　　　　　　　　　　　　　　　　　　　　　　　　16 400 000

【做中学6-6】 20×9年3月6日，华扬股份有限公司通过增发600万股普通股（面值1元/股），从非关联方处取得B公司20%的股权，华扬股份有限公司取得该部分股权后能够对B公司施加重大影响，所增发股份的公允价值为1 040万元，为增发该部分股份，华扬股份有限公司向证券承销等中介机构支付了40万元的佣金和手续费，假定不考虑其他相关税费等因素的影响。相关手续于增发当日完成。

华扬股份有限公司应当以所发行股份的公允价值作为取得长期股权投资的初始投资成本，发行股票过程中所支付的佣金和手续费，应冲减股票溢价发行收入。相关会计处理如下：

借：长期股权投资——B公司　　　　　　　　　　　　　　　　　　　　　　10 400 000
　贷：股本　　　　　　　　　　　　　　　　　　　　　　　　　　　　　　　6 000 000
　　　资本公积——股本溢价(10 400 000－6 000 000－400 000)　　　　　　　4 000 000
　　　银行存款　　　　　　　　　　　　　　　　　　　　　　　　　　　　　400 000

任务三　长期股权投资的后续与期末计量

长期股权投资的后续计量，即其在持有期间的计量，包括成本法和权益法两种核算方法。这两种方法对长期股权投资账面价值及当期损益的确定依据皆不同。企业应根据其对被投资单位控制和影响程度的不同分别采用成本法和权益法进行核算。长期股权投资的期末计量即其期末是否发生减值，若减值，则应计提减值准备，期末在资产负债表中以减去减值准备后的净额列示。

一、长期股权投资的成本法

成本法是指长期股权投资账面价值按初始投资成本计量，除追加或收回投资外，一般无须对其账面价值进行调整的一种会计处理方法。

投资方能够对被投资单位实施控制（即子公司）的长期股权投资，应当采用成本法核算。

成本法的基本核算程序如下：

(1) 设置"长期股权投资"账户，反映长期股权投资的初始投资成本。在长期股权投资持有期间，无论被投资单位经营状况如何，净资产是否增减，投资企业一般不对该长期股权投资的账面价值进行调整。

(2) 被投资单位宣告分派现金股利或利润时，投资企业按应享有的部分确认为当期投资收益，借记"应收股利"或"应收利润"账户，贷记"投资收益"账户。

(3) 被投资单位宣告分派股票股利，投资企业只在备查登记簿中登记拥有股票或股份数的变化情况，不需要作会计分录。

【做中学6-7】 20×8年1月，华扬股份有限公司自非关联方处以银行存款800万元取得对乙公司60%的股权，并能够对乙公司实施控制，相关手续于当日办理完成。20×9年3月6日，乙公司宣告分派现金股利30万元，华扬股份有限公司按其持股比例可获得18万元。不考虑相关税费等其他因素影响。华扬股份有限公司于20×9年3月24日实际收到乙公司发放的股利。

华扬股份有限公司应对该长期股权投资采用成本法进行后续核算。相关会计处理如下：

(1) 20×8年1月，初始投资时：

借：长期股权投资——乙公司　　　　　　　　　　　　　　　　　　　　　　8 000 000
　贷：银行存款　　　　　　　　　　　　　　　　　　　　　　　　　　　　　8 000 000

(2) 20×9年3月6日,分得股利时:

借:应收股利——乙公司　　　　　　　　　　　　　　180 000
　　贷:投资收益　　　　　　　　　　　　　　　　　　　　　180 000

(3) 20×9年3月24日,收到股利时:

借:银行存款　　　　　　　　　　　　　　　　　　　180 000
　　贷:应收股利——乙公司　　　　　　　　　　　　　　　180 000

二、长期股权投资的权益法

权益法是指企业在取得长期股权投资时以初始投资成本计量,并在投资持有期间根据应享有被投资单位所有者权益份额的变动而对长期股权投资的账面价值进行调整的一种会计处理方法。

投资方对被投资单位具有共同控制(主要指合营企业)和重大影响(即联营企业)的长期股权投资,应当采用权益法核算。

长期股权投资采用权益法核算的,应当在"长期股权投资"账户下设置"投资成本""损益调整""其他综合收益""其他权益变动"明细账户。

权益法的基本核算程序如下。

1. 初始投资或追加投资时

按照初始投资成本或追加投资的投资成本,增加长期股权投资的账面价值,记入"投资成本"明细账户。需要注意的是:①若初始投资成本大于投资时应享有被投资单位可辨认净资产公允价值份额,则不调整长期股权投资初始成本;②若初始投资成本小于投资时应享有被投资单位可辨认净资产公允价值份额,则应当按照两者之间的差额调整增加长期股权投资的初始成本,借记"长期股权投资——投资成本"账户,同时贷记"营业外收入"账户。

2. 持有投资期间

随着被投资单位所有者权益的变动相应调整增加或减少长期股权投资的账面价值,并分别以下情况处理:

(1) 对于因被投资单位实现净损益和其他综合收益而产生的所有者权益的变动,投资方按照应享有的份额,增加或减少长期股权投资的账面价值,同时确认投资损益和其他综合收益,借(或贷)记"长期股权投资——损益调整、其他综合收益"账户,贷(或借)记"投资收益""其他综合收益"账户。

在确认应享有或应分担被投资单位的净利润或净亏损时,在被投资单位账面净利润的基础上,应考虑以下因素的影响进行适当调整:

① 被投资单位采用的会计政策及会计期间与投资企业不一致的,应按投资企业的会计政策及会计期间对被投资单位的财务报表进行调整。

② 以取得投资时被投资单位固定资产、无形资产的公允价值为基础计提的折旧额或摊销额,以及以投资企业取得投资时的公允价值为基础计算确定的资产减值准备金额等对被投资单位净利润的影响。

被投资单位个别利润表中的净利润是以其持有的资产、负债账面价值为基础持续计算的,而投资企业在取得投资时,是以被投资单位有关资产、负债的公允价值为基础确定投资成本,长期股权投资的投资收益所代表的是于投资日被投资单位资产、负债在公允价值计量的情况下在未来期间通过经营产生的损益中归属于投资企业的部分。取得投资时有关资产、负债的公允价值与其账面价值不同的,未来期间,在计算归属于投资企业应享有的净利润或应承担的净亏损时,应以投资时被投资单位有关资产对投资企业的成本即取得投资时的公允价值为基础计算确定,从而产生了需要对被投资单位账面净利润进行调整的情况。会计准则要求投资方在采用权益法计算确认应享有被投资单位的净损益时,应当考虑投资时被投资单位有关资产、负债公允价值与其账面价值的差额对被投资单位实现净利润的影响,计算确定属于投资方的净利润,并考虑持股比例确认有关的投资收益。

在针对上述事项对被投资单位实现的净利润进行调整时,出于实务操作角度考虑,如果对所有投资时点公允价值与账面价值不同的资产、负债项目均进行调整,不仅调整的工作量较大且有些资产、负债项目的跟踪相对较为困难,而且相关所得税等因素的影响也较难计算确定。因此有关调整应立足重要性原则,不具重要性的项目可不予调整。符合下列条件之一的,投资企业可以被投资单位的账面净利润为基础,计算确认投资损益,同时应在财务报表附注中说明不能按照准则规定进行核算的原因:投资企业无法合理确定取得投资时被投资单位各项可辨认资产等的公允价值;投资时被投资单位可辨认净资产的公允价值与其账面价值相比,两者之间的差额不具重要性的;其他原因导致无法取得被投资单位的有关资料,不能按照准则中规定的原则对被投资单位的净损益进行调整的。

③ 在评估投资方对被投资单位是否具有重大影响时,应当考虑潜在表决权的影响,但在确定应享有的被投资单位实现的净损益、其他综合收益和其他所有者权益变动的份额时,潜在表决权所对应的权益份额不应予以考虑。

④ 在确认应享有或应分担的被投资单位净利润(或亏损)额时,法规或章程规定不属于投资企业的净损益应当予以剔除后计算。例如,被投资单位发行了分类为权益的可累积优先股等类似的权益工具,无论被投资单位是否宣告分配优先股股利,投资方计算应享有被投资单位的净利润时,均应将归属于其他投资方的累积优先股股利予以扣除。

⑤ 在确认投资收益时,除考虑公允价值的调整外,对于投资企业与其联营企业及合营企业之间发生的未实现内部交易损益应予抵销。即投资企业与联营企业及合营企业之间发生的未实现内部交易损益按照持股比例计算归属于投资企业的部分应当予以抵销,在此基础上确认投资损益。投资企业与被投资单位发生的内部交易损失,按照《企业会计准则第8号——资产减值》等规定属于资产减值损失的,应当全额确认。投资企业对于纳入其合并范围的子公司与其联营企业及合营企业之间发生的内部交易损益,也应当按照上述原则进行抵销,在此基础上确认投资损益。

上述抵销投资方与其联营企业、合营企业之间未实现内部交易损益影响的处理与合并财务报表的理念相一致。长期股权投资的权益法,在一定程度上可以理解为相对简化的合并报表处理,即将投资方在取得投资以后按照持股比例计算享有被投资单位净资产的变动不是分解为被投资单位实际每一项资产、负债的变动,而是将其统一体现在长期股权投资这一单项资产中,但应根据被投资单位净资产的变动对长期股权投资的账面价值进行多少调整,即应将投资方与其联营企业、合营企业作为一体来考虑问题。与合并财务报表不同的是,投资方持有联营企业或合营企业的投资,其能够视为一体的主体是投资方与联营或合营企业中自身持有的股权份额部分,该部分交易是内部交易,超越这个范围,即为投资方与联营企业、合营企业其他投资方的交易。在相关方面不存在特殊关系的情况下,这类交易即为投资方与外部进行的交易,交易中进行的价值量转换是实现了的。因此,投资方在计算确认应享有联营、合营企业的投资损益时,应予抵销的仅为与自身持股比例相对应的部分。

应当注意的是,未实现内部交易损益的抵销既包括顺流交易也包括逆流交易。其中,顺流交易是指投资企业向其联营企业或合营企业出售资产;逆流交易是指联营企业或合营企业向投资企业出售资产。当未实现内部交易损益体现在投资企业或其联营企业、合营企业持有的资产账面价值中时,相关的损益在计算确认投资损益时应予抵销。

对于联营企业或合营企业向投资企业出售资产的逆流交易,在该交易存在未实现内部交易损益的情况下(即有关资产未对外部独立第三方出售),投资企业在采用权益法计算确认应享有联营企业或合营企业的投资损益时,应抵销该未实现内部交易损益的影响。当投资企业自其联营企业或合营企业购买资产时,在将该资产出售给外部独立的第三方之前,不应确认联营企业或合营企业因该交易产生的损益中本企业应享有的部分。

对于投资企业向联营企业或合营企业出售资产的顺流交易,在该交易存在未实现内部交易损益的情况下(即有关资产未向外部独立第三方出售),投资企业在采用权益法计算确认应享有联营企业或合营企业的投资损益时,应抵销该未实现内部交易损益的影响,同时调整对联营企业或合营企业长期股权投资的账面价值。当投资企业向联营企业或合营企业出售资产,同时有关资产由联营企业或合营企业持有时,投资方因出售资产应确认的损益仅限于与联营企业或合营企业其他投资者交易的部分。即在顺流交易中,投资方投出资产或出售资产给其联营企业或合营企业产生的损益中,按照持股比例计算确定归属于本企业的部分不予确认。

第一,投资企业与其联营企业及合营企业之间发生的无论是顺流交易还是逆流交易产生的未实现内部交易损失,属于所转让资产发生减值损失的,有关的未实现内部交易损失不应予以抵销。原因是该损失原则上不因是否发生资产的内部转移而发生变化,即使有关资产未发生实际交易,有证据表明其可收回金额等低于账面价值的,无论资产持有方是哪个企业,均应按照会计准则规定计提相应的减值损失,即相关损失与转让交易无关。

第二,投资方与联营、合营企业之间发生的投出或出售资产的交易构成业务的,应当按照《企业会计准则第 20 号——企业合并》和《企业会计准则第 33 号——合并财务报表》的有关规定进行会计处理;联营、合营企业向投资方出售业务的,投资方应按《企业会计准则第 20 号——企业合并》的规定进行会计处理,投资方应全额确认与交易相关的利得或损失;投资方向联营、合营企业投出业务,并能对联营、合营企业实施重大影响或共同控制的,应以投出业务的公允价值作为新增长期股权投资的初始投资成本,初始投资成本与投出业务的账面价值之间的差额,全额计入当期损益。投资方向联营、合营企业出售业务,取得的对价与业务的账面价值之间的差额,全额计入当期损益。

在现行会计准则体系中,对于购买或出售资产与购买或出售业务的会计处理理念很大程度上并不一致。这种不一致性一般不是体现为出售方的会计处理,而是体现为购买方会计处理的差异。即作为资产的购买方与作为业务的购买方,其在进行会计处理过程中应当分别遵循不同的原则。在购买资产的情况下,应当将购买成本按照相对公允价值的比例分配给所购入资产,但如有关交易是发生在投资方与其联营或合营企业之间时,投资方相关损益的确认仅限于除自身以外与联营或合营其他投资者之间的部分;在购买业务的情况下,因构成企业合并,其会计处理遵从企业合并的处理原则,此时无论交易是否发生在投资方与其联营或合营企业之间,有关损益均需全额确认,不再作为权益法下与长期股权投资相关投资损益的调整因素。

(2)对于被投资单位除净损益、其他综合收益以及利润分配以外的因素导致的其他所有者权益变动,投资方按照应享有的份额,相应调整增加或减少长期股权投资的账面价值,同时确认资本公积(其他资本公积),借(或贷)记"长期股权投资——其他权益变动"账户,贷(或借)记"资本公积——其他资本公积"账户。

(3)合营方向合营企业投出非货币性资产产生损益的处理。合营方向合营企业投出或出售非货币性资产的相关损益,应当按照以下原则处理:

符合下列情况之一的,合营方不应确认该类交易的损益:与投出非货币性资产所有权有关的重大风险和报酬没有转移给合营企业;投出非货币性资产的损益无法可靠计量;投出非货币性资产交易不具有商业实质。

合营方转移了与投出非货币性资产所有权有关的重大风险和报酬并且投出资产留给合营企业使用的,应在该项交易中确认属于合营企业其他合营方的利得和损失。交易表明投出或出售非货币性资产发生减值损失的,合营方应当全额确认该部分损失。

在投出非货币性资产的过程中,合营方除了取得合营企业的长期股权投资外还取得了其他货币性或非货币性资产的,应当确认该项交易中与所取得其他货币性、非货币性资产相关的损益。

3. 被投资单位宣告分派现金股利或利润时

投资企业按应享有的份额相应减少长期股权投资的账面价值,即视同投资的收回,借记"应收股利"或"应收利润"账户,贷记"长期股权投资——损益调整"账户。

【做中学6-8】 20×8年1月,华扬股份有限公司支付价款600万元取得B公司30%的股权。股权取得时,B公司净资产账面价值为1 500万元(假定其各项可辨认净资产的公允价值与账面价值相同)。华扬股份有限公司在取得B公司的股权后,能够对B公司施加重大影响。假定不考虑相关税费等其他因素影响。

华扬股份有限公司应对该投资采用权益法核算。由于初始投资成本600万元大于取得投资时应享有B公司可辨认净资产公允价值的份额450万元(1 500×30%),故不需要调整长期股权投资的初始成本。有关会计处理如下:

借:长期股权投资——B公司(投资成本)   6 000 000
  贷:银行存款   6 000 000

【做中学6-9】 接[做中学6-8]资料。假定华扬股份有限公司取得投资时,B公司可辨认净资产的公允价值为2 400万元,其他资料不变。

分析:由于初始投资成本600万元小于取得投资时应享有B公司可辨认净资产公允价值的份额720万元(2 400×30%),故应按两者的差额调整增加长期股权投资的初始成本。有关会计处理如下:

借:长期股权投资——B公司(投资成本)   7 200 000
  贷:银行存款   6 000 000
    营业外收入   1 200 000

【做中学6-10】 20×6年1月20日,华扬股份有限公司以3 000万元(包括交易税费)的价格取得N公司普通股1 200万股作为长期股权投资,该股份占N公司普通股股份的20%,能够对其产生重大影响,故华扬股份有限公司采用权益法核算。投资当时,N公司可辨认净资产公允价值为15 000万元。20×6年3月10日,N公司宣告20×5年度利润分配方案,分派现金股利每股0.15元,并于4月5日发放。20×6年度,N公司报告实现净收益1 800万元,其他综合收益增加(皆为其持有的其他权益工具投资公允价值变动)900万元。20×7年3月10日,N公司宣告20×6年度利润分配方案,分派现金股利每股0.10元,股票股利每10股派1股,4月10日为除权日,4月15日收到发放的现金股利。20×7年度,N公司报告净亏损480万元,用以前年度留存收益弥补亏损后,仍于20×8年4月5日宣告20×7年度利润分配方案,分派现金股利每股0.10元,并于4月25日发放。20×8年度,N公司发生亏损500万元,资本公积(其他资本公积)减少200万元,当年未派发股利。

本题对长期股权投资权益法各环节的知识点均有涵盖,各时点相关会计处理如下:

(1) 20×6年1月20日,华扬股份有限公司购入N公司普通股股份。

应享有N公司可辨认净资产公允价值的份额=15 000×20%=3 000(万元),与投资成本3 000万元一致,故无须调整长期股权投资初始入账成本。

借:长期股权投资——N公司(投资成本)   30 000 000
  贷:银行存款   30 000 000

(2) 20×6年3月10日,N公司宣告上年度利润分配方案,分派现金股利每股0.15元,并于4月5日发放。

① 确认应收股利。

$$应收股利 = 0.15 \times 1\,200 = 180(万元)$$

借：应收股利——N公司　　　　　　　　　　　　　　　　　　　　　　　1 800 000
　　贷：长期股权投资——N公司（损益调整）　　　　　　　　　　　　　　　1 800 000

② 收到现金股利。

借：银行存款　　　　　　　　　　　　　　　　　　　　　　　　　　　　1 800 000
　　贷：应收股利——N公司　　　　　　　　　　　　　　　　　　　　　　1 800 000

(3) 20×6年度，N公司报告实现净收益1 800万元，其他综合收益900万元。20×7年3月10日，N公司宣告20×6年度利润分配方案，分派现金股利每股0.10元，股票股利10股派1股，均于4月15日发放及增股到位。

① 20×6年年底，华扬股份有限公司根据N公司净资产的增加按其享有份额调整增加长期股权投资账面价值，同时确认投资收益360万元(1 800×20%)，其他综合收益180万元(900×20%)。

借：长期股权投资——N公司（损益调整）　　　　　　　　　　　　　　　　3 600 000
　　　　　　　　——N公司（其他综合收益）　　　　　　　　　　　　　　1 800 000
　　贷：投资收益　　　　　　　　　　　　　　　　　　　　　　　　　　3 600 000
　　　　其他综合收益　　　　　　　　　　　　　　　　　　　　　　　　1 800 000

② 20×5年3月10日，根据N公司利润分配方案，确认应收股利120万元(0.10×1 200)，分派股票股利，华扬股份有限公司不作会计分录。

借：应收股利——N公司　　　　　　　　　　　　　　　　　　　　　　　1 200 000
　　贷：长期股权投资——N公司（损益调整）　　　　　　　　　　　　　　1 200 000

③ 4月10日为除权日，华扬股份有限公司应在备查登记簿中登记本公司拥有N公司的股份由原来的1 200万股增加到1 320万股(1 200＋120)。

④ 20×7年4月15日，收到现金股利。

借：银行存款　　　　　　　　　　　　　　　　　　　　　　　　　　　　1 200 000
　　贷：应收股利——N公司　　　　　　　　　　　　　　　　　　　　　　1 200 000

(4) 20×7年度，N公司报告净亏损480万元，用以前年度留存收益弥补亏损后，于20×8年4月5日宣告20×7年度利润分配方案，分派现金股利每股0.10元，并于4月25日发放。

① 20×7年年底，确认投资损失96万元(480×20%)。

借：投资收益　　　　　　　　　　　　　　　　　　　　　　　　　　　　　960 000
　　贷：长期股权投资——N公司（损益调整）　　　　　　　　　　　　　　　960 000

② 20×8年4月5日，确认现金股利120万元(0.10×1 200)。

借：应收股利——N公司　　　　　　　　　　　　　　　　　　　　　　　1 200 000
　　贷：长期股权投资——N公司（损益调整）　　　　　　　　　　　　　　1 200 000

③ 20×8年4月25日，收到现金股利。

借：银行存款　　　　　　　　　　　　　　　　　　　　　　　　　　　　1 200 000
　　贷：应收股利——N公司　　　　　　　　　　　　　　　　　　　　　　1 200 000

(5) 20×8年度，N公司发生亏损500万元，资本公积（其他资本公积）减少200万元，当年未分派股利。

① 20×8年年底，确认投资损失100万元(500×20%)，并调整减少长期股权投资账面价值。

借：投资收益　　　　　　　　　　　　　　　　　　　　　　　　　　1 000 000
　　贷：长期股权投资——N公司(损益调整)　　　　　　　　　　　　　　1 000 000

(说明：投资企业确认被投资单位发生的净亏损，应当以长期股权投资的账面价值减记至零为限，投资企业负有承担额外损失义务的除外。)

②20×8年底，由于N公司其他资本公积减少，故本公司应确认减少其他资本公积40万元(200×20%)，并调整减少长期股权投资账面价值。

借：资本公积——其他资本公积　　　　　　　　　　　　　　　　　　400 000
　　贷：长期股权投资——N公司(其他权益变动)　　　　　　　　　　　　400 000

投资企业在确认应享有(或承担)被投资单位净损益(净亏损)的份额时的几点说明：

(1) 应当以取得投资时被投资单位可辨认净资产的公允价值为基础，对被投资单位的净利润进行调整后确认。

(2) 被投资单位采用的会计政策及会计期间与投资方不一致的，应当按照投资方的会计政策及会计期间对被投资单位的财务报表进行调整，并据以确认投资收益和其他综合收益等。

(3) 投资方确认被投资单位发生的净亏损，应当以长期股权投资的账面价值以及其他实质上构成对被投资单位净投资的长期权益减记至零为限，投资方负有承担额外损失义务的除外。"其他实质上构成对被投资单位净投资的长期权益"通常是指长期应收项目。例如，企业对被投资单位的长期债权，该债权没有明确的清收计划、且在可预见的未来期间不准备收回的，实质上构成对被投资单位的净投资，但不包括投资企业与被投资单位之间因销售商品、提供劳务等日常活动所产生的长期债权。

在长期股权投资的账面价值减记至零的情况下，对于未确认的投资损失，应考虑除长期股权投资以外，投资方的账面上是否有其他实质上构成对被投资单位净投资的长期权益项目，如果有，则应以其他长期权益的账面价值为限，继续确认投资损失，冲减长期应收项目等的账面价值。按照投资合同或协议约定，投资企业仍需要承担额外损失弥补等义务的，应按预计将承担的义务金额确认预计负债，计入当期投资损失。

在发生投资损失时，应借记"投资收益"账户，贷记"长期股权投资——损益调整"账户。在长期股权投资的账面价值减记至零以后，考虑其他实质上构成对被投资单位净投资的长期权益，继续确认的投资损失，应借记"投资收益"账户，贷记"长期应收款"等账户；因投资合同或协议约定导致投资企业需要承担额外义务的，按照或有事项准则的规定，对于符合确认条件的义务，应确认为当期损失，同时确认预计负债，借记"投资收益"账户，贷记"预计负债"账户。除上述情况仍未确认的应分担被投资单位的损失，应在账外备查登记。

在确认了有关的投资损失以后，被投资单位于以后期间实现盈利的，应按以上相反顺序分别减记账外备查登记的金额、已确认的预计负债、恢复其他长期权益及长期股权投资的账面价值，同时确认投资收益。即应当按顺序分别借记"预计负债""长期应收款""长期股权投资"等账户，贷记"投资收益"账户。

(4) 股票股利的处理。被投资单位分派的股票股利，投资企业不作账务处理，但应于除权日注明所增加的股数，以反映股份的变化情况。

【做中学6-11】20×7年1月20日，华扬股份有限公司以200万元(包括交易税费)的价格取得W公司有表决权资本30%的股份，能够对其产生重大影响，华扬股份有限公司对该长期股权投资采用权益法核算。投资时，W公司可辨认净资产公允价值为600万元，其中固定资产账面价值为180万元，公允价值为210万元，尚可使用年限为5年，假定预计净残值为零，采用年限平均法折旧。其他资产、负债的公允价值与账面价值相同。20×7年W公司全年实现净利润120万元；20×8年W公司全年发生亏损50万元。

华扬股份有限公司采用权益法确认的投资损益应以其取得投资时W公司可辨认净资产的公允价值为

基础,对W公司的净利润(或亏损)进行调整后确认。华扬股份有限公司应做会计处理如下:

(1) 20×7年1月20日,华扬股份有限公司取得W公司30%的股权。

借:长期股权投资——W公司(投资成本)　　　　　　　　　　　　　2 000 000
　　贷:银行存款　　　　　　　　　　　　　　　　　　　　　　　　2 000 000

因投资成本200万元大于取得投资时应享有的W公司可辨认净资产公允价值的份额180万元(600×30%),故无须调整初始投资成本。

(2) 20×7年年末,华扬股份有限公司按调整后的W公司净利润的30%确认投资收益。

固定资产按账面价值计提折旧额=180÷5=36(万元)

固定资产按公允价值计提折旧额=210÷5=42(万元)

固定资产按公允价值比按账面价值每年要多提折旧6万元(42-36)。

　　　　W公司调整后的净利润=120-6=114(万元)

　　　　华扬股份有限公司按持股比例应分享的份额=114×30%=34.2(万元)

借:长期股权投资——W公司(损益调整)　　　　　　　　　　　　　342 000
　　贷:投资收益　　　　　　　　　　　　　　　　　　　　　　　　342 000

(3) 20×8年年末,华扬股份有限公司按调整后的W公司亏损的30%承担投资损失。

　　　　W公司调整后的损失=50+6=56(万元)

　　　　华扬股份有限公司按持股比例应承担的份额=56×30%=16.8(万元)

借:投资收益　　　　　　　　　　　　　　　　　　　　　　　　　　168 000
　　贷:长期股权投资——W公司(损益调整)　　　　　　　　　　　　168 000

为便于同学们对长期股权投资成本法与权益法的掌握和理解,对其不同环节的会计处理通过表6-2予以对照比较。

表6-2　　　　　　　　　　　　成本法与权益法的异同点比较

比较内容	成本法	权益法
(1) 取得投资时	按初始成本入账 借:长期股权投资 　贷:银行存款等	① 按初始成本入账 借:长期股权投资——投资成本 　贷:银行存款等 ② 若初始投资成本小于投资时应享有被投资单位可辨认净资产公允价值份额,还应按其差额调整增加初始成本并计入当期损益。 借:长期股权投资——投资成本 　贷:营业外收入
(2) 被投资单位实现的净利润	不作会计处理	按享有比例(若亏损,则作相反分录) 借:长期股权投资——损益调整 　贷:投资收益
(3) 被投资单位宣告分派现金股利	按享有比例 借:应收股利 　贷:投资收益	按享有比例 借:应收股利 　贷:长期股权投资——损益调整
(4) 被投资单位宣告分配股票股利	不作会计分录,但应在备查簿中登记增加的股份数	不作会计分录,但应在备查簿中登记增加的股份数

(续表)

比较内容	成本法	权益法
(5)被投资单位除净损益以外的其他所有者权益发生变动	不作会计处理	按享有比例(若减少,则作相反会计分录) 借:长期股权投资——其他权益变动 　　　　　　　　——其他综合收益 　贷:资本公积——其他资本公积 　　　　　　——其他综合收益
(6)适用情形	对子公司的投资	① 对联营企业的投资 ② 对合营企业投资

三、长期股权投资的减值

企业在确认从被投资单位应分得的现金股利或利润后,应当检查该项长期股权投资是否发生减值。若该长期股权投资的账面价值大于应享有被投资单位净资产(包括相关商誉)账面价值的份额或存在其他减值迹象,则企业应当按照《企业会计准则第8号——资产减值》规定对长期股权投资进行减值测试,若其可收回金额低于长期股权投资账面价值的,应按其差额计提长期股权投资减值准备,借记"资产减值损失"账户,贷记"长期股权投资减值准备"账户。"长期股权投资减值准备"账户应当按照被投资单位设置明细账户进行明细核算。

《企业会计准则第8号——资产减值》规定,长期股权投资减值损失一经确认,在以后会计期间不得转回。

任务四　长期股权投资的转换及处置

一、长期股权投资的转换

投资企业对被投资单位拥有的股份不可能一成不变,故随着其拥有股份的增减变动及其影响程度的变化,长期股权投资的后续核算方法也将随之发生相互转换,或者长期股权投资也可能转换为金融资产(指《企业会计准则第22号——金融工具确认和计量》规范的金融资产,简称CAS22其他权益投资,即以公允价值计量的金融资产)。其可能的转换情形如图6-1所示。

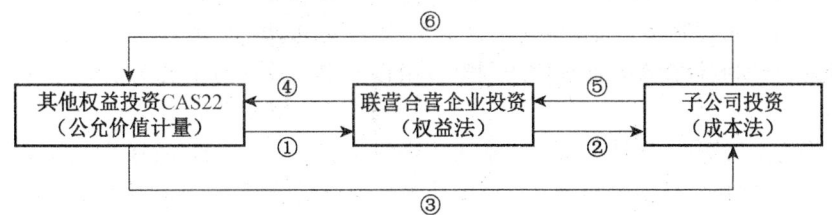

图6-1　长期股权投资之间及其与金融资产之间的相互转换

(一)公允价值计量转为权益法的核算(追加投资导致)

企业原持有的对被投资单位不具有控制、共同控制或重大影响的权益性投资,按照CAS22进行会计处理的金融资产,因追加投资等原因导致持股比例上升,能够对被投资单位施加共同控制或重大影响的长期股权投资(见图6-1中的①),应转为按权益法核算。

在转按权益法核算时,投资方应当按照CAS22确定的原股权投资的公允价值加上为取得新增投资所支付对价的公允价值,作为转按权益法核算长期股权投资的初始投资成本。原持有的其他权益工具投资,其公允价值与账面价值之间的差额,以及原计入其他综合收益的累计公允价值变动应当转入改按权益法核算的当期损益(投资收益)。

在按照上述要求确定初始投资成本后,还应比较其与按照追加投资后的全新持股比例计算确定的应享有被投资单位在追加投资日可辨认净资产公允价值份额之间是否存在差异,若前者大于后者的,不调整长期股权投资初始投资成本;若前者小于后者的,按其差额调整增加长期股权投资的初始投资成本,并同时增加当期营业外收入。

【做中学6-12】 20×7年2月,华扬股份有限公司以600万元银行存款自非关联方处取得GB公司10%的股权。华扬股份有限公司根据金融工具确认和计量准则将其作为其他权益工具投资。20×8年1月5日,华扬股份有限公司又以1 200万元的银行存款自另一非关联方处取得GB公司12%的股权,相关手续于当日完成。当日,GB公司可辨认净资产公允价值总额为8 000万元,华扬股份有限公司对GB公司的其他权益工具投资的账面价值1 000万元(假定与当日公允价值一致),计入其他综合收益的累计公允价值变动为400万元。取得该部分股权后,按照GB公司章程规定,华扬股份有限公司能够对GB公司施加重大影响,故应对该项股权投资转为采用权益法核算。不考虑相关税费等其他因素影响。

20×8年1月5日,华扬股份有限公司原持有10%股权的公允价值为1 000万元,为取得新增投资而支付对价的公允价值为1 200万元,因此,华扬股份有限公司对GB公司22%股权的初始投资成本为2 200万元。应享有GB公司可辨认净资产公允价值的份额为1 760万元(8 000×22%)。由于初始投资成本(2 200万元)大于应享有B公司可辨认净资产公允价值的份额(1 760万元),因此,华扬股份有限公司无须调整长期股权投资的初始投资成本。

20×8年1月5日,相关进行会计处理如下:

(1)确认长期股权投资初始入账成本。

借:长期股权投资——GB公司(投资成本)　　　　　　　　　　　　22 000 000
　　贷:其他权益工具投资——GB公司(投资成本)　　　　　　　　　　6 000 000
　　　　　　　　　　　　——GB公司(公允价值变动)　　　　　　　4 000 000
　　　　银行存款　　　　　　　　　　　　　　　　　　　　　　　　12 000 000

(2)将原计入其他综合收益的公允价值变动部分转入当期损益。

借:其他综合收益　　　　　　　　　　　　　　　　　　　　　　　　4 000 000
　　贷:投资收益　　　　　　　　　　　　　　　　　　　　　　　　4 000 000

(二)公允价值计量或权益法转为成本法的核算(追加投资导致)

因追加投资导致原持有的分类为交易性金融资产,或非交易性权益工具投资分类为公允价值计量且其变动计入其他综合收益的权金融资产,以及对联营企业或合营企业的投资转变为对子公司投资的,长期股权投资账面价值的调整应当按照本章关于对子公司投资初始计量的相关规定处理。

对于原作为金融资产,转换为采用成本法核算的对子公司投资的,如有关金融资产分类为交易性金融资产,应当按照转换时的公允价值确认为长期股权投资,公允价值与其原账面价值之间的差额计入当期损益;如非交易性权益工具投资分类为以公允价值计量且其变动计入其他综合收益的金融资产,在按照转换时的公允价值确认长期股权投资,该公允价值与账面价值之间的差额计入当期损益外,原确认计入其他综合收益的前期公允价值变动亦应结转计入当期损益。

(三)权益法核算转公允价值计量(减持投资导致)

投资企业原持有的被投资单位的股权对其具有共同控制或重大影响,因部分处置等原因导致持股比例下降,不能再对被投资单位实施共同控制或重大影响的(见图6-1中的④),应于失去共同控制或重大影响时,改按金融工具确认和计量准则的规定对剩余股权进行会计处理。即,对剩余股权在改按公允价值计量时,公允价值与其原账面价值之间的差额计入当期损益。同时,原采用权益法核算的相关其他综合收益应当在终止采用权益法核算时,采用与被投资单位直接处置相关资产或负债相同的基础进行会计处理;因被投资单位除净损益、其他综合收益和利润分配以外的其他所有者权益变动而确认的所有者权益,应当在终止采用权益法时全部转入当期损益。

【做中学6-13】 华扬股份有限公司持有乙公司30%的有表决权股份,能够对乙公司施加重大影响,故对该股权投资采用权益法核算。20×8年10月,华扬股份有限公司将该项投资中的50%出售给非关联方,取得价款1 800万元。相关手续于当日完成。华扬股份有限公司无法再对乙公司施加重大影响,遂将剩余股权投资转为其他权益工具投资。出售时,该项长期股权投资的账面价值为3 200万元,其中投资成本为2 600万元,损益调整为300万元,其他综合收益为200万元(是被投资单位其他权益工具投资的累计公允价值变动),除净损益、其他综合收益和利润分配外的其他所有者权益变动为100万元。剩余股权的公允价值为1 800万元。不考虑相关税费等其他因素的影响。

华扬股份有限公司有关会计处理如下:

(1) 剩余股权投资转为其他权益工具投资。

按转换当天的公允价值1 800万元作为入账价值,原账面价值为1 600万元,两者之间的差异应计入当期投资收益。

借:其他权益工具投资——乙公司(成本)   18 000 000
  贷:长期股权投资——乙公司(投资成本)   13 000 000
           ——乙公司(损益调整)   1 500 000
           ——乙公司(其他综合收益)   1 000 000
           ——乙公司(其他权益变动)   500 000
    投资收益   2 000 000

(2) 确认有关股权投资的处置损益。

借:银行存款   18 000 000
  贷:长期股权投资——乙公司(投资成本)   13 000 000
           ——乙公司(损益调整)   1 500 000
           ——乙公司(其他综合收益)   1 000 000
           ——乙公司(其他权益变动)   500 000
    投资收益   2 000 000

(3) 由于终止采用权益法核算,将原确认的相关其他综合收益、其他权益变动全部转入当期损益。

借:其他综合收益   2 000 000
    资本公积——其他资本公积   1 000 000
  贷:投资收益   3 000 000

(四) 成本法转为权益法(减持投资导致)

因处置投资导致对被投资单位的影响能力下降,由控制转为具有重大影响,或是与其他投资方一起实施共同控制的情况下(见图6-1中的⑤),在投资企业的个别财务报表中,应先按处置或收回投资的比例结转应终止确认的长期股权投资成本。在此基础上,将剩余的长期股权投资转为采用权益法核算,即应当比较剩余的长期股权投资成本与按照剩余持股比例计算原投资时应享有被投资单位可辨认净资产公允价值的份额,属于投资作价中体现的商誉部分,不调整长期股权投资的账面价值;属于投资成本小于应享有被投资单位可辨认净资产公允价值份额的,在调整长期股权投资成本的同时,应调整留存收益。对于原取得投资后至转变为权益法核算之间被投资单位实现的净损益中应享有的份额,应调整长期股权投资的账面价值,同时对于原取得投资时至处置投资当期期初被投资单位实现的净损益(扣除已发放及已宣告发放的现金股利及利润)中应享有的份额,调整留存收益,对于处置投资当期期初至处置投资之日被投资单位实现的净损益中享有的份额,调整当期损益;其他原因导致被投资单位所有者权益变动中应享有的份额,在调整长期股权投资账面价值的同时,应当记入"其他综合收益"或"资本公积——其他资本公积"账户。

在合并财务报表中,对于剩余股权,应当按照其在丧失控制权日的公允价值进行重新计量。处置股权取得的对价与剩余股权公允价值之和,减去按原持股比例计算应享有原有子公司自购买日开始持续计算的净资产的份额之间的差额,计入丧失控制权当期的投资收益。与原有子公司股权投资相关的其他综合收益,应当在丧失控制权时转为当期投资收益。企业应当在附注中披露处置后的剩余股权在丧失控制权日的公允价值、按照公允价值重新计量产生的相关利得或损失的金额。

【做中学6-14】 20×6年4月30日,华扬股份有限公司以6 000万元银行存款取得乙公司60%的股权,当日乙公司可辨认净资产账面价值、公允价值总额分别为8 500万元、9 000万元。华扬股份有限公司对该项投资未计提减值准备。

20×8年10月31日,华扬股份有限公司将其持有的乙公司的35%股权出售给丙公司,出售取得价款6 100万元,当日乙公司可辨认净资产账面价值、公允价值总额分别为14 700万元、18 000万元,自购买日开始持续计算的可辨认净资产总额(对母公司的价值)为15 000万元。乙公司实现账面净利润为5 200万元,自购买日至处置日期间按照购买日公允价值连续计算实现的净利润为5 000万元(其中20×8年1~10月实现净利润800万元),另发生1 000万元计入其他综合收益的交易事项(20×8年1~10月持有的其他权益工具投资的公允价值变动)。华扬股份有限公司和乙公司均按照净利润的10%提取法定盈余公积。

华扬股份有限公司在出售其持有的乙公司的35%股权后,对乙公司的持股比例降为25%,在乙公司董事会中派有代表,但不能对乙公司的生产经营决策实施控制,故华扬股份有限公司对乙公司的长期股权投资应由成本法改为按照权益法核算。

20×6年4月30日,华扬股份有限公司取得对乙公司的长期股权投资时的初始投资成本为6 000万元。20×8年10月31日,华扬股份有限公司处置对乙公司的35%股权,相关会计处理如下:

(1)确认处置乙公司35%股份的投资损益。

借:银行存款　　　　　　　　　　　　　　　　　　　　　　　　　61 000 000
　　贷:长期股权投资——乙公司(60 000 000÷60%×35%)　　　　　35 000 000
　　　　投资收益　　　　　　　　　　　　　　　　　　　　　　　26 000 000

(2)确认剩余长期股权投资的账面价值。

比较剩余长期股权投资成本与按照剩余持股比例计算原投资时应享有被投资单位可辨认净资产公允价值的份额。华扬股份有限公司持有乙公司剩余长期股权投资的账面价值2 500万元(6 000-3 500)大于华扬股份有限公司在取得原投资时应享有乙公司可辨认净资产公允价值的份额2 250万元(9 000×25%),因此无须调整长期股权投资的成本。

(3)初始投资至处置投资期间被投资单位账面所有者权益项目变动的影响(按照剩余持股比例计算)。

① 按照权益法应调整的长期股权投资账面价值的总额=(5 000+1 000)×25%=1 500(万元)。
② 损益调整=5 000×25%=1 250(万元)。

其中:

应计入当期投资收益的金额=800×25%=200(万元)
应调增留存收益的金额=(5 000-800)×25%=1 050(万元)

借:长期股权投资——乙公司(损益调整)　　　　　　　　　　　　12 500 000
　　贷:盈余公积——法定盈余公积　　　　　　　　　　　　　　　1 050 000
　　　　利润分配——未分配利润　　　　　　　　　　　　　　　　9 450 000
　　　　投资收益　　　　　　　　　　　　　　　　　　　　　　　2 000 000

③ 其他综合收益=1 000×25%=250(万元)。

借:长期股权投资——乙公司(其他综合收益) 2 500 000
　　　贷:其他综合收益 2 500 000

(五)成本法核算转公允价值计量(减持投资导致)

投资企业原持有被投资单位的股份使其能够对被投资单位实施控制,其后因部分处置等原因导致持股比例下降,不能再对被投资单位实施控制,同时对被投资单位亦不具有共同控制能力或重大影响的(见图6-1中的⑥),应将剩余股权改按金融工具确认和计量准则的要求进行会计处理,并于丧失控制权日将剩余股权按公允价值重新计量,公允价值与其账面价值的差额计入当期损益。

【做中学6-15】 华扬股份有限公司持有乙公司60%的有表决权股份,能够对乙公司实施控制,对该股权投资采用成本法核算。2018年10月,华扬股份有限公司将该项投资中的80%出售给非关联方,取得价款8 000万元。相关手续于当日完成。华扬股份有限公司无法再对乙公司实施控制,也不能施加共同控制或重大影响,将剩余股权投资转为其他权益工具投资。出售时,该项长期股权投资的账面价值为9 000万元,剩余股权投资的公允价值为2 000万元。不考虑相关税费等其他因素的影响。

华扬股份有限公司有关会计处理如下:

(1)确认有关股权投资的处置损益。

借:银行存款 80 000 000
　　贷:长期股权投资——乙公司(90 000 000×80%) 72 000 000
　　　　投资收益 8 000 000

(2)剩余股权投资转为其他权益工具投资,当日公允价值为2 000万元,账面价值为1 800万元(9 000×20%),两者差异计入当期投资收益。

借:其他权益工具投资——乙公司(成本) 20 000 000
　　贷:长期股权投资——乙公司 18 000 000
　　　　投资收益 2 000 000

二、长期股权投资的处置

(一)长期股权投资处置的概念

长期股权投资处置是指企业出于各方面的考虑,决定将所持有的对被投资单位的股权全部或部分对外出售,也包括用来抵偿债务、对外投资等非货币性资产交换而转出及因被投资单位破产清算等被迫终止确认股权投资的情形。

(二)长期股权投资处置的会计处理

企业处置长期股权投资时应相应结转与所处置股权相对应的长期股权投资的账面价值。一般情况下,处置所得价款与处置长期股权投资账面价值之间的差额,应确认为处置当期投资损益。若长期股权投资在处置前计提了相应资产减值准备的,也应按处置比例结转相应长期股权投资减值准备。采用权益法核算的长期股权投资,原计入其他综合收益(不能结转损益的除外)或资本公积(其他资本公积)中的金额,如处置后因具有重大影响或共同控制仍然采用权益法核算的,在处置时亦应进行结转,将与所出售股权相对应的部分在处置时自其他综合收益或资本公积转入当期损益。如处置后对有关投资终止采用权益法的,则原计入其他综合收益(不能结转损益的除外)或资本公积(其他资本公积)中的金额应全部结转。

【做中学6-16】 华扬股份有限公司20×2年10月以1 000万元获得乙公司40%的股权,获得股权后对乙公司具有重大影响。华扬股份有限公司对该股权投资采用权益法核算。20×8年7月1日,甲公司将其持有的乙公司股权中的20%按照1 050万元的价格出售给非关联第三方,对剩余20%的股权仍采用权益法核算。华扬股份有限公司自20×2年10月取得乙公司股权至20×8年7月1日期间,确认的损益调整为 500 万元、其他综合收益为 300 万元(为按比例享有的乙公司其他权益工具投资的公允价值变动)，享有乙公司除净损益、其他综合收益和利润分配以外的其他所有者权益变动为 200 万元。假定不考虑相关税费等其他因素的影响。

华扬股份有限公司处置乙公司股权时，长期股权投资的账面价值为 2 000 万元，其中初始成本为 1 000 万元，持有期间按照权益法调整增加的损益调整为 500 万元、其他综合收益为 300 万元，其他权益变动为 200 万元。故处置损益为 50 万元(1 050－2 000×50％)。由于华扬股份有限公司处置乙公司股权后，剩余股权仍采用权益法核算，因此相关的其他综合收益和其他所有者权益应按比例结转。华扬股份有限公司有关会计处理如下：

(1) 20×8 年 7 月 1 日,处置长期股权投资并确认处置损益。

借：银行存款	10 500 000
贷：长期股权投资——乙公司(投资成本)	5 000 000
——乙公司(损益调整)	2 500 000
——乙公司(其他综合收益)	1 500 000
——乙公司(其他权益变动)	1 000 000
投资收益	500 000

(2) 20×8 年 7 月 1 日,按比例结转其他综合收益和其他权益变动。

借：其他综合收益	1 500 000
资本公积——其他资本公积	1 000 000
贷：投资收益	2 500 000

【做中学 6-17】 接[做中学 6-16]资料。假定 20×8 年 7 月 1 日,华扬股份有限公司将其持有乙公司 35％的股权以 1837.5 万元的价格出售给非关联的第三方,剩余 5％的股权作为其他权益工具投资核算,其当日的公允价值为 262.5 万元。假定其他条件不变。

由于华扬股份有限公司处置乙公司股权后,剩余股权改按金融工具确认和计量准则进行会计处理,因此相关的其他综合收益和其他权益变动应全部结转。华扬股份有限公司有关会计处理如下：

(1) 20×8 年 7 月 1 日,处置长期股权投资并确认处置损益,并将剩余股权转为其他权益工具投资。

① 借：银行存款	18 375 000
贷：长期股权投资——乙公司(投资成本)	8 750 000
——乙公司(损益调整)	4 375 000
——乙公司(其他综合收益)	2 625 000
——乙公司(其他权益变动)	1 750 000
投资收益	875 000
② 借：其他权益工具投资——乙公司(成本)	2 625 000
贷：长期股权投资——乙公司(投资成本)	1 250 000
——乙公司(损益调整)	625 000
——乙公司(其他综合收益)	375 000
——乙公司(其他权益变动)	250 000
投资收益	125 000

(2) 20×8 年 7 月 1 日,将其他综合收益和其他权益变动全部转入当期投资损益。

借：其他综合收益	3 000 000
资本公积——其他资本公积	2 000 000
贷：投资收益	5 000 000

【做中学6-18】 20×5年3月,华扬股份有限公司以3 800万元获得BY公司60%的股权,能够对其实施控制,华扬股份有限公司将其划分为长期股权投资并采用成本法核算。20×7年底,华扬股份有限公司对该项股权投资计提了减值准备500万元。20×8年6月8日,华扬股份有限公司以3 500万元将持有的BY公司的股权全部转让,并已收到款项存入银行。假定不考虑相关税费。

应确认处置损益=3 500-(3 800-500)=200(万元),相关会计处理如下:

借:银行存款 35 000 000
  长期股权投资减值准备——BY公司 5 000 000
 贷:长期股权投资——BY公司 38 000 000
  投资收益 2 000 000

关键术语

长期股权投资 成本法 权益法

应知考核

一、单项选择题

1. 甲公司持有乙公司60%有表决权的股份,能够对乙公司实施控制,对该股权投资采用成本法核算。2018年10月,甲公司将该项投资中的80%出售给非关联方,取得价款4 000万元,相关手续于当日办理完成。处置部分股权后,甲公司无法再对乙公司实施控制,也不能施加共同控制或重大影响,将剩余股权投资转为其他权益工具投资。出售时,该项长期股权投资的账面价值为4 000万元,剩下股权投资的公允价值为1 000万元。不考虑相关税费等其他因素影响。甲公司个别报表中因该项业务应确认的投资收益为( )万元。
 A. 800 B. 200 C. 1 000 D. 0

2. 甲公司长期持有乙公司70%的股份,采用成本法核算。2018年1月1日,该项投资账面价值为1 300万元。2017年度乙公司实现净利润2 000万元,宣告发放现金股利1 200万元。假设不考虑其他因素,2018年12月31日该项投资账面价值为( )万元。
 A. 1 300 B. 1 380 C. 1 500 D. 1 620

3. 某企业2018年3月1日购入一公司的股票作为其他权益工具投资核算,占被投资单位5%的股份,对被投资单位无重大影响,支付价款300万元,另外支付相关佣金手续费2万元,该项投资的入账价值为( )万元。
 A. 300 B. 302 C. 298 D. 305

4. 某企业2018年8月1日购入一公司的股票进行长期投资,占投资单位55%的股份,对被投资单位实施控制,支付价款1 800万元(其中包括被投资公司宣布发放的2017年的现金股利600万元),另外支付相关税费6万元,该项投资的入账价值为( )万元。
 A. 1 300 B. 1 005 C. 1 206 D. 1 275

5. 成本法核算长期股权投资,被投资单位宣告发放现金股利时,投资企业应按所持股份额进行的会计处理正确的是( )。
 A. 冲减投资收益   B. 增加投资收益
 C. 冲减长期股权投资 D. 增加长期股权投资

6. 2018年1月5日,甲公司以银行存款1 200万元取得对乙公司的长期股权投资,所持有的股份占乙公司有表决权股份的55%,另支付相关税费5万元。甲公司采用成本法核算该长期股权投资。甲公司该项长期股权投资的初始投资成本为( )万元。
 A. 1 200 B. 1 195 C. 1 230 D. 1 205

7. A公司以银行存款3 000万元取得对B公司35%的股权,另支付相关税费10万元。取得投资时被投资单位可辨认净资产的公允价值为10 000万元,A公司能够对B公司施加重大影响。A公司该长期股权投资的入账金额为（　　）万元。
A. 3 500　　　　B. 3 000　　　　C. 3 010　　　　D. 3 510

8. 2018年1月1日，甲公司以1 600万元购入乙公司30%的股份，另支付相关费用8万元，采用权益法核算。取得投资时，乙公司所有者权益的账面价值为5 000万元（与可辨认净资产的公允价值相同）。乙公司2018年度实现净利润300万元。2019年乙公司亏损6 000万元，假定不考虑其他因素，甲公司2019年应确认的投资收益为（　　）万元。
A. 借方1 590　　B. 借方1 598　　C. 借方1 608　　D. 借方1 698

9. 企业采用权益法核算长期股权投资，被投资单位宣告分派股票股利，投资企业应进行的账务处理是（　　）。
A. 按持股比例增加长期股权投资　　　　B. 应确认投资收益
C. 无须进行账务处理　　　　　　　　　D. 增加资本公积

10. 下列各项中，应当确认为投资收益的是（　　）。
A. 长期股权投资减值损失
B. 长期股权投资处置净损益
C. 期末交易性金融资产公允价值变动的金额
D. 支付与取得长期股权投资直接相关的费用

二、多项选择题

1. 甲公司采用成本法核算对乙公司的长期股权投资，甲公司对乙公司投资的账面余额只有在发生（　　）的情况下，才应作相应的调整。
A. 追加投资　　　　　　　　　　　　B. 收回投资
C. 被投资企业接受非现金资产捐赠　　D. 对该股权投资计提减值准备

2. 下列关于长期股权投资会计处理的表述中，正确的有（　　）。
A. 对子公司长期股权投资应采用成本法核算
B. 处置长期股权投资时应结转其已计提的减值准备
C. 在成本法下，按被投资方实现净利润应享有的份额确认投资收益
D. 在成本法下，按被投资方宣告发放现金股利应享有的份额确认投资收益

3. 甲公司和乙公司共同设立丙公司，经双方协商甲公司的出资比例为60%，乙公司的出资比例为40%，公司股东按其出资比例行使对丙公司的各项表决权。有关上述业务的说法中，正确的有（　　）。
A. 甲公司对丙公司的投资应作为长期股权投资核算
B. 甲公司应当对此项长期股权投资采用成本法核算
C. 乙公司对丙公司的投资应作为长期股权投资核算
D. 乙公司应当对此项长期股权投资采用权益法核算

4. 下列关于长期股权投资成本法核算的说法中，不正确的有（　　）。
A. 采用成本法核算的长期股权投资，取得时应当按照占被投资单位所有者权益的份额计价入账
B. 采用成本法核算的长期股权投资，取得时应当按照实际成本计价入账
C. 采用成本法核算的长期股权投资，投资以后被投资单位宣告分派的现金股利冲减长期股权投资的成本
D. 采用成本法核算的长期股权投资，投资以后被投资单位宣告分派的现金股利计入当期投资收益

5. 下列关于长期股权投资会计处理的表述中，正确的有（　　）。
A. 对子公司长期股权投资应采用成本法核算
B. 处置长期股权投资时应结转其已计提的减值准备
C. 在成本法下，按被投资方实现净利润应享有的份额确认投资收益
D. 在成本法下，按被投资方宣告发放现金股利应享有的份额确认投资收益

6. 下列关于成本法核算长期股权投资的表述中，正确的有（　　）。

A. 被投资单位宣告分派现金股利计入投资收益
B. 被投资单位实现盈利或发生亏损,投资单位均不需作账务处理
C. 被投资单位除净损益、其他综合收益和利润分配以外的其他所有者权益发生变动,投资单位无须进行账务处理
D. 对子公司的投资在资产负债表日存在减值迹象的,其可收回金额低于账面价值的差额应当确认为资产减值损失

7. 下列各项中,权益法下会导致长期股权投资账面价值发生增减变动的有( )。
   A. 确认长期股权投资减值损失
   B. 投资持有期间被投资单位实现净利润
   C. 投资持有期间被投资单位提取盈余公积
   D. 投资持有期间被投资单位宣告发放现金股利

8. 企业关于长期股权投资的下列处理中,应当计入当期损益的有( )。
   A. 采用权益法核算时,初始投资成本小于投资时应享有被投资单位可辨认净资产公允价值份额的部分
   B. 采用成本法核算时,被投资单位宣告分派的现金股利
   C. 采用成本法核算时,处置长期股权投资时账面价值与实际收到价款的差额
   D. 采用权益法核算时,被投资单位宣告分派的现金股利

9. 下列关于长期股权投资会计处理的表述中,正确的有( )。
   A. 对合营企业的长期股权投资应采用权益法核算
   B. 长期股权投资减值准备一经确认,在以后会计期间不得转回
   C. 权益法下,按被投资方宣告发放现金股利应享有的份额确认投资收益
   D. 权益法下,按被投资方实现净利润应享有的份额确认投资收益

10. 下列情况中,能够采用权益法核算的有( )。
    A. 企业对其合营企业的长期股权投资
    B. 企业对其联营企业的长期股权投资
    C. 企业对其子公司的长期股权投资
    D. 企业对被投资单位具有重大影响的长期股权投资

三、判断题

1. 长期股权投资采用成本法核算的,应按被投资单位宣告发放的现金股利或利润中属于本企业的部分,借记"应收股利"账户,贷记"投资收益"账户。( )
2. 企业持有的长期股权投资发生减值的,减值损失一经确认,即使以后期间价值得以回升,也不得转回。( )
3. 除企业合并形成的长期股权投资,以非现金资产支付对价的,应当以非现金资产的账面价值作为取得长期股权投资的初始投资成本。( )
4. 除企业合并以外其他方式以支付现金取得的长期股权投资,发生的直接相关费用应计入长期股权投资成本。( )
5. 长期股权投资计提减值准备后,如果减值迹象已经消失,应当在原计提减值范围内进行转回。( )
6. 企业取得长期股权投资后,持有期间被投资企业分派的利润,无论是成本法核算还是权益法核算均需按持股比例冲减投资成本。( )
7. 在权益法下,"长期股权投资"账面价值始终反映该项投资的初始投资成本。( )
8. 采用权益法核算长期股权投资时,初始投资成本大于投资时应享有的被投资单位可辨认净资产公允价值份额的部分不作账务处理。( )
9. 长期股权投资采用成本法核算,被投资单位除净损益、其他综合收益和利润分配的所有者权益其他变动,投资单位应按其享有份额增加或减少资本公积。( )

10. 除企业合并形成的长期股权投资，以非现金资产支付对价的，应当以非现金资产的账面价值加相关税费作为取得长期股权投资的初始投资成本。（　　）

四、思考题

1. 对长期股权投资进行核算时，成本法和权益法的适用范围各包括哪些？
2. 如何对长期股权投资分别采用成本法和权益法进行核算？
3. 成本法与权益法如何进行转换？
4. 如何进行长期股权投资的期末计价及会计处理？
5. 处置长期股权投资时，如何确认其投资收益？

应会考核

★ **业务考核**

【考核项目】

长期股权投资成本法。

【背景资料】

20×9年2月1日，甲公司购买乙公司发行的股票8 500万股准备长期持有，拥有乙公司的70%的股份且能够实施控制，每股买入价为3元，款项已支付。当年乙公司实现净利润200万元，宣告分配现金股利100万元，不考虑其他因素。

(1) 下列关于成本法核算长期股权投资的表述正确的是(　　)。

A. 被投资单位宣告分派的现金股利计入投资收益

B. 被投资单位实现盈利或发生亏损，投资单位均不需要做账务处理

C. 除被投资单位经营损益、其他综合收益和利润分配以外的其他所有者权益发生变动，投资单位无须进行账务处理

D. 对子公司的投资在资产负债表日存在减值迹象的，其可回收金额低于账面价值的差额应当确认为资产减值损失

(2) 甲公司取得长期股权投资的入账价值是(　　)元。

A. 25 500　　　　B. 25 200　　　　C. 4 900　　　　D. 25 800

【考核要求】

根据上述资料，回答上述各小题。

★ **技能考核**

【考核项目】

长期股权投资权益法。

【背景资料】

甲上市公司发生下列长期股权投资业务：

(1) 2018年1月3日，支付4 600万元购入乙公司股票580万股，占乙公司有表决权股份的25%，对乙公司的财务和经营决策具有重大影响，作为长期股权投资核算。每股价格中包含已宣告但尚未发放的现金股利0.25元，另外支付相关税费7万元。款项均以银行存款支付。当日，乙公司所有者权益的账面价值（与其公允价值不存在差异）为18 000万元。

(2) 2018年3月16日，收到乙公司宣告分派的现金股利。

(3) 2018年度，乙公司实现净利润3 000万元。

(4) 2018年度，乙公司一项其他权益工具投资公允价值变动增加100万元。

(5) 2019年2月16日，乙公司宣告分派2018年度股利，每股分派现金股利0.20元。

(6) 2019年3月12日，甲上市公司收到乙公司分派的2018年度的现金股利。

(7) 2019年5月4日，甲上市公司出售所持有的全部乙公司的股票，共取得价款5 200万元(不考虑长期股权投资减值及相关税费)。

要求:根据上述资料,回答下列各小题。

(1) 针对长期股权投资核算的权益法,下列说法正确的是( )。
A. 支付的相关税费计入投资成本
B. 被投资单位实现净利润,投资企业相应确认投资收益
C. 被投资单位发放现金股利,投资企业确认投资收益
D. 被投资单位发生净亏损,投资企业确认投资损失

(2) 2018年1月3日,该项长期股权投资的初始投资成本为( )万元。
A. 4 600　　　　B. 4 607　　　　C. 4 462　　　　D. 4 647

(3) 2018年,由于该项投资对企业当期损益的影响金额为( )万元。
A. 38　　　　B. 750　　　　C. 788　　　　D. 813

(4) 2018年12月31日,该项长期股权投资的账面价值为( )万元。
A. 4 500　　　　B. 4 607　　　　C. 4 502　　　　D. 5 275

(5) 2019年5月4日,出售该项长期股权投资应确认的投资收益为( )万元。
A. 41　　　　B. 25　　　　C. 66　　　　D. 91

【考核要求】
请回答上述会计要素如何进行会计计量。

★ 综合实务题

2017—2018年,甲公司发生的有关业务资料如下:

(1) 2017年1月5日,甲公司从上海证券交易所购买乙公司的股票2 000万股准备长期持有,占乙公司股份的25%,能够对乙公司施加重大影响。每股买入价为9.8元,另发生相关税费总额为30万元,款项已支付。当日乙公司可辨认净资产的账面价值为80 000万元(与公允价值一致)。

(2) 2017年,乙公司净利润4 000万元。

(3) 2018年3月20日,乙公司宣告发放现金股利,每10股派0.3元,甲公司应分得现金股利60万元。2018年4月20日,甲公司如数收到乙公司分派的现金股利。

(4) 2018年3月31日,乙公司其他权益工具投资的公允价值下降了200万元(未出现减值现象)并入账。

(5) 2018年4月30日,甲公司将持有的乙公司股份全部售出,每股售价12元。

要求:根据上述资料,不考虑其他因素,回答下列各小题。(答案中的金额单位用万元表示)

(1) 根据资料(1),下列各项中,不正确的是( )。
A. 长期股权投资入账价值为19 600万元
B. 长期股权投资入账价值为19 630万元
C. 应计入营业外收入的金额为370万元
D. 应计入营业外收入的金额为410万元

(2) 根据资料(2)至资料(5),下列各项中,正确的是( )。
A. 2017年,乙公司实现净利润:
借:长期股权投资——损益调整　　　　　　　　　　　　　　　　　　1 000
　　贷:投资收益　　　　　　　　　　　　　　　　　　　　　　　　　　　　1 000
B. 2018年3月20日,宣告发放现金股利:
借:应收股利　　　　　　　　　　　　　　　　　　　　　　　　　　　　60
　　贷:投资收益　　　　　　　　　　　　　　　　　　　　　　　　　　　　60
C. 2018年4月20日,甲公司收到乙公司分配的现金股利时:
借:其他货币资金——存出投资款　　　　　　　　　　　　　　　　　60
　　贷:应收股利　　　　　　　　　　　　　　　　　　　　　　　　　　　　60
D. 2018年,乙公司实现净利润,甲公司不作账务处理

(3) 根据资料(4),下列各项关于甲公司会计处理中,正确的是( )。

A. "长期股权投资——其他综合收益"账户贷方登记 50 万元

B. "长期股权投资——其他综合收益"账户借方登记 50 万元

C. "其他综合收益"账户借方登记 50 万元

D. "资本公积——其他资本公积"账户借方登记 50 万元

(4) 根据资料(1)至资料(4),2018 年 3 月 31 日,甲公司长期股权投资的账面价值是( )万元。

A. 20 950 B. 21 000

C. 29 890 D. 20 000

(5) 根据资料(1)至资料(5),下列各项关于甲公司出售长期股权投资会计处理结果中,正确的是( )。

A. 投资收益增加 3 060 万元

B. 长期股权投资减少 20 000 万元

C. 其他综合收益增加 50 万元

D. 资本公积增加 50 万元

项目实训

【实训项目】

长期股权投资核算。

【实训情境】

2017—2018 年,华宇有限责任公司部分长期股权投资业务资料如下:

2017 年 3 月 10 日购入北巴传媒股份有限公司(600386)股票 50 万股,每股单价 10 元,占北巴传媒股份的 20%,具有表决权,购入时北巴传媒可辨认净资产的账面价值为 10 000 万元(与各项资产、负债的公允价值相同)。2016 年,北巴传媒实现净利润 3 000 万元。2017 年 2 月 25 日宣告发放现金股利 2 000 万元。2017 年,北巴传媒亏损 1 000 万元。

5 月 18 日收到单证如图 6-2 至图 6-4 所示。

鸿运证券股份有限公司

证券交易交割单

单位:元

序号	成交日期	成交时间	交易状态	证券代码	证券名称	成交价格	成交数量	成交金额	账户余额	佣金	印花税	其他费用	订单编号
1	2018-05-18	16:21:02	卖出	600386	北巴传媒	8.92	150 000	1 338 000	2 239 867	1 338		1 663.24	1705189897

图 6-2 证券交易交割单

中国工商银行银证转账回单

客户名称	华宇有限责任公司	证券公司名称	鸿运证券股份有限公司	券商代码	Q 8123456
开户银行	滨海市分行	证券公司营业部	解放街营业部	证券机构号	AQ123890
注册账户	98430214366208		证券资金账号	2368 5306 2636	
银行结算账户余额	¥2 239 867.00				
转账金额	¥1 343 677.24				
转账大写金额	壹佰叁拾肆万叁仟陆佰柒拾柒元贰角肆分				

图 6-3 银证转账回单

滨海增值税专用发票

No. 21256352

发 票 联   开票日期：2018年5月18日

购买方	名　　称：华宇有限责任公司 纳税人识别号：280602002234678 地　址、电话：滨海市解放街 28 号 0578-2133999 开户行及账号：中国工商银行滨海市分行 18010011 2200100888	密码区	（略）

货物或应税劳务、服务名称	规格型号	单位	数量	单价	金　额	税率	税　额
*经纪代理服务*代理交易手续费					4 093.62	6%	245.62
合　计					4 093.62		245.62
价税合计（大写）	⊗肆仟叁佰叁拾玖元贰角肆分				（小写）	￥4 339.24	

销售方	名　　称：鸿运证券股份有限公司 纳税人识别号：62012786134129 地　址、电话：滨海市解放街 289 号 0578-4133456 开户行及账号：中国工商银行滨海市分行 236853062636	备注	（鸿运证券股份有限公司 62012786134129 发票专用章）

收款人：　　　复核：　　　开票人：李瑞希　　　销售方：（章）

图 6-4　增值税专用发票

华宇有限责任公司尚未入账，出纳李莉认为该笔业务的原始凭证有不妥之处。

【实训要求】

（1）请指出上述业务的会计处理，哪些是正确的，哪些是错误的。如果是错误的，那么正确的做法是什么？

（2）通过实训过程的全程参与和体验，在基本完成实训操练各项技能任务的基础上，独立形成长期股权投资核算实训报告。

长期股权投资核算实训报告

长期股权投资核算		
项目实训班级：	项目小组：	项目组成员：
实训时间：　年　月　日	实训地点：	实训成绩：
实训目的：		
实训步骤：		
实训结果：		
实训感言：		
不足与今后改进：		
项目组长评定签字：		项目指导教师评定签字：

项目七 固定资产核算岗位——固定资产

本项目课件

知识目标

理解：固定资产的概念、特点和分类。

熟知：固定资产的确认条件、固定资产折旧的意义、计提折旧的范围以及影响折旧的因素。

掌握：固定资产的初始计量以及后续计量的方法，固定资产处置、固定资产减值的账务处理。

技能目标

通过本项目的学习，要求能够正确地为固定资产进行分类与计价，并为其设立固定资产卡片；能够掌握关于固定资产购进、租入、转移、出租、报废、处置等业务的分类核算，固定资产折旧的账务处理，以及固定资产清查的处理方法。

素质目标

运用所学会计的理论与实务知识研究相关案例，培养和提高学生在特定业务情境中分析问题与决策设计的能力；能结合"固定资产"的教学内容，结合行业规范或标准，分析会计行为的善恶，强化学生的职业道德素质。

项目引例

引例 固定资产

背景与情境：2016—2019年，华盛公司与固定资产有关的业务资料如下：

(1) 2016年12月6日，华盛公司购入一条需要安装的生产线，取得的增值税专用发票上注明的价款为2 000万元，增值税税额为340万元，发生保险费5万元，款项均以银行存款支付；没有发生其他相关税费。生产线已投入安装，假定该生产线的增值税可以抵扣。

(2) 2016年12月11日，华盛公司安装领用生产用原材料的实际成本和计税价格均为20万元，发生安装工人工资10万元，没有发生其他相关税费。该原材料未计提存货跌价准备。

(3) 2016年12月31日，该生产线达到预定可使用状态，当日投入使用。该生产线预计使用年限为12年，预计净残值为55万元，采用直线法计提折旧。

(4) 2017年12月31日，华盛公司在对该生产线进行检查时发现其已经发生减值。该生产线可收回金额为1 615.12万元。

(5) 2019年1月1日，该生产线的预计尚可使用年限为10年，预计净残值为25.2万元，采用直线法计提折旧。

(6) 2019年6月30日，华盛公司将生产线出售，取得价款1 600万元，支付清理费用20万元。

请会计张红做出相关账务处理。相关原始凭证：①购买设备时签订的采购合同；②购买设备时，相关领导审批签字的用款申请单；③购入生产线设备的增值税专用发票；④支付款项时的银行回单；⑤安装设备时，向仓库领料的领料单；⑥安装设备时，向安装工人发放工资的工资单；⑦设备安装完成时，出具的设备验收入库单；⑧确认减值时，自制设备减值计提单；⑨设备出售时，签订的销售合同；⑩设备出售时，开具的增值税专用发票；⑪收到出售设备价款时的银行回单。

业务产生：公司根据生产需要，购入生产流水线设备（该设备需要通过安装才能达到预定可使用状态），支付相关款项，并且在使用过程中发现该设备的价值明显下跌，需对固定资产计提减值准备。公司为再次提升车间的设备使用功能,对使用过的淘汰的设备对外出售,并收到相应款项。

请针对上述背景与情境内容,做出相关处理程序。

> **知识精讲**

任务一 固定资产核算岗位概述

一、固定资产核算岗位的职责与工作任务

(一) 固定资产核算岗位的职责

(1) 与有关部门拟定固定资产管理与核算的实施办法。制定固定资产的确认标准、折旧方法等内容,编制固定资产目录,并对其进行分类管理。

(2) 参与核定固定资产需要量,参与编制固定资产改造和大修理计划。同有关部门根据本单位生产经营的需要,认真核定固定资产的需要量,并随生产情况的变化进行调整。要经常深入实际,了解固定资产的新旧程度和完好状态,为编制固定资产改造和大修理计划提供资料。

(3) 负责固定资产的明细分类核算,编制固定资产报表。对购置、调入、内部转移、租赁、封存、调出的固定资产,要监督有关部门或人员办理会计手续。要根据会计凭证登记固定资产账户及卡片,定期进行核对,做到账、卡、物相符,并按期编报反映固定资产增减变动的财务报表。

(4) 计算提取固定资产折旧和大修理费用。根据折旧的有关规定,编制折旧计划,按月计提折旧和修理费用,不得多提、少提、漏提或重提,同时做好固定资产折旧和大修理费用的分配。

(5) 参与固定资产的清查盘点。会同有关部门定期对固定资产进行盘点,年终进行全面清查。发现盘盈、盘亏、毁损等情况,要查明原因,明确责任,按规定的审批权限办理报批手续。发现有多余、闲置固定资产,以及保管、使用、维护不当的固定资产,要及时汇报,并提出改进意见。

(6) 分析固定资产的使用效果。会同有关部门对固定资产的使用状况进行分析,促进固定资产的合理使用,加强维护、保养,挖掘其潜力,提高固定资产的利用率。

(二) 固定资产核算岗位的工作任务

(1) 固定资产的确认与明细账的设置。要把固定资产与其他资产区别开来,划分出正确的界限;进行固定资产的分类与计价,并进行分类编号,设置固定资产明细卡片。

(2) 对固定资产的增减进行明细分类核算。对固定资产的购置、调入、租入、内部转移、调出、出租、报废等,要督促有关部门办理会计手续,并根据会计凭证登记固定资产明细账,定期进行核对,做到账、卡、物相符。

(3) 对固定资产进行折旧核算。确定固定资产的折旧率、折旧方法,并进行固定资产折旧的计算,编制固定资产折旧计提表,并以此编制记账凭证,登记有关账簿。

(4) 根据需要对固定资产进行定期和不定期的清查。确定固定资产的清查方法,编制固定资产的盘盈、盘亏报告表,并上报审批,然后对审批结果进行相应的账务处理。

(5) 固定资产期末的重新计价。根据信息质量要求中的谨慎性要求,期末应对固定资产进行重新计价,如果可收回金额低于原账面价值,应计提相应数额的减值准备。

(6) 固定资产终止确认的核算。对已经报废或出售的固定资产,要及时进行账务处理。

(7) 对在建工程的成本进行核算与审核。要正确计算在建工程的成本,并严格审核在建工程的支出,并对成本进行账务处理。

(8) 对大修理和改良的固定资产进行正确的核算。

二、固定资产岗位业务核算程序

固定资产岗位业务核算程序如图 7-1 所示。

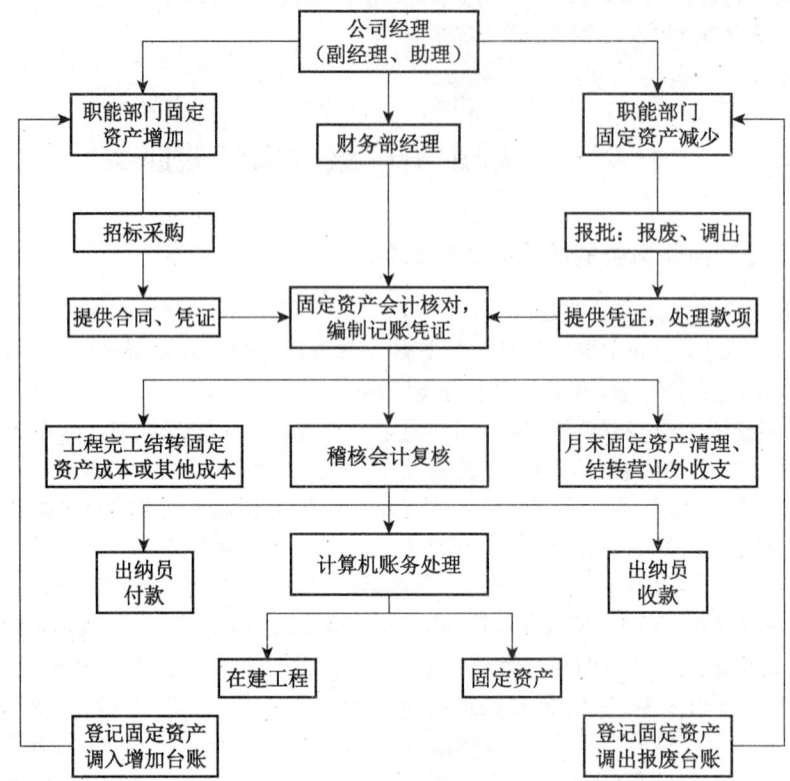

图 7-1 固定资产岗位业务核算程序

任务二 固定资产概述

一、固定资产的概念及确认条件

(一)固定资产的概念

固定资产,是指为生产商品、提供劳务、出租或经营管理而持有的使用寿命超过一个会计年度的有形资产。

固定资产是企业生产经营过程中的重要劳动资料,它能够在若干个生产经营周期中发挥作用,并保持其原有的实物形态。但其价值则由于损耗而逐渐减少,这部分减少的价值以折旧的形式分期转移到产品成本或费用中去,并在销售收入中得到补偿。从固定资产的定义来看,固定资产具有以下三个特征:

(1) 为生产商品、提供劳务、出租或经营管理而持有。企业持有固定资产的目的不是出售。固定资产是企业的劳动工具或手段,企业持有固定资产的目的是生产商品、提供劳务、出租或经营管理。其中,出租的固定资产是指企业以经营租赁方式出租的机器设备类固定资产,以融资租赁方式出租的固定资产由租入方按照自有固定资产核算;经营出租的建筑物属于企业的投资性房地产,也不在固定资产中核算。

(2) 使用寿命超过一个会计年度。固定资产的使用寿命是指企业使用固定资产的预计期间,或者该固定资产所能生产产品或提供劳务的数量。例如自用房屋建筑物的预计使用年限为该固定资产的使用寿命,车间使用的机器设备的使用寿命为其所能生产产品的数量。

(3) 固定资产是有形资产。固定资产的这一特征使其区别于无形资产,因为有些无形资产具有固定资产的其他特征。

(二) 固定资产的确认条件

固定资产在符合定义的前提下,还应当同时满足以下两个条件,才能加以确认。

1. 与该固定资产有关的经济利益很可能流入企业

资产最重要的特征就是预期会给企业带来经济利益。企业在确认固定资产时,需要判断与该固定资产有关的经济利益是否很可能流入企业。如果该固定资产有关的经济利益很可能流入企业,并同时满足固定资产确认的其他条件,那么企业应将其确认为固定资产,否则不应将其确认为固定资产。

在实务中,判断与该固定资产有关的经济利益是否很可能流入企业,主要判断与该固定资产所有权相关的风险和报酬是否转移到了企业。此处的风险指的是由于经营情况的变化导致的相关收益的变动,以及由于资产闲置、技术陈旧等原因导致的损失;报酬指的是固定资产使用寿命内因使用固定资产而获得的收入,以及处置该资产所实现的利得等。

一般情况下,与该固定资产所有权相关的风险和报酬是否转移的重要标志是所有权是否转移。但是,所有权是否转移不是判断与固定资产所有权相关的风险和报酬转移到企业的唯一标志。在某些情况下,某些固定资产的所有权虽然不属于企业,但是与该固定资产相关的风险和报酬实质上已经转移到企业,在这种情况下,企业也应该将该固定资产予以确认。例如融资租入的固定资产,虽然所有权不属于企业,但是与该固定资产所有权相关的风险和报酬实质上已经转移到了企业,根据会计信息质量要求中实质重于形式的规定,该固定资产属于承租企业固定资产的核算范围。

2. 该固定资产的成本能够可靠地计量

通常,企业取得固定资产时应该取得与成本相关的确凿的证据,如果证据不确凿,也应该根据最新获取的资料对固定资产的成本进行合理估计。例如企业对于已达到预定可使用状态但尚未办理竣工决算的固定资产,需要根据工程预算、工程造价或者工程实际发生的成本等资料,按估计的价值确定其成本,待办理完竣工决算后,再按照实际成本调整原来的暂估价值。

二、固定资产的分类

企业固定资产的种类繁多,为了正确地进行固定资产的核算,应按不同标准对固定资产进行分类。

(一) 按经济用途分类

固定资产按经济用途进行分类,可以分为生产经营用固定资产和非生产经营用固定资产。

(1) 生产经营用固定资产是指直接参加生产经营过程或直接服务于生产经营过程的各种房屋及建筑物、机器设备、运输设备、动力传导设备、工具、器具和管理用具等。

(2) 非生产经营用固定资产是指生活福利部门等非生产经营部门使用的房屋、器具,以及职工住宅、食堂等。

(二) 按使用情况分类

固定资产按使用情况分类,可以分为使用中固定资产、暂时闲置固定资产和持有待售固定资产。

(1) 使用中固定资产是指正在使用的各种固定资产。

(2) 暂时闲置固定资产是指尚未投入使用或暂停使用的各种固定资产。

(3) 持有待售固定资产是指不适合本企业需要准备出售处理的各种固定资产。

固定资产按照使用情况进行分类,可以提供固定资产使用状况的信息。企业管理者可以根据这些信息了解固定资产的使用效率,加强暂时闲置固定资产的管理,及时处置持有待售固定资产,提高固定资产的使用效率。

(三) 按所有权分类

固定资产按所有权进行分类,可以分为自有固定资产和融资租入固定资产。

自有固定资产是指企业拥有所有权的各种固定资产。

融资租入固定资产是指企业在租赁期间不拥有所有权但拥有实质控制权的各种固定资产。融资租入固定资产反映在承租方的账户和会计报表中,比照承租方的自有固定资产进行核算,应该由承租方计提折旧。而经营租入固定资产仍然反映在出租方的账户和会计报表中,由出租方计提折旧。

(四) 综合分类

在实际工作中,企业的固定资产是按照各种情况综合分类的,共分为7类。

(1) 生产经营用固定资产。
(2) 非生产经营用固定资产。
(3) 租出固定资产,指的是经营出租的固定资产。
(4) 不需用固定资产。
(5) 未使用固定资产。
(6) 土地,是指过去已经估价单独入账的土地。因征地而支付的补偿费,应计入与土地有关的房屋、建筑物的价值内,不单独作为土地入账。
(7) 融资租入固定资产,是指企业按照融资租赁租入的固定资产,在租赁期内应视同自有固定资产进行管理。

三、固定资产的初始计量

固定资产应当按照获取成本进行初始计量。固定资产的成本是指企业获得某项固定资产并使其达到预定可使用状态前所发生的一切合理的、必要的支出。这些支出包括直接发生的成本,例如购买价、运杂费、包装费、安装支出等,也包括间接发生的支出,如应承担的借款利息、外币折算差额以及应分摊的其他间接费用。固定资产的取得方式不同,其初始计量方法也不相同。

(一) 外购固定资产

企业外购的固定资产成本,包括购买价款、相关税费,以及使固定资产达到预定可使用状态前所发生的可归属于该项资产的运输费、装卸费、安装费和专业人员的服务费等。

(二) 自行建造固定资产

企业自行建造固定资产的成本,由自行建造该项资产达到预定可使用状态前所发生的必要支出构成。

(三) 投资者投入固定资产

投资者投入固定资产的成本,应当按照投资合同或协议的价值确定,但合同或协议不公允的应该按照公允价值确定。

(四) 非货币性资产交换取得的固定资产

如果该项交换具有商业实质,并且换入与换出资产的公允价值均能可靠地计量,应当以该固定资产的公允价值加相关税费作为该项换入固定资产的初始价值。如果不符合上述条件,应当按照换出资产的账面价值和应该支付的相关税费作为换入固定资产的成本。

(五) 接受捐赠取得的固定资产

《企业会计准则第4号——固定资产》规定,接受捐赠的固定资产,按以下规定确定其入账

价值:

(1) 捐赠方提供了有关凭据的,按凭据上标明的金额加上应当支付的相关税费,作为入账价值。

(2) 捐赠方没有提供有关凭据的,按以下顺序确定其入账价值:

① 同类或类似固定资产存在活跃市场的,按同类或类似固定资产的市场价格估计的金额,加上应当支付的相关税费,作为入账价值。

② 同类或类似固定资产不存在活跃市场的,按接受捐赠的固定资产的预计未来现金流量现值,作为入账价值。

如接受捐赠的系旧的固定资产,按依据上述方法确定的新固定资产价值,减去按该项资产的新旧程度估计的价值损耗后的余额,作为入账价值。

(六) 盘盈的固定资产

对于企业盘盈的固定资产,如果同类或者类似固定资产存在活跃市场,按照同类或类似固定资产的市场价格,减去按该项固定资产的新旧程度估计的价值损耗后的余额,作为入账价值;如果同类或类似固定资产不存在活跃市场,按该项固定资产的预计未来现金流量的现值,作为入账价值。

四、固定资产的计价

固定资产的计价基础也称为计价标准,即原始价值、重置价值和折余价值。

(1) 原始价值,也称为原价或原值,即固定资产的历史成本或原始购置成本,具体来讲是指企业购建某项固定资产达到预定可使用状态前所发生的一切合理、必要的支出。按这种计价方法确定固定资产的价值,均是实际发生并有支付凭据的支出,具有客观性和可验证性。

(2) 重置价值,也称为现时重置成本,是指在当前市场条件下购置相同的全新固定资产所需要的全部支出。固定资产计价以重置成本或重置价值为基础,不仅可以反映固定资产的实际经济价值,而且可以促进固定资产实物的及时更新。

(3) 折余价值,也称为固定资产净值,是指固定资产原始价值或重置价值减去已提折旧后的余额。它可以反映企业实际占用固定资产的价值和固定资产的新旧程度。这种方法是固定资产盘盈、盘亏、报废、毁损等溢余或损失的依据。

任务三 固定资产取得的核算

一、账户设置

为了反映固定资产的增减变动和结存情况,企业应设置"固定资产""累计折旧""工程物资""在建工程"等账户。

(一) "固定资产"账户

"固定资产"账户总括反映固定资产原值的增减变动和结存情况。该账户借方登记增加固定资产的原值,贷方登记减少固定资产的原值,期末借方余额表示实有固定资产的原值。

在"固定资产"账户下一般设置明细账进行核算。固定资产明细账也称为固定资产卡片,应按照每一项独立的固定资产设置,登记固定资产原值、预计净残值、预计使用年限、折旧方法、月折旧率、开始使用时间、使用期间内的停用记录和大修理记录以及其他与该项固定资产相关的记录等,并按照固定资产的类别和使用、保管单位的顺序排列。月末,各类固定资产卡片的原值合计数,应与各该类固定资产登记簿余额核对相符。

（二）"累计折旧"账户

"累计折旧"账户属于"固定资产"账户的抵减账户。该账户贷方登记计提的固定资产折旧以及增加的旧固定资产的已提折旧，借方登记减少的旧固定资产的已提折旧，期末贷方余额表示全部固定资产已提折旧的累计数。

（三）"工程物资"账户

"工程物资"账户属于资产类账户，用来核算企业为在建工程准备的各种物资的成本。该账户借方登记企业购入工程物资的成本，贷方登记领用工程物资的成本；期末余额在借方，反映企业为在建工程准备的剩余各种物资的成本。

（四）"在建工程"账户

"在建工程"账户属于资产类账户，用来核算企业固定资产安装、基建、更新改造等在建工程发生的支出。该账户借方登记企业各项在建工程的实际支出；贷方登记完工工程转出的成本；期末余额在借方，反映企业尚未达到预定可使用状态的在建工程的成本。

此外，企业固定资产、在建工程发生减值的，还应当设置"固定资产减值准备""在建工程减值准备"等账户进行核算。

二、外购固定资产的账务处理

企业外购固定资产的账务处理应该区别下列情况分别核算。

（一）购入不需安装的固定资产

企业购入不需安装的固定资产，应按照实际支付的购买价款、相关税费以及使固定资产达到预定可使用状态前所发生的可归属于该项资产的运输费、装卸费和专业人员服务费等，借记"固定资产"账户，根据可抵扣的增值税进项税额，借记"应交税费——应交增值税（进项税额）"账户，贷记"银行存款"等账户。

【做中学7-1】 甲公司购入不需安装的生产设备一套，发票价格为100 000元，增值税为16 000元。发生运费1 000元，增值税为110元。款项全部以银行存款支付。甲公司相应的账务处理如下：

购入时，根据有关原始凭证，编制如下会计分录：

借：固定资产　　　　　　　　　　　　　　　　　　　　　　　　　101 000
　　应交税费——应交增值税（进项税额）　　　　　　　　　　　　 16 110
　　贷：银行存款　　　　　　　　　　　　　　　　　　　　　　　117 110

2009年1月1日增值税转型改革后，企业购建（包括购进、接受捐赠、实物投资、自制、改扩建和安装）生产用固定资产发生的增值税进项税额可以从销项税额中抵扣。"营改增"以后，根据国家税务总局制定的《不动产进项税额分期抵扣暂行办法》，自2016年5月1日起，增值税一般纳税人取得的不动产和不动产在建工程，其进项税额按照现行增值税制度规定，自取得之日起分两年从销项税额中抵扣，按增值税专用发票上注明的进项税额的60%作为当期可抵扣的进项税额，借记"应交税费——应交增值税（进项税额）"账户；按增值税专用发票上注明的进项税额的40%作为自本月起第13个月可抵扣的进项税额，借记"应交税费——待抵扣进项税额"账户；上述待抵扣的进项税额在下年度同月允许抵扣时，按允许抵扣的金额，借记"应交税费——应交增值税（进项税额）"账户，贷记"应交税费——待抵扣进项税额"账户。

在实际工作中，企业可能以一笔款项购入多项没有单独标价的固定资产。此时，应当按照各项固定资产的公允价值比例对总成本进行分配，分别确定各项固定资产的成本。如果以一笔款项购入的多项资产中除固定资产外还包括其他资产，也应按类似的方法予以处理。

【做中学7-2】 2018年1月1日，企业购入一幢大楼作为生产车间并交付使用，取得发票并经税务认证，增值税专用发票上注明大楼的价款为8 000 000元，增值税税额为1 280 000元，款项以银行存款支付。

2018年1月1日,企业购入固定资产时:

借:固定资产　　　　　　　　　　　　　　　　　　　　　　　　8 000 000
　　应交税费——应交增值税(进项税额)　　　　　　　　　　　　480 000
　　　　　　——待抵扣进项税额　　　　　　　　　　　　　　　　320 000
　　贷:银行存款　　　　　　　　　　　　　　　　　　　　　　　　880 000

2019年1月1日,待抵扣进项税额可抵扣时:

借:应交税费——应交增值税(进项税额)　　　　　　　　　　　　320 000
　　贷:应交税费——待抵扣进项税额　　　　　　　　　　　　　　320 000

(二)购入需要安装的固定资产

企业购入需要安装的固定资产,应在固定资产取得成本的基础上加上安装调试成本等,作为购入固定资产的成本。先通过"在建工程"账户核算,待安装完毕达到预定可使用状态时,再将"在建工程"账户的余额转入"固定资产"账户。

【做中学7-3】 甲公司购入需要安装的生产设备一台,发票价格为100 000元,增值税为16 000元。设备由供货方安装,安装费为5 000元,安装费的增值税为800元。款项以银行存款付清。甲公司相应的账务处理如下:

(1)购入该项设备时,根据有关原始凭证,编制如下会计分录:

借:在建工程　　　　　　　　　　　　　　　　　　　　　　　　100 000
　　应交税费——应交增值税(进项税额)　　　　　　　　　　　　16 000
　　贷:银行存款　　　　　　　　　　　　　　　　　　　　　　　116 000

(2)支付安装费时,根据有关原始凭证,编制如下会计分录:

借:在建工程　　　　　　　　　　　　　　　　　　　　　　　　5 000
　　应交税费——应交增值税(进项税额)　　　　　　　　　　　　800
　　贷:银行存款　　　　　　　　　　　　　　　　　　　　　　　5 800

(3)该项设备安装完毕达到预定可使用状态时:

$$固定资产的成本 = 100\,000 + 5\,000 = 105\,000(元)$$

根据有关原始凭证,编制如下会计分录:

借:固定资产　　　　　　　　　　　　　　　　　　　　　　　　105 000
　　贷:在建工程　　　　　　　　　　　　　　　　　　　　　　　105 000

(三)外购固定资产的特殊考虑

以一笔款项购入多项没有单独标价的固定资产,应当按照各项固定资产的公允价值比例对总成本进行分配,分别确定各项固定资产的成本。

【做中学7-4】 20×9年6月1日,甲公司为降低采购成本,购进了3套具有不同生产能力的A、B、C设备。为该批设备共支付价款700 000元,另支付装卸费等10 000元,全部以银行存款支付。假定A、B、C设备均满足固定资产的定义及确认条件,公允价值分别为100 000元、300 000元、400 000元。

计入固定资产成本的金额 = 700 000 + 10 000 = 710 000(元)
A设备应分配的固定资产价值比例 = 100 000 ÷ (100 000 + 300 000 + 400 000) × 100% = 12.5%
B设备应分配的固定资产价值比例 = 300 000 ÷ (100 000 + 300 000 + 400 000) × 100% = 37.5%
C设备应分配的固定资产价值比例 = 400 000 ÷ (100 000 + 300 000 + 400 000) × 100% = 50%
A设备的入账价值 = 710 000 × 12.5% = 88 750(元)
B设备的入账价值 = 710 000 × 37.5% = 266 250(元)
C设备的入账价值 = 710 000 × 50% = 355 000(元)

```
借：固定资产——A设备                    88 750
         ——B设备                   266 250
         ——C设备                   355 000
    贷：银行存款                        710 000
```

另外，企业购买固定资产的价款超过正常信用条件延期支付，实质上具有融资性质的，固定资产的成本应当以购买价款的现值为基础进行确定。购入固定资产时，按购买价款的现值，借记"固定资产"或"在建工程"账户；按应支付的金额，贷记"长期应付款"账户；按其两者之间的差额，借记"未确认融资费用"账户。未确认融资费用应当在信用期间内采用实际利率法进行摊销，摊销金额除满足借款费用资本化条件应当计入固定资产成本外，均应在信用期间内确认为财务费用，计入当期损益。

三、自行建造固定资产的账务处理

企业自行建造固定资产的成本，由建造该项资产达到预定可使用状态前所发生的必要支出构成，包括工程物资成本、人工成本、缴纳的有关税费、应予资本化的借款费用以及应该分摊的间接费用等。

企业自行建造固定资产包括自营和出包两种方式。

（一）自营工程

自营工程是指企业利用自身的生产能力自行组织材料物资采购、自行组织施工人员的建筑工程和安装工程。企业通过自营方式建造固定资产，其入账价值应当按照建造该项固定资产达到预定可使用状态前所发生的必要支出确定，包括直接材料、直接人工、直接机械施工费等。

工程项目较多且工程支出较大的企业，应当按照工程项目的性质分别核算各工程项目的成本。

自营工程使用的材料物资，一般应单独进行核算。

企业购入工程所需材料物资时，按照已经认证的增值税专用发票上注明的价款，借记"工程物资"账户，按照已经认证的增值税专用发票上注明的进项税额的60%作为当期可抵扣的进项税额，借记"应交税费——应交增值税（进项税额）"账户，按增值税专用发票上注明的进项税额的40%作为自本月起第13个月可抵扣的进项税额，借记"应交税费——待抵扣进项税额"账户，贷记"银行存款"等账户。

自营工程领用材料物资时，应根据实际成本，借记"在建工程"账户，贷记"工程物资"账户。

自营工程领用本企业原材料时，应按原材料的实际成本，借记"在建工程"账户，贷记"原材料"账户，并确认相应待抵扣进项税额；原材料按计划成本核算的，还应结转分摊的材料成本差异。

自营工程应负担的职工工资及其他费用，应借记"在建工程"账户，贷记"应付职工薪酬""银行存款"等账户。

自营工程达到预定可使用状态时，按实际发生的全部支出，借记"固定资产"账户，贷记"在建工程"账户。

【做中学7-5】 A企业自建一项固定资产，购入工程用材料一批，货款为200 000元，增值税税额为32 000元，自营工程全部领用；工程领用本企业生产用的原材料一批，实际成本为10 000元，相关进项税额1 600元，分配工程人员的工资30 000元，支付其他费用6 000元（款项均用银行存款支付）；工程完工达到预定可使用状态。

购入工程物资时：

借：工程物资 200 000
　　应交税费——应交增值税（进项税额） 19 200
　　　　　　——待抵扣进项税额 12 800
　贷：银行存款 232 000

工程领用工程物资时：
借：在建工程 200 000
　贷：工程物资 200 000

工程领用本企业生产用的原材料：
借：在建工程 10 000
　贷：原材料 10 000

原材料进项税额以后期间可抵扣部分640元（1 600×40%）：
借：应交税费——待抵扣进项税额 640
　贷：应交税费——应交增值税（进项税额转出） 640

分配工资及支付其他费用：
借：在建工程 36 000
　贷：应付职工薪酬 30 000
　　　银行存款 6 000

工程完工交付使用：
借：固定资产 246 000
　贷：在建工程 246 000

下一年进项税额可抵扣时：
借：应交税费——应交增值税（进项税额）（12 800＋640） 13 440
　贷：应交税费——待抵扣进项税额 13 440

（二）出包工程

出包工程是指企业通过招标等方式将工程项目发包给建造商，由建造商组织施工的建筑工程和安装工程。企业通过出包方式建造固定资产的，其入账价值应当按照建造该项固定资产达到预定可使用状态前所发生的必要支出确定，包括建筑工程支出、安装工程支出、在安装设备支出及需分摊计入的待摊支出。在出包方式下，固定资产建造工程支出由承包单位核算，出包企业只需按出包合同规定向承包单位支付工程价款，并按支付的全部工程价款作为固定资产成本入账。

企业按合同约定向建造商预付工程价款时，借记"预付账款"账户，贷记"银行存款"等账户；结算工程款并补付剩余工程款时，按照已经认证的增值税专用发票上注明的价款，借记"在建工程"账户，按照已经认证的增值税专用发票上注明的进项税额的60%作为当期可抵扣的进项税额，借记"应交税费——应交增值税（进项税额）"账户，按增值税专用发票上注明的进项税额的40%作为自本月起第13个月可抵扣的进项税额，借记"应交税费——待抵扣进项税额"账户，贷记"预付账款""银行存款"等账户；工程达到预定可使用状态时，按实际发生的全部支出，借记"固定资产"账户，贷记"在建工程"账户。

【做中学7-6】B企业将一幢厂房的建造工程出包给金龙公司承建，按合同规定，企业向金龙公司预付工程价款550 000元；其余工程款于工程完工时补付，完工时取得金龙公司开具的增值税专用发票，注明工程款800 000元，税率10%，增值税税额80 000元，共计880 000元；共补付工程价款330 000元，工程完工经验收后交付使用。

B企业编制会计分录如下：

预付工程价款时：

借：预付账款	550 000
贷：银行存款	550 000

办理工程结算及补付工程价款时：

借：在建工程	800 000
应交税费——应交增值税（进项税额）	48 000
——待抵扣进项税额	32 000
贷：预付账款	550 000
银行存款	330 000

工程完工交付使用：

借：固定资产	800 000
贷：在建工程	800 000

下一年进项税额可抵扣时：

借：应交税费——应交增值税（进项税额）	32 000
贷：应交税费——待抵扣进项税额	32 000

四、投资者投入固定资产的账务处理

接受投资者投入固定资产，在办理了固定资产移交手续后，应按投资合同或协议约定的价值，借记"固定资产""应交税费——应交增值税（进项税额）"账户，贷记"实收资本""资本公积"等账户。

【做中学7-7】 20×9年4月1日，甲公司接受乙公司投入设备一台，投入设备的账面原值为700 000元，双方确认的价值为500 000元（假设合同约定价格公允），收到的增值税专用发票上注明的税款为80 000元。

接受投资时，根据有关原始凭证，编制如下会计分录：

借：固定资产	500 000
应交税费——应交增值税（进项税额）	80 000
贷：实收资本	580 000

五、租入固定资产

租赁是指在约定期间内，出租人将资产使用权让与承租人并收取租金的协议。租赁有两种形式：一种是经营租赁；另一种是融资租赁。如果一项租赁在实质上没有转移与租赁资产所有权有关的全部风险和报酬，那么该项租赁应认定为经营租赁。融资租赁是指实质上转移了与资产所有权有关的全部风险和报酬的租赁。其所有权最终可能转移，也可能不转移。

（一）经营租入固定资产

经营租赁的会计处理较为简单，企业无须将租赁资产资本化，只需将支付或应付的租金按一定方法计入相关资产成本或当期损益。通常情况下，企业应当将经营租赁的租金在租赁期内各个期间，按照直线法计入相关资产成本或者当期损益。

【做中学7-8】 华扬股份有限公司于2016年1月1日从乙租赁公司采用经营租赁方式租入一台管理用设备。租赁合同规定：租赁期开始日为2016年1月1日，租赁期为3年，租金总额为240 000元，租赁开始日，甲公司先预付租金180 000元，第3年年末再支付租金60 000元；租赁期满，乙租赁公司收回办公设备。假定华扬股份有限公司在每年年末确认租金费用，不考虑其他相关税费。

华扬股份有限公司的账务处理如下:

(1) 2016年1月1日,预付租金。

借:预付账款——乙租赁公司　　　　　　　　　　　　　　　　　　　　　180 000
　　贷:银行存款　　　　　　　　　　　　　　　　　　　　　　　　　　　　180 000

(2) 2016年12月31日,确认本年租金费用。

借:管理费用　　　　　　　　　　　　　　　　　　　　　　　　　　　　　80 000
　　贷:预付账款——乙租赁公司　　　　　　　　　　　　　　　　　　　　　　80 000

确认租金费用时,不能依据各期实际支付的租金金额来确定,而应采用直线法分摊确认,此项租赁租金总额为240 000元,按直线法计算,每年应分摊的租金费用为80 000元。

(3) 2017年12月31日,确认本年租金费用。

借:管理费用　　　　　　　　　　　　　　　　　　　　　　　　　　　　　80 000
　　贷:预付账款——乙租赁公司　　　　　　　　　　　　　　　　　　　　　　80 000

(4) 2018年12月31日,支付第3期租金并确认本年租金费用。

借:管理费用　　　　　　　　　　　　　　　　　　　　　　　　　　　　　80 000
　　贷:银行存款　　　　　　　　　　　　　　　　　　　　　　　　　　　　　60 000
　　　　预付账款——乙租赁公司　　　　　　　　　　　　　　　　　　　　　　20 000

(二) 融资租入固定资产

融资租赁是指实质上转移了与资产所有权有关的全部风险和报酬的租赁,其所有权最终可能转移,也可能不转移。企业采用融资租赁方式租入的固定资产,虽然在法律形式上资产的所有权在租赁期间仍然属于出租人,但由于资产的租赁期基本上包括了资产的有效使用年限,承租企业实质上获得了租赁资产所能提供的主要经济利益,同时承担了与资产所有权有关的风险。因此,承租企业应将融资租入资产作为一项固定资产入账,并计提折旧,同时确认相应的负债。企业应对融资租入的固定资产在"固定资产"账户下设置"融资租入固定资产"明细账户进行核算。

企业在租赁期开始日,将租赁开始日租赁资产的公允价值与最低租赁付款额现值两者中较低者,加上在租赁谈判和签订租赁合同过程中发生的、可直接归属于租赁项目的手续费、律师费、差旅费、印花税等初始直接费用,作为租入资产的入账价值,借记"固定资产——融资租入固定资产"账户,按最低租赁付款额,贷记"长期应付款"账户,按发生的初始直接费用,贷记"银行存款""库存现金"等账户,按其差额,借记"未确认融资费用"账户。

每期支付租金时,借记"长期应付款"账户,贷记"银行存款"账户。每期采用实际利率法分摊未确认融资费用时,按当期应分摊的未确认融资费用金额,借记"财务费用"账户,贷记"未确认融资费用"账户。如果支付的租金中包含履约成本,按履约成本金额,借记"制造费用""管理费用"等账户,贷记"银行存款"账户。

租赁期届满,如合同规定将租赁资产所有权转归承租企业的,企业应进行转账,将固定资产从"融资租入固定资产"明细账户转入有关明细账户。

采用实际利率法分摊未确认融资费用时,分摊率可采用出租人租赁内含利率、合同规定利率及银行同期贷款利率等作为折现率将最低租赁付款额折现。

【做中学7-9】 20×5年12月1日,甲公司与乙租赁公司签订了一份融资租赁合同。租赁合同规定:租赁期开始日为20×5年12月31日;租赁期为3年,每年年末支付租金1 000 000元;租赁期届满甲公司对固定资产的担保余值为150 000元。该固定资产于20×5年12月31日运抵甲公司,当日投入使用;甲公司采用年限平均法于每年年末计提固定资产折旧,并确认融资费用。假定该固定资产租赁开始日的公允价值为3 000 000元,租赁内含利率为6%。20×7年12月31日,甲公司将该固定资产归还乙租赁公司。

甲公司计算及编制会计分录如下：
20×7年12月31日，租入固定资产：
最低租赁付款额现值=1 000 000×(P/A,3,6%)+150 000×(P/F,3,6%)=2 798 940(元)＜该固定资产租赁开始日的公允价值(3 000 000元)
融资租入固定资产入账价值=2 798 940(元)

借：固定资产——融资租入固定资产　　　　　　　　　　　　　　　2 798 940
　　未确认融资费用(3 150 000-2 798 940)　　　　　　　　　　　　351 060
　　贷：长期应付款　　　　　　　　　　　　　　　　　　　　　　　3 150 000

未确认融资费用的分摊结果如表7-1所示。

表7-1　　　　　　　　　　　未确认融资费用分摊表　　　　　　　　　　单位：元

日期	租金	确认的融资费用	应付本金减少额	应付本金余额
	(1)	(2)=期初(4)×6%	(3)=(1)-(2)	(4)=期初(4)-(3)
20×5-12-1				2 798 940.00
20×5-12-31	1 000 000	167 936.40	832 063.60	1 966 876.40
20×6-12-31	1 000 000	118 012.58	881 987.42	1 084 888.98
20×7-12-31	1 000 000	65 111.02*	934 888.98	150 000.00
合计	3 000 000	351 060.00	2 648 940.00	

注：*尾数调整。

各年应计提折旧=(2 798 940-150 000)÷3=882 980(元)

20×5年12月31日，支付租金、分摊融资费用并计提折旧：

借：长期应付款　　　　　　　　　　　　　　　　　　　　　　　　1 000 000
　　贷：银行存款　　　　　　　　　　　　　　　　　　　　　　　　1 000 000
借：财务费用　　　　　　　　　　　　　　　　　　　　　　　　　　167 936.40
　　贷：未确认融资费用　　　　　　　　　　　　　　　　　　　　　167 936.40
借：制造费用　　　　　　　　　　　　　　　　　　　　　　　　　　882 980
　　贷：累计折旧　　　　　　　　　　　　　　　　　　　　　　　　882 980

20×6年12月31日：

借：长期应付款　　　　　　　　　　　　　　　　　　　　　　　　1 000 000
　　贷：银行存款　　　　　　　　　　　　　　　　　　　　　　　　1 000 000
借：财务费用　　　　　　　　　　　　　　　　　　　　　　　　　　118 012.58
　　贷：未确认融资费用　　　　　　　　　　　　　　　　　　　　　118 012.58
借：制造费用　　　　　　　　　　　　　　　　　　　　　　　　　　882 980
　　贷：累计折旧　　　　　　　　　　　　　　　　　　　　　　　　882 980

20×7年12月31日：

借：长期应付款　　　　　　　　　　　　　　　　　　　　　　　　1 000 000
　　贷：银行存款　　　　　　　　　　　　　　　　　　　　　　　　1 000 000
借：财务费用　　　　　　　　　　　　　　　　　　　　　　　　　　65 111.02
　　贷：未确认融资费用　　　　　　　　　　　　　　　　　　　　　65 111.02
借：制造费用　　　　　　　　　　　　　　　　　　　　　　　　　　882 980
　　贷：累计折旧　　　　　　　　　　　　　　　　　　　　　　　　882 980

20×7年12月31日，归还固定资产：

借：长期应付款　　　　　　　　　　　　　　　　　　　　　　150 000
　　累计折旧　　　　　　　　　　　　　　　　　　　　　　2 648 940
　　贷：固定资产——融资租入固定资产　　　　　　　　　　2 798 940

（三）接受抵债取得固定资产

企业通过债务重组取得固定资产，应当按照受让的固定资产的公允价值加上应支付相关税费，借记"固定资产"账户，按重组债权已计提的减值准备，借记"坏账准备"账户，按重组债权的账面余额，贷记"应收账款"等账户，按应支付的相关税费，贷记"银行存款""应交税费"等账户，按借贷双方之间的差额，借记"营业外支出"账户或贷记"营业外收入"账户。

【做中学7-10】 A公司以一台机器设备抵偿所欠B公司货款448 000元，经协商达成协议。该机器设备原价为425 000元，公允价值为365 000元。B公司对该项应收账款未提取坏账准备。

B公司编制会计分录如下：

借：固定资产　　　　　　　　　　　　　　　　　　　　　　365 000
　　营业外支出　　　　　　　　　　　　　　　　　　　　　　83 000
　　贷：应收账款　　　　　　　　　　　　　　　　　　　　448 000

（四）存在弃置费用的固定资产

特殊行业的特定固定资产，对其进行初始计量时，还应当考虑弃置费用。弃置费用通常是指根据国家法律和行政法规、国际公约等规定，企业承担的环境保护和生态恢复等义务所确定的支出，如油气资产、核电站核设施等的弃置和恢复环境义务。对此，企业应当将弃置费用的现值计入相关固定资产的成本，同时确认相应的预计负债。在固定资产的使用寿命内，按照预计负债的摊余成本和实际利率计算确定的利息费用，应当在发生时计入财务费用。由于技术进步、法律要求或市场环境变化等原因，特定固定资产履行弃置义务可能会发生支出金额、预计弃置时点、折现率等的变动，从而引起原确认的预计负债的变动。此时，应按照以下原则调整该固定资产的成本：

（1）对于预计负债的减少，以该固定资产账面价值为限扣减固定资产成本。如果预计负债的减少额超过该固定资产账面价值，超出部分确认为当期损益。

（2）对于预计负债的增加，增加该固定资产的成本。按照上述原则调整的固定资产，在资产剩余使用年限内计提折旧。一旦该固定资产的使用寿命结束，预计负债的所有后续变动应在发生时确认为损益。

任务四　固定资产折旧的核算

一、固定资产折旧的概念

固定资产折旧在会计中是指在固定资产使用寿命内，按照确定的方法对应计折旧额进行的系统的分摊。应计折旧额是指应当计提折旧的固定资产的原值扣除其预计的净残值和对固定资产计提的减值准备后的余额。

二、影响固定资产折旧的主要因素

在计算固定资产折旧时，必须正确考虑影响固定资产计提折旧的因素。具体来讲，计提固定资产折旧的主要依据有：计提固定资产折旧的基数、固定资产减值准备、固定资产的预计净残值、固定资产的预计使用寿命。

(一) 计提固定资产折旧的基数

计提固定资产折旧的基数一般为固定资产的原始成本,也就是固定资产的原值。固定资产应计提的折旧总额等于原值减去预计净残值。

(二) 固定资产减值准备

固定资产减值准备,是指固定资产已计提的固定资产减值准备累计金额。固定资产计提减值准备后,应当在剩余使用寿命内根据调整后的固定资产账面价值(固定资产账面余额减去累计折旧和累计减值准备后的金额)和预计净残值重新计算确定折旧率和折旧额。

(三) 固定资产的预计净残值

固定资产的预计净残值,是指企业预期在固定资产使用寿命终了时,从该固定资产的处置中获得的处置收入扣除预计处置费用后的净额。固定资产的净残值是固定资产使用期满时的回收额,在计提折旧时,应从固定资产原值中扣除。

但是,在计算固定资产的净残值时,由于固定资产还没有使用到期,对于使用到期后的情况究竟如何还不能完全确定,因此,只能人为地估计固定资产的残余价值和清理费用以确定其预计净残值。为了避免人为因素对固定资产净残值乃至折旧额的影响,我国企业所得税暂行条例及其实施细则规定了固定资产净残值的比例标准。所得税暂行条例及其实施细则规定,固定资产的净残值比例在其原值的5%以内的,由企业自行确定;由于情况特殊,需要调整净残值比例的,应报主管财税机关备案。

(四) 固定资产的预计使用寿命

固定资产的预计使用寿命是指固定资产预期使用的期限(有些固定资产的使用寿命也可以用该固定资产所能生产的产品或提供服务的数量表示)。固定资产预计使用寿命的长短,直接影响各期应计折旧额的大小。

三、固定资产折旧的范围

《企业会计准则第4号——固定资产》规定,企业应对所有的固定资产计提折旧。但是,已提足折旧仍继续使用的固定资产和单独计价入账的土地除外。

提足折旧,是指已经提足该项固定资产的应计折旧额。固定资产提足折旧后,不论能否继续使用,均不再计提折旧。提前报废的固定资产也不再补提折旧。

处于更新改造过程停止使用的固定资产,应将其账面价值转入在建工程,不再计提折旧。更新改造项目达到预定可使用状态转为固定资产后,再按照重新确定的使用寿命、预计净残值和折旧方法计提折旧。

已达到预定可使用状态的固定资产,如果尚未办理竣工决算的,应当按照估计价值暂估入账,并计提折旧;待办理竣工决算手续后,再按照实际成本调整原来的暂估价值,但不再调整原已计提的折旧额。

融资租入固定资产,应当采用与企业自有应计提折旧资产相一致的折旧政策计提折旧。租赁资产的折旧期间应依租赁合同而定。能够合理确定租赁期届满时承租人将会取得租赁资产所有权的,应以租赁期开始日租赁资产的使用寿命作为折旧期间。无法合理确定租赁期届满后承租人是否能够取得租赁资产所有权的,应当以租赁期与租赁资产使用寿命两者较短者作为折旧期间。

因进行大修理而停用的固定资产,应当照提折旧,计提的折旧额计入相关的资产成本或是当期损益。

固定资产应当按月计提折旧,当月增加的固定资产,当月不计提折旧,从下月开始计提折旧;当月减少的固定资产,当月仍计提折旧,从下月起停止计提折旧。

四、固定资产折旧的方法

常用的固定资产折旧计算方法一般可以分为4类:平均年限法、工作量法、双倍余额递减法和年数总和法。企业应当根据与固定资产有关的经济利益的预期实现方式,合理选择折旧方法。由于折旧方法的选用直接影响企业的利润,所以一经选用,不得随意更改。如果需要变更,必须符合固定资产准则的规定。

(一) 平均年限法

平均年限法,又称直线法,是指按照固定资产的预计使用年限平均计提折旧的方法,其累计折旧额为使用时间的线性函数。采用这种方法,假定固定资产的服务潜力随着时间的推移而逐渐递减,其效能与固定资产的新旧程度无关。因此,固定资产的应计折旧额可以均匀地摊配于预计使用年限内的各个会计期间。其计算公式如下:

年折旧额=[固定资产原值-(预计残值收入-预计清理费用)]÷预计使用年限
　　　　=固定资产应计折旧额÷预计使用年限
月折旧额=年折旧额÷12

上述公式为固定资产折旧平均年限法的一般原理。在实际工作中,固定资产折旧额一般根据固定资产原值乘以折旧率计算。在平均年限法下,固定资产折旧率是固定资产折旧额与固定资产原值的比率,其计算公式如下:

年折旧率=(1-预计净残值率)÷预计使用年限×100%
月折旧率=年折旧率÷12
月折旧额=固定资产原值×月折旧率

【做中学7-11】 华扬股份有限公司某项固定资产原值为700 000元,预计净残值率为4%,预计使用年限为10年。其折旧率和月折旧额计算如下:

该项固定资产年折旧率=(1-4%)÷10×100%=9.6%
该项固定资产月折旧率=9.6%÷12=0.8%
该项固定资产月折旧额=700 000×0.8%=5 600(元)

(二) 工作量法

工作量法是指按照固定资产预计完成的工作总量平均计提折旧的方法,其累计折旧额为完成工作量的线性函数。采用这种方法,假定固定资产的服务潜力随着完成工作量的增加而逐渐递减,其效能与固定资产的新旧程度无关。因此,固定资产的应计折旧额可以均匀地摊配于预计的每一单位工作量中。采用工作量法计提折旧,也应首先确定固定资产应计折旧额;然后根据固定资产应计折旧额和预计完成的工作总量,确定单位工作量折旧额;最后根据单位工作量折旧额和某月实际完成的工作量,就可以计算出该月折旧额。其计算公式如下:

某项固定资产单位工作量折旧额=该项固定资产应计折旧额÷该项固定资产预计完成的工作总量
该项固定资产月折旧额=该项固定资产单位工作量折旧额×该项固定资产该月实际完成的工作总量

不同的固定资产,其工作量有不同的表现形式。对于运输设备来说,其工作量表现为运输里程;对于机器设备来说,其工作量表现为机器工时和机器台班。

【做中学7-12】 华扬股份有限公司有运输汽车1辆,原值为300 000元,预计净残值率为4%,预计行驶总里程为800 000千米。该汽车采用工作量法计提折旧。某月该汽车行驶6 000千米。该汽车的单位工作量折旧额和该月折旧额计算如下:

单位工作量折旧额=300 000×(1-4%)÷800 000=0.36(元/千米)
该月折旧额=0.36×6 000=2 160(元)

工作量法一般适用于价值较高的大型精密机床以及运输设备等固定资产的折旧计算。这些固定资产的价值较高,各月的工作量一般不很均衡,采用平均年限法计提折旧会使各月成本费用的负担不够合理,因此采用工作量法来核算更为准确。

(三)双倍余额递减法

双倍余额递减法是指在不考虑固定资产的净残值的前提下,按固定资产净值(每期期初固定资产原值减去累计折旧)和双倍直线折旧率计提折旧的方法。采用双倍余额递减法计提折旧的固定资产,应当在固定资产折旧年限期满最后 2 年,将固定资产账面净值扣除预计净残值后的余额平均摊销。其计算公式如下:

$$年折旧率 = 2 \div 预计使用年限 \times 100\%$$

$$年折旧额 = 固定资产账面余额 \times 年折旧率$$

$$月折旧额 = 年折旧额 \div 12$$

在我国会计实务中,实行双倍余额递减法计提固定资产折旧时,应当在固定资产使用年限到期前两年以内,将固定资产账面余额扣除预计净残值后的余额平均摊销。

【做中学 7-13】 华扬股份有限公司有一台设备,账面原值为 500 000 元,预计使用 5 年,预计净残值为 20 000 元。按双倍余额递减法计提折旧,折旧计算表如表 7-2 所示。

$$年折旧率 = 2 \div 5 \times 100\% = 40\%$$

表 7-2　　　　　　　折旧计算表(双倍余额递减法)　　　　　　　金额单位:元

年份	期初账面净值	折旧率	折旧额	累计折旧额	期末账面净值
1	500 000	40%	200 000	200 000	300 000
2	300 000	40%	120 000	320 000	180 000
3	180 000	40%	72 000	392 000	108 000
4			44 000	436 000	64 000
5			44 000	480 000	20 000

(四)年数总和法

年数总和法是指按固定资产应计折旧额和该年尚可使用年数占各年尚可使用年数总和的比重(即年折旧率)计提折旧的方法。其年折旧率和年折旧额的计算公式如下:

$$年折旧率 = \left(预计使用年限 - 已使用年限\right) \div \left[预计使用年限 \times \left(预计使用年限 + 1\right) \div 2\right] \times 100\%$$

$$= 该年尚可使用年限 \div 各年尚可使用年数总和 \times 100\%$$

$$年折旧额 = 应计折旧额 \times 年折旧率$$

【做中学 7-14】 接[做中学 7-13]资料,采用年数总和法计提折旧,折旧计算表如表 7-3 所示。

表 7-3　　　　　　　折旧计算表(年数总和法)　　　　　　　金额单位:元

年份	原值-净残值	尚可使用年限	折旧率	折旧额	累计折旧额
1	500 000-20 000	5	5÷15	160 000	160 000
2	500 000-20 000	4	4÷15	128 000	288 000
3	500 000-20 000	3	3÷15	96 000	384 000
4	500 000-20 000	2	2÷15	64 000	448 000
5	500 000-20 000	1	1÷15	32 000	480 000

企业应设置"累计折旧"账户,用来核算固定资产折旧的提取情况。企业按月计提的固定资产折旧费用,应根据用途分别计入相关资产的成本或当期费用,并按固定资产的使用部门进行分配,借记"制造费用""管理费用""销售费用""其他业务成本"等账户,贷记"累计折旧"账户。

在会计实务中,企业每月计提的固定资产折旧是通过编制"固定资产折旧计算汇总表"进行的。其计算公式如下:

$$\text{本月计提的固定资产折旧额} = \text{上月计提的固定资产折旧额} + \text{上月增加的固定资产应计提的折旧额} - \text{上月减少的固定资产应计提的折旧额}$$

【做中学7-15】 2018年6月30日,华扬股份有限公司会计部门编制的固定资产折旧计算汇总表,如表7-4所示。

表7-4　　　　　　　　　　固定资产折旧计算汇总表　　　　　　　　　单位:元

使用部门	上月折旧额	上月增加固定资产		上月减少固定资产		本月折旧额	分配费用
		原价	折旧额	原价	折旧额		
甲生产车间	226 800	150 000	3 500			230 300	制造费用
厂部管理部门	168 000	400 000	2 400			170 400	管理费用
专设销售机构	32 400			360 000	1 080	31 320	销售费用
合　计	427 200	550 000	5 900	360 000	1 080	432 020	

会计处理如下:

借:制造费用——甲生产车间　　　　　　　　　　　　　　　　　230 300
　　管理费用　　　　　　　　　　　　　　　　　　　　　　　　170 400
　　销售费用　　　　　　　　　　　　　　　　　　　　　　　　 31 320
　　贷:累计折旧　　　　　　　　　　　　　　　　　　　　　　432 020

五、固定资产使用寿命、预计净残值和折旧方法的复核

《企业会计准则第4号——固定资产》规定,企业至少应当于每年年度终了,对固定资产的使用寿命、预计净残值和折旧方法进行复核。

在固定资产使用过程中,其所处的经济环境、技术环境以及其他环境有可能对固定资产使用寿命和预计净残值产生较大影响。例如,固定资产使用强度比正常情况大大加强,致使固定资产使用寿命大大缩短;替代该项固定资产的新产品的出现致使其实际使用寿命缩短,预计净残值减少等。此时,如果不对固定资产使用寿命和预计净残值进行调整,必然不能准确反映其实际情况,也不能真实反映其为企业提供经济利益的期间及每期实际的资产消耗。因此,企业至少应当于每年年度终了,对固定资产使用寿命和预计净残值进行复核。如有确凿证据表明:固定资产使用寿命预计数与原先估计数有差异的,应当调整固定资产使用寿命;固定资产预计净残值预计数与原先估计数有差异的,应当调整预计净残值。

在固定资产使用过程中,与其有关的经济利益预期实现方式也可能发生重大变化,在这种情况下,企业也应相应改变固定资产折旧方法。例如,某采掘企业各期产量相对稳定,原来采用年限平均法计提固定资产折旧。年度复核中发现由于该企业使用了先进技术,产量大幅增加,可采储量逐年减少,该项固定资产给企业带来经济利益的预期实现方式已发生重大改变,需要将年限平均法改为产量法。

固定资产使用寿命、预计净残值和折旧方法的改变按照会计估计变更的有关规定进行处理。需要特别注意的是,企业应当根据与固定资产有关的经济利益的预期实现方式等实际情况合理确定固定资产折旧方法、预计净残值和使用寿命,除非有确凿证据表明经济利益的预期实现方式发生了重大变化,或者取得了新的信息、积累了更多的经验,能够更准确地反映企业的财务状况和经营成果,否则不得随意变更。

任务五　固定资产后续支出的核算

固定资产的后续支出指的是固定资产在使用过程中发生的更新改造支出、修理费用等。

《企业会计准则第4号——固定资产》规定,与固定资产有关的后续支出,如果使可能流入企业的经济利益超过了原先的估计,如延长了固定资产的使用寿命,或者使产品质量实质性提高,或者使产品成本实质性降低,则应当计入固定资产账面价值,其增计后的金额不应超过该固定资产的可收回金额。除此以外的后续支出,应当确认为当期费用,不再通过预提或待摊的方式核算。企业在日常核算中应依据上述原则判断固定资产后续支出是应当资本化,还是应当费用化。

在具体实务中,对于固定资产发生的下列各项后续支出,通常的处理方法如下:

(1) 固定资产修理费用,应当直接计入当期费用。

(2) 固定资产改良支出,应当计入固定资产账面价值,其增计后的金额不应超过该固定资产的可收回金额。

(3) 如果不能区分是固定资产修理还是固定资产改良,或固定资产修理和固定资产改良结合在一起,则企业应按上述原则进行判断,其发生的后续支出分别计入固定资产价值或当期费用。

(4) 融资租赁方式租入的固定资产发生的固定资产后续支出,比照上述原则处理。

(5) 企业因执行旧的《企业会计准则第4号——固定资产》,对固定资产大修理费用的核算方法由原采用预提或待摊方式改为一次性计入当期费用的,其原为固定资产大修理发生的预提或待摊费用余额,应继续采用原有的会计政策,直至冲减或摊销完毕为止;自执行新的《企业会计准则第4号——固定资产》后新发生的固定资产后续支出,再按上述原则处理。

一、资本化的后续支出

企业在发生应资本化的固定资产后续支出时,应先将该固定资产的账面原值、已计提的累计折旧和减值准备转销,将固定资产的账面价值转入"在建工程"账户;然后,将发生的各项后续支出通过"在建工程"账户核算;当发生后续支出的固定资产完工并达到预定可使用状态时,应在后续支出资本化后的固定资产账面价值不超过其可收回金额的范围内,从"在建工程"账户转入"固定资产"账户。

【做中学7-16】　2018年9月1日,甲公司所拥有的一条生产线,其账面原值为860 000元,累计已提折旧为500 000元。由于生产的产品适销对路,现有生产线的生产能力已难以满足公司生产发展的需要,经研究,公司决定对现有生产线进行扩建,以提高其生产能力。扩建工程从2018年9月1日起至11月30日止,历时3个月,共支付改建工程款400 000元,支付增值税64 000元,全部款项以银行存款支付。该生产线扩建工程达到预定可使用状态后,预计其使用寿命将延长5年。该生产线已达到预定可使用状态。

在本例中,由于对生产线的扩建支出提高了生产线的生产能力并延长了其使用寿命,因此,此项后续支出应予以资本化,即增加固定资产的账面价值。其账务处理如下:

(1) 生产线转入扩建时,根据有关原始凭证,编制如下会计分录:

借:在建工程	360 000	
累计折旧	500 000	
贷:固定资产		860 000

(2) 支付改建工程款时,根据有关原始凭证,编制如下会计分录:

借:在建工程	400 000	
应交税费——应交增值税(进项税额)	64 000	
贷:银行存款		464 000

(3) 生产线扩建工程达到预定可使用状态时,根据有关原始凭证,编制如下会计分录:

| 借:固定资产 | 760 000 | |
| 贷:在建工程 | | 760 000 |

二、费用化的后续支出

企业发生的固定资产后续支出,如果不满足固定资产确认条件,即不符合资本化的条件,则应予以费用化,即在发生时直接计入当期损益。固定资产的大修理、中小修理等维护性支出,就属于这种情况。

一般情况下,固定资产投入使用之后,由于固定资产各组成部分的耐用程度不同,可能产生固定资产局部损坏的情况。为了维护固定资产的正常运转和使用,充分发挥其使用效能,企业需要对固定资产进行必要的维护。企业发生的固定资产维护支出是确保固定资产处于正常工作状态,它并不导致固定资产性能的改变和固定资产未来经济利益的增加。因此,企业应在固定资产维护支出发生时,根据固定资产的使用地点和用途,直接计入当期损益。在会计处理上,借记"管理费用""销售费用""其他业务成本"等账户,贷记"银行存款"等账户。如企业行政管理部门发生的固定资产修理费用等后续支出,借记"管理费用"账户,贷记"银行存款"等账户;企业发生的与专设销售机构的固定资产相关的修理费用等后续支出,借记"销售费用"账户,贷记"银行存款"等账户。

【做中学7-17】 甲公司对行政管理部门的小轿车进行维修,以银行存款支付维修费2 300元。支付维修费时,根据有关原始凭证,编制如下会计分录:

| 借:管理费用 | 2 300 | |
| 贷:银行存款 | | 2 300 |

任务六 固定资产的减值

企业应该在期末或至少在每年年度终了,对固定资产逐项进行检查,如果由于市价持续下跌,或技术陈旧导致固定资产价值减少,企业应对其确认减值。

一、固定资产减值的确认标准

企业在会计期末应对固定资产的价值进行检查,以合理地确定固定资产的期末价值。如果由于固定资产技术陈旧、损坏、长期闲置等原因,导致其可收回金额低于账面价值,称之为固定资产减值。对于已发生减值的固定资产,应将其可收回金额低于账面价值的差额,计提固定资产减值准备。

在每年年末,企业应对固定资产的账面价值进行检查。如果出现下列情况之一,表明该固定资产已出现减值迹象,应对固定资产的可收回金额进行评估,以确定固定资产是否发生减值。

（1）固定资产的市价当期大幅度下跌，其跌幅明显高于因时间的推移或者正常使用而预计的下跌，并且预计在近期内不可能恢复。

（2）企业经营所处的经济、技术或者法律等环境以及固定资产所处的市场在当期或者将在近期发生重大变化，从而对企业产生不利影响。

（3）市场利率或者其他市场投资报酬率在当期已经提高，进而影响企业计算固定资产预计未来现金流量现值的折现率，导致固定资产可收回金额大幅度降低。

（4）有证据表明固定资产已经陈旧过时，将大大影响固定资产的生产能力。

（5）固定资产已经或者将被闲置、终止使用或者计划提前处置。

（6）企业内部报告的证据表明固定资产的经济绩效已经低于或者将低于预期，如固定资产所创造的净现金流量远远低于预计金额等。

（7）其他表明固定资产可能已经发生减值的迹象。

在实际工作中，出现上述迹象的，企业应在考虑各方面因素的基础上，作出职业判断。

二、固定资产可收回金额的计量

固定资产可收回金额应当根据固定资产的公允价值减去处置费用后的净额与固定资产预计未来现金流量的现值两者之间较高者确定。

固定资产的公允价值，应当根据公平交易中销售协议价格确定。不存在销售协议但存在该类资产活跃市场的，应当根据该资产的市场价格减去处置费用后的金额确定。固定资产的市场价格通常应当根据资产的买方出价确定。在不存在销售协议和固定资产活跃市场的情况下，企业应当以可获取的最佳信息为基础，估计固定资产的公允价值。企业按照上述规定仍然无法可靠估计固定资产的公允价值减去处置费用后的净额的，应当以该固定资产预计未来现金流量的现值作为其可收回金额。

三、固定资产减值损失的核算

当企业固定资产可收回金额低于其账面价值时，应当将固定资产的账面价值减记至可收回金额，借记"资产减值损失"账户，贷记"固定资产减值准备"账户。固定资产减值损失确认后，减值固定资产的折旧费应当在未来期间作相应调整，以使该固定资产在剩余使用寿命内，系统地分摊调整后的固定资产账面价值。固定资产减值损失一经确认，在以后会计期间不得转回。

【做中学7-18】 A企业2018年1月1日购入一台设备，原值为110 000元，预计净残值为5 000元，预计使用10年，采用年限平均法计提折旧。2019年12月31日，该设备发生减值，现时的销售净价为70 000元。预计未来现金流量的现值为65 000元。

计算该设备2018年1月至2019年12月的累计折旧：

年折旧额 =（110 000 - 5 000）÷ 10 = 10 500（元）

月折旧额 = 10 500 ÷ 12 = 875（元）

累计折旧额 = 11 × 875 + 10 500 = 20 125（元）

该设备2019年12月31日的净值 = 110 000 - 20 125 = 89 875（元）

应计提减值准备 = 89 875 - 70 000 = 19 875（元）

因此，A企业应编制如下会计分录：

借：资产减值损失　　　　　　　　　　　　　　　　　　　　　　　　19 875
　　贷：固定资产减值准备　　　　　　　　　　　　　　　　　　　　　　19 875

由于在建工程属于准固定资产，因此固定资产的期末计价也包括在建工程的计价，企业的在建工程也应当定期或者至少于每年年度终了时，对其进行全面检查。如果有证据表明在建工程已经发生了减值,应当计提减值准备。存在下列一项或若干项情况的,应当计提在建工程减值准备:①长期停建并且预计在未来3年内不会重新开工的在建工程;②所建项目无论在性能上还是在技术上已经落后,并且给企业带来的经济利益具有很大的不确定性;③其他足以证明在建工程已经发生减值的情形。

企业发生在建工程减值时,借记"资产减值损失"账户,贷记"在建工程减值准备"账户。

任务七 固定资产处置与清查核算

一、固定资产终止确认的条件

固定资产减少意味着固定资产在企业中不复存在,因而应终止确认。终止确认是根据终止确认的条件将原来已确认的固定资产从账面上处理掉,并对其在处置过程中发生的收入或费用等进行账务处理的过程。按照《企业会计准则第4号——固定资产》的规定,固定资产满足下列条件之一的,应当予以终止确认:

(1)该固定资产处于处置状态。处于处置状态的固定资产不再用于生产商品、提供劳务、出租或经营管理,因此不再符合固定资产的定义,应予以终止确认。

(2)该固定资产预期通过使用或处置不能产生未来经济利益。固定资产的确认条件之一是"与该固定资产有关的经济利益很可能流入企业",如果一项固定资产预期通过使用或处置不能产生经济利益,就不再符合固定资产的定义和确认条件,应予以终止确认。

二、固定资产处置的核算

(一)出售、报废及毁损的固定资产

企业出售闲置多余的固定资产,可以减少管理成本,也可以减少资源浪费。对报废和毁损的固定资产要及时进行会计处理。企业因出售、报废及毁损等原因减少的固定资产时,会计处理一般可分为以下几步:

(1)固定资产转入清理。企业出售、报废及毁损的固定资产转入清理时,应按清理固定资产的账面价值,借记"固定资产清理"账户;按已计提的折旧,借记"累计折旧"账户;按已计提的减值准备,借记"固定资产减值准备"账户;按固定资产的原值,贷记"固定资产"账户。

(2)登记发生的清理费用。企业在固定资产清理过程中发生的清理费用,应借记"固定资产清理"账户,贷记"银行存款""应付职工薪酬"等账户。

(3)计算缴纳的增值税。企业出售固定资产,按税法规定应缴纳增值税的,应借记"固定资产清理"账户,贷记"应交税费——应交增值税(销项税额)"账户。

(4)出售收入和残料收入的处理。企业收到出售固定资产的价款、报废固定资产的变价收入及残料入库等,应借记"银行存款""原材料"等账户,贷记"固定资产清理"账户。

(5)应收赔款的处理。企业计算或收到的保险赔款或过失赔偿,应借记"银行存款""其他应收款"等账户,贷记"固定资产清理"账户。

(6)清理净损益的处理。固定资产清理完成后的清理净损益分别以下三种情况进行账务处理:第一,固定资产正常出售转让时,借记"固定资产清理"账户,贷记"资产处置收益"账户;第二,属于生产经营期间正常的处理损失,借记"营业外支出——处置非流动资产损失"账户,贷记"固定资产清理"账户;第三,属于生产经营期间由于自然灾害等非正常原因造成的损失,借记"营业外支出——非常损失"账户,贷记"固定资产清理"账户。

【做中学7-19】 A企业将不需用的仓库一座出售。该仓库的原始价值190 000元,已经提取折旧

55 000元，出售价格为180 000元，增值税税率为10%，发生清理费用1 000元，以银行存款支付。

A企业编制会计分录如下：

注销固定资产原值和累计折旧：

借：固定资产清理	135 000
累计折旧	55 000
贷：固定资产	190 000

支付清理费用：

| 借：固定资产清理 | 1 000 |
| 　贷：银行存款 | 1 000 |

收到出售价款存入银行：

借：银行存款	198 000
贷：固定资产清理	180 000
应交税费——应交增值税（销项税额）	18 000

结转清理净收益：

| 借：固定资产清理 | 44 000 |
| 　贷：资产处置收益 | 44 000 |

【做中学7-20】 A企业一台设备报废，该设备原始价值75 000元，已提折旧70 000元，已提减值准备3 000元，发生清理费用800元，残料入库1 000元，残料变价收入1 500元，发生的费用和收入均通过银行结算。

注销报废设备的原值、累计折旧和减值准备：

借：固定资产清理	2 000
累计折旧	70 000
固定资产减值准备	3 000
贷：固定资产	75 000

支付清理费用：

| 借：固定资产清理 | 800 |
| 　贷：银行存款 | 800 |

残料入库：

| 借：原材料 | 1 000 |
| 　贷：固定资产清理 | 1 000 |

残料变价收入：

| 借：银行存款 | 1 500 |
| 　贷：固定资产清理 | 1 500 |

结转报废固定资产净损失：

| 借：营业外支出——处置非流动资产损失 | 300 |
| 　贷：固定资产清理 | 300 |

【做中学7-21】 A企业一栋仓库发生火灾被烧毁。该仓库原值480 000元，已提折旧260 000元。保险公司经过调查，同意赔偿150 000元，尚未收到赔款。发生清理费用3 500元，以银行存款支付。变卖残料收到现金700元。

注销固定资产的原值和累计折旧：

借：固定资产清理	220 000
累计折旧	260 000
贷：固定资产	480 000

登记应收保险公司赔款：

借：其他应收款	150 000
贷：固定资产清理	150 000

支付发生清理费用：

借：固定资产清理	3 500
贷：银行存款	3 500

残料变价收入：

借：库存现金	700
贷：固定资产清理	700

结转毁损固定资产净损失：

借：营业外支出——非常损失	72 800
贷：固定资产清理	72 800

(二) 捐赠转出的固定资产

企业对外捐赠转出的固定资产，应按固定资产的账面净值，借记"固定资产清理"账户，按固定资产已计提的折旧，借记"累计折旧"账户，按固定资产的账面原值，贷记"固定资产"账户；按固定资产已计提的减值准备，借记"固定资产减值准备"账户，贷记"固定资产清理"账户；按捐赠转出的固定资产应支付的相关税费，借记"固定资产清理"账户，贷记"银行存款"等账户；按"固定资产清理"账户余额，借记"营业外支出——捐赠支出"账户，贷记"固定资产清理"账户。

【做中学7-22】 A企业将一台运输工具捐赠给东风工厂。该运输工具账面原值95 000元，已提折旧30 000元，已提减值准备16 000元。

注销运输工具账面原值和累计折旧：

借：固定资产清理	65 000
累计折旧	30 000
贷：固定资产	95 000

注销已计提的减值准备：

借：固定资产减值准备	16 000
贷：固定资产清理	16 000

结转捐赠固定资产净损失：

借：营业外支出——捐赠支出	49 000
贷：固定资产清理	49 000

(三) 对外投资的固定资产

企业对外投资转出的固定资产，应按转出固定资产的账面价值，借记"固定资产清理"账户，按该项固定资产已计提的折旧，借记"累计折旧"账户，按该项固定资产已计提的减值准备，借记"固定资产减值准备"账户，按投出固定资产的账面原值，贷记"固定资产"账户；按投出固定资产应支付的相关税费，借记"固定资产清理"账户，贷记"银行存款""应交税费"等账户；按长期股权投资、债权投资等的初始成本,借记"长期股权投资""债权投资"等账户,贷记"固定资产清理"账户,按其差额,借记"营业外支出"账户或者贷记"营业务收入"账户。

【做中学7-23】 A企业将一台设备对非关联方B企业进行投资,取得B企业70%股权实现企业合并,合并日B企业净资产300 000元。该设备的账面原值为120 000元,已提折旧20 000元,公允价值120 000元。

转入固定资产清理净值:

借:固定资产清理	100 000
累计折旧	20 000
贷:固定资产	120 000

反映长期股权投资:

借:长期股权投资	120 000
贷:固定资产清理	100 000
营业外收入	20 000

(四) 抵债的固定资产

企业以固定资产进行债务重组,应当按照重组债务的账面余额,借记"应付账款""应付票据"等账户;按固定资产的公允价值,贷记"固定资产清理"账户,按应支付的相关税费,贷记"银行存款""应交税费"等账户,按借贷双方之间的差额,借记"营业外支出"账户或贷记"营业外收入"账户;同时,按固定资产的公允价值,借记"固定资产清理"账户。按固定资产的账面价值,借记"固定资产清理"账户,按已计提的固定资产折旧、减值准备,借记"累计折旧""固定资产减值准备"等账户,按固定资产的账面原价,贷记"固定资产"账户。按"固定资产清理"借贷方差额,借记"营业外支出"账户或贷记"营业外收入"账户。

【做中学7-24】 A公司以一套机器设备抵偿所欠B公司货款700 000元。该设备账面价值为790 000元,已提折旧8 500元,已提减值准备4 000元,公允价值为800 000元,假定不考虑相关税费。

注销负债:

借:应付账款	700 000
营业外支出	100 000
贷:固定资产清理	800 000

注销固定资产账面价值:

借:固定资产清理	777 500
累计折旧	8 500
固定资产减值准备	4 000
贷:固定资产	790 000

反映固定资产清理收入:

借:固定资产清理	22 500
贷:营业外收入	22 500

(五) 非货币性资产交换换出的固定资产

在非货币性资产交换中,如果交换具有商业实质,且换入、换出资产的公允价值能够可靠地计量,换入资产入账成本的确定应当以换出资产的公允价值为基础,除非有确凿证据表明换入资产的公允价值更加可靠;企业以非货币性资产交换方式换出固定资产,在不涉及补价的情况下,应按换出固定资产的公允价值加上应支付的相关税费作为换入资产的入账价值。其计算公式如下:

换入资产入账价值 ＝ 换出资产公允价值＋应支付的相关税费

【做中学7-25】 A企业用一台设备换入一辆运输卡车,换出设备的原值为120 000元,已提折旧20 000元,已提减值准备3 000元,换入卡车的公允价值为99 000元。

注销设备的原值及累计折旧：

借：固定资产清理	97 000
累计折旧	20 000
固定资产减值准备	3 000
贷：固定资产——设备	120 000

进行交易时：

借：固定资产——运输卡车	99 000
贷：固定资产清理	97 000
营业外收入	2 000

(六) 持有待售的固定资产

同时满足下列条件的非流动资产应当划分为持有待售：一是企业已经就处置该非流动资产作出决议；二是企业已经与受让方签订了不可撤销的转让协议；三是该项转让将在1年内完成。持有待售的非流动资产包括单项资产和处置组,处置组是指作为整体出售或其他方式一并处置的一组资产。处置组通常是一组资产组、一个资产组或某个资产组中的一部分。如果处置组是一个资产组,并且按照《企业会计准则第8号——资产减值》的规定将企业合并中取得的商誉分摊至该资产组,或者该资产组是这种资产组中的一项业务,则该处置组应当包括企业合并中取得的商誉。

企业对于持有待售的固定资产,应当调整该项固定资产的预计净残值,使该项固定资产的预计净残值能够反映其公允价值减去处置费用后的金额,但不得超过符合持有待售条件时该项固定资产的原账面价值,原账面价值高于预计净残值的差额,应作为资产减值损失计入当期损益。被划分为持有待售的非流动资产应当归类为流动资产。企业应当在报表附注中披露持有待售的固定资产名称、账面价值、公允价值、预计处置费用和预计处置时间等。持有待售的固定资产不计提折旧,按照账面价值和公允价值减去处置费用后的净额孰低进行计量。

某项资产或处置组被划归为持有待售,但后来不再满足持有待售的固定资产的确认条件,企业应当停止将其划归为持有待售,并按照下列两项金额中较低者计量：

(1) 该资产或处置组被划归为持有待售之前的账面价值,按照其假定在没有被划归为持有待售情况下原应确认的折旧、摊销或减值进行调整后的金额。

(2) 决定不再出售之日的可收回金额。

符合持有待售条件的无形资产等其他非流动资产,比照上述原则处理。这里所指的其他非流动资产不包括递延所得税资产、《企业会计准则第22号——金融工具确认和计量》规范的金融资产、以公允价值计量的投资性房地产和生物资产、保险合同中产生的合同权利等。

三、固定资产清查的核算

(一) 固定资产清查的意义

加强固定资产的清查工作,对于加强企业管理、充分发挥会计的监督作用具有重要的意义。

(1) 通过固定资产的清查,做到账实相符,保证会计信息的真实、可靠,保护各项财产的安全完整。

(2) 通过固定资产的清查,揭示固定资产的使用情况,促进企业改善经营管理,挖掘固定资产的潜力,提高资金的使用效能,加速资金的周转。

(3) 通过固定资产的清查,可以发现经营管理中存在的漏洞,建立健全各项规章制度,提高企业管理水平。

(二) 固定资产的盘盈

根据《企业会计准则第4号——固定资产》及其应用指南的有关规定,固定资产盘盈应作为前期差错记入"以前年度损益调整"账户,之所以将固定资产盘盈作为前期差错进行会计处理,是因为这些资产尤其是固定资产出现,由于企业无法控制的因素而造成盘盈的可能性极小,甚至是不可能的。这些资产如果出现盘盈,必定是企业自身"主观"原因所造成的,或者说是由以前会计期间少记或漏记这些资产等会计差错而造成的,所以,应当按照前期差错进行更正处理。通过以前年度损益调整,调整未分配利润,企业的财务报表变得更加透明,这样也能在一定程度上降低人为调整利润的可能性。

【做中学 7-26】 甲公司于 20×9 年 6 月 30 日对公司全部的固定资产进行清查,盘盈一台机器设备,该设备同类商品市场价格为 60 000 元,估计折旧额为 50 000 元,企业所得税税率为 25%。按净利润的 10% 计提法定盈余公积。该项业务的有关账务处理如下:

(1) 盘盈设备时,根据有关原始凭证,编制会计分录如下:

借:固定资产　　　　　　　　　　　　　　　　　　　　　　10 000
　　贷:以前年度损益调整　　　　　　　　　　　　　　　　　　10 000

(2) 调整所得税时,根据有关原始凭证,编制会计分录如下:

借:以前年度损益调整　　　　　　　　　　　　　　　　　　2 500
　　贷:应交税费——应交所得税　　　　　　　　　　　　　　2 500

【提示】 "以前年度损益调整"增加了公司以往年度的净利润,税法上也将资产盘盈作为应税收入,税法与会计规定一致,所以要缴纳所得税。

(3) 结转以前年度损益调整时,根据有关原始凭证,编制会计分录如下:

借:以前年度损益调整　　　　　　　　　　　　　　　　　　7 500
　　贷:利润分配——未分配利润　　　　　　　　　　　　　　6 750
　　　　盈余公积——法定盈余公积　　　　　　　　　　　　　750

(三) 固定资产的盘亏

企业在财产清查中盘亏的固定资产,通过"待处理财产损溢——待处理固定资产损溢"账户核算,盘亏造成的损失,扣除各项赔款后,剩余的损失报经批准以后,转入"营业外支出——盘亏损失"账户,计入当期损益。

【做中学 7-27】 甲公司在财产清查中发现短缺设备一台,账面原值为 80 000 元,已提折旧 40 000 元。后经批准把该固定资产盘亏损失转入营业外支出。

(1) 报经批准前,根据有关原始凭证,编制会计分录如下:

借:待处理财产损溢——待处理固定资产损溢　　　　　　　40 000
　　累计折旧　　　　　　　　　　　　　　　　　　　　　　40 000
　　贷:固定资产　　　　　　　　　　　　　　　　　　　　80 000

(2) 报经批准后,根据有关原始凭证,编制会计分录如下:

借:营业外支出　　　　　　　　　　　　　　　　　　　　　40 000
　　贷:待处理财产损溢——待处理固定资产损溢　　　　　　40 000

关键术语

固定资产　固定资产折旧　年限平均法　工作量法　双倍余额递减法　年数总和法　固定资产后续支出　固定资产处置　固定资产清查　固定资产减值

应知考核

一、单项选择题

1. 下列不属于企业固定资产范畴的是(　　)。
   A. 企业融资租赁的大型设备　　　　B. 可多次使用的包装物
   C. 非生产经营用固定资产　　　　　D. 尚未使用的设备

2. 下列各项,不属于企业固定资产特征的是(　　)。
   A. 为生产商品而持有
   B. 为提供劳务、出租或经营管理而持有
   C. 使用寿命超过一个会计年度
   D. 正在使用过程中

3. 下列各项,不属于固定资产的是(　　)。
   A. 汽车　　　　　　　　　　　　　B. 融资租入固定资产
   C. 非生产经营用固定资产　　　　　D. 其他权益工具投资

4. 某企业 2018 年 5 月期初固定资产原值为 100 000 万元,5 月增加了一项固定资产入账价值为 500 万元;同时 5 月份减少了固定资产原值 600 万元;则 5 月份该企业应提折旧的固定资产原值为(　　)万元。
   A. 100 000　　　　　　　　　　　B. 100 500
   C. 99 900　　　　　　　　　　　　D. 99 400

5. 下列固定资产,应计提折旧的是(　　)。
   A. 季节性停用的设备　　　　　　　B. 当月交付使用的设备
   C. 未提足折旧提前报废的设备　　　D. 已提足折旧继续使用的设备

6. 企业固定资产的盘亏净损失,应计入(　　)。
   A. 管理费用　　　　　　　　　　　B. 资产处置损益
   C. 资本公积　　　　　　　　　　　D. 销售费用

7. 下列各项,不会导致固定资产账面价值发生增减变动的是(　　)。
   A. 盘盈固定资产　　　　　　　　　B. 经营性租入设备
   C. 以固定资产对外投资　　　　　　D. 计提减值准备

8. 某企业转让一台旧设备得到价款 56 万元,发生清理费用 2 万元,该设备原值为 60 万元,已提折旧 10 万元。假定不考虑其他因素,出售该设备影响当期营业利润的金额为(　　)万元。
   A. 4　　　　　　　　　　　　　　 B. 6
   C. 0　　　　　　　　　　　　　　 D. 56

9. 某企业处置一项固定资产收回的价款为 80 万元,该资产原价为 100 万元,已计提折旧 60 万元,计提减值准备 5 万元,处置发生清理费用 5 万元,不考虑其他因素,处置该资产应计入资产处置损益的金额为(　　)万元。
   A. 40　　　　　　　　　　　　　　B. 80
   C. 50　　　　　　　　　　　　　　D. 35

10. 某公司处置一台旧设备,取得价款为 100 万元,发生清理费用 5 万元,支付相关税费 5 万元。该设备原值为 200 万元,已提折旧 60 万元。假定不考虑其他因素,处置该设备影响当期损益的金额为(　　)万元。
    A. -40　　　　　　　　　　　　　B. -45
    C. -50　　　　　　　　　　　　　D. 50

二、多项选择题

1. 下列项目中,属于固定资产按经济用途分类的有( )。
   A. 未使用固定资产　　　　　　　　B. 使用中固定资产
   C. 非生产经营用固定资产　　　　　D. 生产经营用固定资产

2. 下列各项中,属于企业固定资产的有( )。
   A. 厂房　　　　　　　　　　　　　B. 经营租入的设备
   C. 融资租入的房屋　　　　　　　　D. 土地使用权

3. 作为企业的固定资产除要符合其定义外,还要符合其确认的条件有( )。
   A. 该项资产包含的经济利益很可能流入企业
   B. 该项资产包含的经济利益可能流入企业
   C. 该固定资产的成本能够可靠计量
   D. 该固定资产的成本有可能能够可靠地计量

4. 下列关于固定资产计提折旧的表述中,正确的有( )。
   A. 年限平均法是固定资产折旧方法之一
   B. 固定资产折旧方法包括年数总和法
   C. 当月减少的固定资产,当月起停止计提折旧
   D. 已提足折旧但仍然继续使用的固定资产不再计提折旧

5. 下列方法中,属于加速折旧法的有( )。
   A. 平均年限法　　　　　　　　　　B. 工作量法
   C. 双倍余额递减法　　　　　　　　D. 年数总和法

6. 下列固定资产应计提折旧的有( )。
   A. 融资租赁方式租入的固定资产
   B. 按规定单独估价作为固定资产入账的土地
   C. 以经营租赁方式租出的固定资产
   D. 以经营租赁方式租入的固定资产

7. 下列关于工业企业取得固定资产的会计核算表述中,正确的有( )。
   A. 企业应当按照取得固定资产的实际成本加相关费用作为固定资产的取得成本
   B. 一般纳税人外购生产用动产设备负担的增值税不需计入取得成本
   C. 外购需安装才能使用的固定资产需通过"在建工程"归集相关成本
   D. 企业以一笔款项购入多项没有单独标价的固定资产,应按各项固定资产公允价值的比例对总成本进行分配

8. 企业固定资产是通过建造方式完成的,下列关于企业建造固定资产的表述中,正确的有( )。
   A. 企业自行建造固定资产,应按建造固定资产达到预定可使用状态前所发生的必要支出作为固定资产的入账成本
   B. 企业自建不动产项目领用本企业外购的原材料,则原材料涉及的增值税应作进项税额转出处理
   C. 企业建造固定资产采用出包方式的,在工程没有达到预定可以使用状态前支付的出包款均应计入在建工程
   D. 建造不动产过程中工程领用本企业自产的商品,该商品应当作视同销售处理,计算增值税销项税额

9. 在固定资产发生改良支出的情况下,下列项目中,应计入改良固定资产成本的有( )。
   A. 工程项目耗用的工程物资
   B. 工程领用本企业商品涉及的增值税销项税额
   C. 生产车间为工程提供的水、电等费用
   D. 企业行政管理部门为组织和管理生产经营活动而发生的费用

10. 下列关于固定资产减值业务的表述中,正确的有( )。
    A. 借记"固定资产减值准备"　　　B. 借记"资产减值损失"

C. 贷记"资产减值损失"　　　　　　D. 贷记"固定资产减值准备"

三、判断题
1. 融资租入的飞机由于是租赁性质,所以不属于航空公司的固定资产。　　　　　　(　)
2. 作为固定资产加以确认首先需要符合固定资产的定义,其次还要符合固定资产确认的条件。　(　)
3. 企业购置计算机硬件所附带的但未单独计价的软件,应与所购置的计算机硬件一并作为固定资产管理。
　　　　　　　　　　　　　　　　　　　　　　　　　　　　　　　　　　　　　(　)
4. 对于已达到预定可使用状态但尚未办理竣工决算的固定资产,待办理竣工决算后,若实际成本与原暂估价值存在差异的,应调整已计提折旧。　　　　　　　　　　　　　　　　(　)
5. 固定资产提足折旧后,不论是否继续使用,均不再计提折旧,但是提前报废的固定资产需将尚未提足折旧一次性提足。　　　　　　　　　　　　　　　　　　　　　　　　　(　)
6. 实行双倍余额递减法计提折旧的固定资产,应当在该固定资产折旧年限到期以前两年内,将该固定资产净值(扣除净残值)平均摊销。　　　　　　　　　　　　　　　　　　(　)
7. 增值税一般纳税人外购动产设备所支付的增值税一律作为可抵扣的进项税额核算。　(　)
8. 资产在出包工程方式建造下,在建工程主要反映企业与建造承包商办理工程价款结算的情况。(　)
9. 为购建固定资产而发生的借款利息应全部计入固定资产成本。　　　　　　　　　(　)
10. 企业发生某些固定资产后续支出涉及替换原固定资产的某些组成部分时,应将其计入固定资产成本。
　　　　　　　　　　　　　　　　　　　　　　　　　　　　　　　　　　　　　(　)

四、思考题
1. 不同方式取得固定资产如何进行会计处理?
2. 固定资产折旧范围如何界定? 影响折旧额的因素有哪些?
3. 不同折旧方法下折旧额如何计算? 不同折旧方法其各自的适用情形是怎样的?
4. 固定资产的后续支出如何进行会计处理?
5. 如何计提固定资产减值准备?

应会考核

★ 业务考核

【考核项目】
固定资产清查。

【背景资料】
某企业2018年11月对固定资产进行清查,发现以下账实不符:
(1) 盘盈一台机器,同类机器市价为9 700元,八成新。
(2) 盘亏一台机器,账面原值65 000元,已折旧4 000元,经批准作为当期损失处理。
要求:根据上述资料,回答下列各小题。
(1) 发现盘盈固定资产时,应该进行账务处理的是(　　)账户。
　　A. 借记"固定资产"　　　　　　　B. 贷记"固定资产"
　　C. 借记"待处理财产损溢"　　　　D. 贷记"待处理财产损溢"
(2) 经批准,盘亏的固定资产在作以前年度损益调整时,应该进行账务处理的是(　　)账户。
　　A. 借记"以前年度损益调整"　　　B. 贷记"以前年度损益调整"
　　C. 借记"待处理财产损溢"　　　　D. 贷记"待处理财产损溢"
(3) 根据资料(1),固定资产入账价值为(　　)元。
　　A. 7 760　　　　　　　　　　　　B. 9 700
　　C. 0　　　　　　　　　　　　　　D. 12 125
(4) 根据资料(1),应该作会计分录的是(　　)账户。

A. 贷记"待处理财产损溢"　　B. 贷记"以前年度损益调整"
C. 借记"固定资产"　　D. 贷记"固定资产"

(5) 根据资料(2),记入"资产处置损益"的金额为(　　)元。
A. 7 760　　B. 61 000
C. 53 240　　D. 65 000

【考核要求】
请对固定资产清查作出上述选择。

★ 技能考核
【考核项目】
会计核算与会计要素计量。
【背景资料】
【业务技能题1】
目的:练习采用年限平均法、双倍余额递减法、年数总和法计算折旧。
资料:无锡喜洋洋食品有限公司固定资产明细账中登记的一台远红外设备资料如图7-2所示。

固定资产明细账

名　称　远红外设备　　计量　　使用　　折旧或　　估计　　总页_____
财产编号 116　单位 台　年限 8 年　摊销率____　残值 1 200.00　拆除费 200.00　分页_____

2018年		凭证号	摘要	单价	购进或拨入		折旧或转出				余额		核对号
							报废或转出		折旧额				
月	日				数量	金额	数量	金额			数量	金额	
8	18	(略)	购进			9 6 4 0 0 0 0						9 6 4 0 0 0 0	

图7-2　固定资产明细账

要求:分别采用年限平均法、双倍余额递减法、年数总和法填制折旧计算表(见表7-5至表7-7)。

表7-5　　　　固定资产折旧计算表(年限平均法)
年　　月　　日

固定资产名称	原值	预计净残值	预计使用年限	月折旧率	月折旧额

制表:　　　　　审核:

表 7-6　　　　　　　　　固定资产折旧计算表(双倍余额递减法)
　　　　　　　　　　　　　　　年　　月　　日

固定资产名称	年次	计提基数	年折旧率	年折旧额	累计折旧额	期末固定资产账面价值

　　　　　　　　　　　　　　　　　　　　　　　　　　制表：　　　　审核：

表 7-7　　　　　　　　　固定资产折旧计算表(年数总和法)
　　　　　　　　　　　　　　　年　　月　　日

固定资产名称	年次	计提基数	年折旧率	年折旧额	累计折旧

　　　　　　　　　　　　　　　　　　　　　　　　　　制表：　　　　审核：

【业务技能题2】

目的：练习采用工作量法计算折旧。

资料：无锡长陵纺织有限公司销售部一辆货运卡车采用工作量法计提折旧。2018年12月份行驶里程为5 000千米。该固定资产验收单上有关资料如表7-8所示。

表 7-8　　　　　　　无锡长陵纺织有限公司固定资产验收单
　　　　　　　　　　　　　2014年12月25日　　　　　　　　　　　　编号：NO.1075

固定资产名称	卡车			固定资产编号	3119
固定资产类别	运输设备			申请单位	销售部
型号规格		单位	台	资产来源	外购
数　　量	1	预计使用年限	10年	使用方向	运输产品
单　　价	135 500.00			交付日期	2014年12月25日
运杂费				预计残值	5 000.00
安装费				验收人：赵毅	
原值合计	135 500.00				
验收意见	验收合格				
备注	采用工作量法计提折旧，预计总行驶里程为870 000千米。				

第二联　记账联

计划管理部门主管：　　　　使用部门主管：何斌　　　　固定资产管理部门主管：李秀婷

要求:
(1) 计算单位工作量折旧额。
(2) 填制折旧计算表(见表7-9)。

表7-9　　　　　　　　　　　折旧计算表(工作量法)

项　目	数量	日期	使用千米数	已折旧额	累计折旧	净值
预计总行驶里程(千米)	870 000.00	2015年	6 900			
固定资产原值	135 500.00	2016年	7 395			
单位工作量折旧额		2017年1~11月	6 450			
		2017年12月	5 000			

【业务技能题3】

目的:练习固定资产取得的核算。

资料:甲公司为增值税一般纳税人企业。2018年8月3日,购入一台需要安装的生产用机器设备,取得的增值税专用发票上注明的设备价款为290 000元,增值税进项税额为46 400元,支付的运输费为8 325元(含增值税825元),款项已通过银行支付;安装设备时,领用本公司原材料一批,价值3 600元,购进该批原材料时支付的增值税进项税额为576元;领用本公司所生产的产品一批,成本为4 800元,计税价格5 000元,增值税税率为16%;应付安装工人的职工薪酬为7 200元。2018年10月18日该设备达到预定可使用状态。

要求:编制甲公司2018年购入该机器设备相关会计分录。

【业务技能题4】

目的:练习自行建造固定资产的核算。

资料:甲企业为增值税一般纳税人。2018年1月,甲企业因生产需要,决定用自营方式建造一间材料仓库。相关资料如下:

(1) 2018年1月5日,购入工程用专项物资200 000元,增值税为32 000元,该批专项物资已验收入库,款项用银行存款付讫。

(2) 领用上述专项物资,用于建造仓库。

(3) 领用本单位生产的水泥一批用于工程建设,该批水泥成本为30 000元。

(4) 领用本单位外购原材料一批用于工程建设,原材料实际成本为15 000元,已抵扣增值税进项税额2 550元。

(5) 2018年1月至3月,应付工程人员工资20 000元,用银行存款支付其他费用8 600元。

(6) 2018年3月31日,该仓库达到预定可使用状态,预计可使用20年,预计净残值为20 000元,采用直线法计提折旧。

要求:根据上述资料编制甲企业2018年自营建造固定资产的相关会计分录。

【业务技能题5】

目的:练习计提固定资产折旧的核算。

资料:无锡昌发机械制造厂2018年9月份"固定资产折旧计提表"已根据2018年8月份"固定资产折旧计提表"进行了部分填写(见表7-10)。

要求:(1)在表内计算本月折旧额。

(2) 根据计算结果,编制2018年9月份计提固定资产折旧的会计分录。

【业务技能题6】

目的:练习固定资产后续支出的核算。

表 7-10　　　　　　　　　　固定资产折旧计提表

2018 年 9 月 30 日

使用部门	固定资产项目	上月折旧额	上月增加固定资产		上月减少固定资产		本月折旧额
			原值	折旧额	原值	折旧额	
基本生产车间	房屋建筑物	1 860					
	机器设备	1 210	351 300	9 688.89			
	电子设备	960			9 800	259	
	小　计	4 030	351 300	9 688.89	9 800		
辅助生产车间	房屋建筑物	850					
	发电设备	12 000					
	电子设备	1 450			12 650	333.33	
	小　计	14 300			12 650		
行政管理部门	房屋建筑物	1 300					
	办公设备	800	7 800	123.33			
	运输设备	600					
	小　计	2 700		123.33			
销售部门	房屋建筑物	1 220					
	办公设备	280					
	运输设备	1 040			56 000	460	
	小　计	2 540			56 000		
合　计		23 570	359 100	9 812.22	78 450	1 052.33	

资料:某企业对生产线进行扩建。该生产线原价为 1 000 000 元,已提折旧 200 000 元,已提减值准备 50 000 元。扩建生产线时发生扩建支出 460 000 元,同时在扩建时处理废料发生变价收入 10 000 元。假设该项生产线改扩建支出全部符合固定资产确认条件。

要求:根据上述资料,编制相关会计分录。

【业务技能题 7】

目的:练习固定资产处置的核算。

资料:A 公司一台生产用机床使用期满,进行报废处理。其账面原价 179 000 元,已提折旧 170 000 元;已提减值准备 5 000 元;清理过程中用现金 500 元支付清理费用,回收残料价值 2 300 元,暂入材料库。

要求:根据上述资料,编制相关会计分录。

【业务技能题 8】

目的:练习固定资产清查的核算。

资料:B 公司在年末清查中,发现账外甲设备一台,重置价为 10 000 元,估计八成新;为盘亏乙机器一台,原值为 50 000 元,预计使用年限为 10 年,预计净残值率为 4%,已计提折旧 35 600 元,该设备经有关部门批准作营业外支出处理。

要求:根据上述资料编制相关会计分录。

【业务技能题9】
目的:练习固定资产取得、折旧、改扩建、减值及处置业务的核算。
资料:长江有限公司(以下简称长江公司)为增值税一般纳税人企业。20×3年至20×7年该公司与固定资产有关的业务资料如下:

(1) 20×3年10月10日,长江公司购进一台需要安装的设备,取得的增值税专用发票上注明的设备价款为800 000元,增值税为136 000元,另发生运输费和保险费6 650元(含增值税550元),款项以银行存款支付;安装设备时,领用原材料一批,价值为50 000元,购进该批原材料时支付的增值税进项税额为8 500元;支付安装工人的工资为21 300元。该设备于20×3年12月10日达到预定可使用状态并投入行政管理部门使用,预计使用年限为10年,预计净残值为10 000元,采用年限平均法计提折旧。

(2) 20×4年12月31日,长江公司对该设备进行检查时发现其已经发生减值,预计可收回金额为650 660元;计提减值准备后,该设备原预计使用年限、预计净残值、折旧方法保持不变。

(3) 20×5年9月30日,长江公司因生产经营方向调整,决定采用出包方式对该设备进行改良,改良工程验收合格后支付工程价款。该设备于当日停止使用,开始进行改良。

(4) 20×6年3月15日,改良工程完工并验收合格,长江公司以银行存款支付工程总价款162 500元。当日,改良后的设备投入使用,预计尚可使用年限为8年,采用直线法计提折旧,预计净残值为15 000元。改良后该设备的可收回金额为780 000元。20×6年12月31日,该设备未发生减值。

(5) 20×7年10月10日,该设备因遭受自然灾害发生严重毁损,长江公司决定进行处置,取得残料变价收入70 000元、保险公司赔偿款300 000元,发生清理费用30 000元;款项均以银行存款收付。

要求:
(1) 编制20×3年10月10日取得该设备的会计分录。
(2) 编制设备安装及设备达到预定可使用状态的会计分录。
(3) 计算20×4年度该设备计提的折旧额,并编制相应的会计分录。
(4) 计算20×4年12月31日该设备计提的固定资产减值准备,并编制相应的会计分录。
(5) 计算20×5年度该设备计提的折旧额,并编制相应会计分录。
(6) 编制20×5年9月30日该设备转入改良时的会计分录。
(7) 编制20×6年3月15日支付该设备改良价款、结转改良后设备成本的会计分录。
(8) 计算20×7年度该设备计提的折旧额。
(9) 编制20×7年10月10日处置该设备的会计分录。

【考核要求】
请回答上述会计要素如何进行会计计量。

★ 综合实务题
永发公司为增值税一般纳税人,准备在空地上兴建固定资产项目,2018年发生的有关业务如下:
(1) 5月15日,外购一批工程物资,取得货物增值税专用发票注明的价款为500万元,增值税税额为80万元,取得运费增值税专用发票注明的运费为10万元,增值税税额为1万元,以上款项均以银行转账方式支付。该批物资用于厂房的建设,当日工程物资全部被领用。

(2) 6月15日,厂房建设工程领用本公司外购的一批原材料,购入时取得的货物增值税专用发票注明的价款为300万元,增值税税额为48万元。该批材料市场公允价为350万元(不含增值税)。

(3) 7月22日,以银行存款支付工程其他支出共计552.9万元。

(4) 7月30日,厂房工程达到预定可使用状态。

(5) 8月15日,外购一批工程物资,取得货物增值税专用发票注明的价款为300万元,增值税税额为48万元,取得运费增值税专用发票注明的运费为20万元,增值税税额为2万元。以上款项均以银行转账方式支付。该批物资用于生产线的建设,当日工程物资全部被领用。

(6) 9月3日,生产线工程领用一批本公司自产产品。该批产品的成本为50万元,市场售价为80万元。

(7)截至2018年12月31日,生产线工程尚未完工。

要求:根据上述资料,不考虑其他因素,回答下列各小题。(答案中会计分录的金额单位用万元表示)

(1)永发公司5月15日外购及领用工程物资的账务处理是(　　)。

 A. 借:工程物资   510.0
   应交税费——应交增值税(进项税额)   48.6
      ——待抵扣进项税额   32.4
   贷:银行存款   591.0

 B. 借:工程物资   591
   贷:银行存款   591

 C. 借:在建工程   591
   贷:工程物资   591

 D. 借:在建工程   510
   贷:工程物资   510

(2)永发公司领用原材料的成本为(　　)万元。

 A. 300   B. 348
 C. 350   D. 409.5

(3)永发公司7月30日厂房达到预定可使用状态,其入账金额为(　　)万元。

 A. 1 508.5   B. 1 558.5
 C. 1 362.9   D. 1 500

(4)生产线领用本公司自产产品应编制的会计分录为(　　)。

 A. 借:在建工程   50
   贷:库存商品   50

 B. 借:在建工程   62.8
   贷:库存商品   50.0
    应交税费——应交增值税(销项税额)   12.8

 C. 借:在建工程   58
   贷:库存商品   50
    应交税费——应交增值税(销项税额)   8

 D. 借:在建工程   92.8
   贷:主营业务收入   80.0
    应交税费——应交增值税(销项税额)   12.8

(5)下列项目中属于企业外购固定资产成本的有(　　)。

 A. 可抵扣的增值税
 B. 进口关税
 C. 运输费与装卸费
 D. 安装费

项目实训

【实训项目】

固定资产。

【实训情境】

2018年5月份部分固定资产业务资料如下:

业务1:5月18日收到单证如图7-3和图7-4所示。

滨海增值税专用发票

No. 21256352

发 票 联

开票日期:2018年5月17日

购买方	名　　称: 华宇有限责任公司 纳税人识别号: 280602002234678 地址、电话: 滨海市解放街28号 0578-2133999 开户行及账号: 中国工商银行滨海市分行 18010011220010 0888	密码区	(略)		

货物或应税劳务、服务名称	规格型号	单位	数量	单价	金　额	税率	税　额
*计算机外部设备*惠普(HP)彩色激光一体机	Pro MFP M177fw	台	1	3 900.00	3 900.00	6%	624.00
合　计					3 900.00		624.00
价税合计(大写)	⊗ 肆仟伍佰贰拾肆元整			(小写)	¥ 4 524.00		

销售方	名　　称: 滨海办公设备有限公司 纳税人识别号: 350603002277990042 地址、电话: 滨海市行堂路309号 0578-8760429 开户行及账号: 中国银行滨海市行堂支行 1603005836803366	备注	滨海办公设备有限公司 350603002277990042 发票专用章

收款人:　　　　复核:　　　　开票人:章丽雅　　　　销售方:(章)

图 7-3　5月17日增值税专用发票

固定资产验收单

2018 年 5 月 18 日　　　　　　　　　　　　　　　　　管字第 8 号

资产名称	激光一体机	规格及型号	PrdMFP Z100ba	资金来源	自有资金
资产编号	1989	购置日期	2018-05-17	出厂日期	2018-05-10
计量单位	台	数量	1	单价	3 900.00	金额	3 900.00
生产厂家	中国佳能		存放地点	总经理办公室
使用部门	总经理办公室	使用情况	公司管理使用	责任人	李海梅
验收情况					
技术检验部门: 技术性能符合要求,验收合格。 　　　　　　　　　　主管领导:陈刚　　　　　　验收人:黄俊才 　　　　　　　　　　2018年5月18日　　　　　　2018年5月18日					
设备主管部门: 设备及配件齐全、完整,验收合格。 　　　　　　　　　　主管领导:徐永昌　　　　　　验收人:张凌云 　　　　　　　　　　2018年5月18日　　　　　　2018年5月18日					

图 7-4　固定资产验收单

华宇公司关于该笔业务的会计分录为:

借:固定资产　　　　　　　　　　　　　　　　　　　　　　　　　3 900
　　应交税费——应交增值税(进项税额)　　　　　　　　　　　　　624
　　贷:应付账款——滨海办公　　　　　　　　　　　　　　　　　4 524

业务2:5月28日收到4#厂房有关单证如图7-5和图7-6所示。

滨海增值税专用发票

No. 21256362

发票联

开票日期：2018 年 5 月 28 日

购买方	名　　　　称：华宇有限责任公司 纳税人识别号：280602002234678 地　址、电　话：滨海市解放街 28 号 0578-2133999 开户行及账号：中国工商银行滨海市分行 18010011220010 0888	密码区	（略）

货物或应税劳务、服务名称	规格型号	单位	数量	单价	金　额	税率	税　额
*建筑服务*工程款					580 000.0	10%	58 000.0
合　计					580 000.0		58 000.0

价税合计（大写）	⊗陆拾叁万捌仟元整	（小写）	¥ 638 000.00

销售方	名　　　　称：滨海久远建筑安装有限公司 纳税人识别号：350603002869321456 地　址、电　话：滨海市建国路 7890 号 0578-82134566 开户行及账号：中国银行滨海市建国支行 1603005803368663	备注	项目名称：4#厂房 合同编号：2016091832

收款人：　　　　复核：　　　　开票人：刘巧云　　　　销售方：（章）

图 7-5　4# 厂房增值税专用发票

竣工验收证书

施管表 2

工程名称	4# 厂房	开工日期	2017 年 8 月 16 日	对工程的质量评价： 合格 外观：较好
施工单位	滨海市久远建筑安装有限公司	竣工日期	2018 年 5 月 15 日	
合同造价（元）	580 000.00	施工决算（元）	580 000.00	
验收范围及数量： 竣工图、合同约定的内容		竣工验收日期	2018 年 5 月 22 日	
		参加竣工验收单位意见		
		建设单位	签名：陈明（盖章）	设计单位	签名：章云逸（盖章）
存在问题及处理意见：		监理单位	签名：（盖章）	施工单位	签名：王久远（盖章）
		勘察单位	签名：（盖章）	邀请单位	签名：（盖章）

注：工程款已预付 80%，其余尚欠。

图 7-6　4# 厂房竣工验收证书

华宇公司关于该笔业务的会计分录为：

借：固定资产　　　　　　　　　　　　　　　　　　　　　　　　580 000
　　应交税费——应交增值税(进项税额)　　　　　　　　　　　　 58 000
　　贷：在建工程　　　　　　　　　　　　　　　　　　　　　　638 000

业务3：5月28日收到注塑机报废有关单证如表7-11、图7-7和图7-8所示。

表7-11　　　　　　　　　　　固定资产报废申请表

2018年5月28日　　　　　　　　　　　　　　　　　　　　　编号：170310

固定资产名称	注塑机	规格型号	YS-220
原值	130 000元	使用年限	10年
预计清理费用	2 000元	年折旧额	12 350元
残值率	5%	资产编号	SC20070201
购入时间	2016-02-01	使用时间	2016-02-01	存放地点	第一生产车间
使用部门	第一生产车间	责任人	崔刚
报废原因	个人操作不当毁损		
使用部门意见	同意报废 负责人：崔刚　2018年5月20日		
技术部门意见	同意报废 负责人：马建国　2018年5月21日		
设备管理部门意见	同意报废 负责人：刘坤　2018年5月21日		
财务部门意见	同意报废 负责人：曹金玉　2018年5月23日		
公司主管领导意见	同意报废 负责人：管爱烨　2018年5月28日		
备注			

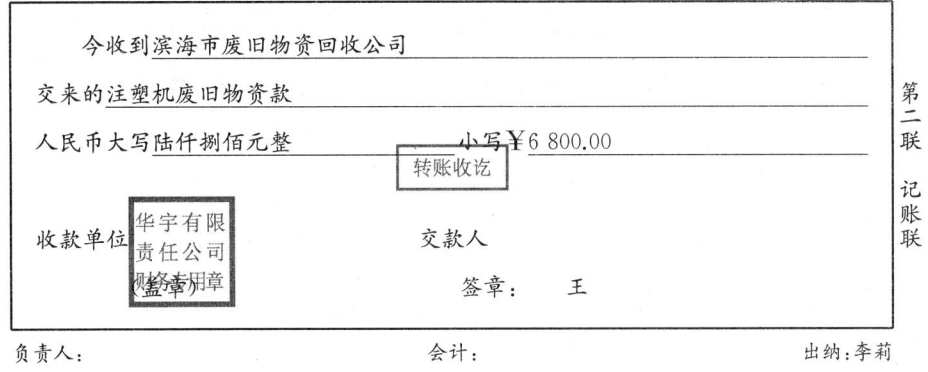

收 款 收 据 No.3620694

2018 年 5 月 28 日

今收到滨海市废旧物资回收公司

交来的注塑机废旧物资款

人民币大写陆仟捌佰元整 小写￥6 800.00

转账收讫

收款单位 华宇有限责任公司财务专用章 （盖章） 交款人

签章： 王

第二联 记账联

负责人： 会计： 出纳：李莉

图 7-7 收款收据

中国工商银行滨海分行 进账单(回单) 1

2018 年 5 月 28 日 第 号

付款人	全称	滨海市废旧物资回收公司	收款人	全称	华宇有限责任公司
	账号	180100112203204598		账号	180100112200100888
	开户银行	中国工商银行滨海市分行		开户银行	中国工商银行滨海市分行

金额	人民币（大写）	陆仟捌佰元整	千	百	十	万	千	百	十	元	角	分
						￥	6	8	0	0	0	0

票据种类	转账支票	中国工商银行滨海市分行 2018·05·28 转账 转讫
票据张数	1 张	
单位主管 会计 复核 记账		出票开户银行盖章

图 7-8 银行进账单

华宇公司关于该笔业务的会计分录为：

(1) 借：固定资产清理 102 212.50

  累计折旧(12 350÷12×27) 27 787.50

 贷：固定资产 130 000.00

(2) 借：银行存款 6 800

 贷：固定资产清理 6 800

(3) 借：营业外支出 95 412.5

 贷：固定资产清理 95 412.5

【实训要求】

(1) 根据实训资料，请指出下列业务的会计处理，哪些是正确的，哪些是错误的。如果是错误的，那么正确的做法是什么？

(2) 通过实训过程的全程参与和体验，在基本完成实训操练各项技能任务的基础上，独立形成固定资产核算岗位实训报告。

固定资产核算岗位实训报告

固定资产核算岗位		
项目实训班级：	项目小组：	项目组成员：
实训时间： 年 月 日	实训地点：	实训成绩：
实训目的：		
实训步骤：		
实训结果：		
实训感言：		
不足与今后改进：		
项目组长评定签字：		项目指导教师评定签字：

项目八 无形资产及其他资产核算——无形资产

知识目标

理解:无形资产的概念、特征和内容。
熟知:无形资产的确认条件、无形资产的确认、无形资产的计量。
掌握:无形资产的核算、其他资产的核算。

本项目课件

技能目标

通过本项目的学习,要求能够根据无形资产的取得、摊销、减值及处理业务的相关原始凭证进行账务处理。

素质目标

运用所学会计的理论与实务知识研究相关案例,培养和提高学生在特定业务情境中分析问题与决策设计的能力;能结合"无形资产"的教学内容,结合行业规范或标准,分析会计行为的善恶,强化学生的职业道德素质。

项目引例

引例 无形资产核算

背景与情境:2017年7月1日,华盛公司购入一项土地使用权,增值税发票上注明的价款为8 000 000元,增值税为48 0000元,全部款项以银行存款支付(不考虑其他税费),并在该土地上自行建造厂房,发生材料总支出50 00000元、工资费用10 000 000元。发生其他相关费用40 000 00元。该工程完工并达到预定可使用状态。假定土地使用权的使用年限为50年,该厂房的使用年限为25年,两者都没有净残值,都采用直线法进行摊销和计提折旧。2018年6月4日,华盛公司将拥有的该项土地使用权转让,增值税发票上注明的价款为900 000 000元,增值税为54 000 000元,款项已存入银行。

请会计张红做出相关账务处理。相关原始凭证:①购买土地使用权的合同;②取得土地使用权的发票;③经公司领导审批后的支付土地款的用款申请单,出纳付款的银行单据;④自建厂房采购材料的发票,及支付厂房建造材料款的银行单据;⑤自建厂房的工资清单,及支付工资的银行单据;⑥自建厂房发生的其他费用的发票,及支付的银行单据;⑦自建厂房完工转入固定资产时的验收单;⑧财务人员自制的土地使用权月度摊销明细表;⑨财务人员自制的厂房月度计提折旧明细表;⑩转让土地使用权的转让合同;⑪财务部开具的转让发票;⑫收到对方款项时的银行单据。

业务产生:公司为了扩大生产产能,向政府或其他单位购买土地,并自行建造适合公司生产的厂房。

请针对上述背景与情境内容,做出相关处理程序。

知识精讲

任务一 无形资产概述

一、无形资产的概念及其特征

(一)无形资产的概念

无形资产是指企业拥有或者控制的没有实物形态的可辨认非货币性资产,包括专利权、非专利技术、商标权、著作权、土地使用权、特许权等。

企业的无形资产与企业的其他资产一样,必须符合资产的定义,应当为企业拥有或控制,能够预期为企业带来经济利益流入。但与流动资产和固定资产等相比,无形资产的特征是没有明显的实物形态,具体表现为企业拥有或控制的某些权利。这些权利有些是企业拥有的,有些只是企业控制的。例如,企业自行开发设计的某种专利或某种非专利技术的所有权、使用权和处置权,这些权利状况表明:这类资产属于企业拥有的无形资产。而对有些无形资产,企业虽然没有所有权,但具有使用权和处置权。例如,企业购买的国有土地,由于在我国土地资源的所有权属于国家,按照《中华人民共和国土地管理法》(以下简称《土地管理法》)的规定,企业对国有土地只有使用权和一定的处置权,而不具有所有权,这些权利状况表明:这种资产属于企业控制的无形资产。但无形资产与其他资产一样,都属于能够为企业带来经济利益的资源。如果企业有权获得一项无形资产产生的未来经济利益,并能约束其他方获取这些利益,则表明企业控制了该项无形资产。例如,对于会产生经济利益的技术知识,若其受到版权等法定权利的保护,那么说明该企业控制了相关利益。

(二)无形资产的特征

相对于流动资产和固定资产等其他资产,无形资产具有如下特征。

1. 无形资产不具有实物形态

无形资产通常表现为某种权利、某项技术或是某种获取超额利润的综合能力。它们不具有实物形态,比如,土地使用权、非专利技术等。企业的有形资产,如固定资产,虽然也能为企业带来经济利益,但其为企业带来经济利益的方式与无形资产不同,固定资产是通过实物的磨损和价值转移来为企业带来未来经济利益的,而无形资产在很大程度上是通过其自身所具有的技术等优势为企业带来未来经济利益的。

无形资产不具有实物形态并不表明无形资产与实物形态无关,某些无形资产的存在有赖于必要的实物载体,例如,计算机软件需要存储在磁盘中。但这并不改变无形资产本身不具有实物形态的特性。在确定一项既包含无形又包含有形要素的资产是属于固定资产,还是属于无形资产时,通常以哪个要素更重要作为判断的依据。例如,计算机控制的机械工具在没有特定计算机软件时就不能运行,说明该软件是构成相关硬件不可缺少的组成部分,该软件应作为固定资产处理;如果计算机软件不是相关硬件不可缺少的组成部分,则该软件应作为无形资产核算。

2. 无形资产具有可辨认性

符合以下条件之一的,则应认为其具有可辨认性:①能够从企业中分离或者划分出来,并能单独用于出售或转让等,而不需要同时处置在同一获利活动中的其他资产,表明无形资产可以辨认。例如,企业只是向另一方转让了其自行研制的某种软件,而不是连同研制该软件所使用的设备等一起转让。在某些情况下,无形资产可能需要与有关合同一起用于出售转让等,在这种情况下也视为可辨认无形资产。例如,根据合同约定,企业将研制某产品专利权的设备及已经获取的该产品生产的专利权一并出售给了某软件开发企业。②产生于合同性权利或其他法定权利,无论这些权利是否可以从企业或其他权利和义务中转移或者分离。有些无形资产虽然不能从企业中分离或者划分出来,但按照合同性权利或其他法定权利,可以将其使用权通过授予许可的方式允许其他企业加以利用。例如,一方通过与另一方签订特许权合同而获得的特许使用权,通过法律程序申请获得的商标权、专利权等。

应予注意的是:可辨认性只是无形资产的特征之一,有些资源虽然具有可辨认性,对企业的经营也具有相当大的影响,但是,并不能将其确认为企业的无形资产。例如,客户关系、人力资源等,由于企业无法控制其带来的未来经济利益,不符合无形资产的定义,因而不应将其确认为无形资产。又如,企业内部产生的品牌、客户名单和实质上类似的项目支出,由于不能与整个业务开发成本区分开来,这类项目也不应确认为无形资产。

3. 无形资产属于非货币性资产

非货币性资产是指企业持有的货币资金和将以固定或可确定的金额收取的资产以外的其他资产。无形资产由于没有发达的交易市场,一般不容易转化成现金,在持有过程中为企业带来未来经济利益的情况不确定,不属于以固定或可确定的金额收取的货币性资产,属于非货币性资产。

二、无形资产的内容

无形资产通常包括专利权、非专利技术、商标权、著作权、特许权、土地使用权等。

(1) 专利权。专利权是指国家专利主管机关依法授予发明创造专利申请人,对其发明创造在法定期限内所享有的专有权利,包括发明专利权、实用新型专利权和外观设计专利权。

(2) 非专利技术。非专利技术也称专有技术。它是指不为外界所知、在生产经营活动中已采用了的、不享有法律保护的、可以带来经济效益的各种技术和诀窍。非专利技术一般包括工业专有技术、商业贸易专有技术和管理专有技术等。

(3) 商标权。商标是用来辨认特定的商品或劳务的标记。商标权是指专门在某类指定的商品或产品上使用特定的名称或图案的权利。

(4) 著作权。著作权又称版权,是指作者对其创作的文学、科学和艺术作品依法享有的某些特殊权利。著作权包括作品署名权、发表权、修改权和保护作品完整权,还包括复制权、发行权、出租权、展览权、表演权、放映权、广播权、信息网络传播权、摄制权、改编权、翻译权、汇编权以及应当由著作权人享有的其他权利。

(5) 特许权。特许权又称经营特许权、专营权,是指企业在某一地区经营或销售某种特定商品的权利或是一家企业接受另一家企业使用其商标、商号、技术秘密等的权利。通常有两种形式:一种是由政府机构授权,准许企业使用或在一定地区享有经营某种业务的特权,如水、电、邮电通信等专营权,烟草专卖权等;另一种是指企业间依照签订的合同,有限期或无限期地使用另一家企业的某些权利,如连锁店分店使用总店的名称等。

(6) 土地使用权。土地使用权是指国家准许某企业在一定期间内对国有土地享有开发、利用、经营的权利。根据《土地管理法》的规定,我国土地实行公有制,任何单位和个人不得侵占、买卖或者以其他形式非法转让土地。企业取得土地使用权的方式大致有以下几种:行政划拨取得、外购取得及投资者投入取得。

任务二 无形资产的确认与计量

企业取得无形资产的来源较多,包括外购无形资产、投资者捐赠无形资产和企业内部研究开发形成的无形资产等。在本部分中,重点研究企业的外购无形资产和内部研究开发无形资产的确认与计量问题。

一、无形资产的确认条件

无形资产应当在符合定义的前提下,同时满足以下两个确认条件时,才予以确认。

(一) 与该资产有关的经济利益很可能流入企业

作为无形资产确认的项目,必须具备产生的经济利益很可能流入企业。通常情况下,无形资产产生的未来经济利益可能包括在销售商品、提供劳务的收入中,或者企业使用该项无形资产而减少或节约的成本中,或体现在获得的其他利益中。例如,生产加工企业在生产工序中使用了某种知识产权,使其降低了未来生产成本,而不是增加未来收入。在实务中,要确定无形资产创造的经济利益是否很可能流入企业,需要实施职业判断。在实施这种判断时,需要对无形资产在预计使用寿命内可能存在的各种经济因素作出合理估计,并且应当有明确的证据支持,比如,企业是否有足够的人力资源、高素质的管理队伍、相关的硬件设备、相关的原材料等来配合无形资产为企业创造经济利益。同时,更为重要的是关注一些外界因素的影响,比如是否存在相关的新技术、新产品冲击与无形资产相关的技术或根据其生产的产品的市场等。在实施判断时,企业的管理层应对无形资产的预计使用寿命内存在的各种因素作出最稳健的估计。

(二)该无形资产的成本能够可靠地计量

成本能够可靠地计量是资产确认的一项基本条件。对于无形资产来说,这个条件相对更为重要。比如,企业内部产生的品牌、报刊名等,因其成本无法可靠地计量,不作为无形资产确认。又如,一些高新科技企业的科技人才,假定其与企业签订了服务合同,且合同规定其在一定期限内不能为其他企业提供服务。在这种情况下,虽然这些科技人才的知识在规定的期限内预期能够为企业创造经济利益,但由于这些技术人才的知识难以辨认,且形成这些知识所发生的支出难以计量,因而不能作为企业的无形资产加以确认。

二、无形资产的确认

(一)无形资产的初始确认

无形资产的初始确认是企业对通过不同来源取得的无形资产加以认定的过程。同时满足下列条件的,才能确认为无形资产:①符合无形资产的定义;②与该资产相关的预计未来经济利益很可能流入企业;③该资产的成本能够可靠地计量。其中,符合无形资产的定义是确认无形资产的最基本依据,后两点应是所有资产的确认必须同时满足的条件,无形资产也不例外。

企业在判断无形资产产生的经济利益是否很可能流入企业时,应当对无形资产在预计使用年限内可能存在的各种经济因素作出合理估计,并且应当有明确的证据支持。例如,专利权应当有国家专利管理机构颁发的证书,商标权、著作权、土地使用权应有相关机构或部门的证明文件等。同时,也应注意政府宏观经济政策的变化,所生产产品等的市场供求趋势的变化,以及产品生产所依赖的自然资源保有量的变化等。

关于无形资产的确认,有两个问题应特别注意:

其一,关于土地使用权的确认。在我国,土地所有权归国家所有,这一点不同于西方国家。因而企业能取得的只是土地的使用权。在一般情况下,当企业利用土地使用权建造其自用的厂房等地上建筑物时,相关的土地使用权的价值不计入在建工程成本,而是作为无形资产进行核算,并按照预计使用年限及确定的摊销方法进行摊销。而地上的建筑物则应作为固定资产进行核算,按其使用寿命和企业选定的折旧方法计提折旧。

其二,关于内部研究开发费用的确认。根据《企业会计准则》的相关规定,企业内部研究开发项目的支出,应当区分为研究阶段支出与开发阶段支出,分别按规定的方法进行核算。其中,研究是指为获取并理解新的科学或技术知识而进行的独创性的有计划调查;开发是指在进行商业性生产或使用前,有针对性地将研究成果或其他知识应用于某项计划或设计,以生产出新的或具有实质性改进的材料、装置、产品等。企业在内部研究开发项目研究阶段发生的支出,应当于发生时计入当期损益。而无形资产的开发阶段相对于研究阶段更进一步,且在很大程度上已经具备形成了一项新产品或新技术的基本条件,此时如果企业能够证明所发生的开发支出满足无形资产的定义及相关确认条件,所发生的开发支出可予以资本化,确认为无形资产的成本,形成企业的无形资产。在开发阶段,将有关支出资本化确认为无形资产必须同时满足下列条件:第一,从可能性方面看,完成该无形资产以使其能够使用或出售在技术上具有可行性。第二,从目的性方面看,具有完成该无形资产并使用或出售的意图。第三,从效益性方面看,具有明确的无形资产产生未来经济利益的方式,包括能够证明运用该无形资产生产的产品存在市场或无形资产自身存在市场;无形资产将在内部使用时,应当证明其有用性。第四,从完成能力方面看,有足够的技术、财务资源和其他资源支持,以完成该无形资产的开发,并有能力使用或出售该无形资产。第五,从可计量性方面看,归属于该无形资产开发阶段的支出能够可靠计量。

(二) 无形资产的后续确认

无形资产的后续确认是指对无形资产在使用过程中的变化情况所进行的确认,包括无形资产价值的摊销、无形资产减值准备的计提和无形资产的处置等。企业在处置无形资产时,如将无形资产出售、对外出租、对外捐赠,或者原来确认的无形资产无法为企业带来未来经济利益,应予转销并终止确认。

三、无形资产的计量

(一) 无形资产的初始计量

无形资产的初始计量是指企业对其取得的无形资产成本的确定。无形资产通常是按实际成本计量的,即以取得无形资产并使之达到预定用途而发生的全部支出作为无形资产的成本。企业从不同来源取得的无形资产,其成本构成也不尽相同。

(1) 外购无形资产的成本包括购买价款、进口关税和其他税费以及直接归属于使该项资产达到预定用途所发生的其他支出。其中,直接归属于使该项资产达到预定用途所发生的其他支出包括使无形资产达到预定用途所发生的专业服务费用、测试无形资产是否能够正常发挥作用的费用等。但不包括为引入新产品进行宣传发生的广告费、管理费用及其他间接费用,也不包括在无形资产已经达到预定用途以后发生的费用。无形资产达到预定用途后所发生的支出不构成无形资产的成本,一般应于发生时计入当期损益。

(2) 自行开发无形资产的成本包括可直接归属于该资产的创造、生产并使该资产能够以管理层预定的方式运作的所有必要支出。可直接归属于该资产的成本包括:开发该无形资产时耗费的材料、劳务成本、注册费、在开发该无形资产过程中使用的其他专利权和特许权的摊销、按照有关规定资本化的利息支出,以及为使该无形资产达到预定用途前所发生的其他费用。在开发无形资产过程中发生的除上述可直接归属于无形资产开发活动的其他销售费用、管理费用等间接费用,无形资产达到预定用途前发生的可辨认的无效和初始运作损失、为运行该无形资产发生的培训支出等不构成无形资产的开发成本。应予强调的是,内部开发无形资产的成本仅包括在满足资本化条件的时点至无形资产达到预定用途前发生的支出总和,对于同一项无形资产在开发过程中达到资本化之前已经费用化计入损益的支出不再进行调整。

关于投资者投入无形资产和企业合并取得无形资产等的初始计量内容可参见本教材项目六和项目九的有关部分。

(二) 无形资产的后续计量

无形资产经初始确认和计量后,在其后使用该项无形资产期间内应以成本减去累计摊销额和累计减值损失后的余额计量。需要强调的是,确定无形资产在使用过程中的累计摊销额的基础是估计其使用寿命,只有使用寿命有限的无形资产才需要在估计的使用寿命内采用系统合理的方法进行摊销,对于使用寿命不确定的无形资产,每年进行减值测试。

企业应当于取得无形资产时分析判断其使用寿命。无形资产的使用寿命如为有限的,应当估计该使用寿命的年限或者构成使用寿命的产量等类似计量单位数量;无法预见无形资产为企业带来未来经济利益期限的,应当视为使用寿命不确定的无形资产。

(1) 无形资产使用寿命的确定。

无形资产的后续计量是以其使用寿命为基础的。无形资产的使用寿命包括法定寿命和经济寿命。法定寿命是指有些无形资产的使用寿命受法律、规章或合同的限制。例如,我国法律规定发明专利权的有效期为 20 年,商标权的有效期为 10 年。而永久性特许经营权、非专利技术等的寿命则不受法律或合同的限制。经济寿命是指无形资产可以为企业带来经济利益的年限。由于受技术进步、市场竞争等因素的影响,无形资产的经济寿命往往短于其法定寿命。因此,在估计无形资产的使用寿命时,应当综合考虑各方面相关因素的影响,合理确定无形资产的使用寿命。

无形资产使用寿命的确定应具体考虑以下两个方面的情况:第一,源自合同性权利或其他法定权利取得的无形资产,其使用寿命不应超过合同性权利或其他法定权利的期限。例如,企业以支付土地出让金方式取得一块土地的使用权,如果企业准备持续持有,在 50 年期间内没有计划出售,该块土地使用权预期为企业带来未来经济利益的期间为 50 年,一般应以 50 年作为该项无形资产的使用寿命。第二,没有明确的合同或法律规定的无形资产,企业应当综合各方面情况,如聘请相关专家进行论证,与同行业的情况进行比较,以及企业的历史经验等,来确定无形资产为企业带来未来经济利益的期限。如果经过这些努力确实无法合理确定无形资产为企业带来经济利益的期限,再将其作为使用寿命不确定的无形资产。

对于使用寿命有限的无形资产,企业至少应当于每年年度终了对其使用寿命进行复核,如果有证据表明其使用寿命不同于以前的估计,由于合同的续约或无形资产应用条件的改善,延长了无形资产的使用寿命,应改变其摊销年限,并按照会计政策、会计估计变更进行处理。对于使用寿命不确定的无形资产,如果有证据表明其使用寿命是有限的,应当按照无形资产准则中关于使用寿命有限的无形资产的处理原则进行处理。

(2) 使用寿命有限的无形资产摊销。

对使用寿命有限的无形资产,应在其预计的使用寿命内采用系统合理的方法对应摊销金额进行摊销。应摊销金额是指无形资产的成本扣除残值后的金额。无形资产的残值一般为零。除非有第三方承诺在无形资产使用寿命结束时购买该无形资产,或者存在活跃的市场,通过市场可以得到无形资产使用寿命结束时的残值信息,并且从目前的情况看,在无形资产使用寿命结束时,该市场还很可能存在,才可以预计无形资产的残值。对使用寿命不确定的无形资产不应摊销。

企业无形资产的摊销期自无形资产可供使用时(即其达到预定用途)起至终止确认时止。在无形资产的使用寿命内系统地分摊其应摊销金额有多种方法,包括直线法和生产总量法等。企业对某项无形资产摊销所使用的方法应依据从资产中获取的预期未来经济利益的预计消耗方式来选择,并一致地运用于不同会计期间。例如,对受技术陈旧因素影响较大的专利权和专有技术等无形资产,可采用类似固定资产加速折旧的方法进行摊销;有特定产量限制的特许经营权或专利权,应采用生产总量法进行摊销。无法可靠确定消耗方式的,应当采用直线法摊销。

任务三　无形资产的核算

一、无形资产增加的核算

进行无形资产的核算,应当设置以下账户:

(1)"无形资产"账户。本账户核算企业持有的无形资产,包括专利权、非专利技术、商标权、著作权、土地使用权等。外购无形资产按应计入无形资产成本的金额,记入本账户的借方,记入"银行存款"等账户的贷方;企业自行开发的无形资产,符合资本化条件的部分记入本账户的借方,记入"研发支出"账户的贷方。企业以其他方式取得的无形资产,按不同方式下确定应计入无形资产成本的金额,记入本账户借方,记入有关账户贷方。

(2)"研发支出"账户。本账户核算企业进行研究与开发无形资产过程中发生的各项支出。

企业自行开发无形资产发生的研发支出包括不满足资本化条件的费用化支出和满足资本化条件的资本化支出,在发生时均记入本账户借方,记入"原材料""银行存款"和"应付职工薪酬"等账户贷方。研究开发项目达到预定用途形成无形资产的,应按本账户资本化支出的余额,记入"无形资产"账户借方,记入本账户(资本化支出)贷方。期末,应将本账户归集的费用化支出计入当期损益,记入"管理费用"账户借方,记入本账户(费用化支出)贷方。本账户期末借方余额,反映企业正在进行的研究开发项目中满足资本化条件的支出。

【做中学8-1】 兴海公司购得一项专利权,价款200 000元,款项已用银行存款支付。编制如下会计分录:

借:无形资产——专利权　　　　　　　　　　　　　　　　　　　　　　　　200 000
　　贷:银行存款　　　　　　　　　　　　　　　　　　　　　　　　　　　　　　200 000

【做中学8-2】 兴海公司自行开发一项新产品非专利技术。在研究开发过程中,发生材料费50 000元,开发研究人员薪酬80 000元,另用银行存款支付其他费用120 000元。编制如下会计分录:

借:研发支出　　　　　　　　　　　　　　　　　　　　　　　　　　　　　　　250 000
　　贷:原材料　　　　　　　　　　　　　　　　　　　　　　　　　　　　　　　　50 000
　　　　应付职工薪酬　　　　　　　　　　　　　　　　　　　　　　　　　　　　　80 000
　　　　银行存款　　　　　　　　　　　　　　　　　　　　　　　　　　　　　　　120 000

【做中学8-3】 经确认,上述研发支出中的210 000元满足资本化支出的确认条件,应计入无形资产成本,另外40 000元应作为费用化支出计入当期损益。编制如下会计分录:

借:无形资产——非专利技术　　　　　　　　　　　　　　　　　　　　　　　210 000
　　管理费用　　　　　　　　　　　　　　　　　　　　　　　　　　　　　　　　40 000
　　贷:研发支出　　　　　　　　　　　　　　　　　　　　　　　　　　　　　　250 000

【做中学8-4】 兴海公司收到海达公司作为投资的一项商标权,经聘请专家评估确认的价值为250 000元。编制如下会计分录:

借:无形资产——商标权　　　　　　　　　　　　　　　　　　　　　　　　　250 000
　　贷:股本　　　　　　　　　　　　　　　　　　　　　　　　　　　　　　　　　250 000

二、使用寿命确定的无形资产摊销的核算

进行无形资产摊销的核算,应设置"累计摊销"账户。本账户核算企业对使用寿命有限的无形资产计提的累计摊销。企业按月计提无形资产摊销时,记入"管理费用"(自用)"其他业务成本"(出租)等账户的借方,记入本账户贷方。出售或报废无形资产时,应按已计提的累计摊销,记入本账户借方。本账户期末贷方余额,反映企业无形资产累计摊销额。

无形资产的摊销金额一般应当计入当期损益,但如果某项无形资产是专门用于生产某种产品的,其所包含的经济利益是通过转入所生产的产品中体现的,无形资产的摊销费用应构成产品成本的一部分。对持有待售的无形资产不进行摊销,按照账面价值与公允价值减去处置费用后的净额孰低进行计量。

【做中学8-5】 兴海公司本月应摊销无形资产使用费5 000元,其中4 000元使用费为生产W产品专门使用的无形资产的摊销额。编制如下会计分录:

借:管理费用——无形资产摊销　　　　　　　　　　　　　　　　　　　　　　　1 000
　　生产成本——W产品　　　　　　　　　　　　　　　　　　　　　　　　　　　4 000
　　贷:累计摊销　　　　　　　　　　　　　　　　　　　　　　　　　　　　　　　5 000

【做中学8-6】 兴海公司将一项专利技术出租给另外一家企业使用,出租合同规定,承租方每销售一件用该专利生产的产品必须付给本公司10元专利技术使用费。假定承租方本月销售该产品20 000件。

款项暂未收到。根据预计使用寿命，此项专利技术本月摊销额为100 000元，假定暂时不考虑其他税费。编制如下会计分录：

(1) 借：其他应收款　　　　　　　　　　　　　　　　　　　　　　200 000
　　　贷：其他业务收入　　　　　　　　　　　　　　　　　　　　　　200 000
(2) 借：其他业务成本　　　　　　　　　　　　　　　　　　　　　　100 000
　　　贷：累计摊销　　　　　　　　　　　　　　　　　　　　　　　　100 000

三、使用寿命不确定的无形资产减值的核算

按照无形资产准则规定，对于使用寿命不确定的无形资产，在持有期间内不需要摊销，如果期末重新复核后仍为使用寿命不确定的无形资产，应当在每个会计期间进行减值测试，严格按照《企业会计准则》的有关规定，需要计提减值准备的，相应计提有关的减值准备。

进行使用寿命不确定的无形资产减值核算，应设置"无形资产减值准备"账户。计提使用寿命不确定的无形资产减值准备时，记入该账户贷方，记入"资产减值损失"账户借方；出售、报废无形资产时，按已计提减值准备的累计金额，记入本账户借方。本账户期末贷方余额，反映企业使用寿命不确定的无形资产累计计提的减值准备。

进行使用寿命不确定的无形资产减值核算，还要用到"资产减值损失"账户，该账户的核算内容及结构在"固定资产的核算"部分已经介绍，不再重述。

【做中学8-7】 月末，兴海公司购入的专利权经测试有减值迹象。该专利权的账面价值为200 000元，可收回金额为180 000元。确认减值损失为20 000元。编制如下会计分录：

借：资产减值损失　　　　　　　　　　　　　　　　　　　　　　　　20 000
　　贷：无形资产减值准备　　　　　　　　　　　　　　　　　　　　　20 000

四、无形资产减少的核算

企业无形资产的减少包括无形资产的出售、无形资产的报废等。进行无形资产减少的核算，仍主要利用前面已经介绍的相关账户，表现为减少的无形资产的账面价值的转销。此外，对无形资产出售、报废的核算还要涉及由此而产生的利得和损失的处理，所以还要涉及"资产处置损益""营业外收入"和"营业外支出"等账户。

出售无形资产时，应按实际收到的金额，记入"银行存款"等账户的借方，按已计提的累计摊销记入"累计摊销"账户的借方，按已累计计提减值准备记入"无形资产减值准备"账户的借方，按应支付的相关税费记入"应交税费"账户的贷方，按其账面余额记入"无形资产"账户的贷方；按其差额记入"资产处置损益"账户。

无形资产报废时，表明该无形资产预期不能为企业带来未来经济利益，不再符合无形资产的定义，应将其转销。已计提的累计摊销和已累计计提减值准备，以及"无形资产"账面余额转销的处理方法同上，按其差额记入"营业外支出"账户的借方。

【做中学8-8】 兴海公司将拥有的一项商标权出售给长江公司，取得收入190 000元，已存入银行。该商标权账面余额为250 000元，累计摊销额为50 000元，已计提减值准备40 000元。假设不考虑相关税费，编制如下会计分录：

借：银行存款　　　　　　　　　　　　　　　　　　　　　　　　　190 000
　　累计摊销　　　　　　　　　　　　　　　　　　　　　　　　　　 50 000
　　无形资产减值准备　　　　　　　　　　　　　　　　　　　　　　 40 000
　　贷：无形资产——商标权　　　　　　　　　　　　　　　　　　　250 000
　　　　资产处置损益　　　　　　　　　　　　　　　　　　　　　　　30 000

【做中学 8-9】 兴海公司的某项非专利技术因不再适用予以报废,其账面余额为 300 000 元,累计摊销额为 150 000 元,假定该非专利技术的残值为零,已计提减值准备 120 000 元。假定不考虑其他相关因素,编制如下会计分录:

借:累计摊销　　　　　　　　　　　　　　　　　　　150 000
　　无形资产减值准备　　　　　　　　　　　　　　　 120 000
　　营业外支出　　　　　　　　　　　　　　　　　　 30 000
　贷:无形资产——非专利技术　　　　　　　　　　　　　　　　300 000

五、无形资产核算的记录

根据有关会计凭证将无形资产交易或事项在有关账户中进行记录,是无形资产核算的主要环节。现将无形资产总分类核算中账户记录的总体情况归纳如图 8-1 所示。

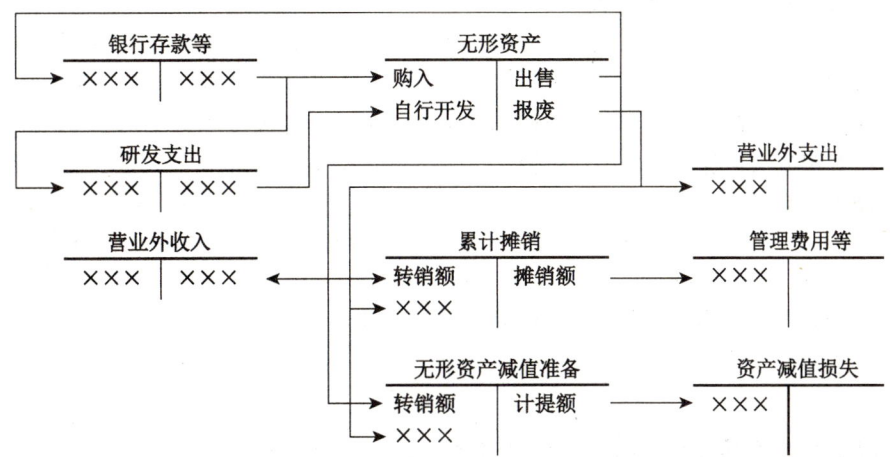

图 8-1　无形资产总分类核算账户记录情况

六、无形资产的报告

企业在编制的"资产负债表"中应列示"无形资产"和"研发支出"的期末余额和年初余额。在附注中披露与无形资产有关的下列信息:①无形资产的期初和期末账面余额、累计摊销额及累计减值损失金额。②使用寿命有限的无形资产,其使用寿命的估计情况;使用寿命不确定的无形资产,使用寿命不确定的判断依据。③无形资产摊销方法。④作为抵押的无形资产账面价值、当期摊销额等情况。此外,企业还应当披露当期确认为费用的研究开发支出总额。

任务四　其他资产的核算

其他资产是指除流动资产、长期股权投资、固定资产、无形资产等以外的资产,主要包括长期待摊费用和其他长期资产。

一、长期待摊费用

(一)长期待摊费用的概念及特征

长期待摊费用是指企业已经支出但应由本期和以后各期负担的摊销期限在 1 年以上的各项费用,如以经营租赁方式租入的固定资产的改良支出、经营租入固定资产的租赁费及摊销期限在

1 年以上的其他待摊费用。应当由本期负担的借款利息、租金等,不得作为长期待摊费用处理。长期待摊费用应单独核算,在费用项目的受益期限内分期平均摊销。

长期待摊费用具有以下主要特征:

(1) 长期待摊费用属于长期资产。

(2) 长期待摊费用是企业已经支出的各项费用。

(3) 长期待摊费用应能使以后会计期间受益。

(二) 长期待摊费用的账户设置

"长期待摊费用"账户用于核算企业已经支出,但摊销期限在 1 年以上(不含 1 年)的各项费用。在"长期待摊费用"账户下,企业应按费用的种类设置明细账,进行明细核算,并在会计报表附注中按照费用项目披露其摊余价值、摊销期限、摊销方式等。该账户期末借方余额,反映企业尚未摊销完毕的长期待摊费用的摊余价值。

(三) 长期待摊费用的账务处理

企业发生长期待摊费用时,借记"长期待摊费用"账户,贷记"银行存款""原材料"等账户。摊销长期待摊费用时,借记"管理费用""销售费用"等账户,贷记"长期待摊费用"账户。

租入固定资产改良支出应当在租赁期限与预计可使用年限两者孰短的期限内平均摊销。其他长期待摊费用应当在受益期内平均摊销。

【做中学 8-10】 2019 年 4 月 1 日,甲公司以经营租赁方式租入一项固定资产,租赁期限为 5 年,该项固定资产尚可使用年限为 10 年。为了提高该项固定资产的生产效率,该公司于租入时对租赁资产进行了改良,并支付 96 000 元的改良费用。甲公司的账务处理如下:

(1) 发生改良支出时,根据有关原始凭证,编制如下会计分录:

借:长期待摊费用　　　　　　　　　　　　　　　　　　　　　　96 000
　　贷:银行存款　　　　　　　　　　　　　　　　　　　　　　　96 000

(2) 每月摊销时,根据有关原始凭证,编制如下会计分录:

年摊销额 = 96 000 ÷ 5 = 19 200(元 / 年)

月摊销额 = 19 200 ÷ 12 = 1 600(元 / 月)

借:管理费用　　　　　　　　　　　　　　　　　　　　　　　　1 600
　　贷:长期待摊费用　　　　　　　　　　　　　　　　　　　　　1 600

二、其他长期资产

其他长期资产是指除流动资产、长期投资、固定资产、无形资产、长期待摊费用等以外的资产,主要包括特种储备物资、银行冻结存款、冻结物资和诉讼中的财产等。

关键术语

无形资产　长期待摊费用

应知考核

一、单项选择题

1. 下列各项,一般不会引起无形资产账面价值发生增减变动的是(　　)。
    A. 对无形资产计提减值准备　　　　B. 无形资产可收回金额大于账面价值
    C. 摊销无形资产　　　　　　　　　D. 转让无形资产所有权

2. 下列各项不属于企业无形资产的是(　　)。
    A. 商标权　　　B. 非专利技术　　　C. 商誉　　　D. 土地使用权

3. 下列各项,不属于无形资产特征的是( )。
   A. 价值大于1 000元　　　　　　　　B. 不具有实物形态
   C. 具有可辨认性　　　　　　　　　　D. 属于非货币性长期资产

4. 甲公司2018年1月10日开始自行研究开发无形资产,12月31日达到预定用途。其中,研究阶段发生职工薪酬30万元,计提专用设备折旧40万元;进入开发阶段后,相关支出符合资本化条件前发生的职工薪酬30万元,计提专用设备折旧30万元,符合资本化条件后发生职工薪酬100万元,计提专用设备折旧200万元。假定不考虑其他因素,甲公司2018年对上述研发支出进行的下列会计处理,正确的是( )。
   A. 确认管理费用70万元,确认无形资产360万元
   B. 确认管理费用30万元,确认无形资产400万元
   C. 确认管理费用130万元,确认无形资产300万元
   D. 确认管理费用100万元,确认无形资产330万元

5. 甲公司2018年7月4日购入一项商标权,支付购买价款200万元,增值税税额120万元,支付相关过户手续费12万元,为推广该商标权所生产的产品发生的宣传费20万元,支付注册登记费18万元。甲公司购入无形资产的入账成本为( )万元。
   A. 200　　　　B. 212　　　　C. 230　　　　D. 250

6. 2017年3月1日,某企业开始自行研发一项非专利技术,2018年1月1日研发成功并达到预定用途,该非专利技术研究阶段累计支出300万元(均不符合资本化条件),开发阶段的累计支出为800万元(其中不符合资本化条件的支出为200万元),不考虑其他因素,企业该非专利技术的入账价值为( )万元。
   A. 800　　　　B. 900　　　　C. 1 100　　　　D. 600

7. 某企业自行研发一项非专利技术,截至2018年3月共计发生研发支出2 000万元。经测试,该非专利技术完成了研究阶段。从2018年4月1日开始进入开发阶段,截至2018年11月9日研发活动结束,共计发生研发支出1 500万元(假定全部符合资本化条件)。企业预计该非专利技术可以使用8年,采用直线法计提摊销。2018年对该非专利技术应计提的摊销为( )万元。
   A. 15.63　　　　B. 31.25　　　　C. 36.46　　　　D. 72.92

8. 下列各项,关于无形资产摊销表述正确的是( )。
   A. 使用寿命不确定的无形资产应按照10年摊销
   B. 出租无形资产的摊销额应计入管理费用
   C. 使用寿命有限的无形资产处置当月仍然摊销
   D. 无形资产的摊销方法主要有直线法和生产总量法

9. 下列各项中,关于企业无形资产表述不正确的是( )。
   A. 已确认的无形资产减值损失在以后会计期间可以转回
   B. 使用寿命不确定的无形资产不应摊销
   C. 处置无形资产的净损益计入资产处置损益,影响营业利润
   D. 出租无形资产的摊销额应计入其他业务成本

10. 2018年9月1日,某工业企业转让一项专利权,该专利权成本为250 000元,累计摊销50 000元。取得转让价款为300 000元。不考虑其他因素,则下列关于转让专利权的会计处理结果正确的是( )。
    A. 资产处置损益增加300 000元　　　B. 其他业务收入增加300 000元
    C. 资产处置损益增加100 000元　　　D. 其他业务收入增加100 000元

二、多项选择题

1. 下列各项可认定为企业无形资产的有( )。
   A. 外购的商标权　　　　　　　　　　B. 自行研发的非专利技术
   C. 企业合并形成的商誉　　　　　　　D. 已出租的土地使用权

2. 下列各项不能确认为企业无形资产的有( )。

A. 企业合并形成的商誉　　　　　　B. 商标权
C. 特许经营权　　　　　　　　　　D. 厂房

3. 下列各项属于无形资产特征的有（　　）。
A. 不具有实物形态　　　　　　　　B. 具有可辨认性
C. 能够单独计量　　　　　　　　　D. 能够为企业带来经济利益流入

4. 如果无法可靠区分研究阶段和开发阶段的支出,应当将其所发生的研发支出全部（　　）。
A. 费用化　　　　　　　　　　　　B. 资本化
C. 按照一定的比例费用化和资本化　D. 直接计入当期损益

5. "研发支出——资本化支出"余额不应该列示在资产负债表中（　　）项目。
A. 开发支出　　B. 研制支出　　C. 管理费用　　D. 制造费用

6. 外购的无形资产应当包括以下（　　）项目。
A. 购买价款
B. 相关税费
C. 使该项资产达到预定用途所发生的其他支出
D. 对新产品进行宣传的广告费、管理费用

7. 下列关于无形资产的表述,正确的有（　　）。
A. 寿命不确定的不计提减值准备　　B. 寿命有限的应进行摊销
C. 寿命有限的应按生产总量法摊销　D. 已计提减值的在以后期间不得转回

8. 下列各项,关于无形资产会计处理的表述正确的有（　　）。
A. 预期不能给企业带来经济利益的专利权应终止确认无形资产
B. 无形资产减值损失确认后不能转回
C. 处置无形资产形成的净损失应计入资产处置损益
D. 使用寿命不确定的无形资产不应摊销

9. 关于工业企业无形资产的表述,正确的有（　　）。
A. 使用寿命有限的无形资产,不计提摊销
B. 使用寿命不确定的无形资产,不予以摊销
C. 无形资产减值一经确认,在以后会计期间不得转回
D. 租出无形资产的摊销额,应计入其他业务成本

10. 下列关于无形资产的表述不正确的有（　　）。
A. 其他权益工具投资减值损失一经确认,在以后会计期间不得转回
B. 应收账款减值损失一经确认,在以后会计期间内不得转回
C. 采用成本模式计量的投资性房地产减值损失一经确认,在以后会计期间不得转回
D. 存货计提减值准备后,在以后会计期间不得转回

三、判断题

1. 企业自行设计并注册使用的商标权属于无形资产。　　　　　　　　　　　（　　）
2. 企业合并的商誉属于企业的无形资产。　　　　　　　　　　　　　　　　（　　）
3. 无形资产是指企业拥有的没有实物形态的可辨认非货币性资产。　　　　　（　　）
4. 在开发阶段支出符合资本化条件的支出,应当计入当期损益。　　　　　　（　　）
5. 在开发阶段不符合资本化条件的支出,应当计入当期管理费用。　　　　　（　　）
6. 无形资产达到预定用途以后发生的费用应当计入无形资产初始成本。　　　（　　）
7. 对使用寿命有限的无形资产,应当在取得的当月开始摊销,处置当月停止摊销。（　　）
8. 企业选择的摊销方法应当反映与该资产有关的经济利益预期实现的方式。　（　　）
9. 企业对无形资产计提的摊销额一定会对当期损益造成影响。　　　　　　　（　　）
10. 无形资产的减值准备一经计提,在以后的会计期间内不得转回。　　　　　（　　）

四、思考题

1. 无形资产初始成本的确定。
2. 无形资产的摊销及处置的会计处理。
3. 无形资产减值准备的计提。
4. 是否所有无形资产都需要摊销？应如何核算？
5. 无形资产如何进行期末计价？

应会考核

★ **业务考核**
【考核项目】
无形资产价值。
【背景资料】
甲公司为增值税一般纳税人，2018年1月5日以2 700万元购入一项专利权，支付注册登记费120万元。为推广由该专利权生产的产品，甲公司发生广告宣传费60万元。该专利权预计使用5年，预计净残值为零，采用直线法摊销。

(1) 为推广由该专利权生产的产品，甲公司发生的广告宣传费应计入(　　)。
　　A. 销售费用　　B. 无形资产成本　　C. 管理费用　　D. 累计摊销
(2) 根据资料(1)，甲企业的该专利权账面价值为(　　)万元。
　　A. 2 160　　B. 2 256　　C. 2 304　　D. 2 700

【考核要求】
根据上述资料，不考虑其他因素，回答上述各小题(答案中的金额单位用万元表示)。

★ **技能考核**
【考核项目】
无形资产的取得、摊销、处置、报废及长期待摊费用。
【背景资料】
【业务技能题1】
目的：练习无形资产取得、摊销、处置、报废的核算。
资料：无锡海华股份有限公司2018年1月发生下列经济业务：

(1) 10日，从无锡兴康科技有限公司购入专利技术一项，价款100 000元，增值税税率为6%，价税合计106 000元，开出转账支票以银行存款支付。
(2) 15日，上月启动新技术研发项目(D003)属于研究阶段，领用材料费用23 000元，应付研发人员工资31 000元，摊销研发用固定资产折旧5 000元。
(3) 20日，2017年进行的新技术研发项目(D001)进入开发阶段，发生材料费30 000元，应付研发人员工资56 000元，计提研发用固定资产折旧8 600元，发生其他支出4 500元，以银行存款支付。
(4) 21日，接受天海集团投入土地使用权，协议约定价值为2 600 000元，已办妥相关手续。
(5) 23日，转让一项持有待售专利权，该无形资产成本为200 000元，已摊销金额为40 000元，已计提减值准备2 000元。取得转让收入150 000元，增值税税率为6%，增值税为9 000元，款项已存入银行。
(6) 25日，报废一项无形资产，成本135 000元，已累计摊销130 000元。
(7) 31日，期末对无形资产进行评估，应计提无形资产减值准备3 200元。
(8) 31日，本月无形资产摊销额14 000元。
要求：根据上述资料编制相关会计分录。

【业务技能题2】
目的：练习长期待摊费用的核算。
资料：无锡海华股份有限公司2018年2月份发生如下业务：
(1) 8日，平价发行股票，以银行存款支付手续费及佣金2 800 000元，假定不考虑其他项目，由于金额较大,故作长期待摊费用处理。

(2) 28日,摊销应由本期负担的长期待摊费用120 000元。

要求:根据上述资料编制相关会计分录。

【考核要求】

请回答上述要求作答。

★ **综合实务题**

A公司发生的有关无形资产的业务如下:

(1) 2018年7月28日,A公司从B公司购入一项土地使用权,支付购买价款2 000万元,支付契税80万元,支付过户登记费2万元。A公司预计该土地使用权尚可以使用30年,采用直线法摊销。

(2) A公司自行开发一项非专利技术,截至2018年3月共发生研发支出2 000万元。经测试,该非专利技术完成了研究阶段。从2018年4月1日开始进入开发阶段,截至2018年11月9日研发活动结束,非专利技术达到预定用途,共计发生研发支出1 500万元(假定全部符合资本化条件)。A公司预计该非专利技术能够使用8年,采用直线法计提摊销。

要求:根据上述资料,回答下列各小题。

(1) 根据材料(1),该项无形资产2018年应该摊销的金额为(   )万元。
    A. 28.92　　　B. 34.70　　　C. 34.67　　　D. 28.89

(2) 根据材料(2),该无形资产的入账价值为(   )万元。
    A. 1 500　　　B. 2 000　　　C. 3 500　　　D. 500

(3) 根据材料(2),该项无形资产2018年应该摊销的金额为(   )万元。
    A. 15.63　　　B. 31.25　　　C. 34.46　　　D. 72.92

项目实训

【实训项目】

无形资产核算。

【实训情境】

2018年5月份部分无形资产业务资料如下:

业务1:5月29日收到单证如图8-2至图8-4所示。

图8-2　5月28日增值税专用发票

中国工商银行滨海分行电汇凭证(付款通知)

2018 年 5 月 29 日　　　　第　　号

收款人	全　称	茂昌化工有限公司	付款人	全　称	华宇有限责任公司
	账　号	1603025603564627		账　号	1801001122200100888
	开户银行	中国银行滨海市分行		开户银行	中国工商银行滨海市分行

金额	人民币（大写）	贰佰壹拾壹万壹仟伍佰元整	千	百	十	万	千	百	十	元	角	分
			¥	2	1	1	1	5	0	0	0	0

票据种类	转账支票
票据张数	1 张

单位主管　　　　会计

复核　　　　　　记账

（中国工商银行滨海市分行 2018·05·29 转账转讫）

出票开户银行盖章

图 8-3　银行电汇凭证

图 8-4　银行转账支票存根

华宇有限责任公司关于该笔业务的会计分录为：

借：无形资产——商标使用权　　　　　　　　　　　　　　　　2 050 000
　　应交税费——应交增值税(进项税额)　　　　　　　　　　　　61 500
　　贷：银行存款　　　　　　　　　　　　　　　　　　　　　2 111 500

业务2：5月31日收到单证如图8-5和图8-6所示。

滨海增值税专用发票

No. 21256352

发票联

开票日期：2018 年 5 月 31 日

购买方	名　称：	海韵塑料制品有限公司	密码区	（略）
	纳税人识别号：	62370121491286		
	地址、电话：	滨海市鸿运路 3223 号 0578-61378429		
	开户行及账号：	中国工商银行滨海市分行 180101056130812828		

货物或应税劳务、服务名称	规格型号	单位	数量	单价	金　额	税率	税　额
*无形资产*非专利技术所有权		项	1	180 000	180 000.00	6%	10 800.00
合　计					180 000.00		10 800.00
价税合计（大写）	⊗ 壹拾玖万零捌佰元整				（小写） ¥ 190 800.00		

销售方	名　称：	华宇有限责任公司	备注	项目名称：非专利技术
	纳税人识别号：	280602002234678		合同编号：AD201752214
	地址、电话：	滨海市解放街 28 号 0578-2133999		280602002234678
	开户行及账号：	中国工商银行滨海市支行 180100112200100888		发票专用章

收款人：　　　复核：　　　开票人：李莉　　　销售方：（章）

第三联：发票联　购买方记账凭证

图 8-5　5 月 31 日增值税专用发票

中国工商银行滨海分行 进账单（回单）

2018 年 5 月 31 日　　第 1 号

付款人	全　称	海韵塑料制品有限公司	收款人	全　称	华宇有限责任公司
	账　号	180101056130812828		账　号	180100112200100888
	开户银行	中国工商银行滨海市分行		开户银行	中国工商银行滨海市分行

金额	人民币（大写）	壹拾玖万零捌佰元整	千	百	十	万	千	百	十	元	角	分
				¥	1	9	0	8	0	0	0	0

票据种类	转账支票
票据张数	1 张

中国工商银行滨海市分行　2018·5·31　转账转讫

单位主管　　　会计
复核　　　　　记账

出票开户银行盖章

注：此非专利技术转让已在当地税务机关备案。

图 8-6　银行进账单

【实训要求】

（1）根据实训资料，进行判别、分析，指出存在的错误，并给出正确的做法。

（2）通过实训过程的全程参与和体验，在基本完成实训操练各项技能任务的基础上，独立形成无形资产核算实训报告。

无形资产核算实训报告

无形资产核算		
项目实训班级：	项目小组：	项目组成员：
实训时间： 年 月 日	实训地点：	实训成绩：
实训目的：		
实训步骤：		
实训结果：		
实训感言：		
不足与今后改进：		
项目组长评定签字：		项目指导教师评定签字：

项目九 投资核算岗位——投资性房地产

知识目标

理解:投资性房地产相对于自用房地产及作为存货的房地产的特征。

熟知:投资性房地产的不同后续计量模式及其使用。

掌握:投资性房地产的不同后续计量模式及其转换的核算;投资性房地产与非投资性房地产之间相互转换的核算;投资性房地产处置的核算。

本项目课件

技能目标

通过本项目的学习,要求能根据投资性房地产的初始计量、后续计量及处置的原始凭证,填制相记账凭证。

素质目标

运用所学会计的理论与实务知识研究相关案例,培养和提高学生在特定业务情境中分析问题与决策设计的能力;能结合"投资性房地产"教学内容,结合行业规范或标准,分析会计行为的善恶,强化学生的职业道德素质。

项目引例

引例　投资性房地产

背景与情境:2018年1月20日,华盛公司购买一块土地使用权,购买价款为3 600万元,支付相关手续费60万元,增值税税款为396万元,款项全部以银行存款支付。公司购买后用于对外出租,对该投资性房地产采用公允价值模式进行后续计量。该投资性房地产2018年取得租金收入160万元,已存入银行。经复核,该投资性房地产2018年12月31日的公允价值为3 800万元。2019年1月23日,华盛公司出售了该项投资性房地产,取得价款4 400万元。

请会计张红做出相关账务处理。相关原始凭证:①购买土地使用权的合同;②购买土地使用权的发票;③支付土地使用权价款的银行回单;④对外出租土地时,与承租方签订的出租合同;⑤确认租金收入时,开具的租金发票;⑥收到租金时的银行回单;⑦资产负债表日,专业部门测算公允价值,编制公允价值变动损益表;⑧管理层批准同意该项投资性房产对外出售;⑨与购买方签订的房地产销售合同;⑩按照合同开具的增值税专用发票;⑪出售时的税金计提表;⑫收到该项房产款项时的银行回单。

业务产生:公司购买土地使用权或房产用于对外出租或对外投资,应作为投资性房地产核算,而后又根据房产管理部门的建议以及管理层的最终意见,将公司持有的闲置的或者转让后能够为公司带来更大利益的投资性房地产对外出售。

请针对上述背景与情境内容,做出相关处理程序。

知识精讲

任务一　投资性房地产概述

一、投资性房地产的概念与特征

(一)投资性房地产的概念

房地产是指房屋和土地及其权属的总称。由于我国土地归国家或集体所有,故任何单位或个人只能取得土地使用权而不能取得土地所有权。因此,房地产中的土地是指土地使用权,房屋是指房屋等建筑物及构筑物。

投资性房地产,是指企业为赚取租金或资本增值,或者两者兼有而持有的房地产。由于其与企业自用的房地产和作为存货的房地产在用途、状态、目的等方面存在区别,因此,作为投资性房地产确认和核算的房地产必须能单独计量和出售。

(二)投资性房地产的特征

投资性房地产相比于企业自用房地产或作为存货的房地产具有以下特征。

1. 投资性房地产在性质上属于投资性资产

按照投资标的物物理属性的不同,可以将投资分为金融类资产投资和实物类资产投资。本书项目五的金融资产及项目六的长期股权投资即属于金融类资产投资,投资性房地产则属于实物类资产投资,即企业投资标的物为房屋建筑物及土地使用权。

企业持有的房地产若为企业自身管理、生产经营活动所用,则应作为固定资产(房屋及建筑物)或无形资产(土地使用权)核算和管理;若属于准备对外出售的房地产(主要指房地产企业开发的商品房等),则应作为存货核算和管理。由于投资性房地产在用途、目的等方面有别于作为生产经营场所的自用房地产和用于销售的房地产,故需要将其单独作为一项资产予以核算和反映,从而更加清晰地反映企业所持有房地产的构成情况和盈利能力。

2. 房地产投资活动实质上属于经营性活动

房地产投资活动的主要形式是出租建筑物、出租土地使用权,这实质上是属于一种让渡资产使用权的行为。按照现行企业会计准则规定,让渡资产使用权取得的收入是不同性质企业经营业务收入来源之一,如利息收入是金融企业主要经营业务收入来源。投资性房地产租金就是让渡资产使用权取得的使用费收入,是企业为完成其经营目标所从事的经营性活动以及与之相关的其他活动形成的经济利益总流入。投资性房地产的另一种形式是持有并准备增值后转让的土地使用权,尽管其增值收益通常与市场供求、经济发展等因素相关,但目的是增值后转让以赚取增值收益,也是企业为完成其经营目标所从事的经营性活动以及与之相关的其他活动形成的经济利益总流入。因此,按照企业会计准则规定,与投资性房地产相关的收入一般作为企业的其他业务收入。但持有期间若企业选择按照公允价值对其计量,则其公允价值变动部分计入公允价值变动损益。

从上述分析可以看出,投资性房地产是兼具投资性与经营性特征的非流动资产。

二、投资性房地产的范围

投资性房地产主要包括已出租的土地使用权、持有并准备增值后转让的土地使用权和已出租的建筑物。

(一)属于投资性房地产的项目

1. 已出租的土地使用权

已出租的土地使用权,是指企业以有偿转让等方式取得后以经营租赁方式出租的土地使用权。企业计划用于出租但尚未出租的土地使用权,不属于此类。对于以经营租赁方式租入的土地使用权再转租给其他单位的,不能确认为投资性房地产。

2. 持有并准备增值后转让的土地使用权

持有并准备增值后转让的土地使用权,是指企业以有偿转让等方式取得并准备增值后转让的土地使用权,很可能给企业带来资本增值收益。但是,按照国家有关规定认定的闲置土地,不属于持有并准备增值的土地使用权。

3. 已出租的建筑物

已出租的建筑物,是指企业拥有产权并以经营租赁方式出租的房屋等建筑物,包括自行建造或开发活动完成后用于出租的建筑物。

企业在判断和确认已出租的建筑物时,应当把握以下要点:

(1) 用于出租的建筑物是指企业拥有产权的建筑物。若企业以经营租赁方式租入再转租的建筑物不属于投资性房地产,因其不拥有产权。

(2) 已出租的建筑物是企业已经与其他方签订了租赁协议,约定以经营租赁方式出租的建筑物。一般应自租赁协议规定的租赁期开始之日起,经营租出的建筑物才属于已出租的建筑物。

(3) 企业将建筑物出租,按租赁协议向承租人提供的相关辅助服务在整个协议中不重大的,应当将该建筑物确认为投资性房地产。例如,企业将其办公楼出租,同时向承租人提供维护、保安等日常辅助服务,企业应当将其确认为投资性房地产。因为若"向承租人提供的相关辅助服务在整个协议中重大",则出租人出租建筑物的主要目的显然并不是为赚取租金,而是获取包括租金在内的整个劳务收入,在这种情况下,该建筑物应确认为固定资产而不是投资性房地产。例如,企业拥有并自行经营的旅馆饭店,其经营目的主要是通过提供客房服务赚取服务收入,不属于投资性房地产。若企业将其拥有的旅馆饭店部分或全部出租,且出租部分能够单独计量和出售的,则出租部分可确认为投资性房地产。

(二) 不属于投资性房地产的项目

下列房地产不属于投资性房地产。

1. 自用房地产

自用房地产,即为生产商品、提供劳务或者经营管理而持有的房地产,包括自用建筑物(作为固定资产核算和管理)和自用土地使用权(作为无形资产核算和管理)。

2. 作为存货的房地产

作为存货的房地产,通常指房地产开发企业在正常经营过程中销售的或为销售而正在开发的商品房和土地。

如果某项房地产部分用于赚取租金或资本增值、部分自用(即用于生产商品、提供劳务或经营管理),其中,用于赚取租金或资本增值的部分能单独计量和出售的,应当确认为投资性房地产;若不能单独计量和出售的则不确认为投资性房地产。该项房地产自用的部分,以及用于赚取租金或资本增值但不能够单独计量和出售的部分,应当确认为固定资产或无形资产。

三、投资性房地产的后续计量模式

投资性房地产的后续计量有成本模式和公允价值模式两种,企业通常应当采用成本模式计量,若有确凿证据表明投资性房地产的公允价值能够持续可靠取得的,可采用公允价值模式对投资性房地产进行后续计量。但是,同一家企业只能采用一种模式对所有投资性房地产进行后续计量,不得同时采用两种计量模式,即不得对一部分投资性房地产采用成本模式计量,而对另一部分投资性房地产采用公允价值模式计量。企业对投资性房地产的计量模式一经确定,不得随意变更。

任务二 投资性房地产的确认和初始计量

一、投资性房地产的确认和初始计量

(一) 投资性房地产的确认

投资性房地产只有在符合概念,并同时满足下列条件时,才能予以确认:①与该投资性房地产有关的经济利益很可能流入企业;②该投资性房地产的成本能够可靠地计量。

企业应设置"投资性房地产"账户,并按投资性房地产的内容及项目名称设置明细账户进行核算。采用成本模式进行后续计量的,还应设置"投资性房地产累计折旧""投资性房地产累计摊销""投资性房地产减值准备"账户;若采用公允价值模式进行后续计量的,则应在"投资性房地产"账户下设置"成本""公允价值变动"等明细账户。

(二)投资性房地产的初始计量

投资性房地产无论采用哪一种后续计量模式,取得时均应当按照取得时的实际成本进行计量。投资性房地产的实际成本一般包括取得成本及直至使其达到预定可使用状态前所实际发生的各项必要的、合理的支出,如购买价款、土地开发费、建筑安装成本、可以予以资本化的借款费用等。

投资性房地产取得方式有外购、自行建造或从非投资性房地产转换而来。投资性房地产取得方式不同,其实际成本的具体构成内容也会有所不同。

二、外购投资性房地产的确认和初始计量

企业外购的房地产,只有在购入的同时开始对外出租或用于资本增值,才能作为投资性房地产加以确认。

企业外购投资性房地产时,应当按照取得时的实际成本进行初始计量。取得时的实际成本,包括购买价款、相关税费和可以直接归属于该资产的其他支出。

采用成本模式进行后续计量的,企业应当在购入投资性房地产时,借记"投资性房地产"账户,贷记"银行存款"等账户;采用公允价值模式进行后续计量的,企业应当在购入投资性房地产时,借记"投资性房地产——成本"账户,贷记"银行存款"等账户。

三、自行建造投资性房地产的确认和初始计量

企业自行建造的房地产,只有在自行建造活动完成(即达到预定可使用状态)的同时开始对外出租或用于资本增值时,才能将自行建造的房地产确认为投资性房地产。

自行建造的投资性房地产,其成本由建造该项资产达到预定可使用状态前发生的必要支出构成,包括土地开发费、建筑成本、安装成本、应予以资本化的借款费用、支付的其他费用和分摊的间接费用等。

采用成本模式进行后续计量的,在完工时,应按照确定的自行建造投资性房地产成本,借记"投资性房地产"账户,贷记"在建工程"或"开发产品"账户。采用公允价值模式进行后续计量的,在完工时,应按照确定的自行建造投资性房地产成本,借记"投资性房地产——成本"账户,贷记"在建工程"或"开发产品"账户。

【做中学 9-1】 2018 年 2 月,华扬股份有限公司以 900 万元购入一块使用期限为 50 年的土地,并在这块土地上自行建造两栋厂房。2018 年 12 月月底,华扬股份有限公司预计厂房即将完工,与乙公司签订了经营租赁合同,将其中的一栋厂房租赁给乙公司使用。租赁合同约定,该厂房于完工时开始起租。自租赁开始日,华扬股份有限公司将对外租赁的房地产作为投资性房地产核算和管理。2018 年 12 月 31 日,两栋厂房同时完工。至 2018 年 12 月 31 日,土地使用权已摊销 16.5 万元(900÷50×11÷12)。两栋厂房的实际造价均为 1 200 万元,能够单独出售。假设两栋厂房分别占用这块土地的一半面积,并且以占用的土地面积作为土地使用权划分依据。假设华扬股份有限公司采用成本模式对投资性房地产进行后续计量。

分析:由于华扬股份有限公司在购入的土地上建造的两栋厂房中,其中一栋厂房用于出租,并将其作为投资性房地产核算和管理,故也应将土地使用权中对应部分同时转换为投资性房地产。

华扬股份有限公司的相关会计处理如下:

(1)完工厂房各一栋,分别作为固定资产和投资性房地产入账。

```
借：固定资产——厂房                                    12 000 000
    投资性房地产——厂房                                12 000 000
    贷：在建工程——厂房                                            24 000 000
```

(2) 将土地使用权及累计摊销的1/2转为投资性房地产及其摊销。

```
借：投资性房地产——已出租的土地使用权              4 500 000
    累计摊销                                              82 500
    贷：无形资产——土地使用权                                      4 500 000
        投资性房地产累计摊销                                           82 500
```

四、非投资性房地产转换为投资性房地产的确认和初始计量

非投资性房地产转换为投资性房地产，就是指本来是自用或作为存货的房地产，因其用途发生改变而对房地产进行的重新分类。如企业外购或自行建造的房地产，若自用一段时间后再改为出租或用于资本增值的，则外购或自行建造完工时应将其确认为固定资产或无形资产，自租赁期开始日或用于资本增值之日起，才能从固定资产或无形资产转换为投资性房地产。这部分内容在本项目任务四讲解。

以非货币性资产交换、债务重组等其他方式取得的投资性房地产的确认和计量，按照相关会计准则的规定确定。

任务三　投资性房地产的后续计量及后续支出

一、投资性房地产的后续计量

投资性房地产的后续计量有成本和公允价值两种模式，通常应当采用成本模式计量，满足特定条件时也可以采用公允价值模式计量。但是，同一企业只能采用一种模式对所有投资性房地产进行后续计量，不得同时采用两种计量模式。

（一）采用成本模式进行后续计量的投资性房地产

企业通常应当采用成本模式对投资性房地产进行后续计量。采用成本模式进行后续计量的投资性房地产，应当按照《企业会计准则第4号——固定资产》或《企业会计准则第6号——无形资产》的有关规定，按期（月）计提折旧或进行摊销。若其存在减值迹象，应按《企业会计准则第8号——资产减值》进行减值测试，并计提相应减值准备。具体会计处理如下：

（1）按期（月）计提折旧或进行摊销时，借记"其他业务成本"等账户，贷记"投资性房地产累计折旧"（针对房屋等建筑物）或"投资性房地产累计摊销"（针对土地使用权）账户。

（2）取得租金收入时，借记"银行存款"等账户，贷记"其他业务收入"等账户。

（3）投资性房地产存在减值迹象的，应进行减值测试。若其账面价值大于可收回金额，应按其差额计提减值准备，借记"资产减值损失"账户，贷记"投资性房地产减值准备"账户。已经计提减值准备的投资性房地产，其减值损失在以后会计期间不得转回。

【做中学9-2】华扬股份有限公司将外购的一栋写字楼出租给W公司使用，将其确认为投资性房地产并采用成本模式进行后续计量。这栋办公楼的入账成本为7 200万元，按照年限平均法计提折旧，预计使用寿命为30年，预计净残值率为1%。经营租赁合同约定，W公司每月等额支付华扬股份有限公司租金40万元。假定不考虑相关税费。

华扬股份有限公司的相关会计处理如下：

（1）购入投资性房地产。

```
借：投资性房地产——写字楼                        72 000 000
    贷：银行存款                                  72 000 000
```

(2) 每月计提折旧。

$$每月计提的折旧 = [7\,200 \times (1-1\%) \div 30] \div 12 = 19.8(万元)$$

```
借：其他业务成本——出租写字楼折旧                   198 000
    贷：投资性房地产累计折旧                          198 000
```

(3) 每月确认租金收入。

```
借：银行存款(或其他应收款)                          400 000
    贷：其他业务收入——出租写字楼租金收入              400 000
```

(二) 采用公允价值模式进行后续计量的投资性房地产

只有存在确凿证据表明投资性房地产的公允价值能够持续可靠取得的，企业才可以采用公允价值模式对投资性房地产进行后续计量。企业一旦选择采用公允价值计量模式，就应当对其所有投资性房地产均采用公允价值模式进行后续计量，而且已采用公允价值模式计量的投资性房地产，不得从公允价值模式转为成本模式。

企业采用公允价值模式对投资性房地产进行后续计量，应当同时满足以下两个条件：①投资性房地产所在地有活跃的房地产交易市场；②企业能够从活跃的房地产交易市场上取得同类或类似房地产的市场价格及其他相关信息，从而对投资性房地产的公允价值作出合理的估计。

对建筑物而言，同类或类似的房地产，是指所处地理位置和地理环境相同、性质相同、结构类型相同或相近、新旧程度相同或相近、可使用状况相同或相近的建筑物；对土地使用权而言，同类或类似的房地产，是指同一位置区域、所处地理环境相同或相近、可使用状况相同或相近的土地。

投资性房地产的公允价值是市场参与者在计量日的有序交易中，出售该房地产所能收到的金额。确定投资性房地产的公允价值时，应当参照活跃市场上同类或类似房地产的现行市场价格(市场公开报价)；无法取得同类或类似房地产现行市场价格的，应当参照活跃市场上同类或类似房地产的最近交易价格，并考虑交易情况、交易日期、所在区域等因素，从而对投资性房地产的公允价值作出合理的估计；也可以基于预计未来获得的租金收益和相关现金流量予以计量。

采用公允价值模式进行后续计量的投资性房地产，应当遵循以下会计处理规定：

(1) 不计提折旧或摊销，以期末公允价值为基础调整其账面价值，同时将公允价值与原账面价值之间的差额计入当期损益(公允价值变动损益)。资产负债表日，若投资性房地产的公允价值高于或低于原账面价值，按其差额借记或贷记"投资性房地产——公允价值变动"账户，贷记或借记"公允价值变动损益"账户。

(2) 取得的租金收入时，借记"银行存款"等账户，贷记"其他业务收入"等账户。

(3) 采用公允价值模式进行后续计量的投资性房地产，一般无需考虑计提资产减值准备。

【做中学 9-3】 2018 年 9 月，华扬股份有限公司与 LB 公司签订租赁协议，约定将华扬股份有限公司新建造完工的一栋写字楼租赁给 LB 公司使用，租赁期为 10 年，完工日即为起租日。2018 年 11 月 1 日，该写字楼完工并开始出租。写字楼的工程造价为 5 000 万元，当日公允价值与工程造价相同。每年租金 360 万元，按年预付。华扬股份有限公司按月确认租金收入。该写字楼所在区域有活跃的房地产交易市场，而且能够从房地产交易市场上取得同类房地产的市场报价，华扬股份有限公司决定采用公允价值模式对该项出租的房地产进行后续计量。

2018 年 12 月 31 日，华扬股份有限公司在确定该投资性房地产的公允价值时，选取了与该处房产所处地区相近、结构及用途相同的房地产，参照公司所在地房地产交易市场上平均销售价格，结合周边市场信息和自有房产的特点，确定该写字楼的公允价值为 5 500 万元。

华扬股份有限公司的相关会计处理如下(单位：万元)：

(1) 2018年11月1日,华扬股份有限公司将完工的写字楼出租并确定为投资性房地产。

借:投资性房地产——写字楼(成本)　　　　　　　　　　　　　5 000
　　贷:在建工程——写字楼　　　　　　　　　　　　　　　　　　　　5 000

(2) 2018年11月1日,预收1年的租金。

借:银行存款　　　　　　　　　　　　　　　　　　　　　　　360
　　贷:预收账款——LB公司预付租房款　　　　　　　　　　　　　　360

(3) 按月确认租金收入(11月份、12月份均做如下会计分录)。

借:预收账款——LB公司预付租房款(360÷12)　　　　　　　　　　30
　　贷:其他业务收入——写字楼租金收入　　　　　　　　　　　　　　30

(4) 2018年12月31日,按照新公允价值调整其账面价值,并确认公允价值变动损益。

借:投资性房地产——写字楼(公允价值变动)　　　　　　　　　　500
　　贷:公允价值变动损益——投资性房地产公允价值变动　　　　　　　500

为便于同学们掌握,将投资性房地产成本模式与公允价值模式后续计量涉及的核算环节进行比较,具体如表9-1所示。

表9-1　　　　　　　　投资性房地产两种后续计量模式的比较

比较内容	成本模式	公允价值模式
1. 计提折旧/摊销	借:其他业务成本 　　贷:投资性房地产累计折旧/ 　　　　投资性房地产累计摊销	不计提
2. 确认公允价值变动	不确认	借:投资性房地产——公允价值变动 　　贷:公允价值变动损益
3. 确认租金收入	借:银行存款等 　　贷:其他业务收入	借:银行存款等 　　贷:其他业务收入
4. 计提减值	借:资产减值损失 　　贷:投资性房地产减值准备	不计提

二、投资性房地产后续计量模式的变更

为保证会计信息的可比性,企业对投资性房地产的计量模式一经确定,不得随意变更。企业对于原不具备采用公允价值模式计量条件的投资性房地产只能采用成本模式计量。但随着该投资性房地产所在地房地产市场的成熟、公允价值能够持续可靠取得的,即具备了满足采用公允价值模式计量条件的情况下,企业对投资性房地产的后续计量可以从成本模式转为公允价值模式。但已采用公允价值模式计量的投资性房地产,不得再转为成本模式计量如图9-1所示。

图9-1　投资性房地产后续计量模式的转换

成本模式转为公允价值模式的,应当作为会计政策变更处理,将计量模式变更时公允价值与账面价值的差额,调整期初留存收益。企业变更投资性房地产计量模式时,应当按照计量模式变更日投资性房地产的公允价值,借记"投资性房地产——成本"账户,按照已计提的折旧或摊销,借记"投资性房地产累计折旧(摊销)"账户,原已计提减值准备的,借记"投资性房地产减值准备"账户,按其原账面余额,贷记"投资性房地产"账户,变更日公允价值与其账面价值之间的差额,贷

记或借记"利润分配——未分配利润""盈余公积"等账户。

【做中学 9-4】 华扬股份有限公司的投资性房地产原采用成本模式进行后续计量。由于华扬股份有限公司投资性房地产所在地的房地产市场现已趋于成熟,房地产的公允价值能够持续可靠地取得,现满足采用公允价值模式计量的条件。华扬股份有限公司决定自 2019 年 1 月 1 日起,对其所拥有的投资性房地产改按公允价值模式进行后续计量。华扬股份有限公司作为投资性房地产核算的资产为一栋 A 写字楼,其原始成本为 3 000 万元,已累计折旧 400 万元。2019 年 1 月 1 日,该写字楼的公允价值为 3 600 万元。华扬股份有限公司按净利润的 10% 提取盈余公积。

分析:华扬股份有限公司投资性房地产计量模式转换日公允价值 3 600 万元高于其账面价值 2 600 万元(3 000－400)的部分应调整增加期初留存收益 1 000 万元,其中,盈余公积 100 万元(1 000×10%),未分配利润 900 万元(1 000×90%)。相关会计处理如下(单位:万元):

借:投资性房地产——A 写字楼(成本)　　　　　　　　　　　3 600
　　投资性房地产累计折旧　　　　　　　　　　　　　　　　　　400
　　贷:投资性房地产——A 写字楼　　　　　　　　　　　　　　　3 000
　　　　盈余公积　　　　　　　　　　　　　　　　　　　　　　　100
　　　　利润分配——未分配利润　　　　　　　　　　　　　　　　900

三、投资性房地产的后续支出

(一) 投资性房地产后续支出的处理原则

投资性房地产的后续支出,是指已确认为投资性房地产的项目在持有期间所发生的与该投资性房地产直接相关的各种支出,如改扩建支出、装修装潢支出、日常维修支出等。

投资性房地产后续支出,按其功效和性能可以分为两大类:资本性支出和收益性支出。

投资性房地产的后续支出,若满足投资性房地产确认条件的,应作为资本性支出,即计入投资性房地产成本。如企业为了提高投资性房地产的使用效能或延长其使用寿命,往往需要对投资性房地产进行改建、扩建而使其更加坚固耐用,或者通过装修装潢而改善其服务效能,则应将这类后续支出予以资本化,增加投资性房地产的成本。

投资性房地产的后续支出,若不满足投资性房地产确认条件的,应作为收益性支出,即计入当期损益。如企业对投资性房地产进行日常维护所发生的支出,由于该类支出一般仅是维护或恢复投资性房地产原有使用效能,故此类支出发生时应当计入当期损益。

(二) 投资性房地产后续支出的会计处理

1. 资本化的后续支出

(1) 采用成本模式计量的投资性房地产。

采用成本模式计量的投资性房地产,其发生的可资本化的后续支出的会计处理与固定资产、无形资产后续支出会计处理的基本原理相同。

企业发生改扩建等可以资本化的后续支出时,投资性房地产需要暂停使用,则企业应将该投资性房地产原价、已提累计折旧或摊销、减值准备等转销,将其账面价值转入"投资性房地产——在建"账户,并停止计提折旧或摊销,借记"投资性房地产累计折旧"等账户,贷记"投资性房地产——××项目"账户。发生可以资本化的后续支出时,借记"投资性房地产——在建"账户,贷记"银行存款""应付账款"等账户。在发生的后续支出完工并达到预定可使用状态时,再转为投资性房地产,借记"投资性房地产——××项目"账户,贷记"投资性房地产——在建"账户。改扩建完工后的投资性房地产,应按重新确定的账面价值、预计使用寿命、预计净残值等计提折旧或摊销。

(2) 采用公允价值模式计量的投资性房地产。

采用公允价值模式计量的投资性房地产进入改扩建或装修阶段,应将其账面价值转入"在建"明细账户,即借记"投资性房地产——在建"账户,贷记"投资性房地产——成本""投资性房地产——公允价值变动"等账户。发生可以资本化的后续支出时,借记"投资性房地产——在建"账户,贷记"银行存款""应付账款"等账户。在改扩建或装修完成后,再从"在建"明细账户进行结转,即借记"投资性房地产——成本"账户,贷记"投资性房地产——在建"账户。

【做中学 9-5】 2018年5月,华扬股份有限公司与乙公司的一项厂房经营租赁合同即将到期。该厂房原价为4 000万元,已计提折旧600万元。因新租户DT公司需要,华扬股份有限公司决定在2018年5月31日与乙公司的租赁合同到期后,随即对该厂房进行改扩建。同时,与DT公司签订了经营租赁合同,约定自改扩建完工时将该厂房出租给DT公司。2018年12月31日,该厂房改扩建工程完工,共发生支出1 100万元,均以银行存款支付,即日按照租赁合同出租给DT公司,并预收了2019年度租金360万元。华扬股份有限公司对该投资性房地产采用成本计量模式。改扩建后,该厂房的预计使用年限为15年,预计净残值率为新入账价值的2%,按平均年限法计提折旧。假设不考虑其他税费。

分析:华扬股份有限公司对该投资性房地产的改扩建支出属于资本性后续支出,应当计入投资性房地产的成本。改扩建期间应停止计提折旧,将其转为改扩建工程。

华扬股份有限公司的相关会计处理如下(单位:万元):

(1) 2018年5月31日,将该投资性房地产的账面价值转入改扩建工程。

借:投资性房地产——厂房(在建) 3 400
    投资性房地产累计折旧 600
  贷:投资性房地产——厂房 4 000

(2) 2018年5月31日至2018年12月31日,发生改扩建支出。

借:投资性房地产——厂房(在建) 1 100
  贷:银行存款 1 100

(3) 2018年12月31日,改扩建工程完工再出租给DT公司,按照改扩建后的新价值入账。

借:投资性房地产——厂房 4 500
  贷:投资性房地产——厂房(在建) 4 500

(4) 2018年12月31日预收2017年度的房租360万元。

借:银行存款 360
  贷:预收账款——DT公司预付房租 360

(5) 2019年起按月确认房租收入30万元(360/12)并计提折旧24.5万元[4 500×(1−2%)÷15×1÷12]。

① 借:预收账款——DT公司预付房租 30
    贷:其他业务收入 30
② 借:其他业务成本 24.5
    贷:投资性房地产累计折旧 24.5

【做中学 9-6】 承[做中学 9-5],假定华扬股份有限公司对该出租厂房采用公允价值计量模式进行后续计量。2019年5月31日,该厂房账面余额为4 800万元,其中成本4 000万元,累计公允价值变动800万元。其他资料不变。

华扬股份有限公司的相关会计处理如下(单位:万元):

(1) 2019年5月31日,将该投资性房地产的账面价值转入改扩建工程。

借:投资性房地产——厂房(在建) 4 800
  贷:投资性房地产——厂房(成本) 4 000
      ——厂房(公允价值变动) 800

(2) 2019年5月31日至2019年12月31日,发生改扩建支出。

借：投资性房地产——厂房(在建) 1 100
　　贷：银行存款 1 100

（3）2019年12月31日，改扩建工程完工再出租给DT公司，按照改扩建后的新价值入账。

借：投资性房地产——厂房(成本) 5 900
　　贷：投资性房地产——厂房(在建) 5 900

（4）2019年12月31日预收2017年度的房租360万元。

借：银行存款 360
　　贷：预收账款——DT公司预付房租 360

（5）2020年起按月确认房租收入30万元(360/12)。

借：预收账款——DT公司预付房租 30
　　贷：其他业务收入 30

（6）若2020年年底该投资性房地产的公允价值为6 000万元，则应确认公允价值变动损益100万元(6 000－5 900)。

借：投资性房地产——厂房(公允价值变动) 100
　　贷：公允价值变动损益——投资性房地产(厂房) 100

2. 费用化的后续支出

与投资性房地产有关的后续支出，不满足投资性房地产确认条件的，如企业对投资性房地产进行日常维护所发生的支出，应当在发生时直接计入当期损益，借记"其他业务成本"等账户，贷记"银行存款"等账户。

任务四　投资性房地产的相互转换与处置

一、房地产的转换形式

房地产的转换是指房地产用途发生变更。企业不得随意对自用或作为存货的房地产进行重新分类，只有当有确凿证据表明房地产用途发生改变，满足下列条件之一的，才应当将投资性房地产转换为其他资产或者将其他资产转换为投资性房地产(转换形式见图9-2)。

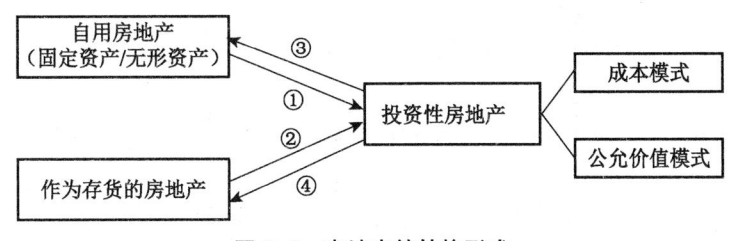

图9-2　房地产的转换形式

（1）自用土地使用权停止自用，改为用于赚取租金或资本增值，即企业将原本用于生产商品、提供劳务或者经营管理的土地使用权改用于赚取租金或资本增值，该土地使用权相应地转换为投资性房地产；自用建筑物停止自用，改为出租，即企业将原本用于生产商品、提供劳务或者经营管理的房地产改用于出租，固定资产相应地转换为投资性房地产(见图9-2中①)。

（2）作为存货的房地产，改为出租，通常指房地产开发企业将其持有的开发产品以经营租赁的方式出租，相应地由存货转换为投资性房地产(见图9-2中②)。

(3) 投资性房地产开始自用,即将投资性房地产转为自用房地产,包括自用土地使用权停止自用,改为用于赚取租金或资本增值,相应地由无形资产转换为投资性房地产;自用房屋等建筑物停止自用,改为出租,相应地由固定资产转换为投资性房地产(见图9-2中③)。

(4) 房地产企业将用于经营出租的房地产重新开发用于对外销售,即将投资性房地产转为存货(见图9-2中④)。

二、非投资性房地产与投资性房地产(成本模式)之间的转换

非投资性房地产与投资性房地产之间的转换主要是指自用房地产或作为存货的房地产与投资性房地产之间的转换。投资性房地产有成本和公允价值两种计量模式,我们首先分析非投资性房地产与成本模式投资性房地产之间的转换,而自用房地产与作为存货的房地产亦均以成本模式计量,也就是说,上述项目之间的转换,其计量模式和计量基础并没有发生改变,改变的只是会计账户之间的转换,因此,这类业务的会计处理相对比较简单。

(一)非投资性房地产转换为投资性房地产(成本模式)

1. 自用房地产转换为成本模式计量的投资性房地产

企业将自用土地使用权或建筑物转换为采用成本模式计量的投资性房地产时,应当按该项建筑物或土地使用权在转换日的账面记录,即其原价、累计折旧(摊销)、减值准备等,分别转入"投资性房地产""投资性房地产累计折旧(摊销)""投资性房地产减值准备"账户,即按其账面原价,借记"投资性房地产"账户,贷记"固定资产"或"无形资产"账户;按已计提折旧或摊销,借记"累计折旧"或"累计摊销"账户,贷记"投资性房地产累计折旧(摊销)"账户;原已计提减值准备的,借记"固定资产减值准备"或"无形资产减值准备"账户,贷记"投资性房地产减值准备"账户。

【做中学9-7】 华扬股份有限公司董事会决定将公司总部办公楼用于出租,并于2019年3月1日形成了书面决议。2019年3月10日,华扬股份有限公司与MR公司签订了经营租赁协议,将这栋办公楼整体出租给MR公司使用并于租赁开始日将其转为投资性房地产核算和管理。租赁期开始日为2019年4月1日,租期为5年,每年4月1日预付一年的房租240万元。2019年4月1日,这栋办公楼的账面余额为3 000万元,已计提折旧300万元。华扬股份有限公司对该投资性房地产采用成本模式进行后续计量。

华扬股份有限公司的相关会计处理如下(单位:万元):

(1) 2019年4月1日,办公楼转为投资性房地产。

借:投资性房地产——办公楼　　　　　　　　　　　　　　3 000
　　累计折旧　　　　　　　　　　　　　　　　　　　　　 300
　　贷:固定资产——办公楼　　　　　　　　　　　　　　　3 000
　　　　投资性房地产累计折旧　　　　　　　　　　　　　　 300

(2) 2019年4月1日,预收一年租金,并确认当月租金收入。

① 借:银行存款　　　　　　　　　　　　　　　　　　　　240
　　　贷:预收账款——MR公司预付房租　　　　　　　　　　240
② 借:预收账款——MR公司预付房租　　　　　　　　　　　 20
　　　贷:其他业务收入——房租收入　　　　　　　　　　　　20

(3) 按月计提折旧。(略)

2. 作为存货的房地产转换为成本模式计量的投资性房地产

企业将作为存货的房地产转换为采用成本模式计量的投资性房地产时,应当按该项存货在转换日的账面记录转为投资性房地产,即按转换日的账面价值,借记"投资性房地产"账户,原已计提跌价准备的,借记"存货跌价准备"账户,按其账面余额贷记"开发产品"等账户。

【做中学9-8】 W公司是从事房地产开发的企业,2018年12月10日,W公司董事会决定将公司开发

的一栋商务楼由出售改为出租,并转为投资性房地产核算和管理,并于12月20日形成了书面决议。W公司与乙公司签订了租赁协议,将此商务楼整体出租给乙公司使用,租赁期开始日为2019年1月1日,租赁期为5年。2019年1月1日,该商务楼的账面价值为5 000万元,其中成本为5 500万元,计提的存货跌价准备为500万元,W公司对投资性房地产采用成本模式进行后续计量。

2019年1月1日,W公司应做如下会计处理(单位:万元):

借:投资性房地产——商务楼　　　　　　　　　　　　　　　　5 000
　　存货跌价准备　　　　　　　　　　　　　　　　　　　　　500
　　贷:开发产品——商务楼　　　　　　　　　　　　　　　　　5 500

收取租金、计提折旧等其他会计处理略。

(二) 投资性房地产(成本模式)转换为非投资性房地产

1. 成本模式计量的投资性房地产转换为自用房地产

企业将采用成本模式计量的投资性房地产转换为自用房地产时,应当按该项投资性房地产在转换日的账面记录,即账面余额、累计折旧(摊销)、减值准备等,分别转入"固定资产""累计折旧""固定资产减值准备"等账户。按其账面余额,借记"固定资产"或"无形资产"账户,贷记"投资性房地产"账户;同时,按已计提的折旧或摊销、借记"投资性房地产累计折旧(摊销)"账户,贷记"累计折旧"或"累计摊销"账户;原已计提减值准备的,借记"投资性房地产减值准备"账户,贷记"固定资产减值准备"或"无形资产减值准备"账户。

【做中学9-9】 2018年8月10日,为扩大生产经营,华扬股份有限公司董事会做出决议,计划将其出租在外的厂房于2018年8月31日租赁期满时收回用于本公司生产经营。2018年8月31日,华扬股份有限公司将该出租的厂房收回,9月1日开始用于本公司生产经营。该项房地产采用成本模式计量,截至2018年8月31日其账面价值为2 800万元,其中,原始价值3 700万元,累计已提折旧900万元。假定不考虑其他因素。

2018年9月1日,华扬股份有限公司会计处理如下(单位:万元):

借:固定资产——厂房　　　　　　　　　　　　　　　　　　3 700
　　投资性房地产累计折旧　　　　　　　　　　　　　　　　　900
　　贷:投资性房地产——厂房　　　　　　　　　　　　　　　3 700
　　　　累计折旧——厂房　　　　　　　　　　　　　　　　　900

2. 成本模式计量的投资性房地产转换为存货

企业将采用成本模式计量的投资性房地产转换为存货时,应当按照该项房地产在转换日的账面记录注销,同时增加存货,即按其账面价值,借记"开发产品"账户,按已计提的折旧或摊销,借记"投资性房地产累计折旧(摊销)"账户,原已计提减值准备的,借记"投资性房地产减值准备"账户,按其账面余额,贷记"投资性房地产"账户。

三、非投资性房地产与投资性房地产(公允价值模式)之间的转换

不同于非投资性房地产与投资性房地产(成本模式)之间的转换,非投资性房地产与投资性房地产(公允价值模式)之间的转换,属于计量基础不同项目之间的转换,计量基础不同项目之间的转换,其会计处理稍为复杂。具体分析如下:

(一) 非投资性房地产转换为投资性房地产(公允价值模式)

1. 自用房地产转换为公允价值模式计量的投资性房地产

企业将自用土地使用权或建筑物转换为采用公允价值模式计量的投资性房地产时,应当按该项土地使用权或建筑物在转换日的公允价值,作为投资性房地产的入账成本,同时注销原自用房地产相关账面记录,即借记"投资性房地产——成本"账户,借记"累计折旧"或"累计摊销"等账

户,贷记"固定资产"或"无形资产"账户。至于转换日公允价值(FV)与原账面价值(BV)之间的差额,则分以下情况处理:①若FV<BV,应当将其差额计入当期损益,即记入"公允价值变动损益"的借方,即确认当期损失;②若FV>BV,应当将其差额计入所有者权益,即记入"其他综合收益"的贷方。待该项投资性房地产处置时,因转换计入其他综合收益的部分应转入当期损益。

【做中学9-10】 2018年8月,华扬股份有限公司新建办公楼落成准备启用,将处于商业繁华地段的原办公楼出租以赚取租金收入,公司董事会已经形成书面决议。2018年12月月底,华扬股份有限公司完成了搬迁工作,原办公楼停止自用。华扬股份有限公司与MT公司签订了租赁协议,将原办公楼租赁给其使用,租赁期开始日为2019年1月1日,租赁期为3年。华扬股份有限公司于租赁期开始日将自用房地产转换为投资性房地产核算和管理,并采用公允价值模式进行后续计量。2019年1月1日,该办公楼的公允价值为2 800万元,其原价为3 000万元,已提折旧1 100万元,未对其计提减值准备。

2019年1月1日,原办公楼的公允价值为2 800万元,其账面价值为1 900万元(3 000—1 100),故应将其差额900万元计入其他综合收益。华扬股份有限公司的相关会计处理如下(单位:万元):

借:投资性房地产——老办公楼(成本) 2 800
　　累计折旧 1 100
　贷:固定资产——办公楼 3 000
　　　其他综合收益 900

若该例中,2019年1月1日该办公楼的公允价值为1 800万元,则应将其差额100万元(1 900—1 800)计入当期公允价值变动损益。则会计处理如下:

借:投资性房地产——老办公楼(成本) 1 800
　　累计折旧 1 100
　　公允价值变动损益 100
　贷:固定资产——办公楼 3 000

2. 作为存货的房地产转换为公允价值模式计量的投资性房地产

企业将作为存货的房地产转换为采用公允价值模式计量的投资性房地产时,应当按该项房地产在转换日的公允价值,借记"投资性房地产——成本"账户,原已计提跌价准备的,借记"存货跌价准备"账户,按其账面余额,贷记"开发产品"等账户;至于转换日房地产公允价值(FV)与原账面价值(BV)之间差额与上述处理原则和方法相同。

【做中学9-11】 甲公司是一家房地产开发公司,2019年4月15日,甲公司董事会形成决议,决定将其刚开发完工的一栋商务楼对外出租,将其作为投资性房地产核算和管理,并采用公允价值模式计量。甲公司与乙公司签订了租赁协议,租赁期开始日为2019年5月1日,租赁期为5年。2019年5月1日,该商务楼的账面价值为3 000万元,未提减值准备,公允价值为3 500万元。

2019年5月1日甲公司的会计处理如下(单位:万元):

借:投资性房地产——商务楼(成本) 3 500
　贷:开发产品 3 000
　　　其他综合收益 500

(二) 投资性房地产(公允价值模式)转换为非投资性房地产

企业将采用公允价值模式计量的投资性房地产转换为自用房地产或存货(一般对于房地产企业才有这个可能)时,应当以其转换当日的公允价值作为自用房地产或存货的入账价值,并注销其原账面记录,同时,将转换日的公允价值与其原账面价值(也就是最近一次期末的公允价值)之间的差额计入当期损益(公允价值变动损益)。由于最近一次期末与转换日之间间隔不久,前后公允价值之间相差不会太大,故其差额计入当期损益不用担心其会对本期损益造成太大的影响。

转换时,按其转换日的公允价值,借记"固定资产""无形资产"或"开发产品"账户,按该投资性房地产的初始成本,贷记"投资性房地产——成本"账户,按该投资性房地产的累计公允价值变动,贷记或借记"投资性房地产——公允价值变动"账户,按其差额,贷记或借记"公允价值变动损益"账户。

【做中学 9-12】 2018 年 11 月 30 日,华扬股份有限公司董事会决议将租赁期满的写字楼收回作为本公司行政管理大楼。2019 年 1 月 1 日,该写字楼正式开始自用,相应地由投资性房地产转换为自用房地产,当日公允价值为 6 000 万元。该房地产在转换前作为投资性房地产核算和管理,并采用公允价值模式计量。其账面价值为 5 800 万元,其中,成本为 5 000 万元,公允价值变动增值 800 万元。

2019 年 1 月 1 日,华扬股份有限公司会计处理如下(单位:万元):

借:固定资产——写字楼　　　　　　　　　　　　　　　　　　　　　6 000
　贷:投资性房地产——写字楼(成本)　　　　　　　　　　　　　　　5 000
　　　　　　　　　　——写字楼(公允价值变动)　　　　　　　　　　　800
　　　公允价值变动损益　　　　　　　　　　　　　　　　　　　　　　200

四、投资性房地产的处置

投资性房地产的处置是指投资性房地产的出售、报废和毁损,也包括对外投资、非货币性资产交换、债务重组等原因转出投资性房地产的情形。当投资性房地产被处置,应当终止确认该项投资性房地产。

企业出售、转让、报废投资性房地产或者发生投资性房地产毁损,应当将处置收入扣除其账面价值和相关税费后的金额计入当期损益。其中,处置收入包括出售价款、残料变价收入、保险及过失人赔款等。相关税费主要包括处置投资性房地产时发生的整理、拆卸、搬运等清理费用,以及出售不动产所应交的税费。

(一)成本模式计量的投资性房地产的处置

处置采用成本模式计量的投资性房地产时,应当按实际收到的金额,借记"银行存款"等账户,贷记"其他业务收入"账户;同时,按该项投资性房地产的账面价值,借记"其他业务成本"账户,按照已计提折旧或摊销,借记"投资性房地产累计折旧(摊销)"账户,若已计提减值准备的,借记"投资性房地产减值准备"账户,按其账面余额,贷记"投资性房地产"账户。所发生的相关税费,应借记"其他业务成本"账户,贷记"银行存款""应交税费"等账户。

【做中学 9-13】 2018 年 12 月 15 日,华扬股份有限公司将其出租的一栋写字楼确认为投资性房地产,并采用成本模式计量。租赁期届满后,华扬股份有限公司将该栋写字楼出售给 TW 公司,售价为 3 000 万元,TW 公司已用银行存款付清。出售时,该栋写字楼的账面价值为 2 000 万元,其中,原始价值为 2 800 万元,已提折旧 800 万元,不考虑相关税费。

华扬股份有限公司的相关会计处理如下:

(1) 借:银行存款　　　　　　　　　　　　　　　　　　　　　　　30 000 000
　　　贷:其他业务收入　　　　　　　　　　　　　　　　　　　　　30 000 000

(2) 借:其他业务成本　　　　　　　　　　　　　　　　　　　　　20 000 000
　　　　投资性房地产累计折旧　　　　　　　　　　　　　　　　　　8 000 000
　　　贷:投资性房地产——写字楼　　　　　　　　　　　　　　　　28 000 000

(二)公允价值模式计量的投资性房地产的处置

在处置采用公允价值模式计量的投资性房地产时,应当按实际收到的金额,借记"银行存款"等账户,贷记"其他业务收入"账户,按该项投资性房地产的账面余额,借记"其他业务成本"账户,按其成本,贷记"投资性房地产——成本"账户,按其累计公允价值变动,贷记或借记"投资性房地产——公允价值变动"账户。同时,应结转投资性房地产累计公允价值变动损益,记入"其他业务成本"账户的借方或贷方。若存在原非投资性房地产转换为公允价值计量的投资性房地产时计入其他综合收益的金额,也一并结转记入"其他业务收入"账户的贷方。

【做中学9-14】 2014年1月1日,华扬股份有限公司将原自用的一栋处于商业繁华区的商务楼出租给XH公司使用,租赁期为5年,华扬股份有限公司将其确认为以公允价值计量的投资性房地产。当时的公允价值为7 600万元,账面原价为5 800万元,已提折旧500万元。华扬股份有限公司董事会决定于2018年12月31日租约到期时将该栋商务楼以8 800万元出售给XH公司,已收到XH公司的购房款。出售时,该商务楼的账面价值为8 600万元,其中成本为7 600万元,累计公允价值变动1 000万元。假定不考虑相关税费。

华扬股份有限公司的相关会计处理如下:

(1) 2014年1月1日,将自用商务楼转为公允价值模式计量的投资性房地产。

借:投资性房地产——商务楼(成本)　　　　　　　　76 000 000
　　累计折旧　　　　　　　　　　　　　　　　　　　5 000 000
　　贷:固定资产——商务楼　　　　　　　　　　　　58 000 000
　　　　其他综合收益　　　　　　　　　　　　　　　23 000 000

(2) 2014年1月1日至2018年12月31日之间累计确认公允价值变动1 000万元。

借:投资性房地产——商务楼(公允价值变动)　　　　10 000 000
　　贷:公允价值变动损益　　　　　　　　　　　　　10 000 000

(3) 2018年12月31日,出售该商务楼。

① 取得购房款:

借:银行存款　　　　　　　　　　　　　　　　　　88 000 000
　　贷:其他业务收入　　　　　　　　　　　　　　　88 000 000

② 终止确认该房地产:

借:其他业务成本　　　　　　　　　　　　　　　　86 000 000
　　贷:投资性房地产——商务楼(成本)　　　　　　　76 000 000
　　　　　　　　　——商务楼(公允价值变动)　　　10 000 000

③ 同时结转原确认的公允价值变动和其他综合收益:

借:公允价值变动损益　　　　　　　　　　　　　　10 000 000
　　贷:其他业务成本　　　　　　　　　　　　　　　10 000 000
借:其他综合收益　　　　　　　　　　　　　　　　23 000 000
　　贷:其他业务收入　　　　　　　　　　　　　　　23 000 000

分析:华扬股份有限公司从2014年1月1日起至2018年12月31日,就该项商务楼取得的收益一共为3 500万元。简单地,可以用处置日公允价值8 800万元,减去其转为投资性房地产前的账面价值5 300万元(5 800-500)。在处置时,通过"其他业务收入"与"其他业务成本"也可分析计算得出同样的结果。"其他业务收入"账户贷方余额11 100万元(8 800+2 300),"其他业务成本"账户借方余额7 600万元(8 600-1 000),两者差额即为收益3 500万元(11 100-7 600)。

◆ 关 键 术 语 ◆

投资性房地产　　投资性房地产的后续支出　　房地产的转换　　投资性房地产的处置

◆ 应 知 考 核 ◆

一、单项选择题

1. 下列各项,属于企业投资性房地产的是(　　)。

   A. 企业将职工宿舍按市场价格出租给本企业职工

B. 房地产开发企业开发的准备增值后转让的商品房
C. 企业将办公大楼整体出租给某事业单位
D. 公司将用于建造办公楼的土地使用权出售

2. 甲公司与乙公司与2018年1月8日签订经营租赁协议,将其一栋办公楼出租给乙公司,租期5年。2018年8月8日乙公司又将该办公楼经营租赁给丙公司,以赚取租金差价,租期3年,则下列说法不正确的是( )。
   A. 甲公司对该办公楼应作为投资性房地产核算
   B. 乙公司对该办公楼应当作为投资性房地产核算
   C. 丙公司对该办公楼不应作为投资性房地产核算
   D. 乙公司对该办公楼不应当作为投资性房地产核算

3. 下列各项,属于投资性房地产的是( )。
   A. 企业拥有并自行经营的旅馆饭店
   B. 企业以经营租赁方式租出的办公大楼
   C. 房地产开发企业正在开发的商品房
   D. 企业持有拟增值后转让的房屋建筑物

4. 企业将自有固定资产转换为采用成本模式进行后续计量的投资性房地产时,下列表述不正确的是( )。
   A. 应将转换日固定资产的原值转入"投资性房地产"账户
   B. 应将转换日固定资产累计折旧转入"投资性房地产累计折旧"账户
   C. 应将转换日固定资产减值准备转入"投资性房地产减值准备"账户
   D. 应将转换日固定资产的账面价值"转入投资性房地产"账户

5. 某企业采用成本模式对投资性房地产进行后续计量,将2018年9月20日达到预定可使用状态的自行建造的办公楼对外出租,该办公楼建造成本为5 200万元,预计使用年限为25年,预计净残值为200万元。在采用年限平均法计提折旧的情况下,2018年该办公楼应计提的折旧额为( )万元。
   A. 0　　　　　B. 50　　　　　C. 200　　　　　D. 100

6. 某制造企业采用成本模式计量投资性房地产,下列各项,其计提的折旧应记入的会计账户是( )。
   A. "其他业务成本"　　B. "营业外支出"　　C. "投资收益"　　D. "管理费用"

7. 甲公司2018年6月3日将原用于生产经营的办公楼对外出租,该办公楼原值1 890万元,已计提折旧189万元,已计提减值准备18.9万元,出租日该办公楼的公允价值为1 500万元。甲公司对投资性房地产采用公允价值模式进行后续计量,下列说法中正确的是( )。
   A. 转换日应记入"公允价值变动损益"账户的贷方金额为182.1万元
   B. 转换日应记入"其他综合收益"账户的贷方金额为182.1万元
   C. 转换日应记入"公允价值变动损益"账户的借方金额为182.1万元
   D. 转换日应记入"其他综合收益"账户的借方金额为182.1万元

8. 企业将房地产存货转换为采用公允价值模式计量的投资性房地产,转换日存货公允价值小于原账面价值的差额应记入的会计账户是( )。
   A. "营业外支出"　　　　　　B. "公允价值变动损益"
   C. "其他综合收益"　　　　　D. "其他业务成本"

9. 某企业采用公允价值模式对投资性房地产进行后续计量,2017年6月30日,企业自行建造的办公楼开始对外出租,该办公楼建造成本为2 100万元,预计使用20年,预计净残值为100万元。2018年12月31日该办公楼的公允价值为2 200万元,则下列说法中正确的是( )。
   A. 当年该办公楼应当计提的折旧为50万元　　B. 当年该办公楼应当计提的折旧为0万元
   C. 公允价值上升影响当期损益200万元　　　D. 该办公楼应当在资产负债表日进行减值测试

10. 企业对经营租赁方式租入的办公楼进行装修改造,发生以下支出:领用生产用材料50万元,购进该批原材料支付的增值税进项税额为8.5万元,确认装修人员的薪酬为43.5万元。不考虑其他因素,下列关于该企业装修办公楼支出的会计处理结果正确的是( )。
    A. 管理费用增加93.5万元　　　　B. 管理费用增加102万元
    C. 长期待摊费用增加93.5万元　　D. 长期待摊费用增加102万元

二、多项选择题

1. 下列关于投资性房地产的说法，不正确的有（　　）。
   A. 同一企业可以同时采用成本模式和公允价值模式进行后续计量
   B. 企业将投资性房地产由成本模式转换为公允价值模式进行后续计量属于会计估计变更
   C. 企业可以将公允价值模式计量的投资性房地产转回成本模式计量
   D. 企业采用公允价值模式对投资性房地产进行后续计量，期末无须进行减值测试

2. 下列关于投资性房地产，说法正确的有（　　）。
   A. 外购投资性房地产的成本，包括购买价款、相关税费和可直接归属于该资产的其他支出
   B. 以经营租赁方式租入后再转租的建筑物，因为承租人对该项资产没有所有权，所以不属于投资性房地产
   C. 以经营租赁方式出租的土地使用权属于投资性房地产
   D. 以经营租赁方式出租的商用房属于投资性房地产

3. 下列各项，属于投资性房地产的有（　　）。
   A. 房地产企业持有的待售商品房
   B. 以经营租赁方式出租的商用房
   C. 以经营租赁方式出租的土地使用权
   D. 以经营租赁方式租入后再转租的建筑物

4. 下列各项应计入工业企业其他业务成本的有（　　）。
   A. 生产车间领用低值易耗品的摊销额
   B. 采用成本模式计量投资性房地产计提的折旧
   C. 结转销售原材料的成本
   D. 以经营租赁方式出租大型设备计提的折旧

5. 下列各项，关于投资性房地产会计处理表述正确的有（　　）。
   A. 采用公允价值模式计量的投资性房地产，可转换为成本模式计量
   B. 采用公允价值模式计量的投资性房地产，其公允价值应计入资本公积
   C. 采用成本模式计量的投资性房地产，在满足规定条件的情况下，可转换为公允价值模式计量
   D. 采用成本模式计量的投资性房地产，发生减值应计提减值准备

6. 企业采用成本模式计量的投资性房地产，且投资性房地产不属于企业的主营业务，按期计提折旧或进行摊销，会涉及的会计账户有（　　）。
   A. "其他业务成本"
   B. "管理费用"
   C. "投资性房地产累计折旧"
   D. "累计摊销"

7. 2017年12月31日，某企业将自用建筑物转为投资性房地产对外出租，采用成本模式计量，转换日该建筑物账面价值为2 100万元，尚可使用25年，预计净残值为100万元，采用年限平均法计提折旧。按照租赁合同，每年收取租金100万元，不考虑其他因素，对该企业2018年营业利润的影响金额为（　　）万元。
   A. 80　　　　B. 100　　　　C. 16　　　　D. 20

8. 下列关于在公允价值计量模式下，投资性房地产的说法，正确的有（　　）。
   A. 企业有确凿证据表明投资性房地产的公允价值能够持续可靠取得的，可以采用公允价值模式对投资性房地产进行后续计量
   B. 采用公允价值模式进行后续计量的投资性房地产不折旧，不摊销，不减值
   C. 成本模式转换为公允价值模式，应该作为会计政策变更处理
   D. 采用公允价值模式计量的投资性房地产，其公允价值变动应计入资本公积

9. 下列各项关于取得投资性房地产的表述正确的有（　　）。
   A. 外购的投资性房地产入账成本应当包括买价、相关税费和可直接归属于该资产成本的其他支出
   B. 自行建造的投资性房地产成本应由建造该项房地产达到预定可使用状态前发生的必要支出构成
   C. 企业将固定资产转为投资性房地产的，应当按照原固定资产的账面价值作为投资性房地产的账面价值

D. 企业将存货转换为以公允价值模式进行后续计量的投资性房地产,应当按转换日该资产的公允价值之作为投资性房地产的入账金额

10. 下列各项中,属于投资性房地产的有( )。
   A. 经营出租给子公司的自用写字楼
   B. 已出租的房屋租赁期满,收回后继续用于出租但暂时空置
   C. 房地产开发企业持有并准备增值后出售的建筑物
   D. 企业持有并准备增值后转让的土地使用权

三、判断题
1. 投资性房地产的后续计量有成本和公允价值两种模式。( )
2. 企业将办公楼的一部分出租给某公司,该企业应当将该办公楼作为投资性房地产。( )
3. 投资性房地产取得的租金应当记入"其他业务收入"账户。( )
4. 采用成本模式计量的投资性房地产计提的折旧记入"其他业务成本"账户核算。( )
5. 采用成本模式计量的投资性房地产,从购入开始计提折旧。( )
6. 采用成本模式计量的投资性房地产,发生减值应计提减值准备。( )
7. 采用公允价值模式进行后续计量的投资性房地产,其后续计量原则与固定资产或无形资产相同。( )
8. 投资性房地产采用公允价值模式进行后续计量的,应按资产负债表日该资产的公允价值调整其账面价值。( )
9. 企业只要有确凿证据表明投资性房地产的公允价值可以持续可靠地取得,可以对投资性房地产采用公允价值模式进行后续计量。( )
10. 企业以经营租赁方式租入的固定资产发生的改良支出,应直接计入当期损益。( )

四、思考题
1. 投资性房地产的概念和特征。
2. 投资性房地产的范围。
3. 成本模式下投资性房地产的初始计量和后续计量。
4. 公允价值模式下投资性房地产的初始计量和后续计量。
5. 投资性房地产处置的会计业务。

应 会 考 核

★ 业务考核

【考核项目】
成本模式计量的投资性房地产。

【背景资料】
甲公司是从事房地产开发业务的企业。2018年3月31日,甲公司董事会决定就其开发的一栋写字楼不再出售用于出租,甲公司与乙公司签订了租赁协议,租赁期开始是2018年3月31日,预计使用年限为50年,预计净残值为零,均采用直线法计提折旧。2018年3月31日该写字楼的账面余额60 000万元,计提存货跌价准备5 000万元。甲公司采用成本模式计量的投资性房地产。

(1) 甲公司的下列会计处理,不正确的是( )。
   A. 2018年计提投资性房地产累计折旧记入"制造费用"账户中
   B. 2018年应计提投资性房地产的折旧费用是825万元
   C. 2018年3月31日,贷记"投资性房地产减值准备"账户5 000万元
   D. 2018年3月31日,借记"投资性房地产——成本"账户60 000万元

(2) 下列各项会计处理,说法正确的是( )。
   A. 出售投资性房地产的收入计入其他业务收入

B. 投资性房资产的租金收入计入其他业务收入
C. 出售自用房屋的处置收益计入其他业务收入
D. 将持有并准备增值后转让的建筑物转让时所取得的收益计入其他业务收入

【考核要求】

根据上述资料,回答上述各小题。

★ 技能考核

【考核项目】

投资性房地产。

【背景资料】

石林股份有限公司(以下简称石林公司)为华北地区的一家上市公司,2016—2018年与投资性房地产有关的业务资料如下:

(1) 2016年1月,石林公司购入一栋建筑物,支付价款共计888万元(其中增值税为88万元),款项通过银行存款支付。

(2) 石林公司购入的上述用于出租的建筑物预计使用寿命为15年,预计净残值为36万元,采用年限平均法按年计提折旧。

(3) 石林公司将取得的该项建筑物自当月起用于对外经营租赁,石林公司对该房地产采用成本模式进行后续计量。

(4) 石林公司该项房地产2016年取得租金收入99.9万元(包含增值税),已存入银行。

(5) 2018年12月,石林公司将原用于出租的建筑物收回,作为企业经营管理用固定资产处理。

【考核要求】

(1) 编制石林公司2016年1月取得该项建筑物的会计分录。

(2) 计算2016年度石林公司对该项建筑物计提的折旧额,并编制相应的会计分录。

(3) 编制石林公司2016年取得该项建筑物租金收入的会计分录。

(4) 计算石林公司该项房地产2017年年末的账面价值。

(5) 编制石林公司2018年收回该项建筑物的会计分录。

(答案中的金额单位用万元表示)

★ 综合实务题

2017年6月20日甲公司购买一块土地使用权,购买价款为3 600万元,支付相关手续费60万元,款项全部以银行存款支付。甲公司购买后用于对外出租。甲公司对该投资性房地产采用公允价值模式进行后续计量。

该项投资性房地产2017年取得租金收入为160万元,已存入银行,假定不考虑其他相关税费。经复核,该投资性房地产2017年12月31日的公允价值为3 800万元。2018年5月出售了该项投资性房地产,取得价款4 400万元。

要求:根据上述资料,回答下列各小题。

(1) 根据上述资料,2017年投资性房地产的会计处理,正确的是( )。

A. 取得投资性房地产时入账成本是3 600万元
B. 取得投资性房地产时入账成本是3 660万元
C. 2017年的租金收入记入"其他业务收入"账户
D. 2018年年末确认投资性房地产公允价值变动收益140万元

(2) 根据上述资料,2018年投资性房地产处置对损益的影响为( )万元。

A. 600 B. 140 C. 360 D. 460

项目实训

【实训项目】

投资性房地产。

【实训情境】

2018 年 5 月份部分应收及预付款项业务资料如下：

5 月 21 日收到单证如图 9-3 至图 9-6 所示。

华宇有限责任公司

关于出租公司 2# 行政楼的决定

（20180512 号）

……

  经董事会商议决定，自 2018 年 7 月 1 日起，将公司位于本市解放街 28 号临街的 2# 行政楼整幢楼房作为写字楼对外出租给云通投资有限公司……

……

  抄送：资产管理部、后勤部、财务部、经营部。

图 9-3 出租公司 2# 行政楼的决定

房屋租赁合同

编号：ZL20180512

出租人：<u>华宇有限责任公司</u>　　签订地点：<u>滨海市解放街 28 号</u>

承租人：<u>云通投资有限公司</u>　　签订时间：<u>2018 年 5 月 20 日</u>

第一条　租金房屋坐落在<u>滨海市解放街 28 号</u>，建筑面积 <u>30 000</u> m²，间数 <u>4</u> 层 <u>36</u> 间。

第二条　租赁期限从 <u>2018 年 7 月 1 日</u>至 <u>2021 年 6 月 30 日</u>。

第三条　租金（大写）<u>叁仟万元整</u>。

第四条　租金的支付期限与方式：<u>每半年支付一次租金 5 000 000 元，叁年共支付 6 次，于租赁使用前两个月支付。以银行转账方式支付，先付后用。</u>

第五条　租赁房屋的用途：<u>商务用房</u>。

……

出租人（盖章）　　　　　　　　　　　　　承租人（盖章）

法定代表人（签名）陈明　　　　　　　　　法定代表人（签名）金佩斯

居民身份证号码：13309019681121 2315　　居民身份证号码：13309019807 0124135

电话：0578-2133990　　　　　　　　　　　电话：0578-82080450

开户银行及账号：中国工商银行滨海市分行　开户银行及账号：中国工商银行滨海市分行

1801001122 00100888　　　　　　　　　　　1801021324 05130844

图 9-4 房屋租赁合同

中国工商银行滨海分行　进账单（回单）　　　第 1 号

2018 年 5 月 20 日

付款人	全称	云通投资有限公司	收款人	全称	华宇有限责任公司
	账号	1801021324 05130844		账号	1801001122 00100888
	开户银行	中国工商银行滨海市分行		开户银行	中国工商银行滨海市分行
金额	人民币（大写）	伍佰万元整			￥ 5 0 0 0 0 0 0 00
票据种类		转账支票		转账	
票据张数		1 张		转讫 2018·5·20	
	单位主管　　　会计 复核　　　　　记账			出票开户银行盖章	

图 9-5 银行进账单

收 款 收 据	No.2609842
2018 年 5 月 21 日	

今收到 云通投资有限公司

交来的 租赁房屋押金款

人民币大写 伍佰万元整　　　小写 ¥5 000 000.00

转账收讫

收款单位（盖章）：华宇有限责任公司 财务专用章

交款人 签章：陈

负责人：　　　　　　　会计：　　　　　　　出纳：李莉

图 9-6　收款收据

华宇有限责任公司尚未入账,出纳李莉认为该笔业务的原始凭证有不妥之处。

【实训要求】

(1) 根据实训资料,进行判别、分析,指出存在的错误,并给出正确的做法。

(2) 通过实训过程的全程参与和体验,在基本完成实训操练各项技能任务的基础上,独立形成投资性房地产核算实训报告。

投资性房地产核算实训报告

投资性房地产核算		
项目实训班级：	项目小组：	项目组成员：
实训时间：　　年　　月　　日	实训地点：	实训成绩：
实训目的：		
实训步骤：		
实训结果：		
实训感言：		
不足与今后改进：		
项目组长评定签字：		项目指导教师评定签字：

下篇
中级财务会计(下)

项目十 债务核算——负债

知识 目标

理解:负债的概念和特征。

熟知:负债的内容和分类。

掌握:短期借款、应付账款、应付票据、预收账款和其他付款的确认与计量及业务核算;应付职工薪酬、应交税费的内涵、账户设置及业务核算;长期借款、应付债券和长期应付款的核算。

本项目课件

技能 目标

通过本项目的学习,要求能根据应付账款、应付票据、预收账款及其他应付款等业务的原始凭证正确编制记账凭证,并根据记账凭证登记相关明细账和总账;能编制"工资结算单"和"工资结算汇总表",并对应付职工薪酬相关业务编制记账凭证;能对应交税费进行相应会计处理。

能根据长期借款、应付债券和长期应付款业务的原始凭证,正确编制记账凭证。

素质 目标

运用所学会计的理论与实务知识研究相关案例,培养和提高学生在特定业务情境中分析问题与决策设计的能力;能结合"负债"的教学内容,结合行业规范或标准,分析会计行为的善恶,强化学生的职业道德素质。

项目 引例

引例 负债核算

背景与情境:2019 年 1 月 1 日,华盛公司向银行借入一笔生产经营用短期借款,共计 1 800 000 元,期限为 6 个月,年利率为 6%,利息按月计提,按季支付。根据借款合同,银行已将款项划拨到账。7 月 1 日,借款到期,企业将款项归还银行。

请会计张红做出相关账务处理。相关原始凭证:①与工商银行签订的流动资金借款合同;②为生产经营需要,向银行提供与供应商的采购合同;③取得贷款时,银行的借款凭证;④月末计提利息时自制的利息计提表;⑤支付利息时,银行利息扣取回执单;⑥到期还本时,打入贷款专用户的进账单与还款业务凭证。

业务产生:企业在日常经营中,由于流动资金短缺或利用融资手段扩大企业生产,而向银行或其他金融机构按照规定的贷款期限与利率取得资金。

请针对上述背景与情境内容,做出相关处理程序。

知识 精讲

任务一 负债概述

一、负债及其特征

在会计基本等式"资产=负债+所有者权益"中,等式左方表明企业资金的分布存在形态,而右方的两个组成部分则表明企业资金的来源渠道,即资金提供者对企业资产拥有的权益。这些权益按其要求人的不同,分为所有者权益和债权人权益两部分,其中债权人的权益称为负债。

我国《企业会计准则——基本准则》对负债的定义是："负债是指企业过去的交易或者事项形成的、预期会导致经济利益流出企业的现时义务。"[①]负债主要具有以下特征。

（一）负债是由已经发生的经济业务引起的企业现时的经济义务

负债是企业过去的交易或事项所形成的一种后果。只有当企业实际已经承担了相应义务的交易或事项确实发生时，才能在会计处理中确认这项负债。例如，企业从银行借入资金，就应对银行承担还本付息的义务；从供应商赊购材料或商品，就应对其负有偿还货款的义务。而未来的经济业务，如公司董事会决定今后发行债券，这仅仅是未来交易的意向，其本身并不产生现时的经济责任，因而不属于企业的负债。

（二）负债是在将来某个时日履行的强制性责任

负债是一种具有强制性的责任，这种强制性源于相关的法律、合同等的规定。强制性规定包括负债的金额、偿还时间、利率，以及对不能按期偿还的惩罚措施等。某项可有可无的、不具有强制性的责任，不能确认为负债。例如，企业债转股以后不再是债务，而债务重组以后仍是债务，两者的差别在于是否继续承担强制性偿还责任。

（三）负债要通过企业资产的流出或劳务的提供来清偿

不论何种原因产生的负债，企业都必须在未来某一特定时间偿还，这种义务的偿还即意味着企业经济利益的减少。尽管有时，企业可通过举借新债或转化为所有者权益来结束一项现有负债，但其中，前一种情况只是负债期限的延展，而后一种情况则相当于以增加所有者权益来获得资产，并用来偿债。总之，负债的清偿代表着企业未来经济利益的牺牲或丧失。

（四）负债金额能够用货币计量或估计

任何一项负债通常都可以用货币进行计量，而这种计量可以是确定的偿还金额，也可以是不确定的金额，但可以合理地加以判断或估计。例如，企业赊购 A 商品 100 件，每件 45 元，则企业承担的债务是一个确定的金额 4 500 元。如果企业在提供产品售后服务之前预提保修费用，这时的预提数虽然是无法确定的，但可以根据以往的经验合理估计。而那些无法用货币计量的，如企业对当地政府的一些承诺，包括社会治安、计划生育、环境卫生、居民就业等，则不属于企业的负债。

二、负债的内容和分类

负债包括的内容很多，有不同偿还期限的负债，也有不同原因形成的负债。总的来看，下列这些项目均属于企业的负债：短期借款、应付票据、应付账款、预收账款、应付职工薪酬、应交税费、应付利息、应付股利、其他应付款、长期借款、应付债券、长期应付款、专项应付款、预计负债等。

为满足不同信息使用者的需要，会计上需要对不同偿还要求的负债作进一步分类。负债按其偿还期限的长短，可以分为流动负债和非流动负债。流动负债是指企业将在 1 年或长于 1 年的一个营业周期内偿还的债务；非流动负债（亦称长期负债）是指偿还期在 1 年或超过 1 年的一个营业周期以上的债务。这种分类与资产的分类相同，其目的是便于分析企业的财务状况和偿债能力。企业的流动资产和流动负债的相对比例，可以大致反映企业的短期偿债能力；同时，通过可用于支付的流动资产（包括库存现金、银行存款等）与近期需支付的流动负债（包括短期借款、应付账款等）的对比，可以了解企业的清偿能力。当然，将负债划分为流动负债和非流动负债以 1 年或者超过 1 年的一个营业周期为界限，并且在资产负债表中分别列示，也有利于有关信息使用者通过对报表的对比分析，正确评价企业的财务状况，进而对企业的偿债能力作出合理判断。

[①] 参见《企业会计准则——基本准则》第四章第二十三条。

任务二 流动负债

流动负债是指将在1年或长于1年的一个营业周期内偿还的债务。它包括短期借款、应付票据、应付账款、预收账款、应付职工薪酬、应交税费、应付利息、应付股利、其他应付款和1年内到期的非流动负债等。

流动负债的最大特点是偿还期短。为了便于管理,在实际工作中大多将流动负债按照债权人的不同进行分类,即大致可以分为对贷款人、对供应商、对客户、对职工、对税务部门、对所有者的负债。

一、对贷款人的负债

企业流动负债中对贷款人的负债主要有短期借款和应付利息。

(一) 短期借款

短期借款是指企业向银行或其他金融机构借入的期限在1年以下的各种借款。这部分借款一般是企业为维持正常生产经营所需资金而借入的或为抵偿某项债务而借入的款项。短期借款的债权人一般称该款项为"流动资金借款"。

企业借入的短期借款,无论用于哪个方面,只要借入这项资金,就构成一项负债。归还借款时,除了归还借入的本金外,还应支付相应的利息。

为了核算短期借款业务,企业应当设置"短期借款"账户。该账户属于负债类账户,专门用来核算企业借入期限在1年或一个经营周期以下的各种借款。该账户贷方登记借入的各种短期借款额,借方登记归还的借款额,期末余额在贷方,表示企业尚未归还的短期借款。

(二) 应付利息

应付利息是指企业按照合同约定应支付的利息,包括短期借款利息和分期付息、到期还本的长期借款利息等。

短期借款利息属于企业的筹资成本,应该记入"财务费用"账户,最终转入当期损益。在实际工作中,如果短期借款的利息是按季、按半年支付的,或者利息是在借款到期时连同本金一起归还且数额较大的,为了正确计算各期的盈亏,通常采用预先提取的办法进行会计处理,即设置"应付利息"账户。通过这个账户记录企业已经发生但尚未支付的利息费用。在预提各期的借款利息时,借记"财务费用"账户,贷记"应付利息"账户;实际支付时,按已经预提的利息金额,借记"应付利息"账户,按实际支付的利息金额,贷记"银行存款"账户,按实际支付的利息金额与预提数的差额(尚未提取的部分),借记"财务费用"账户。

短期借款和应付利息的会计处理举例说明如下:

【做中学10-1】 华夏公司2×18年1月1日从银行取得短期借款100 000元,年利率6%,期限12个月,利息按月支付。账务处理如下:

(1) 1月1日,借入款项时:

借:银行存款　　　　　　　　　　　　　　　　　　　　100 000
　贷:短期借款　　　　　　　　　　　　　　　　　　　　　　100 000

(2) 各月支付利息500元(100 000×6%÷12)时:

借:财务费用　　　　　　　　　　　　　　　　　　　　　500
　贷:银行存款　　　　　　　　　　　　　　　　　　　　　　500

(3) 12月31日,归还借款本金时:

借：短期借款	100 000
贷：银行存款	100 000

【做中学 10-2】 承接[做中学 10-1]，若该笔借款的利息按季支付，则相关账务处理如下：

(1) 借入款项时：

借：银行存款	100 000
贷：短期借款	100 000

(2) 各月预提利息费用时：

借：财务费用	500
贷：应付利息	500

(3) 各季季末支付利息 1 500 元(500×3)时：

借：应付利息	1 500
贷：银行存款	1 500

(4) 年末归还本金时：

借：短期借款	100 000
贷：银行存款	100 000

【做中学 10-3】 华夏公司 2×17 年 10 月 1 日从银行取得短期借款 500 000 元，年利率 6%，期限 6 个月，借款期满一次还本付息，利息采用每月预提方式进行处理。账务处理如下：

(1) 2×17 年 10 月 1 日，借入款项时：

借：银行存款	500 000
贷：短期借款	500 000

(2) 2×17 年 10 月 31 日，预提利息费用 2 500 元(500 000×6%÷12)时：

借：财务费用	2 500
贷：应付利息	2 500

以后每月预提利息费用均需作上述相同的会计分录。

(3) 2×18 年 3 月 31 日，归还借款本息时：

借：短期借款	500 000
应付利息	15 000
贷：银行存款	515 000

二、对供应商的负债

企业的供应商是指向企业提供商品或劳务的组织，包括各类企业、事业单位。企业对供应商的负债主要有应付票据和应付账款。

(一) 应付票据

根据《中华人民共和国票据法》的规定，票据指汇票、本票和支票。汇票分为银行汇票和商业汇票。本节所介绍的应付票据仅限于企业签发的尚未到期兑现的商业汇票。

在我国，应付票据是在经济往来活动中由于采用商业汇票结算方式而发生的，由出票人签发、承兑人承兑的票据。按照《支付结算办法》的规定，在银行开立存款账户的法人以及其他组织之间，具有真实的交易关系或债权债务关系，均可使用商业汇票。签发票据的原因一般是：卖方对买方的资信程度不太了解，或买方的资信程度较低，或信用期限较长，双方交易金额较大等。通常,票据的偿付金额和付款日都相当明确。根据有关规定,商业汇票的承兑期限最长不超过6个月[①](电子汇票不超过12个月)。因此,应付票据应归入流动负债来进行管理和核算。

为了反映因签发票据而承担的负债及其归还情况,企业应该设置"应付票据"账户。该账户属于负债类账户,贷方登记企业开出的承兑汇票金额,借方登记实际支付票据的金额,期末余额在贷方,表示尚未支付的票据金额。

应付票据可以是只在票据到期日按照票据票面金额支付而不计息的不带息票据,也可以是按照票据上载明的利率,在票据票面金额上加计利息的带息票据。

不带息票据经过承兑以后,企业应按票据的面值,借记"在途物资""应交税费——应交增值税"等账户,贷记"应付票据"账户;票据到期支付款项时,按支付的票据面值,借记"应付票据"账户,贷记"银行存款"账户。如果应付商业承兑汇票到期,企业无力支付款项,应按票据面值借记"应付票据"账户,贷记"应付账款"账户。如果企业签发票据经过银行承兑,在企业到期无力支付的情况下,承兑银行一方面向持票人无条件付款;另一方面将出票人欠付的汇票金额转作逾期贷款处理,并根据逾期付款金额和逾期天数,按一定比率计算逾期付款赔偿金。企业在接到银行转来的"××号汇票无款支付转入逾期贷款户"等有关凭证时,应借记"应付票据"账户,贷记"短期借款"账户。对计收的逾期付款赔偿金,按短期借款利息的处理办法确认和记录。现举例说明应付票据核算业务。

【做中学10-4】 华夏公司赊购一批材料,不含税价格为30 000元,增值税税率为16%,并开出一张等值的4个月期的不带息商业承兑汇票。

根据上述经济业务,华夏公司应作如下账务处理:

(1)购货时:

借:在途物资　　　　　　　　　　　　　　　　　　　　　　　　　　　30 000
　　应交税费——应交增值税(进项税额)　　　　　　　　　　　　　　　4 800
　　贷:应付票据　　　　　　　　　　　　　　　　　　　　　　　　　34 800

(2)材料验收入库时:

借:原材料　　　　　　　　　　　　　　　　　　　　　　　　　　　　30 000
　　贷:在途物资　　　　　　　　　　　　　　　　　　　　　　　　　30 000

(3)到期付款时:

借:应付票据　　　　　　　　　　　　　　　　　　　　　　　　　　　34 800
　　贷:银行存款　　　　　　　　　　　　　　　　　　　　　　　　　34 800

(4)假如该票据到期,华夏公司无力偿还这笔款项,则应将其转为应付账款:

借:应付票据　　　　　　　　　　　　　　　　　　　　　　　　　　　34 800
　　贷:应付账款　　　　　　　　　　　　　　　　　　　　　　　　　34 800

(5)假如该票据为银行承兑汇票,华夏公司到期不能支付这笔款项,则应由银行先行支付,作为华夏公司短期借款:

借:应付票据　　　　　　　　　　　　　　　　　　　　　　　　　　　34 800
　　贷:短期借款　　　　　　　　　　　　　　　　　　　　　　　　　34 800

(二)应付账款

应付账款是指因购买材料、商品或接受劳务供应等业务而发生的债务。这是买卖双方在购销活动中由于取得商品或劳务与支付账款在时间上不一致而产生的负债。

---

① 参见《支付结算办法》第二章第三节第八十七条。

1. 应付账款的核算

从理论上说,企业应该在所购货物的所有权已经转移或对方提供劳务已经使用的时点,确认应付账款并登记入账。在实际工作中,如果货物在发票后到达,一般是等货物验收入库后才根据发票价格登记应付账款。这主要是为了避免在验收时,发现货物数量或质量不符合要求再调整已入账的应付账款。如果已到期末,虽收到了发票但货物仍未到达,那么为了正确反映企业的财务状况,应根据发票价格或协议价格登记应付账款。应付账款一般按发票账单等凭证上记载的应付金额入账,而不是按应付金额的现值入账。对于货物已到或劳务已接受但发票账单等凭证未到而于月末估计入账的,应于下月收到发票账单等凭证后根据实际应付金额调整。

为了及时而准确地记录和报告因购买材料、商品或接受劳务供应等而发生的债务及其偿还情况等方面的信息,企业应设置"应付账款"账户和相关的明细账户,该账户属于负债类账户,贷方登记应付账款的发生额,借方登记应付账款的偿还和抵减额,期末余额一般在贷方,表示尚未偿还的应付账款。现举例说明应付账款业务的会计处理方法。

【做中学 10-5】 华夏公司向庆阳公司购入材料一批,材料价款为 20 000 元,适用的增值税税率为 16%,价税款尚未支付。相关账务处理如下:

(1) 购货时:

借:在途物资   20 000
  应交税费——应交增值税(进项税额)   3 200
  贷:应付账款——庆阳公司   23 200

(2) 材料验收入库时:

借:原材料   20 000
  贷:在途物资   20 000

(3) 支付货款时:

借:应付账款——庆阳公司   23 200
  贷:银行存款   23 200

(4) 假如华夏公司征得庆阳公司同意,开出期限为 60 天的商业承兑汇票 23 200 元抵付货款时:

借:应付账款——庆阳公司   23 200
  贷:应付票据   23 200

2. 现金折扣的处理

随着企业间竞争的加剧,企业为了吸引顾客,往往采用赊销等方式。按照国际惯例,企业赊销商品时通常约定信用期限为 30 天。但为了鼓励买方尽早还款,卖方通常还提供一个比信用期限更短的折扣期限。折扣的条件可以表达为"2/10,n/30"等,即买方若在开出发票日起 10 天内付款,可享受 2% 的现金折扣,只需付 98% 的现款;若放弃这个折扣,须在开出发票的 30 天内付清全部货款,否则视为拖欠货款。下面介绍在现金折扣情况下购买方的会计处理方法。

在赊购过程中,若销售方根据购买方的付款时间给予一定的折扣时,购买方可供选择的会计处理方法主要有总价法和净价法。

在总价法下,"在途物资"和"应付账款"账户按照扣除现金折扣前的发票价格入账。采用这种方法,如在折扣期内付款而享受折扣,应该按照发票价格,借记"应付账款"账户,按照实付金额,贷记"银行存款"账户,两者之间的差额被视为企业有效理财而形成的一项收益,贷记"财务费用"账户。

在净价法下,"在途物资"和"应付账款"都是以净价(发票价格减现金折扣)入账。如果因为没有在折扣期内付款而丧失购货折扣,需要支付发票价格的全部款项,则按净价,借记"应付账款"账户,按实付价款,贷记"银行存款"账户,两者之间的差额,即丧失的现金折扣,被视为由于资金调度不及时而承担的理财损失,借记"财务费用"账户。

在我国,总价法符合会计准则的要求。但是从理财角度来看,净价法比总价法更为可取。这是因为在净价法下,如果企业没有在折扣期内支付货款,会在"财务费用"账户中反映为一项损失,从而容易引起企业管理者的注意和控制。可见,这种方法将管理和控制的观念贯穿于日常核算之中。而在总价法下,所丧失的购货折扣无法得到反映,因而不利于提供引起企业管理者重视的会计信息。现举例分别说明在存在现金折扣的情况下,采用总价法和净价法对应付账款进行的会计处理。

【做中学10-6】 华夏公司购入材料100 000元,付款条件是"2/10,n/30",适用的增值税税率为16%(合同约定按价款折扣)。

(1) 总价法下的会计处理。

① 购入材料时:

借:在途物资	100 000
应交税费——应交增值税(进项税额)	16 000
贷:应付账款	116 000

② 材料验收入库时:

借:原材料	100 000
贷:在途物资	100 000

③ 10天内付款,可得到货款2%的折扣:

借:应付账款	116 000
贷:银行存款	114 000
财务费用	2 000

④ 如超过10天的折扣期限付款:

借:应付账款	116 000
贷:银行存款	116 000

(2) 净价法下的会计处理。

① 购入材料时:

借:在途物资	98 000
应交税费——应交增值税(进项税额)	16 000
贷:应付账款	114 000

② 材料验收入库时:

借:原材料	98 000
贷:在途物资	98 000

③ 10天内付款:

借:应付账款	114 000
贷:银行存款	114 000

④ 如超过10天的折扣期限付款:

借:应付账款	114 000
财务费用	2 000
贷:银行存款	116 000

3. 无法支付的应付账款的处理

对由于债权单位撤销或其他原因而无法支付的应付账款,应按其账面余额直接计入营业外收入,即借记"应付账款"账户,贷记"营业外收入"账户。

【做中学 10-7】 由于债权单位撤销,华夏公司的应付账款中有一笔 6 000 元的货款确定无法支付,现予以转销。账务处理如下:

借:应付账款 6 000
　　贷:营业外收入 6 000

三、对客户的负债

企业在经营中所发生的对客户的负债,主要是预收客户的定金或货款,即预收账款。

预收账款也称预收收入、未实现收入,是指企业在销售商品或提供劳务前,根据购销合同的规定,向购货方预先收取的部分或全部货款。预收账款具有定金的性质,企业在收到款项后,应在合同规定的期限内给购货单位发出货物或提供劳务,否则,必须如数退还预收的款项。预收账款的偿还一般不需要支出货币资金,而是商品或劳务。预收账款代表了未实现的营业收入,它只有通过发送商品或提供劳务才能转化为真正实现的收入。

企业在核算预收账款时,常用方法有两种:一是单独设置"预收账款"账户,收到预收货款时记入该账户的贷方,待企业以商品或劳务偿还后,再记入该账户的借方。这种核算方法能完整地反映这项流动负债的发生及偿付情况,并便于填报财务报表。二是将预收的货款直接作为应收账款的减项,记入"应收账款"账户的贷方,偿付债务时,再记入"应收账款"账户的借方。这种方法也能完整地反映购货方预付货款的发生和结算情况,但在编制资产负债表时,"预收款项"项目需根据"应收账款"账户的明细账户分析填列。企业应根据具体情况选择适当的方法核算预收账款。如果企业预收账款很多,可以采用第一种方法;而预收账款不多的企业,则可以采用第二种方法。现举例说明。

【做中学 10-8】 华夏公司与长城公司签订 500 000 元的销货合同,适用的增值税税率为 16%,根据合同规定,2×17 年 12 月 10 日预收 40% 货款,余款在 2×18 年 1 月 10 日商品交货后全部结清。相关账务处理如下:

(1) 单独设置"预收账款"账户的核算。

① 2×17 年 12 月 10 日,收到货款的 40% 时:

借:银行存款 200 000
　　贷:预收账款——长城公司 200 000

② 2×18 年 1 月 10 日,发出商品时:

借:预收账款——长城公司 580 000
　　贷:主营业务收入 500 000
　　　　应交税费——应交增值税(销项税额) 80 000

③ 2×18 年 1 月 20 日,收到长城公司补付货款时:

借:银行存款 380 000
　　贷:预收账款——长城公司 380 000

(2) 未设置"预收账款"账户的核算。

① 2×17 年 12 月 10 日,收到货款的 40% 时:

借:银行存款 200 000
　　贷:应收账款——长城公司 200 000

② 2×18年1月10日,发出商品时:

借:应收账款——长城公司　　　　　　　　　　　　　　　　　　　　　580 000
　　贷:主营业务收入　　　　　　　　　　　　　　　　　　　　　　　　　500 000
　　　　应交税费——应交增值税(销项税额)　　　　　　　　　　　　　　80 000

③ 2×18年1月20日,收到长城公司补付贷款时:

借:银行存款　　　　　　　　　　　　　　　　　　　　　　　　　　　　380 000
　　贷:应收账款——长城公司　　　　　　　　　　　　　　　　　　　　　380 000

四、对职工的负债

企业对职工的负债主要是指应付职工薪酬。所谓职工薪酬,是指企业为获得职工提供的服务或解除劳动关系而给予各种形式的报酬或补偿。职工薪酬包括职工①短期薪酬、离职后福利、辞退福利和其他长期职工福利。①短期薪酬,是指企业在职工提供相关服务的年度报告期间结束后12个月内需要全部予以支付的职工薪酬,包括职工工资、奖金、津贴和补贴;职工福利费;医疗保险费、工伤保险费、生育保险费等社会保险费;住房公积金;工会经费和职工教育经费;短期带薪缺勤;短期利润分享计划;其他短期薪酬。因解除与职工的劳动关系给予的补偿除外。因解除与职工的劳动关系给予的补偿属于辞退福利的范围。②离职后福利,是指企业为获得职工提供的服务而在职工退休或与企业解除劳动关系后提供的各种形式的报酬和福利,属于短期薪酬和辞退福利的除外。离职后福利计划,是指企业与职工就离职后福利达成的协议,或者企业为向职工提供离职后福利制定的规章或办法等。离职后福利计划按照企业承担的风险和义务情况,可以分为设定提存计划和设定受益计划。其中,设定提存计划,是指企业向独立的基金缴存固定费用后,不再承担进一步支付义务的离职后福利计划。设定受益计划,是指除设定提存计划以外的离职后福利计划。③辞退福利,是指企业在职工劳动合同到期之前解除与职工的劳动关系,或者为鼓励职工自愿接受裁减而给予职工的补偿。辞退福利主要包括:在职工劳动合同尚未到期前,不论职工本人是否愿意,企业决定解除与职工的劳动关系而给予的补偿;在职工劳动合同尚未到期前,为鼓励职工自愿接受裁减而给予的补偿,职工有权利选择继续在职或接受补偿离职。辞退福利通常采取解除劳动关系时一次性支付补偿的方式,也采取在职工不再为企业带来经济利益后,将职工工资支付到辞退后未来某一期间的方式。企业应当根据辞退福利的定义和包括的内容,区分辞退福利与正常退休的养老金。辞退福利是在职工与企业签订的劳动合同到期前,企业根据法律与职工本人或职工代表(如工会)签订的协议,或者基于商业惯例,承诺当其提前终止对职工的雇佣关系时支付的补偿,引发补偿的事项是辞退。因此,企业应当在辞退职工时进行辞退福利的确认和计量。职工在正常退休时获得的养老金,是其与企业签订的劳动合同到期时,或者职工达到了国家规定的退休年龄时获得的退休后生活补偿金额,引发补偿的事项是职工在职时提供的服务,而不是退休本身。因此,企业应当在职工提供服务的会计期间进行养老金的确认和计量。另外,职工虽然没有与企业解除劳动合同,但未来不再为企业提供服务,不能为企业带来经济利益,企业承诺提供实质上具有辞退福利性质的经济补偿的,如发生"内退"的情况,在其正式退休日期之前应当比照辞退福利处理,在其正式退休日期之后,应当按照离职后福利处理。④其他长期职工福利,是指除短期薪酬、离职后福利、辞退福利之外所有的职工薪酬,包括长期带薪缺勤、长期残疾福利、长期利润分享计划等。职工薪酬作为企业生产经营活动的一项必要支出,应在实际发生时根据职工提供服务的受益对象的不同,分别形成企业的成本费用或计入有

---

① 职工的范围包括与企业订立劳动合同的所有人员(含全职、兼职和临时工)、企业正式任命的人员(如董事会、监事会成员等)、虽未订立劳动合同或企业未正式任命但在企业的计划和控制下提供类似服务的人员。

关资产的成本,即:应由生产产品、提供劳务负担的职工薪酬,计入产品成本或劳务成本;应由在建工程、无形资产负担的职工薪酬,计入建造固定资产或无形资产成本;其他的职工薪酬计入当期损益①。

总而言之,职工薪酬的具体范围包括在职和离职后提供给职工的所有货币性和非货币性薪酬;能够量化给职工本人和提供给职工集体享有的福利;提供给职工本人、配偶、子女或其他赡养人的福利;以商业保险形式提供给职工的保险待遇等。这里主要介绍职工薪酬中的工资、福利费、社会保险费和住房公积金的核算内容。

为了反映和监督职工薪酬的发生和分配的情况,企业需要设置"应付职工薪酬"账户。该账户属于负债类账户,用来核算企业应付给职工各种薪酬总额的计算与实际支出情况。其贷方登记本月计算的应付职工薪酬总额,包括各种工资、奖金、津贴和福利费等,借方登记本月实际支付的职工薪酬数。月末如为贷方余额,表示本月应付职工薪酬大于实付职工薪酬的差额,即应付未付的职工薪酬。"应付职工薪酬"账户可以按照"工资""职工福利""社会保险费""住房公积金"等进行明细核算。

(一) 应付职工工资

工资是指企业使用职工的知识、技能、时间和精力而给予职工的一种补偿(报酬)。应付职工工资是应付职工薪酬的重要组成部分。它应该根据每月计算出的每位职工实得工资额和当月发生的工资总额②,于规定的日期付给职工。

企业应付职工的工资总额,不论是否在当月支付,都应通过"应付职工薪酬"账户核算。在实际工作中,为了方便职工,简化现金收付手续,往往从应付工资中代扣职工应缴的各种款项,如代扣住房公积金、医疗保险费和个人所得税等。这样,每月直接发给职工个人的工资就等于应付工资减去代扣款项之后的差额。支付工资时,实际支付给职工的部分,借记"应付职工薪酬"账户,贷记"银行存款"或"库存现金"账户;由企业代扣代缴各种扣款时,借记"应付职工薪酬"账户,贷记"应交税费""其他应收款"或"其他应付款"等账户;若有逾期未领工资,应从"应付职工薪酬"账户转入"其他应付款"账户。

企业应付给职工的工资,作为一项生产经营活动的耗费,应该在月份终了时,根据权责发生制原则和配比原则的要求,按照每月职工实际耗用于各项生产经营活动的劳动量进行工资分配,计入有关的成本、费用。工资分配应按照职工的工作岗位进行。从事生产经营的职工,其工资应构成企业的生产经营成本;专设销售机构的职工工资作为一项销售费用;行政管理人员的工资计入管理费用;基建人员的工资计入在建工程成本。现举例说明工资支付和分配的会计处理。

【做中学10-9】 华夏公司2×18年1月应付工资227 000元,其中:生产工人工资130 900元,车间管理人员工资22 600元,行政管理人员工资37 400元,专设销售机构人员工资29 850元,在建工程人员工资6 250元。在当期应付工资中,扣还前已代为缴纳的职工个人应支付的住房公积金5 000元,医疗保险费3 000元;代扣个人所得税950元。实发职工工资218 050元。相关账务处理如下:

(1) 按实发工资218 050元向银行提取现金时:

  借:库存现金   218 050
    贷:银行存款   218 050

(2) 发放工资时:

---

① 参见《企业会计准则第9号——职工薪酬》第四条。
② 根据1990年国家统计局的规定,工资总额包括计时工资、计件工资、奖金、津贴和补贴、加班加点工资和特殊情况下支付的工资等。

借：应付职工薪酬——工资　　　　　　　　　　　　　　　　　　　218 050
　　贷：库存现金　　　　　　　　　　　　　　　　　　　　　　　　218 050

(3) 结算代扣款项时：

借：应付职工薪酬——工资　　　　　　　　　　　　　　　　　　　　8 950
　　贷：应交税费——应交个人所得税　　　　　　　　　　　　　　　　　950
　　　　其他应收款　　　　　　　　　　　　　　　　　　　　　　　8 000

(4) 月末，根据工资分配表，分配本月工资费用时：

借：生产成本　　　　　　　　　　　　　　　　　　　　　　　　　130 900
　　制造费用　　　　　　　　　　　　　　　　　　　　　　　　　 22 600
　　管理费用　　　　　　　　　　　　　　　　　　　　　　　　　 37 400
　　销售费用　　　　　　　　　　　　　　　　　　　　　　　　　 29 850
　　在建工程　　　　　　　　　　　　　　　　　　　　　　　　　　6 250
　　贷：应付职工薪酬——工资　　　　　　　　　　　　　　　　　 227 000

(二) 应付职工福利

企业因雇佣员工，理应承担为员工提供必要福利待遇的责任，这项责任在尚未履行或尚未全部履行时，就形成了一项应付职工的负债。职工福利费主要用于职工因公负伤赴外地就医路费、未实行医疗统筹企业职工医疗费用、职工困难补助，以及按规定支付的其他有关职工福利方面的费用。为了保证职工的身体健康和提高职工的福利待遇，根据国家规定，企业可以按照职工工资总额的一定比例在成本费用中列支职工福利费。这样，在支付职工福利费时，一方面使得银行存款等资产减少；另一方面使得应付职工薪酬这项负债减少，所以应将该项支出记入"应付职工薪酬"账户的借方和"银行存款"账户的贷方。列支职工福利费时，一方面使得公司当期的成本费用增加；另一方面使得公司的应付职工薪酬增加。对于计入成本费用的职工福利费应按职工的不同岗位，分别在不同的账户中列支。其列支范围与工资的列支范围基本相同，即对于生产工人的福利费，应记入"生产成本"账户的借方，车间管理人员的福利费，应记入"制造费用"账户的借方，行政管理人员的福利费，应记入"管理费用"账户的借方，在建工程人员的福利费，应记入"在建工程"账户的借方，专设销售机构人员的福利费，应记入"销售费用"账户的借方，同时，应记入"应付职工薪酬"账户的贷方。现举例说明职工福利费的会计处理。

【做中学 10-10】承接[做中学 10-9]，华夏公司 2×18 年 1 月以银行存款支付职工福利费 31 780 元。其中：生产工人福利费为 18 326 元，车间管理人员福利费为 3 164 元，行政管理人员福利费为 5 236 元，专设销售机构人员福利费为 4 179 元，在建工程人员福利费为 875 元。相关账务处理如下：

(1) 支付福利费时：

借：应付职工薪酬——职工福利　　　　　　　　　　　　　　　　　 31 780
　　贷：银行存款　　　　　　　　　　　　　　　　　　　　　　　 31 780

(2) 列支福利费时：

借：生产成本　　　　　　　　　　　　　　　　　　　　　　　　　 18 326
　　制造费用　　　　　　　　　　　　　　　　　　　　　　　　　　3 164
　　管理费用　　　　　　　　　　　　　　　　　　　　　　　　　　5 236
　　销售费用　　　　　　　　　　　　　　　　　　　　　　　　　　4 179
　　在建工程　　　　　　　　　　　　　　　　　　　　　　　　　　　875
　　贷：应付职工薪酬——职工福利　　　　　　　　　　　　　　　　31 780

(三)应付职工社会保险费及住房公积金

企业为职工缴纳的医疗保险费、养老保险费、失业保险费、工伤保险费、生育保险费等社会保险费和住房公积金(简称五险一金),应当在职工为企业提供服务的会计期间,根据工资总额的一定比例计算,在成本费用中列支。其列支范围与工资及福利费的列支范围基本相同。现举例说明职工社会保险费及住房公积金的会计处理。

【做中学 10-11】 承接[做中学 10-10],华夏公司 2×18 年 1 月按工资总额的一定比例计算,并以银行存款向指定机构缴纳的职工医疗保险费等社会保险费为 63 560 元。其中:生产工人社会保险费为 36 652 元,车间管理人员社会保险费为 6 328 元,行政管理人员社会保险费为 10 472 元,专设销售机构人员社会保险费为 8 358 元,在建工程人员社会保险费为 1 750 元。相关账务处理如下:

(1) 计算应缴职工社会保险费时:

借:生产成本　　　　　　　　　　　　　　　　　　　　　36 652
　　制造费用　　　　　　　　　　　　　　　　　　　　　 6 328
　　管理费用　　　　　　　　　　　　　　　　　　　　　10 472
　　销售费用　　　　　　　　　　　　　　　　　　　　　 8 358
　　在建工程　　　　　　　　　　　　　　　　　　　　　 1 750
　　贷:应付职工薪酬——社会保险费　　　　　　　　　　63 560

(2) 缴纳职工社会保险费时:

借:应付职工薪酬——社会保险费　　　　　　　　　　　63 560
　　贷:银行存款　　　　　　　　　　　　　　　　　　　63 560

【做中学 10-12】 承接[做中学 10-11],华夏公司 2×18 年 1 月按工资总额的一定比例计算,并以银行存款向指定机构缴纳的职工住房公积金为 45 400 元。其中:生产工人住房公积金为 26 180 元,车间管理人员住房公积金为 4 520 元,行政管理人员住房公积金为 7 480 元,专设销售机构人员住房公积金为 5 970 元,在建工程人员住房公积金为 1 250 元。相关账务处理如下:

(1) 计算应缴职工住房公积金时:

借:生产成本　　　　　　　　　　　　　　　　　　　　　26 180
　　制造费用　　　　　　　　　　　　　　　　　　　　　 4 520
　　管理费用　　　　　　　　　　　　　　　　　　　　　 7 480
　　销售费用　　　　　　　　　　　　　　　　　　　　　 5 970
　　在建工程　　　　　　　　　　　　　　　　　　　　　 1 250
　　贷:应付职工薪酬——住房公积金　　　　　　　　　　45 400

(2) 缴纳职工住房公积金时:

借:应付职工薪酬——住房公积金　　　　　　　　　　　45 400
　　贷:银行存款　　　　　　　　　　　　　　　　　　　45 400

五、对税务部门的负债

企业在一定时期内取得的营业收入和实现的利润,以及发生特定经营行为或持有特定财产,应按照法律法规的规定向国家缴纳各种税费。在企业发生纳税义务时,应该按照权责发生制原则的要求,将有关税费计入费用。这些税费在尚未缴纳之前暂时留在企业,就等同于借用了政府一笔无息资金,从而形成企业对税收征管部门的负债。

企业应依法缴纳的各种税费主要包括:增值税、消费税、资源税、土地增值税、城市维护建设税(简称城建税)、教育费附加、房产税、城镇土地使用税、车船税、印花税、企业所得税、环保税等。为了反映各种税费的计算和缴纳情况,企业应设置"应交税费"账户,并在该账户下设置有关明细账户进行核算。该账户的贷方登记应缴纳的各种税费,借方登记已缴纳或应抵扣的各种税费,期末贷方余额为欠缴税费。但应指出,并不是所有的税费都通过"应交税费"账户核算,例如印花税的确认和缴纳发生在同一时点,其缴纳的同时计入费用,核算中也就没必要再运用"应交税费"账户①。下面介绍几种主要的流转税费的计算及会计处理。

(一)增值税

1. 纳税人及应纳税额的计算

增值税是以商品或劳务(含货物、加工修理修配劳务、服务、无形资产或不动产)在流转过程中产生的增值额作为计税依据而征收的一种流转税。它是我国流转税中的主要税种。为了严格增值税的征收管理和对某些经营规模小的纳税人简化计税办法,《中华人民共和国增值税暂行条例》参照国际惯例,将纳税人按其经营规模及会计核算健全与否划分为一般纳税人和小规模纳税人②。小规模纳税人是指年销售额在规定标准以下,并且会计核算不健全,不能按规定报送有关税务资料的增值税纳税人。所谓会计核算不健全是指不能正确核算增值税的销项税额、进项税额和应纳税额。这是小规模纳税人的定性认定标准。根据《中华人民共和国增值税暂行条例实施细则》等税收有关规定,小规模纳税人的定量认定标准是:纳税人年应税销售额在500万元以下③。除此之外,则为一般纳税人。

一般纳税人增值税的基本税率为16%、10%和6%。小规模纳税人的增值税征收率一般为3%。

一般纳税人增值税的计算采用购进抵扣法,即企业购入商品或劳务支付的增值税(即进项税额),可以从销售商品或劳务按规定收取的增值税(即销项税额)中抵扣。具体做法是:以商品或劳务的销售额为计税依据,按照税法规定的税率计算出商品或劳务应负担的销项税额,同时扣除企业为生产商品或提供劳务外购原材料、燃料、低值易耗品等物资在以前购买环节已支付的进项税额,抵扣后的余额即为实际应缴纳的增值税,用公式表示如下:

$$应交增值税税额 = 销项税额 - 进项税额$$

小规模纳税人销售商品或劳务,实行简易办法计算应纳税额,其计算公式如下:

$$应交增值税税额 = 不含税销售额 \times 征收率$$

2. 应交增值税核算的账户设置

增值税一般纳税人应当在"应交税费"账户下设置"应交增值税""未交增值税""预交增值税""待抵扣进项税额""待认证进项税额""待转销项税额""增值税留抵税额""简易计税""转让金融商品应交增值税""代扣代交增值税"等明细账户。

(1)增值税一般纳税人应在"应交增值税"明细账内设置"进项税额""销项税额抵减""已交税金""转出未交增值税""减免税款""出口抵减内销产品应纳税额""销项税额""出口退税""进项税额转出""转出多交增值税"等专栏。其中:

① "进项税额"专栏,记录一般纳税人购进货物、加工修理修配劳务、服务、无形资产或不动产而支付或负担的、准予从当期销项税额中抵扣的增值税税额。

② "销项税额抵减"专栏,记录一般纳税人按照现行增值税制度规定因扣减销售额而减少的销项税额。

---

① 印花税是对经济活动和经济交往中书立、使用、领受具有法律效力的凭证的单位和个人征收的 种税。企业购买印花税票时,借记"税金及附加"账户,贷记"银行存款"账户。
② 参见《中华人民共和国增值税暂行条例》第十一条。
③ 参见财税〔2018〕32号文。

③"已交税金"专栏,记录一般纳税人当月已交纳的应交增值税税额。

④"转出未交增值税"和"转出多交增值税"专栏,分别记录一般纳税人月度终了转出当月应交未交或多交的增值税税额。

⑤"减免税款"专栏,记录一般纳税人按现行增值税制度规定准予减免的增值税税额。

⑥"出口抵减内销产品应纳税额"专栏,记录实行"免、抵、退"办法的一般纳税人按规定计算的出口货物的进项税抵减内销产品的应纳税额。

⑦"销项税额"专栏,记录一般纳税人销售货物、加工修理修配劳务、服务、无形资产或不动产应收取的增值税税额。

⑧"出口退税"专栏,记录一般纳税人出口货物、加工修理修配劳务、服务、无形资产按规定退回的增值税税额。

⑨"进项税额转出"专栏,记录一般纳税人购进货物、加工修理修配劳务、服务、无形资产或不动产等发生非正常损失以及其他原因而不应从销项税额中抵扣、按规定转出的进项税额。

(2)"未交增值税"明细账户,核算一般纳税人月度终了从"应交增值税"或"预交增值税"明细账户转入当月应交未交、多交或预缴的增值税税额,以及当月交纳以前期间未交的增值税税额。

(3)"预交增值税"明细账户,核算一般纳税人转让不动产、提供不动产经营租赁服务、提供建筑服务、采用预收款方式销售自行开发的房地产项目等,以及其他按现行增值税制度规定应预缴的增值税税额。

(4)"待抵扣进项税额"明细账户,核算一般纳税人已取得增值税扣税凭证并经税务机关认证,按照现行增值税制度规定准予以后期间从销项税额中抵扣的进项税额。包括:一般纳税人自2016年5月1日后取得并按固定资产核算的不动产或者2016年5月1日后取得的不动产在建工程,按现行增值税制度规定准予以后期间从销项税额中抵扣的进项税额;实行纳税辅导期管理的一般纳税人取得的尚未交叉稽核比对的增值税扣税凭证上注明或计算的进项税额。

(5)"待认证进项税额"明细账户,核算一般纳税人由于未经税务机关认证而不得从当期销项税额中抵扣的进项税额。包括:一般纳税人已取得增值税扣税凭证、按照现行增值税制度规定准予从销项税额中抵扣,但尚未经税务机关认证的进项税额;一般纳税人已申请稽核但尚未取得稽核相符结果的海关缴款书进项税额。

(6)"待转销项税额"明细账户,核算一般纳税人销售货物、加工修理修配劳务、服务、无形资产或不动产,已确认相关收入(或利得)但尚未发生增值税纳税义务而需于以后期间确认为销项税额的增值税税额。

(7)"增值税留抵税额"明细账户,核算兼有销售服务、无形资产或者不动产的原增值税一般纳税人,截止到纳入营改增试点之日前的增值税期末留抵税额按照现行增值税制度规定不得从销售服务、无形资产或不动产的销项税额中抵扣的增值税留抵税额。

(8)"简易计税"明细账户,核算一般纳税人采用简易计税方法发生的增值税计提、扣减、预缴、缴纳等业务。

(9)"转让金融商品应交增值税"明细账户,核算增值税纳税人转让金融商品发生的增值税税额。

(10)"代扣代交增值税"明细账户,核算纳税人购进在境内未设经营机构的境外单位或个人在境内的应税行为代扣代缴的增值税。

小规模纳税人只需在"应交税费"账户下设置"应交增值税"明细账户,不需要设置上述专栏及除"转让金融商品应交增值税""代扣代交增值税"外的明细账户。

3. 增值税的会计处理

(1) 取得资产或接受劳务等业务的账务处理。

① 采购等业务进项税额允许抵扣的账务处理。一般纳税人购进货物、加工修理修配劳务、服务、无形资产或不动产,按应计入相关成本费用或资产的金额,借记"在途物资"或"原材料""库存商品""生产成本""无形资产""固定资产""管理费用"等账户;按当月已认证的可抵扣增值税税额,借记"应交税费——应交增值税(进项税额)"账户;按当月未认证的可抵扣增值税税额,借记"应交税费——待认证进项税额"账户;按应付或实际支付的金额,贷记"应付账款""应付票据""银行存款"等账户。发生退货的,如原增值税专用发票已做认证,应根据税务机关开具的红字增值税专用发票做相反的会计分录;如原增值税专用发票未做认证,应将发票退回并作相反的会计分录。

2016年上5月1日以后取得的在建工程或按固定资产核算的不动产,其进项税额取得之日分2年抵扣,即第1年抵扣比例60%,第2年抵扣比例40%。

② 采购等业务进项税额不得抵扣的账务处理。一般纳税人购进货物、加工修理修配劳务、服务、无形资产或不动产,用于简易计税方法计税项目、免征增值税项目、集体福利或个人消费等,其进项税额按照现行增值税制度规定不得从销项税额中抵扣的,取得增值税专用发票时,应借记相关成本费用或资产账户,借记"应交税费——待认证进项税额"账户,贷记"银行存款""应付账款"等账户,经税务机关认证后,应借记相关成本费用或资产账户,贷记"应交税费——应交增值税(进项税额转出)"账户。

③ 购进不动产或不动产在建工程按规定进项税额分年抵扣的账务处理。一般纳税人自2016年5月1日后取得并按固定资产核算的不动产或者2016年5月1日后取得的不动产在建工程,其进项税额按现行增值税制度规定自取得之日起分2年从销项税额中抵扣的,应当按取得成本,借记"固定资产""在建工程"等账户,按当期可抵扣的增值税税额,借记"应交税费——应交增值税(进项税额)"账户,按以后期间可抵扣的增值税税额,借记"应交税费——待抵扣进项税额"账户,按应付或实际支付的金额,贷记"应付账款""应付票据""银行存款"等账户。尚未抵扣的进项税额待以后期间允许抵扣时,按允许抵扣的金额,借记"应交税费——应交增值税(进项税额)"账户,贷记"应交税费——待抵扣进项税额"账户。

④ 货物等已验收入库但尚未取得增值税扣税凭证的账务处理。一般纳税人购进的货物等已到达并验收入库,但尚未收到增值税扣税凭证并未付款的,应在月末按货物清单或相关合同协议上的价格暂估入账,不需要将增值税的进项税额暂估入账。下月初,用红字冲销原暂估入账金额,待取得相关增值税扣税凭证并经认证后,按应计入相关成本费用或资产的金额,借记"原材料""库存商品""固定资产""无形资产"等账户;按可抵扣的增值税税额,借记"应交税费——应交增值税(进项税额)"账户;按应付金额,贷记"应付账款"等账户。

⑤ 小规模纳税人采购等业务的账务处理。小规模纳税人购买物资、服务、无形资产或不动产,取得增值税专用发票上注明的增值税应计入相关成本费用或资产,不通过"应交税费——应交增值税"账户核算。

⑥ 购买方作为扣缴义务人的账务处理。按照现行增值税制度规定,境外单位或个人在境内发生应税行为,在境内未设有经营机构的,以购买方为增值税扣缴义务人。境内一般纳税人购进服务、无形资产或不动产,按应计入相关成本费用或资产的金额,借记"生产成本""无形资产""固定资产""管理费用"等账户;按可抵扣的增值税税额,借记"应交税费——进项税额"账户(小规模纳税人应借记相关成本费用或资产账户);按应付或实际支付的金额,贷记"应付账款"等账户;按应代扣代缴的增值税税额,贷记"应交税费——代扣代交增值税"账户。实际缴纳代扣代缴增值税时,按代扣代缴的增值税税额,借记"应交税费——代扣代交增值税"账户,贷记"银行存款"

账户。

(2) 销售等业务的账务处理。

① 销售业务的账务处理。企业销售货物、加工修理修配劳务、服务、无形资产或不动产，应当按应收或已收的金额，借记"应收账款""应收票据""银行存款"等账户；按取得的收入金额，贷记"主营业务收入""其他业务收入""固定资产清理""工程结算"等账户；按现行增值税制度规定计算的销项税额（或采用简易计税方法计算的应纳增值税税额），贷记"应交税费——应交增值税（销项税额）"或"应交税费——简易计税"账户（小规模纳税人应贷记"应交税费——应交增值税"账户）。发生销售退回的，应根据按规定开具的红字增值税专用发票做相反的会计分录。

按照国家统一的会计制度确认收入或利得的时点早于按照增值税制度确认增值税纳税义务发生时点的，应将相关销项税额计入"应交税费——待转销项税额"账户，待实际发生纳税义务时再转入"应交税费——应交增值税（销项税额）"或"应交税费——简易计税"账户。

按照增值税制度确认增值税纳税义务发生时点早于按照国家统一的会计制度确认收入或利得的时点的，应将应纳增值税税额，借记"应收账款"账户，贷记"应交税费——应交增值税（销项税额）"或"应交税费——简易计税"账户，按照国家统一的会计制度确认收入或利得时，应按扣除增值税销项税额后的金额确认收入。

② 视同销售的账务处理。企业发生税法上视同销售的行为，应当按照企业会计准则制度相关规定进行相应的会计处理，并按照现行增值税制度规定计算的销项税额（或采用简易计税方法计算的应纳增值税税额），借记"应付职工薪酬""利润分配"等账户，贷记"应交税费——应交增值税（销项税额）"或"应交税费——简易计税"账户（小规模纳税人应计入"应交税费——应交增值税"账户）。

③ 全面试行营业税改征增值税前已确认收入，此后产生增值税纳税义务的账务处理。企业营业税改征增值税前已确认收入，但因未产生营业税纳税义务而未计提营业税的，在达到增值税纳税义务时点时，企业应在确认应交增值税销项税额的同时冲减当期收入；已经计提营业税且未缴纳的，在达到增值税纳税义务时点时，应借记"应交税费——应交营业税""应交税费——应交城市维护建设税""应交税费——应交教育费附加"等账户，贷记"主营业务收入"账户，并根据调整后的收入计算确定计入"应交税费——待转销项税额"账户的金额，同时冲减收入。

(3) 差额征税的账务处理。

① 企业发生相关成本费用允许扣减销售额的账务处理。按现行增值税制度规定企业发生相关成本费用允许扣减销售额的，发生成本费用时，按应付或实际支付的金额，借记"主营业务成本""存货""工程施工"等账户，贷记"应付账款""应付票据""银行存款"等账户。待取得合规增值税扣税凭证且纳税义务发生时，按照允许抵扣的税额，借记"应交税费——应交增值税（销项税额抵减）"或"应交税费——简易计税"账户（小规模纳税人应借记"应交税费——应交增值税"账户），贷记"主营业务成本""存货""工程施工"等账户。

② 金融商品转让按规定以盈亏相抵后的余额作为销售额的账务处理。金融商品实际转让月末，如产生转让收益，则按应纳税额借记"投资收益"等账户，贷记"应交税费——转让金融商品应交增值税"账户；如产生转让损失，则按可结转下月抵扣税额，借记"应交税费——转让金融商品应交增值税"账户，贷记"投资收益"等账户。交纳增值税时，应借记"应交税费——转让金融商品应交增值税"账户，贷记"银行存款"账户。年末，本账户如有借方余额，则借记"投资收益"等账户，贷记"应交税费——转让金融商品应交增值税"账户。

(4) 出口退税的账务处理。

为核算纳税人出口货物应收取的出口退税款，设置"应收出口退税款"账户，该账户借方反映销售出口货物按规定向税务机关申报应退回的增值税、消费税等，贷方反映实际收到的出口货物应退回的增值税、消费税等。期末借方余额,反映尚未收到的应退税额。

① 未实行"免、抵、退"办法的一般纳税人出口货物按规定退税的,按规定计算的应收出口退税额,借记"应收出口退税款"账户,贷记"应交税费——应交增值税(出口退税)"账户,收到出口退税时,借记"银行存款"账户,贷记"应收出口退税款"账户;退税额低于购进时取得的增值税专用发票上的增值税税额的差额,借记"主营业务成本"账户,贷记"应交税费——应交增值税(进项税额转出)"账户。

② 实行"免、抵、退"办法的一般纳税人出口货物,在货物出口销售后结转产品销售成本时,按规定计算的退税额低于购进时取得的增值税专用发票上的增值税税额的差额,借记"主营业务成本"账户,贷记"应交税费——应交增值税(进项税额转出)"账户;按规定计算的当期出口货物的进项税抵减内销产品的应纳税额,借记"应交税费——应交增值税(出口抵减内销产品应纳税额)"账户,贷记"应交税费——应交增值税(出口退税)"账户。在规定期限内,内销产品的应纳税额不足以抵减出口货物的进项税额,不足部分按有关税法规定给予退税的,应在实际收到退税款时,借记"银行存款"账户,贷记"应交税费——应交增值税(出口退税)"账户。

(5) 进项税额抵扣情况发生改变的账务处理。

因发生非正常损失或改变用途等,原已计入进项税额、待抵扣进项税额或待认证进项税额,但按现行增值税制度规定不得从销项税额中抵扣的,借记"待处理财产损溢""应付职工薪酬""固定资产""无形资产"等账户,贷记"应交税费——应交增值税(进项税额转出)""应交税费——待抵扣进项税额"或"应交税费——待认证进项税额"账户;原不得抵扣且未抵扣进项税额的固定资产、无形资产等,因改变用途等用于允许抵扣进项税额的应税项目的,应按允许抵扣的进项税额,借记"应交税费——应交增值税(进项税额)"账户,贷记"固定资产""无形资产"等账户。固定资产、无形资产等经上述调整后,应按调整后的账面价值在剩余尚可使用寿命内计提折旧或摊销。

一般纳税人购进时已全额计提进项税额的货物或服务等转用于不动产在建工程的,对于结转以后期间的进项税额,应借记"应交税费——待抵扣进项税额"账户,贷记"应交税费——应交增值税(进项税额转出)"账户。

(6) 月末转出多交增值税和未交增值税的账务处理。

月度终了,企业应当将当月应交未交或多交的增值税自"应交增值税"明细账户转入"未交增值税"明细账户。对于当月应交未交的增值税,借记"应交税费——应交增值税(转出未交增值税)"账户,贷记"应交税费——未交增值税"账户;对于当月多交的增值税,借记"应交税费——未交增值税"账户,贷记"应交税费——应交增值税(转出多交增值税)"账户。

(7) 交纳增值税的账务处理。

① 交纳当月应交增值税的账务处理。企业交纳当月应交的增值税,借记"应交税费——应交增值税(已交税金)"账户(小规模纳税人应借记"应交税费——应交增值税"账户),贷记"银行存款"账户。

② 交纳以前期间未交增值税的账务处理。企业交纳以前期间未交的增值税,借记"应交税费——未交增值税"账户,贷记"银行存款"账户。

③ 预缴增值税的账务处理。企业预缴增值税时,借记"应交税费——预交增值税"账户,贷记"银行存款"账户。月末,企业应将"预交增值税"明细账户余额转入"未交增值税"明细账户,借记"应交税费——未交增值税"账户,贷记"应交税费——预交增值税"账户。房地产开发企业等在预缴增值税后,应直至纳税义务发生时方可从"应交税费——预交增值税"账户结转至"应交税费——未交增值税"账户。

④ 减免增值税的账务处理。对于当期直接减免的增值税,借记"应交税金——应交增值税(减免税款)"账户,贷记损益类相关账户。

(8) 增值税期末留抵税额的账务处理。

纳入营改增试点当月月初,原增值税一般纳税人应按不得从销售服务、无形资产或不动产的销项税额中抵扣的增值税留抵税额,借记"应交税费——增值税留抵税额"账户,贷记"应交税费——应交增值税(进项税额转出)"账户。待以后期间允许抵扣时,按允许抵扣的金额,借记"应交税费——应交增值税(进项税额)"账户,贷记"应交税费——增值税留抵税额"账户。

【做中学 10-13】 华夏公司为一般纳税人,本月购进原材料所取得的增值税专用发票上注明的材料价款为 1 000 万元,增值税进项税额为 160 万元,价税款以银行存款支付。同期,该企业销售产品收入为 1 500 万元,增值税销项税额为 240 万元,价税款已经收到。根据上述业务,相关账务处理如下:

(1) 购进材料时:

借:在途物资   10 000 000
    应交税费——应交增值税(进项税额)   1 600 000
  贷:银行存款   11 600 000

(2) 销售产品时:

借:银行存款   17 400 000
  贷:主营业务收入   15 000 000
     应交税费——应交增值税(销项税额)   2 400 000

(3) 缴纳增值税 800 000 元(2 400 000 − 1 600 000)时:

借:应交税费——应交增值税(已交税金)   800 000
  贷:银行存款   800 000

4. 小规模纳税人应交增值税的会计处理

小规模纳税人销售商品或劳务按其不含税销售额的一定比例(即征收率)缴纳增值税。小规模纳税人不享有进项税额的抵扣权,其购进商品或劳务时支付的增值税直接计入所购商品或劳务的成本;其销售商品或劳务时一般只能使用普通发票,不能使用增值税专用发票。小规模纳税人的销售额若为含税销售额应还原为不含税销售额,其计算公式如下:

$$不含税销售额 = 含税销售额 \div (1 + 征收率)$$

现举例说明小规模纳税人应交增值税的会计处理。

【做中学 10-14】 某企业经税务部门核定为小规模纳税人,其本期购入材料货款 85 000 元,增值税 13 600 元,价税款以银行存款支付。该企业本期销售产品含税销售额为 92 700 元,增值税征收率为 3%,款项已收到并存入银行。相关账务处理如下:

(1) 购进材料时:

借:在途物资   98 600
  贷:银行存款   98 600

(2) 材料验收入库时:

借:原材料   98 600
  贷:在途物资   98 600

(3) 销售货物时:

借:银行存款   92 700
  贷:主营业务收入[92 700÷(1+3%)]   90 000
     应交税费——应交增值税(90 000×3%)   2 700

(4) 缴纳增值税时：

借：应交税费——应交增值税　　　　　　　　　　　　　　　　　　　　2 700
　　贷：银行存款　　　　　　　　　　　　　　　　　　　　　　　　　　　2 700

5. 增值税税控系统专用设备和技术维护费用抵减增值税税额的账务处理

企业初次购买增值税税控系统专用设备支付的费用以及缴纳的技术维护费允许在增值税应纳税额中全额抵减的，按规定抵减的增值税应纳税额，借记"应交税费——应交增值税（减免税款）"账户（小规模纳税人应借记"应交税费——应交增值税"账户），贷记"管理费用"等账户。

6. 关于小微企业免征增值税的会计处理规定

小微企业在取得销售收入时，应当按照税法的规定计算应交增值税，并确认为应交税费，在达到增值税制度规定的免征增值税条件时，将有关应交增值税转入当期损益。

（二）消费税

消费税是对生产、委托加工及进口应税消费品（主要指烟、酒、化妆品、高档次及高能耗的消费品）征收的一种税[①]。在对商品普遍征收增值税的基础上，选择少数消费品再征收一道消费税，主要是为了调整产业结构，引导消费方向，保证国家财政收入。

消费税的计税方法主要有从价定率和从量定额两种。从价定率根据商品销售价格和规定的税率计算应交消费税；从量定额根据商品销售数量和规定的单位税额计算应交消费税。计算公式分别为：

$$从价定率应交消费税 = 应税消费品的销售额 \times 消费税税率$$
$$从量定额应交消费税 = 应税消费品的销售数量 \times 消费税单位税额$$

根据现行制度的规定，为了核算应该由企业经营业务，以及持有特定财产或发生特定行为负担的税金及附加，包括消费税、城市维护建设税、资源税、土地增值税、印花税、房产税、车船税、城镇土地使用税和教育费附加等，企业应设置"税金及附加"账户。该账户属于损益类账户。企业按照税法有关规定计算出应由主营和附营业务负担的税金及附加，记入该账户的借方，同时记入"应交税费"账户下设置的"应交消费税""应交城市维护建设税"和"应交教育费附加"等明细账户的贷方。现举例说明消费税的计算和缴纳的会计处理。

【做中学 10-15】 华夏公司 2×18 年 3 月应纳消费税的产品销售收入为 160 000 元，该产品适用的消费税税率为 25%。相关账务处理如下：

(1) 计算应交消费税 40 000 元（160 000×25%）时：

借：税金及附加　　　　　　　　　　　　　　　　　　　　　　　　　　40 000
　　贷：应交税费——应交消费税　　　　　　　　　　　　　　　　　　　40 000

(2) 下月月初缴纳消费税时：

借：应交税费——应交消费税　　　　　　　　　　　　　　　　　　　　40 000
　　贷：银行存款　　　　　　　　　　　　　　　　　　　　　　　　　　40 000

（三）应交城市维护建设税及教育费附加

城市维护建设税是对从事生产经营活动的单位和个人，以其实际缴纳的增值税、消费税为依据，按纳税人所在地适用的不同税率计算征收的一种税[②]。征收城建税主要是为了加强城市的维护建设，扩大和稳定城市维护建设的资金来源。

教育费附加是国家为了发展我国的教育事业，提高国民的文化素质而征收的一项费用。这

[①] 参见《中华人民共和国消费税暂行条例》第一条。
[②] 参见《中华人民共和国城市维护建设税暂行条例》第二条。

项费用与城建税一样,也是按照企业应交流转税(增值税、消费税)的一定比例计算,并与流转税一起缴纳。现举例说明城建税和教育费附加的会计处理。

【做中学10-16】 华夏公司本月应交增值税为800 000元,应交消费税为40 000元,城建税税率为7%,教育费附加率为3%,据此计算本月应交城建税为58 800元[(800 000+40 000)×7%],应交教育费附加为25 200元(840 000×3%)。相关账务处理如下:

(1) 计算应交城建税及教育费附加时:

借:税金及附加　　　　　　　　　　　　　　　　　　　　　　　84 000
　　贷:应交税费——应交城市维护建设税　　　　　　　　　　　58 800
　　　　　　　　——应交教育费附加　　　　　　　　　　　　　25 200

(2) 下月月初缴纳城建税及教育费附加时:

借:应交税费——应交城市维护建设税　　　　　　　　　　　　 58 800
　　　　　　——应交教育费附加　　　　　　　　　　　　　　 25 200
　　贷:银行存款　　　　　　　　　　　　　　　　　　　　　　84 000

应该指出,在企业的应交税费中,除上述几种主要流转税费之外,常见的还有财产税和企业所得税。

财产税是指根据企业的动产和不动产估计价值征收的一种税。它是地方政府的主要收入来源。财产税主要有房产税、车船税、城镇土地使用税等。房产税是指以房产为征税对象,依据房产价格或房产租金收入向房产所有人或经营人征收的一种财产税。车船税是指国家对行驶于境内公共道路的车辆和航行于境内河流、湖泊或领海的船舶依法征收的一种税。城镇土地使用税是指以国有土地为征税对象,对拥有土地使用权的单位和个人征收的一种税。

企业按规定计算应交的房产税、车船税、城镇土地使用税,借记"税金及附加"账户,贷记"应交税费——应交房产税""应交税费——应交车船税""应交税费——应交城镇土地使用税"账户;实际缴税时,借记"应交税费——应交房产税""应交税费——应交车船税""应交税费——应交城镇土地使用税"账户,贷记"银行存款"账户。

六、对所有者的负债

企业作为独立核算的经济实体,对其实现的经营成果除了按照税法及有关法规规定缴纳所得税外,还必须对投资者给予一定的回报,即向投资者分配股利或利润。企业分配给投资者的现金股利或利润,在实际未支付给投资者之前,便形成了一笔对所有者的负债。

股利是股份公司股东对公司净利润的分享。在我国,股利的支付通常有两种基本形式,即现金股利和股票股利。所谓现金股利,是指企业以现金形式向股东派发的股利;而股票股利则是企业用增发的股票向股东派发的股利。作为股利发放的股票,又称红股,俗称送股。当企业经股东大会或类似机构决议确定分配现金股利时,自宣告之日起,应付的股利就构成企业的一项流动负债;如果股东大会决议确定发放股票股利,则并不构成企业的负债,因为它只是从未分配利润转增股本,是企业权益内部的一种变化,不会引起任何经济利益的外流。

按现行制度规定,企业应设置"应付股利"账户,用来核算现金股利的分配和支付情况。该账户属于负债类账户,其贷方登记应分配给投资者的现金股利或利润,借方登记实际支付的现金股利或利润,期末如有余额在贷方,反映尚未支付的现金股利或利润。

通常,企业分配现金股利需经历两个步骤或阶段:首先,股东大会或类似机构决议确定并宣告股利分配方案,这时,按应支付的现金股利,借记"利润分配——应付现金股利"账户,贷记"应付股利"账户;其次,企业如数拨出一笔现款存入受托的证券公司或银行,用于实际支付股东的现金股利,此时,借记"应付股利"账户,贷记"银行存款"等账户。现举例说明如下:

【做中学10-17】 华夏公司股东大会根据2×18年盈利情况,决定股利分配方案为:每10股普通股派发0.8元的现金股利,共计800 000元。相关账务处理如下:

(1) 计算应付现金股利时:

借:利润分配——应付现金股利　　　　　　　　　　　　　　　　800 000
　　贷:应付股利——现金股利　　　　　　　　　　　　　　　　　　　800 000

(2) 支付现金股利时:

借:应付股利——现金股利　　　　　　　　　　　　　　　　　　800 000
　　贷:银行存款　　　　　　　　　　　　　　　　　　　　　　　　　800 000

七、其他流动负债

在企业的资产负债表中,除了上述六类比较常见的流动负债以外,还有一些其他原因形成的流动负债,如其他应付款等。

其他应付款是指除了应付票据、应付账款、应付职工薪酬等以外与企业活动直接或间接相关的其他各种应付和暂收款项,包括应付租入固定资产和包装物的租金、存入保证金,以及计算工资过程中的各种代扣应付款项。这些暂收、应付或代扣的款项也构成了企业的流动负债,在我国会计实务中,通过设置"其他应付款"账户对其进行核算。现举例说明如下:

【做中学10-18】 华夏公司2×18年4月收到购货客户租用周转包装物的押金5 000元存入银行。相关账务处理如下:

(1) 收到包装物押金时:

借:银行存款　　　　　　　　　　　　　　　　　　　　　　　　5 000
　　贷:其他应付款——存入保证金　　　　　　　　　　　　　　　　　5 000

(2) 收回包装物,退还押金时:

借:其他应付款——存入保证金　　　　　　　　　　　　　　　　5 000
　　贷:银行存款　　　　　　　　　　　　　　　　　　　　　　　　　5 000

任务三　非流动负债

一、非流动负债及其特征

非流动负债也称长期负债,是指企业偿还期限在1年或超过1年的一个营业周期以上的债务。它包括向银行或其他金融机构借入的长期借款,以及为了筹集长期资金而发行的各种债券等。非流动负债与流动负债的主要区别在于偿还期上,即需要1年以内偿还的债务为流动负债,如果超过1年期限偿还的则为非流动负债。

非流动负债除了具有负债的共同特征外,还具有如下特征:①债务偿还的期限较长,一般超过1年或者一个营业周期以上;②债务的金额较大;③可以采用分期偿还方式。企业筹措这些资金主要是为了购买大型设备,以及增建或扩建厂房、办公楼等。企业发生这种长期负债就要负担一种长期的、固定的、数额较大的利息费用。企业必须在债务到期之前提前安排好偿付本息用的货币资金,以免发生财务危机。

应该指出,如果一项非流动负债将在1年或一个经营周期内到期,并且计划用流动资产来偿还,应视为一项流动负债,以"一年内到期的非流动负债"项目列示在资产负债表的流动负债部分,但不需作任何账务处理。

二、长期借款

长期借款是企业向银行或其他金融机构借入的、偿还期限超过 1 年的各种借款。企业取得长期借款,必须按照规定的程序进行,一般要经过申请、审批、签订合同和划拨款项等四个步骤。在借款的使用期间,应按期支付利息,到期偿还本金。为了核算长期借款的取得、计息和归还情况,企业应设置"长期借款"账户。该账户属于负债类账户,贷方登记取得的长期借款本金及利息[①],借方登记归还的本金及利息,期末余额在贷方,反映尚未归还的借款本金及利息。该账户应按借款的种类或用途设置明细账户,进行明细分类核算。

按照现行制度的规定,对长期借款的利息费用等,应根据权责发生制原则的要求,按期预提计入所购建资产的成本,即予以资本化,或直接计入当期损益,即费用化。具体地说,就是在该长期借款所进行的长期工程项目完工之前发生的利息,应将其资本化,计入该工程成本;在工程完工达到可使用状态之后产生的利息支出应停止借款利息资本化而予以费用化,即在利息发生的当期将其直接计入财务费用。因此,企业取得长期借款时,应借记"银行存款"账户,贷记"长期借款"账户;计算利息时,应借记"在建工程""财务费用"等账户,贷记"长期借款"账户;偿还借款、支付利息时,应借记"长期借款"账户,贷记"银行存款"账户。现举例说明长期借款本金和利息的核算过程。

【做中学 10-19】 华夏公司为购建一条新的生产线(工期两年),于 2×16 年 1 月 1 日向某金融机构取得期限为 3 年的人民币借款 5 000 000 元,并当即将该资金投入到生产线的购建工程中。该借款年利率 6%,合同规定到期一次还本付息,单利计息。相关账务处理如下:

(1) 取得借款时:

借:银行存款　　　　　　　　　　　　　　　　　　　　　5 000 000
　　贷:长期借款　　　　　　　　　　　　　　　　　　　　　　5 000 000

(2) 2×16 年、2×17 年年末,分别计算应由该工程负担的借款利息 300 000 元(5 000 000×6%)时:

借:在建工程　　　　　　　　　　　　　　　　　　　　　　300 000
　　贷:长期借款　　　　　　　　　　　　　　　　　　　　　　　300 000

(3) 2×18 年各月月末,分别计算当月借款利息 25 000 元(300 000÷12)时:

借:财务费用　　　　　　　　　　　　　　　　　　　　　　　25 000
　　贷:长期借款　　　　　　　　　　　　　　　　　　　　　　　　25 000

(4) 2×18 年年末,全部偿还该笔借款的本金和利息时:

借:长期借款　　　　　　　　　　　　　　　　　　　　　5 900 000
　　贷:银行存款　　　　　　　　　　　　　　　　　　　　　　5 900 000

这里需要指出,以上我们举的例子是以长期借款单利计息的方式来说明问题的。在实际工作中,长期借款也可以采用复利计息的方法。在长期借款复利计息的情况下,尽管长期借款的本金、利率和偿还期限可能都相同,但在不同的偿付条件下(包括到期一次还本付息、分期偿还本息和分期付息到期还本三种方式),企业实际使用长期借款的时间是不同的,所支付的利息费用也就不同。因此,长期借款到底采用哪种还本付息方式以及能否按时还清借款本息,就成为企业理财中的一项重要决策问题。

三、应付债券

债券是指企业为筹集资金而依照法定程序发行的、约定在一定日期还本付息的有价证券。

---

① 这里的利息是指分期计算、一次还本付息的长期借款利息。

企业发行债券必须经国家有关部门批准,委托银行或其他金融机构代理发行。发行债券筹集的资金可用于购建固定资产,也可用于补充流动资金。企业发行期限超过1年的债券,构成了一项长期负债。

(一) 债券的分类

企业发行的债券根据不同标准大致有如下分类。

1. 按债券发行有无担保分类

(1) 抵押债券,又称有担保债券,是指以特定的资产作为抵押品的债券。债券的抵押品既可以是不动产,也可以是动产或有价证券。一旦这种债券的发行人违约,信托企业便可将抵押品变卖以支付积欠债券持有人的款项。

(2) 信用债券,又称无担保债券,是指没有任何特定的资产作为抵押品的债券。这种债券全凭举债人的信用而发行,具有较大的风险,所以利率也较高。

2. 按记名与否分类

(1) 记名债券,是指企业在发行债券时,债券票面上记有债券持有人的姓名,并在企业债权人名册中进行登记的债券。这种债券到期时,债券持有人可持债券,凭本人身证明领取本息。

(2) 无记名债券,是指债券票面上不记载持有人姓名的债券。这种债券通常附有息票,付息时,债券持有人将息票剪下,据以领取利息,所以又称为息票债券。

3. 按特殊偿还方式分类

(1) 可转换债券,是指债券发行一定期间后,持有人可以按一定价格转换成企业股票的债券。这种债券既有债券性质,又有股票性质。其持有人可根据具体情况,在转换期间内自愿行使转换权利。

(2) 可赎回债券,是指债券发行企业有权在债券到期日以前,按特定的价格提前赎回的债券。

4. 按还本方式分类

(1) 一次还本债券,是指本金于到期日一次性偿还的债券。

(2) 分期还本债券,是指本金分期偿还的债券。

5. 按付息方式分类

(1) 普通债券,是指票面上载明一定利率的债券。

(2) 收益债券,是指债券的利息取决于企业收益的债券。这种债券随企业当期有无收益和收益额的大小来确定利息的多少,与优先股有些相似。

(二) 债券的构成要素

债券的票面一般要载明下列要素:

(1) 债券面值,即票面价值,包括两项内容:一是币种;二是金额,即企业在还款日应偿还的本金额。

(2) 票面利率,又称名义利率,是指债券上载明的利息率。它表示债券发行人承诺每年根据这个利率来支付利息。

(3) 债券还本期限,是指债券发行人偿还本金的时间。

此外,债券的票面上还有还本付息方式、发行日期和序号、发行单位印鉴,以及能否转让等项目。

(三) 债券发行价格的确定

企业债券的发行价格与债券面值不是同一概念,两者有时一致,有时不一致。在市场经济环境下,任何一个理性的债权人都要对市场上各种借出资金的风险与收益进行权衡后才会作出最终决策。债券的市场售价,在很大程度上由其票面利率来决定。在其他条件不变的情况下,票面利率越高,债券的市价也就越高。如果确定了一个较低的票面利率,债权人一般不愿意认购,发行人只能按低于面值的价格发行。如果确定了一个较高的票面利率,就会吸引更多的债权人购买,在供不应求的情况下,发行人可将债券按高出面值的价格出售。这里的"较低"或"较高"的票面利率是相对于金融市场上其他投资机会的平均收益率而言的。其他投资机会的平均收益率,即市场利率,是债权人进行决策时使用的重要参照指标。由此可见,企业债券的价格与票面利率和市场利率有直接的关系。

从理论上讲,债券的实际发行价格是根据货币时间价值的理论,将债券到期应付面值和各期应付的利息,按市场利率折算的复利现值之和。其一般计算公式如下:

$$债券面值的现值 = 债券面值 \times 到期偿还本金的复利现值系数$$
$$各期利息的现值 = 每期债券利息额 \times 分期付息年金现值系数$$
$$每期债券利息额 = 票面价值 \times 每一付息期的票面利率$$

【做中学 10-20】 华夏公司为建设某一工程项目(工期两年),于2×17年1月1日发行一批两年期债券,总面值100万元,年利率为5%,每年付息一次,到期一次还本。下面分别假设发行时市场利率为5%、4%和6%,计算不同利率水平下的债券价格。

(1) 当市场利率为5%时:

$$债券发行价格 = 100 \times (5\%,2期复利现值系数) + 5 \times (5\%,2期年金现值系数)$$
$$= 100 \times 0.907\ 03 + 5 \times 1.859\ 41 \approx 100(万元)$$

(2) 当市场利率为4%时:

$$债券发行价格 = 100 \times (4\%,2期复利现值系数) + 5 \times (4\%,2期年金现值系数)$$
$$= 100 \times 0.924\ 56 + 5 \times 1.886\ 09 \approx 102(万元)$$
$$债券溢价金额 = 102 - 100 = 2(万元)$$

(3) 当市场利率为6%时:

$$债券发行价格 = 100 \times (6\%,2期复利现值系数) + 5 \times (6\%,2期年金现值系数)$$
$$= 100 \times 0.890\ 00 + 5 \times 1.833\ 39 \approx 98(万元)$$
$$债券折价金额 = 100 - 98 = 2(万元)$$

由上述计算可见,债券的发行价格随市场利率的变动而呈反方向变动,即当市场利率低于债券票面利率时,债券发行价格高于其面值,发行价格高于债券面值的部分,称为债券溢价。如果市场利率高于债券票面利率时,债券发行价格低于其面值,发行价格低于债券面值的部分,称为债券折价。值得注意的是,债券一经发售,债券信托合同即告成立,其后无论市场利率如何波动,对发行的债券均不产生影响,也就不必调整会计记录。

(四) 债券发行的核算

为了反映和监督债券的发行、归还和付息情况,发行债券的企业应设置"应付债券"账户。该账户为负债类账户,贷方登记应付债券的本金和应计利息,借方登记偿还债券本金和支付利息的金额,余额在贷方,表示尚未偿还的债券本金和利息。该账户应下设"面值""利息调整"和"应计利息"等明细账户,进行明细分类核算。

企业发行债券无论是按面值还是溢价或折价,均应按债券面值记入"应付债券——面值"账户。

当企业按面值发行债券时,债券价格与债券面值一致,可按债券面值金额,借记"银行存款"等账户,贷记"应付债券——面值"账户。

当企业溢价发行债券时,债券价格高于债券面值金额,按实际收到的款项,借记"银行存款"等账户,按债券的面值金额,贷记"应付债券——面值"账户,按实际收到的款项与票面金额的差额,贷记"应付债券——利息调整"账户。

当企业折价发行债券时,债券价格低于债券面值金额,按实际收到的款项,借记"银行存款"等账户,按债券的面值金额,贷记"应付债券——面值"账户,按实际收到的款项与票面金额的差额,借记"应付债券——利息调整"账户。

1. 债券按面值发行

【做中学10-21】 承接[做中学10-20],华夏公司于2×17年1月1日发行一批两年期债券,总面值100万元,年利率为5%,每年付息一次,到期一次还本。该公司发行债券时,若市场利率恰好等于票面利率5%,则公司按面值发行债券,收到款项并存入银行。相关账务处理如下:

借:银行存款   1 000 000
　　贷:应付债券——面值   1 000 000

2. 债券按溢价发行

债券溢价发行意味着企业将要高于市场实际利率支付利息,所以溢价的实质是发行企业为以后各期多付利息而预先从债券持有人处得到的补偿。

【做中学10-22】 承接[做中学10-20],华夏公司于2×17年1月1日发行一批两年期债券,总面值100万元,年利率为5%,每年付息一次,到期一次还本。该公司发行债券时,若市场利率为4%,则按102万元的溢价发行债券,收到款项并存入银行。相关账务处理如下:

借:银行存款   1 020 000
　　贷:应付债券——面值   1 000 000
　　　　　　　　——利息调整   20 000

3. 债券按折价发行

债券折价发行意味着企业将要低于市场实际利率支付利息,所以折价的实质是发行企业为以后各期少付利息而预先给债券持有人的补偿。

【做中学10-23】 承接[做中学10-20],华夏公司于2×17年1月1日发行一批两年期债券,总面值100万元,年利率为5%,每年付息一次,到期一次还本。该公司发行债券时,若市场利率为6%,则按98万元的折价发行债券,收到款项并存入银行。相关账务处理如下:

借:银行存款   980 000
　　应付债券——利息调整   20 000
　　贷:应付债券——面值   1 000 000

(五)债券利息、溢价和折价摊销的核算

企业应根据权责发生制原则的要求按期计提应付债券的利息费用,并按所筹资金的用途,分别计入财务费用或有关资产的成本,即借记"财务费用"或"在建工程"等账户。同时,对于一次还本付息的债券利息应贷记"应付债券——应计利息"账户,而对于分期付息、一次还本的债券利息则应贷记"应付利息"账户。

利息是债务人因使用借入资金而必须负担的费用。如果债券按面值发行,各期的利息额就等于票面额与票面利率的乘积。如果债券是溢价或折价发行,各期的利息计算和确认还要包括溢价和折价的摊销金额。前已述及,债券溢价或折价的实质是对按票面利率计算利息的调整。所以,可以将债券的溢价金额理解为发行企业先收回债券持有人未来多得的利息,然后再按高于市场利率的债券票面利率向债券持有人支付利息。因此,在确认利息时,企业就应该将发行债券时的溢价部分分期抵销按票面利率支付的利息费用,即债券的溢价部分应逐期从利息费用中扣除。同样道理,可以将债券折价理解为发行企业先支付给债券持有人一部分未来少收的利息,然后再按低于市场利率的债券票面利率向债券持有人支付利息。因此,在确认利息时,企业就应该用因债券折价而少收的部分款项去补充按票面利率支付的利息费用,即债券的折价部分应逐期转化为利息费用。这种用债券溢价或折价逐期调整债券利息费用的方法称为摊销。在实际工作中，对债券溢价和折价的摊销应采用实际利率法。

实际利率法是以债券发行时的实际利率，乘以每期期初债券的账面价值（亦称摊余成本），求得该期的利息费用，利息费用与实际支付利息的差额，即为该期溢、折价的摊销额。用公式表示如下：

溢价摊销额 = 应付利息 — 当期利息费用

折价摊销额 = 当期利息费用 — 应付利息

当期利息费用 = 债券该期期初账面价值 × 市场利率

1. 面值发行债券的利息处理

为了反映企业分期付息、一次还本的各项长期负债利息的计算和支付情况，企业应设置"应付利息"账户。"应付利息"账户属于负债类账户，贷方登记按合同利率计算的长期借款、企业债券等应付未付的利息，借方登记实际支付的利息，期末贷方余额，反映企业应付未付长期借款、企业债券等的利息。对于平价发行的分期付息、一次还本债券，每期计提利息时，应借记"财务费用""在建工程"等账户，贷记"应付利息"账户。

【做中学10-24】 仍以[做中学10-20]所列资料为例，在按面值发行债券的情况下，每年应计利息费用均为50 000元（1 000 000×5%）。相关账务处理如下：

(1) 各年计算债券利息时：

借：在建工程　　　　　　　　　　　　　　　　　　　　　50 000
　　贷：应付利息　　　　　　　　　　　　　　　　　　　　　50 000

(2) 各年以银行存款支付债券利息时：

借：应付利息　　　　　　　　　　　　　　　　　　　　　50 000
　　贷：银行存款　　　　　　　　　　　　　　　　　　　　　50 000

2. 溢价发行债券的溢价摊销

【做中学10-25】 仍以[做中学8-20]所列资料为例，在按溢价发行债券的情况下，采用实际利率法摊销债券溢价，应编制债券溢价摊销表，如表10-1所示。

表10-1　　　　　　　　　华夏公司债券溢价摊销表　　　　　　　　金额单位：元

付息日期	应付利息 ①=面值×5%	当期利息费用 ②=上期④×4%	债券溢价摊销额 ③=①－②	债券账面价值 ④=上期④－③
2×17年1月1日				1 020 000
2×17年12月31日	50 000	40 800	9 200	1 010 800
2×18年12月31日	50 000	39 200	10 800	1 000 000
合计	100 000	80 000	20 000	—

根据表10-1所列资料，相关账务处理如下：

(1) 2×17年、2×18年年末计算债券应付利息50 000元（1 000 000×5%）时：

借：在建工程　　　　　　　　　　　　　　　　　　　　　50 000
　　贷：应付利息　　　　　　　　　　　　　　　　　　　　　50 000

(2) 2×17年摊销债券溢价9 200元（50 000－1 020 000×4%）时：

借：应付债券——利息调整　　　　　　　　　　　　　　　　9 200
　　贷：在建工程　　　　　　　　　　　　　　　　　　　　　9 200

(3) 各年以银行存款支付债券利息时：

借：应付利息　　　　　　　　　　　　　　　　　　　　　　50 000
　　贷：银行存款　　　　　　　　　　　　　　　　　　　　　　　50 000

(4) 2×18年年末摊销债券溢价10 800元(20 000−9 200)时：

借：应付债券——利息调整　　　　　　　　　　　　　　　　10 800
　　贷：在建工程　　　　　　　　　　　　　　　　　　　　　　　10 800

经过上述处理，两年后，债券溢价金额20 000元，全部摊销完毕，债券账面价值与"应付债券——面值"账户余额相符。

3. 折价发行债券的折价摊销

【做中学10-26】 仍以[做中学10-20]所列资料为例，在按折价发行债券的情况下，采用实际利率法摊销债券折价，应编制债券折价摊销表，如表10-2所示。

表10-2　　　　　　　　　华夏公司债券折价摊销表　　　　　　　　金额单位：元

付息日期	应付利息 ①＝面值×5%	当期利息费用 ②＝上期④×6%	债券折价摊销额 ③＝②−①	债券账面价值 ④＝上期④＋③
2×17年1月1日				980 000
2×17年12月31日	50 000	58 800	8 800	988 800
2×18年12月31日	50 000	61 200	11 200	1 000 000
合计	100 000	120 000	20 000	—

根据表10-2所列资料，相关账务处理如下：

(1) 2×17年、2×18年年末计算债券应付利息50 000元(1 000 000×5%)时：

借：在建工程　　　　　　　　　　　　　　　　　　　　　　50 000
　　贷：应付利息　　　　　　　　　　　　　　　　　　　　　　　50 000

(2) 2×17年年末摊销债券折价8 800元(980 000×6%−50 000)时：

借：在建工程　　　　　　　　　　　　　　　　　　　　　　8 800
　　贷：应付债券——利息调整　　　　　　　　　　　　　　　　　8 800

(3) 各年以银行存款支付债券利息时：

借：应付利息　　　　　　　　　　　　　　　　　　　　　　50 000
　　贷：银行存款　　　　　　　　　　　　　　　　　　　　　　　50 000

(4) 2×18年年末摊销债券折价11 200元(20 000−8 800)时：

借：在建工程　　　　　　　　　　　　　　　　　　　　　　11 200
　　贷：应付债券——利息调整　　　　　　　　　　　　　　　　　11 200

经过上述处理，两年后，债券折价金额20 000元，全部摊销完毕，债券账面价值与"应付债券——面值"账户余额相符。

(六) 债券还本的核算

债券到期时，发行企业应根据发行债券时规定的还本期限与方式，偿还债券持有人的本金。溢、折价发行的债券，由于溢、折价在债券的整个存续期内已经摊销完毕，使得应付债券账面价值与面值一致，所以无论是面值发行、溢价发行，还是折价发行的债券，到期时，对于分期付息到期还本的债券，在偿还时均可按票面价值借记"应付债券——面值"账户，贷记"银行存款"账户。对于到期一次还本付息的债券，到期时除偿还债券本金外还需要偿付利息。由于其每期应付利息已记入"应付债券——应计利息"账户的贷方,故偿付本息时,应借记"应付债券——面值"和"应付债券——应计利息"账户,贷记"银行存款"账户。

【做中学10-27】 仍以[做中学10-20]所列资料为例,华夏公司于2×18年年末偿还债券本金100万元。相关账务处理如下:

借:应付债券——面值　　　　　　　　　　　　　　　　　1 000 000
　　贷:银行存款　　　　　　　　　　　　　　　　　　　　　　1 000 000

四、预计负债

预计负债是指偿还金额、时间不确定,需要根据有关资料进行估计确认的负债,主要包括企业对外提供担保和产品质量保证等而形成的负债。这里仅就产品质量保证负债的确认与核算作简要介绍。

为了扩大市场份额,更好地吸引顾客,企业在销售产品时通常附带产品质量保证书,承诺在规定期限内对所售产品的质量负责,即对那些由于质量原因发生的故障和损坏,企业为顾客免费提供修理、更换零部件等服务。也就是说,企业在销售发生时,就已经承担了一项将来履行的质量保证义务。企业做出质量保证承诺的目的,是扩大当期的销售市场,增加当期的销售收入。在履行该项义务时,不可避免地会导致资产的消耗。根据收入与费用配比的要求,应该将以后期间履行承诺导致的经济利益流出确认为增加收入当期发生的费用。在费用已经确认但尚未实际支付的期间就应该确认为负债,通常被称为产品质量保证负债。由于在销售时无法确定修理费用的发生时间、金额和客户,履行该项承诺而导致的经济利益流出就无法准确计量,需要根据历史经验和有关资料进行估计。

为了反映企业各项预计负债的增减变动情况,企业应设置"预计负债"账户。该账户属于负债类账户,贷方登记各项预计负债的增加数,借方登记各项预计负债的清偿数,期末余额在贷方,表示企业已确认但尚未支付的预计负债。

对于产品质量保证而言,在一般情况下,这项负债的金额可以根据已经销售产品在质量担保期内的返修率,以及平均单位返修费用等资料进行合理的估计。估计入账时,借记"销售费用""管理费用"等有关账户,贷记"预计负债——产品质量保证"账户。实际支付时,借记"预计负债——产品质量保证"账户,贷记"银行存款"等账户。现举例说明如下:

【做中学10-28】 华夏公司2×18年5月份出售某种产品500台,每台售价为180元,产品的保修期为半年。根据过去的经验,返修率为1.5%,平均每台修复费用为20元。5月份没有发生返修情况。根据这些资料,可计算出5月月末的产品质量保证负债为150元(500×1.5%×20)。相关账务处理如下:

(1) 2×18年5月31日估计预计负债时:

借:销售费用　　　　　　　　　　　　　　　　　　　　　　150
　　贷:预计负债——产品质量保证　　　　　　　　　　　　　　150

(2) 假定到6月30日实际发生的返修费用为120元:

借:预计负债——产品质量保证　　　　　　　　　　　　　　120
　　贷:银行存款　　　　　　　　　　　　　　　　　　　　　　120

五、借款费用

(一)借款费用的范围

借款费用是指企业因借入资金所付出的代价,包括借款利息、折价或者溢价的摊销、辅助费用以及因外币借款而发生的汇兑差额等。承租人确认的融资租赁发生的融资费用也属于借款费用。

因借款而发生的利息包括企业向银行或者其他金融机构等借入资金发生的利息、发行公司债券或企业债券发生的利息,以及为购建或者生产符合资本化条件的资产而发生的带息债务所承担的利息等。

因借款而发生的折价或者溢价主要是指发行债券等发生的折价或者溢价,发行债券中的折价或者溢价,其实质是对债券票面利息的调整(即将债券票面利率调整为实际利率),因借款而发生的折价或者溢价的摊销额属于借款费用的范畴。

因借款而发生的辅助费用,是指企业在借款过程中发生的诸如手续费、佣金等费用,由于这些费用是因安排借款而发生的,也属于借入资金所付出的代价,是借款费用的构成部分。

因外币借款而发生的汇兑差额,是指由于汇率变动导致市场汇率与账面汇率出现差异,从而对外币借款本金及其利息的记账本位币金额所产生的影响金额。

对于企业发生的权益性融资费用不应包括在借款费用中。

(二) 借款费用的确认

1. 确认原则

借款费用的确认主要解决的是将每期发生的借款费用资本化、计入相关资产成本,还是将有关借款费用费用化、计入当期损益的问题。根据借款费用准则的规定,借款费用确认的基本原则是:企业发生的借款费用可直接归属于符合资本化条件的资产的购建或者生产的,应当予以资本化,计入相关资产成本;其他借款费用,应当在发生时根据其发生额确认为费用,计入当期损益。

符合资本化条件的资产,是指需要经过相当长时间的购建或者生产活动才能达到预定可使用或者可销售状态的固定资产、投资性房地产和存货等资产。其中,"相当长时间"应当是指资产的购建或者生产所必需的时间通常为1年以上(含1年)。

如果由于人为或者故意等非正常因素导致资产的购建或者生产时间相当长的,该资产不属于符合资本化条件的资产。购入即可使用的资产,或者购入后需要安装但所需安装时间较短的资产,或者需要建造或生产但建造或生产时间较短的资产,均不属于符合资本化条件的资产。

2. 借款费用应予资本化的借款范围

借款包括专门借款和一般借款。专门借款,是指为购建或者生产符合资本化条件的资产而专门借入的款项。专门借款通常应当有明确的用途,即为购建或者生产某项符合资本化条件的资产而专门借入,并通常应当具有标明该用途的借款合同。一般借款是指除专门借款之外的借款,相对于专门借款而言,一般借款在借入时,其用途通常没有特指用于符合资本化条件的资产的购建或者生产。

借款费用应予资本化的借款范围,既包括专门借款,也可包括一般借款。其中,对于一般借款,只有在购建或者生产某项符合资本化条件的资产占用了一般借款时,才应将与该部分一般借款相关的借款费用资本化;否则,所发生的借款费用应当计入当期损益。

3. 借款费用资本化期间的确定

只有发生在资本化期间内的有关借款费用才允许资本化,资本化期间的确定是借款费用确认和计量的重要前提。借款费用资本化期间是指从借款费用开始资本化时点到停止资本化时点的期间,但不包括借款费用暂停资本化的期间。

第一,借款费用开始资本化的时点。

借款费用允许开始资本化必须同时满足三个条件,即资产支出已经发生、借款费用已经发生、为使资产达到预定可使用或者可销售状态所必要的购建或者生产活动已经开始。

(1)资产支出已经发生的判断。资产支出包括以支付现金、转移非现金资产和承担带息债务形式所发生的支出。

(2)借款费用已经发生的判断。借款费用已经发生,是指企业已经发生了因购建或者生产符合资本化条件的资产而专门借入款项的借款费用,或者占用了一般借款的借款费用。

(3)为使资产达到预定可使用或者可销售状态所必要的购建或者生产活动已经开始的判断。为使资产达到预定可使用或者可销售状态所必要的购建或者生产活动已经开始,是指符合资本化条件的资产的实体建造或者生产工作已经开始,如主体设备的安装、厂房的实际开工建造等。它不包括仅仅持有资产但没有发生为改变资产形态而进行的实质上的建造或者生产活动。

企业只有在上述三个条件同时满足的情况下,有关借款费用才可以开始资本化;只要其中有一个条件没有满足,借款费用就不能资本化,而应计入当期损益。

第二,借款费用暂停资本化的时间。

符合资本化条件的资产在购建或者生产过程中发生非正常中断且中断时间连续超过3个月的,应当暂停借款费用的资本化。中断的原因必须是非正常中断,属于正常中断的,相关借款费用仍可资本化。在实务中,企业应当遵循实质重于形式等原则来判断借款费用暂停资本化的时间,如果相关资产购建或者生产的中断时间较长而且满足其他规定条件的,相关借款费用应当暂停资本化。

非正常中断,通常是由于企业管理决策上的原因或者其他不可预见的原因等所导致的中断。例如,企业因与施工方发生厂质量纠纷,或者工程、生产用料没有及时供应,或者资金周转发生了困难,或者施工、生产发生了安全事故,或者发生了与资产购建、生产有关的劳动纠纷等原因,导致资产购建或者生产活动发生中断,均属于非正常中断。

非正常中断与正常中断显著不同。正常中断通常仅限于购建或者生产符合资本化条件的资产达到预定可使用或者可销售状态所必要的程序,或者事先可预见的不可抗力因素导致的中断。

第三,借款费用停止资本化的时点。

购建或者生产符合资本化条件的资产达到预定可使用或者可销售状态时,借款费用应当停止资本化。在符合资本化条件的资产达到预定可使用或者可销售状态之后所发生的借款费用,应当在发生时根据其发生额计入当期损益。

资产达到预定可使用或者可销售状态,是指所购建或者生产的符合资本化条件的资产已经达到建造方、购买方或者企业自身等预先设计、计划或者合同约定的可以使用或者可以销售的状态。企业在确定借款费用停止资本化的时点时需要运用职业判断,应当遵循实质重于形式原则,针对具体情况,依据经济实质判断所购建或者生产的符合资本化条件的资产达到预定可使用或者可销售状态的时点,具体可从以下几个方面进行判断:

(1)符合资本化条件的资产的实体建造(包括安装)或者生产活动已经全部完成或者实质上已经完成。

(2)所购建或者生产的符合资本化条件的资产与设计要求、合同规定或者生产要求相符或者基本相符,即使有极个别与设计、合同或者生产要求不相符的地方,也不影响其正常使用或者销售。

(3)继续发生在所购建或生产的符合资本化条件的资产上的支出金额很少或者几乎不再发生。

购建或者生产符合资本化条件的资产需要试生产或者试运行的,在试生产结果表明资产能够正常生产出合格产品,或者试运行结果表明资产能够正常运转或者营业时,应当认为该资产已经达到预定可使用或者可销售状态。

在符合资本化条件的资产的实际购建或者生产过程中,如果所购建或者生产的符合资本化条件的资产分别建造、分别完工,企业也应当遵循实质重于形式原则,区别不同情况,界定借款费用停止资本化的时点。

如果所购建或者生产的符合资本化条件的资产的各部分分别完工,且每部分在其他部分继续建造或者生产过程中可供使用或者可对外销售,且为使该部分资产达到预定可使用或可销售状态所必要的购建或者生产活动实质上已经完成的。应当停止与该部分资产相关的借款费用的资本化。

如果企业购建或者生产的资产的各部分分别完工,但必须等到整体完工后才可使用或者对外销售的,应当在该资产整体完工时停止借款费用的资本化。

(三) 借款费用的计量

第一,借款利息资本化金额的确定。

在借款费用资本化期间内,每一会计期间的利息(包括折价或溢价的摊销,下同)的资本化金额,应当按照下列原则确定:

(1) 购建或者生产符合资本化条件的资产而借入专门借款的,应当以专门借款当期实际发生的利息费用减去将尚未动用的借款资金存入银行取得的利息、收入或进行暂时性投资取得的投资收益后的金额,确定专门借款应予资本化的利息金额。

(2) 为购建或者生产符合资本化条件的资产而占用了一般借款的,企业应当根据累计资产支出超过专门借款部分的资产支出加权平均数乘以所占用一般借款的资本化率,计算确定一般借款应予资本化的利息金额。资本化率应当根据一般借款加权平均利率计算确定。即企业占用一般借款购建或者生产符合资本化条件的资产时,一般借款利息费用的资本化金额的确定应当与资产支出相挂钩。有关计算公式如下:

$$\text{一般借款利息费用资本化金额} = \text{累计资产支出超过专门借款部分的资产支出加权平均数} \times \text{所占用一般借款的资本化率}$$

$$\text{所占用一般借款的资本化率} = \text{所占用一般借款加权平均利率} = \text{所占用一般借款当期实际发生的利息之和} \div \text{所占用一般借款本金加权平均数}$$

(3) 每一会计期间的利息、资本化金额不应当超过当期相关借款实际发生的利息金额。

【做中学 10-29】 华扬股份有限公司于 2017 年 1 月 1 日正式动工兴建一幢厂房,工期预计为 1 年 6 个月。工程采用出包方式,分别于 2017 年 1 月 1 日、2017 年 7 月 1 日和 2018 年 1 月 1 日支付工程进度款 300 万元、700 万元、700 万元。

华扬股份有限公司为建造厂房于 2017 年 1 月 1 日专门借款 6 000 000 元,借款期限为 3 年,年利率为 5%。华扬股份有限公司将闲置借款资金用于固定收益债券短期投资,该短期投资的月收益率为 0.5%。厂房于 2018 年 6 月 30 日完工,达到预定可使用状态。

为建造厂房占用的一般借款有两笔,具体如下:

(1) 向 A 银行长期贷款 2 000 000 元,期限为 2016 年 12 月 1 日至 2019 年 12 月 1 日,年利率为 6%,按年支付利息。

(2) 发行公司债券 1 000 万元,于 2016 年 1 月 1 日发行,期限为 5 年,年利率为 8%,按年支付利息。

华扬股份有限公司为建造厂房既占用专门借款又占用一般借款。在这种情况下,应当先计算专门借款利息的资本化金额,然后计算所占用一般借款利息的资本化金额。具体如下:

(1) 计算专门借款利息资本化金额:

2017 年专门借款利息资本化金额 = 6 000 000 × 5% − 3 000 000 × 0.5% × 6
= 210 000(元)

2018 年专门借款利息资本化金额 = 6 000 000 × 5% × 180 ÷ 360 = 150 000(元)

(2) 计算一般借款利息资本化金额:

在建造厂房过程中,自 2017 年 7 月 1 日起已经有 4 000 000 元占用了一般借款。另外,2018 年 1 月 1

日支出的 7 000 000 元也占用了一般借款。计算这两笔资产支出的加权平均数如下：

2017年占用了一般借款的资产支出加权平均数 = 4 000 000 × 180 ÷ 360 = 2 000 000(元)

所占用一般借款资本化率：

一般借款资本化率(年) = (2 000 000 × 6% + 10 000 000 × 8%) ÷ (2 000 000 + 10 000 000) × 100%
= 7.67%

2017年应予资本化的一般借款利息金额 = 2 000 000 × 7.67% = 153 400(元)

2018年占用了一般借款的资产支出加权平均数 = (4 000 000 + 7 000 000) × 180 ÷ 360 = 5 500 000(元)

则2018年应予资本化的一般借款利息金额 = 5 500 000 × 7.67% = 421 850(元)

(3) 根据上述计算结果，华扬股份有限公司建造厂房应予资本化的利息金额如下：

2017年利息资本化金额 = 210 000 + 153 400 = 363 400(元)
2018年利息资本化金额 = 150 000 + 421 850 = 571 850(元)

(4) 有关账务处理如下：

① 2017年12月31日。

借：在建工程——××厂房　　　　　　　　　　　　　　363 400
　　财务费用　　　　　　　　　　　　　　　　　　　766 600
　　应收利息(或银行存款)　　　　　　　　　　　　　　90 000
　　贷：应付利息——××银行　　　　　　　　　　　1 220 000

注：2017年实际发生的借款利息 = 6 000 000 × 5% + 2 000 000 × 6% + 10 000 000 × 8% = 1220 000(元)。

② 2018年6月30日。

借：在建工程——××厂房　　　　　　　　　　　　　　571 850
　　财务费用　　　　　　　　　　　　　　　　　　　 38 150
　　贷：应付利息——××银行　　　　　　　　　　　　610 000

注：2018年1月1日至6月30日实际发生的借款利息 = 1220 000 ÷ 2 = 610 000(元)。

第二，借款辅助费用资本化金额的确定。

辅助费用是企业为了安排借款而发生的必要费用，包括借款手续费(如发行债券手续费)、佣金等。对于企业发生的专门借款辅助费用，在所购建或者生产的符合资本化条件的资产达到预定可使用或者可销售状态之前发生的，应当在发生时根据其发生额予以资本化；在所购建或者生产的符合资本化条件的资产达到预定可使用或者可销售状态之后所发生的，应当在发生时根据其发生额确认为费用，计入当期损益。

第三，外币专门借款汇兑差额资本化金额的确定。

在资本化期间内，外币专门借款本金及其利息的汇兑差额应当予以资本化，计入符合资本化条件的资产的成本；除外币专门借款之外的其他外币借款本金及其利息所产生的汇兑差额，应当作为财务费用计入当期损益。

六、长期应付款

(一) 长期应付款的概念

长期应付款是指企业除长期借款和应付债券以外的其他各种长期应付款，主要包括应付融资租入固定资产的租赁费、以分期付款方式购入固定资产发生的应付款项及采用补偿贸易方式引进国外设备价款。这些应付款项偿还期一般长于1年,构成企业的一项长期负债。

(二)账户设置

企业核算长期应付款的发生和偿还情况应设置"长期应付款"账户。该账户属负债类账户,贷方登记长期应付款的增加额;借方登记长期应付款的减少额;期末余额在贷方,反映尚未归还的长期应付款项金额。

本账户应按长期应付款的种类进行明细核算。

(三)长期应付款核算

1. 应付融资租赁款核算

第一,融资租赁业务的认定。

根据《企业会计准则第21号——租赁》的规定,一项租赁业务满足下列标准之一的,应认定为融资租赁;否则,就属于经营租赁。

(1)在租赁期届满时,租赁资产的所有权转移给承租人。

(2)承租人有购买租赁资产的选择权,所订立的购价预计远低于行使选择权时租赁资产的公允价值,因而在租赁开始日就可以合理确定承租人将会行使这种选择权。

(3)租赁期占租赁资产尚可使用年限的大部分。但如果租赁资产在租赁开始前已使用年限超过该资产全新时可使用年限的大部分,则该项标准不适用。此处"大部分"是指75%(含)以上。

(4)就承租人而言,租赁开始日最低租赁付款额的现值几乎相当于租赁开始日租赁资产的原账面价值;就出租人而言,租赁开始日最低收款额的现值几乎相当于租赁开始日租赁资产的账面价值。但如果租赁资产在开始租赁前已使用年限超过该资产全新时可使用年限的大部分,则此项标准不适用。此处"几乎相当于"是指90%(含)以下。

【提示】 "最低租赁付款额"是指在租赁期内,承租人应支付或可能被要求支付的款项(不包括或有租金和履约成本),加上由承租人或与其有关的第三方担保的资产余值。

承租人在计算最低租赁付款额的现值时,能够取得出租人租赁内含利率的,应当采用租赁内含利率作为折现率;否则,应当采用租赁合同规定的利率作为折现率。承租人无法取得出租人的租赁内含利率且租赁合同没有规定利率的,应当采用同期银行贷款利率作为折现率。其中,租赁内含利率是指在租赁开始日,使最低租赁收款额的现值与未担保余值的现值之和等于租赁资产公允价值与出租人的初始直接费用之和的折现率。未担保余值是指租赁资产余值中扣除就出租人而言的担保余值后的资产余值。

(5)租赁资产性质特殊,如果不作较大改造,只有承租人才能使用。

第二,融资租入固定资产的核算。

(1)租入时的核算。融资租入固定资产时,应在租赁开始日,按应计入固定资产成本的金额(租赁开始日租赁资产公允价值与最低租赁付款额现值两者中较低者,加上初始直接费用),借记"在建工程"或"固定资产"账户;按最低租赁付款额,贷记"长期应付款"账户;按发生的初始直接费用,贷记"银行存款"等账户;按其差额,借记"未确认融资费用"账户。

【提示1】 初始直接费用是指在租赁谈判和签订合同过程中发生的,可直接归属于租赁项目的手续费、律师费、差旅费、印花税等费用。

【提示2】 "未确认融资费用"账户,该账户属负债类账户,是"长期应付款"的调整账户,借方登记形成的未确认融资费用,贷方登记分期转销的未确认融资费用;期末借方余额,反映企业未确认融资费用的摊余价值。本账户应按债权人或长期应付项目进行明细核算。

(2)租赁期间的核算。未确认融资费用应在租赁期内各个期采用实际利率法进行分摊,借记"财务费用"账户,贷记"未确认融资费用"账户。

融资租入固定资产应采用与自有固定资产相同的政策计提折旧,其折旧期限按下列原则确定:能够合理确定租赁期满时将会取得租赁资产所有权的,应当在租赁资产尚可使用年限内计提折旧;无法合理确定租赁期满时能够取得租赁资产所有权的,应当在租赁期与租赁资产尚可使用年限两者中较短的期间内计提折旧。计提的折旧额,按固定资产的用途不同,借记"制造费用""管理费用"等账户,贷记"累计折旧"账户。

按期支付每期应付款,借记"长期应付款——应付融资租赁款"账户,贷记"银行存款"账户。

(3)租赁期满的核算。租赁期届满时,承租人对租赁资产的处理有三种情况:返还、优惠续租和留购。租赁期届满,承租人向出租人返还租赁资产的,借记"长期应付款——应付融资租赁款""累计折旧"账户,贷记"固定资产——融资租入固定资产"账户。

如果承租人行使优惠续租选择权,应视同该项租赁一直存在处理。如果承租人在租赁期届满时没有续租,根据协议规定须向出租人支付违约金的,借记"营业外支出"账户,贷记"银行存款"等账户。

在承租人享有优惠购买选择权的情况下支付购买价款的,借记"长期应付款——应付融资租赁款"账户,贷记"银行存款"等账户;同时,将固定资产从"融资租赁固定资产"明细账户转入有关明细账户。

【做中学10-30】 宏远公司于2013年1月10日以融资租赁方式租入需要安装的生产设备一台,按租赁协议约定的设备价款(公允价值)为1 200 000元,折现率为10%,租赁期为5年,年租赁费为300 000元,于每年年末分期支付。租赁期满后,该设备的所有权转给宏远公司所有。宏远公司另以银行存款支付运杂费为5 000元;设备运抵公司后,发生安装调试费为20 000元,款项通过银行转账支付。根据上述资料,宏远公司相关账务处理如下:(省略提取折旧的会计分录)

最低租赁付款额 = 300 000 × 5 = 1 500 000(元)

最低租赁付款额现值 = 300 000 × 3.790 2 = 1 137 240(元)

因为最低租赁付款额现值小于该设备的公允价值,应按最低租赁付款额的现值作为租入设备的入账价值。

未确认融资费用 = 30 000 × 5 − 1 137 240 = 362 760(元)

采用实际利率法计算每期未确认融资费用分摊金额如表10-3所示。

表10-3　　　　　　　　　　　　未确认融资费用摊销表　　　　　　　　　　　　单位:元

日期	租金 ①	确认的融资费用 ②=期初④×10%	应付本金减少额 ③=①−②	应付本金余额 ④=期初④−③
2013.01.10				1 137 240
2014.12.31	300 000	113 724	186 276	950 964
2015.12.31	300 000	95 096	204 904	746 060
2016.12.31	300 000	74 606	225 394	520 666
2017.12.31	300 000	52 067	247 933	272 733
2018.12.31	300 000	27 267*	272 733	0
合计	1 500 000	362 760	1 137 240	

注:*为尾数调整。

2013年1月10日租入设备时,编制如下会计分录:

借:在建工程——设备安装工程　　　　　　　　　　　　　1 137 240
　　未确认融资费用　　　　　　　　　　　　　　　　　　362 760
　贷:长期应付款——应付融资租赁款　　　　　　　　　　　1 500 000

支付运杂费及安装调试费时,编制如下会计分录:

借:在建工程——设备安装工程　　　　　　　　　　　　　　25 000
　　贷:银行存款　　　　　　　　　　　　　　　　　　　　　　　25 000

安装完毕交付使用时,编制如下会计分录:

借:固定资产——融资租入固定资产　　　　　　　　　　　1 162 240
　　贷:在建工程——设备安装工程　　　　　　　　　　　　　1 162 240

2013年12月31日,支付当期租金时,编制如下会计分录:

借:长期应付款——应付融资租赁款　　　　　　　　　　　300 000
　　贷:银行存款　　　　　　　　　　　　　　　　　　　　　　　300 000

(2013—2018年每年支付租金编制相同分录)

摊销未确认融资费用,编制如下会计分录(以2013年12月31日为例):

借:财务费用　　　　　　　　　　　　　　　　　　　　　　　113 724
　　贷:未确认融资费用　　　　　　　　　　　　　　　　　　　　113 724

2. 具有融资性质的延期付款购买资产的核算

企业购买资产有可能延期支付有关价款。如果延期支付的购买价款超过正常信用条件,实质上具有融资性质的,所购资产的成本应当以延期支付购买价款的现值为基础确定。实际支付的价款与购买价款的现值之间的差额,应当在信用期间内采用实际利率法进行摊销,符合资本化条件的,计入相关资产成本,否则计入当期损益。其账务处理如下:

(1) 按购买价款的现值,借记"固定资产""在建工程"等账户,按应支付的价款总额,贷记"长期应付款"账户,按其差额,借记"未确认融资费用"账户。

(2) 按期支付价款时,借记"长期应付款"账户,贷记"银行存款"账户。

延期付款购买资产账务处理如图10-1所示。

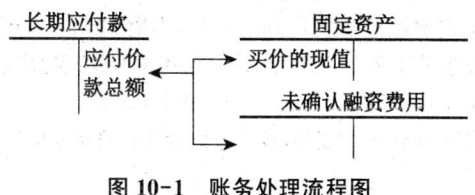

图10-1　账务处理流程图

假设2017年1月1日,甲公司采用分期付款方式购入大型设备一套,当日投入使用。合同约定的价款为2 700万元,分3年等额支付;该分期支付购买价款的现值为2 430万元。假定不考虑其他因素,甲公司该设备的入账价值为2 430万元。

关键术语

短期借款　应付账款　应付票据　应付利息　预收账款　增值税　应付股利　其他应付款　长期借款　应付债券　长期应付款

应知考核

一、单项选择题

1. 企业计提短期借款的利息时,贷方记入的会计账户是(　　)。
   A. "财务费用"　　　B. "短期借款"　　　C. "应收利息"　　　D. "应付利息"

2. 企业按季计提银行借款利息时,应贷记(　　)账户核算。

  A. "应付利息"   B. "预提费用"   C. "财务费用"   D. "管理费用"

3. 下列有关应付票据处理的表述,不正确的是(　　)。
  A. 企业开出并承兑商业汇票时,应按票据的到期值贷记"应付票据"账户
  B. 企业支付的银行承兑手续费,计入当期财务费用
  C. 应付票据到期支付时,按账面余额结转
  D. 企业到期无力支付的商业承兑汇票,应按票面金额转入"应付账款"账户

4. 下列各项中,应通过"其他应付款"账户核算的是(　　)。
  A. 应付供应商的材料采购款   B. 应付经营租赁固定资产租金
  C. 应付给投资者的股票股利   D. 应付给投资者的现金股利

5. 企业向离职职工支付养老保险金,应借记的会计账户是(　　)。
  A. "应付职工薪酬"   B. "银行存款"   C. "管理费用"   D. "应付账款"

6. 华强股份有限公司为一般纳税人,适用的增值税税率为16%,2018年年末将20台本企业自产的空调作为福利发给本企业职工,该空调的生产成本为1 000元/台,市场售价为2 000元/台(不含增值税)。华强股份有限公司实际发放时应计入应付职工薪酬借方的金额为(　　)元。
  A. 40 000   B. 23 200   C. 43 400   D. 46 400

7. 企业销售商品时发生的增值税应通过(　　)账户进行核算。
  A. "应交税费——应交增值税(销项税额)"
  B. "应交税费——应交增值税(进项税额)"
  C. "应交税费——应交增值税(已交税金)"
  D. "应交税费——应交增值税(进项税额转出)"

8. 下列各项对长期借款利息费用的会计处理,错误的是(　　)。
  A. 筹建期间的借款利息计入管理费用
  B. 筹建期间的借款利息计入长期待摊费用
  C. 日常生产经营活动的借款利息计入财务费用
  D. 符合资本化条件的借款利息计入相关资产成本

9. 甲公司于2018年1月1日向B银行借款1 000 000元,为期3年,一次还本付息,合同利率为3%,实际利率为4%,为取得借款发生手续费27 747元,2018年年末"长期借款"账户余额为(　　)元。
  A. 1 011 143.12   B. 1 002 253   C. 981 143.12   D. 972 253

10. 某企业发行分期付息,到期一次还本的债券,按其票面利率计算确定的应付未付利息,应该记入的账户是(　　)。
  A. "应付债券——应计利息"   B. "应付利息"
  C. "应付债券——利息调整"   D. "应付债券——面值"

二、多项选择题

1. 假设企业每月月末计提利息,企业每季度末收到银行寄来的短期借款利息付款通知单时,应贷记的账户不包括(　　)。
  A. "库存现金"   B. "银行存款"   C. "财务费用"   D. "应付利息"

2. 关于短期借款的利息处理方法,下列说法正确的有(　　)。
  A. 采用预提方法,分期计入财务费用   B. 一次计入财务费用
  C. 一次计入短期借款   D. 采用预提方法分期计入短期借款

3. "预收账款"账户贷方登记(　　)。
  A. 预收货款的数额
  B. 企业向购货方发货后冲销的预收货款的数额
  C. 收到购货单位补付货款的数额
  D. 退回购货方多付货款的数额

4. 下列各项,应计入其他应付款的有( )。
   A. 应付租入包装物的租金　　　　B. 应付融资租入大型设备的租金
   C. 应付经营租入车辆的租金　　　D. 应付由企业负担的职工社会保险费
5. 下列各项,应通过"应付职工薪酬"账户核算的有( )。
   A. 提取的工会经费　　　　　　　B. 计提的职工住房公积金
   C. 计提的职工医疗保险费　　　　D. 确认的职工短期带薪缺勤
6. 企业缴纳的下列税金,应通过"应交税费"账户核算的有( )。
   A. 教育费附加　　B. 印花税　　C. 耕地占用税　　D. 土地增值税
7. 一般纳税企业应交增值税明细账应该设置的专栏有( )。
   A. 销项税额　　　B. 进项税额　　C. 出口退税　　　D. 进项税额转出
8. 下列关于长期借款利息的核算,判断正确的有( )。
   A. 分期付息的长期借款,利息记入"应付利息"账户
   B. 分期付息的长期借款,利息记入"长期借款——应计利息"账户
   C. 到期一次还本付息的长期借款,利息记入"长期借款——应计利息"账户
   D. 到期一次还本付息的长期借款,利息记入"应付利息"账户
9. 企业在发生长期借款利息的情况下,借方可能涉及的账户有( )。
   A. "在建工程"　　B. "销售费用"　　C. "管理费用"　　D. "财务费用"
10. "应付债券"的明细账户有( )。
    A. 面值　　　　　B. 应计利息　　C. 应付利息　　　D. 利息调整

三、判断题

1. 企业支付的银行承兑汇票手续费应当计入当期管理费用。　　　　　　　　( )
2. 企业商业承兑汇票到期无力支付应转入营业外支出。　　　　　　　　　　( )
3. 暂收个人的款项和经营租入固定资产的未付租金应通过"其他应付款"账户核算。( )
4. 住房公积金不属于职工薪酬核算的范围。　　　　　　　　　　　　　　　( )
5. "长期借款"账户的月末余额,反映企业尚未支付的各种长期借款的本金。　　( )
6. 企业在计算长期借款利息时,应按照合同利率确认应该支付的利息。　　　　( )
7. 分期付息债券,计提利息不增加应付债券的账面余额。　　　　　　　　　　( )
8. 一次到期还本付息的债券,计提利息不增加应付债券的账面余额。　　　　　( )
9. 企业发行的应付债券的利息,均应通过"应付债券——应计利息"账户核算。　( )
10. 发行债券中涉及"应付债券——利息调整"账户只能发生在贷方。　　　　　( )

四、思考题

1. 什么是流动负债?具体有哪些项目?
2. 一般纳税企业应交增值税的核算内容有哪些?
3. 什么是预计负债?如何确定预计负债的金额?
4. 如何确认、计量应付债券的利息?
5. 借款费用包括哪些主要内容?借款费用资本化期间如何确定?借款费用资本化金额如何计算确定?

应会考核

★ 业务考核

【考核项目】
短期借款。

【背景资料】
A公司于2019年1月1日向银行借入一笔生产经营用的借款,共计120 000元;期限为9个月,年利率

为8%。根据协议,该项借款本金到期后一次归还,利息按月预提按季支付。

【考核要求】

编制上述业务的会计分录。

★ 技能考核

【考核项目】

长期借款。

【背景资料】

某企业2017年发生的长期借款和仓库建造业务如下:

(1) 2017年1月1日,为建造一幢仓库从银行取得长期借款800万元,期限为3年,合同年利率为6%(合同利率等于实际利率),不计复利,每年年末计提并支付利息一次,到期一次还本。

(2) 2017年1月1日,企业开始建造仓库,当日用该借款购买工程物资500万元(不考虑增值税),全部用于工程建设,同时支付工程款300万元。

(3) 2017年12月31日,仓库工程完工并验收合格,达到预定可使用状态。仓库达到预定可使用状态前发生的借款利息全部予以资本化。该仓库预计使用年限为20年,预计净残值为8万元,采用年限平均法计提折旧。假定未发生其他建造支出。

【考核要求】

(1) 编制取得长期借款的会计分录。

(2) 编制2017年12月31日计提长期借款利息的会计分录。

(3) 计算仓库完工交付使用时的入账价值。

(4) 编制结转仓库成本的会计分录。

(5) 编制2018年12月31日计提长期借款利息的会计分录。

★ 综合实务题

1. 明华股份有限公司为增值税一般纳税人,适用的增值税税率为16%。

(1) 2018年6月1日,明华股份有限公司准备新建一条生产线,经评估预计需投资8 000万元。明华股份有限公司自有可使用的流动资金为5 000万元,剩余3 000万元需进行筹资。

(2) 2018年6月2日,明华股份有限公司从工商银行取得贷款3 000万元,贷款年利率7%,贷款期限为3年,利息每季度支付,到期归还本金。同日,生产线开始建造。

(3) 2018年6月15日,明华股份有限公司购入工程物资一批,取得货款增值税专用发票注明的价款为5 200万元,增值税税额为832万元。当日工程物资全部被领用。

(4) 2018年6月8日,以银行存款支付工程款200万元。

(5) 2018年7月1日,领用公司自产的一批A产品,用于工程建设,该批A产品的成本为500万元,市场售价为750万元。

(6) 2018年10月9日,领用一批外购的原材料,原材料取得增值税专用发票注明的价款为200万元,增值税税额为32万元,该批材料目前市场售价为220万元。2018年12月31日生产线工程尚未完工。

(7) 2019年1月30日,生产线工程经过检测达到预定可使用状态,3月3日正式投入使用,4月15日办理竣工决算。

要求:根据上述资料,回答下列各小题。(假定在建工程建造期间的借款利息支出均满足资本化条件,答案中金额单位用万元表示)

(1) 明华股份有限公司向银行借款时应编制的会计分录是( )。

    A. 借:银行存款   3 000
        贷:短期借款   3 000
    B. 借:银行存款   3 000
        贷:长期借款——本金   3 000
    C. 借:银行存款   3 000
        贷:长期应付款   3 000

　　　　D. 借：银行存款　　　　　　　　　　　　　　　　　　　3 000
　　　　　　贷：其他应付款　　　　　　　　　　　　　　　　　　3 000
　(2) 下列有关银行贷款利息的计算及会计处理表述正确的是（　　）。
　　　　A. 第二季度的利息资本化金额为52.5万元
　　　　B. 第二季度的利息支出应当计入在建工程
　　　　C. 计提利息费用时应增加"长期借款——应计利息"账户余额
　　　　D. 计提利息费用时应增加"应付利息"账户余额
　(3) 下列各项关于工程领用本企业自产产品及外购原材料的会计处理正确的是（　　）。
　　　　A. 借：在建工程　　　　　　　　　　　　　　　　　　　500
　　　　　　贷：库存商品　　　　　　　　　　　　　　　　　　　500
　　　　B. 借：在建工程　　　　　　　　　　　　　　　　　　　620
　　　　　　贷：库存商品　　　　　　　　　　　　　　　　　　　500
　　　　　　　　应交税费——应交增值税（销项税额）　　　　　　120
　　　　C. 借：在建工程　　　　　　　　　　　　　　　　　　　200
　　　　　　贷：原材料　　　　　　　　　　　　　　　　　　　　200
　　　　D. 借：在建工程　　　　　　　　　　　　　　　　　　　232
　　　　　　贷：原材料　　　　　　　　　　　　　　　　　　　　200
　　　　　　　　应交税费——应交增值税（进项税额转出）　　　　 32
　(4) 下列关于生产线工程结转固定资产的表述正确的是（　　）。
　　　　A. 明华股份有限公司应予2018年1月30日将在建工程结转至固定资产
　　　　B. 明华股份有限公司应予2018年4月15日将在建工程结转至固定资产
　　　　C. 固定资产的入账金额为6 257.5万元
　　　　D. 固定资产的入账金额为6 101.75万元
　(5) 工程达到预定可使用状态时将在建工程结转至固定资产，未到期的长期借款利息计提分录表述正确的是（　　）。
　　　　A. 借：财务费用
　　　　　　贷：长期借款——应计利息
　　　　B. 借：在建工程
　　　　　　贷：长期借款——应计利息
　　　　C. 借：长期借款——本金
　　　　　　贷：长期借款——应计利息
　　　　D. 借：财务费用
　　　　　　贷：应付利息

2. 明华股份有限公司发行公司债券为建造专用生产线筹集资金，该公司为一般纳税企业，适用的增值税税率为16%，有关资料如下：
　(1) 2018年12月31日，委托证券公司以9 500万元的价格发行3年期分期付息的公司债券，该债券面值为9 500万元，票面利率为4.5%，等于实际年利率。每年付息一次，到期后按面值偿还，不考虑发行债券支付的发行费用。
　(2) 生产线建造工程采用自营方式，于2019年1月1日开始动工，当日购入需要安装的机器设备，取得增值税专用发票，价款为8 000万元，增值税税额为1 280万元，款项已用银行存款支付；2019年12月31日所建造的生产线达到预定可使用状态，并支付安装费用100万元。
　(3) 假定各年度利息的实际支付日期均为下年度的1月10日，2022年1月10日支付2021年度利息，一并偿还面值。
　要求：根据上述资料，回答下列各小题（答案中的金额单位用万元表示）。
　(1) 明华股份有限公司发行债券，下列说法正确的是（　　）。

A. 债券可以平价发行,溢价发行,折价发行
B. 债券是一种金融契约,是政府、金融机构、工商企业等直接向社会借债筹措资金时,向投资者发行,同时承诺按一定利率支付利息并按约定条件偿还本金的债权债务凭证
C. 债券利息收入属于免税收入
D. 债券购买者与发行者之间是一种债券债务关系,债券发行人即债务人,投资者(或债券持有人)即债权人

(2) 关于资料(1)和资料(2),下列说法正确的是( )。
A. 2018年12月31日应确认的应付债券为9 500万元
B. 2019年1月1日购入的增值税税额应计入在建工程
C. 安装费用应计入当期损益
D. 2019年12月31日应确认的债券利息是427.5万元

(3) 该生产线的入账价值为( )万元。
A. 7 100   B. 7 360   C. 8 527.5   D. 8 190

(4) 支付利息以及最后还本的分录,正确的是( )。
A. 2020年1月10日,支付利息:
　　借:应付利息　　　　　　　　　　　　　　　　　　　　　427.5
　　　贷:银行存款　　　　　　　　　　　　　　　　　　　　　427.5
B. 2020年1月10日,支付利息:
　　借:应付债券——应计利息　　　　　　　　　　　　　　　 427.5
　　　贷:银行存款　　　　　　　　　　　　　　　　　　　　　427.5
C. 2022年1月10日,付息还本:
　　借:应付债券——面值　　　　　　　　　　　　　　　　　9 500.0
　　　长期借款——应计利息　　　　　　　　　　　　　　　　 855.0
　　　应付利息　　　　　　　　　　　　　　　　　　　　　　 427.5
　　　贷:银行存款　　　　　　　　　　　　　　　　　　　　 10 782.5
D. 2022年1月10日,付息还本:
　　借:应付债券——面值　　　　　　　　　　　　　　　　　9 500.0
　　　应付利息　　　　　　　　　　　　　　　　　　　　　　 427.5
　　　贷:银行存款　　　　　　　　　　　　　　　　　　　　 9 927.5

(5) 对于自营方式建造,下列说法正确的是( )。
A. 自营是指建设单位自行组织劳力、筹集材料、配备机具完成施工任务直至竣工验收交付使用的经营方式
B. 由建设单位成立临时机构负责施工管理,或由业务机构兼管
C. 自营方式下建造的厂房流水线等,应记入"自营建造工程"账户
D. 自营方式比外包方式建造,利润更高

3. 山河股份有限公司为增值税一般纳税人,材料按实际成本核算,存货适用的增值税税率为16%,2018年8月发生下列经济业务:
(1) 8月1日,建造仓库领用自产产品6万元,该批产品的计税价格为8万元。
(2) 8月3日,购入一批原材料,增值税专用发票上注明的材料价款为300万元(不含增值税),增值税税额为48万元。货款已付,材料已验收入库。
(3) 8月9日,出售一项无形资产,价税合计53万元已存入银行,该项无形资产的账面余额为60万元,已累计摊销40万元,适用的增值税税率为6%。
(4) 8月13日,购入一栋办公楼,价款为3 000万元,增值税税额为330万元,款项已由银行支付。
(5) 8月16日,出售一台机器,该机器原价为100万元,已提折旧40万元,出售价款120万元(不含增值税),增值税销项税额为19.2万元,收到款项139.2万元存入银行。

(6) 8月18日,销售产品一批,销售收入为200万元(不含税),货款尚未收到,该批产品成本为170万元。
(7) 8月20日,销售应交增值税的一批产品给小规模纳税企业,收取款项(价税合计)为58万元存入银行收妥,该批产品成本为30万元。
(8) 8月25日,购入一批免税农产品作为原材料,价款100万元,规定的扣除率为11％,货物尚未到达,货款已用银行存款支付。

要求:根据上述资料,不考虑其他因素,回答下列各小题(答案中金额单位用万元表示)。

(1) 根据资料(1),下列说法中,不正确的是(　　)。
　A. 建造仓库领用自产产品应确认增值税销项税额
　B. 建造仓库领用自产产品应确认销售收入
　C. 建造仓库领用自产产品应将产品成本和增值税销项税额转入在建工程
　D. 建造仓库领用自产产品应将产品售价和增值税销项税额转入在建工程

(2) 根据资料(2)至资料(4),下列各项关于会计处理中,正确的是(　　)。
　A. 8月3日:
　　借:原材料　　　　　　　　　　　　　　　　　　　　　　　　　300
　　　　应交税费——应交增值税(进项税额)　　　　　　　　　　　　48
　　　贷:银行存款　　　　　　　　　　　　　　　　　　　　　　　348
　B. 8月9日:
　　借:银行存款　　　　　　　　　　　　　　　　　　　　　　　　53
　　　　累计摊销　　　　　　　　　　　　　　　　　　　　　　　　40
　　　贷:无形资产　　　　　　　　　　　　　　　　　　　　　　　60
　　　　　应交税费——应交增值税(销项税额)　　　　　　　　　　　3
　　　　　营业外收入　　　　　　　　　　　　　　　　　　　　　　30
　C. 8月13日:
　　借:税金及附加　　　　　　　　　　　　　　　　　　　　　　　3
　　　贷:应交税费——应交增值税(销项税额)　　　　　　　　　　　3
　　借:银行存款　　　　　　　　　　　　　　　　　　　　　　　　50
　　　　累计摊销　　　　　　　　　　　　　　　　　　　　　　　　40
　　　贷:无形资产　　　　　　　　　　　　　　　　　　　　　　　60
　　　　　营业外收入　　　　　　　　　　　　　　　　　　　　　　30
　D. 8月13日:
　　借:固定资产　　　　　　　　　　　　　　　　　　　　　　　　3 000
　　　　应交税费——应交增值税(进项税额)　　　　　　　　　　　330
　　　贷:银行存款　　　　　　　　　　　　　　　　　　　　　　　3 330

(3) 根据资料(5),下列说法中,正确的是(　　)。
　A. 出售固定资产收取的增值税销项税额不影响当期损益
　B. 出售固定资产收取的增值税销项税额影响营业外收支
　C. 出售固定资产不属于日常活动
　D. 出售固定资产净收益计入营业外收入

(4) 根据资料(6)至资料(8),下列各项关于会计处理中,正确的是(　　)。
　A. 8月18日:
　　借:应收账款　　　　　　　　　　　　　　　　　　　　　　　　232
　　　贷:主营业务收入　　　　　　　　　　　　　　　　　　　　　200
　　　　　应交税费——应交增值税(销项税额)　　　　　　　　　　32
　　借:主营业务成本　　　　　　　　　　　　　　　　　　　　　　170
　　　贷:库存商品　　　　　　　　　　　　　　　　　　　　　　　170

B. 8月20日：
　　借：银行存款　　　　　　　　　　　　　　　　　　　　　　　　　58
　　　　贷：主营业务收入　　　　　　　　　　　　　　　　　　　　　　50
　　　　　　应交税费——应交增值税（销项税额）　　　　　　　　　　　　8
　　借：主营业务成本　　　　　　　　　　　　　　　　　　　　　　　30
　　　　贷：库存商品　　　　　　　　　　　　　　　　　　　　　　　　30
C. 8月18日：
　　借：银行存款　　　　　　　　　　　　　　　　　　　　　　　　　58
　　　　贷：主营业务收入　　　　　　　　　　　　　　　　　　　　　　58
　　借：主营业务成本　　　　　　　　　　　　　　　　　　　　　　　30
　　　　贷：库存商品　　　　　　　　　　　　　　　　　　　　　　　　30
D. 8月25日：
　　借：在途物资　　　　　　　　　　　　　　　　　　　　　　　　　90
　　　　应交税费——应交增值税（进项税额）　　　　　　　　　　　　　10
　　　　贷：银行存款　　　　　　　　　　　　　　　　　　　　　　　100

(5) 根据资料(1)至资料(8)，下列关于山河股份有限公司增值税的表述中，正确的是（　　）。
A. 进项税额合计为 389 万元
B. 销项税额合计为 62.2 万元
C. 进项税额合计为 347 万元
D. 销项税额合计为 71 万元

4. 华强股份有限公司为增值税一般纳税人，适用的增值税税率为 16%。2018 年 12 月 1 日"应付职工薪酬"账户的贷方余额为 258 万元（其中工资 122 万元、工会经费 2.5 万元、职工教育经费 12 万元、设定提存计划 121.5 万元）。该公司 2018 年 12 月份发生的有关职工薪酬业务如下：

(1) 12 月 5 日，以银行转账方式支付上月工资 120 万元（已扣除代扣代缴个人所得税 2 万元），工会经费 2.5 万元及会计继续教育培训费 1.5 万元。

(2) 12 月 10 日，华强股份有限公司购入 2 辆小汽车，购买价款合计为 120 万元，增值税税额为 19.2 万元，支付的相关税费为 12 万元，以上款项通过银行转账方式支付。购入的 2 辆小汽车供总裁及财务总监免费使用。

(3) 12 月 15 日，以现金为职工家属代垫医药费 1.2 万元。

(4) 12 月 22 日，外购一批商品，取得增值税专用发票注明的价款为 10 万元，增值税税额为 1.6 万元，华强股份有限公司以银行承兑汇票支付上述款项。该批商品用于发放给生产车间工人作为元旦福利。

(5) 12 月 30 日，以自产的 30 件产品作为企业行政管理人员的元旦福利，该产品成本为 1 万元/件，市场售价为 1.5 万元/件（假定不考虑个人所得税）。

(6) 12 月 31 日，本月各部门工资计算统计表如表 10-4 所示。

表 10-4　　　　　　　　　　　本月各部门工资计算统计表　　　　　　　　　　单位：万元

部门	生产车间	车间管理部门	行政管理部门	销售部门	研发部门	合计
金额	55.2	10.8	33.8	22.3	55.5	177.6

华强股份有限公司按工资总额的 2.5% 计提职工教育经费。

(7) 12 月 31 日，根据设定提存计划，当月行政管理部门人员应计提的金额为 22 万元。

要求：根据上述资料，假定不考虑其他因素，回答下列各小题（答案中的金额单位用万元表示）。

(1) 根据资料(1)，下列会计处理中，正确的是（　　）。
A. 借：应付职工薪酬——工资、奖金、津贴和补贴　　　　　　　　　122
　　　贷：银行存款　　　　　　　　　　　　　　　　　　　　　　　120
　　　　　应交税费——应交个人所得税　　　　　　　　　　　　　　　2

B. 借：应付职工薪酬——工会经费和职工教育经费（工会经费） 2.5
  贷：银行存款 2.5
C. 借：应付职工薪酬——工会经费和职工教育经费（职工教育经费） 1.5
  贷：银行存款 1.5
D. 借：管理费用 1.5
  贷：应付职工薪酬——工会经费和职工教育经费（职工教育经费） 1.5

(2) 根据资料(1)至资料(7)，下列各项中，属于职工薪酬的是（　　）。
  A. 代职工家属垫付医药费
  B. 外购商品用于职工福利
  C. 自产产品用于职工福利
  D. 设定提存计划金

(3) 根据资料(4)和资料(5)，下列会计处理中，正确的是（　　）。
  A. 借：应付职工薪酬——非货币性福利 11.6
    贷：应付票据 11.6
  B. 借：生产成本 11.6
    贷：应付职工薪酬——非货币性福利 11.6
  C. 借：管理费用 30
    贷：应付职工薪酬——非货币性福利 30
  D. 借：应付职工薪酬——非货币性福利 30
    贷：库存商品 30

(4) 华强股份有限公司12月31日"应付职工薪酬"账户的贷方余额为（　　）万元。
  A. 275.74　　B. 272.8　　C. 274.54　　D. 253.74

(5) 下列各项关于"职工薪酬"的表述中，不正确的是（　　）。
  A. 企业支付的工资、职工福利费及社会保险费属于短期薪酬
  B. 企业计提的设定受益计划属于离职后福利
  C. 企业以外购商品作为职工福利的，应当以外购商品的实际成本与增值税进项税额之和作为应付职工薪酬的确认金额
  D. 企业将自有资产无偿提供给企业职工使用属于非货币性职工福利

5. 明华股份有限公司为增值税一般纳税人，2018年8月18日从乙公司购入生产用一批原材料，取得货物增值税专用发票注明的价款为200万元，增值税税额为32万元。按照购买协议规定，明华股份有限公司可以享受现金折扣的条件为"2/10,1/20,n/30"（现金折扣不考虑增值税）。明华股份有限公司以银行存款支付运费并取得运费增值税专用发票注明的运费为1万元，增值税税额为0.1万元。8月27日，明华股份有限公司将扣除现金折扣的货款支付给乙公司。

要求：根据上述资料，不考虑其他因素，回答下列各小题（答案中金额单位用万元表示）。

(1) 购入货物，款项尚未支付，应记入的账户是（　　）。
  A. "应付账款"　　　　　　　　B. "其他应付款"
  C. "长期待摊费用"　　　　　　D. "预收账款"

(2) 明华股份有限公司在购入原材料时的会计处理中，正确的是（　　）。
  A. 借：原材料 200
    应交税费——应交增值税（进项税额） 32
    贷：应付账款 232
  B. 借：原材料 200
    应交税费——应交增值税（进项税额） 32
    贷：应付账款 228
    财务费用 4

```
        C. 借：原材料                              232
           贷：应付账款                            232
        D. 借：原材料                              201.0
              应交税费——应交增值税(进项税额)         32.1
           贷：应付账款                            232.0
              银行存款                              1.1
```

(3) 明华股份有限公司8月27日支付乙公司购货款的下列会计处理表述正确的是(　　)。
  A. 应付账款冲减232万元   B. 实际支付228万元
  C. 冲减财务费用4万元   D. 计入销售费用4万元

(4) 下列关于应付账款的表述正确的是(　　)。
  A. 应付账款是企业因购买材料,商品或接受劳务供应等经营活动而应付给供应单位的款项
  B. 购买商品享受商业折扣的,应按扣除商业折扣后的金额作为应付账款的入账金额
  C. 应付账款附有现金折扣条件的,确认应付账款时应不考虑将来可能会发生的现金折扣金额
  D. 在实务中,企业外购的电力,燃气等动力一般通过"应付账款"账户核算

(5) 下列关于现金折扣的表述,正确的是(　　)。
  A. 现金折扣又称销售折扣
  B. 现金折扣是为敦促顾客尽早付清货款而提供的一种价格优惠
  C. 现金折扣发生在销货之后,是一种融资性质的理财费用,因此销售折扣不得从销售额中减除
  D. 现金折扣有两方面的积极意义：缩短收款时间,减少坏账损失

项目实训

【实训项目】
负债核算。
【实训情境】
【实训1】
  甲公司为建造厂房,2018年1月1日向建设银行借入期限为两年的借款100万元,款项已存入银行。该借款利率为9%,按年付息到期一次还本。2018年1月10日工程正式开工,以银行存款预付工程价款60万元。2019年年初又以银行存款支付工程费用40万元。该厂房于2016年8月底完工,到达预定可使用状态。
  要求：编制该公司上述借款的相关会计分录。
【实训2】
  2019年1月1日,甲公司经批准发行3年期面值为500万元的公司债券。该债券每年年初付息、到期一次还本,票面年利率为3%,发行价格为4 861 265万元,发行债券筹集的资金已收到用于补充流动资金。利息调整采用实际利率法摊销,经计算的实际利率为4%。
  要求：编制甲公司发行债券、年末计提息和到期偿还的有关会计分录。
【实训3】
  2018年12月31日,A公司经批准发行5年期一次还本、分期付息的公司债券100万元,债券利息在每年12月31日支付,票面利率为年利率6%。假定债券发行时的市场利率为5%。
  要求：
  (1) 计算A公司该批债券的实际发行价格。
  (2) 编制A公司每年实际利息费用表。
  (3) 编制相关会计分录。
【实训要求】
  (1) 通过上述情境,体验负债项目的会计业务。
  (2) 通过实训过程的全程参与和体验,在基本完成实训操练各项技能任务的基础上,独立形成负债核算实训报告。

负债核算实训报告

负债核算		
项目实训班级：	项目小组：	项目组成员：
实训时间：　　年　　月　　日	实训地点：	实训成绩：
实训目的：		
实训步骤：		
实训结果：		
实训感言：		
不足与今后改进：		
项目组长评定签字：		项目指导教师评定签字：

项目十一 投资者权益核算——所有者权益

知识目标

理解:所有者权益的性质、公司制企业与股东权益。
熟知:所有者权益的性质
掌握:实收资本、资本公积、其他权益工具、其他综合收益、留存收益的构成内容及会计处理方法。

本项目课件

技能目标

通过本项目的学习,要求能正确编制实收资本(股本)、资本公积、盈余公积及利润分配业务的记账凭证。

素质目标

运用所学会计的理论与实务知识研究相关案例,培养和提高学生在特定业务情境中分析问题与决策设计的能力;能结合"所有者权益"的教学内容,结合行业规范或标准,分析会计行为的善恶,强化学生的职业道德素质。

项目引例

引例 所有者权益核算

背景与情境:2019 年 1 月 1 日,华盛公司增资扩股,将注册资本由 10 000 万元增加到 12 000 万元。股东东海、南科、奥华同意投资者方太投入 4 000 万元,取得华盛公司 25%的股份。

请会计张红做出相关账务处理。相关原始凭证:①原股东的股东大会决议;②修改后的公司章程;③评估公司的评估报告;④聘请会计师事务所出具的验资报告;⑤方太缴存投资款的银行回单。

业务产生:企业为引进新的战略投资者,以及扩大股本,对现注册资本进行增加,在扩资过程中产生的资本溢价。

请针对上述背景与情境内容,做出相关处理程序。

知识精讲

任务一 所有者权益概述

一、所有者权益的性质

我国《企业会计准则——基本准则》规定:"所有者权益是指企业资产扣除负债后由所有者享有的剩余权益。"[①]这一定义说明了所有者权益的经济性质和构成。它可以通过对基本会计等式"资产=负债+所有者权益"的转换推导而得出,即:

$$所有者权益 = 资产 - 负债$$

资产减去负债后的余额,也被称为净资产。因此,所有者权益是体现在净资产中的权益,是所有者对净资产的要求权。

---

① 参见《企业会计准则——基本准则》第五章第二十六条。

所有者对企业的经营活动承担着最终的风险,与此同时,也享有最终的权益。如果企业在经营中获利,所有者权益将随之增长;反之,所有者权益将随之缩减。任何企业的所有者权益都是由企业的投资者投入资本及其增值构成的。

企业资产的来源无外乎两个方面:负债和所有者权益。负债和所有者权益统称为权益。两者之间主要有以下区别。

(一) 性质不同

所有者权益是投资者享有的对投入资本及其运用所产生盈余(或亏损)的权利;负债是在经营或其他活动中所发生的债务,是债权人要求企业清偿的权利。

(二) 享受权利不同

所有者享有参与收益分配、参与经营管理等多项权利,但对企业资产的要求权在顺序上置于债权人之后,即只享有对剩余资产的要求权;债权人享有到期收回本金及利息的权利,在企业清算时,有优先获取资产赔偿的要求权,但没有经营决策的参与权和收益分配权。

(三) 偿还期限不同

在企业持续经营的情况下,所有者权益一般不存在抽回的问题,即不存在约定的偿还日期,因而是企业的一项可以长期使用的资金,只有在企业清算时才予以退还;负债必须于一定时期偿还。为了保证债权人的利益不受侵害,法律规定债权人对企业资产的要求权优先于投资者,因此债权又称为第一要求权。投资者具有对剩余财产的要求权,故又称剩余权益。

(四) 风险不同

所有者能够获得多少收益,需视企业的盈利水平及经营政策而定,风险较大;债权人获取的利息一般按一定利率计算,并且是预先可以确定的固定数额,无论盈亏,企业都要按期付息,风险相对较小。

二、公司制企业与股东权益

如前所述,企业组织形式一般分为三种:独资企业、合伙企业和公司制企业。从会计的角度来看,不同组织形式的企业对资产、负债、收入、费用和利润的会计处理几乎没有影响。但不同组织形式的企业,其所有者权益(业主权益)的会计处理则有明显的差异。这主要是因为法律对不同组织形式企业的所有者权益有不同的规定。

《中华人民共和国公司法》(以下简称《公司法》)定义的公司"是指依照本法在中国境内设立的有限责任公司和股份有限公司"。"公司是企业法人,有独立的法人财产,享有法人财产权。公司以其全部财产对公司的债务承担责任。有限责任公司的股东以其认缴的出资额为限对公司承担责任;股份有限公司的股东以其认购的股份为限对公司承担责任。"[1]公司被认为是现代企业中最有生命力的组织形式。公司的特征包括以下几项。

(一) 股东对公司的债务只负有限责任

股东对公司的负债没有个人偿还的义务。股东对公司投资可能承担的最大损失是投资成本支出,而不必担心由于企业经营失败而失去投资以外的财产。公司的这一特点使其可以比独资和合伙企业拥有更广泛的投资者,并从这些投资者那里得到更多的资金。

(二) 公司是独立的法律主体

公司一经政府批准成立,就具有独立于其所有者的法人地位和资格,具有同自然人一样的权利和义务。公司可以用自己的名义取得资产、承担债务、签订合同、提出诉讼和被诉。在独资企业、合伙企业和公司制企业三种组织形式中,只有公司制企业是法人,具有法人地位。

---

[1] 参见《中华人民共和国公司法》第一章第二、第三条。

(三) 公司是纳税主体

公司如有盈利，要缴纳企业所得税。然后，股东再就分得的现金股利缴纳个人所得税。也就是说，公司的收益要经过重复课税。

(四) 所有权和经营权分离

大部分公司制企业的投资人不亲自管理公司，而是由股东选举董事会，再由董事会聘任的总经理等专业管理人员负责经营。

(五) 所有权可转让

公司的所有者可以出售或转让股份，特别是公开上市的股份有限公司，股东通常可以随意转让自己持有的股票。公司的持续经营不因股东的变更而受到影响，因而公司具有较为长久的存续期。

(六) 严格的法律管制

由于所有者仅对公司债务负有限责任，为了保护债权人，各国政府对公司都实行比较严格的法律管制。

由于具有上述特点，特别是政府的严格法律管制，使得公司所有者权益会计业务比较复杂。其中许多程序是基于法律的规定，而不仅仅是依据会计惯例。例如，所有者权益受公司法的限制，必须严格区分投入资本、资本公积和留存收益。法律往往还对公司的利润分配和停业清算以及股份公司回购自己的股份等事项都有严格的限制。另外，由于股东投资方式的多样性，也使得公司所有者权益会计处理中遇到的问题远多于独资企业和合伙企业。

公司的形式多种多样，其中最主要的是股份有限公司和有限责任公司。需要说明的是，我国的国有独资企业和一人有限责任公司亦属于公司范畴。国有独资企业，是指由国家独立出资建立的企业，其性质与个人独资企业不同，而与有限责任公司相同。因此，**国有独资企业又称国有独资有限责任公司**。一人有限责任公司，是指只有一个自然人股东或者一个法人股东的有限责任公司，它是有限责任公司的一种特殊形式，而并非个人独资企业。

三、所有者权益的内容和分类

企业所有者（在股份制企业中就是企业的股东，为方便起见，下面将股东和企业所有者作为同一概念使用）拥有的权益，最初表现为投资者的投入资本。随着企业生产经营活动的开展，从企业净利润中提取的盈余公积，以及未分配利润等形成的企业资本积累，最终也归企业所有者所有，与投入资本共同构成企业的所有者权益。由此可见，所有者权益按其形成来源的不同，主要有投入资本和留存收益两个部分。投入资本是投资者投入企业的资本金，包括实收资本和资本公积；留存收益是企业生产经营活动所产生的利润在向国家缴纳所得税后留存在公司的部分，包括盈余公积和未分配利润。

为了反映所有者权益的构成，便于投资者和其他会计信息使用者了解所有者权益的来源及变动情况，根据我国《企业会计准则——财务报表列报》的规定，企业资产负债表中的所有者权益应当至少按照实收资本（或股本）、资本公积、盈余公积、未分配利润等项目分项列示。[①]

对所有者权益进行这种分类至少能够提供以下两个方面的重要信息。

(一) 能够清晰地反映企业所有者权益的结构

所有者权益中投入资本和作为准资本的资本公积，构成企业在一定规模下开展生产经营的最基础的启动资金，是企业存在的基本条件。盈余公积和未分配利润等留存收益，来自企业经营过程中的资本增值，反映了企业的资本积累情况，也是企业扩大生产经营规模的一个重要条件。

---

① 参见《企业会计准则第30号——财务报表列报》第三章第二十七条。

将资本积累同投入资本相比,能够反映企业的资本增值能力以及发展后劲。此外,不同所有者的投资比例还是决定企业利润分配或风险分担的依据。

(二) 能够反映利润分配政策上的影响因素

所有者投资的主要目的之一是获得理想的投资收益,因此,他们必然非常关心企业利润分配政策的制定。企业在制定利润分配政策时,既要考虑对投资人的回报,也不能放弃企业持续经营的长远利益。这种近期利益和长远利益的兼顾,就形成了企业利润分配政策的指导思想:企业用于分配的只能是来自本期和前期的累计利润,而不应是所有者的投入资本;企业可供分配的利润,既不能"分光吃净",导致企业无力扩大再生产,也不能过分地压缩应分配的数额,导致投资者对企业投资丧失信心。要想妥善地处理好利润分配过程中的复杂关系,就需要对所有者权益按照其构成,分层次地确定利润分配涉及的范围。也就是说,所有者权益中什么项目可以用于分配、什么项目不能用于分配,以及可用于分配的项目能够分配到什么程度等问题,都可以通过对所有者权益的合理分类来加以界定。

任务二 实 收 资 本

一、实收资本及其来源

企业要经营,必须有一定的"本钱"。我国《民法通则》明确规定,设立企业法人的必要条件之一是"有必要的财产或者经费"[①]。我国《企业法人登记条例》明确规定,企业申请开业,必须具备"符合国家规定并与其生产经营和服务规模相适应的资金数额"[②]。我国《公司法》规定,"有符合公司章程规定的全体股东认缴的出资额"[③]是有限责任公司设立的基本条件之一;"有符合公司章程规定的全体发起人认购的股本总额或者募集的实收股本总额"[④]是股份有限公司设立的基本条件之一。

(一) 实收资本和注册资本

实收资本就是投资人投入企业的"本钱",它是企业开展生产经营活动的必要物质基础。投资人对依法投入的资本享有法定权利并以此为限对企业负债承担责任。企业在进行会计核算时,应分清投入资本和借入资金的界限,不得将借入资金作为实收资本核算。实收资本具体表现为投资者实际投入企业经营活动的各种财产物资。投资人可以用货币资金、存货、固定资产、无形资产等各种形式的资产对企业投资。

所谓注册资本,是指企业成立时在工商行政管理部门登记注册的资本总额,是企业各方投入资本的总和。注册资本是企业承担民事责任的财力保证。企业申请开业必须具备符合国家规定并与生产经营和服务规模相适应的资本数额。企业应该按照法律、法规、合同和章程的规定及时进行资本的筹集。如果是一次筹集的,账面上的实收资本应等于注册资本;如果是分期筹集的,在所有者最后一次缴入资本以后,实收资本方可等于注册资本。

(二) 实收资本投资人的权利

投资人按照其投资在企业总投资中的比例享有相应的权利。这些权利包括以下内容。

1. 公司管理权

投资人享有管理企业的权利。这种权利可以由投资人直接行使,也可以通过投票选举董事会和总经理将其授予专门的管理人员代为行使。总之,管理企业的最终权利保留在投资人手中。

---

① 参见《中华人民共和国民法通则》第三章第三十七条第三款。
② 参见《中华人民共和国企业法人登记管理条例》第三章第七条第三款。
③ 参见《中华人民共和国公司法》第二章第一节第二十三条第二款。
④ 参见《中华人民共和国公司法》第三章第一节第七十六条第二款。

2. 分享利润权

公司若有税后利润,在提取盈余公积后,经股东大会或类似权力机构决议,投资人有按投资比例参与利润分配的权利。

3. 分享剩余财产权

在公司终止营业并解散清算时,公司需要变卖资产用来偿还负债。在还清全部负债后,所有者有权按投资份额分配剩余财产。

4. 优先投资权

当公司需要吸收新的投资时,原投资人有权按既定持股比例优先认购新股。

(三)实收资本的来源

在我国目前的经济环境下,按照企业投入资本的来源不同,可以将投入资本分为四类:国家资本、法人资本、个人资本和外商资本。

1. 国家资本

国家资本是指国家以各种形式对企业的实物投资、货币资金投资,以及所有权应该属于国家的发明创造和技术成果等无形资产投资。它包括各类国有企业的所有者权益以及股份有限公司和有限责任公司中的国有股。

2. 法人资本

法人资本是指企业接受其他法人单位投资形成的资本。法人资本一般包括实物资产、货币资产和无形资产投资三种形式。

3. 个人资本

个人资本是指社会公众或者企业内部职工以其合法财产投入企业而形成的资本。个人资本大部分是以货币资产投入。个人对股份有限公司进行投资时,通常以购买股票的方式进行。

4. 外商资本

外商资本是指外国和我国香港、澳门及台湾地区投资者以各种形式的财产进行的投资。其投资方式包括实物投资、货币资金投资和无形资产投资。其中,货币资金投资包括外币资金的投资。

二、实收资本的计价

如前所述,实收资本由企业所有者投入的资产形成,因此,对实收资本的计价,必然涉及对投入资产的计价。或者说,实收资本是按照投资人作为资本投入企业中的各种资产的价值计价。投资者出资方式不同,计价方法也有所差别。

(一)以货币出资的计价

投资者以货币方式出资,包括以人民币出资和外币出资。我国企业投资者一般以人民币出资,企业可于收到时将实际收款额作为投入资本入账。

中外合资企业在收到外方出资人的外汇投资时,需采用一定的汇率将外汇折合为记账本位币入账。按照现行制度规定,企业收到投资者出资的外汇时,应按照当日外汇牌价折合的人民币金额登记有关的资产账户和"实收资本"账户。

(二)以非货币资产出资的计价

投资者如果以房屋、建筑物、机器设备等固定资产和原材料等实物资产出资,应当按照公平合理的原则进行计价,即通常采用企业与投资者双方认可的价值计价。

投资者如果以专利权、专有技术、商标权、土地使用权等无形资产出资,同样应按公平合理的原则计价。一般说来,对于专利权、专有技术、商标权的作价,不应超过它们为企业增加的未来经济效益的现值。在实际工作中,这个未来经济效益的现值,通常要在无形资产的价格确认上得以体现。

三、实收资本的会计处理

(一)有限责任公司的实收资本

有限责任公司是指由 50 个以下股东出资,每个股东以其所认缴的出资额对公司承担有限责任的法人。由于有限责任公司的投资人通常不止一个,所以各投资方的出资方式、出资金额及出资时间必须事先约定、共同遵守。如果投资的某一方未按规定缴纳出资额,企业有权向投资者追缴,追缴无效可依法起诉。

为了反映企业实收资本的增减变动,企业应设置"实收资本"账户。这个账户属于所有者权益类账户,贷方反映企业所有者投入企业的各种资产的价值,借方反映按法定程序减少注册资本的数额,期末贷方余额反映投资人实际投入的资本。"实收资本"账户应按投资人设置明细账户,进行明细分类核算。现举例说明如下:

【做中学 11-1】 宏大有限责任公司创立于 2×18 年 1 月 1 日,当时 A、B 两位投资人各投资 500 万元。A 投资 500 万元现款,B 投资专利权和使用过的固定资产。经资产评估部门评估,专利权的评估价为 80 万元,固定资产的评估价为 420 万元。宏大有限责任公司在收到投资者投入的资产时,相关账务处理如下:

(1) 收到货币投资时:

借:银行存款　　　　　　　　　　　　　　　　　　　　　　　　5 000 000
　　贷:实收资本——A　　　　　　　　　　　　　　　　　　　　　5 000 000

(2) 收到固定资产和无形资产投资时:

借:固定资产　　　　　　　　　　　　　　　　　　　　　　　　4 200 000
　　无形资产　　　　　　　　　　　　　　　　　　　　　　　　　800 000
　　贷:实收资本——B　　　　　　　　　　　　　　　　　　　　　5 000 000

【做中学 11-2】 某合资经营有限责任公司注册资本为人民币 320 万元,投资双方出资比例为 1∶1,外方港龙公司以港币出资。收到外币资本时人民币兑港币的日汇率为 1∶0.8,按此汇率折算港龙公司投入港币外汇 200 万元。相关账务处理如下:

借:银行存款——港元户(2 000 000×0.8)　　　　　　　　　　　1 600 000
　　贷:实收资本——港龙公司(2 000 000×0.8)　　　　　　　　　1 600 000

(二)股份有限公司的股本

股份有限公司是指其全部资本由等额股份构成并通过发行股票筹集资本,股东以其所持股份为限对公司承担责任,公司以其全部资产对公司的债务承担责任的企业法人。设立股份有限公司,发起人应当有 2 人以上 200 人以下,其中须有半数以上发起人在中国境内有住所。股份有限公司的股本总额应等于股票面值与股份总数的乘积,也应等于注册资本。这个指标反映了企业生存发展的基础和对债务承担责任的底线。为了直观地反映这一指标,股份有限公司应设置"股本"账户,记录股东投入公司的股本金额及其变动情况。

1. 公司设立方式

股份有限公司的设立有发起和募集两种方式。

发起式设立的特点是:公司的全部股份由发起人认购,不向发起人之外的任何人募集股份。采用发起式筹集资本,因为股东是固定的,所以无须聘请券商向社会广泛募集资金。在一般情况下,其筹集费用很低,仅发生一些股权证印刷费之类的小额费用,可以直接计入当期管理费用。

募集式设立的特点是:公司股份除由发起人认购一部分外,还可以采用向其他法人或自然人发行股票的方式募集,因此需要聘请券商发行股票。《公司法》规定:"以募集方式设立股份有限公司的,发起人认购的股份不得少于公司股份总数的35%。"①由于募集过程中从投资者认购到实际缴纳股款,需要经过大量工作并发生比较多的费用。考虑到这部分支付给券商的发行手续费属于股权融资的相关支出,而且数额通常较大,故不宜直接计入开办当期的损益。在会计上比较可行的处理是:如果该公司的股票是溢价发行,则可以从溢价金额中扣除发行费等费用;如果是平价发行,则应依次冲减公司资本公积、盈余公积等资本项目。

2. 股票的类别

股票是股份公司签发的证明股东按其所持股份享有权利和承担义务的书面证明。股份公司的股票按照股东权利不同可以分为普通股和优先股。

普通股是股票中的一种最普遍、最重要的形式,也是一种标准型的股票。当公司只发行一种股票时,这种股票就是普通股,此时,每一股普通股股份的权利相同,按照有关规定,在以股份形式筹资的股份公司的股东权益中必须拥有一定数量的普通股。普通股股东具有以下权利:①投票表决权,即有权参与股份有限公司的重大经营决策和财务决策;②盈余分配权,即对公司实现的税后利润有权按其持股比例予以分享;③优先认股权,即在增发股份时,为了保护现有股东的控制权,公司往往赋予普通股股东优先认购新增发行股票的权利;④剩余财产要求权,即在公司歇业清算时,拍卖资产所得收入在偿还债务以及优先股股东的投资后,剩余资产将在普通股股东之间进行分配。

优先股是相对于普通股而言的,是指优先于普通股股东分配公司收益和剩余资产的股份。其性质介于公司债和普通股之间。优先股股东的权利体现在以下几个方面:①在分派给普通股股东股利之前,按约定的股利率或固定的金额,优先分得股利。②在公司终止营业清算解散时,清偿了公司全部债务后,先于普通股股东分得剩余财产。如果剩余财产不能足额地偿还优先股股本,就按各优先股股东所持股权比例进行分配。③优先股股东通常不享有公司公积金的权益,包括资本公积金和盈余公积金。优先股享有的公司净资产,以优先股股份的面值为限,既无权享有超面值缴入资本部分,也无权分享从税后利润中提取的盈余公积金。④优先股股东通常在股东会上没有表决权。

3. 股票发行价格

按照《公司法》的有关规定:"股票发行价格可以按票面金额,也可以超过票面金额,但不得低于票面金额。"②按票面金额发行,称为平价发行;超过票面金额发行,称为溢价发行。无论是平价发行还是溢价发行,记入"股本"账户的金额必须是股票面值。因此,在溢价发行情况下,企业应将相当于股票面值的部分记入"股本"账户,发行价格超过面值的部分在扣除发行手续费、佣金等发行费以后记入"资本公积"账户。

【做中学11-3】 新世纪股份有限公司经中国证监会批准,发行普通股1 000万股,每股面值1元,平价发行,发行手续费为发行收入的3%,发行收入扣除手续费后的股款已全部存入银行。

在平价发行股票的情况下,发行总收入为1 000万元,券商收取手续费30万元(1 000×3%),新世纪股份有限公司收到券商汇入股款970万元(1 000−30)。相关账务处理如下:

借:银行存款　　　　　　　　　　　　　　　　　　　　　　　9 700 000
　　资本公积　　　　　　　　　　　　　　　　　　　　　　　　 300 000
　　贷:股本——普通股　　　　　　　　　　　　　　　　　　10 000 000

【做中学11-4】 新世纪股份有限公司经中国证监会批准,于2×18年10月20日增发新股300万股,

---

① 参见《中华人民共和国公司法》第四章第一节第八十四条。
② 参见《中华人民共和国公司法》第五章第一节第一百二十七条。

每股发行价 5 元,在增发过程中,发生各种费用 45 万元,发行总收入扣除发行费用后的股款已全部存入银行。

在溢价发行股票的情况下,发行总收入为 1 500 万元(300×5),新世纪股份有限公司收到券商汇入股款 1 455 万元(1 500-45)。相关账务处理如下:

借:银行存款　　　　　　　　　　　　　　　　　　　　　　　14 550 000
　　贷:股本——普通股　　　　　　　　　　　　　　　　　　　　3 000 000
　　　　资本公积(3 000 000×4-450 000)　　　　　　　　　　11 550 000

任务三　资本公积

一、资本公积的来源及用途

(一) 资本公积的含义

资本公积是指由投资者投入但不能构成实收资本,或从其他特定来源取得、由投资人共同享有的部分。它属于投入资本的范畴,是所有者权益的重要组成部分。

资本公积与实收资本又有一定的区别,实收资本是投资者为谋求价值增值而对公司的一种原始投入,从法律上讲属于公司的法定资本,其无论是在来源上,还是在金额上,都有着比较严格的限制,加之投资者对公司的原始投入往往都是带有回报要求的,而且这种要求又带有确指性,而不同来源形成的资本公积却归所有投资者共同享有。

(二) 资本公积的来源

资本公积的形成来源主要是资本溢价。资本溢价是指投资者缴付的出资额大于注册资本而产生的差额,它是资本公积中最主要的项目。资本溢价的产生包括两种情况:一种是股份公司创办时发行股票,其发行价格超过股票面值的差额部分,与股本一起作为股东的资本投入公司,股票面值部分计入股本,超过股票面值的溢价收入计入资本公积,或者由于资产的不可分割性导致实际投入公司的资产价值超过按出资比例计算的出资额部分;另一种是公司创办后有新股东加入时,为了维护原股东的权益,新股东一般要付出大于原股东的出资额,才能获得与原股东相同的投资比例,新股东投入资本中等于原股东投资比例的出资额部分,将其计入股本,大于原股东投资比例的出资额部分则计入资本公积。

(三) 资本公积的用途

公司在经营过程中出于种种考虑,诸如增加投资者持有的股份,从而增加公司股票的流通量,激活股价,提高股票的交易量和资本的流动性,改变公司投入资本的结构,体现公司稳健、持续发展的潜力等,对于形成的资本公积可以按照规定的用途予以使用。资本公积的主要用途就在于转增资本,即在办理增资手续后用资本公积转增资本,按股东原有股份比例发给新股或增加每股面值。

二、资本公积的核算

为了反映资本公积的形成和使用情况,企业需设置"资本公积"账户。该账户属于所有者权益类账户,贷方登记资本公积的增加数,借方登记资本公积的减少数,期末余额在贷方,反映资本公积的结余数。"资本公积"账户应当按资本公积的形成来源设置"资本溢价"或"股本溢价""其他资本公积"明细账,进行明细分类核算。

(一) 资本溢价的核算

股份有限公司溢价发行股票,在收到款项时,按实际收到的金额,借记"库存现金""银行存款"等账户,按股票面值与核定的股份总数的乘积计算的金额贷记"股本"账户,按扣除各种费用后的溢价额贷记"资本公积——股本溢价"账户。其具体账务处理参见本项目[做中学11-4],在此不再赘述。

有限责任公司收到投资者的投资,按实际收到的现金或非现金资产的价值借记"银行存款""固定资产"等账户,按其在注册资本中所占的份额贷记"实收资本"账户,按其差额贷记"资本公积——资本溢价"账户。现举例说明如下:

【做中学11-5】 通海公司注册资本为150万元,由甲、乙、丙三方各出资50万元设立。现已经营多年,留存收益已达90万元。为扩大经营规模,三方决定将通海公司的注册资本增加到200万元,并吸收丁投资者加盟,同意其以现金80万元出资,占增资后全部资本的25%。通海公司在收到丁投资者出资时的账务处理如下:

借:银行存款　　　　　　　　　　　　　　　　　　　　　　　　　　800 000
　　贷:实收资本——丁投资者(2 000 000×25%)　　　　　　　　　　500 000
　　　　资本公积——资本溢价(800 000－500 000)　　　　　　　　　300 000

(二)资本公积转增资本的核算

经股东大会或类似权力机构决议,企业用资本公积金转增资本时,借记"资本公积"账户,贷记"实收资本"或"股本"账户。现举例说明如下:

【做中学11-6】 承接[做中学9-5],通海公司经批准,按10∶1的比例,以资本公积金20万元转增资本。相关账务处理如下:

借:资本公积——资本溢价　　　　　　　　　　　　　　　　　　　　200 000
　　贷:实收资本——甲投资者(500 000×10%)　　　　　　　　　　　50 000
　　　　　　　　——乙投资者(500 000×10%)　　　　　　　　　　　50 000
　　　　　　　　——丙投资者(500 000×10%)　　　　　　　　　　　50 000
　　　　　　　　——丁投资者(500 000×10%)　　　　　　　　　　　50 000

任务四　其他权益工具

一、其他权益工具会计处理的基本原则及账户设置

(一)其他权益工具会计处理的基本原则

企业发行的金融工具应当按照金融工具准则进行初始确认和计量;其后,于每个资产负债表日计提利息或分派股利,按照相关具体企业会计准则进行处理。即企业应当以所发行金融工具的分类为基础,确定该工具利息支出或股利分配等的会计处理。对于归类为权益工具的金融工具,无论其名称中是否包含"债",其利息支出或股利分配都应当作为发行企业的利润分配,其回购、注销等作为权益变动处理;对于归类为金融负债的金融工具,无论其名称中是否包含"股",其利息支出或股利分配原则上按照借款费用进行处理,其回购或赎回产生的利得或损失等计入当期损益。

发行方发行金融工具,其发生的手续费、佣金等交易费用,如分类为债务工具且以摊余成本计量的,应当计入所发行工具的初始计量金额;如分类为权益工具的,应当从权益中扣除。

(二)账户设置

金融工具发行方应当设置下列会计账户,对发行的金融工具进行会计核算:

(1)发行方对于归类为金融负债的金融工具在"应付债券"账户核算。对于需要拆分且形成衍生金融负债或衍生金融资产的,应将拆分的衍生金融负债或衍生金融资产按照其公允价值在"衍生工具"账户核算。

(2) 在所有者权益类账户中增设"其他权益工具"账户,核算企业发行的除普通股以外的归类为权益工具的各种金融工具。

二、其他权益工具的主要账务处理

(一) 发行方的账务处理

(1) 发行方发行的金融工具归类为债务工具并以摊余成本计量的,应按实际收到的金额,借记"银行存款"等账户,按债务工具的面值,贷记"应付债券——优先股、永续债等(面值)"账户,按其差额,借记或贷记"应付债券——优先股、永续债等(利息调整)"账户。

在该工具存续期间,计提利息并对账面的利息进行调整等的会计处理,按照金融工具确认和计量准则中有关金融负债按摊余成本后续计量的规定进行会计处理。

(2) 发行方发行的金融工具归类为权益工具的,应按实际收到的金额,借记"银行存款"等账户,贷记"其他权益工具——优先股、永续债等"账户。

分类为权益工具的金融工具,在存续期间分派股利(含分类为权益工具的金融工具所产生的利息,下同)的,作为利润分配处理。发行方应根据经批准的股利分配方案,按应分配给金融工具持有者的股利金额,借记"利润分配——应付优先股股利、应付永续债利息等"账户,贷记"应付股利——优先股股利、永续债利息等"账户。

(3) 由于发行的金融工具原合同条款约定的条件或事项随着时间的推移或经济环境的改变而发生变化,导致原归类为权益工具的金融工具重分类为金融负债的,应当于重分类日按该工具的账面价值,借记"其他权益工具——优先股、永续债等"账户,按该工具的面值,贷记"应付债券——优先股、永续债等(面值)"账户,按该工具的公允价值与面值之间的差额,借记或贷记"应付债券——优先股、永续债等(利息调整)"账户,按该工具的公允价值与账面价值的差额,借记或贷记"资本公积——股本溢价"账户。若资本公积不够冲减的,依次冲减盈余公积和未分配利润。

发行方以重分类日计算的实际利率作为应付债券后续计量利息调整的基础。

因发行的金融工具原合同条款约定的条件或事项随着时间的推移或经济环境的改变而发生变化,导致原归类为金融负债的金融工具重分类为权益工具的,应于重分类日,按金融负债的面值,借记"应付债券——优先股、永续债等(面值)"账户,按利息调整余额,借记或贷记"应付债券——优先股、永续债等(利息调整)"账户,按金融负债的账面价值,贷记"其他权益工具——优先股、永续债等"账户。

(4) 发行方按合同条款约定赎回所发行的除普通股以外的分类为权益工具的金融工具,按赎回价格,借记"库存股——其他权益工具"账户,贷记"银行存款"等账户;注销所购回的金融工具,按该工具对应的其他权益工具的账面价值,借记"其他权益工具"账户,按该工具的赎回价格,贷记"库存股——其他权益工具"账户,按其差额,借记或贷记"资本公积——股本溢价"账户,当资本公积不够冲减时,依次冲减盈余公积和未分配利润。

(5) 发行方按合同条款约定赎回所发行的分类为金融负债的金融工具,按该工具赎回日的账面价值,借记"应付债券"等账户,按赎回价格,贷记"银行存款"等账户,按其差额,借记或贷记"财务费用"账户。

(6) 发行方按合同条款约定将发行的除普通股以外的金融工具转换为普通股的。按该工具对应的金融负债或其他权益工具的账面价值,借记"应付债券""其他权益工具"等账户,按普通股的面值,贷记"股本"账户,按其差额,贷记"资本公积——股本溢价"账户。

(二) 投资方的账务处理

投资方购买发行方发行的金融工具,应当按照金融工具确认和计量准则及本规定进行分类和计量。如果投资方因持有发行方发行的金融工具而对发行方拥有控制、共同控制或重大影响的,按照《企业会计准则第2号——长期股权投资》和《企业会计准则第20号——企业合并》进行确认和计量;投资方需编制合并财务报表的,按照《企业会计准则第33号——合并财务报表》的规定编制合并财务报表。

三、其他综合收益

其他综合收益,是指企业根据其他会计准则规定未在当期损益中确认的各项利得和损失。

(一) 不能重分类进损益的其他综合收益项目

(1) 重新计量设定受益计划变动额。根据《企业会计准则第9号——职工薪酬》,有设定受益计划形式离职后福利的企业应当将重新计量设定受益计划净负债或净资产导致的变动计入其他综合收益,并且在后续会计期间不允许转回至损益。

(2) 权益法下不能重分类转损益的其他综合收益。根据《企业会计准则第2号——长期股权投资》,投资方取得长期股权投资后,应当按照应享有或应分担的被投资单位其他综合收益的份额,确认其他综合收益,同时调整长期股权投资的账面价值。

(3) 其他权益工具投资公允价值变动。企业指定为以公允价值计量且其变动计入其他综合收益的非交易性权益工具投资发生的公允价值变动。

(4) 企业自身信用风险公允价值变动。企业指定为以公允价值计量且其变动计入当期损益的金融负债,由企业自身信用风险变动引起的公允价值变动而计入其他综合收益的金额。

(二) 将重分类进损益的其他综合收益项目

(1) 权益法下可转损益的其他综合收益。投资方取得长期股权投资后,应当按照应享有或应分担的被投资单位其他综合收益的份额,确认其他综合收益,同时调整长期股权投资的账面价值。其会计处理为:借记(或贷记)"长期股权投资——其他综合收益"账户,贷记(借记)"其他综合收益"账户,待处置股权投资时,将原计入其他综合收益的金额转入当期损益。

(2) 其他债权投资公允价值的变动。企业指定为以公允价值计量且其变动计入其他综合收益的非交易性权益工具投资发生的公允价值变动。

(3) 金融资产重分类计入其他综合收益的金额。企业将一项以摊余成本计量的金融资产重分类为以公允价值计量且其变动计入其他综合收益的金融资产时,计入其他综合收益的原账面价值与公允价值之间的差额。

(4) 其他债权投资信用减值准备。反映企业按照《企业会计准则第22号——金融工具确认和计量》(2017年修订)第十八条分类为以公允价值计量且其变动计入其他综合收益的金融资产的损失准备。

(5) 现金流量套期储备。企业套期工具产生的利得或损失中属于套期有效的部分。

(6) 外币财务报表折算差额。按照外币折算的要求,企业对境外经营的财务报表进行折算时,应当将外币财务报表折算差额在资产负债表中所有者权益项目下单独列示(其他综合收益);企业在处置境外经营时,应当将资产负债表中所有者权益项目下列示的、与该境外经营相关的外币报表折算差额,自所有者权益项目转入处置当期损益,部分处置境外经营的,应当按处置的比例计算处置部分的外币财务报表折算差额,转入处置当期损益。

【做中学11-7】 年末W公司持有的S公司债券的账面价值为1 500 000元,公允价值为1 510 000元。W公司编制会计分录如下:

借:其他债权投资——S公司债券(公允价值变动)　　　　　　　　　　　　10 000
　　贷:其他综合收益——其他债权投资公允价值变动　　　　　　　　　　　10 000

任务五 留存收益

留存收益是指企业从历年实现的净利润中提取或形成的留存于企业内部的积累,是由企业内部所形成的资本。它来源于公司的生产经营活动所实现的净利润,在性质上与投资者投入资本一样属于所有者权益。

一、留存收益的内容

我们知道,企业存在的目的是生产经营,获取利润,并发展壮大。而企业所有者权益的增加,可以通过两个途径来实现:一是由投资者投资和其他资本性交易而来;二是由经营活动赚取利润而来。投资者投入企业的资本作为投入资本,通过公司的生产经营活动,不仅要保持原有投资的完整,而且要求原投资的增值,即实现利润。企业利润总额扣除按国家规定上缴的所得税后,一般称为税后利润或净利润。税后利润可以按照法规、协议、合同、公司章程等有关规定进行分配。在分配税后利润时,一方面应按照规定提取盈余公积(包括法定盈余公积、任意盈余公积),将当年实现的利润留存于企业,形成内部积累,成为留存收益的组成部分;另一方面向投资者分配利润或股利,分配利润或股利后的剩余部分作为未分配利润。未分配利润同样成为企业留存收益的组成部分。

(一) 盈余公积

1. 盈余公积的形成来源

盈余公积是企业按照规定从税后利润中提取的各种积累资金。提取盈余公积的主要目的是限制股利的过量分派,即向投资者表明,税后利润所代表的资财应提取一部分,以满足将来扩大企业生产规模、弥补日后发生的亏损等的需要,而不能全部以股利的形式分派给投资者。否则,稍有盈余就"分尽吃光",将会对企业的长期发展造成极为不利的影响。可见,盈余公积带有一定的强制性,并往往有指定的用途。

盈余公积根据其用途不同,可分为法定盈余公积和任意盈余公积两部分。我国《公司法》规定,股份公司应按照净利润的 10% 提取法定盈余公积,提取的法定盈余公积累积达到注册资本的 50% 时,可以不再提取①;任意盈余公积是指提足法定盈余公积后,企业按照公司章程规定或股东大会决议自行决定提取的盈余公积。法定盈余公积和任意盈余公积的区别在于其各自计提的依据不同,前者以国家的法律或行政规章为依据提取,后者则由公司自行决定提取。

2. 盈余公积的用途

盈余公积是企业专门用于维持和发展企业生产经营的准备金,其主要用途为:

(1) 弥补亏损。按照现行税法规定,企业某年度发生的亏损,在其后 5 年内可以用实现的税前利润来弥补,从第 6 年开始,只能用税后利润弥补②。如果企业发生的亏损用税后利润仍不足以弥补的,则可以用发生亏损以前所提取的盈余公积来加以弥补。用盈余公积弥补亏损时,应当由董事会提议,并经股东大会批准,或者由类似权力机构批准方可进行。

(2) 转增资本。当企业提取的盈余公积累积额较大时,可以将盈余公积转增资本,但是,转增时必须经投资人同意或股东大会决议批准并办理相应的增资手续,按照投资人原持股比例予以转增。用盈余公积转增资本后,留存的盈余公积不得少于转增前公司注册资本的 25%。

(3) 分派现金股利。企业在当年如果没有实现利润,原则上不得分配股利。但在特殊情况

---

① 参见《中华人民共和国公司法》第九章第一百六十六条。
② 参见《中华人民共和国企业所得税法》第二章第十八条。

下,当企业累积的盈余公积比较多而未分配利润比较少时,为了维护企业形象,给投资者以比较均衡的投资回报,对于符合规定条件的企业,经股东大会作出特别决议,也可用盈余公积分派现金股利。

用盈余公积分配股利需要符合以下条件:①若企业有未弥补亏损,应用盈余公积弥补亏损,弥补亏损后仍有结余的,方可分配股利;②用盈余公积分配股利的股利率不得超过股票面值的6%;③分配股利后盈余公积不得低于注册资本的25%;④企业可供分配的利润不足以按不超过股票面值的6%分配股利,可以用盈余公积补到6%,但分配后的盈余公积不得低于注册资本的25%。

(二)未分配利润

未分配利润是公司等待分配或留待以后年度再进行分配的结存利润,从数量上来说,未分配利润是期初未分配利润,加上本期实现的税后利润,减去提取的各种盈余公积和分出的利润后的余额,即历年积存的净利润。未分配利润有两层含义:一是这部分税后利润没有分给投资者,留待以后年度处理;二是这部分税后利润未指定特定用途。这部分留待以后年度分配的利润,可用于企业扩大生产经营活动,也可用于弥补以后年度的亏损,还可以留待以后年度向投资者分配利润。相对于所有者权益的其他部分而言,企业对未分配利润的使用有较大的自主权。

二、留存收益的核算

(一)盈余公积的核算

为了反映盈余公积的增减变动情况,企业应设置"盈余公积"账户。该账户属于所有者权益类账户,贷方登记企业按照规定从净利润中提取而形成的盈余公积,借方登记企业将盈余公积用于弥补亏损、转增资本,以及分配现金股利或利润而减少的数额,期末余额在贷方,反映企业提取的尚未使用的盈余公积结余额。本账户应下设"法定盈余公积"和"任意盈余公积"明细账户。

1. 盈余公积形成的核算

企业按照税后利润的一定比例提取盈余公积时,借记"利润分配"账户,贷记"盈余公积——法定盈余公积""盈余公积——任意盈余公积"账户。

【做中学 11-8】 宏大公司 2×18 年实现税后利润 100 万元,按规定提取 10% 的法定盈余公积、4% 的任意盈余公积。相关账务处理如下:

借:利润分配——提取法定盈余公积　　　　　　　　　　　　　　100 000
　　　　　　——提取任意盈余公积　　　　　　　　　　　　　　　40 000
　　贷:盈余公积——法定盈余公积　　　　　　　　　　　　　　　100 000
　　　　　　　　——任意盈余公积　　　　　　　　　　　　　　　40 000

2. 盈余公积使用的核算

企业按规定用盈余公积弥补亏损时,应借记"盈余公积"账户,贷记"利润分配——其他转入"账户;用盈余公积转增资本时,应借记"盈余公积"账户,贷记"实收资本"或"股本"账户;用盈余公积分派现金股利或利润时,应借记"盈余公积"账户,贷记"应付现金股利"账户。

这里需要说明的是,用盈余公积弥补亏损或转增资本,只是在所有者权益内部不同项目之间的一种转换,这种转换表明其指定用途的金额发生变化,但并不影响所有者权益总额的增减。

【做中学 11-9】 宏大公司经股东大会批准,用盈余公积金 30 万元弥补当期亏损。相关账务处理如下:

借:盈余公积　　　　　　　　　　　　　　　　　　　　　　　　300 000
　　贷:利润分配——其他转入　　　　　　　　　　　　　　　　　300 000

【做中学 11-10】 宏大公司经股东大会决议,本期将盈余公积金 50 万元转增资本。相关账务处理如下:

借:盈余公积　　　　　　　　　　　　　　　　　　　　　　　　　500 000
　　贷:实收资本　　　　　　　　　　　　　　　　　　　　　　　　500 000

(二) 未分配利润的核算

前已述及,未分配利润是企业留待以后年度进行分配的结存利润,也是所有者权益的一个组成部分。在会计核算上,未分配利润是通过"利润分配"账户下的"未分配利润"明细账户进行核算的。在会计期末,公司将本期实现的各项收入和发生的各项费用全部转入"本年利润"账户,从而计算出本期的经营成果,然后转入"利润分配——未分配利润"账户进行分配,结存于该账户的贷方余额即为未分配利润,如果出现借方余额则为未弥补亏损。

在对未分配利润进行核算时,应注意"利润分配——未分配利润"明细账户的余额反映的是企业历年累积未分配利润或累积未弥补亏损,而不仅仅是一个会计年度的结果。另外,公司用实现的利润弥补亏损不必专门作会计分录,只需在年末结账时,将实现的利润转至"利润分配"账户贷方,结转后自然抵减了借方的未弥补的亏损。利润弥补亏损,无论是税前利润补亏,还是税后利润补亏,会计处理方法均相同,区别在于纳税申报时,税法规定准予税前利润补亏的,可以作为应税利润减少的调整数;而税法规定准予税后利润补亏的,不能调整减少应税利润。

【做中学 11-11】 宏运公司年初未分配利润为 30 万元,本年实现净利润 100 万元,经股东大会批准的利润分配方案:本年提取法定盈余公积 10 万元,提取任意盈余公积 5 万元,向投资者分配现金股利 45 万元。相关账务处理如下:

(1) 结转本年实现的净利润时:

借:本年利润　　　　　　　　　　　　　　　　　　　　　　　　1 000 000
　　贷:利润分配——未分配利润　　　　　　　　　　　　　　　　1 000 000

(2) 按规定进行利润分配时:

借:利润分配——提取法定盈余公积　　　　　　　　　　　　　　　100 000
　　　　　　——提取任意盈余公积　　　　　　　　　　　　　　　　50 000
　　　　　　——应付现金股利　　　　　　　　　　　　　　　　　 450 000
　　贷:盈余公积——法定盈余公积　　　　　　　　　　　　　　　 100 000
　　　　　　　——任意盈余公积　　　　　　　　　　　　　　　　　50 000
　　　应付股利　　　　　　　　　　　　　　　　　　　　　　　　450 000

(3) 派发现金股利时:

借:应付股利　　　　　　　　　　　　　　　　　　　　　　　　　450 000
　　贷:银行存款　　　　　　　　　　　　　　　　　　　　　　　 450 000

(4) 结转本年利润分配时:

借:利润分配——未分配利润　　　　　　　　　　　　　　　　　　600 000
　　贷:利润分配——提取法定盈余公积　　　　　　　　　　　　　 100 000
　　　　　　　——提取任意盈余公积　　　　　　　　　　　　　　　50 000
　　　　　　　——应付现金股利　　　　　　　　　　　　　　　　 450 000

经过上述分配处理,"利润分配——未分配利润"账户的贷方余额为 70 万元(30+100-10-5-45),即为公司年末未分配利润的数额。

◆ 关键术语 ◆

所有者权益　实收资本　资本公积　资本溢价　留存收益　盈余公积　未分配利润

应知考核

一、单项选择题

1. 某上市公司公开发行普通股1 000万股,每股面值1元,每股发行价格为5元,支付券商发行费用为120万元。该公司发行普通股计入股本的金额为(   )万元。

2. 甲股份有限公司委托证券公司发行股票为1 000万股,每股面值1元,每股发行价格为8元,向证券公司支付佣金为500万元。该公司应记入"股本"账户的金额为(   )万元。
    A. 7 500   B. 1 000   C. 8 000   D. 6 500

3. 某企业首次公开发行普通股600万股,每股面值为1元,每股发行价为6元,支付佣金为72万元,手续费为18万元,应当计入企业资本公积的金额为(   )万元。
    A. 2 910   B. 2 928   C. 3 000   D. 2 982

4. 甲股份有限公司委托证券公司发行股票1 000万股,每股面值为1元,每股发行价格为8元,向证券公司支付佣金为500万元。该公司应记入"资本公积——股本溢价"账户的金额为(   )万元。
    A. 6 450   B. 6 500   C. 6 550   D. 6 600

5. 甲公司委托乙证券公司代理发行普通股2 000万股,每股面值为1元,每股发行价为4元,按协议约定,乙证券公司从发行收入中提取2%的手续费,甲公司发行普通股应计入资本公积的金额为(   )万元。
    A. 6 000   B. 5 840   C. 5 880   D. 6 160

6. 下列各项,引起企业留存收益总额发生变化的是(   )。
    A. 提取法定盈余公积   B. 宣告分配现金股利
    C. 提取任意盈余公积   D. 用盈余公积弥补亏损

7. 2018年初某企业"利润分配——未分配利润"账户借方余额为20万元,2018年度该企业实现净利润为160万元,根据净利润的10%提取盈余公积,2018年年末该企业可供分配利润的金额为(   )万元。
    A. 126   B. 124   C. 140   D. 160

8. 某公司"盈余公积"账户的年初余额为2 000万元,本期提取法定盈余公积为1 850万元,任意盈余公为900万元,用盈余公积转增资本为1 000万元。该公司"盈余公积"账户的年末余额为(   )万元。
    A. 3 750   B. 2 850   C. 1 900   D. 3 850

9. XM公司年初未分配利润借方余额为50万元,本年实现净利润为200万元,按净利润10%提取法定盈余公积,按5%提取任意盈余公积,向投资者分配利润为80万元。年末未分配利润为(   )万元。
    A. 140   B. 47.5   C. 120   D. 30

10. 下列各项,能影响所有者权益总额发生增减变动的是(   )。
    A. 支付已宣告的现金股利   B. 盈余公积补亏
    C. 实际发放股票股利   D. 宣告派发现金股利

二、多项选择题

1. 甲公司为增值税一般纳税人,2018年6月,收到乙公司投入的一台设备,合同约定设备的价款为120万元(假定为公允价值),取得增值税专用发票上注明增值税为19.2万元。甲公司收到乙公司投资后注册资金为1 000万元,乙公司占10%的股权。下列会计处理正确的有(   )。
    A. 实收资本入账金额为100万元   B. 接受投资产生的溢价20万元
    C. 实收资本增加120万元   D. 准予抵扣的进项税额19.2万元

2. 下列各项,会导致企业实收资本增加的有(   )。
    A. 资本公积转增资本   B. 接受投资者追加投资
    C. 盈余公积转增资本   D. 接受非流动资产捐赠

3. A有限责任公司收到B企业以机器设备出资,该设备的原价为100万元,已提折旧为60万元,投资合同约定该设备价值为50万元(与公允价值相同且不考虑增值税),占注册资本40万元,不考虑其他因素,则关于A有限责任公司会计处理的表述正确的有(   )。

A. A公司固定资产的入账价值为40万元
B. A公司固定资产的入账价值为50万元
C. A公司应当确认的资本公积为10万元
D. A公司应当确认的资本公积为20万元

4. 下列各项,应记入"资本公积"账户贷方的有(　　)。
   A. 无法支付的应付账款
   B. 以资本公积转增资本
   C. 接受投资者以现金投资200万元,其中属于资本溢价的部分是80万元
   D. 接受投资者投入一批材料,投资双方确认的价值超过该投资者在注册资本中所占的份额

5. 下列各项,属于资本公积来源的有(　　)。
   A. 盈余公积转入　　　　　　　　　B. 股本溢价
   C. 资本溢价　　　　　　　　　　　D. 从企业实现的净利润提取

6. 下列属于资本公积来源的有(　　)。
   A. 直接计入所有者权益的利得和损失
   B. 直接计入当期损益的利得和损失
   C. 所有者投入的超过注册资本所占份额的部分
   D. 未分配利润

7. 下列各项,关于留存收益的表述正确的有(　　)。
   A. 法定盈余公积经批准可用于转增资本
   B. "未分配利润"明细账户年末借方余额表示累积的亏损额
   C. 留存收益包括盈余公积和未分配利润
   D. 任意盈余公积可用于发放现金股利

8. 下列各项,属于企业留存收益的有(　　)。
   A. 按规定从净利润中提取的法定盈余公积
   B. 累积未分配的利润
   C. 按股东大会决议从净利润中提取的任意盈余公积
   D. 发行股票的溢价收入

9. 下列项目,能引起盈余公积发生增减变动的有(　　)。
   A. 提取任意盈余公积　　　　　　　B. 以盈余公积转增资本
   C. 用任意盈余公积弥补亏损　　　　D. 用盈余公积派发新股

10. 下列各项,不会使资本公积发生增减变动的有(　　)。
    A. 企业实现净利润　　　　　　　　B. 其他权益工具投资公允价值变动
    C. 资本公积转增资本　　　　　　　D. 投资者超过注册资本额的投入资本

三、判断题
1. 所有者权益是指企业资产扣除负债后由所有者享有的剩余权益,公司所有者权益又称股东权益。(　　)
2. 企业接受投资者作价投入的材料物资时,当投资合同约定的价值与公允价值不相等时,应按投资合同约定的价值确定材料的物资价值和在注册资本中应享有份额。(　　)
3. 企业接受的投资者以原材料投资,其增值税税额不能计入实收资本。(　　)
4. 所有的公司都应该设置"实收资本"账户,用来核算投资者投入资本的增减变动情况。(　　)
5. 资本公积是企业从历年实现的利润中提取或形成的留存于企业的,来源于企业生产经营活动实现的利润。(　　)
6. 企业当年实现的税后利润(或净亏损)加上年初未分配利润(或减去年初未弥补亏损),再加上其他转入等于未分配利润的年末余额。(　　)
7. 当资本公积达到注册资本的50%后,应将资本公积转增为注册资本。(　　)

8. 企业溢价发行股票发生的手续费、佣金应从溢价中抵扣,溢价金额不足抵扣的调整留存收益。（　　）
9. 企业以盈余公积向投资者分配现金股利,不会引起留存收益总额的变动。（　　）
10. 年度终了,除"未分配利润"明细账户外,"利润分配"账户下的其他明细账户应当无余额。（　　）

四、思考题

1. 什么是所有者权益？所有者权益主要有哪些具体项目？
2. 所有者权益与负债有哪些区别？
3. 什么是实收资本？其入账价值如何确定？
4. 什么是资本公积？它主要来源于哪些方面？用途如何？
5. 留存收益包括哪些内容？各有何用途？如何进行核算？

应会考核

★ 业务考核

【考核项目】
资本公积。

【背景资料】
长江公司2017年1月1日由投资者甲和投资者乙共同出资成立,每人出资200 000元,各占50%的股份。9月30日"资本公积——资本溢价"账户为贷方余额4 000元。10月份发生如下经济业务(所涉及款项全部以银行存款收支):

10月1日,投资者甲和投资者乙决定吸收丙、丁两位新投资者加入长江公司。经有关部门批准后,长江公司实施增资,将注册资本增加到800 000元。经四方协商,一致同意,完成下述投入后,各占长江公司1/4的股份。各投资者的出资情况如下:

(1) 投资者丙以360 000元投入长江公司作为增资,10月11日收到此款项并存入银行。
(2) 投资者丁以一批原材料投入长江公司作为增资,双方确认的价值为318 000元,与其市场价格相等,增值税为54 060元。投资者丁已开具增值税专用发票。

【考核要求】
(1) 编制上述10月份发生的经济业务的会计分录。
(2) 计算资本公积的期末余额。

★ 技能考核

【考核项目】
所有者权益。

【背景资料】
1. 黄河股份有限公司2017年至2018年的有关资料如下:
(1) 2017年"未分配利润"年初贷方余额100万元。
(2) 2017年实现净利润200万元,按10%提取法定盈余公积后,又按净利润的20%计提了任意盈余公积,宣告派发现金股利180万元。
(3) 2018年用银行存款支付已宣告的现金股利180万元。

要求:
(1) 编制2017年年末有关结转净利润、提取法定盈余公积和任意盈余公积、宣告派发现金股利、结转利润分配明细账户的会计分录(盈余公积及利润分配要写明明细账户)。
(2) 计算2017年年末利润分配账户的余额。
(3) 编制2018年支付现金股利的会计分录。
(答案金额用万元表示)

2. 甲股份有限公司(以下简称甲公司)2010年至2018年度有关业务资料如下:
(1) 2010年1月1日,甲公司股东权益总额为46 500万元(其中:股本总额为10 000万股,每股面值1元;

资本公积为30 000万元;盈余公积为6 000万元;未分配利润为500万元)。2007年度实现净利润400万元,股本与资本公积项目未发生变化。

2011年3月1日,甲公司董事会提出如下预案:
① 按2010年度实现净利润的10%提取法定盈余公积。
② 以2010年12月31日的股本总额为基数,以资本公积(股本溢价)转增股本,每10股转增4股,计4 000万股。

2011年5月5日,甲公司召开股东大会,审议批准了董事会提出的预案,同时决定分派现金股利300万元。2011年6月10日,甲公司办妥了上述资本公积转增股本的有关手续。

(2) 2011年度,甲公司发生净亏损3 142万元。
(3) 2012年至2017年度,甲公司分别实现利润总额200万元、300万元、400万元、500万元、600万元和600万元。假定甲公司适用的所得税税率为25%;无其他纳税调整事项。
(4) 2018年5月9日,甲公司股东大会决定以法定盈余公积弥补2017年12月31日账面累计未弥补亏损。

假定:2011年发生的亏损可用以后5年内实现的税前利润弥补;除前述事项外,其他因素不予考虑。

要求:
(1) 编制甲公司2011年3月提取2010年度法定盈余公积的会计分录。
(2) 编制甲公司2011年5月宣告分派2010年度现金股利的会计分录。
(3) 编制甲公司2011年6月资本公积转增股本的会计分录。
(4) 编制甲公司2011年度结转当年净亏损的会计分录。
(5) 计算甲公司2017年度应交所得税并编制结转当年净利润的会计分录。
(6) 计算甲公司2017年12月31日账面累计未弥补亏损。
(7) 编制甲公司2018年5月以法定盈余公积弥补亏损的会计分录。

("利润分配""盈余公积"账户要求写出明细账户;答案中的金额单位用万元表示)

【考核要求】
请按照上述要求作答。

★ 综合实务题
1. 某公司适用的所得税税率为25%,2018年有关交易或事项如下:
(1) 2018年1月月初,该公司股东权益总额为20 500万元,其中股本为10 000万元(股数10 000万股,每股1元),资本公积为3 000万元,盈余公积为6 000万元,未分配利润为1 500万元。
(2) 经股东大会决议并报有关部门核准,2018年6月28日该公司以银行存款回购本公司股票100万股,每股回购的价格为5元,每股原发行价格为3元,7月3日将回购的股票100万股注销。
(3) 2018年实现利润总额为1 800万元,其中相关会计处理与税法规定存在差异事项为:支付税收滞纳金300万元已计入营业外支出;本年取得的国债利息收入100万元已经计入投资收益,不考虑递延所得税。
(4) 根据股东大会批准的2018年利润分配方案,该公司按实现净利润的10%提取法定盈余公积;按实现净利润的10%提取任意盈余公积;向股东分配现金股利400万元。

要求:根据上述资料,不考虑其他因素,回答下列各小题。(答案中的金额单位用万元表示)
(1) 根据资料(1),2018年1月月初,该公司留存收益的金额为(   )万元。
  A. 10 500 B. 9 000 C. 4 500 D. 7 500
(2) 根据资料(2),下列各项关于回购与注销本公司股票的会计处理结果中,正确的是(   )。
  A. 7月3日注销库存股冲减股本100万元
  B. 6月28日回购股票确认库存股增加100万元
  C. 6月28日回购股票确认库存股增加500万元
  D. 7月3日注销库存股冲减资本公积200万元
(3) 根据资料(3),下列各项关于该公司的会计处理中,正确的是(   )。
  A. 缴纳所得税:

        借:所得税费用　　　　　　　　　　　　　　　　　　　　　　　　　　500
            贷:应交税费——应交所得税　　　　　　　　　　　　　　　　　　　　500
    B. 缴纳所得税:
        借:所得税费用　　　　　　　　　　　　　　　　　　　　　　　　　　450
            贷:应交税费——应交所得税　　　　　　　　　　　　　　　　　　　　450
    C. 将本年利润结转至未分配利润时:
        借:本年利润　　　　　　　　　　　　　　　　　　　　　　　　　　1 300
            贷:利润分配——未分配利润　　　　　　　　　　　　　　　　　　　1 300
    D. 将本年利润结转至未分配利润时:
        借:本年利润　　　　　　　　　　　　　　　　　　　　　　　　　　1 350
            贷:利润分配——未分配利润　　　　　　　　　　　　　　　　　　　1 350

(4) 根据资料(4),下列各项中,该公司2018年年末未分配利润的余额为(　　)万元。
    A. 640　　　　　　B. 2 140　　　　　　C. 670　　　　　　D. 2 170

(5) 根据资料(1)至资料(4),2018年12月31日,该公司资产负债表"股东权益"期末余额填列中,正确的是(　　)。
    A. 库存股无余额　　　　　　　　　　　B. 资本公积2 600万元
    C. 股本9 900万元　　　　　　　　　　D. 盈余公积6 260万元

2. A有限责任公司2019年发生的有关经济业务如下:

资料一:(1) 按照规定办理增资手续后,将资本公积90 000元转增注册资本。该公司原有注册资本为2 910 000元,其中甲、乙、丙三家公司各占1/3。

(2) 用盈余公积50 000元弥补以前年度亏损。

(3) 从税后利润中提取法定盈余公积153 000元。

(4) 接受B公司投资,经投资各方协议,B公司实际出资额中1 000 000元作为新增注册资本,使投资各方在注册资本总额中均占1/4。B公司以银行存款1 200 000元缴付出资额。

资料二:甲企业是2019年1月1日由投资者A和投资者B共同出资成立,每人出资600 000元,各占50%的股份。该企业2019年10月31日"资本公积"贷方余额为6 000元。11月份发生如下与资本公积有关的业务(所涉及款项全部以银行存款收支):

(1) 11月1日,投资者A和投资者B决定吸收C、D两位新投资者加入甲企业。经有关部门批准后,甲企业实施增资,将实收资本增加到2 400 000元。经四方协商一致同意,完成下述投入后,各占甲企业1/4的股份。投资者C、D的出资情况如下:①投资者C以900 000元投入甲企业作为增资,11月11日收到此款项并存入银行;②投资者D以一台生产用设备投入甲企业作为增资,双方确认的价值为600 000元,税务部门认定应交增值税税额为96 000元,甲企业收到后作为固定资产核算。投资者D已开具了增值税专用发票。

(2) 甲企业于11月1日取得乙企业30%的股权,作为长期股权投资核算,乙企业11月30日其他资本公积金额增加15 000元。假定:以上合同约定的价值均与公允价值相等。

要求:根据上述资料,不考虑其他因素,回答下列各小题。

(1) 资料一,根据业务(1),下列选项正确的是(　　)。
    A. "资本公积"减少90 000元　　　　　B. "实收资本"增加90 000元
    C. "股本"增加90 000元　　　　　　　D. 对所有者权益的影响金额为0

(2) 资料一,根据业务(2)和业务(3),下列说法错误的是(　　)。
    A. 盈余公积补亏导致"盈余公积"减少50 000元
    B. 盈余公积补亏不影响所有者权益总额
    C. 提取法定盈余公积会使"未分配利润"减少
    D. 提取法定盈余公积会使留存收益减少

(3) 资料一,根据业务(4),B公司投资后,A公司的注册资本总额为(　　)元。
    A. 4 000 000　　　B. 4 090 000　　　C. 4 800 000　　　D. 4 890 000

(4) 资料二,关于投资者C、D的增资,甲企业的处理错误的是(   )。
   A. 增加"实收资本"1 200 000元　　　　B. 对"资本公积"的影响金额是0
   C. 固定资产的入账价值为696 000元　　D. 资本公积的入账金额为402 000元
(5) 资料二,对于乙企业的其他资本公积变动,甲企业的处理正确的是(   )。
   A. 确认"资本公积"4 500元　　　　　　B. 确认"投资收益"4 500元
   C. 确认"营业外收入"4 500元　　　　　D. 不需要做会计处理
(6) 资料二,2019年11月末,甲企业的"资本公积"余额为(   )元。
   A. 10 500　　　　B. 408 000　　　　C. 6 000　　　　D. 406 500

项目实训

【实训项目】
所有者权益核算。

【实训情境】
2019年1月1日,无锡南阳股份有限公司委托华泰证券股份有限公司代理发行普通股30 000 000股,每股面值1元,每股发行价格3元。假定股票发行成功,股款已全部收到,不考虑发行过程中的税费等因素。有关单证如图11-1和图11-2所示。

股东大会决议

根据《公司法》及公司章程的有关规定,无锡南阳股份有限公司于2018年01月01日在无锡锡州大饭店召开股东大会,出席本次会议的股东共76人,代表公司股东95%的表决权,所作出的决议经出席会议的股东所持表决权的80%通过,决议事项如下:
1. 同意无锡南阳股份有限公司委托华泰证券股份有限公司代理发行普通股30 000 000股,每股面值1元,每股发行价格3元。
   ……
   ……

股东:王蕊
　　　高勇
　　　程悦
　　　朱紫薇
　　　……

2019年01月01日

图11-1　股东大会决议

中国工商银行　进账单　(收账通知)　　　3

2019年1月1日

出票人	全称	华泰证券股份有限公司	收款人	全称	无锡南阳股份有限公司	交此联是收款人开户银行知收款通知
	账号	764398200		账号	768764324	
	开户银行	中国工商银行贡湖大道办事处		开户银行	中国工商银行无锡市支行	
金额	人民币(大写)	玖仟万元整			亿千百十万千百十元角分 ¥ 9 0 0 0 0 0 0 0 0 0 0	
票据种类	转账支票	票据张数	1			
					收款人开户银行签章	

图11-2　银行进账单

【实训要求】

(1) 根据凭证编制无锡南阳股份有限公司发行股票的会计分录。

(2) 通过实训过程的全程参与和体验,在基本完成实训操练各项技能任务的基础上,独立形成所有者权益核算实训报告。

所有者权益核算实训报告

所有者权益核算		
项目实训班级:	项目小组:	项目组成员:
实训时间:　　年　　月　　日	实训地点:	实训成绩:
实训目的:		
实训步骤:		
实训结果:		
实训感言:		
不足与今后改进:		
项目组长评定签字:		项目指导教师评定签字:

项目十二 收入核算——收入

知识目标

理解:收入的概念、特征及分类。
熟知:取得相关商品控制权时确认收入的确认条件。
掌握:某一时点的履约义务收入的核算、一段时间内的履约义务收入的核算。

技能目标

通过本项目的学习,要求能够填制各种收入的原始凭证,并根据原始凭证填制记账凭证。

素质目标

运用所学会计的理论与实务知识研究相关案例,培养和提高学生在特定业务情境中分析问题与决策设计的能力;能结合"收入"的教学内容,结合行业规范或标准,分析会计行为的善恶,强化学生的职业道德素质。

本项目课件

项目引例

引例 收入核算

背景与情境:2019 年 1 月 21 日,华盛公司销售给上海机械公司 1 500 吨线材,开出的增值税专用发票上注明的销售价格为 540 万元,增值税为 91.8 万元,款项尚未收到;该批产品的成本为 350 万元,华盛公司已将线材发出,纳税义务已发生。

请会计张红做出相关账务处理。相关原始凭证:①公司与上海机械公司签订的销售合同;②经销售部门确认后仓库开具的发货单;③给上海机械公司开具的增值税专用发票两联。

业务产生:将生产的产品线材 1 500 吨销售给上海机械公司,形成一笔销售业务,财务部门按合同条款收款,并结转成本。

请针对上述背景与情境内容,做出相关处理程序。

知识精讲

任务一 收入概述

一、收入的概念及特征

收入是指企业在日常活动中形成的、会导致所有者权益增加的、与所有者投入资本无关的经济利益的总流入。其中,日常活动是指企业为完成其经营目标所从事的经常性活动以及与之相关的其他活动。

收入具有如下基本特征:

(1) 收入是在企业日常活动中所形成的经济利益的流入。这些业务活动具有经常性、重复性和可预见性的特点,如制造企业销售产品、提供劳务,商业企业销售商品,旅游企业提供旅游服务,商业银行提供贷款,租赁企业出租固定资产等业务。与日常活动相对应,企业还会发生一些偶发事项,如企业出售固定资产。因固定资产是为使用而不是为出售而购入的,将固定资产出售并不是企业经常的目标,也不属于企业的日常活动,出售固定资产取得的收益不作为收入核算。另外,企业收取的罚款、接受的捐赠、获得的债务重组利益等也是一些偶发事项,也不作为收入核算。

(2) 收入可能表现为企业资产的增加,如增加银行存款、应收账款、应收票据等；也可能表现为企业负债的减少,如预收账款的销售业务,在提供了商品或劳务并取得收入的同时,预收账款得以抵偿；或者两者兼而有之,如商品销售的货款中部分抵偿债务,部分收取现金。

(3) 收入能导致企业所有者权益的增加。如上所述,收入能增加资产或减少负债或两者兼而有之。因此,根据会计等式"资产＝负债＋所有者权益",企业取得的收入能增加所有者权益。但是,收入扣除相关成本费用后的净额则可能增加所有者权益,也可能减少所有者权益。这里仅指收入本身导致的所有者权益增加,而不是指收入扣除相关成本费用后的毛利对所有者权益的影响。因此,收入准则对收入的定义为"经济利益的总流入"。

(4) 收入只包括本企业经济利益的流入,不包括为第三方或客户代收的款项,如企业代税务机关收取的税款、旅行社代客户收取的门票等。代收的款项一方面增加企业的资产；另一方面增加企业的负债,因此不增加企业的所有者权益,也不属于企业的经济利益,不能作为企业的收入。

二、收入的分类

(1) 按交易履约时点可以分为：

① 某一时点的履约义务收入,在某一时点客户即可取得相关商品(或劳务)控制权的收入。

② 一段时间内的履约义务收入,在一时段内客户才能完全取得相关商品(或劳务)控制权的收入。

(2) 按企业经营业务的主次可以分为：

① 主营业务收入,是指企业通过主要经营活动所获取的收入,是企业经常发生的,并在收入中占有较大的比重。不同行业的企业具有不同的主营业务,如制造企业以销售产成品、半成品和提供工业性劳务为主,商品流通企业以销售商品为主,交通运输企业以提供运输服务为主等。

② 其他业务收入,是指企业通过主要经营业务以外的其他经营业务所获取的收入。其他业务收入不经常发生,每笔业务金额一般都比较小,在收入中所占的比重也比较小。如工业企业销售原材料、转让无形资产使用权、出租包装物等所取得的收入。

(3) 按交易性质可以分为：

① 销售商品收入,是指企业通过销售产品或商品而取得的收入。如制造企业销售产品取得的收入、商品流通企业销售商品取得的收入、房地产开发企业销售商品房取得的收入等。

② 提供劳务收入,是指企业通过提供劳务活动而取得的收入。如制造企业受托加工取得的收入、建筑安装企业提供建筑安装劳务取得的收入、服务性企业提供各类服务取得的收入(如广告、咨询、代理、培训、照相等)、交通运输企业提供运输劳务取得的收入等。

③ 让渡资产使用权收入,是指企业通过让渡资产的使用权而取得的收入。如金融企业发放贷款取得的利息收入、企业出租固定资产取得的租金收入以及让渡他人使用本企业的无形资产而形成的使用费收入等。

④ 建造合同收入,是指企业通过签订建造合同,并按合同要求为客户设计和建造房屋、道路、桥梁等建筑物以及大型机械设备等而取得的收入。

任务二　某一时点的履约义务收入的核算

一、某一时点的履约义务收入的确认与计量

(一) 收入的确认

企业应当在履行了合同中的履约义务,即在客户取得相关商品控制权时确认收入。取得相

关商品控制权,是指能够主导该商品的使用并从中获得几乎全部的经济利益。当企业与客户之间的合同同时满足下列条件时,企业应当在客户取得相关商品控制权时确认收入:

(1) 企业就该商品享有现时收款权利,即客户就该商品负有现时付款义务。
(2) 企业已将该商品的法定所有权转移给客户,即客户已拥有该商品的法定所有权。
(3) 企业已将该商品实物转移给客户,即客户已占有该商品实物。
(4) 企业已将该商品所有权上的主要风险和报酬转移给客户,即客户已取得该商品所有权上的主要风险和报酬。
(5) 客户已接受该商品。

在合同开始日即满足上述五个条件的合同,企业在后续期间无需对其进行重新评估,除非有迹象表明相关事实和情况发生重大变化。合同开始日通常是指合同生效日。

在合同开始日不符合上述五个条件规定的合同,企业应当对其进行持续评估,并在其满足上述五个条件时做确认收入的会计处理。

对于不符合上述五个条件规定的合同,企业只有在不再负有向客户转让商品的剩余义务,且已向客户收取的对价无需退回时,才能将已收取的对价确认为收入;否则,应当将已收取的对价作为负债进行会计处理。没有商业实质的非货币性资产交换,不确认收入。

(二) 收入的计量

企业应当按照各项履约义务的交易价格计量收入。交易价格,是指企业因向客户转让商品而预期有权收取的对价金额。企业代第三方收取的款项以及企业预期将退还给客户的款项,应当作为负债进行会计处理,不计入交易价格。

二、某一时点的履约义务收入的会计处理

(一) 正常销售商品业务

在进行销售商品的账务处理时,要先考虑销售商品收入是否符合确认条件。符合收入确认五项条件的,企业应及时确认收入,并结转相关销售成本;否则,不能确认收入。确认商品销售收入时,企业应按已收或应收的合同或协议的价款,加上应收取的增值税税额,借记"银行存款""应收账款""应收票据"等账户,按确定的收入金额,贷记"主营业务收入""其他业务收入"等账户,按应收取的增值税税额,贷记"应交税费——应交增值税(销项税额)"账户;按已发出商品的成本,借记"主营业务成本""其他业务成本"账户,贷记"库存商品"账户;同时在资产负债表日,按应缴纳的消费税、资源税、城市维护建设税、教育费附加等税费金额,借记"税金及附加"账户,贷记"应交税费——应交消费税(应交资源税、应交城市建设维护税、应交教育费附加等)"账户。

如果售出的商品不符合收入确认条件,则不应确认收入,已经发出的商品,应当通过"发出商品"账户进行核算。

【做中学12-1】 天龙公司20×8年4月8日向华联实业股份有限公司销售产品一批,产品成本为100 000元,增值税专用发票上注明产品价款为120 000元,增值税为19 200元。购货时,华联实业股份有限公司以支票付款。

天龙公司编制会计分录如下:

借:银行存款 139 200
　　贷:主营业务收入 120 000
　　　　应交税费——应交增值税(销项税额) 19 200

借:主营业务成本 100 000
　　贷:库存商品 100 000

【做中学 12-2】 天龙公司 20×8 年 4 月 10 日以托收承付结算方式向宏达公司销售一批产品,产品成本 120 000 元,增值税专用发票上注明产品售价为 165 000 元,增值税为 26 400 元。产品已经发出并已向银行办妥托收手续。假定天龙公司在销售产品时已知宏达公司近期资金周转困难,但估计在不久的将来会有所好转,出于促销方面的考虑,仍将产品售给宏达公司。

天龙公司虽然已将商品发出并已办妥托收手续,但相关经济利益的流入存在不确定性,根据销售商品收入确认的五个条件,不能在办妥托收手续时就确认收入。所以,4 月 10 日发出产品时,天龙公司应编制会计分录如下:

借:发出商品	120 000
贷:库存商品	120 000

同时,将增值税专用发票上注明的增值税税额作如下处理:

借:应收账款——宏达公司(应收销项税额)	26 400
贷:应交税费——应交增值税(销项税额)	26 400

假定在 8 月 1 日宏达公司承诺近期付款,此时天龙公司就可以确认收入,并编制会计分录如下:

借:应收账款——宏达公司	165 000
贷:主营业务收入	165 000
借:主营业务成本	120 000
贷:发出商品	120 000

当天龙公司收到货款时,再编制如下会计分录:

借:银行存款	191 400
贷:应收账款——宏达公司	191 400

(二)其他销售商品业务

(1)分期收款销售。当企业将商品的控制权转移给客户的时间与客户实际付款的时间不一致时,如企业以赊销的方式销售商品,或者要求客户支付预付款等,如果各方以在合同中明确(或者以隐含的方式)约定的付款时间为客户或企业就转让商品的交易提供了重大融资利益,则合同中即包含了重大融资成分,企业在确定交易价格时,应当对已承诺的对价金额作出调整,以剔除货币时间价值的影响。合同中存在重大融资成分的,企业应当按照假定客户在取得商品控制权时即以现金支付的应付金额(即现销价格)确定交易价格。在评估合同中是否存在融资成分以及该融资成分对于该合同而言是否重大时,企业应当考虑所有相关的事实和情况,包括:一是已承诺的对价金额与已承诺商品的现销价格之间的差额,如果企业(或其他企业)在销售相同商品时,不同的付款时间会导致销售价格有所差别,则通常表明各方知晓合同中包含了融资成分;二是企业将承诺的商品转让给客户与客户支付相关款项之间的预计时间间隔和相应的市场现行利率的共同影响。尽管向客户转让商品与客户支付相关款项之间的时间间隔并非决定性因素,但是,该时间间隔与现行利率两者的共同影响可能提供了是否存在重大融资利益的明显迹象。企业向客户转让商品与客户支付相关款项之间存在时间间隔并不足以表明合同包含重大融资成分。

企业向客户转让商品与客户支付相关款项之间虽然存在时间间隔,但两者之间的合同没有包含重大融资成分的情形有:一是客户就商品支付了预付款,且可以自行决定这些商品的转让时间。例如,企业向客户出售其发行的储值卡,客户可随时到该企业持卡购物;再如,企业向客户授予奖励积分,客户可随时到该企业兑换这些积分等。二是客户承诺支付的对价中有相当大的部分是可变的,该对价金额或付款时间取决于某一未来事项是否发生,且该事项实质上不受客户或企业控制。例如,按照实际销售量收取的特许权使用费。三是合同承诺的对价金额与现销价格之间的差额是由于向客户或企业提供融资利益以外的其他原因所导致的,且这一差额与产生该差额的原因是相称的。例如,合同约定的支付条款是为了向企业或客户提供保护,以防止另一方未能依照合同充分履行其部分或全部义务。

为简化实务操作,如果在合同开始日,企业预计客户取得商品控制权与客户支付价款间隔不超过1年的,可以不考虑合同中存在的重大融资成分。企业应当对类似情形下的类似合同一致地应用这一简化处理方法。

企业在编制利润表时,应当将合同中存在的重大融资成分的影响(即利息收入和利息支出)与按照本准则确认的收入区分开来,分别列示。企业在按照本准则对与客户的合同进行会计处理时,只有在确认了合同资产(或应收款项)和合同负债的情况下,才应当分别确认相应的利息收入和利息支出。

【做中学12-3】 天龙公司20×4年4月15日采用分期收款的方式向光大企业销售一套大型设备,合同约定的销售价为1 000万元,分5次于每年12月31日等额收取。该大型设备成本为700万元。在现销方式下,该大型设备的销售价格为800万元。假定天龙公司发出商品时开出增值税专用发票,注明的增值税税额为160万元,并于当日收到增值税税额160万元。

天龙公司应收账款的收取时间较长,相当于向客户提供长期信贷,具有融资性质。因此,天龙公司不能按应收的合同价款确认收入,而应当按应收合同价款的现值作为公允价值,确认收入。假定天龙公司确定的实际利率为8%,其应确认销售商品收入800万元。天龙公司采用实际利率法,每期计入财务费用的未实现融资收益金额如表12-1所示。

表12-1   未实现融资收益计算表   单位:万元

日期 ①	分期应收款 ②	确认的融资收益 ③=期初⑤×8%	应收款成本减少额 ④=②-③	应收款摊余成本 期末⑤=期初⑤-④
20×4年4月15日				800
20×4年12月31日	200	64	136	664
20×5年12月31日	200	53.12	146.88	517.12
20×6年12月31日	200	41.37	158.63	358.49
20×7年12月31日	200	28.68	171.32	187.17
20×8年12月31日	200	12.83*	187.17	0
总额	1 000	200	800	

注:*尾数调整。

20×4年4月15日,销售实现时:

借:长期应收款——光大企业   10 000 000
　　银行存款   1 600 000
　贷:主营业务收入   8 000 000
　　　应交税费——应交增值税(销项税额)   1 600 000
　　　未实现融资收益   2 000 000
借:主营业务成本   7 000 000
　贷:库存商品   7 000 000

20×4年12月31日,收取货款时:

借：银行存款 2 000 000
　　贷：长期应收款——光大企业 2 000 000
借：未实现融资收益 640 000
　　贷：财务费用 640 000

20×5年12月31日，收取货款时：

借：银行存款 2 000 000
　　贷：长期应收款——光大企业 2 000 000
借：未实现融资收益 531 200
　　贷：财务费用 531 200

20×6年12月31日，收取货款时：

借：银行存款 2 000 000
　　贷：长期应收款——光大企业 2 000 000
借：未实现融资收益 413 700
　　贷：财务费用 413 700

20×7年12月31日，收取货款时：

借：银行存款 2 000 000
　　贷：长期应收款——光大企业 2 000 000
借：未实现融资收益 286 800
　　贷：财务费用 286 800

20×8年12月31日，收取货款时：

借：银行存款 2 000 000
　　贷：长期应收款——光大企业 2 000 000
借：未实现融资收益 128 300
　　贷：财务费用 128 300

（2）代销，是指委托方根据协议，委托受托方代销商品的一种销售方式。在代销方式下，由于委托方在将商品交付受托方代销时，商品所有权上的风险和报酬并未转移给受托方，因此，发出商品的所有权仍属于委托方，其实际成本应转入"委托代销商品"账户核算，不能确认销售收入。待受托方将代销商品售出并开具代销清单时，委托方才能据以确认销售收入。这里要说明，为了促使受托方加强对代销商品的管理，我国会计准则规定，受托代销方也将受托代销商品作为其存货管理和核算，设置"受托代销商品"账户进行核算。代销通常有视同买断和收取手续费两种方式。

① 视同买断方式代销，是指由委托方和受托方签订协议，委托方按协议价收取代销商品的货款，实际售价可以由受托方自定，实际售价和协议价之间的差额归受托方所有的一种代销方式。由于这种销售本质上仍是代销，委托方将商品交付受托方时不确认收入，受托方也不作为购进业务处理。受托方将商品售出后，应按实际售价确认销售收入，并向委托方开具代销清单。委托方收到代销清单时，再确认本企业的销售收入。

【做中学12-4】 天龙公司委托康华公司代销一批商品，商品协议价为200 000元，增值税税额为32 000元，成本为150 000元。康华公司将该批商品按230 000元的价格售出，收取增值税36 800元，并按协议价给天龙公司开具代销清单。

天龙公司将商品交付给康华公司时：

借：委托代销商品 150 000
　　贷：库存商品 150 000

天龙公司收到代销清单时：

借：应收账款——康华公司 232 000
　　贷：主营业务收入 200 000
　　　　应交税费——应交增值税（销项税额） 32 000
借：主营业务成本 150 000
　　贷：委托代销商品 150 000

天龙公司收到康华公司汇来货款时：

借：银行存款 232 000
　　贷：应收账款——康华公司 232 000

康华公司收到商品时：

借：受托代销商品 200 000
　　贷：受托代销商品款 200 000

康华公司实际销售时：

借：银行存款 266 800
　　贷：主营业务收入 230 000
　　　　应交税费——应交增值税（销项税额） 36 800
借：主营业务成本 200 000
　　贷：受托代销商品 200 000
借：受托代销商品款 200 000
　　应交税费——应交增值税（进项税额） 32 000
　　贷：应付账款——天龙公司 232 000

康华公司按合同协议价将款项付给天龙公司时：

借：应付账款——天龙公司 232 000
　　贷：银行存款 232 000

② 收取手续费方式代销，是指受托方根据所代销的商品数量向委托方收取手续费，这对受托方来说实际上是一种劳务收入。收取手续费的代销方式与视同买断的代销方式相比，主要特点是，受托方通常要按照委托方规定的价格出售，不得自行改变售价。受托方在将商品售出后，根据所代销商品的数量确定应向委托方收取的手续费，确认为劳务收入。委托方在收到代销清单时，确认销售收入，支付的代销手续费计入当期销售费用。

【做中学 12-5】 天龙公司委托彤辉公司代销一批商品，商品售价为 40 000 元，增值税税额为 6 400 元，成本为 30 000 元；彤辉公司按商品售价的 8% 收取手续费。彤辉公司将商品全部售出，并给天龙公司开具代销清单。

天龙公司将商品交付给彤辉公司时：

借：委托代销商品 30 000
　　贷：库存商品 30 000

天龙公司收到代销清单时：

借：应收账款——彤辉公司 46 400
　　贷：主营业务收入 40 000
　　　　应交税费——应交增值税（销项税额） 6 400
借：主营业务成本 30 000
　　贷：委托代销商品 30 000

借：销售费用	3 200
贷：应收账款——彤辉公司	3 200

彤辉公司将手续费扣除后汇来其余货款时：

借：银行存款	43 200
贷：应收账款——彤辉公司	43 200

彤辉公司收到商品时：

借：受托代销商品	40 000
贷：受托代销商品款	40 000

彤辉公司实际销售时：

借：银行存款	46 400
贷：应付账款——天龙公司	40 000
应交税费——应交增值税（销项税额）	6 400
借：应交税费——应交增值税（进项税额）	6 400
贷：应付账款——天龙公司	6 400
借：受托代销商品款	40 000
贷：受托代销商品	40 000

彤辉公司将代销手续费扣除后汇出其余货款时：

借：应付账款——天龙公司	46 400
贷：银行存款	43 200
主营业务收入（或其他业务收入）(40 000×8%)	3 200

③ 售后代管商品是指根据企业与客户签订的合同，已经就销售的商品向客户收款或取得了收款权利，但是直到在未来某一时点将该商品交付给客户之前，仍然继续持有该商品实物的安排。实务中，客户可能会因为缺乏足够的仓储空间或生产进度延迟而要求与销售方订立此类合同。在这种情况下，尽管企业仍然持有商品的实物，但是当客户已经取得了对该商品的控制权时，即使客户决定暂不行使实物占有的权利，其依然有能力主导该商品的使用并从中获得几乎全部的经济利益。因此，企业不再控制该商品，而只是向客户提供了代管服务。

在售后代管商品安排下，除了应当考虑客户是否取得商品控制权的迹象之外，还应当同时满足下列四项条件，才表明客户取得了该商品的控制权：一是该安排必须具有商业实质，例如，该安排是应客户的要求而订立的；二是属于客户的商品必须能够单独识别，例如，将属于客户的商品单独存放在指定地点；三是该商品可以随时交付给客户；四是企业不能自行使用该商品或将该商品提供给其他客户。实务中，越是通用的、可以和其他商品互相替换的商品，越有可能难以满足上述条件。

（3）销售折扣与折让。企业在销售商品时，有时还会附有一些销售折扣条件，售出的商品有时也会因质量不符等原因而在价格上给予购货方一定的折让。当企业发生销售折扣、销售折让时，将会对收入的确认产生一定的影响。

① 销售折扣，是指企业为鼓励购货方早日付款或多购商品而给予的价格折扣，包括现金折扣和商业折扣。

第一，现金折扣是指销货方为鼓励购货方提前付款而向购货方提供的债务扣除。当企业以赊销方式销售商品时有可能发生现金折扣。对现金折扣的处理方法一般有两种：总价法和净价法。总价法是将现金折扣视为鼓励客户提早付款而给予的经济利益，具体处理时以未扣除现金折扣的金额确认销售收入和应收账款。销售方给予购货方的现金折扣，从融资角度处理。净价法是将扣除现金折扣后的金额确认为收入和应收账款。它是假定客户一般都会得到现金折扣，而放弃现金折扣只是例外情况，客户因超过折扣期而多付的款项，作为冲减财务费用处理。总价法可以较好地反映销售的全过程，但在客户可能享受现金折扣的情况下会高估资产和收入。净价法可以避免总价法的不足，但在会计期末对于客户未享受的现金折扣应进行调账，会计处理较为繁琐。我国规定，现金折扣按总价法处理。

【做中学12-6】 天龙公司2×18年4月5日销售一批商品，成本1 200 000元，增值税专用发票上注明货款1 600 000元，增值税税额256 000元。合同规定的现金折扣条件为"2/15,n/30"。买方于4月18日付款。

天龙公司4月5日售出商品时：

借：应收账款　　　　　　　　　　　　　　　　　　　　　　　　　1 856 000
　　贷：主营业务收入　　　　　　　　　　　　　　　　　　　　　　　1 600 000
　　　　应交税费——应交增值税（销项税额）　　　　　　　　　　　　　256 000

借：主营业务成本　　　　　　　　　　　　　　　　　　　　　　　1 200 000
　　贷：库存商品　　　　　　　　　　　　　　　　　　　　　　　　　1 200 000

4月18日，收到货款时：

借：银行存款　　　　　　　　　　　　　　　　　　　　　　　　　1 824 000
　　财务费用　　　　　　　　　　　　　　　　　　　　　　　　　　　32 000
　　贷：应收账款　　　　　　　　　　　　　　　　　　　　　　　　　1 856 000

第二，商业折扣是指销货方为了促进销售而在商品标价上给予的扣除。由于商业折扣是在交易成立之前就予以扣除的折扣，它只是交易双方确定交易价格的一种方式。因此，企业销售实现时，只要按扣除商业折扣后的净额确认销售收入即可。

【做中学12-7】 天龙公司A产品不含增值税单价为200元（成本为160元），增值税税率为16%。甲公司一次购买A产品1 000件。根据规定的折扣条件，甲公司可得到10%的商业折扣。天龙公司为一般纳税人，甲公司按合同规定采用托收承付结算方式结算。

天龙公司销货时：

借：应收账款——甲公司　　　　　　　　　　　　　　　　　　　　　208 800
　　贷：主营业务收入　　　　　　　　　　　　　　　　　　　　　　　　180 000
　　　　应交税费——应交增值税（销项税额）　　　　　　　　　　　　　 28 800

借：主营业务成本　　　　　　　　　　　　　　　　　　　　　　　　160 000
　　贷：库存商品　　　　　　　　　　　　　　　　　　　　　　　　　 160 000

收到银行转来的收款通知时：

借：银行存款　　　　　　　　　　　　　　　　　　　　　　　　　 208 800
　　贷：应收账款——甲公司　　　　　　　　　　　　　　　　　　　　 208 800

② 销售折让，是指企业因售出商品的质量、品种等不符合要求而在售价上给予的减让。销售折让可能发生在确认收入之前，也可能发生在确认收入之后。如是前者，销售折让相当于商业折扣，无需进行会计处理；如为后者，当销售折让实际发生时，直接冲减发生当期的销售收入。发生销售折让时，如按规定允许扣减当期销项税额，应同时冲减销项税额。

【做中学12-8】 天龙公司上月销售商品一批，增值税专用发票上注明的售价为100 000元，增值税税额为16 000元。货到后买方发现商品质量有问题，经与买方协商同意给予10%的折让。该批商品的成本为70 000元。买方按合同规定采用托收承付结算方式结算。

天龙公司实现销售时：

借：应收账款		116 000
贷：主营业务收入		100 000
应交税费——应交增值税（销项税额）		16 000
借：主营业务成本		70 000
贷：库存商品		70 000

发生销售折让时：

借：主营业务收入		10 000
应交税费——应交增值税（销项税额）		1 600
贷：应收账款		11 600

实际收到货款时：

借：银行存款		104 400
贷：应收账款		104 400

（4）以旧换新销售，是指销货方在销售商品的同时，收回与所销商品相同的旧商品。在这种销售方式下，销售的商品按照商品销售的方法确认收入，回收的商品作为购进商品处理。

任务三　一段时间内的履约义务收入的核算

一、一段时间内的履约义务收入的确认与计量

通常满足下列条件之一的，属于在某一时段内履行履约义务；否则，属于在某一时点履行履约义务：

（1）客户在企业履约的同时即取得并消耗企业履约所带来的经济利益。

企业在履约过程中是持续地向客户转移企业履约所带来的经济利益的，该履约义务属于在某一时段内履行的履约义务，企业应当在履行履约义务的期间确认收入。

企业在判断其他企业是否实质上无需重新执行企业累计至今已经完成的工作时，应当基于下列两个前提：一是不考虑可能会使企业无法将剩余履约义务转移给其他企业的潜在限制，包括合同限制或实际可行性限制；二是假设继续履行剩余履约义务的其他企业将不会享有企业目前已控制的、且在剩余履约义务转移给其他企业后仍然控制的任何资产的利益。

（2）客户能够控制企业履约过程中在建的商品。

企业在履约过程中在建的商品包括在产品、在建工程、尚未完成的研发项目、正在进行的服务等，由于客户控制了在建的商品，客户在企业提供商品的过程中获得其利益。因此，该履约义务属于在某一时段内履行的履约义务，应当在该履约义务履行的期间内确认收入。

（3）企业履约过程中所产出的商品具有不可替代用途，且该企业在整个合同期间内有权就累计至今已完成的履约部分收取款项。

其中，具有不可替代用途，是指因合同限制或实际可行性限制，企业不能轻易地将商品用于其他用途；有权就累计至今已完成的履约部分收取款项，是指在由于客户或其他方原因终止合同的情况下，企业有权就累计至今已完成的履约部分收取能够补偿其已发生成本和合理利润的款项，并且该权利具有法律约束力。

对于在某一时段内履行的履约义务，企业应当在该段时间内按照履约进度确认收入，但是，履约进度不能合理确定的除外。企业应当考虑商品的性质，采用产出法或投入法确定恰当的履约进度。其中，产出法是根据已转移给客户的商品对于客户的价值确定履约进度；投入法是根据

企业为履行履约义务的投入确定履约进度。对于类似情况下的类似履约义务,企业应当采用相同的方法确定履约进度。

当履约进度不能合理确定时,企业已经发生的成本预计能够得到补偿的,应当按照已经发生的成本金额确认收入,直到履约进度能够合理确定为止。

第一,不跨年度收入的确认与计量。

不跨年度收入是指在同一会计年度内开始并完成的交易合同收入。该类收入应在客户取得相关商品控制权时确认收入,按企业与客户签订的合同或协议约定的交易价格确认收入。

第二,跨年度收入的确认与计量。

跨年度收入是指商品生产或劳务开始和完成分属不同年度的交易合同收入。该类收入应分别按履约进度是否能合理确定来加以确认。

(1)能够合理确定履约进度的收入,企业应当考虑商品的性质,采用产出法或投入法确定恰当的履约进度。采用产出法或投入法确定履约进度时,收入和相关成本应按以下公式计算:

本期确认的收入 = 合同总收入 × 本期末止履约进度 − 以前期间已确认的收入

本期确认的成本 = 合同总成本 × 本期末止履约进度 − 以前期间已确认的成本

(2)不能合理确定履约进度的收入,企业已经发生的成本预计能够得到补偿的,应当按照已经发生的成本金额确认收入,直到履约进度能够合理确定为止。

二、一段时间内的履约义务收入的会计处理

提供商品或劳务的收入可能在商品或劳务完成时确认,也可能按履约进度确认。商品或劳务收入在确认时,应按确认的收入金额,借记"应收账款""银行存款"等账户,贷记"主营业务收入""其他业务收入"等账户;按实际发生额确认成本时,借记"主营业务成本""其他业务成本"等账户,贷记"银行存款"等账户。

【做中学 12-9】某公司 2018 年 3 月 1 日与客户签订了一项培训合同,合同规定培训期两年,培训费为 240 000 元,分别于 2018 年 3 月 1 日、2019 年 3 月 1 日各支付总培训费的 50%。2018 年、2019 年和 2020 年各年估计发生的成本分别为:40 000 元、80 000 元和 40 000 元。各年实际发生的成本为 45 000 元、78 000 元和 36 000 元。假定不考虑各种税费。

2018 年 3 月 1 日,收到培训费时:

借:银行存款　　　　　　　　　　　　　　　　　　　　　　　　　　　120 000
　　贷:预收账款　　　　　　　　　　　　　　　　　　　　　　　　　　120 000

2018 年实际发生成本时:

借:主营业务成本　　　　　　　　　　　　　　　　　　　　　　　　　 45 000
　　贷:银行存款等　　　　　　　　　　　　　　　　　　　　　　　　　 45 000

2018 年 12 月 31 日,按投入法确认收入时:

2018 年年末履约进度 = 40 000 ÷ (40 000 + 80 000 + 40 000) × 100% = 25%

本年应确认的收入 = 240 000 × 25% = 60 000(元)

借:预收账款　　　　　　　　　　　　　　　　　　　　　　　　　　　 60 000
　　贷:主营业务收入　　　　　　　　　　　　　　　　　　　　　　　　 60 000

2019 年 3 月 1 日,收到培训费时:

借:银行存款　　　　　　　　　　　　　　　　　　　　　　　　　　　120 000
　　贷:预收账款　　　　　　　　　　　　　　　　　　　　　　　　　　120 000

2019 年,实际发生成本时:

借：主营业务成本 78 000
　　贷：银行存款等 78 000

2019年12月31日，按投入法确认收入时：

2019年年末履约进度 = 120 000 ÷ (40 000 + 80 000 + 40 000) × 100% = 75%

本年应确认的收入 = 240 000 × 75% − 60 000 = 120 000(元)

借：预收账款 120 000
　　贷：主营业务收入 120 000

2020年，实际发生成本时：

借：主营业务成本 36 000
　　贷：银行存款等 36 000

2020年3月1日，按投入法确认收入时：

2020年年末履约进度 = 160 000 ÷ (40 000 + 80 000 + 40 000) × 100% = 100%

本年应确认的收入 = 240 000 × 100% − 60 000 − 120 000 = 60 000(元)

借：预收账款 60 000
　　贷：主营业务收入 60 000

三、特定交易的会计处理

(一) 企业向客户授予知识产权许可的交易

企业授予客户对企业拥有的知识产权享有相应权利。常见的知识产权包括软件和技术、影视和音乐等的版权、特许经营权以及专利权、商标权、其他版权等。

1. 授予知识产权许可是否构成单项履约义务

企业向客户授予知识产权许可时，可能也会同时销售商品，这些承诺可能在合同中明确约定，也可能隐含于企业已公开宣布的政策、特定声明或者企业以往的习惯做法中。在这种情况下，企业应当评估授予客户的知识产权许可是否可与所售商品明确区分，即该知识产权许可是否构成单项履约义务，并进行相应的会计处理。

授予客户的知识产权许可不构成单项履约义务的，企业应当将该知识产权许可和所售商品一起作为单项履约义务进行会计处理。知识产权许可与所售商品不可明确区分的情形包括：一是该知识产权许可构成有形商品的组成部分并且对于该商品的正常使用不可或缺，例如，企业向客户销售设备和相关软件，该软件内嵌于设备之中，该设备必须安装了该软件之后才能正常使用；二是客户只有将该知识产权许可和相关服务一起使用才能够从中获益，例如，客户取得授权许可，但是只有通过企业提供的在线服务才能访问相关内容。

2. 授予知识产权许可属于在某一时段履行的履约义务

授予客户的知识产权许可构成单项履约义务的，企业应当根据该履约义务的性质，进一步确定其是在某一时段内履行还是在某一时点履行。企业向客户授予的知识产权许可，同时满足下列三项条件的，应当作为在某一时段内履行的履约义务确认相关收入；否则，应当作为在某一时点履行的履约义务确认相关收入：

(1) 合同要求或客户能够合理预期企业将从事对该项知识产权有重大影响的活动。企业向客户授予知识产权许可之后，还可能会从事一些后续活动，例如市场推广、知识产权的继续开发或者能够影响知识产权价值的日常活动等，这些活动可能会在企业与客户的合同中明确约定，也可能是客户基于企业公开宣布的政策、特定声明或者企业以往的习惯做法而合理预期企业将会从事这些活动。如果企业和客户之间约定共享该知识产权的经济利益(例如，企业收取的特许权使用费基于客户的销售情况确定),虽然并非决定性因素,但是这可能表明客户能够合理预期企业将从事对该项知识产权有重大影响的活动。

企业从事的活动存在下列情况之一的,将会对该项知识产权有重大影响:一是这些活动预期将显著改变该项知识产权的形式(如知识产权的设计、内容)或者功能(如执行某任务的能力);二是客户从该项知识产权中获益的能力在很大程度上来源于或者取决于这些活动,即,这些活动会改变该项知识产权的价值,例如企业授权客户使用其品牌,客户从该品牌获得的利益价值取决于企业为维护或提升其品牌价值而持续从事的活动。当该项知识产权具有重大的独立功能,且该项知识产权绝大部分的经济利益来源于该项功能时,客户从该项知识产权中获得的利益可能不受企业从事的相关活动的重大影响,除非这些活动显著改变了该项知识产权的形式或者功能。具有重大独立功能的知识产权主要包括软件、生物合成物或药物配方以及已完成的媒体内容(例如电影、电视节目以及音乐录音)版权等。

(2) 该活动对客户将产生有利或不利影响。企业从事的这些后续活动将直接导致相关知识产权许可对客户产生影响,且这种影响既包括有利影响,也包括不利影响。如果企业从事的后续活动并不影响授予客户的知识产权许可,那么企业的后续活动只是在改变其自己拥有的资产。虽然这些活动可能影响企业提供未来知识产权许可的能力,但将不会影响客户已控制或使用的内容。

(3) 该活动不会导致向客户转让某项商品。企业向客户授予知识产权许可,并承诺从事与该许可相关的某些后续活动时,如果这些活动本身构成了单项履约义务,那么企业在评估授予知识产权许可是否属于在某一时段履行的履约义务时应当不予考虑。

3. 授予知识产权许可属于在某一时点履行的履约义务

授予知识产权许可不属于在某一时段内履行的履约义务的,应当作为在某一时点履行的履约义务,在履行该履约义务时确认收入。在客户能够使用某项知识产权许可并开始从中获利之前,企业不能对此类知识产权许可确认收入。例如,企业授权客户在一定期间内使用软件,但是,在企业向客户提供该软件的密钥之前,客户都无法使用该软件,因此,企业在向客户提供该密钥之前虽然已经得到授权,但也不应确认收入。

4. 基于销售或使用情况的特许权使用费

企业向客户授予知识产权许可,并约定按客户实际销售或使用情况(如按照客户的销售额)收取特许权使用费的,应当在客户后续销售或使用行为实际发生与企业履行相关履约义务两者孰晚的时点确认收入。这是估计可变对价的一个例外规定,该例外规定只有在下列两种情形下才能使用:一是特许权使用费仅与知识产权许可相关;二是特许权使用费可能与合同中的知识产权许可和其他商品都相关。但是,与知识产权许可相关的部分占有主导地位。当企业能够合理预期,客户认为知识产权许可的价值远高于合同中与之相关的其他商品时,该知识产权许可可能是占有主导地位的。对于不适用该例外规定的特许权使用费,应当按照估计可变对价的一般原则进行处理。

此外,企业使用上述例外规定时,应当对特许权使用费整体采用该规定,而不应当将特许权使用费进行分拆,即部分采用该例外规定进行处理,而其他部分按照估计可变对价的一般原则进行处理。

(二) 无需退回的初始费

企业在合同开始日(或邻近合同开始日)向客户收取的无需退回的初始费通常包括入会费、接驳费、初装费等。企业收取该初始费时,应当评估该初始费是否与向客户转让已承诺的商品相关。该初始费与向客户转让已承诺的商品相关,且该商品构成单项履约义务的,企业应当在转让该商品时,按照分摊至该商品的交易价格确认收入;该初始费与向客户转让已承诺的商品相关,但该商品不构成单项履约义务的,企业应当在包含该商品的单项履约义务履行时,按照分摊至该单项履约义务的交易价格确认收入;该初始费与向客户转让已承诺的商品不相关的,该初始费应当作为未来将转让商品的预收款,在未来转让该商品时确认为收入。当企业向客户授予了续约选择权,且该选择权向客户提供了重大权利时,这部分收入确认的期间将可能长于初始合同期限。

在合同开始日(或邻近合同开始日),企业通常必须开展一些初始活动,为履行合同进行准备,如一些行政管理性质的准备工作,这些活动虽然与履行合同有关,但并没有向客户转让已承诺的商品,因此,不构成单项履约义务。在这种情况下,即使企业向客户收取的无需退还的初始费与这些初始活动有关(例如,企业为了补偿开展这些活动所发生的成本而向客户收取初始费),也不应在这些活动完成时将该初始费确认为收入,而应当将该初始费作为未来将转让商品的预收款,在未来转让该商品时确认为收入。

企业为履行合同开展初始活动,但这些活动本身并没有向客户转让已承诺的商品的,企业为开展这些活动所发生的支出,应当按照本准则的有关合同履约成本的相关规定确认为一项资产或计入当期损益,并且企业在确定履约进度时,也不应当考虑这些成本,因为这些成本并不反映企业向客户转让商品的进度。

(三) 客户未行使的权利

企业因销售商品向客户收取的预收款,赋予了客户一项在未来从企业取得该商品的权利,并使企业承担了向客户转让该商品的义务。因此,企业应当将预收的款项确认为合同负债,待未来履行了相关履约义务,即向客户转让相关商品时,再将该负债转为收入。

某些情况下,企业收取的预收款无需退回,但是客户可能会放弃其全部或部分合同权利。例如,放弃储值卡的使用等。企业预期将有权获得与客户所放弃的合同权利相关的金额的,应当按照客户行使合同权利的模式按比例将上述金额确认为收入;否则,企业只有在客户要求其履行剩余履约义务的可能性极低时,才能将相关负债余额转为收入。企业在确定其是否预期将有权获得与客户所放弃的合同权利相关的金额时,应当考虑将估计的可变对价计入交易价格的限制要求。

如果有相关法律规定,企业所收取的、与客户未行使权利相关的款项须转交给其他方的(例如,法律规定无人认领的财产需上交政府),企业不应将其确认为收入。

(四) 售后回购

售后回购,是指企业销售商品的同时承诺或有权选择日后再将该商品购回的销售方式。被购回的商品包括原销售给客户的商品、与该商品几乎相同的商品,或者以该商品作为组成部分的其他商品。一般来说,售后回购通常有三种形式:一是企业和客户约定企业有义务回购该商品,即存在远期安排;二是企业有权利回购该商品,即企业拥有回购选择权;三是当客户要求时,企业有义务回购该商品,即客户拥有回售选择权。对于不同类型的售后回购交易,企业应当区分下列两种情形分别进行会计处理:

(1) 企业因存在与客户的远期安排而负有回购义务或企业享有回购权利的。企业因存在与客户的远期安排而负有回购义务或企业享有回购权利的,尽管客户可能已经持有了该商品的实物,但是由于企业承诺回购或者有权回购该商品,导致客户主导该商品的使用并从中获取几乎全部经济利益的能力受到限制。因此,在销售时点,客户并没有取得该商品的控制权。在这种情况下,企业应根据下列情况分别进行相应的会计处理:一是回购价格低于原售价的,应当视为租赁交易,按照《企业会计准则第 21 号——租赁》的相关规定进行会计处理;二是回购价格不低于原售价的,应当视为融资交易,在收到客户款项时确认金融负债,而不是终止确认该资产,并将该款项和回购价格的差额在回购期间内确认为利息费用等。

(2) 企业应客户要求回购商品的。企业负有应客户要求回购商品义务的,应当在合同开始日评估客户是否具有行使该要求权的重大经济动因。客户具有行使该要求权的重大经济动因的,企业应当将回购价格与原售价进行比较,并按照上述第1种情形下的原则将该售后回购作为租赁交易或融资交易进行相应的会计处理。客户不具有行使该要求权的重大经济动因的,企业应当将该售后回购作为附有销售退回条款的销售交易进行相应的会计处理。

在判断客户是否具有行权的重大经济动因时,企业应当综合考虑各种相关因素,包括回购价格与预计回购时市场价格之间的比较以及权利的到期日等。当回购价格明显高于该资产回购时的市场价值时,通常表明客户有行权的重大经济动因。

对于上述两种情形,企业在比较回购价格和原销售价格时,应当考虑货币的时间价值。在企业有权要求回购或者客户有权要求企业回购的情况下,企业或者客户到期未行使权利的,应在该权利到期时终止确认相关负债,同时确认收入。

【做中学12-10】 天龙公司于2018年4月1日与甲公司签订协议,向甲公司销售一批商品,商品实际成本为500 000元,增值税专用发票上注明的售价为600 000元,增值税税额为96 000元。协议规定,天龙公司应于2018年9月1日将所售商品回购,回购价为620 000元(不含增值税税额)。天龙公司商品已发运,货款已收到。

天龙公司4月1日发出商品并收到货款时:

借:银行存款 696 000
　　贷:其他应付款——甲公司 600 000
　　　　应交税费——应交增值税(销项税额) 96 000
借:发出商品 500 000
　　贷:库存商品 500 000

4~8月,各月计提利息费用时:

借:财务费用[(620 000-600 000)÷5] 4 000
　　贷:其他应付款——甲公司 4 000

9月1日,回购该商品时:

借:其他应付款——甲公司 620 000
　　应交税费——应交增值税(进项税额) 99 200
　　贷:银行存款 719 200

同时:

借:库存商品 500 000
　　贷:发出商品 500 000

(五)附有销售退回条款的销售

企业将商品转让给客户之后,可能会因为各种原因允许客户选择退货(例如,客户对所购商品的款式不满意等)。附有销售退回条款的销售,是指客户依照有关合同有权退货的销售方式。合同中有关退货权的条款可能会在合同中明确约定,也有可能是隐含的。隐含的退货权可能来自企业在销售过程中向客户作出的声明或承诺,也有可能是来自法律法规的要求或企业以往的习惯做法等。客户选择退货时,可能有权要求返还其已经支付的全部或部分对价、抵减其对企业已经产生或将会产生的欠款或者要求换取其他商品。

客户取得商品控制权之前退回该商品不属于销售退回。需要说明的是,企业在允许客户退货的期间内随时准备接受退货的承诺,并不构成单项履约义务,但可能会影响收入确认的金额。企业应当遵循可变对价(包括将可变对价计入交易价格的限制要求)的处理原则来确定其预期有权收取的对价金额,即交易价格不应包含预期将会被退回的商品的对价金额。

企业应当在客户取得相关商品控制权时,按照因向客户转让商品而预期有权收取的对价金额(即不包含预期因销售退回将退还的金额)确认收入,按照预期因销售退回将退还的金额确认负债;同时,按照预期将退回商品转让时的账面价值,扣除收回该商品预计发生的成本(包括退回商品的价值减损)后的余额,确认一项资产,按照所转让商品转让时的账面价值,扣除上述资产成本的净额结转成本。每一资产负债表日,企业应当重新估计未来销售退回情况,并对上述资产和负债进行重新计量。如有变化,应当作为会计估计变更进行会计处理。

附有销售退回条款的销售,在客户要求退货时,如果企业有权向客户收取一定金额的退货费,则企业在估计预期有权收取的对价金额时,应当将该退货费包括在内。

需要说明的是,客户以一项商品换取类型、质量、状况及价格均相同的另一项商品,不应被视为退货。此外,如果合同约定客户可以将质量有瑕疵的商品退回以换取正常的商品,企业应当按照附有质量保证条款的销售进行会计处理。对于具有类似特征的合同组合,企业也可以在确定退货率、坏账率、合同存续期间等方面运用组合法进行估计。

【做中学12-11】 2×18年10月1日,甲公司向乙公司销售5 000件健身器材,单位销售价格为500元,单位成本为400元,开出的增值税专用发票上注明的销售价格为250万元,增值税额为40万元。健身器材已经发出,但款项尚未收到。根据协议约定,乙公司应于2×18年12月1日之前支付货款,在2×19年3月31日之前有权退还健身器材。发出健身器材时,甲公司根据过去的经验,估计该批健身器材的退货率约为20%;在2×18年12月31日,甲公司对退货率进行了重新评估,认为只有10%的健身器材会被退回。甲公司为增值税一般纳税人,健身器材发出时纳税义务已经发生,实际发生退回时取得税务机关开具的红字增值税专用发票。假定健身器材发出时控制权转移给乙公司。甲公司的账务处理如下:

(1) 2×18年10月1日发出健身器材:

借:应收账款	2 900 000
贷:主营业务收入	2 000 000
预计负债——应付退货款	500 000
应交税费——应交增值税(销项税额)	400 000
借:主营业务成本	1 600 000
应收退货成本	400 000
贷:库存商品	2 000 000

(2) 2×18年12月1日前收到货款时:

借:银行存款	2 900 000
贷:应收账款	2 900 000

(3) 2×18年12月31日,甲公司对退货率进行重新评估:

借:预计负债——应付退货款	250 000
贷:主营业务收入	250 000
借:主营业务成本	200 000
贷:应收退货成本	200 000

(4) 2×19年3月31日发生销售退回,实际退货量为400件,退货款项已经支付:

借:库存商品	160 000
应交税费——应交增值税(销项税额)	32 000
预计负债——应付退货款	250 000
贷:应收退货成本	160 000
主营业务收入	50 000
银行存款	232 000

借：主营业务成本　　　　　　　　　　　　　　　　　　　　　　　40 000
　　贷：应收退货成本　　　　　　　　　　　　　　　　　　　　　　40 000

（六）附有质量保证条款的销售

企业在向客户销售商品时，根据合同约定、法律规定或本企业以往的习惯做法等，可能会为所销售的商品提供质量保证，这些质量保证的性质可能因行业或者客户而不同。其中，有一些质量保证是为了向客户保证所销售的商品符合既定标准，即保证类质量保证；而另一些质量保证则是在向客户保证所销售的商品符合既定标准之外提供了一项单独的服务，即服务类质量保证。

企业应当对其所提供的质量保证的性质进行分析，对于客户能够选择单独购买质量保证的，表明该质量保证构成单项履约义务；对于客户虽然不能选择单独购买质量保证，但是，如果该质量保证在向客户保证所销售的商品符合既定标准之外提供了一项单独服务的，也应当作为单项履约义务。作为单项履约义务的质量保证应当按本准则规定进行会计处理，并将部分交易价格分摊至该项履约义务。对于不能作为单项履约义务的质量保证，企业应当按照《企业会计准则第13号——或有事项》的规定进行会计处理。

企业在评估一项质量保证是否在向客户保证所销售的商品符合既定标准之外提供了一项单独的服务时，应当考虑的因素包括：

(1) 该质量保证是否为法定要求。当法律要求企业提供质量保证时，该法律规定通常表明企业承诺提供的质量保证不是单项履约义务，这是因为，这些法律规定通常是为了保护客户，以免其购买瑕疵或缺陷商品，而并非为客户提供一项单独的服务。

(2) 质量保证期限。企业提供质量保证的期限越长，越有可能表明企业向客户提供了保证商品符合既定标准之外的服务。因此，企业承诺提供的质量保证越有可能构成单项履约义务。

(3) 企业承诺履行任务的性质。如果企业必须履行某些特定的任务以保证所销售的商品符合既定标准（例如，企业负责运输被客户退回的瑕疵商品），则这些特定的任务可能不构成单项履约义务。

企业提供的质量保证同时包含保证类质量保证和服务类质量保证的，应当分别对其进行会计处理；无法合理区分的，应当将这两类质量保证一起作为单项履约义务按照本准则进行会计处理。

当企业销售的商品对客户造成损害或损失时，如果相关法律法规要求企业需要对此进行赔偿，该法定要求不会产生单项履约义务。如果企业承诺，当企业向客户销售的商品由于专利权、版权、商标或其他侵权等原因被索赔而对客户造成损失时，向客户赔偿该损失，该承诺也不会产生单项履约义务。企业应当按照《企业会计准则第13号——或有事项》的规定对上述义务进行会计处理。

（七）附有客户额外购买选择权的销售

某些情况下，企业在销售商品的同时，会向客户授予选择权，允许客户可以据此免费或者以折扣价格购买额外的商品。企业向客户授予的额外购买选择权的形式包括销售激励、客户奖励积分、未来购买商品的折扣券以及合同续约选择权等。

对于附有客户额外购买选择权的销售，企业应当评估该选择权是否向客户提供了一项重大权利。如果客户只有在订立了一项合同的前提下才取得了额外购买选择权，并且客户行使该选择权购买额外商品时，能够享受到超过该地区或该市场中其他同类客户所能够享有的折扣，则通常认为该选择权向客户提供了一项重大权利。该选择权向客户提供了重大权利的，应当作为单项履约义务。在这种情况下，客户在该合同下支付的价款实际上购买了两项单独的商品：一是客户在该合同下原本购买的商品；二是客户可以免费或者以折扣价格购买额外商品的权利。企业应当将交易价格在这两项商品之间进行分摊，其中，分摊至后者的交易价格与未来的商品相关。

因此，企业应当在客户未来行使该选择权取得相关商品的控制权时，或者在该选择权失效时确认为收入。在考虑授予客户的该项权利是否重大时，应根据其金额和性质综合判断。例如，企业实施一项奖励积分计划，客户每消费10元便可获得1个积分，每个积分的单独售价为0.1元，该积分可累积使用，用于换取企业销售的产品。虽然客户每笔消费所获取的积分的价值相对于消费金额而言并不重大，但是由于该积分可以累积使用。基于企业的历史数据，客户通常能够累积足够的积分来免费换取产品，这可能表明该积分向客户提供了重大权利。

当企业向客户提供了额外购买选择权，但客户在行使该选择权购买商品的价格反映了该商品的单独售价时，即使客户只能通过与企业订立特定合同才能获得该选择权，该选择权也不应被视为企业向该客户提供了一项重大权利。例如，电信公司与客户签订合同，以套餐的方式向客户销售一部手机和两年的通信服务，包括每月200分钟的语音服务和4G的数据流量，并按月收取固定费用；同时，客户可以根据需要，在任何月份按照约定的价格购买额外的语音服务和数据流量。如果该约定的价格与其他客户单独购买语音服务和数据流量时的价格相同，则表明电信公司向客户提供的该额外购买选择权并不构成一项重大权利，企业无需分摊交易价格，只有在客户行使选择权购买额外的商品时才需要进行相应的会计处理。

企业提供的额外购买选择权构成单项履约义务的，企业应当按照交易价格分摊的相关原则，将交易价格分摊至该履约义务。客户额外购买选择权的单独售价无法直接观察的，企业应当综合考虑客户行使和不行使该选择权所能获得的折扣的差异以及客户行使该选择权的可能性等全部相关信息后，予以合理估计。

需要说明的是，企业向客户授予奖励积分，该积分可能有多种使用方式，例如该积分只能用于兑换本企业提供的商品、只能用于兑换第三方的商品，或者客户可以在二者中进行选择。企业授予客户的奖励积分为客户提供了重大权利从而构成单项履约义务时，企业应当根据具体情况确定收入确认的时点和金额。具体而言，该积分只能用于兑换本企业提供的商品的，企业通常只能在将相关商品转让给客户或该积分失效时，确认与积分相关的收入；该积分只能用于兑换第三方提供的商品的，企业应当分析，对于该项履约义务而言，其身份是主要责任人还是代理人，企业是代理人的，通常应在完成代理服务时（例如协助客户自第三方兑换完积分时）按照其有权收取的佣金等确认收入；客户可以选择兑换由本企业或第三方提供的商品的，在客户选择如何兑换积分或该积分失效之前，企业需要随时准备为客户兑换积分提供商品，当客户选择兑换本企业的商品时，企业通常只能在将相关商品转让给客户或该积分失效时确认相关收入，当客户选择兑换第三方提供的商品时，企业需要分析其是主要责任人还是代理人，并进行相应的会计处理。

当客户享有的额外购买选择权是一项重大权利时，如果客户行使该权利购买的额外商品与原合同下购买的商品类似，且企业将按照原合同条款提供该额外商品的，则企业可以无需估计该选择权的单独售价，而是直接把其预计将提供的额外商品的数量以及预计将收取的相应对价金额纳入原合同，并进行相应的会计处理。这是一种便于实务操作的简化处理方式，常见于企业向客户提供续约选择权的情况。例如，企业与客户签订为期1年的合同，以每件5 000元的价格向客户销售A产品，数量不限，客户可以选择在合同到期时以与原合同相同的条款续约1年，这款产品通常每年提价20%。由于行使续约选择权的客户可以按原合同价格（低于当年的市场价格）购买A产品，企业认为该续约选择权向客户提供了重大权利，且符合简化处理的条件。因此，企业可以无需将原合同的交易价格分摊至该续约选择权，而是直接按照每件5 000元的价格确认原合同和续约后的合同下销售的A产品收入。

（八）转售业务与代理业务

当企业向客户销售商品涉及其他方参与其中时，企业应当确定其自身在该交易中的身份是主要责任人还是代理人。主要责任人应当按照已收或应收对价总额确认收入；代理人应当按照预期有权收取的佣金或手续费的金额确认收入。

1. 主要责任人或代理人的判断原则

企业在判断其是主要责任人还是代理人时，应当根据其承诺的性质，也就是履约义务的性质，确定企业在某项交易中的身份是主要责任人还是代理人。企业承诺自行向客户提供特定商品的，其身份是主要责任人；企业承诺安排他人提供特定商品的，即为他人提供协助的，其身份是代理人。自行向客户提供特定商品可能也包含委托另一方（包括分包商）代为提供特定商品。

在确定企业承诺的性质时，企业应当首先识别向客户提供的特定商品。这里的特定商品，是指向客户提供的可明确区分的商品或可明确区分的一揽子商品，根据前述可明确区分的商品的内容，该特定的商品也包括享有由其他方提供的商品的权利。例如，旅行社销售的机票向客户提供了乘坐航班的权利，团购网站销售的餐券向客户提供了在指定餐厅用餐的权利等。当企业与客户订立的合同中包含多项特定商品时，对于某些商品而言，企业可能是主要责任人，而对于其他商品而言，企业可能是代理人。例如，企业与客户订立合同，向客户销售其生产的产品并且负责将该产品运送至客户指定的地点，假定销售产品和提供运输服务是两项履约义务，企业需要分别判断其在这两项履约义务中的身份是主要责任人还是代理人。

然后，企业应当评估特定商品在转让给客户之前，企业是否控制该商品。企业在将特定商品转让给客户之前控制该商品的，表明企业的承诺是自行向客户提供该商品，或委托另一方（包括分包商）代其提供该商品，因此，企业为主要责任人；相反，企业在特定商品转让给客户之前不控制该商品的，表明企业的承诺是安排他人向客户提供该商品，是为他人提供协助，因此，企业为代理人。当企业仅仅是在特定商品的法定所有权转移给客户之前，暂时性地获得该商品的法定所有权时，并不意味着企业一定控制了该商品。

2. 企业作为主要责任人的情况

当存在第三方参与企业向客户提供商品时，企业向客户转让特定商品之前能够控制该商品的，应当作为主要责任人。企业作为主要责任人的情形包括：

（1）企业自该第三方取得商品或其他资产控制权后，再转让给客户。这里的商品或其他资产也包括企业向客户转让的未来享有由其他方提供服务的权利。企业应当评估该权利在转让给客户前，企业是否控制该权利。在进行上述评估时，企业应当考虑该权利是仅在转让给客户时才产生，还是在转让给客户之前就已经存在，且企业一直能够主导其使用，如果该权利在转让给客户之前不存在，则企业实质上并不能在该权利转让给客户之前控制该权利。

（2）企业能够主导第三方代表本企业向客户提供服务。当企业承诺向客户提供服务，并委托第三方（例如分包商、其他服务提供商等）代表企业向客户提供服务时，如果企业能够主导该第三方代表本企业向客户提供服务，则表明企业在相关服务提供给客户之前能够控制该相关服务。

（3）企业自第三方取得商品控制权后，通过提供重大的服务将该商品与其他商品整合成合同约定的某组合产出转让给客户。此时，企业承诺提供的特定商品就是合同约定的组合产出。企业只有获得为生产该特定商品所需要的投入（包括从第三方取得的商品）的控制权，才能将这些投入加工整合为合同约定的组合产出。

3. 需要考虑的相关事实和情况

实务中，企业在判断其在向客户转让特定商品之前是否已经拥有对该商品的控制权时，不应仅局限于合同的法律形式，而应当综合考虑所有相关事实和情况进行判断，这些事实和情况包括但不仅限于：

（1）企业承担向客户转让商品的主要责任。该主要责任包括就特定商品的可接受性（例如，确保商品的规格满足客户的要求）承担责任等。当存在第三方参与向客户提供特定商品时，如果企业就该特定商品对客户承担主要责任，则可能表明该第三方是在代表企业提供该特定商品。

企业在评估是否承担向客户转让商品的主要责任时，应当从客户的角度进行评估，即客户认为哪一方承担了主要责任。例如，客户认为谁对商品的质量或性能负责、谁负责提供售后服务、谁负责解决客户投诉等。

（2）企业在转让商品之前或之后承担了该商品的存货风险。当企业在与客户订立合同之前已经购买或者承诺将自行购买特定商品时，这可能表明企业在将该特定商品转让给客户之前，承担了该特定商品的存货风险，企业有能力主导特定商品的使用并从中取得几乎全部的经济利益。在附有销售退回条款的销售中，企业将商品销售给客户之后，客户有权要求向该企业退货，这可能表明企业在转让商品之后仍然承担了该商品的存货风险。

（3）企业有权自主决定所交易商品的价格。企业有权决定与客户交易的特定商品的价格，可能表明企业有能力主导该商品的使用并从中获得几乎全部的经济利益。然而，在某些情况下，代理人可能在一定程度上也拥有定价权（例如，在主要责任人规定的某一价格范围内决定价格），以便其在代表主要责任人向客户提供商品时，能够吸引更多的客户，从而赚取更多的收入。例如，当代理人向主要责任人的客户提供一定折扣优惠，以激励该客户购买主要责任人的商品时，即使代理人有一定的定价能力，也并不表明其身份是主要责任人，代理人只是放弃了一部分自己应当赚取的佣金或手续费而已。

需要强调的是，企业在判断其是主要责任人还是代理人时，应当以该企业在特定商品转让给客户之前是否能够控制该商品为原则。上述相关事实和情况仅为支持对控制权的评估，不能取代控制权的评估，也不能凌驾于控制权评估之上，更不是单独或额外的评估；并且这些事实和情况并无权重之分，其中某一项或几项也不能被孤立地用于支持某一结论。企业应当根据相关商品的性质、合同条款的约定以及其他具体情况，综合进行判断。不同的合同可能需要采用上述不同的事实和情况提供支持证据。

当第三方承担了企业的履约义务并享有了合同中的权利，从而使企业不再负有自行向客户转让特定商品的义务时，企业不再是主要责任人，不应再按照主要责任人确认收入，而应当评估其履约义务是否是为该第三方取得合同，即企业是否为代理人，并确认相应的收入。

关键术语

收入　销售折扣　销售折让　售后回购

应知考核

一、单项选择题

1. 某企业 2018 年 2 月 1 日销售一批商品，售价为 20 000 元，在销售过程中发生运费为 200 元、装卸费为 1 200 元。该企业应确认的收入为（　　）元。
   A. 20 000　　　　B. 23 400　　　　C. 19 600　　　　D. 22 932

2. 用银行存款支付销售商品广告费为 500 元，该业务的正确会计分录是（　　）。
   A. 借：管理费用　　　　　　　　　　　　　　　　　　　　　　　500
   　　　贷：银行存款　　　　　　　　　　　　　　　　　　　　　　　　500
   B. 借：财务费用　　　　　　　　　　　　　　　　　　　　　　　500
   　　　贷：银行存款　　　　　　　　　　　　　　　　　　　　　　　　500
   C. 借：银行存款　　　　　　　　　　　　　　　　　　　　　　　500
   　　　贷：财务费用　　　　　　　　　　　　　　　　　　　　　　　　500
   D. 借：销售费用　　　　　　　　　　　　　　　　　　　　　　　500
   　　　贷：银行存款　　　　　　　　　　　　　　　　　　　　　　　　500

3. 某商业企业的库存商品采用售价金额核算法进行核算。2018 年 4 月月初库存商品成本为 10 000 元，售价总额为 20 000 元；本月购入库存商品成本为 50 000 元，售价总额为 60 000 元；4 月销售收入为 75 000 元。不考虑其他因素，该企业 4 月份销售成本为（　　）元。
   A. 62 500　　　　B. 60 000　　　　C. 56 250　　　　D. 37 500

4. 明华股份有限公司销售 A 产品每件 500 元，若客户购买 100 件（含 100 件）以上可得到 10% 的商业折扣。乙公司于 2018 年 11 月 5 日购买明华股份有限公司产品 200 件，款项尚未支付，按规定现金折扣条件为"2/10，1/20，n/30"，适用的增值税税率为 16%。明华股份有限公司于 11 月 23 日收到该笔款项，则应给予乙公司的现金折扣的金额为（　　）元（假定计算现金折扣时考虑增值税）。
   A. 1 044　　　　B. 1 000　　　　C. 1 160　　　　D. 2 320

5. 企业 2018 年 5 月售出的已确认销售收入的产品于 2017 年 8 月被退回时，其冲减的销售收入应在退回当期记入（　　）账户的借方。
   A."以前年度损益调整"　　　　　　　B."待处理财产损溢"
   C."本年利润"　　　　　　　　　　　D."主营业务收入"

6. 对于在合同中规定了买房有权退货条款的销售，如无法合理确定退货的可能性，则符合商品销售收入确认条件的时点是（　　）。
   A. 发出商品时　　　　　　　　　　　B. 收到货款时
   C. 签订合同时　　　　　　　　　　　D. 买方正式接受商品或退货期满时

7. 在支付手续费方式委托代销的方式下，委托方确认收入的时点是（　　）。
   A. 委托方交付商品时　　　　　　　　B. 受托方销售商品时
   C. 委托方收到代销清单时　　　　　　D. 委托方收到货款时

8. 以下事项中，不属于企业收入的是（　　）。
   A. 销售商品所取得的收入　　　　　　B. 提供劳务所取得的收入
   C. 出售无形资产的经济利益流入　　　D. 出租机器设备取得的收入

9. 某企业采用现金折扣方式销售商品一批，售价为 50 000 元，增值税税率为 16%，付款条件是"2/10，1/20，n/30"，购货单位第 35 天付款可享受的现金折扣为（　　）元。
   A. 200　　　　　B. 100　　　　　C. 0　　　　　D. 300

10. 下列各项中，属于营业收入的是（　　）。
    A. 无形资产使用权转让收入　　　　　B. 无形资产所有权转让收入
    C. 出售股票收入　　　　　　　　　　D. 接受捐赠收入

二、多项选择题

1. 下列项目中，不应确认为收入的有（　　）。
   A. 销售商品收取的增值税　　　　　　B. 出售飞机票时代收的保险费
   C. 销售商品的价款　　　　　　　　　D. 销售商品代垫的运杂费

2. 企业日常经营活动中取得的收入包括（　　）。
   A. 销售商品的收入　　　　　　　　　B. 提供劳务的收入
   C. 他人使用本企业资产的收入　　　　D. 出售固定资产的收入

3. 收入是指企业在（　　）等活动中形成的经济利益的总流入。
   A. 销售商品　　　　　　　　　　　　B. 提供劳务
   C. 让渡资产使用权　　　　　　　　　D. 所有者投入资本

4. 下列各项，关于普通商品销售收入表述正确的有（　　）。
   A. 在符合收入确认的条件时，根据已收或应收合同价款的公允价值确认销售商品的收入金额
   B. 确认收入金额应借记"银行存款"，贷记"其他业务收入"账户
   C. 根据增值税专用发票上注明的增值税税额贷记"应交税费——应交增值税（销项税额）"账户
   D. 在确认收入之后，结转对应的销售成本

5. 下列各项，在一般销售商品账务处理中，可能会涉及的付款方式相对应的会计账户有（　　）。

A. "银行存款"　　　　B. "应收账款"　　　　C. "预收账款"　　　　D. "应收票据"

6. 关于商业折扣的处理,下列表述不正确的有(　　)。
   A. 销售企业应当将实际发生的商业折扣计入销售费用
   B. 销售企业应当按照扣除商业折扣后的金额确定销售商品收入金额
   C. 购买企业应按扣除商业折扣后的含税价款计入应付账款
   D. 购买企业应当将享受的商业折扣冲减财务费用

7. 下列各项,表述正确的有(　　)。
   A. 收入是指企业在日常活动中形成的
   B. 收入是与所有者投入资本有关的经济利益的总流入
   C. 其他业务收入是指企业为完成其经营目标所从事的与经常性活动相关的活动实现的收入
   D. 收入会导致所有者权益增加

8. 甲公司是增值税一般纳税人,2018年7月,甲公司向乙公司售出商品600件,单件(不含增值税)为50元/件,适用增值税税率16%,单位成本为30元/件,货已发出,并向乙公司开具增值税专用发票,且收取了对方开具的转账支票,符合收入确认条件。2018年9月,在上述售出的商品中有600件因产品质量问题,乙公司要求退货,双方就此达成一致意见,甲公司将退还的货物暂时入库等待处理,同时向乙公司开具相应的红字专用发票,并开具支票退换相应部分的款项。在发生销售退回时,甲公司正确的会计处理包括(　　)。

   A. 借:主营业务收入　　　　　　　　　　　　　　　　3 000
       应交税费——应交增值税(销项税额)　　　　　　480
         贷:银行存款　　　　　　　　　　　　　　　　　3 480
   B. 借:库存商品　　　　　　　　　　　　　　　　　　1 800
         贷:主营业务成本　　　　　　　　　　　　　　　1 800
   C. 借:资产减值损失　　　　　　　　　　　　　　　　3 000
       应交税费——应交增值税(进项税额)　　　　　　480
         贷:银行存款　　　　　　　　　　　　　　　　　3 480
   D. 借:主营业务收入　　　　　　　　　　　　　　　　3 000
       应交税费——应交增值税(进项税额)　　　　　　480
         贷:应付票据　　　　　　　　　　　　　　　　　3 480

9. 长城公司于2018年9月10日销售甲产品200件,单价为1 000元/件,单位成本800元/件,增值税专用发票上注明售价为200 000元,增值税税额为32 000元,购货方尚未付款,销售成立。当月25日,因产品质量问题购货方退货。下列说法正确的有(　　)。
   A. 销售商品时应交税费为32 000元
   B. 销售退回时,借记"主营业务收入"200 000元
   C. 销售退回时,增值税发票已开则不可退
   D. 销售退回时,冲减主营业务成本

10. 收入的特征表现为(　　)。
    A. 收入从企业的日常经营活动中产生　　　B. 收入可能表现为资产的增加
    C. 收入导致所有者权益的增加　　　　　　D. 从偶发的交易或事项中产生

三、判断题

1. 普通销售商品业务发生时,结转对应的销售成本,应该借记"其他业务成本"账户,贷记"库存商品"账户。(　　)

2. 企业销售商品后实际发生销售退回时,如果已经发生现金折扣的,则应同时调整相关财务费用的金额。(　　)

3. 企业出售原材料取得的款项扣除成本及相关税费后,应当确认为营业外收支。(　　)

4. 采用交款提货方式销售商品的,应该在货物到达购买方时确认收入。（   ）
5. 企业2017年5月售出的已确认销售收入的产品于2018年8月被退回,其冲减的销售收入应在退回当期记入"以前年度损益调整"账户的借方。（   ）
6. 企业发生的销售退回,均应在发生时冲减发生当期的销售商品收入,同时冲减当期销售商品成本以及税金。（   ）
7. 企业只要将商品所有权上的主要风险和报酬转移给了购货方,就可以确认收入。（   ）
8. 收入是从日常生产经营活动中而不是从偶发的交易或事项中产生的。（   ）
9. 企业在销售商品时,如果估计价款收回的可能性不大,即使收入确认的其他条件均已满足,也不应确认收入实现。（   ）
10. 收入既包括企业自身活动获得的经济利益流入,也包括企业的所有者向企业投入资本导致的经济利益流入。（   ）

四、思考题

1. 什么是收入?有何主要特征?
2. 什么是收入确认与计量的五步法模型?
3. 什么是在某一时段内履行的履约义务?如何确认与计量?
4. 什么是在某一时点履行的履约义务?如何确认与计量?
5. 取得相关商品控制权时确认收入的条件。

应会考核

★ **业务考核**

【考核项目】
收入核算。

【背景资料】
安东公司为增值税一般纳税人,2018年6月发生如下经济业务:
8日,上月销售给乙公司的一批商品由于质量问题被全部退回。安东公司根据乙公司提供的销货退回证明单开具了红字增值税专用发票,发票注明的价款200万元,增值税税额32万元,该批商品的成本为150万元。安东公司以银行存款支付了上述款项。
要求:根据上述资料,不考虑其他因素,回答下列小题。(答案中金额单位用万元表示)

(1) 下列关于安东公司销货退回的表述中正确的是(   )。
    A. 收到销货退回时应当冲减5月的主营业务收入
    B. 收到销货退回时应当冲减6月的主营业务收入
    C. 退回商品验收入库后会增加企业库存商品150万元
    D. 收到销货退回时应当冲减退回当月的主营业务收入

(2) 下列选项,关于安东公司在收到销货退回时,应该做的会计处理是(   )。
    A. 借:主营业务收入   200
        应交税费——应交增值税(销项税额)   32
          贷:银行存款   232
    B. 借:主营业务成本   150
          贷:库存商品   150
    C. 借:库存商品   150
          贷:主营业务成本   150
    D. 借:其他业务收入   200
        应交税费——应交增值税(销项税额)   32
          贷:银行存款   232

【考核要求】
根据上述资料,分析回答上述小题。

★ 技能考核
【考核项目】
在某一时段内履行的履约义务。
【背景资料】
1. 2×15年3月20日,华联实业股份有限公司(以下简称华联公司)与甲公司签订了一项为期3年的劳务合同,为其写字楼提供保洁、维修服务。合同约定的服务费总额为1 800 000元,甲公司在合同开始日预付300 000元,其余服务费分三年、于每年的3月31日等额支付。该合同于2×15年4月1日开始执行。由于甲公司在华联公司履约的同时即取得并消耗华联公司履约所带来的经济利益,因而该项服务属于在某一时段内履行的履约义务。华联公司判断,因向客户提供保洁、维修服务而有权取得的对价很可能收回。华联公司按已完成的时间进度确定履约进度,并于每年的12月31日确认收入。假定不考虑相关税费。

2. 2×17年11月25日,华联实业股份有限公司(以下简称华联公司)与乙公司签订了一项设备安装劳务合同。根据合同约定,设备安装费总额为200 000元,乙公司预付50%,其余50%待设备安装完成、验收合格后支付。2×17年12月1日,华联公司开始进行设备安装,并收到乙公司预付的安装费。至2×17年12月31日,实际发生安装成本60 000元,其中,支付安装人员薪酬36 000元,领用库存原材料5 000元,以银行存款支付其他费用19 000元;据合理估计,至设备安装完成,还会发生安装成本90 000元。2×18年2月10日,设备安装完成,本年实际发生安装成本92 000元,其中,支付安装人员薪酬65 000元,领用库存原材料2 000元,以银行存款支付其他费用25 000元。设备经检验合格后,乙公司如约支付剩余安装费。由于乙公司能够控制华联公司履约过程中的在安装设备,因而该项安装服务属于在某一时段内履行的履约义务。华联公司判断,因向客户提供安装服务而有权取得的对价很可能收回。华联公司按已经发生的劳务成本占估计劳务总成本的比例确定履约进度。假定不考虑相关税费。

【考核要求】
根据上述资料编制会计分录。

★ 综合实务题
1. 甲公司为增值税一般纳税人,2018年9月5日,向乙公司销售一批商品,开出的增值税专用发票上注明的价款为60万元,增值税税额为9.6万元,销售商品实际成本为45万元。提货单和增值税专用发票已交购货方,并收到购货方开出的商业承兑汇票。

要求:根据上述资料,回答下列各小题。
(1) 甲公司收到购货方开出的商业承兑汇票,应该记入的账户是( )。
　　A."应收账款"　　B."应收票据"　　C."主营业务收入"　　D."银行存款"
(2) 结转所销售商品的实际成本应该做的会计处理是( )账户。
　　A. 借记"主营业务收入"　　　　　B. 借记"主营业务成本"
　　C. 贷记"主营业务成本"　　　　　D. 贷记"库存商品"

2. 甲公司采用托收承付结算方式销售一批商品,开出的增值税专用发票注明货款价格20 000元,增值税税额为3 200元,该商品已发出并已向银行办妥托收承付手续,该批商品的成本为12 000元。

要求:根据上述资料,回答下列各小题。
(1) 甲公司应当确认收入( )元。
　　A. 23 200　　B. 20 000　　C. 8 000　　D. 15 400
(2) 甲公司结转成本时,应做的会计处理是( )账户。
　　A. 借记"库存商品"　　　　　　　B. 借记"主营业务收入"
　　C. 借记"主营业务成本"　　　　　D. 贷记"库存商品"

项目实训

【实训项目】
收入核算。

【实训情境】

2018年7月部分销售过程经济业务：

业务1：7月10日，收到单证如图12-1所示。

滨海增值税专用发票

No. 21256392

发 票 联

开票日期：2018年7月10日

购买方	名　　　称：海虹机械制造有限公司 纳税人识别号：62194565237893 地 址 、电 话：滨海市海虹路 225 号 0578-8270326 开户行及账号：中国工商银行滨海市分行 1801028421313043 21	密码区	（略）

货物或应税劳务,服务名称	规格型号	单位	数量	单价	金　额	税率	税　额
*化学合成材料*卡板箱		个	50	880	44 000.00	16%	7 040.00
合　计					44 000.00		7 040.00
价税合计（大写）	⊗伍万壹仟零肆拾元整			（小写）	￥51 040.00		

销售方	名　　　称：华宇有限责任公司 纳税人识别号：280602002234678 地 址 、电 话：滨海市解放街 28 号 0578-2133999 开户行及账号：中国工商银行滨海市分行 1801001122001000888	备注	华宇有限责任公司 280602002234678 发票专用章

收款人：　　　　　复核：　　　　　开票人：王珍　　　　　销售方：（章）

图 12-1　7 月 10 日增值税专用发票

华宇有限责任公司相关会计分录如下：

借：应收账款——海虹机械　　　　　　　　　　　　　　　　　　　　51 040
　　贷：主营业务收入　　　　　　　　　　　　　　　　　　　　　　　　44 000
　　　　应交税费——应交增值税（销项税额）　　　　　　　　　　　　　7 040

业务2：7月22日收到单证如图12-2所示。

滨海增值税专用发票

No. 31276769

发 票 联

开票日期：2018年7月22日

购买方	名　　　称：柯丽机械制造有限公司 纳税人识别号：62192165254580 地 址 、电 话：滨海市迎春路 457 号 0578-8784312 开户行及账号：中国工商银行滨海市分行 18010287214736580	密码区	（略）

货物或应税劳务,服务名称	规格型号	单位	数量	单价	金　额	税率	税　额
研发和技术服务 卡板箱生产技术服务		月	1	20 000	20 000.00	16%	3 200.00
合　计					20 000.00		3 200.00
价税合计（大写）	⊗贰万叁仟贰佰元整			（小写）	￥23 200.00		

销售方	名　　　称：华宇有限责任公司 纳税人识别号：280602002234678 地 址 、电 话：滨海市解放街 28 号 0578-2133999 开户行及账号：中国工商银行滨海市分行 1801001122001000888	备注	卡板箱生产技术服务时间为 2018年6月—2018年12月， 月服务费20 000元。服务次月 付费。发票专用章

收款人：　　　　　复核：　　　　　开票人：王珍　　　　　销售方：（章）

图 12-2　7 月 22 日增值税专用发票

柯丽机械制造有限公司会计收到该发票后,要求华宇有限责任公司重新开具发票。请说明发票存在说明问题?

业务3:7月25日收到单证如图12-3所示。

滨海增值税专用发票

No. 312572168

发票联

开票日期:2018 年 7 月 25 日

购买方	名 称	坤善机械制造有限公司		密码区		(略)	
	纳税人识别号	62134567435860					
	地 址、电 话	滨海市八卦路 231号 0578-8452369					
	开户行及账号	中国工商银行滨海市分行 18014542833160 5689					

货物或应税劳务、服务名称	规格型号	单位	数量	单价	金 额	税率	税 额
*化学合成材料*卡板箱	1210	个	10	880	8 800.00	16%	1 408.00
合 计					8 800.00		1 408.00

价税合计(大写)	⊗壹万零贰佰零捌元整	(小写) ￥ 10 208.00

销售方	名 称	华宇有限责任公司	备注	
	纳税人识别号	280602002234678		
	地 址、电 话	滨海市解放街 28 号 0578-2133999		
	开户行及账号	中国工商银行滨海市分行 18010011220010 0888		

收款人: 复核: 开票人:王珍 销售方:(章)

图 12-3 7 月 25 日增值税专用发票

华宇有限责任公司相关会计分录为:

借:应收账款——海虹机械　　　　　　　　　　　　　　　　　　　　10 208
　　贷:主营业务收入　　　　　　　　　　　　　　　　　　　　　　　　8 800
　　　　应交税费——应交增值税(销项税额)　　　　　　　　　　　　　1 408

借:主营业务成本　　　　　　　　　　　　　　　　　　　　　　　　　7 230
　　贷:库存商品——1210 卡板箱　　　　　　　　　　　　　　　　　　7 230

【实训要求】

(1)根据实训资料,进行判别、分析,指出存在的错误,并给出正确的做法。

(2)通过实训过程的全程参与和体验,在基本完成实训操练各项技能任务的基础上,独立形成收入核算实训报告。

收入核算实训报告

收入核算		
项目实训班级:	项目小组:	项目组成员:
实训时间: 年 月 日	实训地点:	实训成绩:
实训目的:		
实训步骤:		
实训结果:		
实训感言:		
不足与今后改进:		
项目组长评定签字:		项目指导教师评定签字:

项目十三　费用与成本核算——费用

本项目课件

知识目标

理解：费用的概念及特征、费用的确认与计量、费用的组成内容及分类。
熟知：成本及其组成内容、成本与费用的关系。
掌握：生产成本、期间费用核算。

技能目标

通过本项目的学习，要求能够填制各种费用、成本的原始凭证，并根据原始凭证填制记账凭证。

素质目标

运用所学会计的理论与实务知识研究相关案例，培养和提高学生在特定业务情境中分析问题与决策设计的能力；能结合"费用与成本"的教学内容，结合行业规范或标准，分析会计行为的善恶，强化学生的职业道德素质。

项目引例

引例　费用与成本核算

背景与情境：2019年1月21日，华盛公司销售给上海机械公司1 500吨线材，开出的增值税专用发票上注明的销售价格为540万元，增值税为86.4万元，款项尚未收到；该批产品的成本为350万元，华盛公司已将线材发出，纳税义务已发生。

请会计张红做出相关账务处理。相关原始凭证：①与上海机械公司签订的销售合同；②经销售部门确认后仓库开具的发货单；③给上海机械公司开具的增值税专用发票两联。

业务产生：将生产的产品线材1 500吨销售给上海机械公司，形成一笔销售业务，财务部门按合同条款收款，并结转成本。

请针对上述背景与情境内容，做出相关处理程序。

知识精讲

任务一　费用与成本概述

一、费用的概念及特征

（一）费用的概念

按照我国《企业会计准则》的定义，费用是指企业在日常活动中发生的、会导致所有者权益减少的、与向所有者分配利润无关的经济利益的总流出。准则同时规定，费用只有在经济利益很可能流出从而导致企业资产减少或负债增加且经济利益的流出额能够可靠计量时才能予以确认。

在以上关于费用的定义中，重点强调的是费用与企业的日常经营活动及所有者权益变动之间的关系，其中也蕴含了企业发生的费用与企业实现的收入之间的配比关系。因为企业的所有者权益的增加除吸收所有者投资外，主要取决于企业实现利润的多寡，而利润的多少又直接受到企业在日常活动中发生的费用的影响和制约。可见，准则所定义的费用应是指能够直接影响企业某一会计期间经营成果——利润确定的那部分费用。例如，企业在销售其生产的产品时，应把产品以一定的方式提供给客户,此时,企业的库存商品这种资产的成本(即产品的销售成本)即演变为当期的费用,与销售产品所实现的销售收入之间形成了鲜明的对比关系,并为计算产品销售利润提供了必要条件。当然,有些费用的发生并不会直接给企业带来一定的收入,但也是企业的经营管理所不可缺少的。例如,企业用货币资金支付管理部门发生的办公费和差旅费,支付与产品销售有关的广告费和展销费等,在发生后就不能为企业直接带来相应的收入,但由于其与企业一定会计期间的经营管理有关,按规定也应计入所发生期间的损益,即确认为其所发生期间的费用。在会计期末也要同相关的成本费用一样,与当期实现的营业收入相比较,进而确定企业在该会计期间实现的经营成果。

需要注意的是,企业资产的减少并不都意味着能够直接影响企业经营成果的确定。例如,企业购买材料和设备支付货款会减少企业的货币资金,进行产品生产会消耗货币资金以及材料和设备等实物资产,从一定意义上讲,也属于企业资产的消耗及某种费用的发生。但这类费用的发生,会使企业获得另一种新的资产,说明这种资产的消耗没有引起经济利益流出企业,并且也没有直接地为企业带来相应的收入。因而,这类费用也就不能与当期的收入相配比,不会直接影响企业一定会计期间经营成果的确定。例如,本项目中所要重点研究的企业在产品生产过程中发生的可归属于产品成本的费用就属于这种费用。这些费用可称为生产费用。生产费用虽然表现为对企业资产的消耗,而且是确认企业一定会计期间所发生的与收入有着密切关系的费用的基础和前提,但两者之间存在着严格区别,不可混为一谈。

(二) 费用的特征

按照我国《企业会计准则》对费用的定义,费用应具有以下三种基本特征。

1. 费用是企业在日常活动中形成的

企业的日常活动是指企业为完成其经营目标所从事的经常性活动以及与之相关的活动。在不同的企业,其日常活动的内容是有较大差别的。例如,工业企业制造并销售产品、商业企业销售商品、安装公司提供安装服务,以及租赁公司出租资产等,均属于企业的日常活动。企业因日常活动所产生的费用通常包括营业成本(如销售成本)和期间费用等。日常活动是确认费用的重要判断标准,将费用界定为日常活动而形成的,目的是为了将其与企业非日常活动所形成的经济利益的流出相区分。非日常活动所形成的经济利益的流出不能确认为费用,而应当计入损失。例如,企业因违反合同规定未及时支付货款而交纳的罚款,或因自然灾害等原因造成的设备和材料的损失等,都不是企业日常活动所发生的事项,由此而产生的损失就不作为费用认定,而应确认为企业的损失(营业外支出)。

2. 费用会导致所有者权益的减少

与费用相关的经济利益的流出应当会导致所有者权益的减少,不会导致所有者权益减少的经济利益的流出不符合费用的定义,不应确认为费用。对于费用的发生最终会使企业的所有者权益减少并不难理解,因为一般说来,费用的增加往往是对企业实现收入的一种抵销,会减少企业的利润,而企业实现利润的所有权是属于所有者的,因而,费用的增加最终会减少企业的所有者权益。根据"资产=负债+所有者权益"这一会计等式的平衡关系,如果费用的增加,即资产的减少与负债无关,那么必然会减少企业的所有者权益。当然,有时费用的发生与负债的增加也是有密切关系的。

需要注意的是,企业在生产经营过程中发生的资产的减少并非都会引起企业所有者权益的减少。例如,企业以银行存款偿付一项债务本金,只是一项资产和一项负债的等额减少,不会对企业的所有者权益产生影响,因此,不应确认为企业的费用。

3. 费用导致的经济利益总流出与向所有者分配利润无关

费用的发生应当会导致经济利益的流出,从而导致资产的减少或者负债的增加(最终也会导致资产的减少)。其表现形式包括现金或者现金等价物的流出,存货、固定资产和无形资产等的流出或者消耗等。企业向所有者分配利润也会导致经济利益的流出,但该经济利益的流出属于投资者投资回报的分配,是所有者权益的直接抵减项目,不应确认为费用,应当将其排除在费用的定义之外。

二、费用的确认与计量

(一) 费用的确认

费用的确认除了应当符合定义外,还应当满足严格的确认条件,即费用只有在经济利益很可能流出从而导致企业资产减少或者负债增加、经济利益的流出额能够可靠计量时才能予以确认。费用的确认至少应当符合以下三个条件。

1. 与费用相关的经济利益应当很可能流出企业

从费用的定义来看,费用会导致经济利益流出企业,但所需流出的经济利益带有一定的不确定性,尤其是与预计负债相关的经济利益流出通常需要依赖于大量的经验估计。因此,费用的确认应当与经济利益流出的不确定性程度的判断结合起来。如果有确凿证据表明,有关的经济利益很可能流出企业,就应当将其作为费用予以确认;反之,导致经济利益流出企业的可能性若已不复存在,就不符合费用的确认条件,不应将其作为费用予以确认。

2. 经济利益流出企业的结果会导致资产的减少或者负债的增加

对经济利益流出企业的结果会导致资产的减少这一点不难理解,因为一般说来,费用的增加往往是对企业资产的消耗,会引起企业资产的减少。这种减少可具体表现为企业现实的现金支出或非现金支出,也可以是过去的或预期的现金支出或非现金支出。例如,企业在产品销售中用现金或银行存款支付应由企业负担的运输费、装卸费、广告费等销售费用,就属于现金支出,会导致企业资产的直接减少。而企业将库存商品销售给顾客,则属于企业库存商品这种资产的直接减少。经济利益流出企业的结果有时也会导致费用和负债的同时增加。例如,企业在一定会计期末计算确定的当期应当负担但无须当期实际付款支付的短期借款利息,一方面应计入当期的财务费用,反映当期费用的增加;另一方面应确认为企业的负债,反映当期负债的增加。

3. 经济利益的流出额能够可靠计量

费用的确认在考虑经济利益流出企业可能性的同时,对未来流出的经济利益的金额应当能够可靠计量。与费用有关的经济利益流出金额,通常可以根据合同或法律规定的金额予以确定。

(二) 费用的计量

费用的计量是指对费用发生额的确认。从理论上讲,费用的计量通常取决于资产的计量。如前所述,费用的发生往往是对企业资产的消耗,根据发生费用所消耗的资产价值,可以较为容易地确定费用的金额。但企业的资产价值是采用不同的计量属性进行计量的。因此,对于由资产的消耗转化而来的费用金额的确定又取决于资产计量的属性。与资产的一般计量方法相一致,费用也通常采用实际成本计量。这是因为在大多数情况下,费用的发生所消耗的资产的价值一般都有一个确切的金额,这个金额就是在交易或事项发生时由企业实际支出的金额,可以直接作为费用计量的依据。例如,企业已经用现金或银行存款实际支付了办公用房屋的租金,或支付了与产品销售直接有关的广告费,以及利用材料用于办公用房屋和成品储存仓库的日常修缮等,都可依据有关凭据直接确认为当期的费用。以企业实际发生的资金耗费的价值作为费用的计量标准是可行的,也是合理的。当然,企业的资产成本是采用多种计量属性计量的,当资产的计量属性发生变化以后,费用的计量方法也要随之改变。例如,按照我国《企业会计准则》的规定,存货的期末计量应根据成本和市价孰低原则来确定,如果与费用有关的耗用材料的价格已经低于其历史成本,那么,由于材料耗用而产生的费用就应按新确定的成本加以计量了。

三、费用的组成内容及分类

(一) 费用的组成内容

费用的组成内容有广义和狭义之分。我国《企业会计准则》所界定的费用可理解为狭义的费用。根据准则定义,费用仅包括企业日常活动所产生的经济利益的总流出。这些费用主要是指企业为取得营业收入进行产品销售等营业活动所发生的企业现金和现金等价物的流出,具体包括主营业务成本、其他业务成本、税金及附加、销售费用、管理费用、财务费用、资产减值损失、公允价值变动损失、投资损失等。这些费用的发生与企业日常活动的开展有着密切关系,是与企业一定会计期间经营成果的确定有着直接关系的经济利益的流出,这些费用的发生最终都会导致企业所有者权益的减少。

从广义的角度来看,费用除了包括企业日常活动所发生的会导致所有者权益减少的经济利益流出外,还应包括损失。按照我国《企业会计准则》的规定,企业在非日常活动中发生的损失(营业外支出)可以直接计入当期利润,虽然这种损失不作为费用的内容加以界定,但不能否认其与狭义的费用具有一定的相同特征,即损失的产生也会引起经济利益从企业流出,也会减少企业当期的利润,并最终导致企业所有者权益的减少。很明显,在前述"收入一费用+利得(营业外收入)一损失(营业外支出)=利润"这个计算公式中,损失是作为一个减项而存在的,这种安排与费用作为利润的减项的效果是相同的,即都是减少当期的营业收入,因而,在一定意义上也可将其视为具有费用性质的一种要素(在有些国家的会计准则中,就是将"损失"作为会计要素之一而加以规定的)。基于以上理由,故将其归入广义的费用之列。

(二) 费用的分类

对费用可按其与企业日常活动的关系及经济内容等不同标准分类。

1. 按费用与企业日常活动的关系分类

一般而言,企业发生的费用绝大部分与其日常活动有关,而有些费用的发生与其日常活动无关。按照这种方法,可将费用分为如下两类。

(1) 企业在日常活动中发生的费用。

企业在日常活动中发生的费用包括以下三种:

① 在经营活动中产生的费用。经营活动是指企业投资活动和筹资活动以外的所有交易或者事项。各类企业由于行业特点不同,对经营活动的认定存在一定差异。对于产品生产企业而言,经营活动主要包括其生产商品、销售商品和支付税费等。企业在经营活动中发生的费用主要有营业成本和其他营业费用。其中,营业成本包括主营业务成本和其他业务成本;其他营业费用包括税金及附加、销售费用、管理费用、财务费用和资产减值损失等。

② 在投资活动中产生的费用。企业的投资包括内部投资和外部投资两种情形。内部投资活动是指企业长期资产的购建。长期资产是指固定资产、无形资产、在建工程和其他资产等持有期限在1年或一个营业周期以上的资产。企业花费在这些实物资产上的支出即由内部产生的费用。外部投资是指企业为获取投资收益而向企业外部的投资,包括所发生的投资净损失和以公允价值计量的投资所产生的公允价值变动净损失等。

③ 在筹资活动中产生的费用。筹资活动是指导致企业资本及债务规模和构成发生变化的活动。这里所说的资本,既包括实收资本(股本),也包括资本溢价(股本溢价);这里所说的债务,是指对外举债,包括向银行借款、发行债券以及偿还债务等。在通常情况下,应付账款、应付票据等属于经营活动,不属于筹资活动。在这些活动中发生的费用包括企业在吸收投资者投资过程中发生的相关费用以及应当支付的利息费用等。

(2) 企业在非日常活动中发生的费用。

非日常活动是指在企业日常活动之外特殊的、不经常发生的特殊事项,例如,自然灾害损失等。这些特殊事项与企业的日常活动无关,可将其视为企业日常活动之外所发生的费用。

2. 费用按经济内容分类

就一般意义而言,企业发生的各种费用都是对企业资产的耗费,并形成不同的费用支出。按照这种分类方法,一般可将费用分为如下八类:

(1) 外购材料费用,是指企业为进行生产经营管理而耗用的从外部购入材料物资所发生的费用,包括购买原材料、半成品、辅助材料、包装物、修理用备件和低值易耗品等发生的支出。

(2) 外购燃料费用,是指企业为进行生产经营管理而耗用的从外部购入燃料所发生的费用,如购买煤炭、油料等发生的支出。

(3) 外购动力费用,是指企业为进行生产经营管理而耗用的从外部购入动力所发生的费用,如购入电力等发生的支出。

(4) 薪酬费用,是指企业按照一定的标准支付给职工的应计入成本和费用的薪酬费用,主要包括按职工为企业提供服务的数量和质量发放给职工的工资和奖金等,以及按照工资总额的一定比例计提的社会保险费等。

(5) 折旧费用,是指企业按照选用的折旧方法和确定的折旧率计算提取并计入成本和费用的固定资产折旧额。

(6) 利息费用,是指企业应计入成本费用的利息支出减去利息收入后的净额,包括短期借款利息费用、发行企业债券应付利息费用,以及利用借款进行项目建设所发生的借款费用等。

(7) 税费,是指企业应计入成本和费用的各种税金及有关费用,包括税金及附加、所得税费用等。

(8) 其他费用,是指除以上费用内容以外的其他各种费用支出,包括销售费用和财务费用等。

四、成本及其组成内容

财务会计学认为,成本是指企业取得资产的代价,或是生产产品和提供劳务等所发生的支出,包括为取得特定的资产而产生的费用计入一定成本核算对象的成本,以及为获取相应的收益所产生的营业成本两个部分。

企业要取得一定的资产必然要付出相应的代价,首先体现为发生各种各样的费用支出,但费用支出的结果却不尽相同。有些费用在支出后,虽然是对企业现有资产的一种消耗,同时也能够形成企业的另外一种资产,原有资产被耗费的价值就应按照规定计入新获取资产的成本。例如,企业在材料采购过程中发生的买价、运输费用等,是对企业货币资产的消耗,最终要按照所购买材料的品种、数量等计入这些材料的采购成本;而在产品生产过程中发生的原材料和设备耗费等,是对企业的存货和固定资产的消耗,应计入产品的生产成本。这种成本可视为仅与企业获取一定的资产有关的成本。

企业的另一种成本则不仅能在消耗一种资产后为企业带来新的资产,而且也能为企业带来相应的营业收入,这种成本是指企业在一定会计期间为获取相应的营业收入所产生的营业成本。例如,企业销售了所生产的产品,一方面体现为对库存产品的消耗,但货款的收回又能为企业增加货币资产;另一方面也可以为企业带来高于所销售产品价值的收益。这种成本的发生不仅与企业获取一定的资产有关,而且也与企业取得一定会计期间的营业收入有关,这种成本不同于上述仅与新资产的取得相关的成本。

五、成本与费用的关系

(一) 成本与费用的联系

从以上分析可见,成本与费用之间存在着密切联系。这种密切联系主要体现在两个方面:

(1) 成本是以费用为基础而确定的。一般说来，虽然费用和成本都是企业在生产经营过程中耗费的经济资源的存在形式，但从两者产生的时间顺序上看，费用往往发生在先，而成本发生在后，费用是成本计算的前提与基础，而成本是已经对象化了的费用，即这部分费用在发生以后已经采取一定的方法归集计入了某一种资产的价值。例如，产品生产企业在生产准备过程中进行材料采购所产生的采购费用支出，经过归集以后会形成材料的采购成本；进行设备采购所产生的购置费用支出，经过归集以后会形成设备的购置成本等。

(2) 成本与费用之间可以相互转化。如上所述，企业在生产准备过程中进行材料和设备采购所产生的费用支出会形成材料和设备的采购、购置成本；而在产品的生产过程中，企业将购入的材料和设备等用于产品生产，上述采购、购置成本即转化为生产费用；当产品生产完工以后，经过一定的归集，生产费用又构成了产品的生产成本；当生产完工的产品验收入库后，生产成本进而又构成了库存商品的成本；在产品的销售过程中，库存商品成本又会转化为产品销售成本（即主营业务成本）。通过实现的销售收入与产品销售成本的相互配比，可以确定当期销售商品的经营成果（盈利或亏损）。从这个角度来看，主营业务成本又是由企业的产品生产成本转化而来的一种费用。

(二) 成本与费用的区别

虽然成本与费用有着密切关系，但两者之间的区别也是很明显的：

(1) 两者在考察过程中所联系的对象不同。对费用的考察一般与一定的会计期间相联系，体现为在某一特定会计期间内企业的经营活动对资产价值消耗的总额；而对成本的考察则是与一定的成本核算对象相联系，成本是已经计入了一定核算对象的那部分费用，体现为企业资产价值的增加。例如，企业某一会计期间为生产多种产品而发生的生产费用，在没有分配计入一定的产品成本之前，只是表明企业为进行产品生产发生了多少费用，而不能称之为成本。只有采用规定的方法计入一定产品之后，才被称为生产成本。

(2) 一定会计期间的成本与当期的费用并不完全相等。一种情况是成本小于费用。例如，企业一定会计期间的营业成本仅包括主营业务成本和其他业务成本两项，而当期所确认的费用除以上两项外，还应包括可以直接计入当期损益的管理费用和销售费用等，两者之间并不完全相等。另一种情况是费用小于成本。例如，企业的库存商品是一种资产，其成本即为产品的生产成本。假定某一会计期间只有部分库存商品被销售，那么这部分库存商品成本就可以确认为当期的主营业务成本，即与当期实现的销售收入产生配比关系的费用，而没有被销售的那部分商品的成本则不能确认为当期的主营业务成本。在这种情况下，所确认的主营业务成本明显会小于库存商品成本。

对上述费用和成本进行账务处理是会计核算的重要组成部分。因此，在本项目中只重点介绍企业发生的生产费用（生产成本）和期间费用的核算方法。

任务二　生产成本

一、生产成本概述

通过对费用与成本关系的研究大家已经知道，在产品生产企业，生产成本的形成是以各种生产费用发生为基础的。在产品生产企业发生的所有费用中，生产费用是重要的组成部分，它也是计算产品的生产成本和主营业务成本的基础，在研究其他费用内容的核算方法之前，我们先来研究生产费用和生产成本的核算内容。

(一) 生产成本的概念

生产成本是指企业在一定会计期间生产某种产品所发生的直接费用和间接费用的总和。

从生产成本与生产费用的联系可知,生产成本是对象化了的生产费用,只有当生产费用实际计入了某种产品的成本时才被称为生产成本,或者说成本是相对于一定的产品而言所发生的费用,它是按照产品品种等成本核算对象对当期发生的费用进行归集所形成的。由此可见,生产费用的发生过程同时也就是产品成本的形成过程,成本就是由生产费用转化而来的。由于产品的生产成本是在产品的制造过程中发生的,并且与产品价值的形成有着直接关系的成本,因而也被称为制造成本。

(二)生产成本项目的组成内容

生产费用在计入产品成本时,不仅要按照一定的产品品种等核算对象归集,而且要按照一定的成本组成项目进行归集,这些项目在会计上称为成本项目。企业的产品成本的形成基础是生产费用,因而可以根据生产费用的组成内容确定产品生产成本的项目。生产成本一般包括直接材料、直接人工和制造费用三个组成部分。

(1)直接材料。直接材料是指企业在产品生产中消耗并构成产品实体的原料、主要材料以及有助于产品形成的辅助材料、设备配件和外购的半成品等。

(2)直接人工。直接人工是指企业支付给直接参加产品生产的工人的工资,以及按生产工人工资总额一定比例计算提取并计入产品生产成本的职工福利费等。

(3)制造费用。制造费用是指直接用于产品生产,但不便于直接计入产品成本的费用,以及间接用于产品生产的各项费用,如生产部门管理人员的工资及职工福利费、生产单位固定资产的折旧费、物料消耗、办公费、水电费、保险费、劳动保护费等。

以上第(1)~(2)项生产费用(直接材料、直接人工)是为生产哪一种产品而发生的一般易于辨别,因而在发生时就可按照成本核算对象进行归集,直接计入所生产产品的成本。由于这两项生产费用是可以直接计入产品生产成本的,因而,也被称为直接费用。第(3)项费用(制造费用)包含的内容比较复杂,发生的频率也比较高,如生产车间为产品生产发生的机器设备使用费,车间管理人员的工资和办公费等。这些费用虽然也与产品生产有关,最终也要计入产品的生产成本,但每发生一笔就计入一笔显得比较麻烦,特别是在生产多个品种产品的情况下,还涉及这些费用在各个产品之间进行分配的问题,核算的过程就显得更为复杂,会计人员需要付出的劳动也就更多,不符合成本效益原则。因而,企业对发生的制造费用一般是先在"制造费用"账户归集其在当期发生的数额,待期末(一般为月末)时再采用一定的分配方法计入有关产品的成本,制造费用正是以这种间接方式而计入产品生产成本的。因而,制造费用也被称为间接费用。生产成本项目的组成内容及其计入方式如图13-1所示。

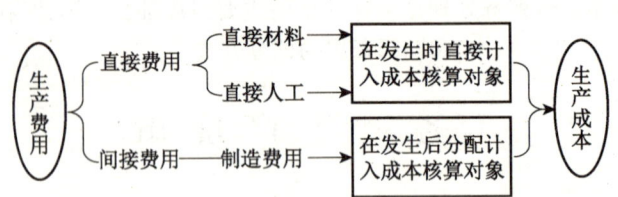

图13-1 生产成本项目的组成内容及其计入方式

(三)计算产品生产成本的意义

成本管理是企业经营管理过程中的一个重要环节,而生产成本的计算又是成本管理中的重要一环,具有重要意义。

1. 进行产品生产成本的计算,有利于正确确定企业的财务状况和经营成果

产品的生产成本是计算企业本期已销售产品成本和未销售产品(库存商品)成本的基础,其中本期已销售产品成本(即主营业务成本)在会计期末应作为费用列入当期的利润表,使之能够与当期实现的营业收入相互配合比较,成为据以确定本期的经营成果的主要影响因素。而期末未销售产品成本则作为流动资产列入企业期末编制的资产负债表("存货"项目),构成企业财务状况中资产的一个组成部分。因而,产品生产成本计算的正确与否,直接关系到企业编制的财务报告能否如实地反映其财务状况和经营成果,影响企业对外报告信息的质量。

2. 进行产品生产成本的计算,有利于考核企业成本计划的完成情况

通过成本计算可以获取企业进行产品生产发生成本的实际资料,反映企业在一定会计期间的生产成本水平,将实际成本资料与产品投入生产前所制订的成本计划比较,可以反映预期成本计划的完成情况,据以确定实际成本与计划成本之间的差异,客观地评价当期产品生产状况及其成果;将本期发生的实际成本资料与其他会计期间发生的成本资料进行对比,可以反映企业的产品生产成本的升降趋势,借以发现企业在产品生产成本管理方面创造的成功经验或存在的不足,进而分析成本升降的原因,进一步挖掘降低成本的潜力,或采取得力措施弥补不足,以便取得更好的经济效益。

3. 进行产品成本的计算,有利于合理地确定成本耗费的补偿量

生产成本是各种资产的消耗在产品上的具体体现,这些耗费应当用企业在产品销售以后收回的货币资金进行合理补偿,只有在发生的资产耗费不断得以补偿的情况下,企业的持续经营才有可能得以顺利进行。而通过成本计算确定的资产耗费量是量化补偿金额的重要依据。准确地计算产品的生产成本,有利于合理地确定成本耗费的补偿量。在此基础上,企业应当根据其经营规划和产品销售市场的变化情况等,作出维持原有生产规模、扩大生产规模或缩小生产规模的经营决策。

4. 进行产品生产成本的计算,有利于为产品销售价格的制定提供参考数据

企业产品的市场销售价格一般是以产品的生产成本为基础确定的,基本的做法是:以产品的生产成本为基数,考虑同行业同类产品的销售价格等因素,根据可行的销售利润率附加一部分价值来确定。只有这样,企业才能够获取高于产品生产成本的那部分收益。可见,产品销售价格的高低取决于经过成本计算确定的产品成本的高低,而销售价格的高低又是决定企业在市场上竞争能力的重要条件,因而,产品的生产成本计算是否正确,直接关系到产品销售价格的确定是否有据可依,是否科学合理,产品的生产成本计算准确,就能够制定出比较合理的产品销售价格,有利于提高产品在销售市场上的竞争能力。

5. 进行产品生产成本的计算,有利于为成本的预测和规划提供必要的参考数据

通过对各个会计期间生产成本实际成本资料变化情况的对比分析,可以反映企业生产成本变动的趋势,也可以作为企业预测后续经营期间产品成本升降趋势的重要参考数据,还可以作为企业制订后续会计期间产品生产成本计划的参照依据,使成本计划的制订建立在更加合理的基础上,从而避免成本计划制订上的盲目性。

对产品生产成本计算意义的理解如图13-2所示。

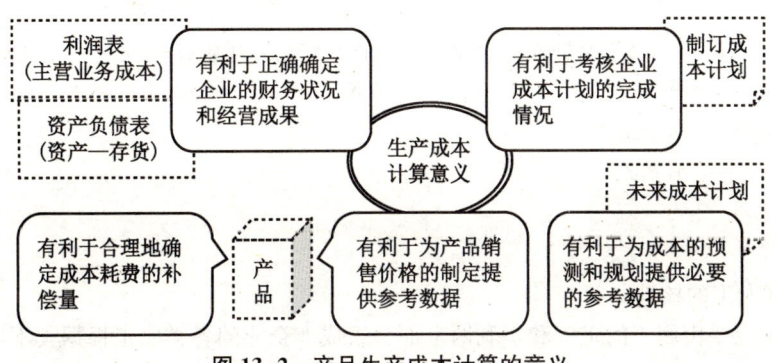

图13-2 产品生产成本计算的意义

(四) 生产费用的核算

生产费用是生产成本形成的基础。构成产品生产成本的各种费用主要包括直接材料、直接人工和制造费用。进行这些费用的核算，主要应设置"生产成本"和"制造费用"两个账户。

(1) "生产成本"账户。本账户核算企业进行工业性生产发生的各项生产费用，包括生产各种产品(包括产成品、自制半成品等)、自制材料、自制工具和自制设备等。基本生产成本应当分别按照基本生产车间和成本核算对象(如产品的品种、类别、订单、批别、生产阶段等)设置明细账(或成本计算单)，并按照规定的成本项目设置专栏。企业发生的各项直接生产费用，一般直接记入本账户(基本生产成本)的借方，记入"原材料""库存现金""银行存款"和"应付职工薪酬"等账户的贷方；企业生产的各种产品应负担的制造费用，一般应分配记入本账户(基本生产成本)的借方，记入"制造费用"账户的贷方；企业已经生产完成并已验收入库的产成品以及入库的自制半成品，应于月末时记入"库存商品"等账户的借方，记入本账户(基本生产成本)的贷方。本账户期末借方余额，反映企业尚未加工完成的在产品成本。

(2) "制造费用"账户。本账户核算企业生产车间、部门为生产产品和提供劳务而发生的各项间接费用。本账户应当按照不同的生产车间、部门和费用项目进行明细核算。生产车间发生的机物料消耗，记入本账户的借方，记入"原材料"等账户的贷方；发生的生产车间管理人员的工资等职工薪酬，记入本账户的借方，记入"应付职工薪酬"账户的贷方；生产车间计提的固定资产折旧，记入本账户的借方，记入"累计折旧"账户的贷方；以货币资金支付的生产车间发生的办公费、水电费等，记入本账户的借方，记入"库存现金"和"银行存款"等账户的贷方；在会计期末将制造费用分配计入有关的成本核算对象的成本时，记入"生产成本——基本生产成本"和"劳务成本"等账户的借方，记入本账户的贷方。在一般情况下，该账户贷方的分配数与其借方的实际发生数相等。分配后该账户在期末一般应无余额。

在生产成本核算过程中所涉及的对应账户，将在下面的举例中予以介绍。

下面分别研究构成产品生产成本的各种费用的核算方法。

(1) 直接材料的核算。在生产过程中，进行产品的生产所消耗的各种材料的货币表现被称为直接材料，或直接材料费用。在一般情况下，直接材料包括产品在生产过程中消耗的原料、主要材料、辅助材料和外购半成品等。材料费用的归集和分配是会计核算的主要内容，一般是由财会部门在月份终了时，根据当月产品生产领用材料的领料单、限额领料单和退料单等各种原始凭证，按产品的品种和用途等进行完整归集，并编制"发出材料汇总表"。对于直接用于产品生产的材料费用，能够直接计入成本核算对象的，直接记入"生产成本"账户中的"直接材料"项下。在几种产品合用一种材料且在使用中难以分清成本核算对象时，可采用适当的方法分配计入各种产品成本。对于产品生产车间进行设备维修所利用的材料，通常被称为一般性材料消耗，这些材料消耗不是直接发生在产品生产上的，因而不能直接计入"生产成本"账户，而应记入"制造费用"账户。

【做中学 13-1】 兴海公司编制的本月"发出材料汇总表"汇总结果如下：生产 A 产品耗用材料 45 000 元，生产 B 产品耗用材料 38 000 元，车间一般性材料消耗 3 000 元。编制的会计分录如下：

借：生产成本——A 产品　　　　　　　　　　　　　　　　　　　　　45 000
　　　　　　——B 产品　　　　　　　　　　　　　　　　　　　　　38 000
　　制造费用　　　　　　　　　　　　　　　　　　　　　　　　　　3 000
　贷：原材料　　　　　　　　　　　　　　　　　　　　　　　　　　86 000

(2) 直接人工的核算。

直接人工主要由职工的工资和福利两个部分组成。企业的各类职工根据其不同的职责分工为企业进行产品生产和经营管理提供不同性质的劳动，企业应根据国家政策以及员工的劳动数量和质量向员工支付劳动报酬,企业发放给员工的劳动报酬称为工资,其中企业应付给直接从事产品生产活动职工的劳动报酬是生产费用的重要组成部分。其他类别的职工的工资应根据其所从事业务活动的不同性质,构成企业的其他成本费用。例如,从事企业管理工作的人员的工资应计入管理费用;从事车间产品生产管理的人员的工资应计入制造费用等。企业职工除可根据其对企业的贡献获得劳动报酬外,还可以按照国家的有关规定享受一定的福利待遇。企业用于职工福利方面的资金,一般是来自按工资总额的一定比例计算提取的福利费等。企业计提福利费的,可以计入产品生产成本和有关费用,其中计入产品生产成本部分的福利费通过产品的销售收回以后,专门用于职工福利方面的开支。企业的福利费不同于工资,一般不直接发放给职工,而是由企业按照规定的管理办法,主要用于职工的集体福利事业。例如,可以用来建造俱乐部、活动室等,为职工提供娱乐、文化和身体锻炼等场所。但在向家庭困难或伤病职工支付补助等情况下,应用现金或银行存款支付给职工本人或其家属。

核算企业的直接人工应设置"应付职工薪酬"账户。本账户核算企业根据有关规定应付给职工的各种薪酬。本账户应按照"工资""职工福利""社会保险费""住房公积金""工会经费"和"职工教育经费"等项目进行明细核算。企业按照有关规定向职工实际支付的工资、奖金、津贴、福利费,应付职工薪酬中扣还的各种款项,如由企业为职工代垫的家属药费、个人所得税等,记入本账户的借方,记入"银行存款""库存现金""其他应收款""应交税费——应交个人所得税"等账户的贷方;企业支付工会组织的活动经费和职工培训教育经费,记入本账户的借方,记入"库存现金"和"银行存款"等账户的贷方。支付给职工的各种薪酬构成了企业在人工费用方面的开支,其中支付给直接从事产品生产活动职工的薪酬(包括工资和福利费等),记入"生产成本"账户的借方,记入本账户的贷方。其他类别人员的薪酬应根据职工提供服务的受益对象,分别以下情况进行处理:产品生产部门管理人员的薪酬应记入"制造费用"账户的借方,记入本账户的贷方;支付给从事企业在建工程和研究开发人员的职工薪酬,记入"在建工程"和"研发支出"等账户的借方,记入本账户的贷方;支付给企业管理部门人员的薪酬,记入"管理费用"账户的借方,记入本账户的贷方;支付给产品销售人员的薪酬,记入"销售费用"账户的借方,记入本账户的贷方。本账户期末贷方余额,反映企业应付职工薪酬的结余额。

在实务中,企业一般在月末对工资费用按发生的部门和用途等进行归集和分配,同时进行福利费的计提,可通过编制"薪酬计算及分配表"进行,该表的简单格式如表13-1所示。为避免与后续部分内容的重复,在本部分中只反映在产品生产车间发生的职工薪酬内容。

表 13-1　　　　　　　　　薪酬计算及分配表(简表)

2×18年×月　　　　　　　　　　　　　　　　金额单位:元

部门	工资	津贴	奖金	应发工资	扣　款		计提福利费	
					个人所得税	代付款项	提取率	提取额
生产车间								
生产职工								
其中:A产品	30 000			30 000	1 500		14%	4 200
B产品	24 000			24 000	1 200		14%	3 360
管理人员	8 000			8 000	400		14%	1 120
合　计	62 000			62 000	3 100			8 680

【做中学 13-2】　兴海公司根据员工的劳动时间和生产产品数量等有关记录,计算出本月应付各类人员的工资数额为:生产A产品工人工资30 000元,生产B产品工人工资24 000元;生产车间管理人员工资

8 000元。编制如下会计分录：

  借：生产成本——A产品   30 000
       ——B产品   24 000
    制造费用   8 000
    贷：应付职工薪酬   62 000

【做中学13-3】 兴海公司从职工工资中代扣个人所得税3 100元，暂未上交税务机关。编制如下会计分录：

  借：应付职工薪酬   3 100
    贷：应交税费——应交个人所得税   3 100

【做中学13-4】 兴海公司用现金58 900元（62 000－3 100）向员工发放工资。编制如下会计分录：

  借：应付职工薪酬   58 900
    贷：库存现金   58 900

【做中学13-5】 兴海公司根据国家的有关规定，按各类人员工资数额的14%计提职工福利费。其中：按照生产A产品工人工资总额计提的福利费为4 200元，按照生产B产品工人工资总额计提的福利费为3 360元；按照生产车间管理人员工资总额计提的福利费为1 120元。编制如下会计分录：

  借：生产成本——A产品   4 200
       ——B产品   3 360
    制造费用   1 120
    贷：应付职工薪酬   8 680

（3）制造费用的核算。

  从以上举例中可以看出，制造费用也是与产品生产的管理有着密切关系的费用，但由于制造费用的发生往往与多个受益对象有关。例如在举例中，制造费用中的材料一般消耗和车间管理人员的薪酬就是为管理A、B两种产品的生产而共同发生的，因而在发生后不能直接计入产品生产成本，只有按照一定的方法进行分配以后才能计入产品生产成本。另外，产品在生产过程中应当负担的制造费用除上述直接消耗的材料和人工费用外，还包括企业当期用货币资金支付车间用水用电费用，以及车间管理人员办公费、差旅费等费用。

【做中学13-6】 月末，兴海公司计提本月生产车间固定资产折旧3 180元。编制如下会计分录：

  借：制造费用   3 180
    贷：累计折旧   3 180

【做中学13-7】 兴海公司用银行存款支付本月生产车间水电费2 100元。编制如下会计分录：

  借：制造费用   2 100
    贷：银行存款   2 100

【做中学13-8】 兴海公司生产车间某技术人员因公出差报销差旅费1 500元，出差前借款为2 000元，收到交回现金500元。编制如下会计分录：

  借：制造费用   1 500
    库存现金   500
    贷：其他应收款   2 000

【做中学13-9】 承接[做中学13-2]，兴海公司将生产车间本月发生的制造费用18 900元，以生产工人工资为标准分配计入A、B两种产品的生产成本。

根据所给资料,应先计算制造费用分配率和各种产品应分配的制造费用额。制造费用分配率的计算公式如下:

$$分配率 = 制造费用总额 \div 生产工人工资总额$$

以上计算公式中的"生产工人工资总额"只是分配制造费用的标准之一,此外,还可以按照生产产品的数量,以及生产产品消耗材料所占比重等进行分配。

制造费用的分配率应为:

$$18\,900 \div (30\,000 + 24\,000) = 0.35$$

各种产品应负担的制造费用的计算公式如下:

$$各种产品应分配制造费用 = 该产品生产工人工资总额 \times 分配率$$

各种产品应负担的制造费用为:

A产品应分配制造费用 = 30 000 × 0.35 = 10 500(元)
B产品应分配制造费用 = 24 000 × 0.35 = 8 400(元)

根据上面的计算结果编制的会计分录为:

借:生产成本——A产品　　　　　　　　　　　　　　　　　　10 500
　　　　　　——B产品　　　　　　　　　　　　　　　　　　 8 400
　　贷:制造费用　　　　　　　　　　　　　　　　　　　　　18 900

需要注意的是,企业发生的制造费用分配计入所生产产品的成本以后,就构成了以"生产成本"形式存在的在产品这种资产的价值,与生产成本当中的直接材料、直接人工构成生产费用的整体,全面反映了所生产产品发生的全部费用,即生产费用;当产品完成了全部生产工序,达到对外销售的标准以后,直接材料、直接人工和制造费用又随之构成了产成品(库存商品)这种资产的价值。

分析可见,企业发生的生产费用虽然具有费用性质,但这种费用与"收入－费用＝利润"这一会计等式中的费用是有着很大不同的。处于生产过程中的产品所发生的各种费用,表现为企业的在产品这种资产的价值。因而在发生以后只能先计入企业所生产的产品的价值(成本),以存货这种流动资产的形态存在。即使是已经完成全部生产工序的产成品,在没有被销售前也只能作为存货这种流动资产的形态存在,而不是作为与收入直接联系的费用的形式存在。而"收入－费用＝利润"这一会计等式中的费用是指与企业当期实现的收入有着直接关系的那部分费用,如主营业务成本和各种期间费用等,而不包括进行产品生产所发生的费用。当然,生产完工的产品一旦被销售掉,这些产品的生产所发生的费用(成本)也会转化为销售当期的销售成本(主营业务成本),但这种转化只能发生在产品的销售过程中,而不是现在所探讨的生产过程。

现将生产成本总分类核算中的账户设置及其记录方法内容归纳如下,如图13-3所示。

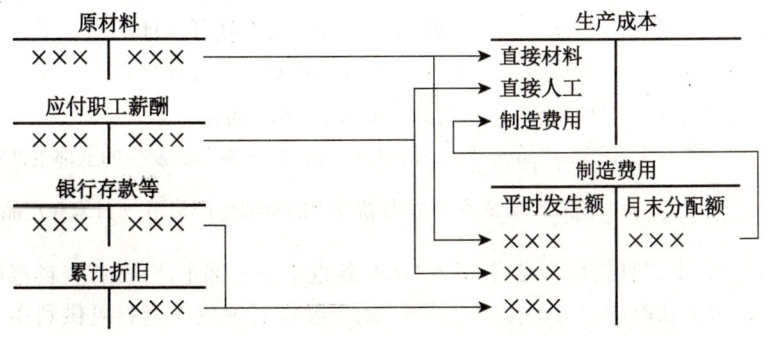

图13-3　生产成本总分类核算中的账户设置及其记录方法

二、完工产品成本的计算与结转

（一）完工产品成本的计算

完工产品是指已经完成了规定的生产工序，并且已经具备了对外销售条件的各种产成品。完工产品成本的计算就是针对这部分产品进行的。例如，某企业在本年2月投产M产品100件，到月末时，已经完成了全部生产工序并可以对外销售的该产品为80件，另20件还处于生产过程当中。那么，完工产品成本的计算就是针对已经完工的80件M产品所进行的，而不是针对本月投产的全部产品进行的。但应注意的是，完工产品成本的计算与全部投产的产品成本的确定是分不开的。这是由于，完工产品成本是全部投产产品成本的一个组成部分，在绝大多数情况下，全部投产产品成本的确定是完工产品成本计算的基础，缺少这部分成本资料，完工产品的成本计算将无法进行。

1. 完工产品成本的计算

经过对企业在产品生产过程中发生的各项生产费用进行账务处理，这些费用已记录在"生产成本"的总分类账及其明细账中，集中而全面地反映了各种产品在生产过程中所发生的全部耗费，这些生产费用资料是计算完工产品成本的重要依据。企业在会计期末既存在在产品又存在完工产品的情况下进行完工产品成本计算的过程也就是对其中已经完工的那部分产品发生的生产费用进行归集的过程。

进行完工产品成本计算时，不仅要考虑这些产品所发生的直接材料和直接人工等消耗，而且应当考虑已经完工产品的投产时间。由于完工产品的投产时间和完工时间不尽一致，在计算完工产品成本时，应具体考察其投产期间和完工期间。如果完工产品的投产期间和完工期间不同，其费用发生的期间也各不相同，完工产品的计算方法也会有所不同。产品的投产期间和完工期间大体有以下三种情况：①企业当月投入生产并且在当月全部完工的产品。在这种情况下，由于在月初和月末都没有在产品，那么本月该完工产品的成本就等于该完工产品在当月所发生的全部生产费用。②企业在以前月份投入生产而在本月全部完工。在这种情况下，会存在月初在产品，但没有月末在产品，那么，该完工产品的全部成本就应既包括该产品自投产以后到本月前所发生的生产费用（即本月月初在产品成本），也包括其在本月新发生的生产费用。③有的产品是在以前月份投入生产的，但在本月并没有全部完工，即有一部分产品到月末时已经生产完工，还有一部分产品没有生产完工。在这种情况下，完工产品成本的计算除了要考虑以前月份已经发生的费用和本月新发生的生产费用以外，还需要考虑月末还没有完工的那部分产品的成本。也就是说，应当将各期生产该产品所发生的全部费用采用一定的分配方法在完工产品和未完工产品之间进行合理分配，只有这样处理，才能正确计算出已完工产品的成本。基本的计算方法是：在该产品以前月份发生的生产费用（即月初在产品成本）基础上，加上其在本月生产过程中新发生的生产费用，以确定生产该产品所发生的全部生产费用，之后，再减除月末在产品所占用的生产费用（即月末在产品成本）。这样，完工的那部分产品的成本就可以计算出来了。

根据以上三种情况，完工产品的总成本可按下列不同公式进行计算：

本月投产本月全部完工产品成本 ＝ 本月新发生的全部生产费用

以前月份投产本月全部完工产品成本 ＝ 月初在产品成本 ＋ 本月新发生的全部生产费用

以前月份投产本月部分完工产品成本 ＝ 月初在产品成本 ＋ 本月新发生的全部生产费用 － 月末在产品成本

在以上计算公式中，"月初在产品成本"和"本月新发生的全部生产费用"资料都可以从"生产成本"明细账的记录中获取，而"月末在产品成本"则一般没有现成的资料可供利用。因而，在比较复杂的情况下，"月末在产品成本"的确定就成为计算完工产品成本的关键，也是在计算完工产品成本时必须先要解决好的一个问题。关于"月末在产品成本"的确定方法,将在下面予以介绍。

根据以上计算公式所计算确定的完工产品成本是成本核算对象(如产品的品种、类别、订单、批别和生产阶段等)的总成本,在此基础上,还应计算该成本核算对象的单位成本,即每一件产品的生产成本。产品的单位生产成本的计算可采用如下公式:

$$某产品的单位生产成本 = 该完工产品的全部成本 \div 该完工产品的数量$$

2. 在产品成本的计算

在产品是指企业仍处在生产过程中尚未完成全部生产工序,有待进一步加工的产品。虽然这些产品还没有完工,但可以肯定的是,这些产品的生产已经发生了材料和人工等方面的消耗,这些消耗构成了一定会计期末在产品的成本。从前面介绍的完工产品总成本的计算公式中可以看到,在存在期末在产品的情况下,其成本的确定显得特别重要。这是因为,在产品成本确定得正确与否,直接关系到完工产品成本的确定结果。因而,企业应考虑产品的生产特点、月末在产品数量的多少和其中的材料费及人工费等各项费用所占比重的大小等情况,采用适当的方法计算在产品成本。在确定在产品成本时,也应注意考虑以下两种情况:如果在产品数量很少,计算或不计算在产品成本对于完工产品成本的计算影响不大,为了简化成本计算工作,可以不计算在产品成本。即把某种产品每月发生的生产费用,全部作为当月完工产品的成本计算;如果在产品数量较多,而且各月之间变化较大,就要根据实际结存的在产品数量等,合理计算其成本,以便为完工产品成本的计算提供可靠资料。月末在产品成本的计算,一般可采用约当产量法、所耗用原材料费用比例法和定额成本法等。这些方法在成本会计教材中有详细介绍,本书不作全面探讨,只介绍其中的约当产量法。所谓约当产量法就是月末时根据在产品的完工程度将其折合为已完工产品数量(即假定已经完工数量),并与实际完工产品共同参与所发生的全部生产费用分配的一种方法。约当产量法在完工产品成本计算中的应用举例如下:

【做中学 13-10】兴海公司本月投产的 A 产品 100 件,本月月末全部完工;以前月份投产的 B 产品 100 件,本月月末完工 50 件,另有 50 件尚处在加工之中。月末在产品成本采用约当产量法计算。根据技术人员评估,在产品的完工程度为 40%。有关资料如表 13-2 所示。根据所给资料,计算 A、B 两种产品的完工产品成本。

表 13-2　　　　　兴海公司 A、B 两种产品生产费用资料统计表　　　　　金额单位:元

产品名称	月初在产品成本	本月新发生的生产费用			
		直接材料	直接人工	制造费用	合计
A	—	45 000	34 200	10 500	89 700
B	10 240	38 000	27 360	8 400	73 760
合计	10 240	83 000	61 560	18 900	163 460

(1) A 产品完工产品成本。

根据所给资料,A 产品没有期初在产品,也没有期末在产品,其完工产品成本就是本月所发生的全部生产费用。对其完工产品的总成本和单位成本可计算如下:

$$完工 A 产品总成本 = 45\,000 + 34\,200 + 10\,500 = 89\,700(元)$$
$$完工 A 产品单位成本 = 89\,700 \div 100 = 897(元/件)$$

(2) B 产品完工产品成本。

根据所给资料,B 产品既有月初在产品,也有月末在产品。因而,应先计算出 B 产品月末在产品的成本,才能在此基础上计算其已经完工产品的成本。计算步骤为:

首先,根据 B 在产品完工的程度计算其约当产量:

$$B\text{产品约当产量} = 50 \times 40\% = 20(\text{件})$$

应予特别注意,这里所计算确定的约当产量并不是B产品的实际完工产量,是将未完工部分进行折合以后的结果,因而不能将其视为已经完工产品。之所以将未完工产品折合为约当产量,其目的在于使这部分在产品在与实际完工产品共同分配所发生的生产费用时有一个共同的标准。

其次,计算每件B产品(按约当产量)应负担的生产费用:

$$B\text{产品应负担的生产费用} = (10\ 240 + 73\ 760) \div (50 + 20) = 1\ 200(\text{元}/\text{件})$$

再次,计算B产品的在产品应负担的生产费用,即月末时B产品的在产品成本:

$$B\text{在产品成本} = 1\ 200 \times 20 = 24\ 000(\text{元})$$

最后,根据前面介绍的完工产品成本计算公式,以及例10-12所给资料和B产品在产品成本资料,计算B产品本月完工产品的成本。

$$\text{完工}B\text{产品总成本} = 10\ 240 + 73\ 760 - 24\ 000 = 60\ 000(\text{元})$$

其实,完工产品的单位成本在按实际完工的B产品及其约当产量计算每件B产品应负担的生产费用时就已经确定下来了,因此,完工B产品的总成本也可以采用以下方法计算:

$$\text{完工}B\text{产品总成本} = 1\ 200 \times 50 = 60\ 000(\text{元})$$

对完工B产品的单位成本可计算如下:

$$\text{完工}B\text{产品单位成本} = 60\ 000 \div 50 = 1\ 200(\text{元}/\text{件})$$

(二)完工产品成本结转的核算

企业对于已经完工的产品应及时办理验收入库手续,并在计算出本期完工产品成本以后,结转其生产成本。完工产品成本的结转就是将已经完工的那部分产品的成本从"生产成本"账户结转入反映企业产成品的"库存商品"账户的过程。

"库存商品"账户核算企业库存的各种商品的实际成本(或进价)或计划成本(或售价),包括库存产成品、外购商品、存放在门市部准备出售的商品、发出展览的商品以及寄存在外的商品等。工业企业生产的库存商品一般应按实际成本核算,对商品的入库和出库,平时只由仓储部门的保管人员在有关明细账上记录数量而不记录金额,期(月)末时,由会计人员计算入库和出库商品的实际成本,并进行相应的账务处理。对已经生产完工并办理了验收入库手续的产品,按其实际成本记入本账户的借方,记入"生产成本"账户的贷方;对外销售产品(包括采用分期收款方式销售产成品)结转销售成本时,记入"主营业务成本"账户的借方,记入本账户的贷方。本账户期末借方余额,反映企业库存商品的实际成本(或进价)或计划成本(或售价)。

上述计划成本是指企业在对库存商品采用计划成本核算时采用的一种成本,类似材料的日常核算所采用的计划成本,只不过是针对完工产品而制定的;进价和售价是针对商品流通企业而言的。在商品流通企业所销售的商品一般是从其他生产企业采购进来的,而不是其自行生产的,购入商品的价格被称为进价,而销售商品的价格被称为售价。

【做中学 13-11】 兴海公司将本月生产完工的A产品100件、B产品50件验收入库。生产成本分别为89 700元和60 000元。编制如下会计分录:

借:库存商品——A产品　　　　　　　　　　　　　　　　89 700
　　　　　　——B产品　　　　　　　　　　　　　　　　60 000
　贷:生产成本——A产品　　　　　　　　　　　　　　　　89 700
　　　　　　——B产品　　　　　　　　　　　　　　　　60 000

现将完工产品成本结转总分类核算的账户设置及其记录方法归纳如图13-4所示。

从以上举例可见,企业在产品生产中发生的所有费用,在生产过程完成以后就构成了企业所生产的产品的成本,并形成了库存商品这种流动资产。显而易见,生产费用的发生虽然消耗了企

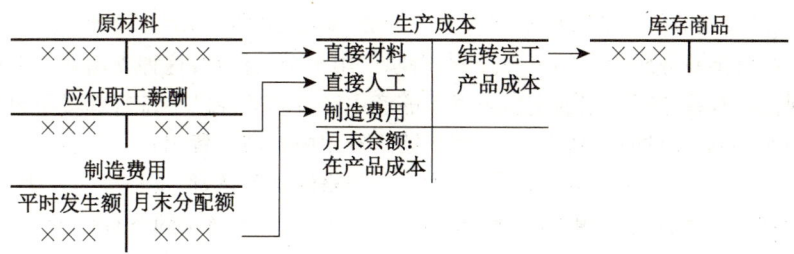

图 13-4 完工产品成本结转总分类核算的账户设置及其记录方法

业的资产,但最终形成了企业的另外一种资产,并且仍然存在于企业当中,即生产费用的发生并没有引起经济利益流出企业,因而也就不能将这些耗费确认为《企业会计准则》所定义的费用。一旦这些生产出来的产品被销售给客户,它们就会从生产企业中消失而转移到客户手中。当然,库存商品的销售也会给企业带来销售收入,即经济利益的流入。在对由此产生的收入进行账务处理时,同时应对已销售产品的成本进行相应账务处理。根据我国《企业会计准则》的规定,企业为生产产品、提供劳务等发生的可归属于产品成本、劳务成本等的费用,应当在确认产品销售收入、劳务收入等时,将已销售产品、已提供劳务的成本等计入当期损益,即确认为当期的费用,记入"主营业务成本"和"其他业务成本"等账户。这时,生产费用就转化为具有实质性意义的费用了。这些交易或事项的账务处理方法参见项目十一的相关部分。

三、生产成本的报告

如前所述,企业发生的生产成本表现为企业的在产品形态。在产品属于企业资产中的存货的组成部分。因而,在"资产负债表"上,生产成本包含在"存货"项目中。在该项目中,既要反映生产成本的年末余额,也要反映生产成本的年初余额。在"资产负债表"附注的"在产品"项下,按年初账面余额、年末账面余额、本期增加数和本期减少数四个方面披露。

任务三 期间费用

一、期间费用概述

(一)期间费用概念

期间费用是指企业本期日常活动所发生的不能归属于特定核算对象的成本,而应直接计入当期损益的费用。

根据我国《企业会计准则》的规定,企业发生的支出不产生经济利益的,或者即使能够产生经济利益但不符合或者不再符合资产确认条件的,应当在发生时确认为费用,计入当期损益。并规定,企业发生的交易或者事项导致其承担了一项负债而又不确认为一项资产的,应当在发生时确认为费用,计入当期损益。在本节中所研究的期间费用,符合以上计入当期损益的特征。所谓计入当期损益就是将由此类交易或事项而产生的应负担的费用直接确认为发生当期的费用,记入有关的费用账户。

与上任务研究的生产费用不同。一般而言,生产费用的发生会形成企业的新的资产(如库存商品),并且在正常销售的情况下,会给企业带来新的经济利益,如企业将生产出来的产品销售以后,就会带来货币资金的流入。即使由于赊销等原因,暂时不能收到货币资金,也会形成应收账款这种具有权利意义象征的资产(债权),仍属于企业的一种资产。而期间费用所发生的支出往往不会再产生新的经济利益,或者即使能够产生经济利益但不符合或者不再符合资产确认的条件。例如，企业已经发放给企业行政管理人员的工资（属于期间费用中的管理费用），是对这些职工在过去为企业提供服务所给予的一种报酬，由职工用于个人消费，这种支出就不会再给企业带来任何经济利益。有些期间费用的支出虽然能够产生经济利益但已不符合或者不再符合资产确认的条件。例如，企业支付的产品广告费（属于期间费用中的销售费用），会有利于企业产品在市场上的销售，提高企业的市场竞争能力，也能为企业带来经济利益，但这种支出发生后，就形成了一种耗费，而不再是可供企业使用的一种资源，即不再符合资产确认的条件。另外，企业发生的有些交易或者事项会导致企业承担了一项负债而又不确认为一项资产的，也应当在发生时确认为费用，计入当期损益。例如，某些企业采用预提方式计入短期借款使用期内的借款利息费用（属于期间费用中的"财务费用"），就导致企业承担了一项在未来的某一个会计期间必须偿还的一种负债。根据期间费用的以上特点，在各个会计期间所发生的期间费用，与其他应当计入当期损益的费用一样，应直接计入当期损益，即确认为当期费用。其他应当计入当期损益的费用包括前述主营业务成本、其他业务成本、税金及附加、投资损失、资产减值损失和所得税费用等。

应予指出的是，期间费用属于《企业会计准则》所界定的企业在日常活动中所发生的费用，是企业的日常活动所发生的经济利益流出。它之所以不计入一定成本核算对象的成本，主要是由于期间费用是为组织和管理企业整个生产经营活动而发生的，与企业发生的可以确定一定成本核算对象的材料采购、产品生产等发生的支出没有直接关系或对成本的计算影响不大。因而，期间费用在发生以后不再计入有关核算对象的成本，而是直接计入当期损益。

（二）期间费用的组成内容

期间费用包括销售费用、管理费用和财务费用。

1. 销售费用

销售费用是指企业销售商品和材料、提供劳务的过程中发生的各种费用以及为销售本企业商品而专设的销售机构（含销售网点、售后服务网点等）的经营费用，包括保险费、包装费、展览费和广告费、商品维修费、预计产品质量保证损失、运输费、装卸费等以及为销售本企业商品而专设的销售机构（含销售网点、售后服务网点等）的职工薪酬、业务费和折旧费等经营费用。

应予注意的是，销售费用是与企业销售商品活动等有关的费用，但不包括销售商品本身的成本和劳务成本。已经销售的产品的成本属于企业的"主营业务成本"，提供劳务所发生的成本属于企业的"劳务成本"，均不属于企业的销售费用。

2. 管理费用

管理费用是指企业为组织和管理企业生产经营所发生的管理费用，包括企业的董事会和行政管理部门在企业的经营管理中发生的或者应由企业统一负担的公司经费（包括行政管理部门职工薪酬、修理费、物料消耗、低值易耗品摊销、办公费和差旅费等）、工会经费、董事会费（包括董事会成员津贴、会议费和差旅费等）、聘请中介机构费、咨询费（含顾问费）、诉讼费、业务招待费、技术转让费、矿产资源补偿费、研究费用和排污费等。

应当注意管理费用与制造费用之间的区别：管理费用一般发生在企业管理部门，而制造费用发生在产品的生产车间（部门）；管理费用是企业的一种期间费用，发生后应计入当期损益，而制造费用是企业的一种生产费用，发生后应分配计入一定的产品核算对象；尽管管理费用与制造费用的有些费用内容（如办公费和差旅费等）是相同的，但应利用不同的账户组织核算。

3. 财务费用

财务费用是指企业为筹集生产经营所需资金等而发生的筹资费用，包括利息支出（减利息收入）、汇兑差额以及相关的手续费和企业发生的现金折扣或收到的现金折扣等。

应予注意的是，财务费用构成内容有的会增加企业的财务费用，有的则会减少企业的财务费用。例如，利息支出会增加企业的财务费用，而利息收入则会减少企业的财务费用；企业发生的给予客户的现金折扣会增加企业的财务费用,而从销售方那里收到的现金折扣则会减少企业的财务费用等。在核算中应注意区分不同的情况,采用不同的处理方法。

二、期间费用的核算

(一) 销售费用的核算

进行销售费用的核算,应设置"销售费用"账户。本账户核算企业在销售商品和材料、提供劳务的过程中发生的各种费用。企业在销售商品过程中发生的保险费、包装费、展览费和广告费、运输费和装卸费等费用,记入本账户的借方,记入"库存现金"和"银行存款"等账户的贷方;企业发生的为销售本企业商品而专设的销售机构的职工薪酬、业务费等经营费用,记入本账户的借方,记入"应付职工薪酬""银行存款"和"累计折旧"等账户的贷方。会计期末时,应将本账户余额转入"本年利润"账户,结转后本账户应无余额。

【做中学 13-12】兴海公司用银行存款支付产品保险费 5 000 元。编制的会计分录为:

借:销售费用——保险费　　　　　　　　　　　　　　　　　　　　　　　5 000
　　贷:银行存款　　　　　　　　　　　　　　　　　　　　　　　　　　　　5 000

【做中学 13-13】兴海公司用银行存款支付产品广告费 3 000 元。编制的会计分录为:

借:销售费用——广告费　　　　　　　　　　　　　　　　　　　　　　　3 000
　　贷:银行存款　　　　　　　　　　　　　　　　　　　　　　　　　　　　3 000

【做中学 13-14】兴海公司用现金支付应由本公司负担的销售 A 产品的运输费 600 元。编制的会计分录为:

借:销售费用——运输费　　　　　　　　　　　　　　　　　　　　　　　600
　　贷:库存现金　　　　　　　　　　　　　　　　　　　　　　　　　　　　600

【做中学 13-15】兴海公司计算出本月应付给为销售本企业商品而专设的销售机构的职工工资 4 000 元。编制的会计分录为:

借:销售费用——工资　　　　　　　　　　　　　　　　　　　　　　　　4 000
　　贷:应付职工薪酬　　　　　　　　　　　　　　　　　　　　　　　　　　4 000

【做中学 13-16】兴海公司本月按专设销售机构的职工工资总额提取职工福利费 560 元。编制的会计分录为:

借:销售费用——职工福利　　　　　　　　　　　　　　　　　　　　　　560
　　贷:应付职工薪酬　　　　　　　　　　　　　　　　　　　　　　　　　　560

【做中学 13-17】兴海公司计算出专设销售机构使用房屋应提取的折旧 540 元。编制的会计分录为:

借:销售费用——折旧费　　　　　　　　　　　　　　　　　　　　　　　540
　　贷:累计折旧　　　　　　　　　　　　　　　　　　　　　　　　　　　　540

【做中学 13-18】月末,兴海公司将"销售费用"账户的发生额结转入"本年利润"账户。编制的会计分录为:

借:本年利润　　　　　　　　　　　　　　　　　　　　　　　　　　　　13 700
　　贷:销售费用　　　　　　　　　　　　　　　　　　　　　　　　　　　　13 700

前已述及,企业发生的销售费用、管理费用和财务费用属于期间费用,在发生以后不能计入产品的生产成本,而应直接确认为当期损益,即作为费用直接冲减当期收入。因而在会计期末时(月末或年末),企业应将这些费用的余额结转入"本年利润"账户(借方),以便与该账户贷方转入的各种收入进行对比,并确定企业当期的利润总额。下面介绍的管理费用和财务费用,在会计期末时也要作同样的账务处理。

(二) 管理费用的核算

进行管理费用的核算,应设置"管理费用"账户。本账户核算企业为组织和管理企业生产经营所发生的管理费用。企业在筹建期间内发生的开办费,包括人员工资、办公费、培训费、差旅费、印刷费、注册登记费以及不计入固定资产价值的借款费用等,记入本账户(开办费)的借方,记入"银行存款"等账户的贷方;应付管理部门人员的薪酬,记入本账户的借方,记入"应付职工薪酬"账户的贷方;对企业管理部门使用的固定资产计提的折旧,记入本账户的借方,记入"累计折旧"账户的贷方;企业管理部门发生的办公费、水电费、业务招待费、聘请中介机构费、咨询费、诉讼费、技术转让费和研发费用(应予费用化的部分),记入本账户的借方,记入"银行存款"和"研发支出"等账户的贷方。会计期末时,应将本账户的余额转入"本年利润"账户,结转后本账户应无余额。

【做中学 13-19】 兴海公司用银行存款支付业务培训费 8 000 元。编制的会计分录为:

借:管理费用——培训费   8 000
  贷:银行存款   8 000

【做中学 13-20】 兴海公司用银行存款支付企业管理部门发生的水电费 5 600 元。编制的会计分录为:

借:管理费用——水电费   5 600
  贷:银行存款   5 600

【做中学 13-21】 兴海公司因进行资产评估,用银行存款支付聘请中介机构费 9 000 元。编制的会计分录为:

借:管理费用——聘请中介机构费   9 000
  贷:银行存款   9 000

【做中学 13-22】 兴海公司用现金支付业务招待费 600 元。编制的会计分录为:

借:管理费用——业务招待费   600
  贷:库存现金   600

【做中学 13-23】 兴海公司本月计提企业行政管理部门使用的固定资产折旧费 6 000 元。编制的会计分录为:

借:管理费用——折旧费   6 000
  贷:累计折旧   6 000

【做中学 13-24】 兴海公司本月分配企业管理人员工资 12 000 元,计提职工福利费 1 680 元。编制的会计分录为:

借:管理费用——工资及福利费   13 680
  贷:应付职工薪酬   13 680

【做中学 13-25】 月末,兴海公司将"管理费用"账户的发生额结转入"本年利润"账户。编制的会计分录为:

借:本年利润   42 880
  贷:管理费用   42 880

(三) 财务费用的核算

进行财务费用的核算,应设置"财务费用"账户。本账户核算企业为筹集生产经营所需资金等而发生的筹资费用,包括利息支出(减利息收入)、汇兑差额以及相关的手续费、企业发生的现金折扣或收到的现金折扣等。企业发生的财务费用,记入本账户的借方,记入"银行存款"等账户的贷方；企业按照约定应给予购买方的现金折扣实际发生时，记入本账户的借方，记入"应收账款"账户的贷方；企业获取的应冲减财务费用的利息收入，以及汇兑收益和现金折扣，记入"银行存款""应付账款"等账户的借方，记入本账户的贷方。会计期末时，应将本账户余额转入"本年利润"账户，结转后本账户应无余额。

【做中学 13-26】 兴海公司用银行存款支付本月应负担的短期借款利息 1 500 元。编制的会计分录为：

借：财务费用　　　　　　　　　　　　　　　　　　　　　　　　　　　1 500
　　贷：银行存款　　　　　　　　　　　　　　　　　　　　　　　　　　　1 500

【提示】 如果企业的短期借款利息是通过预提的方式形成的，应借记"财务费用"账户，贷记"应付利息"账户。

【做中学 13-27】 兴海公司用银行存款支付在银行办理业务的手续费 500 元。编制的会计分录为：

借：财务费用　　　　　　　　　　　　　　　　　　　　　　　　　　　　500
　　贷：银行存款　　　　　　　　　　　　　　　　　　　　　　　　　　　　500

【做中学 13-28】 兴海公司在销售产品过程中发生应支付给客户的现金折扣 4 500 元，冲减原来已入账的应收账款。编制的会计分录为：

借：财务费用　　　　　　　　　　　　　　　　　　　　　　　　　　　4 500
　　贷：应收账款　　　　　　　　　　　　　　　　　　　　　　　　　　　4 500

【做中学 13-29】 兴海公司收到银行通知，本季度公司在银行的存款利息为 1 200 元。已划入公司的银行存款账户。编制的会计分录为：

借：银行存款　　　　　　　　　　　　　　　　　　　　　　　　　　　1 200
　　贷：财务费用　　　　　　　　　　　　　　　　　　　　　　　　　　　1 200

【提示】 按照《企业会计准则》的规定，企业发生的利息收入应冲减企业的财务费用。

【做中学 13-30】 兴海公司在购买供应方材料的交易中，因根据对方规定的折扣条件提前付款，获得对方给予的现金折扣 2 000 元。编制的会计分录为：

借：应付账款　　　　　　　　　　　　　　　　　　　　　　　　　　　2 000
　　贷：财务费用　　　　　　　　　　　　　　　　　　　　　　　　　　　2 000

【提示】 企业收到的现金折扣不同于产生（给予客户）的现金折扣，按照《企业会计准则》的规定，企业收到的现金折扣应冲减企业的财务费用。如果原来的应付账款已全额入账，收到对方给予的现金折扣时，应冲减"应付账款"账户的记录，使该账户真实反映本企业应付账款的实际数。

【做中学 13-31】 月末，兴海公司将"财务费用"账户的发生额转入"本年利润"账户。编制的会计分录为：

借：本年利润　　　　　　　　　　　　　　　　　　　　　　　　　　　3 300
　　贷：财务费用　　　　　　　　　　　　　　　　　　　　　　　　　　　3 300

【提示】 在以上销售费用核算和管理费用核算的举例中，"销售费用"和"管理费用"只有借方发生额，而没有贷方发生额，月末时结转的发生额即为各个账户借方发生额的合计数，按该合计数结转入"本年利润"账户即可。而在财务费用核算的举例中，"财务费用"账户的借贷双方都有发生额，因而，企业在期末将"财务费用"账户的发生额转入"本年利润"账户时，应先根据"财务费用"账户借贷双方的记录计算出其实际发生额，之后才能根据实际发生额进行相应结转。在本部分的举例中，"财务费用"的月末实际发生额应为 3 300 元（1 500+500+4 500－1 200－2 000）。如果在"销售费用""管理费用"账户中存在相同的情况时，其发生额在月末结转过程中也应作同样的处理。

现将期间费用总分类核算的账户设置及其记录方法归纳如图 13-5 所示。

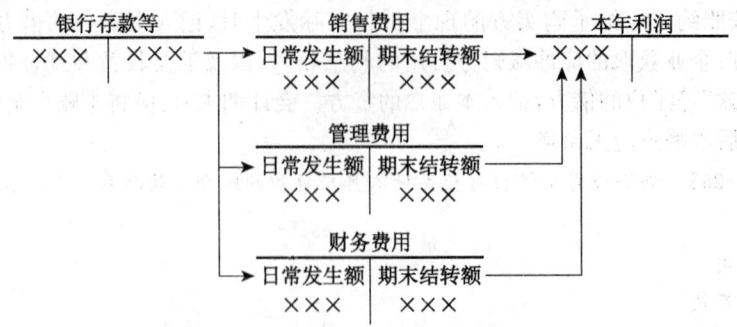

图 13-5　期间费用总分类核算的账户设置及其记录方法

三、期间费用的报告

企业的期间费用属于应计入当期损益的费用,符合《企业会计准则》中关于费用的定义及其确认条件,应当列入当期的利润表。在利润表中,销售费用、管理费用和财务费用作为减项列在"营业收入"项目下,既要反映本期金额,也要反映上期金额。

关键术语

生产成本　约当产量法　期间费用　销售费用　管理费用　财务费用

应知考核

一、单项选择题

1. 某企业采用约当产量比例法分配甲产品的生产费用。2018年12月月初甲在产品成本中的直接人工费用为48 000元,本月发生直接人工费用为100 000元;本月甲完工产品680件,月末在产品640件,其平均完工程度为50%。假定不考虑其他因素,2018年12月份甲完工产品应分配的直接人工费用为(　　)元。
   A. 64 000　　B. 100 640　　C. 76 242　　D. 68 000

2. 甲公司有供电和供水两个辅助生产车间,2018年1月供电车间供电80 000度,费用为120 000元,供水车间供水5 000吨,费用为36 000元,供电车间耗用水200吨,供水车间耗用电600度,甲公司采用直接分配法进行核算,则2018年1月供水车间的分配率是(　　)。
   A. 7.375　　B. 7.625　　C. 7.2　　D. 7.5

3. 下列关于"生产成本"账户的表述,正确的是(　　)。
   A. "生产成本"账户期末肯定无余额
   B. "生产成本"账户期末若有余额,肯定在借方
   C. "生产成本"账户的余额表示已完工产品的成本
   D. "生产成本"账户的余额表示本期发生的生产费用总额

4. 下列各项不应计入产品成本的是(　　)。
   A. 产品生产用材料　　　　　　　　B. 生产单位管理人员薪酬
   C. 从事自制设备工程的人员薪酬　　D. 车间生产设备的折旧费

5. A企业采用移动加权平均法计算发出甲材料的成本,2018年4月1日,甲材料结存300千克,每千克实际成本为3元;4月3日,发出甲材料100千克;4月12日,购入甲材料200千克,每千克实际成本10元;4月27日,发出甲材料350千克,4月末该企业甲材料的期末结存成本为(　　)元。
   A. 450　　B. 440　　C. 500　　D. 325

6. 2018年6月1日明华股份有限公司经营租出管理用设备一台,每月该设备折旧金额10万元,租期为两年,租金在每季季末收取。2018年6月月末针对计提的折旧金额应编制的会计分录为(　　)(分录中

的金额单位为万元)。
　　A. 借：其他业务成本　　　　　　　　　　　　　　　　　　　　10
　　　　贷：预付账款　　　　　　　　　　　　　　　　　　　　　　10
　　B. 借：其他业务成本　　　　　　　　　　　　　　　　　　　　10
　　　　贷：银行存款　　　　　　　　　　　　　　　　　　　　　　10
　　C. 借：其他业务成本　　　　　　　　　　　　　　　　　　　　10
　　　　贷：累计折旧　　　　　　　　　　　　　　　　　　　　　　10
　　D. 借：管理费用　　　　　　　　　　　　　　　　　　　　　　10
　　　　贷：累计折旧　　　　　　　　　　　　　　　　　　　　　　10

7. 甲公司拥有乙公司80%的有表决权股份，能够控制乙公司财务和经营决策。2018年6月1日，甲公司将本公司生产的一批产品出售给乙公司，售价为800万元，成本为500万元。至2018年12月31日，乙公司已对外售出该批存货的40%。2018年合并财务报表中应确认的营业成本为(　　)万元。
　　A. 300　　　　B. 200　　　　C. 320　　　　D. 480

8. 某企业产品入库后发现一批可修复废品，其生产成本为3 500。修复废品耗用直接材料1 000元，直接人工500元，制造费用800元，回收残料计价100元，应收过失人赔款100元。不考虑其他因素，该批废品净损失为(　　)元。
　　A. 2 100　　　B. 5 600　　　C. 3 600　　　D. 2 300

9. 下列各项，不通过"财务费用"账户核算的是(　　)。
　　A. 企业发行股票支付的手续费　　　　B. 企业支付的银行承兑汇票手续费
　　C. 企业购买商品时取得的现金折扣　　D. 企业销售商品时发生的现金折扣

10. 下列各项，应计入管理费用的是(　　)。
　　A. 筹建期间的开办费　　　　　　　　B. 预计产品质量保证损失
　　C. 生产车间管理人员工资　　　　　　D. 专设销售机构的固定资产修理费

二、多项选择题

1. 下列应计入产品成本的有(　　)。
　　A. 直接材料　　　　　　　　　　　　B. 直接燃料
　　C. 直接动力　　　　　　　　　　　　D. 生产车间管理人员的工资

2. 企业的营业成本包括(　　)。
　　A. 主营业务成本　　　　　　　　　　B. 其他业务成本
　　C. 营业外支出　　　　　　　　　　　D. 生产成本

3. 下列各项属于"其他业务成本"账户核算的内容有(　　)。
　　A. 出租的无形资产的摊销额　　　　　B. 出租无形资产支付的服务费
　　C. 销售材料结转的材料成本　　　　　D. 出售固定资产发生的处置净损失

4. 下列各项，属于"其他业务成本"账户核算的内容有(　　)。
　　A. 经营出租固定资产计提的折旧
　　B. 经营出租无形资产的服务费
　　C. 销售材料结转的材料成本
　　D. 出售无形资产结转的无形资产的摊余价值

5. 下列各项，应列入利润表"营业成本"项目的有(　　)。
　　A. 销售材料成本　　　　　　　　　　B. 无形资产处置净损失
　　C. 固定资产盘亏净损失　　　　　　　D. 经营出租固定资产折旧费

6. 下列各项，关于费用的特点，说法正确的有(　　)。
　　A. 费用是企业在日常活动中发生的经济利益流出
　　B. 费用会导致所有者权益的减少

C. 费用与向所有者分配利润无关
D. 成本费用包括主营业务成本、其他业务成本和期间费用

7. 下列各项,应计入财务费用的有(　　)。
   A. 银行承兑汇票手续费　　　　　B. 购买交易性金融资产手续费
   C. 外币应收账款汇兑损失　　　　D. 商业汇票贴现发生的贴现息

8. 下列各项,关于管理费用会计处理表述正确的有(　　)。
   A. 无法查明原因的现金短缺应计入管理费用
   B. 转销确实无法支付的应付账款应冲减管理费用
   C. 行政管理部门负担的工会经费应计入管理费用
   D. 企业在筹建期间内发生的开办费应计入管理费用

9. 下列各项,属于企业期间费用的有(　　)。
   A. 管理费用　　　B. 财务费用　　　C. 制造费用　　　D. 销售费用

10. 下列各项,不应在发生时确认为销售费用的有(　　)。
    A. 车间管理人员的工资　　　　　B. 投资性房地产的折旧额
    C. 专设销售机构固定资产的维修费　D. 预计产品质量保证损失

三、判断题

1. 生产人员、车间管理人员的工资及福利费,根据工资费用分配表,应直接计入产品成本。(　　)
2. 制造费用与管理费用不同,本期发生的管理费用直接影响本期损益,而本期发生的制造费用不一定影响本期的损益。(　　)
3. 随同产品出售不单独计价的包装物,应该在包装物发出时,结转成本并计入其他业务成本。(　　)
4. "其他业务成本"账户属于成本类账户。(　　)
5. 出租固定资产的折旧和出租无形资产的折旧均应记入"其他业务成本"账户。(　　)
6. "其他业务成本"账户于年末时应转入"资本公积"账户,结转后本账户无余额。(　　)
7. 企业生产经营期间的长期借款利息支出应该全部计入财务费用。(　　)
8. 费用是指企业在日常活动中发生的、会导致资产减少的、与向所有者分配利润无关的经济利益的总流出。(　　)
9. 企业在确认商品销售收入后发生的销售折让(不考虑日后事项),应在实际发生时计入财务费用。(　　)
10. 企业发生的工会经费应通过"税金及附加"账户核算。(　　)

四、思考题

1. 什么是费用? 费用具有哪些基本特征?
2. 什么是成本? 成本与费用之间的关系如何?
3. 什么是生产费用? 生产费用计入产品生产成本的方法有哪些?
4. 什么是生产成本? 生产成本由哪些成本项目组成?
5. 什么是期间费用? 主要包括哪些内容?

应会考核

★ 业务考核

【考核项目】
完工产品成本核算。

【背景资料】
某企业生产Ⅰ号、Ⅱ号两种产品。Ⅰ号产品期初在产品成本10 000元,本月发生材料费用35 000元,生产工人工资5 000元,月末在产品成本12 000元,Ⅰ号产品本月完工300件。Ⅱ号产品200件本月全部

完工,本月发生材料费用31 200元,生产工人工资4 000元。两种产品共发生制造费用4 500元。(制造费用按生产工人工资比例分配)

【考核要求】

两种产品完工总成本和单位成本分别是多少?

★ 技能考核

【考核项目】

成本费用核算。

【背景资料】

(1) 管理部门领用材料5 000元,销售部门领用材料7 000元,作为一般耗用,共计12 000元。

(2) 月末计算提取固定资产折旧费共7 000元,其中销售部门折旧费4 000元,管理部门折旧费3 000元。

(3) 用银行存款支付水电费4 000元,其中企业销售部门3 000元,企业管理部门1 000元。

(4) 月末分配职工工资,其中,销售人员工资20 000元,企业管理人员10 000元。

(5) 月末按照工资总额的一定比例提取工会经费6 000元。

(6) 用银行存款支付销售A产品的运输费1 000元(增值税忽略不计)。

(7) 月末,将管理费用、销售费用转入"本年利润"账户。

【考核要求】

根据资料编制会计分录。

★ 综合实务题

1. 甲公司为增值税一般纳税人,2018年5月有关资料如下:

(1) 当月实现销售收入160万元,应交增值税销项税额25.6万元,款项已全部收到并存入银行。本月预收货款50万元已存入银行。该企业未单独设置"预收账款"账户。

(2) 4日,购买一批原材料,其价款为30万元,增值税税额为4.8万元,以相应金额的银行汇票结算款项。12日,用银行存款支付购进建造仓库的工程物资款50万元,增值税税额为8万元。20日,按照合同用银行存款预付购买原材料款15万元。

(3) 25日,从证券交易所购入乙公司股票10万股,每股面值1元,购买价格为每股10元,另支付相关税费0.3万元,甲公司将其划分为交易性金融资产。

(4) 当月分配职工薪酬26万元。其中,生产工人工资12万元,奖金、津贴等薪酬3万元;在建工程人员工资5万元,奖金、津贴等薪酬1万元;行政管理人员工资4万元,奖金、津贴等薪酬1万元,当月职工工资21万元已发放。

要求:根据上述资料,回答下列各小题。

(1) 根据资料(1),下列各项,关于甲公司的会计处理结果正确的是(   )。

  A. "应收账款"账户贷方增加50万元

  B. 资产负债表"预收款项"项目增加50万元

  C. "银行存款"账户借方增加210万元

  D. "主营业务收入"账户贷方增加210万元

(2) 根据资料(2),下列各项,关于甲公司的会计处理结果正确的是(   )。

  A. 预付账款增加15万元 B. 购进工程物资成本58万元

  C. 其他货币资金减少34.8万元 D. 应收票据减少30万元

(3) 根据材料(3),下列各项,甲公司支付购买股票相关税费应记入的会计账户是(   )。

  A. "管理费用" B. "投资收益" C. "财务费用" D. "交易性金融资产"

(4) 根据资料(4),下列各项,关于甲公司职工薪酬的会计处理结果正确的是(   )。

  A. 计入生产成本的职工薪酬总额12万元

  B. 计入在建工程的职工薪酬总额为6万元

  C. 计入生产成本的职工薪酬总额为15万元

D. 计入管理费用的职工薪酬总额为5万元

(5) 根据资料(1)至资料(4),下列各项,甲公司2018年5月现金流量表项目计算结果正确的是( )。
　　A. 销售商品、提供劳务收到的现金为235.6万元
　　B. 投资支付的现金为100.3万元
　　C. 支付给职工以及为职工支付的现金为16万元
　　D. 购买商品、接受劳务支付的现金为49.8万元

2. 华成公司有两个基本生产车间,分别生产甲、乙两种产品。为简化核算,在进行产品成本核算过程中,只将为生产产品发生的直接材料费用、直接人工费用,按其发生的地点和用途分别计入各相关产品生产成本,对于发生的其他各项生产费用和经营管理费用全部记入"管理费用"账户。相关业务如下:

(1) 共发生机器折旧费49 000元,其中:第一基本生产车间20 000元,第二基本生产车间24 000元;办公设备折旧费5 000元。

(2) 支付各生产车间管理人员工资8 000元,其中:第一车间和第二车间分别为3 000元和5 000元;支付厂部管理人员工资12 000元。

(3) 第一车间经营性租入固定资产发生修理费用4 000元;本期支付水电费8 600元,其中第一车间和第二车间分别为4 600元和3 000元,其余1 000元为厂部耗用。

(4) 本期为推销产品支付广告宣传费34 000元;支付各项办公用品费5 200元;计提坏账准备3 000元;专设销售机构发生经费支出15 000元。

要求:根据上述资料,回答下列各小题。

(1) 根据资料(1),下列各项,关于华成公司的会计处理结果正确的是( )。
　　A. "管理费用"账户借方增加49 000元
　　B. "制造费用"账户借方增加49 000元
　　C. "生产成本"账户借方增加44 000元
　　D. "制造费用"账户借方增加44 000元

(2) 根据资料(2),下列各项,关于华成公司的会计处理结果正确的是( )。
　　A. 生产成本增加20 000元　　　　B. 管理费用20 000元
　　C. 销售费用增加12 000元　　　　D. 制造费用增加8 000元

(3) 根据材料(3),下列各项,华成公司的会计处理结果正确的是( )。
　　A. 发生制造费用4 000元　　　　B. 发生管理费用1 000元
　　C. 发生制造费用12 600元　　　　D. 发生管理费用5 000元

(4) 根据资料(4),下列各项,华成甲公司的会计处理结果正确的是( )。
　　A. 计入管理费用的金额为57 200元　　B. 计入销售费用的金额为57 200元
　　C. 计入销售费用的金额为49 000元　　D. 计入管理费用的金额为39 200元

(5) 根据资料(1)至资料(4),下列各项,华成公司有关账户计算结果不正确的是( )。
　　A. "生产成本"金额为108 600元　　　B. "管理费用"金额为75 200元
　　C. "制造费用"金额为59 600元　　　　D. "销售费用"金额为49 000元

3. 甲公司是一家工业企业,属于增值税一般纳税人,适用的增值税税率为16%。2018年甲公司发生如下经济事项:

(1) 5月,甲公司销售一批商品并开具增值税专用发票,商品售价为100万元,增值税税额为16万元,该批商品的成本为70万元,当月收到货款并存入银行。

(2) 6月,甲公司因资金周转不畅,急需资金一笔,故将购买成本为30万元的原材料出售,当月收到原材料款项。

(3) 7月,甲公司销售一批商品,售价为120万元,增值税税额为19.2万元,该批商品成本为90万元,因客户没有相关商品的包装物,需要租用甲公司的包装物1个月,包装物的当月摊销额为0.5万元。

(4) 9月,甲公司销售商品领用单独计价的包装物成本为2万元,增值税专用发票上注明的销售收入为4万元、增值税税额为0.64万元,款项已存入银行。

(5) 11月，甲公司实际应交增值税22万元、消费税10万元，其适用的城市维护建设税税率为7%、教育费附加费率为3%。

(6) 12月，甲公司为了扩展市场发生业务招待费5万元，销售机构发生业务费6万元，用于企业生产车间的固定资产修理费支出为3万元，当月又发生汇兑损益0.5万元。

要求：根据上述资料，回答下列各小题。（答案中金额单位用万元表示）

(1) 根据资料(1)，下列各项，甲公司编制的会计分录正确的是（　　）。

  A. 借：应收账款　　　　　　　　　　　　　　　　　　　　　116
    贷：其他业务收入　　　　　　　　　　　　　　　　　　　　　100
      应交税费——应交增值税（销项税额）　　　　　　　　　　16
  B. 借：银行存款　　　　　　　　　　　　　　　　　　　　　　116
    贷：主营业务收入　　　　　　　　　　　　　　　　　　　　　100
      应交税费——应交增值税（销项税额）　　　　　　　　　　16
  C. 借：主营业务成本　　　　　　　　　　　　　　　　　　　　70
    贷：库存商品　　　　　　　　　　　　　　　　　　　　　　　70
  D. 借：其他业务成本　　　　　　　　　　　　　　　　　　　　70
    贷：库存商品　　　　　　　　　　　　　　　　　　　　　　　70

(2) 根据资料(2)，甲公司应将原材料30万元的成本计入（　　）。

  A. 主营业务成本　　　　　　　　　　B. 其他业务成本
  C. 营业外支出　　　　　　　　　　　D. 长期待摊费用

(3) 根据资料(3)，下列各项，甲公司的做法错误的是（　　）。

  A. 甲公司当月应确认主营业务成本90.5万元
  B. 甲公司当月应确认主营业务成本90万元
  C. 甲公司当月应确认其他业务成本0.5万元
  D. 甲公司当月应确认其他业务成本20.9万元

(4) 根据资料(4)，下列各项，甲公司会计处理正确的是（　　）。

  A. 出售包装物时，贷方确认其他业务收入4万元
  B. 出售包装物时，贷方确认营业外收入4万元
  C. 在结转出售包装物成本时，借方确认其他业务成本2.64万元
  D. 在结转出售包装物成本时，借方确认其他业务成本2万元

(5) 根据资料(5)，甲公司的会计处理正确的是（　　）。

  A. 确认城市维护建设税的金额为2.24万元
  B. 确认教育费附加的金额为0.96万元
  C. 确认税金及附加的金额为35.2万元
  D. 确认税金及附加的金额为3.2万元

(6) 根据资料(6)，甲公司应确认的期间费用为（　　）万元。

  A. 11　　　　　　B. 14　　　　　　C. 14.5　　　　　　D. 11.5

4. 某企业为增值税一般纳税人，适用的增值税税率为16%，2018年1月至11月"利润表"部分相关项目的累计发生额为：税金及附加600万元，销售费用500万元，管理费用1 000万元，财务费用200万元。2018年12月，该企业发生如下经济业务：

(1) 10日，将50台自产产品作为福利发放给本企业行政管理人员，该产品每台生产成本为1.2万元，每台市场售价为1.5万元（不含增值税）。

(2) 31日，计提所属销售机构上月购入并投入使用的设备折旧费，该设备价款为360万元，增值税税额为57.6万元，预计使用寿命为5年，预计净残值为零，采用年数总和法计提折旧。

(3) 31日，确认2018年发行债券利息费用。2018年7月1日，该企业为筹集生产经营所需资金，按面值8 000万元发行5年期、到期一次还本付息的企业债券，该债券的票面年利率为4%（与实际利率一致），

自发行日起计息,发行债券已全部存入银行。

(4) 31日,计算确定本月应交城市维护建设税35万元(不考虑教育费附加),车船税为5万元,印花税为3万元,确认短期借款利息费用为15万元,取得银行存款利息收入为3万元。

要求:根据上述资料,回答下列各小题(答案中的金额单位用万元表示)。

(1) 根据资料(1),该企业下列各项会计处理,正确的是(   )。
  A. 主营业务成本增加60万元   B. 应交税费增加12万元
  C. 管理费用增加87万元   D. 确认应付职工薪酬60万元

(2) 根据资料(2),该企业12月31日对所属销售机构设备计提折旧费的会计处理结果正确的是(   )。
  A. 计入管理费用11.6万元   B. 计入管理费用10万元
  C. 计入销售费用10万元   D. 计入销售费用11.6万元

(3) 根据资料(3),12月31日该企业确认发行债券利息费用的会计处理正确的是(   )。
  A. 借:财务费用   320
    贷:应付债券——应计利息   320
  B. 借:财务费用   160
    贷:应付利息   160
  C. 借:财务费用   320
    贷:应付利息   320
  D. 借:财务费用   160
    贷:应付债券——应计利息   160

(4) 根据资料(4),该企业的会计处理的结果正确的是(   )。
  A. 应交税费增加43万元   B. 财务费用增加12万元
  C. 管理费用增加3万元   D. 税金及附加增加43万元

(5) 根据资料(4),该企业应记入"税金及附加"账户的金额是(   )万元。
  A. 40   B. 43   C. 35   D. 45

项目实训

【实训项目】
成本费用核算。

【实训情境】
产品生产成本,由为生产一定种类、数量的产品所发生的材料、人工、费用构成,是对象化的费用。产品生产成本＝直接费用(直接材料、人工、其他费用)＋间接费用(制造费用)。

资料:宏达厂生产A、B两种产品,2014年8月发生以下经济业务如下:

① 各部门领料情况如下:A产品耗用甲材料32 000元,乙材料28 000元;B产品耗用甲材料42 000元,乙材料36 000元;车间一般耗用乙材料5 000元;行政管理部门耗用乙材料3 000元。

② 用现金支付车间办公费400元,行政管理部门办公费600元。

③ 月末分配本月工资,其中生产工人工资30 000元,车间管理人员工资8 000元,行政管理人员工资12 000元(生产工人工资按工时比例分配,其中A产品6 000小时,B产品工时4 000小时)。

④ 月末计提固定资产折旧,其中车间计提固定资产折旧16 000元,行政管理部门计提固定资产折旧10 000元。

⑤ 月末按工时比例分配本月制造费用。

⑥ 月末本月A、B产品全部完工,结转完工产品成本(A产品月初在产品成本158 000元,其中材料费80 000元,生产工人工资58 000元,制造费用20 000元。B产品为本月投产)。

【实训要求】

(1) 根据实训资料以及产品生产成本的构成项目,对上述资料进行分析判断,完成编制生产过程主要经济业务的会计分录和登记 A、B 产品生产成本明细账。

（2）通过实训过程的全程参与和体验，在基本完成实训操练各项技能任务的基础上，独立形成成本费用核算实训报告。

成本费用核算实训报告

成本费用核算			
项目实训班级：		项目小组：	项目组成员：
实训时间：　年　月　日		实训地点：	实训成绩：
实训目的：			
实训步骤：			
实训结果：			
实训感言：			
不足与今后改进：			
项目组长评定签字：			项目指导教师评定签字：

项目十四 利润核算——利润

知识目标

理解:利润及利润分配有关概念、所得税的会计处理方法。
熟知:利润的构成和营业外收支的核算。
掌握:本年利润的结转方法、净利润的分配程序。

本项目课件

技能目标

通过本项目的学习,要求能够计算营业利润、利润总额和净利润,并进行相应会计处理;能够对利润分配进行账务处理。

素质目标

运用所学会计的理论与实务知识研究相关案例,培养和提高学生在特定业务情境中分析问题与决策设计的能力;能结合"利润"的教学内容,结合行业规范或标准,分析会计行为的善恶,强化学生的职业道德素质。

项目引例

引例 固定资产核算

背景与情境:华盛公司生产一种先进的模具产品,按照国家相关规定,该公司的这种产品适用增值税先征后返政策,按实际缴纳增值税税额的70%返还。2019年6月,该公司实际缴纳增值税税额3 000 000元。2019年7月,该公司实际返还的增值税税额2 100 000元。请会计张红做出相关账务处理。

相关原始凭证:请调查,此项经济业务会涉及哪些原始凭证?
业务产生:请调查,此项经济业务是如何产生的?

知识精讲

任务一 利 润

一、利润的概念与构成

利润是指企业在一定会计期间的经营成果,利润包括收入减去费用后的净额、直接计入当期利润的利得和损失等。对利润进行核算,可以及时反映企业在一定会计期间的经营成果,反映企业投入产出效果和经济效益,有助于企业投资者和债权人据此进行盈利预测,作出正确决策。

(一)营业利润

营业利润 = 营业收入 − 营业成本 − 税金及附加 − 销售费用 − 管理费用 − 研发费用 − 财务费用 − 资产减值损失 − 信用减值损失 + 其他收益 + 净敞口套期收益(− 净敞口套期损失) + 公允价值变动收益(− 公允价值变动损失) + 投资收益(− 投资损失) + 资产处置收益(− 资产处置损失)

营业收入:反映企业经营主要业务和其他业务所确认的收入总额,包括主营业务收入和其他业务收入。

营业成本:反映企业经营主要业务和其他业务发生的实际成本总额,包括主营业务成本和其他业务成本。

税金及附加:反映企业经营业务所负担的房产税、城镇土地使用税、车船税、印花税、消费税、资源税、城市维护建设税和教育费附加等。

销售费用:反映企业在销售商品过程中发生的包装费、广告费等费用和为销售本企业商品而专设的销售机构的职工薪酬、业务费等经营费用。

管理费用:反映企业为组织和管理生产经营发生的管理费用。

财务费用:反映企业为筹集生产经营所需资金所发生的筹资费用以及资金使用过程中所发生的费用。

资产减值损失:反映企业计提各项资产减值准备所形成的损失。

公允价值变动收益或损失:反映企业交易性金融资产、交易性金融负债以及采用公允价值模式计量的投资性房地产等公允价值变动形成的应计入当期损益的利得(或损失)。

投资收益或损失:反映企业以各种方式对外投资所得的收益(或发生的损失)。

(二) 利润总额

$$利润总额 = 营业利润 + 营业外收入 - 营业外支出$$

营业外收入和营业外支出是指企业发生的与其日常活动没有直接关系的各项利得和损失。

(三) 净利润

$$净利润 = 利润总额 - 所得税费用$$

所得税费用是指企业确认的应从当期利润总额中扣除的所得税费用。

(四) 综合收益总额

净利润加上其他综合收益扣除所得税影响后的净额为综合收益总额。

【做中学 14-1】 华联实业股份有限公司 2×18 年度取得主营业务收入 5 000 万元,其他业务收入 1 800 万元,投资收益 780 万元,其他收益 120 万元,营业外收入 250 万元;发生主营业务成本 3 500 万元,其他业务成本 1 400 万元,税金及附加 60 万元,销售费用 380 万元,管理费用 340 万元,财务费用 120 万元,资产减值损失 150 万元,公允价值变动净损失 100 万元,资产处置净损失 190 万元,营业外支出 210 万元;本年度确认的所得税费用为 520 万元。

根据上述资料,华联实业股份有限公司 2×18 年度的利润构成情况,如表 14-1 所示。

表 14-1   利润表(简表)

编制单位:华联实业股份有限公司   2×18 年度   金额单位:元

项 目	本年金额
一、营业收入	68 000 000
减:营业成本	49 000 000
税金及附加	600 000
销售费用	3 800 000
管理费用	3 400 000
财务费用	1 200 000
资产减值损失	1 500 000
加:其他收益	1 200 000
公允价值变动收益(损失以"－"号填列)	－1 000 000
投资收益(损失以"－"号填列)	7 800 000
资产处置收益	－1 900 000

(续表)

项　　目	本年金额
二、营业利润（亏损以"—"号填列）	14 600 000
加：营业外收入	2 500 000
减：营业外支出	2 100 000
三、利润总额（亏损总额以"—"号填列）	15 000 000
减：所得税费用	5 200 000
四、净利润（净亏损以"—"号填列）	9 800 000

二、其他业务收支的核算

企业的其他业务主要包括无形资产、包装物和固定资产出租，材料销售，代购代销等业务。其他业务不是企业的主要经营业务，发生的次数不是很多，金额也不是很大。其他业务收支的核算分为其他业务收入的核算和其他业务成本的核算。

（一）其他业务收入

其他业务收入是指企业在从事其他业务过程中取得的收入。企业取得其他业务收入时，应借记"银行存款""应收账款"等账户，贷记"其他业务收入"账户，如果取得了增值税销项税额，还应贷记"应交税费——应交增值税（销项税额）"账户。

期末，企业应将"其他业务收入"账户的余额转入"本年利润"账户，结转后"其他业务收入"账户应无余额。

（二）其他业务成本

其他业务成本是指为取得其他业务收入而发生的各项直接耗费，如出租包装物的价值摊销，结转出售材料物资的成本等。企业结转其他业务成本时，应借记"其他业务成本"账户，贷记"包装物""原材料""累计折旧""银行存款"等账户；期末，企业应将"其他业务成本"账户的余额转入"本年利润"账户，结转后"其他业务成本"账户应无余额。

【做中学14-2】 某制造企业销售原材料一批，价款200 000元，增值税税额32 000元，款项已收到并存入了银行。该批材料的实际成本为180 000元。

销售材料并取得价款时：

借：银行存款　　　　　　　　　　　　　　　　　　　　232 000
　　贷：其他业务收入　　　　　　　　　　　　　　　　　　200 000
　　　　应交税费——应交增值税（销项税额）　　　　　　　32 000

结转该批材料的实际成本时：

借：其他业务成本　　　　　　　　　　　　　　　　　　180 000
　　贷：原材料　　　　　　　　　　　　　　　　　　　　180 000

三、营业外收支的核算

（一）营业外收入

营业外收入是指企业发生的营业利润之外的收益，主要包括非流动资产毁损报废利得、债务重组利得、盘盈利得、与日常经营活动无关的政府补助、捐赠利得等。

非流动资产毁损报废利得，是指因自然灾害等发生毁损、已丧失使用功能而报废非流动资产所产生的清理产生的收益。

债务重组利得,是指重组债务的账面价值超过清偿债务的现金、非现金资产的公允价值、所转股份的公允价值,或者重组后债务账面价值之间的差额。

盘盈利得,是指企业对于现金等资产清查盘点中盘盈的资产,报经批准后计入营业外收入的金额。

政府补助,是指企业与企业日常活动无关的、从政府无偿取得货币性资产或非货币性资产形成的利得。

捐赠利得,是指企业接受捐赠产生的利得。企业接受的捐赠和债务豁免,按照会计准则规定符合确认条件的,通常应当确认为当期收益。但是,企业接受控股股东(或控制股东的子公司)或非控股股东(或非控股股东的子公司)直接或间接代为偿债、债务豁免或捐赠,经济实质表明属于控股股东或非控股股东对企业的资本性投入,应当将相关利得计入所有者权益(资本公积)。

企业发生破产重整,其非控股股东因执行人民法院批准的破产重整计划,通过让渡所持有的该企业部分股份向企业债权人偿债的,企业应将非控股股东所让渡股份按照其在让渡之日的公允价值计入所有者权益(资本公积),减少所豁免债务的账面价值,并将让渡股份公允价值与被豁免的债务账面价值之间的差额计入当期损益。控股股东按照破产重整计划让渡了所持有的部分该企业股权向企业债权人偿债的,该企业也按此原则处理。

营业外收入的取得并不需要耗费企业的经营资金,因此与经营成本或费用之间并不存在配比关系,实际上是一种纯收入。在会计处理上,应将营业外收入作为利润总额的组成部分,于实际发生时,直接增加利润总额。

企业应当设置"营业外收入"账户核算发生的营业外收入,并按各营业外收入项目设置明细账,进行明细核算。企业取得营业外收入时,应借记有关账户,贷记"营业外收入"账户;期末,应将"营业外收入"账户的余额转入"本年利润"账户,结转后"营业外收入"账户应无余额。

【做中学 14-3】 某企业清理已报废的固定资产产生的净收益为 12 000 元,清理完毕后转为营业外收入。不考虑相关税费

借:固定资产清理——处置固定资产净收益　　　　　　　　　　　　12 000
　　贷:营业外收入　　　　　　　　　　　　　　　　　　　　　　　　　12 000

【做中学 14-4】 某企业取得罚款收入 20 000 元,已存入银行。

借:银行存款　　　　　　　　　　　　　　　　　　　　　　　　　　20 000
　　贷:营业外收入　　　　　　　　　　　　　　　　　　　　　　　　　20 000

(二)营业外支出

营业外支出是指企业发生的营业利润之外的支出,主要包括非流动资产毁损报废损失、债务重组损失、公益性捐赠支出、非常损失、盘亏损失等。

非流动资产毁损报废损失,是指因自然灾害等发生毁损、已丧失使用功能而报废非流动资产所产生的清理损失。

债务重组损失,是指重组债权的账面余额超过受让资产的公允价值、所转股份的公允价值,或者重组后债权的账面价值之间的差额。

公益性捐赠支出,是指企业对外进行公益性捐赠发生的支出。

非常损失,是指企业对因客观因素(如自然灾害等)造成的损失,在扣除保险公司赔偿后计入营业外支出的净损失。

企业应当设置"营业外支出"账户核算发生的营业外支出,并按各营业外支出项目设置明细账,进行明细核算。企业发生营业外支出时,应借记"营业外支出"账户,贷记有关账户;期末,企业应将"营业外支出"账户的余额转入"本年利润"账户,结转后"营业外支出"账户应无余额。

【做中学14-5】 某企业将一台设备捐赠给其协作单位,该设备的原值为80 000元,已提折旧30 000元。

转销捐赠资产价值时:

借:固定资产清理　　　　　　　　　　　　　　　　　　　　　　　50 000
　　累计折旧　　　　　　　　　　　　　　　　　　　　　　　　　30 000
　　贷:固定资产　　　　　　　　　　　　　　　　　　　　　　　　　80 000

结转捐赠支出时:

借:营业外支出——捐赠支出　　　　　　　　　　　　　　　　　　50 000
　　贷:固定资产清理　　　　　　　　　　　　　　　　　　　　　　　50 000

【做中学14-6】 某企业由于自然灾害的原因发生流动资产净损失8 000元,现已批准转销。

借:营业外支出——非常损失　　　　　　　　　　　　　　　　　　8 000
　　贷:待处理财产损溢——待处理流动资产损溢　　　　　　　　　　　8 000

四、本年利润的结转

企业应设置"本年利润"账户,用于核算企业本年度内实现的净利润(或发生的净亏损)。会计期末,企业应将收益类账户贷方余额转入"本年利润"账户的贷方,借记"主营业务收入""其他业务收入""营业外收入"等账户,贷记"本年利润"账户;将费用类账户借方余额转入"本年利润"账户的借方,借记"本年利润"账户,贷记"主营业务成本""税金及附加""其他业务成本""管理费用""销售费用""财务费用""营业外支出""所得税费用"等账户。各会计期末转账后,"本年利润"账户若为贷方余额,反映年初至本期期末累计实现的净利润;如为借方余额,反映年初至本期末累计发生的净亏损。年度终了,企业应将"本年利润"账户的全年累计余额转入"利润分配——未分配利润"账户。如为净利润,借记"本年利润"账户,贷记"利润分配——未分配利润"账户;如为净亏损,借记"利润分配——未分配利润"账户,贷记"本年利润"账户。结转后,"本年利润"账户应无余额。

【做中学14-7】 某企业2018年12月份取得主营业务收入500 000元,其他业务收入50 000元,投资收益80 000元,公允价值变动收益30 000元,营业外收入20 000元;发生主营业务成本300 000元,税金及附加30 000元,其他业务成本40 000元,管理费用50 000元,销售费用60 000元,财务费用10 000元,营业外支出30 000元,所得税费用40 000元。编制结转该月损益的会计分录。

借:主营业务收入　　　　　　　　　　　　　　　　　　　　　　　500 000
　　其他业务收入　　　　　　　　　　　　　　　　　　　　　　　50 000
　　投资收益　　　　　　　　　　　　　　　　　　　　　　　　　80 000
　　公允价值变动损益　　　　　　　　　　　　　　　　　　　　　30 000
　　营业外收入　　　　　　　　　　　　　　　　　　　　　　　　20 000
　　贷:本年利润　　　　　　　　　　　　　　　　　　　　　　　　680 000

借:本年利润　　　　　　　　　　　　　　　　　　　　　　　　　560 000
　　贷:主营业务成本　　　　　　　　　　　　　　　　　　　　　　300 000
　　　　其他业务成本　　　　　　　　　　　　　　　　　　　　　　40 000
　　　　税金及附加　　　　　　　　　　　　　　　　　　　　　　　30 000
　　　　管理费用　　　　　　　　　　　　　　　　　　　　　　　　50 000
　　　　销售费用　　　　　　　　　　　　　　　　　　　　　　　　60 000
　　　　财务费用　　　　　　　　　　　　　　　　　　　　　　　　10 000
　　　　营业外支出　　　　　　　　　　　　　　　　　　　　　　　30 000
　　　　所得税费用　　　　　　　　　　　　　　　　　　　　　　　40 000

【做中学 14-8】 某企业 2018 年度实现税后净利润 192 万元。编制将全年实现的净利润结转的会计分录。

借：本年利润　　　　　　　　　　　　　　　　　　　　　1 920 000
　　贷：利润分配——未分配利润　　　　　　　　　　　　　　1 920 000

任务二　所　得　税

一、所得税和所得税费用

（一）所得税

所得税是指企业取得收益后按照企业所得税法的规定应向国家缴纳的税金。所得税是国家依法对企业的经营所得课征的税，它具有强制性、无偿性等特征，无论国家是否对企业投资，只要企业实现了利润，均要依法纳税。

（二）所得税费用

所得税费用是指根据企业会计准则要求确认的应从当期利润总额中扣除的所得税费用。利润表中应予确认的所得税费用，包括当期所得税费用和递延所得税费用。

二、税前会计利润与应纳税所得额

（一）税前会计利润

税前会计利润是指企业根据会计准则的要求，采用一定的会计核算程序与方法确认的没有扣除所得税之前的利润总额，其目的是公允地反映企业的经营成果。

（二）应纳税所得额

应纳税所得额是指企业按照企业所得税法的要求，以一定期间应税收入扣减税法允许扣除的项目后计算的应纳税所得额，其目的是对企业的经营所得以及其他所得进行征税。

三、资产、负债的计税基础

资产的计税基础是指企业在收回资产账面价值的过程中，计算应纳税所得额时，按照税法规定可以自应税经济利益中抵扣的金额，即某一项资产在未来期间计税时可以税前扣除的金额。

资产在初始确认时，其计税基础一般为取得成本，即企业为取得某项资产支付的成本在未来期间准予税前扣除。在资产持续持有的过程中，其计税基础是指资产的取得成本减去以前期间按照税法规定已经税前扣除的金额后的余额。如固定资产、无形资产等长期资产。在某一资产负债表日的计税基础是指其成本扣除按照税法规定已在以前期间税前扣除的累计折旧额或累计摊销额后的金额。

比如，按照企业会计准则的规定，交易性金融资产期末应以公允价值计量，公允价值变动计入当期损益；税法规定，交易性金融资产在持有期间公允价值变动不得计入应纳税所得额，即其计税基础保持不变，则产生了账面价值与计税基础之间的差异。假如某企业持有一项交易性金融资产，成本为 100 万元，期末公允价值为 150 万元，则该交易性金融资产期末的账面价值为 150 万元，计税基础仍为 100 万元，两者的差异 50 万元即为暂时性差异。

负债的计税基础是指负债的账面价值减去未来期间计算应纳税所得额时，按照税法规定可予以抵扣的金额。

负债的确认与偿还一般不会影响企业的损益，也不会影响其应纳税所得，未来期间计算应纳税所得额时按照税法规定可予抵扣的金额为零，计税基础即为账面价值。但是，某些情况下，负债的确认可能会影响企业的损益,进而影响不同期间的应纳税所得额,使得其计税基础与账面价值之间产生差额,如按照会计规定确认的某些预计负债。企业会计准则规定,对于预计负债,在满足确认条件时记入"预计负债"账户;而税法规定,只有当预计负债实际发生时才准予确认,该类负债的计税基础为0,其账面价值与计税基础之间的差异即为暂时性差异。

除企业在正常生产经营活动过程中取得的资产和负债以外,对于某些特殊交易中产生的资产、负债,其计税基础的确定应按税法规定,如企业合并过程中取得资产、负债计税基础的确定。

《企业会计准则第20号——企业合并》,按参与合并各方在合并前后是否为同一方或相同的多方最终控制,分为同一控制下的企业合并和非同一控制下的企业合并两种类型。同一控制下的企业合并,合并中取得的有关资产、负债基本上维持其原账面价值不变,合并中不产生新的资产和负债;对于非同一控制下的企业合并,合并中取得的有关资产、负债应按其在购买日的公允价值计量,企业合并成本大于合并中取得可辨认净资产公允价值的份额部分确认为商誉,企业合并成本小于合并中取得可辨认净资产公允价值的份额部分计入合并当期损益。

对于企业合并的税收处理,通常情况下被合并企业应视为按公允价值转让、处置全部资产,计算资产的转让所得,依法缴纳企业所得税。合并企业接受被合并企业的有关资产,计税时可以按经评估确认的价值确定计税基础。在考虑有关企业合并是应税合并还是免税合并时,某些情况下还需要考虑在合并中涉及的获取资产或股权的比例、非股权支付额的比例,具体划分标准和条件应按照税法规定。

由于会计准则与税收法规对企业合并的划分标准不同,处理原则不同,某些情况下,会造成企业合并中取得的有关资产、负债的入账价值与其计税基础的差异。

例如,某项企业合并按照会计准则规定因合并方与被合并方在合并前后均处于同一集团内母公司的最终控制之下,会计处理时将其作为同一控制下企业合并处理,合并方对于合并中取得的被合并方的有关资产、负债均按照其原账面价值确认。该项合并中,假如从合并方取得的股权比例、合并中支付的非股权支付额的角度考虑,不考虑税法中规定的免税合并的条件,则合并方自被合并方取得的有关资产、负债的计税基础应当重新认定。假如按照税法规定确定的被合并方有关资产、负债的计税基础为合并日的市场价格,则相关资产、负债的账面价值与其计税基础会存在差异,从而产生需要确认的递延所得税资产或负债。因有关暂时性差异产生于企业合并交易,且该企业合并为同一控制下企业合并,在确认合并中产生的递延所得税资产或负债时,相关影响应当计入所有者权益。

再如,某项企业合并交易为市场独立主体之间发生的,按照会计准则规定属于非同一控制下企业合并,购买方对于合并中取得的被购买方各项可辨认资产、负债应当按照公允价值确认。该项合并中,如果购买方取得被购买方的股权比例、合并中股权支付额的比例等达到税法中规定的免税合并的条件,则计税时可以作为免税合并处理,即购买方对于交易中取得被购买方各项可辨认资产、负债的计税基础应承继其原有计税基础。比较该项企业合并中取得有关可辨认资产、负债的账面价值与其计税基础会产生暂时性差异。因有关暂时性差异产生于企业合并,且该企业合并为非同一控制下企业合并,与暂时性差异相关的所得税影响的确认的同时,将影响合并中确认的商誉。

上述关于与企业合并相关,因合并中取得可辨认资产、负债的账面价值与计税基础不同产生的暂时性差异的所得税影响,在控股合并的情况下,应于合并财务报表中确认。购买方或合并方的个别财务报表中产生的会计与税收的差异可能源于相关长期股权投资的入账价值与计税基础之间的差异,一般在长期股权投资初始确认时,应当确认相关的递延所得税影响。

四、所得税的会计处理方法

(一)资产负债表债务法

资产负债表债务法是从资产负债表出发,通过比较资产负债表上列示的资产、负债按照企业会计准则规定确定的账面价值与按照税法规定确定的计税基础,对于两者之间的差额分别按应纳税暂时性差异与可抵扣暂时性差异确认相关的递延所得税负债与递延所得税资产。

(二)暂时性差异的种类

按照暂时性差异对未来期间应纳税所得额的影响,分为:①可抵扣暂时性差异,是指在确定未来收回资产或清偿负债期间的应纳税所得额时,将导致产生可抵扣金额的暂时性差异,即当资产的账面价值小于其计税基础或负债的账面价值大于其计税基础时,将产生可抵扣暂时性差异。②应纳税暂时性差异,是指在确定未来收回资产或清偿负债期间的应纳税所得额时,将导致产生应纳税金额的暂时性差异,即当资产的账面价值大于其计税基础或负债的账面价值小于其计税基础时,将产生应纳税暂时性差异。

【做中学 14-9】甲公司 2017 年 12 月 20 日购入一台设备,原值为 120 000 元,预计净残值为 0,税法规定采用直线法计提折旧,折旧年限为 5 年;该公司采用年数总和法计提折旧,折旧年限也为 5 年。

2018 年 1 月 1 日,该固定资产的账面价值为 120 000 元,计税基础也为 120 000 元,无差异。2018 年年末,按照税法规定应提折旧 24 000 元,年末计税基础为 96 000 元,该公司实际计提折旧 40 000 元,年末账面余额为 80 000 元。两者之间的差额为 16 000 元。由于该固定资产在未来期间可以按照 96 000 元在所得税前抵扣,比该固定资产的账面价值多 16 000 元,因此,16 000 元属于可抵扣暂时性差异。

【做中学 14-10】乙公司 2017 年 12 月 15 日购入一台环保类设备,原值为 750 万元,使用年限为 5 年,预计净残值为 0,会计上采用直线法计提折旧。税法规定该类环保设备可以采用双倍余额递减法计提折旧。

2018 年 1 月 1 日,该固定资产的账面价值为 750 万元,计税基础也为 750 万元,无差异。2018 年年末,按照税法规定应提折旧 300 万元,年末计税基础为 450 万元,该公司实际计提折旧 150 万元,年末账面余额为 600 万元。两者之间的差额为 150 万元。由于该固定资产在未来期间只能按照 450 万元在所得税前抵扣,因此,这 150 万元属于应纳税暂时性差异。

(三)递延所得税资产与递延所得税负债

递延所得税资产是指按照可抵扣暂时性差异和现行税率计算确定的资产,其性质属于预付税款,在未来期间抵扣应纳税款。期末递延所得税资产大于期初递延所得税资产的差额,应确认为递延所得税收益,冲减所得税费用,借记"递延所得税资产"账户,贷记"所得税费用"账户;反之,则借记"所得税费用"账户,贷记"递延所得税资产"账户。

递延所得税负债是指按照应纳税暂时性差异和现行税率计算确定的负债,其性质属于应付税款,在未来期间转为应纳税款。期末递延所得税负债大于期初递延所得税负债的差额,应确认为递延所得税费用,借记"所得税费用"账户,贷记"递延所得税负债"账户;反之,则借记"递延所得税负债"账户,贷记"所得税费用"账户。

五、所得税费用的确认和计量

所得税会计的主要目的之一是确定当期应交所得税以及利润表中的所得税费用。在按照资产负债表债务法核算所得税的情况下,利润表中的所得税费用包括当期所得税和递延所得税。

(一)当期所得税

当期所得税,是指企业按照税法规定计算确定的针对当期发生的交易和事项,应缴纳给税务部门的所得税金额,即当期应交所得税。

企业在确定当期应交所得税时,对于当期发生的交易或事项,会计处理与税收处理不同的,应在会计利润的基础上,按照税法的要求进行调整,计算出当期应纳税所得额,再乘以适用的所得税税率,就可计算出当期应交所得税。

【做中学 14-11】甲公司 2018 年度利润表中利润总额为 3 000 万元,该公司适用的所得税税率为 25%。2018 年甲公司发生的有关交易和事项中,会计处理与税收处理存在差别的有:①2018 年 1 月开始计提折旧的一项固定资产,成本为1 500万元,使用年限为10年,净残值为0,会计处理按双倍余额递减法计提折旧,税收处理按直线法计提折旧。假定税法规定的使用年限及净残值与会计规定相同。②向关联企业捐赠现金500万元。③违反环保法规定支付罚款250万元。

要求:计算甲公司2018年度应交所得税。

应纳税所得额 = 3 000 + 150 + 500 + 250 = 3 900(万元)

应交所得税 = 3 900 × 25% = 975(万元)

(二) 递延所得税

递延所得税,是指按照企业所得税法的规定当期应予确认的递延所得税资产和递延所得税负债的金额,即递延所得税资产和递延所得税负债当期发生额的综合结果。用公式表示如下:

$$递延所得税 = \left(\begin{array}{c}递延所得税负\\债的期末余额\end{array} - \begin{array}{c}递延所得税负\\债的期初余额\end{array}\right) - \left(\begin{array}{c}递延所得税资\\产的期末余额\end{array} - \begin{array}{c}递延所得税资\\产的期初余额\end{array}\right)$$

(三) 所得税费用

计算确定了当期所得税及递延所得税以后,利润表中应予确认的所得税费用为两者之和:

$$所得税费用 = 当期所得税 + 递延所得税$$

【做中学14-12】 乙公司2018年12月31日资产负债表中有关项目账面价值及计税基础如表14-2所示。除表14-2中所列项目外,乙公司其他资产、负债账面价值与计税基础不存在差异,且递延所得税资产和递延所得税负债不存在期初余额,适用的所得税税率为25%。假定当期按照税法规定计算确定的应交所得税税额为600万元。

表14-2　　　　　　　乙公司有关项目账面价值与计税基础分析表　　　　　　　单位:元

	项　目	账面价值	计税基础	暂时性差异	
				应纳税暂时性差异	可抵扣暂时性差异
1	交易性金融资产	15 000 000	10 000 000		
2	预计负债	1 000 000	0	5 000 000	1 000 000
	合　计			5 000 000	1 000 000

递延所得税负债 = 5 000 000 × 25% = 1 250 000(元)

递延所得税资产 = 1 000 000 × 25% = 250 000(元)

递延所得税费用 = 1 250 000 − 250 000 = 1 000 000(元)

所得税费用 = 6 000 000 + 1 000 000 = 7 000 000(元)

乙公司应编制会计分录如下:

借:所得税费用——当期所得税费用　　　　　　　　　　　　　　　6 000 000
　　　　　　　——递延所得税费用　　　　　　　　　　　　　　　1 000 000
　　递延所得税资产　　　　　　　　　　　　　　　　　　　　　　　250 000
　　贷:应交税费——应交所得税　　　　　　　　　　　　　　　　6 000 000
　　　　递延所得税负债　　　　　　　　　　　　　　　　　　　　1 250 000

【做中学14-13】 承接[做中学13-11],假定乙公司本期确认所得税费用之前,递延所得税资产和递延所得税负债已有期初余额,其他条件不变。①假定递延所得税资产期初账面余额为30万元,递延所得税负债期初账面余额为100万元。②假定递延所得税资产期初账面余额为10万元,递延所得税负债期初账面余额为150万元。

① 递延所得税负债 = 1 250 000 − 1 000 000 = 250 000(元)

递延所得税资产＝250 000－300 000＝－50 000（元）

递延所得税费用＝250 000－（－50 000）＝300 000（元）

所得税费用＝6 000 000＋300 000＝6 300 000（元）

乙公司应编制会计分录如下：

借：所得税费用——当期所得税费用	6 000 000	
——递延所得税费用	300 000	
贷：应交税费——应交所得税		6 000 000
递延所得税负债		250 000
递延所得税资产		50 000

② 递延所得税负债＝1 250 000－1 500 000＝－250 000（元）

递延所得税资产＝250 000－100 000＝150 000（元）

递延所得税费用＝－250 000－150 000＝－400 000（元）

所得税费用＝6 000 000＋（－400 000）＝5 600 000（元）

乙公司应编制会计分录如下：

借：所得税费用——当期所得税费用	6 000 000	
递延所得税负债	250 000	
递延所得税资产	150 000	
贷：应交税费——应交所得税		6 000 000
所得税费用——递延所得税费用		400 000

任务三　利　润　分　配

一、利润分配的程序

企业取得的净利润，应当按规定的程序进行分配。利润的分配过程和结果，不仅关系到所有者的合法权益是否得到保护，而且还关系到企业能否长期、稳定地发展。企业当期实现的净利润，按下列顺序分配：①弥补以前年度亏损；②提取法定盈余公积；③支付优先股股利；④提取任意盈余公积；⑤支付普通股股利。

从上述分配顺序可见，首先，企业如果有亏损需要弥补时，按企业所得税法规定，某年度发生的亏损，在其后5年内可以用税前利润弥补（按照财税〔2018〕76号文件《财政部　国家税务总局关于延长高新技术企业和科技型中小企业亏损结转年限的通知》，2018年具备资格的企业，2013—2017年发生的尚未弥补完的亏损，均准予结转以后年度弥补，最长结转期限为10年），从其第6年开始，只能用净利润弥补。如果净利润还不够弥补亏损，则可以用发生亏损以前提取的盈余公积来弥补（因为从发生亏损的年度开始，在亏损完全弥补之前不应提取盈余公积）。其次，企业要把税后利润的一部分留在企业，积累资本，重新投入生产经营，参加周转，这部分留存于企业的利润，称为盈余公积。盈余公积有两种：一种是国家规定必须提取的，称为法定盈余公积。按照公司法规定，股份制企业按净利润的10%提取，其他企业可以根据需要确定提取比例，但至少应按10%提取。企业累计提取的法定盈余公积超过其注册资本的50%以上时，可不再提取。法定盈余公积主要用于弥补亏损、转增股本和国家另有规定的其他用途。另一种是企业自愿提取的，称为任意盈余公积。其提取比例由企业自行决定，提取的原因主要有企业需要偿还一笔非流动负债、为将来扩建厂房和购置机器设备而储蓄力量、为控制本期股利的分派不致过大等。最后，当股份公司的经营取得利润时，一般要派发股利。企业分派股利的顺序是先支付优先股股利,后支付普通股股利。按照我国的有关规定,企业向普通股股东分派股利,以付清当年和积欠的优先股股利为前提。

二、利润分配的核算

企业应当设置"利润分配"账户,核算企业利润的分配(或亏损的弥补)和历年分配(或弥补)后的积存余额。"利润分配"账户下还应设置"提取法定盈余公积""应付优先股股利""提取任意盈余公积""应付普通股股利""未分配利润""盈余公积补亏""转作股本的普通股股利"等明细账户,进行明细核算。

年度终了,企业应将全年实现的净利润,自"本年利润"账户,转入"利润分配——未分配利润"账户,借记"本年利润"账户,贷记"利润分配——未分配利润"账户,若为亏损作相反的分录;企业用盈余公积弥补亏损,借记"盈余公积"账户,贷记"利润分配——盈余公积补亏"账户;企业提取盈余公积时,借记"利润分配——提取法定盈余公积、提取任意盈余公积"账户,贷记"盈余公积——法定盈余公积、任意盈余公积"账户;应当分配给股东的现金股利或利润,借记"利润分配——应付优先股股利、应付普通股股利"账户,贷记"应付股利"账户;企业决定分配股票股利时,借记"利润分配——转作股本的普通股股利"账户,贷记"股本"账户。

最后,企业应将"利润分配"账户所属的所有明细账户的余额转入"利润分配——未分配利润"明细账户。结转后,除了"利润分配——未分配利润"明细账户外,"利润分配"的其他明细账户应无余额。

利润分配账户的年末余额,反映企业历年积存的未分配利润(或未弥补亏损)。

【做中学 14-14】 某公司 2018 年度实现净利润 600 万元,按净利润的 10% 提取法定盈余公积,按净利润的 5% 提取任意盈余公积,向普通股股东分派现金股利 100 万元,同时分派每股面值 1 元的股票股利 200 万股。

提取盈余公积时:

借:利润分配——提取法定盈余公积　　　　　　　　　　　　　600 000
　　　　　　——提取任意盈余公积　　　　　　　　　　　　　300 000
　贷:盈余公积——法定盈余公积　　　　　　　　　　　　　　600 000
　　　　　　——任意盈余公积　　　　　　　　　　　　　　　300 000

分派现金股利时:

借:利润分配——应付普通股股利　　　　　　　　　　　　　1 000 000
　贷:应付股利　　　　　　　　　　　　　　　　　　　　　1 000 000

分派股票股利时:

借:利润分配——转作股本的普通股股利　　　　　　　　　　2 000 000
　贷:股本　　　　　　　　　　　　　　　　　　　　　　　2 000 000

结转"利润分配"其他明细账户余额时:

借:利润分配——未分配利润　　　　　　　　　　　　　　　3 900 000
　贷:利润分配——提取法定盈余公积　　　　　　　　　　　　600 000
　　　　　　——提取任意盈余公积　　　　　　　　　　　　　300 000
　　　　　　——应付普通股股利　　　　　　　　　　　　　1 000 000
　　　　　　——转作股本的普通股股利　　　　　　　　　　2 000 000

关键术语

利润　净利润　递延所得税

应知考核

一、单项选择题

1. 下列资产的盘盈,应该计入营业外收入的是(　　)。
   A. 现金的盘盈　　　　　　　　　B. 库存商品的盘盈
   C. 原材料的盘盈　　　　　　　　D. 固定资产的盘盈

2. 下列各项,应计入营业外收入的是(　　)。
   A. 银行存款利息收入　　　　　　B. 存货盘盈
   C. 债务重组利得　　　　　　　　D. 确实无法收回的应收账款

3. 企业因债权人撤销而转销无法支付的应付账款时,应将所转销的应付账款计入(　　)。
   A. 资本公积　　　B. 其他应付款　　　C. 营业外收入　　　D. 其他业务收入

4. 在利润表中,计入其他综合收益项目的是(　　)。
   A. 收入减去费用后的净额
   B. 直接计入当期利润的利得和损失
   C. 未计入当期利润的利得和损失
   D. 未计入当期利润的利得和损失扣除所得税影响后的净额

5. 明华股份有限公司2017年发生亏损300万元,2016年实现税前会计利润600万元,其中包括国债利息收入50万元;在营业外支出中有税收滞纳金罚款20万元;所得税税率为25%。该公司2018年的所得税费用为(　　)万元。
   A. 112.5　　　B. 130　　　C. 150　　　D. 67.5

6. 明华股份有限公司2018年度的利润总额为800万元,本年的国债利息收入为50万元,业务招待费实际发生额为70万元,可扣除业务招待费为50万元。企业所得税税率为25%,不考虑其他事项,明华股份有限公司2018年应纳税所得额为(　　)万元。
   A. 242.5　　　B. 770　　　C. 700　　　D. 1 000

7. 下列关于应纳税所得额的计算公式,正确的是(　　)。
   A. 应纳税所得额=税前会计利润
   B. 应纳税所得额=税前会计利润+纳税调整增加额-纳税调整减少额
   C. 应纳税所得额=税后会计利润+纳税调整增加额-纳税调整减少额
   D. 应纳税所得额=税后会计利润

8. 明华股份有限公司2018年5月主营业务收入为30万元,主营业务成本为10万元,管理费用为2万元,公允价值变动收益为3万元,投资收益为2万元。假定不考虑其他因素,该公司本月的营业利润为(　　)万元。
   A. 23　　　B. 11　　　C. 16　　　D. 10

9. 每月月末均需编制转账凭证,将在账上结计出的各损益类账户的余额转入"本年利润"账户的方法属于(　　)。
   A. 表结法　　　B. 账结法　　　C. 月结法　　　D. 日结法

10. 下列各项,影响当期利润表中营业利润的是(　　)。
    A. 固定资产盘盈　　　　　　　　B. 无形资产出售损失
    C. 无形资产减值损失　　　　　　D. 转销确实无法支付的应付账款

二、多项选择题

1. 以下项目,需要计入营业外支出的有(　　)。
   A. 行政罚款　　　B. 税务罚款　　　C. 违约金　　　D. 赔偿金

2. 下列各项,应该计入利得的有(　　)。
   A. 其他权益工具投资公允价值上升的金额

B. 处置交易性金融资产所获得的收益

C. 自用房地产转换为采用公允价值模式计量的投资性房地产,在转换当日的公允价值大于原账面价值的差额

D. 生产企业销售商品的所得

3. 下列各项,应计入营业外收入的有(   )。
   A. 原材料盘盈   B. 无法查明原因的现金溢余
   C. 转让长期股权投资取得的净收益   D. 转让固定资产所有权取得的净收益

4. 下列各项,应该确认为营业外支出的有(   )。
   A. 因管理不善造成的原材料损失
   B. 向慈善机构支付的捐赠款
   C. 因自然灾害造成的原材料损失扣除保险公司赔偿的部分
   D. 企业的非货币性资产交换损失

5. 下列各项,可能引起当期所得税费用发生增减变动的有(   )。
   A. 当期应交所得税   B. 递延所得税
   C. 应交税费——应交个人所得税   D. 营业外支出

6. 在计算企业所得税应纳税所得额时,下列各项正确的有(   )。
   A. 企业可以先弥补5年内的未弥补亏损
   B. 国债利息收入准予免税
   C. 工会经费按照工资、薪金总额的2%扣除
   D. 行政罚款、税收滞纳金不允许扣除

7. 下列各项,在计算应纳税所得额时不需要做纳税调减的有(   )。
   A. 超标的广告费支出   B. 超过税法规定标准的职工薪酬
   C. 国库券利息收入   D. 税收滞纳金支出

8. 下列各项,影响当期利润表中利润总额的有(   )。
   A. 缴纳税收滞纳金   B. 固定资产盘盈
   C. 因长期股权投资取得的投资收益   D. 无形资产出售利得

9. 下列账户,期末余额应转入本年利润的有(   )项目。
   A. "财务费用"   B. "主营业务收入"
   C. "营业外收入"   D. "递延收益"

10. 下列各项,关于期末结转本年利润"账结法"的表述正确的有(   )。
    A. 每月月末将各损益类账户的余额转入"本年利润"账户
    B. 每月月末需要编制结转损益凭证
    C. 与"表结法"相比,减少了转账环节和相应的工作量
    D. "本年利润"账户可以提供当月及本年累计的利润(或亏损)额

三、判断题

1. 利得是指企业非日常活动形成的、会导致所有者权益增加的、与所有者投入资本有关的经济利益的流入。(   )

2. 对于企业支付的行政罚款,应该计入营业外支出,对于因违反合同协议而支付的违约金,应该计入销售费用。(   )

3. 企业按照权益法核算的长期股权投资,初始投资成本小于投资时应享有的被投资单位所有者权益公允价值的份额的差额,应该记入"营业外收入"账户。(   )

4. 明华股份有限公司2018年年初有上年形成的亏损25万元,当年实现利润总额15万元,所得税税率为25%。则公司2018年不需要缴纳企业所得税。(   )

5. 税收滞纳金罚款和非公益性捐赠支出均会增加应纳税所得额。(   )

6. 企业当期的所得税费用就等于当期的应交所得税。 （   ）
7. 年度终了,"利润分配"账户下的明细账户均应当没有余额。 （   ）
8. 对采用成本模式进行后续计量的投资性房地产计提折旧,影响营业利润的金额。 （   ）
9. 固定资产出售和出租均影响营业利润的金额。 （   ）
10. "以前年度损益调整"账户余额在期末应该转到"本年利润"账户。 （   ）

四、思考题
1. 什么是利润？其构成内容是什么？
2. 营业外收入和营业外支出主要包括哪些内容？
3. 税前会计利润与应纳税所得额之间有何差异？
4. 何为永久性差异、暂时性差异？
5. 企业实现的净利润应按什么程序进行分配？

应会考核

★ 业务考核
【考核项目】
所得税核算。
【背景资料】
1. 某公司于2018年度税前会计利润为5 000 000元,所得税税率为25%。在该年度收支中,国库券利息收入为55 000元,因违法经营的罚款支出为5 000元。
要求：计算本年度的应纳税所得额和应交所得税(列出计算过程),并编制相应的会计分录。

2. 甲企业2013年12月31日购入设备一台,原价42 000元,预计净残值为2 000元,会计上采用平均年限法计提折旧,折旧年限为4年、税法规定的折旧年限为2年,采用平均年限法计提折旧。假设其他因素不变,甲企业每年实现的税前会计利润均为200 000元,无其他纳税调整事项,适用的所得税税率为25%。
要求：进行甲企业2014—2017年所得税费用的相关会计处理。

【考核要求】
根据上述内容回答问题。

★ 技能考核
【考核项目】
利润、所得税费用核算。
【背景资料】
1. A公司2018年12月31日损益类账户余额(单位:元)如下所示：

主营业务收入	35 000 000.00(贷方)	主营业务成本	28 750 000.00(借方)
税金及附加	116 875.00(借方)	其他业务收入	250 000.00(贷方)
其他业务成本	165 225.00(借方)	管理费用	1 560 000.00(借方)
销售费用	738 800.00(借方)	财务费用	156 000.00(借方)
投资收益	200 000.00(贷方)	营业外收入	12 000.00(贷方)
营业外支出	56 000.00(借方)	所得税费用	1 293 303.00(借方)

利润分配情况如下：
(1) 按税后净利润的10%计提法定盈余公积。
(2) 按税后净利润的5%计提任意盈余公积。
(3) 向投资者分配现金股利1 800 000元。
要求：根据以上资料进行本年利润结转、利润分配以及净利润的年终结转,并编制有关会计分录。

2. 某企业2017年度实现的收支总额如下：

主营业务收入	112 800 000（贷方）	其他业务收入	28 200 000（贷方）
投资收益	33 840 000（贷方）	营业外收入	5 640 000（贷方）
主营业务成本	75 200 000（借方）	其他业务成本	18 800 000（借方）
税金及附加	3 760 000（借方）	销售费用	17 860 000（借方）
管理费用	12 220 000（借方）	财务费用	5 640 000（借方）
营业外支出	16 920 000（借方）	所得税费用	8 120 000（借方）

该企业按10%提取法定盈余公积，2017年度向股东分配现金股利5 500 000元。

要求：

(1) 将收支总额结转本年利润。

(2) 结转净利润。

(3) 提取法定盈余公积。

(4) 分配现金股利。

(5) 结转利润分配。

(6) 计算利润表中的营业利润、利润总额和净利润项目。

3. 某企业2018年年末有关账户余额如下：

主营业务收入	（贷方）	5 000 万元
其他业务收入	（贷方）	200 万元
营业外收入	（贷方）	40 万元
投资收益	（贷方）	30 万元
公允价值变动损益	（借方）	15 万元
主营业务成本	（借方）	2 800 万元
其他业务成本	（借方）	100 万元
税金及附加	（借方）	50 万元
销售费用	（借方）	30 万元
管理费用	（借方）	120 万元
财务费用	（借方）	25 万元
资产减值损失	（借方）	60 万元
营业外支出	（借方）	70 万元

本企业所得税率为25%，无纳税暂时性差异。

要求：计算企业的营业利润、利润总额、所得税费用、净利润，进行利润形成会计核算。

4. 某公司2018年度有关会计利润与应纳税所得额之间的差异情况如下：

(1) 2018年1月1日购入的C公司债券（该企业划分为交易性金融资产）的初始投资成本为72万元，至当年末，其公允价值升至96万元。

(2) 年末，因产品售后服务，该公司确认了32万元的预计负债。

除此之外，不存在其他差异。假设按税法规定计算的应纳税所得额为256万元。该公司适用的所得税税率25%，本期确认所得税费用前，"递延所得税资产"和"递延所得税负债"账户余额均为0。

要求：

(1) 计算当期所得税、应纳税暂时性差异、可抵扣暂时性差异、递延所得税负债、递延所得税资产、递延所得税和所得税费用。

(2) 编制确认所得税费用的会计分录。

【考核要求】

请回答上述要求。

★ 综合实务题

明华股份有限公司为增值税一般纳税人，销售商品为其主营业务，提供安装劳务为其辅助业务，增值税税率为16%，产品销售价款中均不含增值税税额，适用的企业所得税税率为25%。产品销售成本按经济业务逐项结转。2018年1~11月月末实现会计利润总额为750万元，递延所得税负债年初数为10万元，递延所得税资产年初数为7万元。12月份发生业务资料如下：

(1) 12月1日，向B公司销售C商品一批，开出的增值税专用发票上注明售价为60万元，增值税税额为10.2万元；商品已发出，货款尚未收到；该批商品成本为30万元。

(2) 12月7日，开出支票支付企业本月负担的广告宣传费1.5万元。

(3) 12月31日，确认安装设备的劳务收入。该设备安装劳务合同总收入为100万元，预计合同总成本为70万元，合同价款在2013年签订合同时已收取。采用完工百分比法确认劳务收入。截至本年年末，该劳务的累计完工进度为80%，前期已累计确认劳务收入50万元、劳务成本35万元。

(4) 12月31日进行财产清查，发现因管理不善造成原材料毁损一批，该批材料的成本为10万元，应负担的增值税进项税为1.6万元。收到保险公司赔偿6.7万元，经批准做账务处理。

(5) 12月31日，企业当期应交城市维护建设税3.5万元，应交教育费附加1.5万元，于月末计提。

(6) 12月31日，本年递延所得税负债的年末数为15万元，递延所得税资产的年末数为10万元。

假定本期的递延所得税均影响利润表中的递延所得税费用，不考虑其他因素。

要求：根据上述资料，不考虑其他因素，回答下列各小题。

(1) 根据资料(2)~(4)，明华股份有限公司12月份的会计处理正确的是(   )。

  A. 资料(2)支付本月应负担的广告宣传费应当计入财务费用

  B. 资料(3)确认的劳务收入，计入其他业务收入

  C. 资料(4)应当进行进项税额转出

  D. 资料(4)不应进行进项税额转出

(2) 明华股份有限公司2018年利润总额为(   )万元。

  A. 778.5   B. 799

  C. 777   D. 777.5

(3) 根据上述资料计算2018年度递延所得税负债(贷方发生额用正数表示，借方发生额用负数表示)为(   )万元，以及递延所得税资产的发生额(借方发生额用正数表示，贷方发生额用负数表示)分别为(   )万元。

  A. -3，5   B. 5，3

  C. 3，5   D. -5，-3

(4) 明华股份有限公司2018年应交所得税金额为(   )万元。

  A. 196.75   B. 193.75

  C. 196.5   D. 194.375

(5) 明华股份有限公司2018年净利润金额为(   )万元。

  A. 585.5   B. 581.5

  C. 581.125   D. 590.5

项目实训

【实训项目】

利润核算。

【实训情境】

2018年12月份部分利润形成和分配业务资料如下：

业务1：12月31日收到单证如图14-1至图14-3所示。

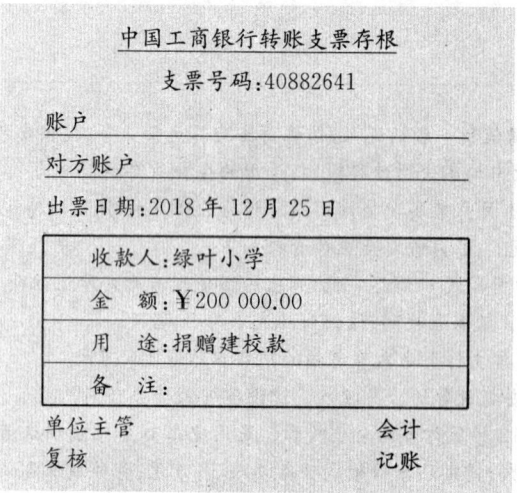

图 14-1　银行转账支票存根

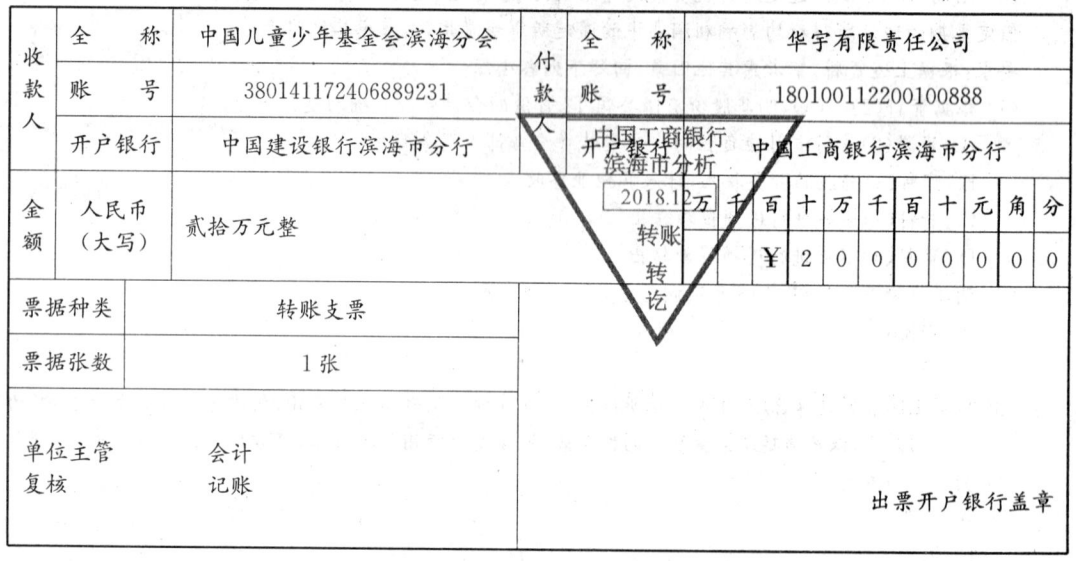

图 14-2　银行电汇凭证

费 用 报 销 单

填报日期　2018 年 12 月 31 日

部　门	综合部	姓名	刘坤
报销事由	支付绿叶小学的建校捐赠款		
报销单据 3 张　合计金额(大写)贰拾万元整			￥200 000.00
单位主管	陈明	部门主管	黄均良

会计主管:祝涓涓　　　　审核:　　　　出纳:李莉　　　　填报人:刘坤

图 14-3　费用报销单

业务 2：12 月 31 日账簿记录如表 14-3 和图 14-4 所示。

表 14-3 损益账户余额表

2018 年 12 月　　　　　　　　　　　　　　　　　金额单位：元

账户代码	账户名称	发生额贷方余额	发生额借方余额
6001	主营业务收入	18 800 000	
6051	其他业务收入	400 000	
6101	公允价值变动损益	150 000	
6111	投资收益	800 000	
6301	营业外收入	100 000	
6401	主营业务成本		5 500 000
6402	其他业务成本		250 000
6405	税金及附加		350 000
6601	销售费用		850 000
6602	管理费用		1 080 000
6603	财务费用		800 000
6701	资产减值损失		350 000
6711	营业外支出		267 000
6801	所得税费用		1 290 000

记 账 凭 证

2018 年 12 月 31 日　　　　　　　　　　　　　　　　　记字第 311 号

摘要	会计账户		借方金额	贷方金额	记账
	总账账户	明细账账户	万千百十万千百十元角分	万千百十万千百十元角分	√
结转收入	主营业务收入		1 3 0 0 0 0 0 0 0 0		
	其他业务收入		4 0 0 0 0 0 0 0		
	营业外收入		1 0 0 0 0 0 0 0		
	投资收益		8 0 0 0 0 0 0 0		
	本年利润			1 4 3 0 0 0 0 0 0 0	
附件 0 张	合　　计		¥1 4 3 0 0 0 0 0 0 0	¥1 4 3 0 0 0 0 0 0 0	

会计主管　　　　　记账　　　　　出纳　　　　　审核　　　　　制证 陈军

图 14-4　记账凭证

【实训要求】

(1) 根据实训资料，请指出上述业务的会计处理，哪些是正确的，哪些是错误的。如果是错误的，那么正确的做法是什么？

(2) 通过实训过程的全程参与和体验,在基本完成实训操练各项技能任务的基础上,独立形成利润核算实训报告。

利润核算实训报告

利润核算		
项目实训班级：	项目小组：	项目组成员：
实训时间：　　年　　月　　日	实训地点：	实训成绩：
实训目的：		
实训步骤：		
实训结果：		
实训感言：		
不足与今后改进：		
项目组长评定签字：		项目指导教师评定签字：

项目十五 总账报表岗位——财务报告

知识目标

理解:财务报表的构成、分类,财务报表列报的基本要求。

熟知:利润的构成和营业外收支的核算、所有者权益变动表的内容、结构及各项目的填列方法;财务报表附注的意义及其内容。

掌握:资产负债表、利润表及现金流量表各项目的填列方法。

本项目课件

技能目标

通过本项目的学习,要求能够根据岗位工作案例编制资产负债表、利润表及现金流量表。

素质目标

运用所学会计的理论与实务知识研究相关案例,培养和提高学生在特定业务情境中分析问题与决策设计的能力;能结合"财务报告"的教学内容,结合行业规范或标准,分析会计行为的善恶,强化学生的职业道德素质。

项目引例

引例 会计报表与会计信息

背景与情境:陈明几年前开办了一家品牌电器专卖店,所有财务与会计事项均交给财务经理王强办理,每次向有关部门报送财务报告也让王强代签字。随着经营规模不断扩大,他希望更多地了解财务会计知识,于是他报名参加了一个财务知识培训班。在一次课堂上,老师提了几个问题:你知道企业拥有多少资产和负债吗?企业的经营情况如何,1年的利润是多少?是否遇到过经营过程中账面有利润而现金却不足的问题?面对老师的前两个问题,陈明无言以对,而第三个问题,陈明觉得企业经常遇到,但不知是何原因?

从引例可见,陈明并未充分认识企业会计报表,对企业财务情况缺乏总体把握,同时他对会计报表的责任也缺乏了解,企业负责人应在对外报送的会计报表上签字盖章,并承担最终法律责任。会计报表是企业财务会计工作的最终结果,可反映企业财务状况、经营成果和现金流量等重要财务信息。根据这些财务信息,企业能预测未来发展趋势,为其经营提供决策依据。

知识精讲

任务一 总账报表岗位概述

一、总账报表岗位的职责与工作任务

(一)总账报表岗位的职责

(1)登记总账。

(2)编制资产负债表、利润表、现金流量表等有关财务会计报表。

(3)管理会计凭证和财务会计报表。

(二)总账报表岗位的工作任务

(1)登记总账并保管总账和明细账,年底按会计档案管理的要求整理并装订总账及明细账。

(2)编制资产负债表、利润表、现金流量表等有关财务会计报表,对报表进行分析并写出综合分析报告。

(3) 督促各岗位人员整理会计凭证,并将凭证、报表等会计资料及时归档保管。

(4) 督促会计核算流程各时间节点,按照内控要求及时清理或督促清理总账、分类账。

(5) 其他与账务处理有关的事项。

二、总账报表岗位业务核算程序

总账报表岗位业务核算程序如图 15-1 所示。

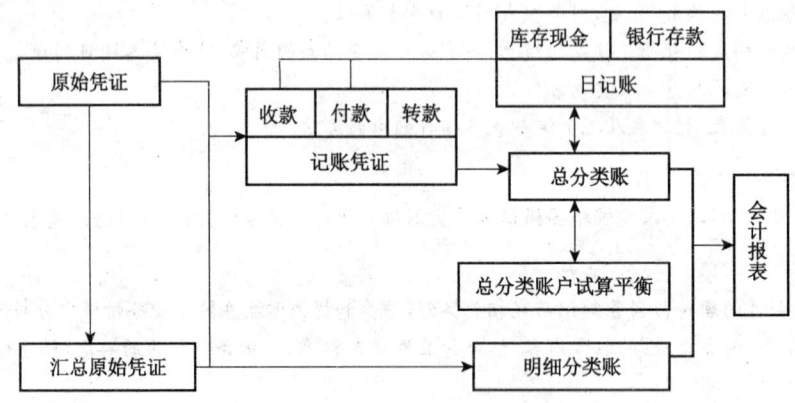

图 15-1 总账报表岗位业务核算程序

任务二 财务报表概述

一、财务报表列报概述

(一) 财务报表的构成和分类

财务报表是对企业财务状况、经营成果和现金流量的结构性表述。财务报表至少应当包括下列组成部分:①资产负债表;②利润表;③现金流量表;④所有者权益(或股东权益,下同)变动表;⑤附注。

财务报表可以按照不同的标准进行分类:

(1) 按编报期间的不同,财务报表可以分为中期财务报表和年度财务报表。中期财务报表是以短于一个完整会计年度的报告期间为基础编制的财务报表,包括月报、季报和半年报。中期财务报表至少应当包括资产负债表、利润表、现金流量表和附注,其中,中期资产负债表、利润表、现金流量表应当是完整报表,其格式和内容应当与年度财务报表相一致。与年度财务报表相比,中期财务报表中的附注披露可适当简略。

(2) 按编报主体的不同,财务报表可以分为个别财务报表和合并财务报表。个别财务报表是由企业在自身会计核算基础上对账簿记录进行加工而编制的财务报表,主要用来反映企业自身的财务状况、经营成果和现金流量。合并财务报表是以母公司和子公司组成的企业集团为会计主体,根据母公司和所属子公司的财务报表,由母公司编制的综合反映企业集团财务状况、经营成果和现金流量的财务报表。

(二) 财务报表列报的基本要求

1. 编报基础

根据《企业会计准则第 30 号——财务报表列报》的规定,企业应当以持续经营为基础,根据实际发生的交易或者事项,按照《企业会计准则——基本准则》和其他各项会计准则的规定进行确认和计量,在此基础上编制财务报表。企业不应以附注披露代替确认和计量。以持续经营为基础编制财务报表不再合理的,企业应当采用其他基础编制财务报表,并在附注中披露这一事实。

2. 列报一致性

财务报表项目的列报应当在各个会计期间保持一致,不得随意变更,但下列情况除外:

(1) 企业会计准则要求改变财务报表项目的列报。

(2) 企业经营业务的性质发生重大变化或对企业经营影响较大的交易或事项发生后,变更财务报表项目的列报能够提供更可靠、更相关的会计信息。

性质或功能不同的项目,应当在财务报表中单独列报,但不具有重要性的项目除外。性质或功能类似的项目,其所属类别具有重要性的,应当按其类别在财务报表中单独列报。

重要性,是指在合理预期下,财务报表某项目的省略或错报会影响使用者据此做出经济决策的,该项目具有重要性。重要性应当根据企业所处的具体环境,从项目的性质和金额两个方面予以判断,且对各项目重要性的判断标准一经确定,不得随意变更。

3. 列报金额

财务报表中的资产项目和负债项目的金额、收入项目和费用项目的金额、直接计入当期利润的利得项目和损失项目的金额不得相互抵销,即不得以净额列报,但其他会计准则另有规定的除外。

以下三种情况不属于抵销,可以以净额列示:

(1) 一组类似交易形成的利得和损失应当以净额列示,但具有重要性的除外。

(2) 资产或负债项目按扣除备抵项目后的净额列示,不属于抵销。

(3) 非日常活动产生的损益,以收入扣减费用后的净额列示,不属于抵销。非日常活动产生的利得和损失,以同一交易形成的收益扣减相关费用后的净额列示更能反映交易实质的,不属于抵销。

4. 列报项目的可比性

当期财务报表的列报,至少应当提供所有列报项目上一可比会计期间的比较数据,以及与理解当期财务报表相关的说明,但其他会计准则另有规定的除外。

5. 列报项目变更

财务报表的列报项目发生变更的,应当对可比期间的数据按照当期的列报要求进行调整,并在附注中披露调整的原因和性质,以及调整的各项目金额。对可比数据进行调整不切实可行的,应当在附注中披露不能调整的原因。不切实可行,是指企业在做出所有合理努力后仍然无法采用某项规定。

6. 列报内容

企业应当在财务报表的显著位置至少披露下列各项:编报企业的名称;资产负债表日或财务报表涵盖的会计期间;人民币金额单位;财务报表是合并财务报表的,应当予以标明。

7. 列报期间

企业至少应当按年编制财务报表。年度财务报表涵盖的期间短于一年的,应当披露年度财务报表的涵盖期间、短于一年的原因以及报表数据不具可比性的事实。对外提供中期财务报告的,还应遵循《企业会计准则第32号——中期财务报告》的规定。

企业月度财务报表应于月度终了后6日内对外提供;季度财务报表应于季度终了后15日内对外提供;半年度中期财务报表应于年度中期结束后60日内对外提供;年度财务报表应于年度终了后4个月内对外提供。

二、财务报表列报涉及的相关岗位以及岗位工作流程

(1) 期末,各主管会计根据企业会计准则、《会计基础工作规范》等规定按照权责发生制的要

求对有关账项进行调整。

（2）各有关部门按照相关规定，全面清查资产、核实债务，确保账实相符。

（3）各主管会计根据《会计基础工作规范》对总账和明细账账户余额进行认真仔细的核对，做到账证相符、账账相符。

（4）财务报表编制人员根据公司总账、明细账余额等资料，按照财务报表列报的基本要求编制公司的财务报表，若有下属单位，还应根据有关规定编制合并财务报表。

（5）财务主管审核财务报表的真实性、准确性，判断是否需要对特殊事项进行补充说明。

（6）将财务报表报请有关领导审批，签字确认后，打印、复印财务报表，按照规定装订、加盖相关印章，并归档保管。

（7）财务部门按规定将财务报表报送有关领导及相关单位（工商、税务、银行等），以供相关单位和人员使用。

任务三　资产负债表

一、资产负债表概述

（一）资产负债表的概念

资产负债表是反映企业在某一特定日期财务状况的会计报表。它反映企业在某一特定日期所拥有或控制的经济资源、所承担的现时义务和所有者对净资产的要求权。

（二）资产负债表的作用

资产负债表能够提供资产、负债和所有者权益的全貌，有着极其重要的作用，主要表现在：

（1）资产负债表可以提供企业某一特定日期的资产总额及其结构，表明企业拥有或控制的资源及其分布情况，该报表是分析企业生产经营能力的重要资料。

（2）资产负债表可以提供企业某一特定日期的负债总额及其结构，表明企业未来需要用多少资产或劳务清偿债务以及清偿时间。

（3）资产负债表可以反映所有者所拥有的权益，据以判断资本保值、增值的情况以及对负债的保障程度。

（4）资产负债表可以提供企业进行财务分析的基本资料，通过资产负债表可以计算流动比率、速动比率等，以了解企业的变现能力、偿债能力和资金周转能力，有助于报表使用者作出经济决策。

（三）资产负债表的内容

1. 资产

资产是指反映企业由过去的交易或事项形成的、由企业在某一特定日期所拥有或控制的、预期会给企业带来经济利益的资源。资产应当按照流动资产和非流动资产两大类别在资产负债表中列示，在流动资产和非流动资产类别下再进一步按性质分项列示。

满足下列条件之一的资产应当划分为流动资产：①预计在一个正常营业周期中变现、出售或耗用；②主要为交易目的而持有；③预计在资产负债表日起1年内（含1年）变现；④自资产负债表日起1年内，交换其他资产或清偿负债的能力不受限制的现金或现金等价物。资产负债表中列示的流动资产项目通常包括：货币资金、交易性金融资产、衍生金融资产、应收票据及应收账款、预付款项、其他应收款、存货、合同资产、持有待售资产、一年内到期的非流动资产和其他流动资产等。

资产负债表中列示的非流动资产项目通常包括：债权投资、其他债权投资、长期应收款、长期股权投资、其他权益工具投资、其他非流动金融资产、投资性房地产、固定资产、在建工程、生产性生物资产、油气资产、无形资产、开发支出、商誉、长期待摊费用以及其他非流动资产等。

2. 负债

负债是指反映在某一特定日期企业所承担的、预期会导致经济利益流出企业的现时义务。负债应当按照流动负债和非流动负债两大类别在资产负债表中进行列示,在流动负债和非流动负债类别下再进一步按性质分项列示。

满足下列条件之一的负债应当划分为流动负债:①预计在一个正常营业周期中清偿;②主要为交易目的而持有;③自资产负债表日起1年内(含1年)到期应予以清偿;④企业无权自主地将清偿推迟至资产负债表日后1年以上。资产负债表中列示的流动负债项目通常包括:短期借款、交易性金融负债、衍生金融负债、应付票据及应付账款、预收款项、合同负债、应付职工薪酬、应交税费、其他应付款、持有待售负债、一年内到期的非流动负债和其他流动负债等。

非流动负债是指流动负债以外的负债。非流动负债项目通常包括:长期借款、应付债券、长期应付款、预计负债、递延收益和其他非流动负债等。

3. 所有者权益

所有者权益是指企业资产扣除负债后的剩余权益,反映企业在某一特定日期股东(或投资者)拥有的净资产的总额,它一般按照实收资本(或股本,下同)、其他权益工具、资本公积、其他综合收益、盈余公积和未分配利润分项列示。

二、资产负债表的结构

我国企业的资产负债表采用账户式结构,报表分为左右两方列报。左方列示资产各项目,大体按资产的流动性大小排列,流动性大的资产如货币资金、交易性金融资产等排在前面,流动性小的资产如长期股权投资、固定资产等排在后面;右方列示负债和所有者权益各项目,一般按要求清偿时间的先后顺序排列,如短期借款、交易性金融负债、应付票据及应付账款等需要在1年以内或者长于1年的一个正常营业周期内偿还的流动负债排在前面,长期借款等在1年以上才需偿还的非流动负债排在中间,在企业清算之前不需要偿还的所有者权益项目排在后面。资产负债表左右两方平衡,即资产总计等于负债和所有者权益总计,其平衡基础为会计恒等式"资产=负债+所有者权益"。

我国一般企业资产负债表格式如表15-1所示。

表15-1　　　　　　　　　资产负债表　　　　　　　　　会企01表

编制单位:　　　　　　　　　___年___月___日　　　　　　　　单位:元

资　产	期末余额	年初余额	负债和所有者权益(或股东权益)	期末余额	年初余额
流动资产:			流动负债:		
货币资金			短期借款		
交易性金融资产			交易性金融负债		
衍生金融资产			衍生金融负债		
应收票据及应收账款			应付票据及应付账款		
预付款项			预收款项		
其他应收款			合同负债		
存货			应付职工薪酬		

(续表)

资　　产	期末余额	年初余额	负债和所有者权益(或股东权益)	期末余额	年初余额
合同资产			应交税费		
持有待售资产			其他应付款		
一年内到期的非流动资产			持有待售负债		
其他流动资产			一年内到期的非流动负债		
流动资产合计			其他流动负债		
非流动资产：			流动负债合计		
债权投资			非流动负债：		
其他债权投资			长期借款		
长期应收款			应付债券		
长期股权投资			其中:优先股		
其他权益工具投资			永续债		
其他非流动金融资产			长期应付款		
投资性房地产			预计负债		
固定资产			递延收益		
在建工程			递延所得税负债		
生产性生物资产			其他非流动负债		
油气资产			非流动负债合计		
无形资产			负债合计		
开发支出			所有者权益(或股东权益)：		
商誉			实收资本(或股本)		
长期待摊费用			其他权益工具		
递延所得税资产			其中:优先股		
其他非流动资产			永续债		
非流动资产合计			资本公积		
			减:库存股		
			其他综合收益		
			未分配利润		
			所有者权益(或股东权益)合计		
资产总计			负债和所有者权益(或股东权益)总计		

三、资产负债表的编制

(一) 年初余额栏的填列方法

资产负债表"年初余额"栏内各项数字,应根据上年年末资产负债表"期末余额"栏内所列数字填列。如果上年度资产负债表规定的各个项目的名称和内容同本年度不一致,应对上年年末资产负债表各项目名称和数字按照本年度的规定和内容进行调整,填入表中的"年初余额"栏内。

(二) 期末余额栏的填列方法

资产负债表"期末余额"是指相关项目某一资产负债表日的金额,即:月末、季末、半年末或年末的金额。"期末余额"一般应根据资产、负债和所有者权益类账户的期末余额填列。主要包括以下几种填列方法。

1. 根据总账账户余额填列

(1) 根据总账账户的余额直接填列。

例如,"交易性金融资产""其他债权投资""其他权益工具投资""递延所得税资产""长期待摊费用""短期借款""持有待售负债""递延收益""递延所得税负债""实收资本(或股本)""其他权益工具""库存股""资本公积""其他综合收益""盈余公积"等项目,应根据总账账户的余额直接填列,其中:长期待摊费用摊销年限(或期限)在只剩1年或不足1年的,或者预计在1年内(含1年)进行摊销的部分,仍在"长期待摊费用"项目列示,不转入1年内到期的非流动资产项目。

(2) 根据多个总账账户的期末余额计算填列。

例如,"货币资金"项目,需要根据"库存现金""银行存款""其他货币资金"三个总账账户的期末余额的合计数填列。

2. 根据明细账账户余额计算填列

(1) "应付账款"项目,需要根据"应付账款"和"预付账款"两个账户所属的相关明细账户的期末贷方余额计算填列,即:应付账款=应付账款所属明细账户贷方余额+预付账款所属明细账户贷方余额。

(2) "预付账款"项目,需要根据"应付账款"和"预付账款"两个账户所属的相关明细账户的期末借方余额及相关坏账准备贷方余额计算填列,即:预付账款=应付账款所属明细账户借方余额+预付账款所属明细账户借方余额-相关坏账准备贷方余额。

(3) "应收账款"项目,需要根据"应收账款"和"预收账款"两个账户所属的相关明细账户的期末借方余额及相关坏账准备贷方余额计算填列,即:应收账款=应收账款所属明细账户借方余额+预收账款所属明细账户借方余额-相关坏账准备贷方余额。

(4) "预收账款"项目,需要根据"应收账款"和"预收账款"两个账户所属的相关明细账户的期末贷方余额计算填列,即:预收账款=应收账款所属明细账户贷方余额+预收账款所属明细账户贷方余额。

(5) "应付职工薪酬"项目,应根据"应付职工薪酬"账户的明细账户期末余额分析填列。

3. 根据总账账户和明细账账户余额分析计算填列

(1) "长期借款"项目,需要根据"长期借款"总账账户余额扣除"长期借款"账户所属的明细账户中将在1年内到期且企业不能自主地将清偿义务展期的长期借款后的净额计算填列,即:长期借款=长期借款总账账户余额-长期借款所属明细账户中将在1年内到期且企业不能自主地将清偿义务展期的长期借款金额。

(2) "长期应收款"项目,需要根据"长期应收款"总账账户余额扣除"未实现融资收益"明细账户和"坏账准备"账户所属相关明细账户期末余额,再减去将在1年内到期的长期应收款后的净额计算填列,即:

长期应收款＝长期应收款总账账户余额－未实现融资收益账户相关金额－坏账准备账户所属相关明细账户期末余额－将在1年内到期的长期应收款金额。

(3)"长期应付款"项目,需要根据"长期应付款"总账账户余额扣除"未确认融资费用"总账账户余额,再减去所属相关明细账户中将在一年内到期的长期应付款后的净额计算填列,即:长期应付款＝长期应付款总账账户余额－未确认融资费用总账账户余额－相关明细账户中将在一年内到期的长期应付款。

4. 根据有关账户余额减去其备抵账户余额后的净额填列

如资产负债表中的"应收账款"项目,应当根据"应收账款"账户的期末余额减去"坏账准备"账户的期末余额后的净额填列;"持有待售资产"项目,应当根据"持有待售资产"账户的期末余额减去"持有待售资产减值准备"备抵账户余额后的净额填列;"无形资产"项目,应当根据"无形资产"账户的期末余额减去"累计摊销""无形资产减值准备"备抵账户余额后的净额填列。

5. 综合运用上述填列方法分析计算填列

如资产负债表中的"存货"项目,需要根据"原材料""库存商品""委托加工物资""周转材料""材料采购""在途物资""发出商品""材料成本差异"等总账账户期末余额的分析汇总数,减去"受托代销商品款""存货跌价准备"账户余额后的净额填列。

(三) 资产负债表项目的填列说明

资产负债表中资产、负债和所有者权益主要项目的填列说明如下。

1. 资产项目的填列说明

(1)"货币资金"项目,反映企业库存现金、银行结算户存款、外埠存款、银行汇票存款、银行本票存款、信用卡存款、信用证保证金存款等的合计数。本项目应根据"库存现金""银行存款""其他货币资金"账户期末余额的合计数填列。

(2)"交易性金融资产"项目,反映资产负债表日企业分类为以公允价值计量且其变动计入当期损益的金融资产,以及企业持有的直接指定为以公允价值计量且其变动计入当期损益的金融资产的期末账面价值。该项目应根据"交易性金融资产"账户的相关明细账户期末余额分析填列。自资产负债表日起超过1年到期且预期持有超过1年的以公允价值计量且其变动计入当期损益的非流动金融资产的期末账面价值,在"其他非流动金融资产"项目反映。

(3)"衍生金融资产"和"衍生金融负债"项目,分别反映企业衍生工具形成资产和负债的期末余额。

(4)"应收票据及应收账款"项目,反映资产负债表日以摊余成本计量的、企业因销售商品、提供服务等经营活动应收取的款项,以及收到的商业汇票,包括银行承兑汇票和商业承兑汇票。该项目应根据"应收票据"和"应收账款"账户的期末余额,减去"坏账准备"账户中相关坏账准备期末余额后的金额填列。已向银行贴现和已背书转让的应收票据不包括在本项目内,其中已贴现的商业承兑汇票应在财务报表附注中单独披露。"预收账款"所属明细账户中有借方余额的,也填入本项目。如"应收账款"所属明细账户有贷方余额的,应在本表"预收款项"项目内填列。

(5)"预付款项"项目:反映企业预付给供货单位的款项。本项目应根据"预付账款"账户所属各明细账户的期末借方余额合计数减去相应坏账准备后的余额填列。如"预付账款"账户所属有关明细账户期末有贷方余额的,应在本表"应付票据及应付账款"项目内填列。如"应付账款"账户所属明细账户有借方余额的,也应包括在本项目内。

(6)"其他应收款"项目,应根据"应收利息""应收股利"和"其他应收款"账户的期末余额合计数,减去"坏账准备"账户中相关坏账准备期末余额后的金额填列。

(7)"存货"项目,反映企业期末在库、在途和在加工中的各项存货的可变现净值,包括各种原材料、商品、在产品、半成品、发出商品、包装物、低值易耗品、委托代销商品和受托代销商品等。

本项目应根据"在途物资（材料采购）""原材料""材料成本差异""库存商品""周转材料""委托加工物资""发出商品""受托代销商品""生产成本""劳务成本"等账户的期末余额合计，减去"受托代销商品款""存货跌价准备"账户期末余额后的金额填列。按照《企业会计准则第14号——收入》（2017年修订）的相关规定确认为资产的合同履约成本，应当根据"合同履约成本"账户的明细账户初始确认时摊销期限是否超过1年或一个正常营业周期，在"存货"或"其他非流动资产"项目中填列，已计提减值准备的，还应减去"合同履约成本减值准备"账户中相关的期末余额后的金额填列。

（8）"合同资产"和"合同负债"项目。企业应按照《企业会计准则第14号——收入》（2017年修订）的相关规定根据本企业履行履约义务与客户付款之间的关系在资产负债表中列示合同资产或合同负债。"合同资产"项目、"合同负债"项目，应分别根据"合同资产"账户、"合同负债"账户的相关明细账户期末余额分析列，同一合同下的合同资产和合同负债应当以净额列示，其中净额为借方余额的，应当根据其流动性在"合同资产"或"其他非流动资产"项目中填列，已计提减值准备的，还应减去"合同资产减值准备"账户中相关的期末余额后的金额填列；其中净额为贷方余额的，应当根据其流动性在"合同负债"或"其他非流动负债"项目中填列。

（9）"持有待售资产"项目，反映资产负债表日划分为持有待售类别的非流动资产及划分为持有待售类别的处置组中的流动资产和非流动资产的期末账面价值。该项目应根据"持有待售资产"账户的期末余额，减去"持有待售资产减值准备"账户的期末余额后的金额填列。

（10）"一年内到期的非流动资产"项目：反映企业将于1年内到期的非流动资产。本项目应根据有关账户的期末余额分析计算填列。

（11）"其他流动资产"项目：反映企业除以上流动资产项目外的其他流动资产，本项目应根据有关账户的期末余额填列。如：其他流动资产价值较大的，应在财务报表附注中披露其内容和金额。按照《企业会计准则第14号——收入》（2017年修订）的相关规定确认为资产的合同取得成本，应当根据"合同取得成本"账户的明细账户初始确认时摊销期限是否超过1年或一个正常营业周期，在"其他流动资产"或"其他非流动资产"项目中填列，已计提减值准备的，还应减去"合同取得成本减值准备"账户中相关的期末余额后的金额填列；按照《企业会计准则第14号——收入》（2017年修订）的相关规定确认为资产的应收退货成本，应当根据"应收退货成本"账户是否在1年或一个正常营业周期内出售，在"其他流动资产"或"其他非流动资产"项目中填列。

（12）"债权投资"项目，反映资产负债表日企业以摊余成本计量的长期债权投资的期末账面价值。该项目应根据"债权投资"账户的相关明细账户期末余额，减去"债权投资减值准备"账户中相关减值准备的期末余额后的金额分析填列。自资产负债表日起1年内到期的长期债权投资的期末账面价值，在"一年内到期的非流动资产"项目反映。企业购入的以摊余成本计量的1年内到期的债权投资的期末账面价值，在"其他流动资产"项目反映。

（13）"其他债权投资"项目，反映资产负债表日企业分类为以公允价值计量且其变动计入其他综合收益的长期债权投资的期末账面价值。该项目应根据"其他债权投资"账户的相关明细账户期末余额分析填列。自资产负债表日起1年内到期的长期债权投资的期末账面价值，在"一年内到期的非流动资产"项目反映。企业购入的以公允价值计量且其变动计入其他综合收益的1年内到期的债权投资的期末账面价值，在"其他流动资产"项目反映。

（14）"长期应收款"项目，反映企业持有的长期应收款的可收回金额。本项目应根据"长期应收款"账户的期末余额，减去"坏账准备"账户所属相关明细账户期末余额，再减去"未确认融资收益"账户期末余额后的金额分析计算填列。

（15）"长期股权投资"项目，反映企业不准备在1年内（含1年）变现的各种股权性质的投资的可收回金额。本项目应根据"长期股权投资"账户的期末余额，减去"长期股权投资减值准备"

账户期末余额后的金额填列。

(16)"其他债权投资"项目,反映资产负债表日企业分类为以公允价值计量且其变动计入其他综合收益的长期债权投资的期末账面价值。该项目应根据"其他债权投资"账户的相关明细账户期末余额分析填列。自资产负债表日起1年内到期的长期债权投资的期末账面价值,在"一年内到期的非流动资产"项目反映。企业购入的以公允价值计量且其变动计入其他综合收益的1年内到期的债权投资的期末账面价值,在"其他流动资产"项目反映。

(17)"其他权益工具投资"项目,反映资产负债表日企业指定为以公允价值计量且其变动计入其他综合收益的非交易性权益工具投资的期末账面价值。该项目应根据"其他权益工具投资"账户的期末余额填列。

(18)"投资性房地产"项目,反映企业持有的投资性房地产。本项目应根据"投资性房地产"账户的期末余额,减去"投资性房地产累计折旧""投资性房地产减值准备""投资性房地产累计摊销"所属有关明细账户期末余额后的金额分析计算填列。

(19)"固定资产"项目,反映资产负债表日企业固定资产的期末账面价值和企业尚未清理完毕的固定资产清理净损益。该项目应根据"固定资产"账户的期末余额,减去"累计折旧"和"固定资产减值准备"账户的期末余额后的金额,以及"固定资产清理"账户的期末余额填列。

(20)"在建工程"项目,反映资产负债表日企业尚未达到预定可使用状态的在建工程的期末账面价值和企业为在建工程准备的各种物资的期末账面价值。该项目应根据"在建工程"账户的期末余额,减去"在建工程减值准备"账户的期末余额后的金额,以及"工程物资"账户的期末余额,减去"工程物资减值准备"账户的期末余额后的金额填列。

(21)"生产性生物资产"项目,反映企业持有的生产性生物资产。本项目应根据"生产性生物资产"账户的期末余额,减去"生产性生物资产累计折旧""生产性生物资产减值准备"账户期末余额后的金额填列。

(22)"油气资产"项目,反映企业持有的矿区权益和油气井及相关设施的原值减去累计折耗和累计减值准备获得净额。本项目应根据"油气资产"账户期末余额,减去"累计折耗"账户期末余额和相应减值准备后的金额填列。

(23)"无形资产"项目:反映企业各项无形资产的期末可收回金额。本项目应根据"无形资产"账户的期末余额,减去"累计摊销""无形资产减值准备"账户期末余额后的金额填列。

(24)"开发支出"项目,反映企业开发无形资产过程中能够资本化形成无形资产成本的支出部分。本项目应根据"开发支出"账户中所属的"资本化支出"明细账户期末余额填列。

(25)"商誉"项目,反映企业合并中形成的商誉的价值。本项目应根据"商誉"账户的期末余额,减去相应的减值准备后的金额填列。

(26)"长期待摊费用"项目,反映企业已经发生但应由本期和以后各期负担的,分摊期限在1年以上(不含1年)的各项费用。长期待摊费用中在1年内(含1年)摊销的部分,应在本表"一年内到期的非流动资产"项目填列。本项目应根据"长期待摊费用"账户的期末余额减去将于1年内(含1年)摊销的数额后的金额填列。

(27)"递延所得税资产"项目,反映企业确认可抵扣暂时性差异产生的递延所得税资产。本项目应根据"递延所得税资产"账户期末余额分析填列。

(28)"其他非流动资产"项目,反映企业除以上资产以外的其他非流动资产。本项目应根据有关账户的期末余额填列。如其他长期资产价值较大的,应在财务报表附注中披露其内容和金额。

2. 负债项目的填列说明

(1)"短期借款"项目,反映企业向银行或其他金融机构等借入的期限在一年期以下(含一年)的各种借款。本项目应根据"短期借款"账户的期末余额填列。

(2)"交易性金融负债"项目,反映资产负债表日企业承担的交易性金融负债,以及企业持有的直接指定为以公允价值计量且其变动计入当期损益的金融负债的期末账面价值。该项目应根据"交易性金融负债"账户的相关明细账户期末余额填列。

(3)"应付票据及应付账款"项目,反映资产负债表日企业因购买材料、商品和接受服务等经营活动应支付的款项,以及开出、承兑的商业汇票,包括银行承兑汇票和商业承兑汇票。该项目应根据"应付票据"账户的期末余额,以及"应付账款"和"预付账款"账户所属的相关明细账户的期末贷方余额合计数填列。如"应付账款"账户所属各明细账户期末有借方余额,则应在本表"预付款项"项目内填列。

(5)"预收账款"项目,反映企业按照购货合同规定预收的款项。本项目应根据"预收账款"和"应收账款"账户所属各明细账户的期末贷方余额合计数填列。如"预收账款"账户所属有关明细账户有借方余额,应在资产负债表"应收账款"项目内填列;如"应收账款"账户所属明细账户有贷方余额,也应包括在本项目内。

(6)"应付职工薪酬"项目,反映企业根据有关规定应付给职工的各种薪酬,外商投资企业按规定从净利润中提取的职工奖励及福利基金,也在本项目列示。本项目应根据"应付职工薪酬"账户的期末贷方余额填列,如"应付职工薪酬"账户期末为借方余额,以"—"号填列。

(7)"应交税费"项目,反映企业按照税法等规定计算应缴纳的各种税费,包括增值税、消费税、企业所得税、资源税、环保税、城市维护建设税、房产税、土地增值税、车船税、教育费附加等,企业代扣代缴的个人所得税等也通过本项目列示。本项目应根据"应交税费"账户的期末余额分析填列。"应交税费"账户下的"应交增值税""未交增值税""待抵扣进项税额""待认证进项税额""增值税留抵税额"等明细账户期末借方余额应根据情况,在资产负债表中的"其他流动资产"或"其他非流动资产"项目列示;"应交税费——待转销项税额"等账户期末贷方余额应根据情况,在资产负债表中的"其他流动负债"或"其他非流动负债"项目列示;"应交税费"账户下的"未交增值税""简易计税""转让金融商品应交增值税""代扣代交增值税"等账户期末贷方余额应在资产负债表中的"应交税费"项目列示。

(8)"其他应付款"项目,反映企业除应付票据、应付账款、预收账款、应付职工薪酬、应付利息、应付股利、应交税费等经营活动以外的其他各项应付、预收的款项。本项目应根据"应付利息""应付股利"和"其他应付款"账户的期末余额合计数填列。

(9)"持有待售负债"项目,反映企业划分为持有待售的处置组中的负债。本项目应根据单独设置的"持有待售负债"账户的余额填列。

(10)"一年内到期的非流动负债"项目,反映企业非流动负债中将于资产负债表日后1年内(含1年)到期部分的金额,如将于1年内偿还的长期借款。本项目应根据有关账户的期末余额填列。

(11)"其他流动负债"项目,反映企业除短期借款、交易性金融负债、应付票据、应付账款、应付职工薪酬、应交税费等流动负债以外的其他流动负债。本项目应根据有关账户的期末余额填列。如其他流动负债价值较大的,应在财务报表附注中披露其内容及金额。

(12)"长期借款"项目,反映企业向银行或其他金融机构借入的期限在1年期以上(不含1年)的各项。本项目应根据"长期借款"账户的期末余额填列。

(13)"应付债券"项目,反映企业为筹集长期资金而发行的债权本金和利息。本项目根据"应付债券"账户期末余额填列。

(14)"长期应付款"项目,反映资产负债表日企业除长期借款和应付债券以外的其他各种长期应付款项的期末账面价值。该项目应根据"长期应付款"账户的期末余额,减去相关的"未确认融资费用"账户的期末余额后的金额,以及"专项应付款"账户的期末余额填列。

(15)"预计负债"项目,反映企业确认的对外提供担保、未决诉讼、产品质量保证、重组义务、亏损性合同等预计负债。按照《企业会计准则第 14 号——收入》(2017 年修订)的相关规定确认为预计负债的应付退货款,应当根据"预计负债"账户下的"应付退货款"明细账户是否在 1 年或一个正常营业周期内清偿,在"其他流动负债"或"预计负债"项目中填列。

(16)"递延收益"项目,反映企业根据政府补助准则确认的应在以后期间计入当期损益的政府补助金额。本项目应根据"递延收益"账户期末余额填列。

(17)"递延所得税负债"项目,反映企业确认的应纳税暂时性差异产生的递延所得税负债。本项目应根据"递延所得税负债"账户的期末余额填列。

(18)"其他非流动负债"项目,反映企业除长期借款、应付债券等负债以外的其他非流动负债。本项目应根据有关账户的期末余额减去将于 1 年内(含 1 年)到期偿还数额后的余额填列。非流动负债各项目中将于 1 年内(含 1 年)到期的非流动负债,应在资产负债表"一年内到期的非流动负债"项目内单独反映。

3. 所有者权益项目的填列说明

(1)"实收资本(或股本)"项目,反映企业接受投资者投入的实收资本(或股本)总额。本项目应根据"实收资本"(或"股本")账户的期末余额填列。

(2)"其他权益工具"项目,反映企业发行的除普通股以外的归类为权益工具的各种金融工具。本项目应根据"其他权益工具"账户的期末余额填列。

(3)"资本公积"项目,反映企业资本公积的期末余额。本项目应根据"资本公积"账户的期末余额填列。

(4)"库存股"项目,反映企业持有尚未转让或注销的本公司股份金额。本项目应根据"库存股"账户的期末余额填列。

(5)"其他综合收益"项目,反映企业其他综合收益的余额。本项目采用总额列报的方式进行列报,无须按照明细子目列示,但列示的总额是扣除所得税影响后的金额。

(6)"盈余公积"项目,反映企业盈余公积的期末余额。本项目应根据"盈余公积"账户的期末余额填列。

(7)"未分配利润"项目,反映企业尚未分配的利润。本项目应根据"本年利润""利润分配"账户的余额计算填列,未弥补的亏损,在本项目内以"—"号填列。

【做中学 15-1】 A 公司为增值税一般纳税人,增值税税率为 16%,所得税税率为 25%,2018 年 1 月 1 日有关账户的余额如表 15-2 所示。

表 15-2   账户余额表
2018 年 1 月 1 日   单位:元

账户名称	借方余额	账户名称	贷方余额
库存现金	4 030	短期借款	650 000
银行存款	2 129 400	应付票据	325 000
其他货币资金	218 400	应付账款	988 000
交易性金融资产	34 840	其他应付款	84 500
应收票据	104 000	应付职工薪酬	66 300
应收账款	520 000	应付利润	0
坏账准备	−10 400	应交税费	53 040

(续表)

账户名称	借方余额	账户名称	贷方余额
预付账款	84 500	应付利息	15 600
其他应收款	5 850	长期借款	2 340 000
材料采购	156 000	其中：一年内到期的非流动负债	1 105 000
原材料	118 560	递延所得税负债	10 400
周转材料	104 000	实收资本（或股本）	5 460 000
库存商品	78 000	资本公积	303 290
材料成本差异	4 550	盈余公积	195 000
存货跌价准备	−8 450	利润分配（未分配利润）	117 000
长期股权投资	390 000		
长期股权投资减值准备	−5 850		
固定资产	4 028 700		
累计折旧	−780 000		
固定资产减值准备	−247 000		
工程物资	0		
在建工程	2 080 000		
无形资产	1 560 000		
累计摊销	−312 000		
研发支出	0		
长期待摊费用	351 000		
合　计	10 608 130	合　计	10 608 130

该公司2018年发生的经济业务如下：

(1) 采购材料物资一批，价款为262 241元，增值税税额为41 959元，冲销已经预付的款项84 500元，余款219 700用银行存款支付。

(2) 收到银行通知，用银行存款305 500元支付到期的商业汇票195 000元，偿还应付账款110 500元。

(3) 销售产品一批，销售价款为524 483元，应收取增值税税额83 917元，产品已经发出，货款尚未收到。

(4) 用银行汇票购入原材料一批，材料价款为163 153元，增值税税额为26 105元，银行汇票仍有余额542元退回，该批材料尚未验收入库。

(5) 上述材料验收入库，该批材料计划价格为160 940元。

(6) 仓库收到原材料一批，实际成本为156 000元，计划成本为149 500元，材料已经验收入库，款项已于上月支付。

(7) 购入工程所需物资一批，价款197 730元，增值税税额为31 637元，用银行存款支付。

(8) 计算在建工程应付职工工资533 000元。

(9) 工程完工，计算应予以资本化的长期借款利息208 000元，借款利息并未支付。

(10) 工程完工，交付生产使用，已办理竣工决算手续，固定资产价值1 950 000元。

(11) 购入不需安装的机器设备一台，价款为100 862元，增值税税额为16 138元，支付包装费等21 320元，总计138 320元，通过银行存款支付，机器设备已经交付使用。

(12) 在成本法核算下,收到长期股权投资现金股利 52 000 元,存入银行。

(13) 销售产品一批,价款 1 048 966 元,增值税税额 167 834 元,已收到款项存入银行。

(14) 公司将要到期的一张面值为 104 000 元的无息银行承兑汇票,连同解讫通知和银行存款进账单,一起交到银行,办理银行存款收款手续。

(15) 从银行借入 3 年期借款 650 000 元,存入银行,该借款用于购建固定资产。

(16) 公司出售一台不需用设备,收到价款 520 000 元,设备原价 1 040 000 元,已计提折旧 338 000 元,已提减值准备 130 000 元,该设备已经处理完毕。

(17) 归还短期借款本金 260 000 元,利息 13 000 元,总计归还本息 273 000 元。

(18) 提取现金 1 348 100 元准备发放职工工资。

(19) 支付职工工资 1 348 100 元,其中包括支付给在建工程人员的工资 533 000 元。

(20) 分配应付职工工资 815 100 元(不包括在建工程人员工资),其中生产人员工资 741 000 元,车间管理人员工资 14 820 元,行政管理人员工资 59 280 元。

(21) 用银行存款偿还长期借款 1 105 000 元。

(22) 提取应计入本期损益的借款利息 42 250 元,其中,短期借款利息 28 600 元,长期借款利息 13 650 元。

(23) 基本生产领用材料,计划成本 390 000 元;车间部门领用低值易耗品,计划成本 78 000 元。

(24) 结转领用原材料和低值易耗品应分摊的材料成本差异,原材料成本差异 7 800 元,低值易耗品成本差异 1 560 元。

(25) 摊销无形资产 104 000 元。

(26) 计提固定资产折旧 156 000 元,其中,车间部门机器折旧 130 000 元,管理部门机器折旧 26 000 元。

(27) 收到应收账款 468 000 元,存入银行。

(28) 用银行存款支付本年度企业财产保险费 87 230 元。

(29) 摊销基本生产车间固定资产维修费 97 500 元,原已列入长期待摊费用。

(30) 结转制造费用 321 880 元。

(31) 计算并结转本期完工产品成本 1 460 680 元。没有期初在产品,本期生产的产品全部完工入库。

(32) 用银行存款支付广告费 36 400 元。

(33) 公司采用商业承兑汇票结算方式销售产品一批,价款为 393 362 元,增值税税额为 62 938 元,收到商业承兑汇票 1 张,价值总计 456 300 元。

(34) 公司将上述商业承兑汇票到银行办理贴现,贴现利息为 31 200 元。

(35) 用银行存款支付研发部门的新技术研发支出 26 000 元,该项支出符合资本化条件。

(36) 公司本期销售产品应缴纳的教育费附加为 2 625 元,城市维护建设税为 25 000 元。

(37) 用银行存款缴纳教育费附加 2 625 元,城市维护建设税 25 000 元。

(38) 结转本期产品销售成本 1 170 000 元。

(39) 应收账款 6 500 元被确认为坏账。

(40) 按照应收账款余额的一定比例计提坏账准备 9 178 元。

(41) 基本生产车间盘亏一台设备,原价 364 000 元,已提折旧 292 500 元,已提减值准备 32 500 元。

(42) 计提存货跌价准备 14 547 元。

(43) 计提固定资产减值准备 26 000 元。

(44) 摊销应由管理部门负担的固定资产维修费 15 600 元,原已列入长期待摊费用。

(45) 年末交易性金融资产的公允价值为 37 440 元,应确认公允价值变动收益 2 600 元。

(46) 将各收入账户转至本年利润,将各支出账户转至本年利润,确定利润总额。

(47) 按照所得税税率 25% 计算并结转应交所得税 64 610 元。所得税费用 77 480 元,增加递延所得税负债 12 870 元(均为假设数据)。

(48) 计提法定盈余公积 80 080 元,分配普通股股利 53 430 元。

(49) 结转本年利润。
(50) 将利润分配各明细账户余额转入"未分配利润"明细账户。
(51) 用银行存款缴纳增值税63 050元。
依据所给资料,编制企业的资产负债表。

(1) 借:材料采购 262 241
　　　应交税费——应交增值税(进项税额) 41 959
　　　贷:银行存款 219 700
　　　　　预付账款 84 500

(2) 借:应付票据 195 000
　　　应付账款 110 500
　　　贷:银行存款 305 500

(3) 借:应收账款 608 400
　　　贷:主营业务收入 524 483
　　　　　应交税费——应交增值税(销项税额) 83 917

(4) 借:材料采购 163 153
　　　银行存款 542
　　　应交税费——应交增值税(进项税额) 26 105
　　　贷:其他货币资金 189 800

(5) 借:原材料 160 940
　　　材料成本差异 2 213
　　　贷:材料采购 163 153

(6) 借:原材料 149 500
　　　材料成本差异 6 500
　　　贷:材料采购 156 000

(7) 借:工程物资 197 730
　　　应交税费 ——应交增值税(进项税额) 18 982
　　　应交税费——待抵扣进项税额 12 655
　　　贷:银行存款 229 367

(8) 借:在建工程 533 000
　　　贷:应付职工薪酬 533 000

(9) 借:在建工程 208 000
　　　贷:长期借款——应付利息 208 000

(10) 借:固定资产 1 950 000
　　　 贷:在建工程 1 950 000

(11) 借:固定资产 122 182
　　　 应交税费——应交增值税(进项税额) 16 138
　　　 贷:银行存款 138 320

(12) 借:银行存款 52 000
　　　 贷:投资收益 52 000

(13) 借:银行存款 1 216 800
　　　 贷:主营业务收入 1 048 966
　　　　 应交税费——应交增值税(销项税额) 167 834

(14) 借：银行存款　　　　　　　　　　　　　　　　　　　104 000
　　　贷：应收票据　　　　　　　　　　　　　　　　　　　　104 000
(15) 借：银行存款　　　　　　　　　　　　　　　　　　　650 000
　　　贷：长期借款　　　　　　　　　　　　　　　　　　　　650 000
(16) 借：固定资产清理　　　　　　　　　　　　　　　　　572 000
　　　　累计折旧　　　　　　　　　　　　　　　　　　　338 000
　　　　固定资产减值准备　　　　　　　　　　　　　　　130 000
　　　贷：固定资产　　　　　　　　　　　　　　　　　　　　1 040 000
　　　借：银行存款　　　　　　　　　　　　　　　　　　　520 000
　　　贷：固定资产清理　　　　　　　　　　　　　　　　　　520 000
　　　借：资产处置损益　　　　　　　　　　　　　　　　　52 000
　　　贷：固定资产清理　　　　　　　　　　　　　　　　　　52 000
(17) 借：短期借款　　　　　　　　　　　　　　　　　　　260 000
　　　　应付利息　　　　　　　　　　　　　　　　　　　13 000
　　　贷：银行存款　　　　　　　　　　　　　　　　　　　　273 000
(18) 借：库存现金　　　　　　　　　　　　　　　　　　　1 348 100
　　　贷：银行存款　　　　　　　　　　　　　　　　　　　　1 348 100
(19) 借：应付职工薪酬　　　　　　　　　　　　　　　　　1 348 100
　　　贷：库存现金　　　　　　　　　　　　　　　　　　　　1 348 100
(20) 借：生产成本　　　　　　　　　　　　　　　　　　　741 000
　　　　制造费用　　　　　　　　　　　　　　　　　　　14 820
　　　　管理费用　　　　　　　　　　　　　　　　　　　59 280
　　　贷：应付职工薪酬　　　　　　　　　　　　　　　　　　815 100
(21) 借：长期借款　　　　　　　　　　　　　　　　　　　1 105 000
　　　贷：银行存款　　　　　　　　　　　　　　　　　　　　1 105 000
(22) 借：财务费用　　　　　　　　　　　　　　　　　　　42 250
　　　贷：应付利息　　　　　　　　　　　　　　　　　　　　28 600
　　　　　长期借款——应付利息　　　　　　　　　　　　　13 650
(23) 借：生产成本　　　　　　　　　　　　　　　　　　　390 000
　　　贷：原材料　　　　　　　　　　　　　　　　　　　　　390 000
　　　借：制造费用　　　　　　　　　　　　　　　　　　　78 000
　　　贷：周转材料　　　　　　　　　　　　　　　　　　　　78 000
(24) 借：生产成本　　　　　　　　　　　　　　　　　　　7 800
　　　　制造费用　　　　　　　　　　　　　　　　　　　1 560
　　　贷：材料成本差异　　　　　　　　　　　　　　　　　　9 360
(25) 借：管理费用——无形资产摊销　　　　　　　　　　　104 000
　　　贷：累计摊销　　　　　　　　　　　　　　　　　　　　104 000
(26) 借：制造费用——折旧　　　　　　　　　　　　　　　130 000
　　　　管理费用——折旧　　　　　　　　　　　　　　　26 000
　　　贷：累计折旧　　　　　　　　　　　　　　　　　　　　156 000
(27) 借：银行存款　　　　　　　　　　　　　　　　　　　468 000
　　　贷：应收账款　　　　　　　　　　　　　　　　　　　　468 000

(28) 借：管理费用——保险费　　　　　　　　　　　　　　　　87 230
　　　贷：银行存款　　　　　　　　　　　　　　　　　　　　　　87 230

(29) 借：制造费用　　　　　　　　　　　　　　　　　　　　　　97 500
　　　贷：长期待摊费用　　　　　　　　　　　　　　　　　　　　97 500

(30) 借：生产成本　　　　　　　　　　　　　　　　　　　　　321 880
　　　贷：制造费用　　　　　　　　　　　　　　　　　　　　　321 880

(31) 借：库存商品　　　　　　　　　　　　　　　　　　　　1 460 680
　　　贷：生产成本　　　　　　　　　　　　　　　　　　　　1 460 680

(32) 借：销售费用——广告费　　　　　　　　　　　　　　　　36 400
　　　贷：银行存款　　　　　　　　　　　　　　　　　　　　　　36 400

(33) 借：应收票据　　　　　　　　　　　　　　　　　　　　　456 300
　　　贷：主营业务收入　　　　　　　　　　　　　　　　　　　393 362
　　　　　应交税费——应交增值税(销项税额)　　　　　　　　　62 938

(34) 借：银行存款　　　　　　　　　　　　　　　　　　　　　425 100
　　　　财务费用　　　　　　　　　　　　　　　　　　　　　　31 200
　　　贷：应收票据　　　　　　　　　　　　　　　　　　　　　456 300

(35) 借：研发支出　　　　　　　　　　　　　　　　　　　　　26 000
　　　贷：银行存款　　　　　　　　　　　　　　　　　　　　　26 000

(36) 借：税金及附加　　　　　　　　　　　　　　　　　　　　27 625
　　　贷：应交税费——应交教育费附加　　　　　　　　　　　　2 625
　　　　　　　　　——应交城市维护建设税　　　　　　　　　25 000

(37) 借：应交税费——应交教育费附加　　　　　　　　　　　　2 625
　　　　　　　　——应交城市维护建设税　　　　　　　　　　25 000
　　　贷：银行存款　　　　　　　　　　　　　　　　　　　　　27 625

(38) 借：主营业务成本　　　　　　　　　　　　　　　　　　1 170 000
　　　贷：库存商品　　　　　　　　　　　　　　　　　　　　1 170 000

(39) 借：坏账准备　　　　　　　　　　　　　　　　　　　　　6 500
　　　贷：应收账款　　　　　　　　　　　　　　　　　　　　　6 500

(40) 借：资产减值损失——计提坏账准备　　　　　　　　　　　9 178
　　　贷：坏账准备　　　　　　　　　　　　　　　　　　　　　9 178

(41) 借：累计折旧　　　　　　　　　　　　　　　　　　　　　292 500
　　　　固定资产减值准备　　　　　　　　　　　　　　　　　　32 500
　　　　待处理财产损溢——待处理固定资产损溢　　　　　　　39 000
　　　贷：固定资产　　　　　　　　　　　　　　　　　　　　　364 000
　　借：营业外支出　　　　　　　　　　　　　　　　　　　　　39 000
　　　贷：待处理财产损溢——待处理固定资产损溢　　　　　　39 000

(42) 借：资产减值损失——计提存货跌价准备　　　　　　　　14 547
　　　贷：存货跌价准备　　　　　　　　　　　　　　　　　　　14 547

(43) 借：资产减值损失——计提固定资产减值准备　　　　　　26 000
　　　贷：固定资产减值准备　　　　　　　　　　　　　　　　　26 000

(44) 借：管理费用　　　　　　　　　　　　　　　　　　　　　15 600
　　　贷：长期待摊费用　　　　　　　　　　　　　　　　　　　15 600

(45) 借：交易性金融资产——公允价值变动损益　　　　　　　　　2 600
　　　　贷：公允价值变动损益　　　　　　　　　　　　　　　　　　　2 600
(46) 借：主营业务收入　　　　　　　　　　　　　　　　　　　1 950 000
　　　　公允价值变动损益　　　　　　　　　　　　　　　　　　　2 600
　　　　投资收益　　　　　　　　　　　　　　　　　　　　　　52 000
　　　　贷：本年利润　　　　　　　　　　　　　　　　　　　　　2 004 600
　　借：本年利润　　　　　　　　　　　　　　　　　　　　　1 740 310
　　　　贷：主营业务成本　　　　　　　　　　　　　　　　　　　1 170 000
　　　　　　税金及附加　　　　　　　　　　　　　　　　　　　　27 625
　　　　　　销售费用　　　　　　　　　　　　　　　　　　　　　36 400
　　　　　　管理费用　　　　　　　　　　　　　　　　　　　　　292 110
　　　　　　财务费用　　　　　　　　　　　　　　　　　　　　　73 450
　　　　　　营业外支出　　　　　　　　　　　　　　　　　　　　91 000
　　　　　　资产减值损失　　　　　　　　　　　　　　　　　　　49 725
(47) 借：所得税费用　　　　　　　　　　　　　　　　　　　　　77 480
　　　　贷：应交税费——应交所得税　　　　　　　　　　　　　　64 610
　　　　　　递延所得税负债　　　　　　　　　　　　　　　　　　12 870
　　借：本年利润　　　　　　　　　　　　　　　　　　　　　　　77 480
　　　　贷：所得税费用　　　　　　　　　　　　　　　　　　　　　77 480
(48) 借：利润分配——提取法定盈余公积　　　　　　　　　　　　80 080
　　　　贷：盈余公积——法定盈余公积　　　　　　　　　　　　　80 080
　　借：利润分配——应付普通股股利　　　　　　　　　　　　　53 430
　　　　贷：应付股利　　　　　　　　　　　　　　　　　　　　　53 430
(49) 借：本年利润　　　　　　　　　　　　　　　　　　　　　　186 810
　　　　贷：利润分配——未分配利润　　　　　　　　　　　　　　186 810
(50) 借：利润分配——未分配利润　　　　　　　　　　　　　　　133 510
　　　　贷：利润分配——提取法定盈余公积　　　　　　　　　　　80 080
　　　　　　　　　　——应付普通股股利　　　　　　　　　　　　53 430
(51) 借：应交税费——应交增值税（已交税金）　　　　　　　　　63 050
　　　　贷：银行存款　　　　　　　　　　　　　　　　　　　　　63 050

根据上述资料编制 2018 年 12 月 31 日账户余额表（见表 15-3）。

表 15-3　　　　　　　　　　　　　账户余额表
　　　　　　　　　　　　　　　　2018 年 12 月 31 日　　　　　　　　　　　　　单位：元

账户名称	借方余额	账户名称	贷方余额
库存现金	4 030	短期借款	390 000
银行存款	1 706 550	应付票据	130 000
其他货币资金	28 600	应付账款	877 500
交易性金融资产	37 440	其他应付款	84 500
应收票据	0	应付职工薪酬	66 300

(续表)

账户名称	借方余额	账户名称	贷方余额
应收账款	653 900	应付利润	53 430
坏账准备	−13 078	应交税费	253 450
预付账款	0	应付利息	31 200
其他应收款	5 850	长期借款	2 106 650
材料采购	262 241	其中:一年内到期的非流动负债	0
原材料	39 000	递延所得税负债	23 270
周转材料	26 000	实收资本(或股本)	5 460 000
库存商品	368 680	资本公积	303 290
材料成本差异	3 903	盈余公积	275 080
存货跌价准备	−22 997	利润分配(未分配利润)	187 111
长期股权投资	390 000		
长期股权投资减值准备	−5 850		
固定资产	4 696 882		
累计折旧	−305 500		
固定资产减值准备	−110 500		
工程物资	197 730		
在建工程	871 000		
无形资产	1 560 000		
累计摊销	−416 000		
研发支出	26 000		
长期待摊费用	237 900		
合　计	10 241 781	合　计	10 241 781

根据上述账户余额表编制 2018 年 12 月 31 日资产负债表(见表 15-4)。

表 15-4　　　　　　　　　　　　　　　资产负债表
编制单位:A公司　　　　　　　　2018 年 12 月 31 日　　　　　　　　　　　　单位:元

资　产	期末余额	年初余额	负债和所有者权益(或股东权益)	期末余额	年初余额
流动资产:			流动负债:		
货币资金	1 739 180	2 351 830	短期借款	390 000	650 000
交易性金融资产	37 440	34 840	交易性金融负债		
衍生金融资产			衍生金融负债		
应收票据及应收账款	640 822	613 600	应付票据及应付账款	1 007 500	1 313 000

(续表)

资产	期末余额	年初余额	负债和所有者权益（或股东权益）	期末余额	年初余额
预付款项		84 500	预收款项		
其他应收款	5 850	5 850	合同负债		
存货	676 827	452 660	应付职工薪酬	66 300	66 300
合同资产			应交税费	253 450	53 040
持有待售资产			其他应付款	169 130	100 100
一年内到期的非流动资产			持有待售负债		
其他流动资产			一年内到期的非流动负债		1 105 000
流动资产合计	3 100 119	3 543 280	其他流动负债		
非流动资产：			流动负债合计	1 886 380	3 287 440
债权投资			非流动负债：		
其他债权投资			长期借款	2 106 650	1 235 000
长期应收款			应付债券		
长期股权投资	384 150	384 150	其中:优先股		
其他权益工具投资			永续债		
其他非流动金融资产			长期应付款		
投资性房地产			预计负债		
固定资产	4 280 882	3 001 700	递延收益		
在建工程	1 068 730	2 080 000	递延所得税负债	23 270	10 400
生产性生物资产			其他非流动负债		
油气资产			非流动负债合计	2 129 920	1 245 400
无形资产	1 144 000	1 248 000	负债合计	4 016 300	4 532 840
开发支出	26 000		所有者权益（或股东权益）：		
商誉			实收资本（或股本）	5 460 000	5 460 000
长期待摊费用	237 900	351 000	其他权益工具		
递延所得税资产			其中:优先股		
其他非流动资产			永续债		
非流动资产合计	7 141 662	7 064 850	资本公积	303 290	303 290
			减:库存股		
			其他综合收益		
			盈余公积	275 080	195 000

(续表)

资　产	期末余额	年初余额	负债和所有者权益 (或股东权益)	期末余额	年初余额
			未分配利润	187 111	117 000
			所有者权益(或股东权益)合计	6 225 481	6 075 290
资产总计	10 241 781	10 608 130	负债和所有者权益(或股东权益)总计	10 241 781	10 608 130

任务四　利　润　表

一、利润表概述

(一) 利润表的概念

利润表是反映企业在一定会计期间的经营成果的会计报表。利润表把一定会计期间的收入与同一会计期间的费用进行配比,以计算出企业一定时期的净利润(或净亏损)。

(二) 利润表的作用

利润表的列报必须充分反映企业经营业绩的主要来源和构成,有助于信息使用者判断净利润的质量及其风险,预测净利润的持续性,从而做出正确的决策。具体表现在以下几个方面:

(1) 利润表可以反映企业一定会计期间的收益实现情况,如实现的营业收入有多少,投资收益有多少,营业外收入有多少等。

(2) 利润表可以反映一定会计期间的损耗发生情况,如耗费的营业成本有多少,销售费用、管理费用、财务费用各有多少,营业外支出有多少等。

(3) 利润表可以反映企业生产经营活动的成果,即净利润的实现情况,据以判断资本保值、增值情况等。

(4) 利润表可以反映企业不同时期的比较数字(本月数、本年累计数、上年数),便于财务报告使用者分析判断企业未来利润的发展趋势和获利能力,做出正确的经营决策。

(三) 利润表的内容

(1) 构成营业利润的各项要素:营业收入、营业成本、税金及附加、销售费用、管理费用、研发费用、财务费用、资产减值损失、信用减值损失、其他收益、公允价值变动收益、投资收益、净敞口套期收益、资产处置收益。

(2) 构成利润总额(或亏损总额)的各项要素:营业利润、营业外收入、营业外支出。

(3) 构成净利润(或净亏损)的各项要素:利润总额(或亏损总额)、所得税费用。

(4) 构成综合收益总额的各项要素:净利润、其他综合收益的税后净额

(5) 构成每股收益的各项要素:基本每股收益、稀释每股收益。

二、利润表的结构

我国企业利润表采用多步式结构,即通过对当期的收益、损耗项目按性质加以归类,按利润形成的环节列示一些中间性利润指标,分步计算当期净损益。

财政部于2014年1月26日修订印发了《企业会计准则第30号——财务报表列报》,自2014年7月1日起实施。其中主要修订内容为:一是明确在利润表中增加了"其他综合收益的税后净

额"和"综合收益总额"项目并进行了定义,同时将其他综合收益项目按照性质进一步划分并分别列报;二是将"费用按照性质分类的利润表补充资料"作为强制性披露内容,以全面反映企业的经营成果。2017年5月修订的《企业会计准则第16号——政府补助》提出,与企业日常经营活动相关的政府补助,应当计入其他收益,并在利润表中的"营业利润"项目之上单独列报"其他收益"项目。2018年6月,财政部发布了《关于修订印发2018年度一般企业财务报表格式的通知》(财税〔2018〕15号文件),为解决执行企业会计准则的企业在财务报告编制中的实际问题,规范企业财务报表列报,提高会计信息质量,针对2018年1月1日起分阶段实施的《企业会计准则第22号——金融工具确认和计量》(财会〔2017〕7号)、《企业会计准则第23号——金融资产转移》(财会〔2017〕8号)、《企业会计准则第24号——套期会计》(财会〔2017〕9号)、《企业会计准则第37号——金融工具列报》(财会〔2017〕14号)(以上四项简称新金融准则)和《企业会计准则第14号——收入》(财会〔2017〕22号,简称新收入准则),以及企业会计准则实施中的有关情况,已执行新金融准则或新收入准则的企业应当按照企业会计准则和财税〔2018〕15号文件的附件2的要求编制财务报表。企业对不存在相应业务的报表项目可结合本企业的实际情况进行必要删减,企业根据重要性原则并结合本企业的实际情况可以对确需单独列示的内容增加报表项目。2017年12月25日发布的《关于修订印发一般企业财务报表格式的通知》(财会〔2017〕30号)同时废止。本书采用财税〔2018〕15号文件的附件2中的财务报表格式。

我国一般企业利润表格式如表15-5所示。

表15-5　　　　　　　　　　　利润表　　　　　　　　　　　会企02表
编制单位：　　　　　　　　　　　年　月　　　　　　　　　　　单位:元

项　目	本期金额	上期金额
一、营业收入		
减:营业成本		
税金及附加		
销售费用		
管理费用		
研发费用		
财务费用		
其中:利息费用		
利息收入		
资产减值损失		
信用减值损失		
加:其他收益		
投资收益(损失以"－"号填列)		
其中:对联营企业和合营企业的投资收益		
净敞口套期收益(损失以"－"号填列)		
公允价值变动收益(损失以"－"号填列)		
资产处置收益(损失以"－"号填列)		
二、营业利润(亏损以"－"号填列)		

(续表)

项　目	本期金额	上期金额
加:营业外收入		
减:营业外支出		
三、利润总额(亏损总额以"－"号填列)		
减:所得税费用		
四、净利润(净亏损以"－"号填列)		
(一)持续经营净利润(净亏损以"－"号填列)		
(二)终止经营净利润(净亏损以"－"号填列)		
五、其他综合收益税后净额		
(一)不能重分类进损益的其他综合收益		
1. 重新计量设定受益计划变动额		
2. 权益法下不能转损益的其他综合收益中享有的份额		
3. 其他权益工具投资公允价值变动		
4. 企业自身信用风险公允价值变动		
……		
(二)将重分类进损益的其他综合收益		
1. 权益法下可转损益的其他综合收益		
2. 其他债权投资公允价值变动		
3. 金融资产重分类计入其他综合收益的金额		
4. 其他债权投资信用减值准备		
5. 现金流量套期储备		
6. 外币财务报表折算差额		
……		
六、综合收益总额		
七、每股收益:		
(一)基本每股收益		
(二)稀释每股收益		

三、利润表的填列方法

(一)上期金额栏的填列方法

利润表"上期金额"栏内各项数字,应根据上年该期利润表"本期金额"栏内所列数字填列。如果上年该期利润表规定的各个项目的名称和内容同本期不一致,应对上年该期利润表各项目的名称和数字按照本期的规定进行调整,填入报表中的"上期金额"栏内。

(二)本期金额栏的填列方法

利润表"本期金额"栏内各项数字除"基本每股收益"和"稀释每股收益"项目外,一般应根据损益类账户的发生额分析填列。

(1)"营业收入"项目,反映企业经营主要业务和其他业务所确认的收入总额。本项目应根据"主营业务收入"和"其他业务收入"账户的发生额分析填列。企业一般应当以"主营业务收入"和"其他业务收入"总账账户的贷方发生额之和,作为利润表中"营业收入"项目的金额。当年发生销售退回的,应以冲减销售退回主营业务收入后的金额,填列"营业收入"项目。

(2)"营业成本"项目,反映企业经营主要业务和其他业务所发生的成本总额。本项目应根据"主营业务成本"和"其他业务成本"账户的发生额分析填列。企业一般应当以"主营业务成本"和"其他业务成本"总账账户的借方发生额之和,作为利润表中"营业成本"项目的金额。当年发生销售退回的,应加上销售退回商品成本后的金额,填列"营业成本"项目。

(3)"税金及附加"项目,反映企业经营业务应负担的消费税、土地增值税、资源税、城市建设维护税、教育费附加、房产税、城镇土地使用税、车船税、印花税、环保税等。本项目应根据"税金及附加"账户的发生额分析填列。

(4)"销售费用"项目,反映企业在销售商品过程中发生的包装费、广告费等费用,以及为销售本企业商品而专设的销售机构的职工薪酬、运输费、办公费等经营费用。本项目应根据"销售费用"账户的发生额分析填列。

(5)"管理费用"项目,反映企业为组织和管理生产经营发生的管理费用。本项目应根据"管理费用"账户的发生额分析填列。

(6)"研发费用"项目,反映企业进行研究与开发过程中发生的费用化支出。该项目应根据"管理费用"账户下的"研发费用"明细账户的发生额分析填列。

(7)"财务费用"项目,反映企业发生的财务费用。其中:"利息费用"反映企业为筹集生产经营所需资金等而发生的应予费用化的利息支出。"利息收入"反映企业确认的利息收入。利息收入主要为银行存款产生的利息收入,以及根据《企业会计准则第14号——收入》的相关规定确认的利息收入。这两个项目为"财务费用"项目的其中项,均以正数填列。

(8)"资产减值损失"项目,反映企业各项资产发生的减值损失。本项目应根据"资产减值损失"账户的发生额分析填列。企业应当以"资产减值损失"总账账户借方发生额减去贷方发生额后的余额,作为利润表中"资产减值损失"项目的金额。

(9)"信用减值损失"项目,反映企业按照《企业会计准则第22号——金融工具确认和计量》(2017年修订)的要求计提的各项金融工具减值准备所形成的预期信用损失。该项目应根据"信用减值损失"账户的发生额分析填列。

(10)"其他收益"项目,反映计入其他收益的政府补助等。该项目应根据"其他收益"账户的发生额分析填列。企业作为个人所得税的扣缴义务人,根据《中华人民共和国个人所得税法》收到的扣缴税款手续费,应作为其他与日常活动相关的项目在利润表的"其他收益"项目中填列。

(11)"公允价值变动"收益项目,反映企业确认的交易性金融资产或交易性金融负债的公允价值变动额。本项目应根据"公允价值变动损益"账户的发生额分析填列;如为公允价值变动损失,则以"—"号填列。

(12)"净敞口套期收益"项目,反映净敞口套期下被套期项目累计公允价值变动转入当期损益的金额或现金流量套期储备转入当期损益的金额。该项目应根据"净敞口套期损益"账户的发生额分析填列;如为套期损失,以"—"号填列。

(13)"投资收益"项目,反映企业以各种方式对外投资所取得的收益。本项目应根据"投资收益"账户的发生额分析填列。如为(借方)投资损失,本项目以"—"号填列。

(14)"资产处置收益(损失以'—'号填列)"项目,反映企业出售划分为持有待售的非流动资产(金融工具、长期股权投资和投资性房地产除外)或处置组(子公司和业务除外)时确认的处置利得或损失,以及处置未划分为持有待售的固定资产、在建工程、生产性生物资产及无形资产而产生的处置利得或损失。债务重组中因处置非流动资产产生的利得或损失和非货币性资产交换中换出非流动资产产生的利得或损失也包括在本项目内。不包括出售金融工具、长期股权投资和投资性房地产的处置利得或损失。

(15)"营业利润"项目,反映企业实现的营业利润。如为亏损,本项目以"一"号填列。

(16)"营业外收入"项目,反映企业发生的营业利润以外的收益,主要包括债务重组利得、与企业日常活动无关的政府补助、盘盈利得、捐赠利得(企业接受股东或股东的子公司直接或间接的捐赠,经济实质属于股东对企业的资本性投入的除外)等。本项目应根据"营业外收入"账户的发生额分析填列。

(17)"营业外支出"项目,反映企业发生的营业利润以外的支出,主要包括债务重组损失、公益性捐赠支出、非常损失、盘亏损失、非流动资产毁损报废损失等。本项目应根据"营业外支出"账户的发生额分析填列。

(18)"利润总额"项目,反映企业实现的利润。如为亏损,本项目以"一"号填列。

(19)"所得税费用"项目,反映企业应从当期利润总额中扣除的所得税费用。本项目应根据"所得税费用"账户的发生额分析填列。

(20)"净利润"项目,反映企业实现的净利润。如为亏损,本项目以"一"号填列。

"(一)持续经营净利润"和"(二)终止经营净利润"项目,分别反映净利润中与持续经营相关的净利润和与终止经营相关的净利润;如为净亏损,以"一"号填列。这两个项目应按照《企业会计准则第42号——持有待售的非流动资产、处置组和终止经营》的相关规定分别列报。

(21)"其他综合收益的税后净额"项目,反映企业根据其他会计准则规定未在当期损益中确认的各项利得和损失的税后净额。

"其他权益工具投资公允价值变动"项目,反映企业指定为以公允价值计量且其变动计入其他综合收益的非交易性权益工具投资发生的公允价值变动。该项目应根据"其他综合收益"账户的相关明细账户的发生额分析填列。

"企业自身信用风险公允价值变动"项目,反映企业指定为以公允价值计量且其变动计入当期损益的金融负债,由企业自身信用风险变动引起的公允价值变动而计入其他综合收益的金额。该项目应根据"其他综合收益"账户的相关明细账户的发生额分析填列。

"其他债权投资公允价值变动"项目,反映企业分类为以公允价值计量且其变动计入其他综合收益的债权投资发生的公允价值变动。企业将一项以公允价值计量且其变动计入其他综合收益的金融资产重分类为以摊余成本计量的金融资产,或重分类为以公允价值计量且其变动计入当期损益的金融资产时,之前计入其他综合收益的累计利得或损失从其他综合收益中转出的金额作为该项目的减项。该项目应根据"其他综合收益"账户下的相关明细账户的发生额分析填列。

"金融资产重分类计入其他综合收益的金额"项目,反映企业将一项以摊余成本计量的金融资产重分类为以公允价值计量且其变动计入其他综合收益的金融资产时,计入其他综合收益的原账面价值与公允价值之间的差额。该项目应根据"其他综合收益"账户下的相关明细账户的发生额分析填列。

"其他债权投资信用减值准备"项目,反映企业按照《企业会计准则第22号——金融工具确认和计量》(2017年修订)第十八条分类为以公允价值计量且其变动计入其他综合收益的金融资产的损失准备。该项目应根据"其他综合收益"账户下的"信用减值准备"明细账户的发生额分析填列。

"现金流量套期储备"项目,反映企业套期工具产生的利得或损失中属于套期有效的部分。该项目应根据"其他综合收益"账户下的"套期储备"明细账户的发生额分析填列。

(22)"综合收益总额"项目,反映企业在某一会计期间除与所有者以其所有者身份进行的交易之外的其他交易或事项所引起的所有者权益变动,根据净利润和其他综合收益的税后净额的合计金额填列。

(23)"基本每股收益"项目,只考虑当期实际发生的在外的普通股股份,按照归属于普通股股东的当期净利润除以当期实际发行在外的普通股的加权平均数计算确定。

(24)"稀释每股收益"项目,是以基本每股收益为基础,假设企业所有发行在外的稀释性潜在普通股均已转换为普通股,从而分别调整归属于普通股股东的当期净利润以及发行在外的普通股的加权平均数计算而得的每股收益。

潜在普通股是指赋予其持有者在报告期或以后期间享有取得普通股权利的一种金融工具或其他合同。目前,我国企业发行的潜在普通股主要有可转换公司债券、认股权证、股份期权等。

稀释性潜在普通股,是指假设当期转换为普通股会减少每股收益的潜在普通股。对于亏损企业而言,稀释性潜在普通股是指假设当期转换为普通股会增加每股亏损金额的潜在普通股。计算稀释每股收益时只考虑稀释性潜在普通股的影响,而不必考虑不具有稀释性的潜在普通股。

【做中学 15-2】 A公司损益类账户本年发生额如表 15-6 所示,据此编制利润表。

表 15-6　　　　　　　　　　损益类账户本年发生额

2018 年度　　　　　　　　　　　　　　　　　　　　单位:元

账户名称	借方发生额	贷方发生额
主营业务收入		1 966 811
营业外收入		0
公允价值变动损益		2 600
投资收益		52 000
主营业务成本	1 170 000	
税金及附加	27 625	
销售费用	36 400	
管理费用	292 110	
财务费用	73 450	
资产减值损失	49 725	
资产处置损益	52 000	
营业外支出	39 000	
所得税费用	77 480	

编制 A 公司 2018 年度的利润表,如表 15-7 和表 15-8 所示。

表 15-7　　　　　　　　　　利润表(多步式)

编制单位:A公司　　　　　　　　2018 年度　　　　　　　　　　单位:元

项　目	行次	本年累计数
一、营业收入	1	1 966 811
减:营业成本	4	1 170 000
税金及附加	5	27 625
销售费用	10	36 400

(续表)

项　目	行次	本年累计数
管理费用	11	292 110
财务费用	14	73 450
资产减值损失	15	49 725
加:公允价值变动收益	16	2 600
投资收益	18	52 000
资产处置收益	0	52 000
其他收益	0	0
二、营业利润	19	320 101
加:营业外收入		0
减:营业外支出	25	39 000
三、利润总额(亏损总额以"—"号填列)	27	281 101
减:所得税费用	28	77 480
四、净利润(净亏损以"—"号填列)	30	203 621
(一)持续经营净利润(净亏损以"—"号填列)		
(二)终止经营净利润(净亏损以"—"号填列)		
五、其他综合收益的税后净额		
六、综合收益总额		203 621
七、每股净收益		
(一)基本每股收益	(略)	(略)
(二)稀释每股收益	(略)	(略)

表 15-8　　　　　　　　　　利润表(单步式)

编制单位:A公司　　　　　　2018 年度　　　　　　　　　　单位:元

项　目	行次	本年累计数
一、收入		
主营业务收入		1 966 811
公允价值变动收益		2 600
资产处置收益		−52 000
投资收益		52 000
营业外收入		0
收入合计		1 969 411
二、费用		
主营业务成本		1 170 000
税金及附加		27 625

(续表)

项　目	行次	本年累计数
销售费用		36 400
管理费用		292 110
资产减值损失		49 725
财务费用		73 450
营业外支出		39 000
所得税费用		77 480
费用合计		1 765 790
三、净利润（净亏损以"－"号填列）		203 621

任务五　现金流量表

一、现金流量表概述

（一）现金流量表的概念

现金流量表是反映企业在一定会计期间现金和现金等价物流入和流出的报表。其中，现金指企业库存现金以及可以随时用于支付的存款，包括库存现金、银行存款和其他货币资金（如外埠存款、银行汇票存款、银行本票存款等）等。不能随时用于支付的存款不属于现金。现金等价物，是指企业持有的期限短、流动性强、易于转换为已知金额现金、价值变动风险很小的投资。期限短，一般是指从购买日起3个月内到期。现金等价物通常包括3个月内到期的短期债券等。权益性投资变现的金额通常不确定，因而不属于现金等价物。企业应当根据具体情况，确定现金等价物的范围，一经确定不得随意变更。

现金流量是指一定会计期间内企业现金和现金等价物的流入和流出。企业从银行提取现金、用现金购买短期到期的国库券等现金和现金等价物之间的转换不属于现金流量。

（二）现金流量表的作用

（1）现金流量表有助于评价企业的支付能力、偿债能力和周转能力。

（2）现金流量表有助于预测企业未来的现金流量。

（3）现金流量表有助于分析企业收益的质量及影响现金净流量的因素。

（三）现金流量表的内容

1. 经营活动产生的现金流量

经营活动，是指企业投资活动和筹资活动以外的所有交易或者事项。经营活动产生的现金流量主要包括销售商品或提供劳务、购买商品或接受劳务、收到的税费返还、经营性租赁、支付工资、支付广告费、缴纳税款等流入和流出的现金和现金等价物。

2. 投资活动产生的现金流量

投资活动，是指企业长期资产的购建和不包括在现金等价物范围内的投资及其处置活动。投资活动产生的现金流量主要包括取得和收回投资、购建和处置固定资产、处置子公司及其他营业单位等流入和流出的现金和现金等价物。

3. 筹资活动产生的现金流量

筹资活动，是指导致企业资本及负债规模和构成发生变化的活动。筹资活动产生的现金流量主要包括吸收投资、发行股票、分配利润、取得和偿还银行借款、发行和偿还债券等流入和流出的现金和现金等价物。偿还应付账款、应付票据等应付款项属于经营活动,不属于筹资活动。

二、现金流量表的结构

我国企业现金流量表采用报告式结构,分类反映经营活动产生的现金流量、投资活动产生的现金流量和筹资活动产生的现金流量,最后汇总反映企业在某一会计期间现金及现金等价物的净增加额。

我国一般企业现金流量表格式如表15-9所示。

表 15-9　　　　　　　　　　　现金流量表　　　　　　　　　　会企03表

编制单位：　　　　　　　　　　　　年　　月　　　　　　　　　　　单位：元

项　目	本期金额	上期金额
一、经营活动产生的现金流量：		
销售商品、提供劳务收到的现金		
收到的税费返还		
收到其他与经营活动有关的现金		
经营活动现金流入小计		
购买商品、接受劳务支付的现金		
支付给职工以及为职工支付的现金		
支付的各项税费		
支付其他与经营活动有关的现金		
经营活动现金流出小计		
经营活动产生的现金流量净额		
二、投资活动产生的现金流量：		
收回投资收到的现金		
取得投资收益收到的现金		
处置固定资产、无形资产和其他长期资产收回的现金净额		
处置子公司及其他营业单位收到的现金净额		
收到其他与投资活动有关的现金		
投资活动现金流入小计		
购建固定资产、无形资产和其他长期资产支付的现金		
投资支付的现金		
取得子公司及其他营业单位支付的现金净额		
支付其他与投资活动有关的现金		
投资活动现金流出小计		
投资活动产生的现金流量净额		
三、筹资活动产生的现金流量：		
吸收投资收到的现金		

(续表)

项目	本期金额	上期金额
取得借款收到的现金		
收到其他与筹资活动有关的现金		
筹资活动现金流入小计		
偿还债务支付的现金		
分配股利、利润或偿付利息支付的现金		
支付其他与筹资活动有关的现金		
筹资活动现金流出小计		
筹资活动产生的现金流量净额		
四、汇率变动对现金及现金等价物的影响		
五、现金及现金等价物净增加额		
加:期初现金及现金等价物余额		
六、期末现金及现金等价物余额		

现金流量表补充资料如表 15-10 所示。

表 15-10　　　　　　　　　　现金流量表补充资料

补充资料	本期金额	上期金额
1. 将净利润调节为经营活动现金流量:		
净利润		
加:资产减值准备		
固定资产折旧、油气资产折耗、生产性生物资产折旧		
无形资产摊销		
长期待摊费用摊销		
处置固定资产、无形资产和其他长期资产的损失(收益以"－"号填列)		
固定资产报废损失(收益以"－"号填列)		
公允价值变动损失(收益以"－"号填列)		
财务费用(收益以"－"号填列)		
投资损失(收益以"－"号填列)		
递延所得税资产减少(增加以"－"号填列)		
递延所得税负债增加(减少以"－"号填列)		
存货的减少(增加以"－"号填列)		
经营性应收项目的减少(增加以"－"号填列)		
经营性应付项目的增加(减少以"－"号填列)		
其他		

(续表)

补充资料	本期金额	上期金额
经营活动产生的现金流量净额		
2. 不涉及现金收支的重大投资和筹资活动：		
债务转为资本		
一年内到期的可转换公司债券		
融资租入固定资产		
3. 现金及现金等价物净变动情况：		
现金的期末余额		
减：现金的期初余额		
加：现金等价物的期末余额		
减：现金等价物的期初余额		
现金及现金等价物净增加额		

三、现金流量表的填列方法

（一）经营活动产生的现金流量项目

根据《企业会计准则第 31 号——现金流量表》的规定，企业应当采用直接法列示经营活动产生的现金流量。

直接法，是指通过现金收入和现金支出的主要类别列示经营活动的现金流量。

1. "销售商品、提供劳务收到的现金"项目

本项目反映企业销售商品、提供劳务实际收到的现金（含销售收入和应向购买者收取的增值税税额），包括本期销售商品、提供劳务收到的现金，以及前期销售和前期提供劳务本期收到的现金和本期预收的账款，扣除本期退回本期销售的商品和前期销售本期退回的商品支付的现金。企业销售材料和代购代销业务收到的现金，也在本项目反映。

本项目通常可以采用以下公式计算分析填列：

$$\begin{aligned}\text{销售商品、提供劳务收到的现金} =& \text{当期销售商品、提供劳务收到的现金} + \text{当期收回前期的应收账款和应收票据} + \text{当期预收款项} \\ & - \text{当期销售退回支付的现金} + \text{当期收回的前期核销的坏账损失}\end{aligned}$$

在具体应用时，可以"当期销售商品、提供劳务产生的营业收入和增值税销项税额"为基础，结合"应收账款""应收票据""预收账款"等账户的变动额进行调整。

2. "收到的税费返还"项目

本项目反映企业收到返还的各种税费，如收到的增值税、消费税、所得税、教育费附加返还等。

3. "收到其他与经营活动有关的现金"项目

本项目反映企业除了上述各项目外，所收到的其他与经营活动有关的现金，如收到的罚款、流动资产损失中由个人赔偿的现金、经营租赁租金等。企业实际收到的政府补助，无论是与资产相关还是与收益相关，在编制现金流量表时均作为经营活动产生的现金流量列报。

4. "购买商品、接受劳务支付的现金"项目

本项目反映企业购买商品、接受劳务所支付的现金(包括增值税进项税额),包括本期购入商品、接受劳务支付的现金,以及本期支付前期购入商品、接受劳务的未付款项和本期预付款项。本期发生的购货退回收到的现金应从本项目中扣除。

本项目通常可以采用以下公式计算分析填列:

$$\text{购买商品、接受劳务支付的现金} = \text{当期购买商品、接受劳务支付的现金} + \text{当期支付前期的应付账款} + \text{当期支付前期的应付票据} + \text{当期的预付账款} - \text{当期因购货退回收到的现金}$$

在具体运用时,可以"当期销售成本和增值税进项税额"为基础,结合存货期初、期末余额的变动额,以及"应付账款""应付票据""预付账款"等账户的变动额进行调整。

5. "支付给职工以及为职工支付的现金"项目

本项目反映企业实际支付给职工以及为职工支付的现金,包括本期实际支付给职工的工资、奖金、津贴和补贴等,以及为职工支付的其他费用,不包括支付给离退休人员的各项费用和支付给在建工程人员的工资等。企业支付给离退休人员的各项费用,包括支付的统筹退休金以及未参加统筹的退休人员的费用,在"支付其他与经营活动有关的现金"项目反映;支付给在建工程人员的工资等,在"购建固定资产、无形资产和其他长期资产支付的现金"项目反映。

6. "支付的各项税费"项目

本项目反映企业按规定支付的各项税费,但不包括实际支付的计入固定资产价值的耕地占用税,也不包括本期退回的增值税、所得税,本期退回的增值税、所得税在"收到的税费返还"项目反映。

7. "支付其他与经营活动有关的现金"项目

本项目反映企业除上述各项目外,所支付的其他与经营活动有关的现金,如经营租赁支付的租金、罚款支出、业务招待费支出、保险费支出等。

(二) 投资活动产生的现金流量项目

1. "收回投资收到的现金"项目

本项目反映企业出售、转让或到期收回除现金等价物以外的交易性金融资产、其他权益工具投资、长期股权投资(除处置子公司及其他营业单位)以及收回债权投资本金而收到的现金,包括转让收益,但不包括收到的现金股利和利息。

2. "取得投资收益收到的现金"项目

本项目反映企业因各种对外投资而收到的现金股利、利润、利息等,但不包括收到的属于购买时实际支付的价款中包含的已宣告派发但尚未发放的现金股利或已到付息期但尚未支付的利息等,收到的这些现金应在投资活动产生的现金流量项目中的"收到其他与投资活动有关的现金"项目中反映。

3. "处置固定资产、无形资产和其他长期资产收回的现金净额"项目

本项目反映企业处置固定资产、无形资产和其他长期资产所取得的现金,扣除为处置这些资产而支付的有关费用后的净额。由于自然灾害所造成的固定资产等长期资产损失而收到的保险赔偿收入,也在本项目反映。

4. "处置子公司及其他营业单位收到的现金净额"项目

本项目反映企业处置子公司及其他营业单位收到的现金,减去相关税费以后的净额。

5. "收到其他与投资活动有关的现金"项目

本项目反映企业除上述各项目外,收到的其他与投资活动有关的现金。

6. "购建固定资产、无形资产和其他长期资产支付的现金"项目

本项目反映企业购买或建造固定资产、取得无形资产和其他长期资产所支付的现金,不包括

为购建固定资产而发生的借款利息资本化的部分,以及融资租入固定资产支付的租赁费。为购建固定资产而发生的借款利息资本化的部分以及融资租入固定资产所支付的租赁费,应在筹资活动产生的现金流量项目中单独反映。

7. "投资支付的现金"项目

本项目反映企业进行各种性质的对外投资所支付的现金,包括企业取得的除现金等价物以外的交易性金融资产投资、债权投资、长期股权投资、其他权益工具投资所支付的现金。本项目不包括购买股票和债券时实际支付的价款中包含的已宣告派发但尚未发放的现金股利或已到付息期但尚未支付的利息等,这些现金支出应在投资活动产生的现金流量项目中的"支付其他与投资活动有关的现金"项目中反映。

8. "取得子公司及其他营业单位支付的现金净额"项目

本项目反映企业取得子公司及其他营业单位支付的现金。

9. "支付其他与投资活动有关的现金"项目

本项目反映企业除上述各项目外,支付的其他与投资活动有关的现金。如购买股票和债券时实际支付的买价中所包含的已宣告发放但尚未领取的现金股利或已到付息期但尚未领取的利息等。

(三)筹资活动产生的现金流量项目

1. "吸收投资收到的现金"项目

本项目反映企业实际收到的投资者投入的现金,包括企业以发行股票、债券等方式筹集资金实际收到的款项,减去直接支付的佣金、手续费、宣传费、咨询费、印刷费等发行费用后的净额。

2. "取得借款收到的现金"项目

本项目反映企业举借各种短期、长期借款所实际收到的现金。

3. "收到其他与筹资活动有关的现金"项目

本项目反映企业除上述各项目外,所收到的其他与筹资活动有关的现金。

4. "偿还债务支付的现金"项目

本项目反映企业偿还债务本金所支付的现金,包括偿还金融企业的借款本金、偿还债券本金等。企业以现金支付的借款利息和债券利息在"分配股利、利润或偿付利息支付的现金"项目反映,不包括在本项目内。

5. "分配股利、利润和偿付利息支付的现金"项目

本项目反映企业实际支付的现金股利、支付给其他投资单位的利润或用现金支付的借款利息、债券利息等。

6. "支付其他与筹资活动有关的现金"项目

本项目反映企业除上述各项目外,支付的其他与筹资活动有关的现金。如支付的筹资费用、支付的融资租赁费、分期付款购建固定资产除第一期外其他各期支付的款项等。

(四)"汇率变动对现金及现金等价物的影响"项目

本项目反映企业外币现金流量及境外子公司的现金流量折算为记账本位币时,所采用的现金流量发生日的汇率或按照系统合理的方法确定的、与现金流量发生日即期汇率近似的汇率折算的记账本位币金额与"现金及现金等价物净增加额"项目中外币现金净增加额按资产负债表日的即期汇率折算的记账本位币之间的差额。

(五)"现金及现金等价物净增加额"项目

本项目反映企业本期现金及现金等价物期末比期初净增加(或减少)的金额。

(六)"期末现金及现金等价物余额"项目

本项目反映期末现金及现金等价物的余额。

【做中学 15-3】 承接[做中学 15-1]和[做中学 15-2],按照分析填列法编制现金流量表。

该公司 2018 年度现金流量表正表各项目金额分析确定如下:
(1) 销售商品、提供劳务收到的现金=542+1 216 800+104 000+468 000+425 100=2 214 442(元)。
(2) 购买商品、接受劳务支付的现金=219 700+305 500+189 800=715 000(元)。
(3) 支付给职工以及为职工支付的现金=1 348 100−533 000=815 100(元)。
(4) 支付的各项税费=27 625+63 050=90 675(元)。
(5) 支付的其他与经营活动有关的现金=87 230+36 400=123 630(元)。
(6) 取得投资收益收到的现金=52 000(元)。
(7) 处置固定资产、无形资产和其他长期资产收回的现金净额=520 000(元)。
(8) 购建固定资产、无形资产和其他长期资产支付的现金=229 367+533 000+138 320=900 687(元)。
(9) 取得借款收到的现金=650 000(元)。
(10) 偿还债务支付的现金=1 365 000(元)。
(11) 分配股利、利润或偿付利息支付的现金=13 000(元)。

现金流量表如表 15-11 所示,现金流量表补充资料如表 15-12 所示。

表 15-11　　　　　　　　　　　现金流量表

编制单位:A 公司　　　　　　　　2018 年度　　　　　　　　单位:元

项　目	本期金额	上期金额(略)
一、经营活动产生的现金流量		
销售商品、提供劳务收到的现金	2 214 442	
收到的税费返还		
收到的其他与经营活动有关的现金		
经营活动现金流入小计	2 214 442	
购买商品、接受劳务支付的现金	715 000	
支付给职工以及为职工支付的现金	815 100	
支付的各项税费	90 675	
支付的其他与经营活动有关的现金	123 630	
经营活动现金流出小计	1 744 405	
经营活动产生的现金流量净额	470 037	
二、投资活动产生的现金流量		
收回投资收到的现金		
取得投资收益收到的现金	52 000	
处置固定资产、无形资产和其他长期资产收回的现金净额	520 000	
处置子公司及其他营业单位收到的现金净额		
收到的其他与投资活动有关的现金		
投资活动现金流入小计	572 000	
购建固定资产、无形资产和其他长期资产支付的现金	900 687	
投资支付的现金	26 000	

(续表)

项　目	本期金额	上期金额(略)
取得子公司及其他营业单位支付的现金净额		
支付的其他与投资活动有关的现金		
投资活动现金流出小计	9 260 687	
投资活动产生的现金流量净额	−354 687	
三、筹资活动产生的现金流量		
吸收投资收到的现金		
取得借款收到的现金	650 000	
收到的其他与筹资活动有关的现金		
筹资活动现金流入小计	650 000	
偿还债务支付的现金	1 365 000	
分配股利、利润或偿付利息支付的现金	13 000	
支付的其他与筹资活动有关的现金		
筹资活动现金流出小计	1 378 000	
筹资活动产生的现金流量净额	−728 000	
四、汇率变动对现金及现金等价物的影响		
五、现金及现金等价物净增加额	−612 650	
加:期初现金及现金等价物余额	2 351 830	
六、期末现金及现金等价物净增加额	1 739 180	

表 15-12　　　　　　　　　　现金流量表补充资料　　　　　　　　　　单位:元

项　目	本期金额	上期金额(略)
1. 将净利润调节为经营活动现金流量		
净利润	203 621	
加:资产减值准备	49 725	
固定资产折旧、油气资产折耗、生产性生物资产折旧	156 000	
无形资产摊销	104 000	
长期待摊费用摊销	113 100	
处置固定资产、无形资产和其他长期资产的损失(收益以"—"号填列)	91 000	
固定资产报废损失(收益以"—"号填列)		
公允价值变动损失(收益以"—"号填列)	−2 600	
财务费用(收益以"—"号填列)	73 450	
投资损失(收益以"—"号填列)	−52 000	
递延所得税资产减少(增加以"—"号填列)		
递延所得税负债增加(减少以"—"号填列)	12 870	

(续表)

项 目	本期金额	上期金额(略)
存货的减少(增加以"—"号填列)	−238 714	
经营性应收项目的减少(增加以"—"号填列)	54 600	
经营性应付项目的增加(减少以"—"号填列)	−95 015	
其他		
经营活动产生的现金流量净额	470 037	
2. 不涉及现金收支的重大投资和筹资		
债务转为资本		
一年内到期的可转换公司债券		
融资租入固定资产		
3. 现金及现金等价物净变动情况		
现金的期末余额	1 739 180	
减:现金的期初余额	2 351 830	
加:现金等价物的期末余额		
减:现金等价物的期初余额		
现金及现金等价物净增加额	−612 650	

任务六 所有者权益变动表

一、所有者权益变动表的性质与作用

所有者权益变动表是反映构成所有者权益的各组成部分当期的增减变动情况的报表。所有者权益变动表应当全面反映一定时期所有者权益变动的情况,不仅包括所有者权益总量的增减变动,还包括所有者权益增减变动的重要结构性信息,有助于报表使用者理解所有者权益增减变动的根源。

根据基本准则的规定,所有者权益是指企业资产扣除负债后由所有者享有的剩余权益。所有者权益的来源包括所有者投入的资本(包括实收资本和资本溢价等资本公积)、其他权益工具、其他综合收益、留存收益(包括盈余公积和未分配利润)等。所有者权益变动表应当反映构成所有者权益的各组成部分当期的增减变动情况。综合收益和与所有者(或股东)的资本交易导致的所有者权益的变动,应当分别列示。与所有者的资本交易,是指与所有者以其所有者身份进行的、导致企业所有者权益变动的交易。

二、所有者权益变动表的编制

企业应当反映所有者权益各组成部分的期初和期末余额及其调节情况。因此,企业应当以矩阵的形式列示所有者权益变动表:一方面,列示导致所有者权益变动的交易或事项,按所有者权益变动的来源对一定时期所有者权益变动情况进行全面反映;另一方面,按照所有者权益各组成部分(包括实收资本、其他权益工具、资本公积、其他综合收益、盈余公积、未分配利润、库存股等)及其总额列示相关交易或事项对所有者权益的影响。

根据本准则的规定，企业需要提供比较所有者权益变动表，所有者权益变动表还就各项目再分为"本年金额"和"上年金额"两栏分别填列。一般企业所有者权益变动表的格式如表15-13所示。

企业应当根据所有者权益类账户和损益类有关账户的发生额分析填列所有者权益变动表"本年金额"栏，具体包括如下情况：

（1）"上年年末余额"项目，应根据上年资产负债表中"实收资本（或股本）""其他权益工具""资本公积""其他综合收益""盈余公积""未分配利润"等项目的年末余额填列。

（2）"会计政策变更"和"前期差错更正"项目，应根据"盈余公积""利润分配""以前年度损益调整"等账户的发生额分析填列，并在"上年年末余额"的基础上调整得出"本年年初金额"项目。

（3）"本年增减变动额"项目分别反映如下内容：

① "综合收益总额"项目，反映企业当年的综合收益总额，应根据当年利润表中"其他综合收益的税后净额"和"净利润"项目填列，并对应列在"其他综合收益"和"未分配利润"栏。

② "所有者投入和减少资本"项目，反映企业当年所有者投入的资本和减少的资本，其中："所有者投入资本"项目，反映企业接受投资者投入形成的实收资本（或股本）和资本公积，应根据"实收资本""资本公积"等账户的发生额分析填列，并对应列在"实收资本"和"资本公积"栏。

"股份支付计入所有者权益的金额"项目，反映企业处于等待期中的权益结算的股份支付当年计入资本公积的金额，应根据"资本公积"账户所属的"其他资本公积"二级账户的发生额分析填列，并对应列在"资本公积"栏。

③ "利润分配"下各项目，反映当年对所有者（或股东）分配的利润（或股利）金额和按照规定提取的盈余公积金额，并对应列在"未分配利润"和"盈余公积"栏。其中：

"提取盈余公积"项目，反映企业按规定提取的盈余公积，应根据"盈余公积""利润分配"账户的发生额分析填列。

"对所有者（或股东）的分配"项目，反映对所有者（或股东）分配的利润（或股利）金额，应根据"利润分配"账户的发生额分析填列。

④ "所有者权益内部结转"下各项目，反映不影响当年所有者权益总额的所有者权益各组成部分之间当年的增减变动，包括资本公积转增资本（或股本）、盈余公积转增资本（或股本）、盈余公积弥补亏损等。其中：

"资本公积转增资本（或股本）"项目，反映企业以资本公积转增资本或股本的金额，应根据"实收资本""资本公积"等账户的发生额分析填列。

"盈余公积转增资本（或股本）"项目，反映企业以盈余公积转增资本或股本的金额，应根据"实收资本""盈余公积"等账户的发生额分析填列。

"盈余公积弥补亏损"项目，反映企业以盈余公积弥补亏损的金额，应根据"盈余公积""利润分配"等账户的发生额分析填列。

"其他综合收益结转留存收益"项目，主要反映：

企业指定为以公允价值计量且其变动计入其他综合收益的非交易性权益工具投资终止确认时，之前计入其他综合收益的累计利得或损失从其他综合收益中转入留存收益的金额。

企业指定为以公允价值计量且其变动计入当期损益的金融负债终止确认时，之前由企业自身信用风险变动引起而计入其他综合收益的累计利得或损失从其他综合收益中转入留存收益的金额等。该项目应根据"其他综合收益"账户的相关明细账户的发生额分析填列。

企业应当根据上年度所有者权益变动表"本年金额"栏内所列数字填列本年度"上年金额"栏内各项数字。如果上年度所有者权益变动表规定的项目的名称和内容同本年度不一致，应对上年度所有者权益变动表相关项目的名称和金额按本年度的规定进行调整，填入所有者权益变动表"上年金额"栏内。

表 15-13　所有者权益变动表

编制单位：　　　　　　　　年度　　　　　　　　　　　　　　　　　　　　　　　　　　　　会企 04 表
　　　单位：元

项目	本年金额									上年金额								
	实收资本（或股本）	其他权益工具		资本公积	减：库存股	其他综合收益	盈余公积	未分配利润	所有者权益合计	实收资本（或股本）	其他权益工具		资本公积	减：库存股	其他综合收益	盈余公积	未分配利润	所有者权益合计
		优先股	永续债	其他							优先股	永续债	其他						
一、上年末余额																		
加：会计政策变更																		
前期差错更正																		
其他																		
二、本年年初余额																		
三、本年增减变动金额（减少以"—"号填列）																		
（一）综合收益总额																		
（二）所有者投入和减少资本																		
1.所有者投入的普通股																		
2.其他权益工具持有者投入资本																		
3.股份支付计入所有者权益的金额																		
4.其他																		

(续表)

项目	本年金额									上年金额								
	实收资本（或股本）	其他权益工具			资本公积	减:库存股	其他综合收益	盈余公积	未分配利润	所有者权益合计	实收资本（或股本）	其他权益工具			资本公积	减:库存股	其他综合收益	盈余公积	未分配利润	所有者权益合计
		优先股	永续债	其他								优先股	永续债	其他						
（三）利润分配																				
1. 提取盈余公积																				
2. 对所有者（或股东）的分配																				
3. 其他																				
（四）所有者权益内部结转																				
1. 资本公积转增资本（或股本）																				
2. 盈余公积转增资本（或股本）																				
3. 盈余公积弥补亏损																				
4. 设定受益计划变动额结转留存收益																				
5. 其他综合收益结转留存收益																				
6. 其他																				
四、本年末余额																				

任务七　财务报表附注

一、财务报表附注概述

(一) 财务报表附注的概念和作用

附注是对在资产负债表、利润表、现金流量表和所有者权益变动表等报表中列示项目的文字描述或明细资料，以及对未能在这些报表中列示项目的说明等。

通过附注与资产负债表、利润表、现金流量表和所有者权益变动表等报表中列示的项目相互参照关系，以及对未能在报表中列示项目的说明，可以使报表使用者全面了解企业的财务状况、经营成果和现金流量。

(二) 财务报表附注披露的基本要求

(1) 附注披露的信息应是定量、定性信息的结合，从而能从量和质两个角度对企业经济事项完整的反映，也才能满足信息使用者的决策需求。

(2) 附注应当按照一定的结构进行系统合理的排列和分类，有顺序地披露信息。由于附注的内容繁多，因此更应按逻辑顺序排列，分类披露，条理清晰，具有一定的组织结构，以便于使用者理解和掌握，也更好地实现财务报表的可比性。

(3) 附注相关信息应当与资产负债表、利润表、现金流量表和所有者权益变动表等报表中列示的项目相互参照，以有助于使用者联系相关联的信息，并由此从整体上更好地理解财务报表。

(三) 财务报表附注的形式

在会计实务中，财务报表附注可采用旁注、附表和底注等形式。

1. 旁注

旁注是指在财务报表的有关项目旁直接用括号加注说明。旁注是最简单的报表注释方法，如果报表上有关项目的名称或金额受到限制或需简要补充时，可以直接用括号加注说明。为了保持报表项目的简明扼要、清晰明了，旁注只适用个别只需要简单补充的信息项目。

2. 附表

附表是指为了保持财务报表的简明易懂而另行编制一些反映其构成项目及年度内的增减来源与金额的表格。附表反映的内容，有些已直接包括在脚注之内，有些则附在报表和脚注之后，作为财务报表的一个单独组成部分。必须注意的是，附表与补充报表的含义并不相同。附表所反映的是财务报表中某一项目的明细信息，而补充报表则往往反映一些附加的信息或按不同基础编制的信息。最常见的补充报表是揭示物价变动对企业财务状况和经营成果影响的附表。

3. 底注

底注也称脚注，是指财务报表后面用一定文字和数字所作的补充说明。一般而言，每一种报表都可以有底注，其篇幅大小随各种报表的复杂程度而定。底注的主要作用是揭示那些不便于列入报表正文的有关信息。但是，底注作为财务报表的组成部分，仅是对报表正文的补充，它不能取代或更正报表正文中的正常分类、计价和描述。凡列入财务报表正文部分的信息项目都必须符合会计要素的定义和一系列确认与计量的标准。财务报表正文主要是表格形式描述有关企业财务状况与经营绩效的定量信息，这一特征使报表正文所能包含的信息受到限制；而底注则比较灵活，它可提供有关报表编制基础等方面的定性信息、报表项目的性质、比报表正文更为详细的信息、一些相对次要的信息，这些信息对理解和使用报表信息是十分有益的。由于这一优点，底注在财务报表中已发挥越来越重要的作用。

二、财务报表附注披露的内容

按照《企业会计准则第30号——财务报表列报》的规定,财务报表附注应当按照下列顺序披露附注内容。

(一) 企业的基本情况

(1) 企业注册地、组织形式和总部地址。
(2) 企业的业务性质和主要经营活动。
(3) 母公司以及集团最终母公司的名称。
(4) 财务报告的批准报出者和财务报告批准报出日。

(二) 财务报表的编制基础

财务报表的编制基础包括:会计年度、记账本位币、会计计量所运用的计量基础、现金和现金等价物的构成。

(三) 遵循企业会计准则的声明

企业应当明确说明编制的财务报表符合企业会计准则的要求,真实、完整地反映了企业的财务状况、经营成果和现金流量等有关信息。

(四) 重要会计政策和会计估计

企业应当披露采用的重要会计政策和会计估计,并结合企业的具体实际披露其重要会计政策的确定依据和财务报表项目的计量基础,以及会计估计中所采用的关键假设和不确定因素。

(五) 会计政策和会计估计变更以及差错更正的说明

企业应当按照《企业会计准则第28号——会计政策、会计估计变更和差错更正》及其应用指南的规定,披露会计政策和会计估计变更以及差错更正的有关情况。

(六) 报表重要项目的说明

企业对报表重要项目的说明,应当按照资产负债表、利润表、现金流量表、所有者权益变动表及其报表项目列示的顺序,采用文字和数字描述相结合的方式进行披露。报表重要项目的明细金额合计,应当与报表项目金额相衔接。

(七) 或有和承诺事项、资产负债表日后非调整事项、关联方关系及其交易等需要说明的事项

(略)

(八) 有助于财务报表使用者评价企业管理资本的目标、政策及程序的信息

(略)

(九) 其他需要披露的说明

(略)

关键术语

资产负债表　利润表　现金流量表

应知考核

一、单项选择题

1. 根据我国统一会计制度的规定,企业资产负债表的格式是(　　)。
   A. 报告式　　B. 账户式　　C. 多步式　　D. 单步式
2. 以下项目属于资产负债表中流动负债项目的是(　　)。
   A. 长期借款　　B. 长期应付款　　C. 应付股利　　D. 应付债券

3. 某企业2018年12月31日无形资产账户余额为500万元,累计摊销账户余额为200万元,无形资产减值准备账户余额为100万元。该企业2018年12月31日资产负债表中无形资产项目的金额为( )万元。
   A. 500　　　　　　B. 300　　　　　　C. 400　　　　　　D. 200
4. 下列项目在资产负债表中只需要根据某一个总分类账户就能填列的项目是( )。
   A. 应收账款　　　B. 短期借款　　　C. 预付款项　　　D. 预收款项
5. 资产负债表中货币资金项目包含的项目是( )。
   A. 银行本票存款　B. 银行承兑汇票　C. 商业承兑汇票　D. 交易性金融资产
6. 资产负债表中的"未分配利润"项目,应根据( )填列。
   A. "利润分配"账户余额
   B. "本年利润"账户余额
   C. "本年利润"和"利润分配"账户的余额计算后
   D. "盈余公积"账户余额
7. 下列属于经营活动现金流量中的流入项目的是( )。
   A. 销售商品、提供劳务收到的现金　　B. 购买商品、接受劳务支付的现金
   C. 支付给职工以及为职工支付的现金　D. 收到的股利和利息
8. 某企业2018年发生的营业收入为1 000万元,营业成本为600万元,销售费用为20万元,管理费用为50万元,财务费用为10万元,投资收益为40万元,资产减值损失为70万元,公允价值变动收益为80万元,资产处置收益为10万元,其他收益为5万元,营业外收入为25万元,营业外支出为15万元。该企业2018年的营业利润为( )万元。
   A. 385　　　　　　B. 330　　　　　　C. 320　　　　　　D. 380
9. 能够反映企业一定期间经营成果,分析企业获利能力的报表是( )。
   A. 资产负债表　　B. 利润表　　　　C. 现金流量表　　D. 所有者权益变动表
10. 下列各项不在所有者权益变动表中列示的项目是( )。
    A. 综合收益总额　　　　　　　　　B. 所有者投入和减少资本
    C. 利润分配　　　　　　　　　　　D. 每股收益

二、多项选择题

1. 下列项目中,列在资产负债表左方的有( )。
   A. 固定资产　　　B. 无形资产　　　C. 预计负债　　　D. 实收资本
2. 以下不属于资产负债表中的负债、所有者权益项目排列原理的有( )。
   A. 流动性　　　　B. 重要性　　　　C. 求偿权先后　　D. 营利性
3. 下列各项中,应包括在资产负债表"存货"项目的有( )。
   A. 委托代销商品　　　　　　　　　B. 委托加工物资
   C. 正在加工中的在产品　　　　　　D. 发出商品
4. 下列资产负债表项目中,根据总账账户余额直接填列的有( )。
   A. 短期借款　　　B. 实收资本　　　C. 应收票据　　　D. 应收账款
5. 资产负债表中的"应收账款"项目应根据( )计算填列。
   A. 应收账款所属明细账借方余额合计
   B. 预收账款所属明细账借方余额合计
   C. 应付账款所属明细账借方余额合计
   D. 预付账款所属明细账借方余额合计
6. 下列账户可能影响资产负债表中"应付账款"项目金额的有( )。
   A. 应收账款　　　B. 预收账款　　　C. 应付账款　　　D. 预付账款
7. 下列各项中,影响营业利润项目的有( )。

A. 计提的坏账准备　　　　　　　　　B. 转让无形资产所有权的收入
C. 已销商品成本　　　　　　　　　　D. 转让股票所得收益

8. 以下不是我国现行的利润表采用结构的有(　　)。
   A. 账户式　　　B. 报告式　　　C. 单步式　　　D. 多步式

9. 下列项目,会影响企业利润表中"营业利润"项目填列金额的有(　　)。
   A. 对外投资取得的投资收益　　　　B. 出租无形资产取得的租金收入
   C. 计提固定资产减值准备　　　　　D. 缴纳所得税

10. 下列选项,属于利润表项目的有(　　)。
    A. 未分配利润　　B. 营业外收入　　C. 净利润　　D. 营业收入

三、判断题

1. 我国企业的资产负债表采用报告式结构。(　　)
2. 账户式资产负债表分左右两方,左方为资产项目,按资产的流动性大小排列,右方为"负债和所有者权益"项目,一般按要求清偿时间的先后顺序排列。(　　)
3. 资产负债表应根据有关账户余额编制,利润表应根据有关账户发生额编制。(　　)
4. 编制资产负债表时,交易性金融资产可以直接填列。(　　)
5. "利润分配"总账的年末余额不一定与相应的资产负债表中未分配项目的数额一致。(　　)
6. 账户式资产负债表分左右两方,右方为"负债和所有者权益"项目,一般按求偿权先后顺序排列。(　　)
7. 如果不存在纳税调整事项,利润表中的"所得税费用"项目金额可以直接根据"利润总额"项目金额乘以所得税税率计算得到。(　　)
8. 利润表中,"税金及附加"项目应根据其账户的当期发生额填列。(　　)
9. 利润总额等于营业利润加上营业外收入减去营业外支出再减去所得税。(　　)
10. 利润表中的营业成本根据"主营业务成本"账户的当期发生额加上"其他业务成本"账户的当期发生额计算填列。(　　)

四、思考题

1. 为什么要编制资产负债表?资产负债表项目的填列方法有哪几种?试举例说明。
2. 利润表能够提供哪些重要的会计信息?
3. 所有者权益变动表有何作用及包括哪些主要内容?
4. 现金流量表有何作用?其编制的基础是什么?
5. 财务报表附注主要包括哪些内容?

应会考核

★ 业务考核

【考核项目】
分析资产负债表。

【背景资料】
某公司2018年期末有关账户的余额如表15-14所示。

表15-14　　　　　　　　2018年期末有关账户的余额　　　　　　　　单位:元

账　户	借方余额	贷方余额
库存现金	20 000	
银行存款	600 000	
材料采购	15 000	

(续表)

账　户	借方余额	贷方余额
原材料	200 000	
库存商品	500 000	
生产成本	8 000	
预付账款	6 000	
其中:A公司	36 000	
B公司		30 000
其他应收款	30 000	
应收账款	50 000	
其中:C公司	100 000	
D公司		50 000
预收账款		150 000
其中:E公司		250 000
F公司	100 000	
应付账款		30 000
其中:H公司	60 000	
G公司		90 000

根据上述资料,回答下列各小题。

(1) 2018 年 12 月 31 日,资产负债表上应填列的货币资金金额为(　　)元。
　　A. 20 000　　　　B. 600 000　　　　C. 580 000　　　　D. 620 000
(2) 2018 年 12 月 31 日,资产负债表上应填列的应收账款金额为(　　)元。
　　A. 100 000　　　B. −100 000　　　C. 200 000　　　　D. −200 000
(3) 2018 年 12 月 31 日,资产负债表上应填列的预付款项金额为(　　)元。
　　A. 36 000　　　　B. 60 000　　　　C. 96 000　　　　D. −96 000
(4) 2018 年 12 月 31 日,资产负债表上应填列的其他应收款金额为(　　)元。
　　A. 10 000　　　　B. −10 000　　　C. 30 000　　　　D. −30 000
(5) 2018 年 12 月 31 日,资产负债表上应填列的存货金额为(　　)元。
　　A. 215 000　　　B. 715 000　　　C. 700 000　　　　D. 723 000

【考核要求】
根据上述资料,回答上述各小题。
★ **技能考核**
【考核项目】
会计核算与会计要素计量。
【背景资料】
【业务技能题1】
资产负债表编制:嘉实公司 2018 年 1 月 31 日有关账户余额,如表 15-15 所示。

表 15-15　　　　　　　　2018 年 1 月 31 日账户余额表　　　　　　　　单位:元

账户	总账		明细账	
	借方	贷方	借方	贷方
库存现金	12 580			
银行存款	65 465			
应收账款	42 860			
A公司			60 000	
B公司				17 140
原材料	116 240			
甲材料			86 240	
乙材料			30 000	
库存商品	65 240			
丙商品			65 240	
预收账款		48 000		
C公司				48 000

要求:
(1) 资产负债表项目的归类。
(2) 资产负债表各项目分析。
(3) 资产负债表编制技能。

【业务技能题2】

利润表编制:嘉华公司 7 月份损益类账户发生额情况,如表 15-16 所示。

表 15-16　　　　　　　　7 月份损益类账户发生额　　　　　　　　单位:元

账户名称	本期借方发生额	本期贷方发生额
主营业务收入		382 500
其他业务收入		68 900
营业外收入		25 800
主营业务成本	226 860	
其他业务成本	46 530	
税金及附加	12 100	
销售费用	36 000	
管理费用	18 600	
财务费用	3 620	
营业外支出	16 600	
所得税费用	3 200	

要求:
(1) 利润表项目的归类。
(2) 利润表各项目分析。
(3) 利润表编制技能。

【考核要求】
请回答上述考核要求。

★ 综合实务题

1. 2018年6月1日,龙达有限责任公司"应收账款"账户借方余额为560 000元,两个所属明细账户的余额分别为:"W企业"借方余额300 000元,"M企业"借方余额260 000元。6月10日,龙达有限责任公司收到W企业归还的账款200 000元,存入银行;6月16日,龙达有限责任公司向M企业销售一批商品,开出的增值税专用发票上标明价款100 000元,增值税税额16 000元,商品已发出,款项尚未收到。

要求:根据上述资料,回答下列各小题。

(1) 关于2018年6月10日龙达有限责任公司的应收账款,下列表述正确的是(   )。
   A. "应收账款——W企业"明细账借方余额为100 000元
   B. "应收账款——W企业"明细账借方余额为300 000元
   C. "应收账款"总账借方余额为360 000元
   D. 应收账款所有明细账借方余额之和为360 000元

(2) 关于2018年6月份龙达有限责任公司"应收账款"明细账发生额,下列表述正确的是(   )。
   A. "应收账款——W企业"明细账户借方发生额200 000元
   B. "应收账款——W企业"明细账户贷方发生额200 000元
   C. "应收账款——M企业"明细账户借方发生额100 000元
   D. "应收账款——M企业"明细账户贷方发生额116 000元

(3) 关于2018年6月份龙达有限责任公司"应收账款"总账,下列表述正确的是(   )。
   A. "应收账款"总账本月借方发生额为316 000元
   B. "应收账款"总账本月借方发生额为116 000元
   C. "应收账款"总账本月贷方发生额为200 000元
   D. "应收账款"总账6月月末借方余额为476 000元

(4) 下列各项,应在资产负债表"应收账款"项目列示的是(   )。
   A. "预付账款"账户所属明细账户的借方余额
   B. "应收账款"账户所属明细账户的借方余额
   C. "应收账款"账户所属明细账户的贷方余额
   D. "预付账款"账户所属明细账户的贷方余额

(5) M企业应计入"应收账款"明细账户借方的金额是(   )元。
   A. 100 000   B. 116 000   C. 300 000   D. 216 000

2. 龙达有限责任公司2018年12月31日,"主营业务收入"账户贷方发生额为500 000元,"主营业务成本"账户借方发生额为300 000元,"其他业务收入"账户贷方发生额为100 000元,"其他业务成本"账户借方发生额为50 000元,"税金及附加"账户借方发生额为10 000元,"销售费用"账户借方发生额为8 000元,"管理费用"账户借方发生额为7 000元,"财务费用"账户借方发生额为1 000元,"资产减值损失"账户借方发生额为2 000元,"投资收益"账户贷方发生额为10 000元(无借方发生额),"营业外收入"账户贷方发生额为60 000元,"营业外支出"账户借方发生额为20 000元,"所得税费用"账户借方发生额为68 000元。

要求:根据上述资料,不考虑其他因素,回答下列各小题。

(1) 营业收入为(   )元。
   A. 600 000   B. 500 000   C. 100 000   D. 400 000

(2) 营业成本为(   )元。
   A. 300 000   B. 50 000   C. 250 000   D. 350 000

(3) 营业利润为( )元。
　　A. 250 000　　　　B. 232 000　　　　C. 243 000　　　　D. 234 000
(4) 利润总额为( )元。
　　A. 234 000　　　　B. 270 000　　　　C. 272 000　　　　D. 240 000
(5) 净利润为( )元。
　　A. 240 000　　　　B. 270 000　　　　C. 234 000　　　　D. 204 000

3. 龙达有限责任公司2018年度发生的业务种类有：按期支付各项税费，收到投资债券利息，支付职工工资，以存款购买设备，对受灾地区进行现金捐赠，支付了融资租入固定资产的租赁费，计提资产减值准备和固定资产计提折旧等。

要求：根据上述资料，回答下列各小题。

(1) 下列各项，属于投资活动产生现金流量的是( )。
　　A. 支付的所得税款　　　　　　　　　B. 取得债券利息收入所收到的现金
　　C. 支付给职工以及为职工支付的现金　D. 购建固定资产所支付的现金
(2) 企业"支付的其他与筹资活动有关的现金"项目反映( )。
　　A. 现金捐赠支出　　　　　　　　　　B. 融资租入固定资产支付的租赁费
　　C. 计提的资产减值准备　　　　　　　D. 固定资产计提折旧
(3) 企业的现金流量分为( )。
　　A. 经营活动的现金流量　　　　　　　B. 投资活动的现金流量
　　C. 筹资活动的现金流量　　　　　　　D. 借款活动的现金流量
(4) 下列各项，不属于现金流量表"筹资活动产生的现金流量"的是( )。
　　A. 取得借款收到的现金　　　　　　　B. 吸收投资收到的现金
　　C. 赊购材料未支付的款项　　　　　　D. 分配股利、利润或偿付利息支付的现金
(5) 下列各项，能引起现金流量净额变动的项目是( )。
　　A. 将现金存入银行　　　　　　　　　B. 用银行存款购买1个月到期的债券
　　C. 用存货抵偿债务　　　　　　　　　D. 用银行存款清偿200万元的债务

项目实训

【实训项目】
财务报告。
【实训情境】
2018年12月部分财务报表业务资料如下：
业务：12月31日资产负债表试算平衡工作底稿如表15-17和表15-18所示。

表15-17　　　　2018年12月部分财务报表业务资料　　　　单位：元

账户名称	借方	账户名称	贷方
库存现金	1 084.11	短期借款	1 900 000.00
银行存款	1 762 277.43	应付账款	493 003.60
应收账款	2 203 569.30	预收账款	143 000.00
预付账款	113 000.00	应付职工薪酬	26 560.54
其他应收款	6 100.00	应交税费	250 351.48
坏账准备	17 361.30	应付利息	13 900.00
长期待摊费用	57 494.02	其他应付款	100 219.27

(续表)

账户名称	借方	账户名称	贷方
在途物资	84 603.26	长期借款	1 500 000.00
原材料	446 916.19	实收资本	14 000 000.00
库存商品	73 002.45	资本公积	500 000.00
周转材料	27 474.86	盈余公积	504 374.39
固定资产	14 202 240.01	本年利润	275 651.29
累计折旧	2 548 862.39	未分配利润	1 828 121.49
在建工程	3 239 700.00		
无形资产	2 343 150.00		
累计摊销	513 205.88		

表 15-18　　　　　　　　　资产负债表试算平衡工作底稿
2018 年 12 月 31 日

资产	本年累计	负债及所有者权益	本年累计
货币资金	1 763 361.54	短期借款	1 900 000.00
应收票据及应收账款	2 203 569.30	应付票据及应付账款	439 003.60
预付款项	113 000.00	预收款项	143 000.00
其他应收款	6 100.00	应付职工薪酬	26 560.54
存货	604 521.90	应交税费	250 351.48
固定资产	11 653 377.62	其他应付款	114 119.27
在建工程	3 239 700.00	长期借款	1 500 000.00
无形资产	1 829 944.12	实收资本	14 000 000.00
长期待摊费用	57 494.02	资本公积	500 000.00
		盈余公积	504 374.39
		未分配利润	1 8288 121.49
合计	21 471 068.50	合计	21 471 068.50

【实训要求】

(1) 根据实训资料,进行判别、分析,指出存在的错误,并给出正确的做法。

(2) 通过实训过程的全程参与和体验,在基本完成实训操练各项技能任务的基础上,独立形成财务报告实训报告。

财务报告实训报告

财务报告		
项目实训班级：	项目小组：	项目组成员：
实训时间：　年　月　日	实训地点：	实训成绩：
实训目的：		
实训步骤：		
实训结果：		
实训感言：		
不足与今后改进：		
项目组长评定签字：		项目指导教师评定签字：

参考文献

[1] 中华人民共和国财政部.企业会计准则[M].上海:立信会计出版社,2018.
[2] 中华人民共和国财政部.企业会计准则——应用指南[M].上海:立信会计出版社,2018.
[3] 财政部会计资格考试中心.中级会计实务[M].北京:经济科学出版社,2018.
[4] 财政部会计资格考试中心.初级会计实务[M].北京:经济科学出版社,2018.
[5] 陈德萍.中级财务会计[M].大连:东北财经大学出版社,2017.
[6] 陈强.初级财务会计[M].大连:东北财经大学出版社,2017.
[7] 缪艳娟.中级财务会计[M].大连:东北财经大学出版社,2017.
[8] 刘永泽,陈文铭.会计学[M].大连:东北财经大学出版社,2018.
[9] 赵筠.财务会计实务[M].大连:东北财经大学出版社,2017.
[10] 张维宾.中级财务会计[M].上海:立信会计出版社,2018.
[11] 徐哲,王柏慧,李贺.基础会计[M].上海:立信会计出版社,2018.
[12] 窦洪波,李贺,李园园.中级财务会计[M].北京:清华大学出版社,2016.
[13] 王洪丽.财务会计实务[M].大连:东北财经大学出版社,2018.
[14] 姜昕,李爱华.中级财务会计[M].大连:东北财经大学出版社,2018.
[15] 朱光明.企业财务会计[M].大连:东北财经大学出版社,2018.
[16] 朱光明.企业财务会计习题与实训[M].大连:东北财经大学出版社,2018.
[17] 企业会计准则编审委员会.企业会计准则案例讲解[M].上海:立信会计出版社,2018.
[18] 中国注册会计师协会.2018年度注册会计师全国统一考试指定辅导教材——会计[M].北京:中国财政经济出版社,2018.
[19] 全国人大常委会法治工作委员会.现行会计法律法律汇编[M].上海:立信会计出版社,2017.
[20] 李贺.会计学[M].上海:上海财经大学出版社,2017.
[21] 财政部会计司编写组.《企业会计准则第14号——收入》应用指南2018[M].北京:中国财政经济出版社,2018.
[22] 财政部会计司编写组.《企业会计准则第16号——政府补助》应用指南2018[M].北京:中国财政经济出版社,2018.
[23] 财政部会计司编写组.《企业会计准则第22号——金融工具确认和计量》应用指南2018[M].北京:中国财政经济出版社,2018.
[24] 财政部会计司编写组.《企业会计准则第23号——金融资产转移》应用指南2018[M].北京:中国财政经济出版社,2018.
[25] 财政部会计司编写组.《企业会计准则第24号——套期会计》应用指南2018[M].北京:中国财政经济出版社,2018.
[26] 财政部会计司编写组.《企业会计准则第37号——金融工具列报》应用指南2018[M].北京:中国财政经济出版社,2018.
[27] 财政部会计司编写组.《企业会计准则第42号——持有待售的非流动资产、处置组和终止经营》应用指南2018[M].北京:中国财政经济出版社,2018.